Processo Legislativo Bicameral no Brasil:

como as câmaras resolvem suas divergências na elaboração legislativa?

PAULO FERNANDO MOHN E SOUZA

Processo Legislativo Bicameral no Brasil: como as câmaras resolvem suas divergências na elaboração legislativa?

GZ
EDITORA

Rio de Janeiro
2024

1ª edição – 2024 – 2ª tiragem

Diagramação: *Olga Martins*

CIP-BRASIL. CATALOGAÇÃO NA PUBLICAÇÃO
SINDICATO NACIONAL DOS EDITORES DE LIVROS, RJ

S717p

Souza, Paulo Fernando Mohn e
Processo legislativo bicameral no Brasil : como as câmaras resolvem suas divergências na elaboração legislativa? / Paulo Fernando Mohn e Souza. - 1. ed. - Rio de Janeiro : GZ, 2024.
572 p. ; 24 cm.

Apêndice
Inclui bibliografia e índice
ISBN 978-65-5813-101-4

1. Brasil. Congresso Nacional. 2. Legislativo - Brasil. 3. Câmaras legislativas. I. Título.

24-89006

CDU: 342.53(81)

Gabriela Faray Ferreira Lopes - Bibliotecária - CRB-7/6643

25/03/2024 01/04/2024

contato@editoragz.com.br
www.editoragz.com.br
Estrada do Capuava, nº 1325 - Box Q - CEP 06715-410
Bairro Barro Branco - Município de Cotia - SP
Tels.: (0XX21) 99585-0737 / 99755-0737

Impresso no Brasil
Printed in Brazil

Dedico este livro à minha família.

Aos meus pais, Alnei Guimarães e Souza e Marly Mohn e Souza. Ao meu irmão, Adriano Mohn e Souza.

À minha esposa, amor e companheira de vida, Cláudia Regina de Araujo Mohn e Souza.

Às minhas filhas Bruna de Rossi, Gabriela de Rossi e Marina de Araujo Mohn e Souza. Aos meus genros Matheus de Souza Junqueira e Caio César de Lima Carvalho. À minha sogra, Regina Maria Moreira.

À Cute (*in memoriam*), à Filó e à Jenny.

Voici donc la constitution fondamentale du gouvernement dont nous parlons. Le corps législatif y étant composé de deux parties, l'une enchaînera l'autre par sa faculté mutuelle d'empêcher. Toutes les deux seront liées par la puissance exécutrice, qui le sera elle-même par la législative.

Ces trois puissances devraient former un repos ou une inaction. Mais comme, par le mouvement nécessaire des choses, elles sont contraintes d'aller, elles seront forcées d'aller de concert.

MONTESQUIEU (L'Esprit des Lois)

AGRADECIMENTOS

Este livro corresponde à tese por mim apresentada para obtenção do título de Doutor em Direito do Estado da Universidade de São Paulo (USP), em 2023, sob orientação do Professor Roger Stiefelmann Leal. O texto é fiel à versão final do trabalho, com os breves ajustes sugeridos pelos membros da Banca Examinadora. Como seria inesgotável sua atualização, em tema tão dinâmico, optei por manter o texto tal como apresentado à USP, ciente de que sempre merecerá evolução.

Embora de autoria individual, uma tese é sempre resultado de contribuição coletiva. Por isso, são muitas as pessoas a quem devo agradecimento por havê-la concluído. Faço menção a algumas delas e peço perdão àquelas que, por equívoco ou esquecimento, não constam aqui, mas que podem ser lembradas em outro momento.

Agradeço, inicialmente, ao Professor Roger Stiefelmann Leal, que, mesmo após um tempo do Mestrado, renovou sua confiança e me deu a honra de sua orientação para o Doutorado no Largo do São Francisco. Deixo expressos meu agradecimento e a minha admiração por seu compromisso e saber acadêmico, demonstrados na disponibilidade e na segura condução de aulas, trabalhos e grupos de pesquisa, de que fui testemunha.

Sou grato aos Professores Carlos Bastide Horbach e José Levi Mello do Amaral Júnior, que integraram a Banca de Qualificação, na qual obtive valiosas recomendações. Agradeço aos Professores que compuseram a Banca Examinadora, pela dedicada e instigante avaliação que esta tese recebeu: Professora Telma Rocha Lisowski, Professor Leonardo Augusto de Andrade Barbosa, Professor Rafael Silveira e Silva, Professor José Levi Mello do Amaral Júnior e Professor Elival da Silva Ramos.

Agradeço à Faculdade de Direito da USP, a Academia do Largo do São Francisco, que tem formado gerações de pesquisadores e profissionais com tanto esmero e excelência. Obrigado a todos os professores, servidores e colegas com os quais pude conviver, aprender e compartilhar conhecimentos, em ambiente tão aberto e produtivo.

Ao Senado Federal, devo muito. Nele, são três décadas e meia de carreira. Não bastasse, tornou-se ele objeto da minha pesquisa acadêmica, como uma das Casas do Congresso Nacional. Para honrá-lo, desenvolvi minha tarefa com a independência que sua natureza exigia. Sempre aprendi muito ao acompanhar de perto o processo legislativo. Faço aqui referência a quatro grandes mestres, que muito me ensinaram e inspiraram: D. Sarah Abraão (*in memoriam)*; Claudia Lyra Nascimento; Raimundo Carreiro Silva; e Sérgio Francisco Pires de Oliveira Penna.

Agradeço aos dirigentes do Senado Federal que me apoiaram para cursar o doutorado: Ilana Trombka, Diretora-Geral; Danilo Augusto Barboza de Aguiar, Consultor-Geral Legislativo; e Gil Wadson Moura Júnior, Coordenador do Núcleo de Direito. Agradeço o incentivo dos colegas consultores legislativos Israel Lacerda de Araújo, Victor Marcel Pinheiro e João Trindade Cavalcante Filho, que terminaram antes o doutorado na Universidade de São Paulo e me serviram de exemplo.

Diversos colegas do Senado contribuíram, das mais variadas formas e cada qual nas suas competências, para que o doutorado e a tese fossem concluídos. Peço licença para apenas enumerá-los: Ângela de Almeida Martins; Beatriz Simas Silva; Cláudio Borges dos Santos; Dilson do Carmo Lima Ferreira; Evandro Aparecido Baldutti; Flávia Cristina Mascarenhas Magalhães; Gilberto Guerzoni Filho; Luiz Alberto da Cunha Bustamante; Luiz Renato Vieira; Karin Kässmayer; Messias de Oliveira Queiroz; Renato Friedmann; Roberta Maria Correa de Assis; Rogério de Melo Gonçalves; Ronaldo Jorge Araújo Vieira Júnior e Susane Guida de Souza. Agradeço a Leonardo Augusto de Andrade Barbosa; Renato Monteiro de Rezende e Rafael Silveira e Silva pelas discussões sobre o tema, indicação ou empréstimo de material bibliográfico.

Faço uma especial menção a José Ricardo Soares Viterbo, que viabilizou o apoio técnico necessário para a pesquisa legislativa realizada, e a Isabela Miranda Ataíde, por sua supervisão. Registro a dedicada execução dessas pesquisas por Anna Luísa Rodrigues dos Santos, Ana Beatriz Muniz de Amorim, Maria Fernanda Silva Parente e Thácila Xavier da Silva Ramos.

Ao amigo Esdras Boccato, uma saudação especial ao meu colega de "turma". Agradeço aos colegas da USP pelo compartilhamento de conhecimentos nas disciplinas ou monitorias: Antônio Pedro Machado; Roberto Silva; Vitor Amorim Mendonça Alves; Adriana Fragalle Moreira; Reinaldo Roberto Ghesso; Murilo Campos Tavares; Gabriel Calil; José A. Delarovere; Gustavo Filippi e Henrique Da Mattia. Meus agradecimentos ao Grupo de Pesquisas Estrutura e Dinâmica do Estado Federal, pelos instigantes debates.

Registro minha gratidão à Editora GZ, em especial a Guilherme Zincone e a Olga Martins, por tornar viável a publicação deste livro, de maneira fiel à tese produzida.

Agradeço ao meu irmão, Adriano Mohn e Souza, pelo suporte aos nossos pais, quando tive de estar ausente. Agradeço à Filó, pela companhia frequente (embora um pouco ruidosa) durante os dias e noites de trabalho.

Deixo, por tudo e para sempre, meus eternos agradecimentos à minha família.

PREFÁCIO

A conhecida concepção idealizada de democracia adotada por Carl Schmitt funda-se na caracterização de povo como ente dotado de homogeneidade, unidade e identidade. Nessa linha, reprovava o autor alemão fórmulas institucionais voltadas a conter ou limitar a vontade una do corpo social. Entre outros mecanismos, os sistemas bicamerais foram objeto de sua ácida crítica. Segundo Schmitt, sua adoção implicaria ou (a) conferir expressão política a ilustres personagens da vida social, "dignas de apreço", aviltando "a igualdade e a homogeneidade democrática de todos os cidadãos", ou (b) caso não se busque destacar singularidades, não haveria razão que justificasse a instituição de uma câmara legislativa especial. Para ele, "o interesse do Estado de Direito pelo contrapeso em si e o interesse liberal pela proteção das minorias dignas de apreço podem facilmente levar à contradição com a lógica do princípio democrático"[1].

A contraposição de Schmitt lança luzes sobre uma das principais características que informam os sistemas legislativos bicamerais. É elemento intrínseco à divisão do Poder Legislativo em dois órgãos a tendência de contenção e limitação entre eles. Tal circunstância é, ainda, agravada quando se diferenciam os aspectos que formam o perfil institucional dos membros que integram tais colegiados. Segundo a certeira lição de Montesquieu, "sendo o corpo legislativo composto de duas partes, uma paralisará a outra com sua mútua faculdade de impedir"[2].

A estrutura bicameral do Poder Legislativo prenuncia, assim, expressivo contencioso, sobretudo quanto à aprovação de diplomas legais. A positivação em âmbito constitucional de soluções voltadas a superar suposta equipotência entre as Casas Legislativas tem se mostrado insuficiente para colocar ordem à realidade complexa que caracteriza o processo legislativo.

Sabe-se, a esse propósito, que a disposição constante do parágrafo único do art. 65 da Constituição Federal tem por objetivo fixar critério para dirimir controvérsias entre as Casas Legislativas. Nela, confere-se leve primazia à Casa Legislativa iniciadora ao lhe confiar a decisão final sobre as modificações introduzidas pela Casa revisora a projeto de lei em tramitação. Tal situação – recorrente na prática cotidiana – sugere certa preponderância da Câmara dos Deputados, dado que se trata do órgão legislativo em que tem início a maioria das proposições.

---

1 SCHMITT, Carl, **Teoría de la constitución**, Madrid: Alianza Editorial, segunda reimpresión, 1996, p. 286.

2 MONTESQUIEU, Charles de Secondat, Baron de La Bréde et de. **O espírito das leis**. São Paulo: Martins Fontes, 1996, p. 176.

A prática desenvolvida no âmbito do Congresso Nacional, no entanto, tem revelado o uso de diversas fórmulas para reforçar, contornar ou fragilizar a solução plasmada na Lei Maior. Nesses termos, lança-se mão de expedientes como emendas de redação, apensamentos e desdobramentos de proposições de modo a se contrapor à equação de forças estabelecida no texto constitucional.

Tais práticas e expedientes, muito embora tenham significativo impacto na correlação de forças que decorre da organização constitucional dos poderes, são desenvolvidos em ambiente parlamentar pouco visível. Ainda que um ou outro caso ganhe maior repercussão, na maioria das vezes, se dá em ambiente político-legislativo distante da lente de aumento oferecida pelos meios de comunicação. A compreensão geral do cenário em que tais fórmulas são construídas e empreendidas refoge à percepção da maioria dos especialistas e observadores.

Cumpre observar, ademais, que os eventuais questionamentos oferecidos em sede judicial enfrentam, como regra, muita dificuldade em apreciar tais expedientes. Não raro, o expediente legislativo impugnado já fora adotado anteriormente em significativo número de matérias e proposições. A pouca relevância das temáticas nelas disciplinadas ou sua conveniência política, no entanto, posterga o acionamento do controle jurisdicional. Tal circunstância acaba, assim, por inibir a emissão de juízo de inconstitucionalidade ante sua projeção sobre os demais processos legislativos em que tais expedientes já foram aplicados.

Descrever com exatidão e rigor o cenário das divergências entre os órgãos que compõem o Congresso Nacional no âmbito da elaboração das leis, bem como indicar seus reflexos sobre a organização dos poderes estatuída no texto constitucional não constitui, cumpre reconhecer, missão trivial. Mais difícil ainda é, diante de tamanha complexidade, propor soluções no sentido de melhorar o modelo de gestão de tal contencioso político-jurídico de forma a tornar o processo legislativo mais estável e previsível. Tamanho desafio foi assumido, em sede de doutoramento, por PAULO FERNANDO MOHN E SOUZA, autor da presente obra a qual tenho a honra de prefaciar.

Conheci PAULO durante seu curso de mestrado no Centro Universitário de Brasília (UniCEUB). Estava entre os alunos de minha primeira turma como professor daquele curso. Após ter concluído a disciplina, PAULO procurou-me para debater seu projeto de pesquisa, ficando eu responsável por sua orientação. Desenvolveu, àquele tempo, excelente trabalho sobre a aplicação do princípio da subsidiariedade em âmbito federativo. Defendeu-o como dissertação, tendo obtido não apenas a aprovação, mas também diversos elogios dos integrantes da banca examinadora. Pouco tempo depois, a dissertação foi editada como livro e publicada pela Subsecretaria de Edições Técnicas do Senado Federal.

Anos mais tarde, novamente fui procurado por PAULO. Postulava ele ingressar no curso de doutorado justamente com o projeto de examinar a relação entre as Casas Legislativas, o funcionamento do sistema bicameral brasileiro e o conjunto expressivo de práticas e expedientes que, no âmbito do processo legislativo, desafiam o modelo assimétrico assentado pelo constituinte de 1988. Apesar da complexidade da proposição, muito poucos estudiosos do direito apresentam as credenciais de PAULO para assumir missão de tamanha envergadura. Durante o mestrado, já tinha evidenciado sua vocação para lidar com temas de alta complexidade, demonstrando empenho, dedicação e destreza na pesquisa de questões constitucionais de considerável magnitude. Sua experiência profissional, que registra décadas de atuação em órgãos técnicos do Senado Federal, confere-lhe, outrossim, posição privilegiada de observação em face dessa específica temática. Acompanhou, participou e colecionou elementos de todos os principais expedientes e práticas adotados pelas Casas Legislativas de modo a contornar ou contrabalançar a fórmula constitucional que, como visto, prestigia a Casa iniciadora. Evidencia conhecimento profundo – como o presente livro sobejamente demonstra – dos meandros, detalhes e pormenores do processo legislativo e das alternativas procedimentais adotadas pelos órgãos legislativos.

O presente livro veicula, de forma atualizada e revisada, o produto final da pesquisa desenvolvida. Foi ela aprovada, com todas as recomendações e distinções cabíveis, pelos eminentes professores que compuseram a comissão avaliadora. Seu texto analisa, primeiramente, os principais modelos de solução de controvérsias entre Casas Legislativas adotados nos mais importantes sistemas bicamerais. Em seguida, traça interessante panorama histórico sobre o bicameralismo praticado nas Constituições brasileiras. Logo após, cuida do modelo bicameral brasileiro atual, examinando-o separadamente a partir das espécies legislativas. Vislumbra, nesse sentido, três modelos bicamerais: o das propostas de emenda à Constituição, o dos projetos de lei e o das medidas provisórias. Nessa parte, reúne considerações dogmáticas e doutrinárias pertinentes a valioso conjunto de dados obtidos a partir da prática legislativa atual. Expõe, nesse particular, cenário único e inédito que permite conhecer minuciosamente as entranhas da atividade legislativa desenvolvida em âmbito parlamentar. Na última parte do trabalho, apresenta conjunto de práticas legislativas voltadas a superar ou contornar o modelo bicameral assimétrico adotado em sede constitucional, analisando seu impacto sobre a organização dos poderes e sua dinâmica institucional. Além das conclusões, PAULO oferece, ao final do trabalho, interessantes propostas de emenda constitucional e de resolução voltadas ao aperfeiçoamento da relação entre os órgãos legislativos.

É, portanto, contribuição de leitura obrigatória àqueles que pretendem conhecer o complexo universo do processo legislativo e dos procedimentos que pautam a atuação de ambas as Casas do Congresso Nacional. Após seu exame, será impossível, estou seguro, encarar o processo legislativo do mesmo modo. PAULO FERNANDO MOHN E SOUZA empresta ao atento leitor deste estudo suas lentes, erigidas com base na reflexão de sua singular experiência como profissional e acadêmico, ensejando visão ampliada e minudente da atividade legislativa desenvolvida em âmbito federal no Brasil. A partir dessa visão, perceber-se-á problemas e impasses que, a olho nu, não se afiguram nítidos, mas impactam decisivamente na condução da política nacional. Retrata, com rara acuidade e inquestionável brilho, a realidade do processo legislativo brasileiro. É obra que, além de todos esses predicados, ousa propor aperfeiçoamentos e melhorias à elaboração das leis no Brasil, de forma a estabelecer ambiente mais harmonioso, estável e seguro ao desenvolvimento da atividade política no Brasil.

São Paulo, abril de 2024.

Roger Stiefelmann Leal
Professor Doutor de Direito Constitucional
da Faculdade de Direito da USP

LISTA DE SIGLAS E ABREVIATURAS

ACM	-	Ato Conjunto das Mesas da Câmara dos Deputados e do Senado Federal
ADC	-	Ação Direta de Constitucionalidade
ADCT	-	Ato das Disposições Constitucionais Transitórias
ADI	-	Ação Direta de Inconstitucionalidade
ADI-MC	-	Medida Cautelar na Ação Direta de Inconstitucionalidade
ADPF	-	Arguição de Descumprimento de Preceito Fundamental
CCJ	-	Comissão de Constituição, Justiça e Cidadania (Senado)
CCJC	-	Comissão de Constituição e Justiça e de Cidadania (Câmara)
CD	-	Câmara dos Deputados
CN	-	Congresso Nacional
CNPL	-	Confederação Nacional das Profissões Liberais
CPC	-	Código de Processo Civil
DANC	-	Diário da Assembleia Nacional Constituinte
DCD	-	Diário da Câmara dos Deputados
DCN	-	Diário do Congresso Nacional
DOU	-	Diário Oficial da União
DVS	-	Destaque para Votação em Separado
DSF	-	Diário do Senado Federal
EC	-	Emenda Constitucional
EUA	-	Estados Unidos da América
LCP	-	Lei Complementar
MC	-	Medida Cautelar
MPV	-	Medida Provisória
MS	-	Mandado de Segurança
PEC	-	Proposta de Emenda à Constituição
PL	-	Projeto de Lei
PLC	-	Projeto de Lei da Câmara (atualmente, PL)

PLP	-	Projeto de Lei Complementar
PLS	-	Projeto de Lei do Senado (atualmente, PL)
PLV	-	Projeto de Lei de Conversão
RCCN	-	Regimento Comum do Congresso Nacional
RICD	-	Regimento Interno da Câmara dos Deputados
RISF	-	Regimento Interno do Senado Federal
SDR	-	Sistema de Deliberação Remota
SF	-	Senado Federal
STF	-	Supremo Tribunal Federal
TCU	-	Tribunal de Contas da União
TSE	-	Tribunal Superior Eleitoral

LISTA DE QUADROS

LISTA DE TABELAS

SUMÁRIO

PARTE III
QUATRO PRÁTICAS LEGISLATIVAS NO PROCESSO LEGISLATIVO BICAMERAL

1

INTRODUÇÃO

Serão desenvolvidas, inicialmente, considerações preliminares a título de contextualização, para depois serem apresentados o tema, a questão central e a premissa inicial da tese, seguidos do plano da obra e da metodologia.

1.1. Considerações preliminares: contextualização

O ano de 2023 caracterizou-se, no Congresso Nacional brasileiro, pela retomada dos trabalhos regidos pelas normas tradicionalmente adotadas, depois da vigência de normas excepcionais durante o período da pandemia da Covid-19. Um assunto, porém, transformou-se em acesa polêmica: o retorno do funcionamento das comissões mistas de medidas provisórias (MPV). A suspensão delas havia ocorrido após autorização do Supremo Tribunal Federal (STF), mediante Medida Cautelar nas Arguições de Descumprimento de Preceito Fundamental (ADPF) n°s 661 e 663,[1] para que – durante a emergência de saúde pública decorrente da Covid – houvesse a emissão de parecer de plenário, em substituição à comissão mista, por parlamentar de cada uma das Casas do Congresso Nacional, designado na forma regimental (pelo Presidente da Casa). Em decorrência, foi publicado o Ato Conjunto das Mesas da Câmara dos Deputados e do Senado Federal nº 1, de 31 de março de 2020, que regulamentou a tramitação das medidas provisórias durante a pandemia de Covid-19.[2]

1 BRASIL. Supremo Tribunal Federal. *Arguição de Descumprimento de Preceito Fundamental (ADPF) nº 661*, Relator Ministro Alexandre de Moraes, Requerente: Diretório Nacional do Progressistas (PP), Interessados: Presidente da Mesa Diretora da Câmara dos Deputados e Presidente da Mesa do Senado Federal. Medida cautelar (contraposta) deferida em 27/03/2020 e referendada pelo Pleno, por maioria, na Sessão Virtual de 11 a 18/12/2020. DJe 08/04/2021; BRASIL. Supremo Tribunal Federal. *Arguição de Descumprimento de Preceito Fundamental (ADPF) nº 663*, Relator Ministro Alexandre de Moraes. Requerente: Presidente da República. Interessada: Câmara dos Deputados. (Julgada em conjunto com a ADPF nº 661.)

2 BRASIL Congresso Nacional. *Ato Conjunto das Mesas da Câmara dos Deputados e do Senado Federal nº 1, de 31 de março de 2020*. Dispõe sobre o regime de tramitação,

A emergência de saúde pública foi encerrada em maio de 2022 por Portaria do Ministério da Saúde,[3] mas não foram retomadas as comissões mistas para instrução das medidas provisórias. Somente em 23 de março de 2023, foi publicado o Ato do Presidente do Congresso Nacional nº 1, de 2023, que determinou que os procedimentos disciplinados no mencionado Ato Conjunto das Mesas não seriam mais aplicados para as medidas provisórias editadas a partir de 1º de janeiro de 2023.[4]

A medida teve forte reação contrária do Presidente da Câmara dos Deputados e das lideranças partidárias na Casa, expressa em ofício dirigido ao Presidente do Senado Federal, solicitando a convocação de sessão conjunta, a fim de que a matéria fosse formal e devidamente suscitada e decidida, facultando-se o contraditório com participação ampla de senadores e deputados federais.[5] A Presidência da Câmara dos Deputados questionava o fato de o Ato ter sido adotado unilateralmente e ter definido como marco temporal para o retorno das comissões mistas o início do novo Governo, quase um ano depois do fim da emergência de saúde pública.

Foram cogitadas mudanças para resolver a crise, mas todas esbarraram na negativa de uma das câmaras. As posições mantiveram-se em confronto. De um lado, a Presidência da Câmara dos Deputados alegava que a votação das medidas provisórias diretamente nos plenários, sem

no Congresso Nacional, na Câmara dos Deputados e no Senado Federal, de medidas provisórias durante a pandemia de Covid-19. Disponível em: https://legis.senado.leg.br/norma/32032762/publicacao/32033423. Acesso em 6 jun. 2023.

3 BRASIL. Ministério da Saúde. *Portaria-MS nº 913 de 22 de abril de 2022*. Declara o encerramento da Emergência em Saúde Pública de Importância Nacional (ESPIN) em decorrência da infecção humana pelo novo coronavírus (2019-nCoV) e revoga a Portaria GM/MS nº 188, de 3 de fevereiro de 2020. Disponível em: https://www.planalto.gov.br/ccivil_03/portaria/prt/portaria-913-22-ms.htm. Acesso em 3 jun. 2023.

4 BRASIL. Congresso Nacional. *Ato do Presidente do Congresso Nacional nº 1, de 23 de março de 2023*. Dispõe sobre o retorno ao regime ordinário de tramitação das medidas provisórias. Disponível em: https://www.camara.leg.br/internet/comissao/index/mista/orca/Legisla_CMO/Ato-conjunto-MPVs_2.pdf. Acesso em 3 jun. 2023.

5 FEITOZA, Cézar; AZEVEDO, Victória. Lira diz faltar coerência a Pacheco em crise das MPs e pede sessão do Congresso. *Filha de S. Paulo*, 24 mar. 2023. Disponível em: https://www1.folha.uol.com.br/poder/2023/03/lira-diz-faltar-coerencia-a-pacheco-em-mps-de-bolsonaro-e-lula-e-pede-sessao-do-congresso.shtml. Acesso em 3 jun. 2023.

passar pelas comissões mistas, mostrava-se mais "*dinâmica e eficiente*", pois a experiência "*demonstrou que podemos ser mais céleres, como a população exige*", não se devendo "*retroagir a um modelo superado*".[6] Por outro, o Presidente do Senado Federal apegava-se ao texto da Constituição Federal e a decisões do Supremo Tribunal Federal, como a das próprias ADPFs n°s 661 e 663 e a adotada na Ação Direta de Inconstitucionalidade (ADI) nº 4.029, de 8 de março de 2012, que julgou ser obrigatório haver o parecer da comissão mista.[7]

Para entrar na discussão e nos termos adotados nesta tese, pode-se dizer que o Presidente da Câmara dos Deputados gostaria de estender, às medidas provisórias, o **modelo de tramitação bicameral dos projetos de lei** (PL), no qual as divergências são resolvidas por decisão final da Casa iniciadora (nas MPVs, sempre a Câmara dos Deputados). O Presidente do Senado, no entanto, defendia que se mantivesse o **modelo bicameral** próprio **das medidas provisórias**, que busca antecipar as divergências por meio da comissão mista, embora depois, entre os plenários, aplique-se a prevalência da Casa iniciadora se outros ainda surgirem.

Os protagonistas são recentes, mas o enredo vem de longa data. Até se poderia cogitar de seu início na Constituição Federal de 1988, que criou o instituto das medidas provisórias, com força de lei, a serem submetidas de imediato ao Congresso Nacional, com prazo de eficácia de trinta dias, sem dispor expressamente sobre a possibilidade de sua reedição. A dificuldade de sua deliberação em sessão conjunta (que não tinha periodicidade definida) e o entendimento de que poderia haver sucessivas e incontáveis reedições suscitaram a necessidade de alteração da sistemática original.

Adveio então a Proposta de Emenda à Constituição (PEC) nº 1, de 1995, que demarca com mais precisão o começo do enredo. Em sua versão original, ela aumentava o prazo de eficácia da medida provisória

6 BRASIL Câmara dos Deputados. Nota à Imprensa da Presidência da Câmara sobre a votação das medidas provisórias. *Assessoria de Imprensa*. 23 mar. 2023. Disponível em: https://www.camara.leg.br/noticias/947905-confira-a-nota-a-imprensa-da-presidencia-sobre-a-votacao-de-medidas-provisorias/. Acesso em 3 jun. 2023.

7 BRASIL. Supremo Tribunal Federal. *Ação Direta de Inconstitucionalidade (ADI) nº 4.029*. Relator Ministro Luiz Fux, Tribunal Pleno, julgado em 08/03/2012, DJe 27/06/2012. Requerente: Associação Nacional dos Servidores do IBAMA. Intimados: Presidente da República e Congresso Nacional.

para sessenta dias, mas vedava a reedição se não houvesse a votação até então. Não cabe adiantar a história, que integra seção própria deste trabalho, mas interessa registrar que, entre 1995 e 2001, a proposta foi enviada de uma Casa para outra quatro vezes, até que houvesse o acordo entre elas.

O Senado é que propôs, por duas vezes, que a votação passasse a ser em Casas separadas, mas com alternância de início da tramitação. Na segunda vez, a Câmara aceitou a proposta, mas sem a regra da alternância. O Senado vergou-se à forma da Câmara, apesar de verificar que a contribuição dos senadores teria sua importância diminuída, podendo limitar-se a um caráter meramente homologatório e restringindo-se à participação na comissão mista. Teve origem, então, a Emenda Constitucional (EC) nº 32, de 11 de setembro de 2001,[8] que estabeleceu a nova sistemática de apreciação das medidas provisórias pelo Congresso Nacional.

Voltando ao enfoque da tese, a PEC nº 1, de 1995, exemplifica o **terceiro modelo de tramitação bicameral**. Na **elaboração das emendas constitucionais**, o texto só vai à promulgação se aprovado pela duas Casas, em cada uma por três quintos dos votos, em dois turnos. Isso leva a um equilíbrio de poderes entre as Casas, sem que haja prevalência de última palavra para uma delas. O texto promulgado deve ter obtido mediante necessária concordância de ambas. Na referida proposta, configurou-se o chamado pingue-pongue entre as Casas, somente concluído depois dos quatro envios (duas rodadas), em seis anos de tramitação.

A segunda parte da história, que tem início com a PEC nº 11, de 2011,[9] não foi sequer mencionada nos conflitos recentes. Essa PEC teve origem no Senado Federal que, de novo, sugeria a alteração no rito das medidas provisórias, inclusive propondo que as comissões mistas não mais existissem. Como sabido, apesar de a Emenda Constitucional nº 32, de 2001, ter estabelecido na Constituição sua existência, as comissões

8 BRASIL. *Emenda Constitucional nº 32, de 11 de setembro de 2001*. Altera dispositivos dos arts. 48, 57, 61, 62, 64, 66, 84, 88 e 246 da Constituição Federal, e dá outras providências. Disponível em: https://www.planalto.gov.br/ccivil_03/constituicao/emendas/emc/emc32.htm. Acesso em 12 abr. 2023.

9 BRASIL. Congresso Nacional. *Proposta de Emenda à Constituição (PEC) nº 11, de 2011, no Senado Federal (renumerada para PEC nº 91, de 2019). Proposta de Emenda à Constituição (PEC) nº 70, de 2011, na Câmara dos Deputados*. Altera o procedimento de apreciação das medidas provisórias pelo Congresso Nacional. Tramitação bicameral disponível em: https://www.congressonacional.leg.br/materias/materias-bicamerais/-/ver/pec-11-2011-sf. Acesso em 8 abr. 2023.

mistas não funcionaram de imediato. O parecer às medidas provisórias era emitido no plenário da Câmara dos Deputados, por relator designado por seu Presidente, no qual eram definidas as linhas gerais sobre a discussão e votação da matéria daí em diante.

A situação perdurou até a decisão na ADI nº 4.029, em março de 2012, que considerou inconstitucional o prazo de apenas 14 dias fixado para a comissão mista e o procedimento de relatoria no plenário da Câmara. O parecer da comissão mista passou a ser obrigatório, mas sem prazo para ser emitido. Não havia também prazo para o plenário da Câmara deliberar, o que levava a que o Senado frequentemente tivesse que apreciar a matéria em data bastante próxima ao esgotamento de seu prazo constitucional, o que inviabilizava sua alteração e retorno à Câmara. Desgastados com a situação, os proponentes da PEC nº 11, de 2011, renunciavam à comissão mista para terem tempo de deliberar e, eventualmente, alterar as medidas provisórias.

Em 2019, houve articulação entre as presidências das Casas para que a PEC, ainda em tramitação na Câmara dos Deputados (numerada nesta como PEC nº 70, de 2011) tivesse andamento. A Câmara aprovou a proposta no início de junho de 2019, mantendo a comissão mista[10] e definindo prazos específicos tanto para ela quanto para os plenários de cada uma das Casas, todos sob pena de perda de eficácia.

No entanto, ao apreciar o substitutivo da Câmara (numerado como PEC nº 91, de 2019), o Senado aprovou uma emenda de redação que manteve o prazo das comissões mistas de quarenta dias, acrescentando que seu parecer era indispensável, mas sem que o decurso daquele implicasse a perda de eficácia. Porém, a contagem do prazo de quarenta dias da Câmara já se iniciava. Isso traria grave indefinição para a Câmara, pois o prazo iniciava mesmo sem que a matéria estivesse sob seu controle. Nem admitindo que a emenda fosse de redação, nem concordando com o teor das novas disposições, a Mesa da Câmara negou-se a promulgar a emenda constitucional. Embora formalmente aprovada a PEC nas duas Casas desde 12 de junho de 2019, jamais ocorreu a promulgação.[11]

10 Segundo informações não documentadas, as gestões que envolveram a apreciação da matéria na Câmara dos Deputados envolveram a manutenção das comissões mistas, pois o Senado Federal reconhecera o prejuízo que teria se elas fossem extintas.

11 CAVALCANTE FILHO, João Trindade. A PEC nº 91/2019 e o curioso caso da emenda que foi sem nunca ter sido. *Consultor Jurídico (Conjur)*. 20 set. 2022. Disponível

Registre-se aqui uma interessante característica do modelo bicameral das propostas de emenda à Constituição, que é a promulgação realizada em sessão solene conjunta, com a subscrição da maioria dos membros da Mesa da Câmara dos Deputados e da Mesa do Senado Federal.[12] Isso viabiliza o controle, de cada uma das Mesas, sobre a regularidade da tramitação bicameral da proposta, podendo-se verificar se o texto levado à promulgação obteve aprovação nos termos do § 2º do art. 60 da Constituição Federal.

A controversa aprovação da PEC nº 91, de 2019, ficou perdida no passado, pois nem ela nem a sua promulgação esquecida foram objeto dos debates públicos em 2023, quando o tema de que tratava ficou em evidência. Assim, os choques entre as Casas seguirão, com desdobramentos e discussões sobre a apreciação das medidas provisórias, inclusive na discussão e votação de cada uma delas.

Os episódios relatados servem, na abertura deste trabalho, não para tratar das relações políticas e conflitos de poder, mas sim para chamar atenção para a importância do exame das **normas constitucionais que regulam como são resolvidas as divergências entre as Casas na elaboração legislativa**, que é o assunto de fundo dessas contendas e o objeto da presente tese. O enfoque da **resolução de divergências** de que trata este trabalho **restringe-se à elaboração legislativa**, vale dizer, refere-se aos **mecanismos constitucionais ou regimentais de intercâmbio de textos entre as câmaras na forma de proposições, emendas, substitutivos e disposições de caráter normativo**. Pelo que foi mostrado, **existem na Constituição Federal três distintas soluções**, aplicadas respectivamente à elaboração das leis, das medidas provisórias e das emendas constitucionais. Essas soluções passam a ser referenciadas como **modelos de tramitação bicameral** e vão se constituir na espinha dorsal desta tese.

1.2. Tema, tese e questão central de pesquisa

O tema da pesquisa situa-se na interseção entre o bicameralismo e o processo legislativo. Mais especificamente, pretende-se **analisar o**

em: https://www.conjur.com.br/2022-set-20/fabrica-leis-pec-912019-curioso-emenda-foi-nunca-sido. Acesso em 17 mar. 2023.

12 Considerando que as Mesas são compostas por sete membros titulares, é necessária a assinatura de pelo menos quatro deles, de cada Casa, na promulgação.

processo legislativo brasileiro a partir de uma perspectiva bicameral, voltada ao exame da interação que se faz necessária entre as câmaras para a elaboração das normas jurídicas.

Os estudos sobre bicameralismo abordam três características que são decisivas nesse tipo de estrutura do Legislativo: a composição de cada câmara; a distribuição de competências entre elas; e os métodos formais de interação, que dizem respeito ao papel que desempenham na tramitação das proposições legislativas.[13] As duas primeiras características são as mais conhecidas e exploradas nas investigações sobre o assunto, por comporem a estrutura do cenário institucional de cada País. O terceiro aspecto nem sempre obteve o mesmo reconhecimento, possivelmente por não se mostrar tão evidente e por ser um elemento mais atinente à dinâmica de funcionamento do parlamento do que propriamente uma variável percebida a partir de sua estrutura.

Porém, uma advertência feita por George Tsebelis e Jeanette Money desperta atenção para o tema, ao lembrar que o exame do processo legislativo em apenas uma das câmaras, num parlamento bicameral, ignora aspectos estratégicos gerados pela existência da outra. Assim, o estudo do processo legislativo que considere apenas uma das câmaras se mostrará necessariamente incompleto. Registram os autores que mesmo as segundas câmaras consideradas fracas, ou que não detêm poder de veto, exercem influência sobre os resultados legislativos, nem que seja valendo-se da impaciência da outra.[14]

Efetivamente, a estrutura bicameral tem entre seus objetivos viabilizar diferentes representações e interesses no parlamento, assim como possibilitar maior estabilidade e qualidade da legislação, por meio dos controles mútuos entre as câmaras. Por isso, a Constituição, ao dispor sobre as normas que regulam a elaboração dos atos legislativos, deve também disciplinar a forma de interação entre as câmaras no processo legislativo. Ocorre, ainda, que da interação entre as câmaras decorrem

13 ARAÚJO, Paulo Magalhães. Bicameralismo: história, conceito e funções nos governos contemporâneos. *Revista Brasileira de Estudos Políticos*, Belo Horizonte, n. 114, jan.-jun. 2017, p. 448.

14 TSEBELIS, George; MONEY, Jeanette. Bicameralism. Cambridge: Cambridge University Press, 1997. Nesta tese, o "poder de veto" de uma câmara refere-se à capacidade de rejeição da proposição, sem que haja possibilidade de superação pela outra câmara.

posicionamentos divergentes entre elas, em face das proposições postas em discussão e votação.

As normas constitucionais, portanto, precisam dispor sobre os métodos a serem adotados para a superação dessas divergências, de modo a alcançar os resultados legislativos esperados pela sociedade. Esse o tema ao qual se dedica este trabalho, ao perquirir quais são esses métodos, quais são as normas da Constituição Federal de 1988 que os estabelecem, e como elas são aplicadas na dinâmica do sistema bicameral. A **questão central de pesquisa** pode, então, ser formulada do seguinte modo: **considerando a aplicação das normas do processo legislativo brasileiro, como as câmaras resolvem as suas divergências na elaboração legislativa?**

O art. 59 da Constituição Federal enumera as espécies normativas produzidas pelo processo legislativo: as emendas à Constituição, as leis complementares, as leis ordinárias, as leis delegadas, as medidas provisórias, os decretos legislativos e as resoluções. As leis delegadas e as resoluções não são elaboradas mediante tramitação bicameral. As primeiras dependem de delegação ao Presidente da República, que as elabora (art. 68, CF). As segundas têm sua elaboração restrita à própria Casa legislativa.

As demais espécies normativas resultam de tramitação entre as câmaras. Para tanto, no processo legislativo brasileiro, podem ser apontados três modelos normativos de tramitação bicameral de proposições: o dos projetos de lei; o das medidas provisórias; e o das propostas de emendas à Constituição. O dos projetos de lei aplica-se à elaboração das leis ordinárias, das leis complementares e dos decretos legislativos.[15] O das medidas provisórias refere-se à sua apreciação pelo Congresso Nacional para conversão em lei ordinária. E o modelo das propostas de emendas à Constituição visa à alteração do texto constitucional, mediante elaboração das emendas constitucionais.

---

15 Os decretos legislativos seguem o mesmo processo de deliberação legislativa das leis, mas não são submetidos à sanção do Presidente da República por versarem temas de competência exclusiva do Congresso Nacional. Por isso, Pontes de Miranda os define como *"leis a que a Constituição não exige a remessa ao Presidente da República para sanção"*. (Cf. MIRANDA, Pontes de. *Comentários à Constituição de 1967, com a Emenda nº 1, de 1969.* 2a. ed. São Paulo: Revista dos Tribunais, 1973, tomo III, p. 142).

Embora os modelos sejam baseados no sistema *navette*, de intercâmbio da proposição (textos e emendas) entre as Casas, as regras adotadas para sua implementação são distintas. Tanto assim que são regulados por diferentes normas constitucionais: o dos projetos de lei, pelo art. 65; o das propostas de emenda à Constituição, pelo § 2º do art. 60; e o das medidas provisórias pela combinação dos §§ 8º e 9º do art. 62 com o art. 65. A análise desses modelos e sua adequada caracterização e distinção deve ser tarefa a qual se incumbirá este trabalho. Por ora, interessa atentar para a existência diferenciada desses três modelos.

A propósito, é corriqueiro que a descrição e a avaliação do sistema bicameral brasileiro leve em consideração apenas o modelo dos projetos de lei, tendo em vista que ele é o de utilização mais frequente. Ao combiná-lo com a regra disposta no art. 64 da Constituição, de que os projetos de iniciativa extraparlamentar - em especial, os do Presidente da República - devem ter início da discussão e votação na Câmara dos Deputados, generalizou-se a percepção de que essa Casa tem acentuada prevalência no processo legislativo brasileiro, levando a um sistema bicameral sem equilíbrio.

Tome-se como exemplo a manifestação do Ministro Sepúlveda Pertence em voto proferido no julgamento da Medida Cautelar na ADI nº 2.182,[16] em maio de 2000, no qual identifica haver, no Brasil, um "*bicameralismo imperfeito, com prevalência da câmara de origem*". Acrescenta o Ministro que isso "*dá nítida predominância política à Câmara dos Deputados, a câmara de origem dos projetos do Executivo*", de onde parte "*a imensa maioria dos projetos convertidos em lei*". Evidente que a constatação do Ministro Pertence, sobretudo em sua última parte, precisa ser colocada no contexto e no tempo em que aconteceu, que possivelmente já não corresponde à situação atual.

A percepção de um bicameralismo sem equilíbrio, ou imperfeito, que decorre do processo legislativo brasileiro é um dos fatores de impulso do presente esforço de pesquisa. Afinal, é preciso verificar se ela corresponde à realidade, nos dias de hoje. Cabe mesmo questionar se, após algumas décadas da promulgação da Constituição Federal de 1988, esse diagnóstico condiz com a aplicação das normas do processo legis-

16 BRASIL. Supremo Tribunal Federal. *Medida Cautelar na Ação Direta de Inconstitucionalidade (ADI-MC) nº 218*, Relator Ministro Maurício Corrêa, Tribunal Pleno, julgamento em 31/05/2000, DJ 19/03/2004. Requerente: Partido Trabalhista Nacional-PTN. Requeridos: Presidente da República e Congresso Nacional.

lativo, sobretudo quanto à resolução de divergências entre as Casas na elaboração legislativa.

Nesta tese, parte-se da seguinte **premissa de trabalho**: **no processo legislativo brasileiro, cada um dos modelos normativos de tramitação bicameral, com suas correspondentes normas de resolução de divergência entre as Casas, enseja um determinado equilíbrio entre as câmaras**. Desse modo, as normas estabelecidas na Constituição Federal de 1988 ensejam, em seu conjunto, um sistema bicameral mais complexo e variado do que a simples percepção da realidade permite verificar. Esse sistema mostra-se, até certo ponto, mais equilibrado do que o diagnóstico generalizado de acentuada predominância da Câmara dos Deputados na elaboração legislativa, por força da iniciativa extraparlamentar.

É preciso observar, ainda, que foram aprimoradas ou desenvolvidas práticas legislativas que incidem sobre os modelos de tramitação bicameral, com o objetivo de alterar as características da resolução de divergências ou de viabilizar resultados legislativos mais céleres. As práticas identificadas nesse sentido, objeto de análise neste trabalho, são: as emendas de redação; a supressão de expressões e dispositivos (sem retorno à outra Casa); o desmembramento de proposição (para promulgação fatiada); e a apensação (tramitação em conjunto) de projetos na Casa revisora. A identificação dessas práticas deveu-se ao impacto relevante que trazem na resolução de divergências entre as câmaras.

As emendas de redação, originalmente, serviam para apenas para *"sanar vício de linguagem, incorreção de técnica legislativa ou lapso manifesto"*.[17] Contudo, sua aplicação ampliou-se para a finalidade de melhor comunicação e elaboração dos preceitos normativos, inclusive para obtenção de maior clareza, precisão e ordem lógica.[18] Isso aproximou as adequações redacionais das mudanças substanciais, ou criou linha bastante tênue entre elas. A depender do ajuste, poderá se passar

17 Cf. art. 18, §§ 5º e 8º, do Regimento Interno da Câmara dos Deputados.

18 A propósito, ver: BRASIL. *Lei Complementar nº 95, de 26 de fevereiro de 1998*. Dispõe sobre a elaboração, a redação, a alteração e a consolidação das leis, conforme determina o parágrafo único do art. 59 da Constituição Federal, e estabelece normas para a consolidação dos atos normativos que menciona. Disponível em: https://www.planalto.gov.br/ccivil_03/leis/lcp/lcp95.htm. Acesso em: 09 mar. 2023.\

a defender a incidência da regra do art. 135 do Regimento Comum do Congresso Nacional, segundo a qual a retificação de incorreções de linguagem pela câmara revisora, desde que não altere o sentido da proposição, não exigirá o retorno dela à câmara iniciadora. Desse modo, ao qualificar determinada emenda como sendo de redação, evita-se o retorno da proposição à outra Casa. Se a mudança, porém, alcançar o mérito da proposição, serão desvirtuadas as normas do modelo bicameral.

As práticas de supressão de expressões ou dispositivos e de desmembramento das proposições têm como principal objetivo dar celeridade ao processo legislativo. Elas não se ajustam bem aos projetos de lei e às medidas provisórias. Mas passaram a ter ampla aplicação nas propostas de emenda à Constituição, viabilizando boa parte das normas jurídicas vigentes. Sua aplicação nas PECs busca evitar o efeito pingue-pongue desse modelo de tramitação bicameral, ao permitir que a parte da proposição que obteve aprovação de ambas as Casas possa ser levado à promulgação. Na prática da supressão, a parte remanescente é rejeitada e vai ao arquivo. Na prática do desmembramento, a parte remanescente constitui nova proposição, que passa a tramitar do início. É preciso, contudo, verificar em que condições cada uma dessas práticas pode ser utilizada sem que represente ofensa às normas do processo legislativo bicameral e alteração indevida das regras de resolução de divergências.

A propósito das supressões, uma das suas aplicações que têm suscitado grande controvérsia refere-se ao procedimento de impugnação de dispositivos que contenham matéria estranha à medida provisória (as chamadas "emendas jubutis"[19]), incluídos em projeto de lei de conversão aprovado pela Câmara dos Deputados. Nessa hipótese, por entender que se trata de saneamento do projeto, em face de inconstitucionalidade, conforme entendimento fixado pelo STF na ADI nº 5.127,[20] o Senado suprime os dispositivos impugnados e encaminha o projeto diretamente à sanção. A Câmara dos Deputados, contudo, enxerga esse procedimento como negativa de vigência do parágrafo único do art. 65 da Constituição,

19 Essa curiosa denominação vem do ditado popular *"jabuti não sobe em árvore; se está lá, foi enchente ou mão de gente"*.

20 BRASIL. Supremo Tribunal Federal (Plenário). *Ação Direta de Inconstitucionalidade (ADI) nº 5.127*. Relatora Min. Rosa Weber, Redator para o Acórdão Min. Edson Fachin, Tribunal Pleno, julgado em 15/10/2015, DJe 10/05/2016. Requerente: Confederação Nacional das Profissões Liberais (CNPL). Intimado: Presidente da República e Congresso Nacional.

que exige o retorno da matéria à Casa iniciadora em caso de sofrer emenda na revisora (mesmo que supressiva).

Outro mecanismo que pode interferir no funcionamento na aplicação do modelo normativo bicameral refere-se ao apensação e tramitação em conjunto de proposições. Duas são as questões suscitadas. A primeira é a apensação de projetos de iniciativa diversa, tal como a tramitação em conjunto de projeto da iniciativa do Presidente da República com outro de iniciativa do Senado Federal. É que aquele, a princípio, deve ter a Câmara dos Deputados como iniciadora e o Senado Federal como revisora. Essas posições são invertidas no projeto de iniciativa do Senado Federal. Então, cabe perguntar se é possível essa apensação, ou se ela ofende as normas do processo legislativo bicameral.

Outra questão é a apensação na Casa revisora de vários projetos da Casa iniciadora que versem sobre a mesma matéria e sejam encaminhados àquela câmara em épocas distintas. Como passam a tramitar apensados, esses projetos terão um só parecer e serão apreciados em conjunto, do que resulta a aprovação de um eles e a prejudicialidade dos demais. É bastante comum que seja oferecido um substitutivo da Casa revisora, que resulte da compilação das disposições dos diversos projetos. Contudo, a escolha feita pela Casa revisora sobre qual o projeto formalmente aprovado e os que serão prejudicados limita as opções da Casa iniciadora, após o retorno da matéria. Como o substitutivo é considerado uma série de emendas, se elas se referirem a um projeto antigo ou que não seja o mais abrangente, isso prejudicará a correspondência na apreciação final da Casa iniciadora, que não poderia confrontar os dispositivos dos projetos prejudicados pela revisora. Esse problema demanda solução normativa, para orientar a aplicação do parágrafo único do art. 65 nessas situações.

Como se vê, as práticas legislativas mencionadas incidem sobre os modelos de tramitação bicameral produzindo múltiplos efeitos, que precisam ser identificados e tratados. O que se verifica é que essas práticas e a dinâmica de funcionamento do Congresso Nacional levaram à necessidade de aprimoramento a atualização das normas do processo legislativo bicameral, podendo-se constatar sobretudo um déficit de regulamentação que exige premente adequação. Essa é uma contribuição que essa tese buscará trazer, ao indicar eventuais problemas e lacunas nas normas existentes do processo legislativo bicameral e oferecer sugestões normativas que possam servir como base para as soluções necessárias.

Ao encerrar esta seção, que busca definir o escopo desta tese, duas observações a respeito das limitações da abordagem proposta são pertinentes. A primeira é que a tese não tem como objeto da investigação assuntos mais tradicionais do estudo do bicameralismo, tais como os relacionados à composição ou às competências atribuídas às Casas do Congresso Nacional, concentrando-se nas implicações do bicameralismo para o processo legislativo.

Outro importante aspecto é que a abordagem se restringe ao processo legislativo como conjunto de normas que disciplinam os atos e procedimentos voltados à produção das espécies normativas enumeradas no art. 59 da Constituição Federal. Nessa linha, o trabalho desenvolverá argumentos jurídicos no campo do Direito Constitucional e do Direito Parlamentar. Desse modo, não se trata de estudo de relações de poder ou de distribuição de forças ideológicas na tomada das decisões do parlamento. A **resolução de divergências de que trata esta tese** diz respeito à **solução das dissonâncias sobre as disposições a serem veiculadas nas normas jurídicas sob elaboração das Casas do Congresso Nacional**.

1.3. Justificativa e contribuição original

Em Prefácio de publicação de 2022 sobre processo legislativo, o ex-Ministro Nelson Jobim avalia que o estudo do tema no Brasil atém-se, na maioria das vezes, a uma postura de "*dever ser*", com textos normativos, sem pesquisa empírica sobre como os parlamentos se comportam em concreto. Segundo afirma, "*pretende-se dizer aos atores (membros do parlamento), como devem se comportar*".[21] Acrescenta que há pouca análise dos textos que presidem os trabalhos legislativos, os regimentos internos do Congresso Nacional e de suas Casas, que aponta serem instrumentos de administração dos conflitos parlamentares e meios para obtenção da maioria necessária para aprovação das matérias legislativas.

A manifestação do ex-Ministro repercute o fato de que o estudo e a pesquisa jurídica no Brasil tem-se dedicado mais ao Poder Judiciário do que ao Legislativo. Possivelmente, o desprestígio das instituições

21 JOBIM, Nelson. Prefácio. In: MORAU, Caio; OLIVEIRA, Carlos E. Elias de. *Processo Legislativo: Teoria e Prática*. São Paulo: Editora JusPodivm, 2022, p. 5-15.

políticas e do Congresso Nacional colaboram com essa tendência.[22] Entendemos, contudo, que seguem sendo de grande relevância e valor a pesquisa sobre temas legislativos no âmbito do Direito Constitucional e do Direito Parlamentar. É nesse esforço que esta tese procura se engajar.

Com relação ao bicameralismo, Leany Barreiro Lemos observa que, embora seja um importante aspecto do sistema político, ele tem suscitado poucos estudos no Brasil. A autora observa que a maioria dos estudos legislativos se concentra na Câmara dos Deputados, dos quais muitas vezes são generalizados princípios ou achados empíricos que dizem respeito somente a ela. Conclui que esse procedimento "*prejudica a compreensão das partes e do todo – das casas em si e do sistema político em geral*".[23]

O mesmo diagnóstico é feito por Paulo Magalhães Araújo, para quem há vantagens em analisar a relação entre as casas, exigindo-se a consideração dos poderes de uma casa e seus efeitos sobre a outra, para adequado exame do sistema legislativo bicameral.[24] Nesse sentido, Ana Luiza Backes alerta que a falta de análises de maior profundidade sobre os poderes exercidos pelas duas Casas e a interação entre elas leva a que muito do que se comenta sobre o assunto seja genérico ou impreciso, quando não equivocado, pois em geral se baseia em características peculiares a apenas uma delas.[25]

A preferência por estudos com foco unicameral e voltados sobretudo à câmara baixa não ocorre só no Brasil. Conforme testemunham Sean Gailmard e Thomas Hammond, a grande maioria dos trabalhos analíticos e empíricos sobre a organização legislativa nos Estados Unidos

22 ATLASINTEL. *Dinâmicas Políticas ao Final do Primeiro Mês do Governo Lula*. Pesquisa Atlas. 1º, fev. 2023. Disponível em: https://atlasintel.org/poll/brazil-national-2023-02-01. Acesso em 5 jun. 2023. Segundo a pesquisa, na seção Confiança nas Instituições, o Congresso Nacional situa-se bem abaixo do Governo Federal e do Supremo Tribunal Federal, com 24% de respostas "Confio" e 57 "Não Confio", enquanto os outros dois têm ambos 42% de "Confio", com 45% de "Não Confio" para o Governo e 47% para o STF.

23 LEMOS, Leany Barreiro. Apresentação. In: LEMOS, Leany Barreiro. (org.). *O Senado brasileiro no pós-constituinte*. Senado Federal: Unilegis, 2008, p. 14.

24 ARAÚJO, Paulo Magalhães. Bicameralismo: história, conceito e funções nos governos contemporâneos. *Revista Brasileira de Estudos Políticos*, Belo Horizonte, n. 114, jan.-jun. 2017, p. 427.

25 BACKES, Ana Luiza. Bicameralismo no Brasil o que pode uma "minoria". *Cadernos Aslegis*, v.3, n.7, jan./abr. 1999, p. 13.

volta-se somente para uma única câmara.[26] Os autores apontam que os estudos sobre a organização do Congresso norte-americano negligenciam o bicameralismo como um arranjo institucional chave no processo político, especialmente porque cada câmara tem poder de veto sobre a legislação proposta. Concluem que os estudos que tomam em consideração modelos de câmara única são incompletos e trazem interpretações equivocadas sobre as características da organização legislativa.

Mariana Llanos e Detlef Nolte observam que os estudos comparativos dos parlamentos bicamerais retomaram interesse a partir do século XXI, muitas vezes incentivados pela discussão sobre reformas nas segundas câmaras. Esses estudos, contudo, concentraram-se nos sistemas parlamentaristas, com exceção dos Estados Unidos. Apontam que a América Latina, que conta com grande número de países bicamerais, foi quase sempre ignorada. Os estudos sobre o funcionamento do sistema bicameral e os Senados desses países são raros. Apontam que essa negligência é notável, se considerado que o bicameralismo é uma longa tradição no Direito Constitucional da região. Além disso, boa parte dos países combinam o presidencialismo com um bicameralismo forte, com inspiração no modelo norte-americano. E, finalmente, também houve reformas na região, de que foi exemplo a extinção da segunda câmara na Venezuela. [27]

Vê-se, portanto, que o estudo do bicameralismo é de interesse e contribui com agenda de pesquisa ainda não suficientemente contemplada no país. No Brasil, igualmente o bicameralismo tem longa tradição no Direito Constitucional. Não obstante, os estudos concentram-se mais na área de Ciência Política. A atenção da área jurídica mostra-se limitada quanto aos temas e disposições constitucionais relacionadas ao bicameralismo e suas implicações no Poder e processo legislativo.

A propósito, cabe lembrar a afirmação de George Tsebelis e Jeanette Money segundo a qual os resultados legislativos, nos parlamentos bicamerais, serão sempre afetados pela interação entre as câmaras, sendo fundamental estudá-los sob essa perspectiva.[28] Esse enfoque suscita

26 GAILMARD, Sean; HAMMOND, Thomas. Intercameral Bargaining and Intracameral Organization in Legislatures. *The Journal of Politics*, v. 73, n. 2, apr. 2011, p. 535.

27 LLANOS, Mariana; NOLTE, Detlef. Bicameralism in the Americas: around the extremes of symmetry and incongruence. *The Journal of Legislative Studies*, v. 9, n. 3, 2003, p. 55.

28 TSEBELIS, George; MONEY, Jeannette. *Bicameralism*. Cambridge: Cambridge University Press, 1997, p. 3.

uma abordagem instigante e original para estudo do processo legislativo, visto sob a ótica bicameral. Afinal, há normas constitucionais que regulam como as câmaras interagem na elaboração legislativa e como elas resolvem as suas divergências no desempenho dessa atividade. Vale dizer, para melhor compreensão do processo legislativo, deve-se ir além do estudo no interior de cada Casa (típico dos regimentos internos), pois os resultados legislativos são produzidos no relacionamento entre elas.

Essa abordagem traz um desafio inovador. As diretrizes do processo legislativo estão dispostas na Constituição Federal. A regulamentação dos dispositivos constitucionais é feita pelo Regimento Comum do Congresso Nacional, que dispõe de um título especificamente dedicado a isso, o "*Título VI - Das Disposições Comuns sobre o Processo Legislativo*" (arts. 134 a 143). Registre-se que esse título não só é pouco conhecido e lembrado, como encontra-se defasado, encartado em norma regimental de 1970, que teve muita pouca atualização.

Mas as Casas, na discussão e votação das matérias, seguem seus próprios ritos e procedimentos internos, disciplinados nos respectivos regimentos internos. Desse modo, o estudo do processo legislativo, sob perspectiva bicameral, exige examinar a aplicação - de forma integrada e articulada - das disposições que regulam o processo legislativo na Constituição Federal, no Regimento Comum do Congresso Nacional e nos regimentos internos das Casas.[29]

Não bastasse isso, é preciso lembrar que as normas do processo legislativo brasileiro não são uniformes para todas as espécies legislativas produzidas, havendo variação inclusive quanto à interação e à resolução de divergências entre as Casas. Como antes mencionado, é possível identificar na Constituição Federal pelo menos três padrões de relacionamento, que foram denominados como modelos de tramitação bicameral. Cada qual segue regras específicas, desde a iniciativa até a promulgação. Desse modo, como esses modelos igualmente "atravessam" todas as normas constitucionais e regimentais antes mencionadas, cresce a complexidade do processo legislativo bicameral.

Importante observar que esta tese sempre teve por propósito oferecer uma visão completa e integrada do processo legislativo no siste-

29 Vale mencionar, ainda, que muitos procedimentos adotados decorrem de questões de ordem e precedentes das Casas do Congresso Nacional, que se somam à jurisprudência do Supremo Tribunal Federal como fontes de regulação do processo legislativo.

ma bicameral brasileiro. Afinal, o conceito de sistema relaciona-se a um conjunto de componentes interrelacionados e interdependentes criados para realizar um objetivo definido. Desse modo, não se poderia cogitar de um estudo compartimentado, que resultasse de algum "corte" que reduzisse sua amplitude, como tratar uma só espécie normativa ou estudar apenas o âmbito constitucional. A intenção e a diferenciação do trabalho devem resultar exatamente do tratamento sistêmico oferecido ao processo legislativo na perspectiva bicameral.

Registre-se, por fim, que para evitar uma análise puramente normativa do processo legislativo, a presente tese adota duas estratégias. Uma delas compreende o próprio objeto da investigação, na medida em que, além dos três modelos normativos analisados, são examinadas quatro práticas legislativas utilizadas no Congresso Nacional e que produzem efeitos sobre o sistema bicameral e a resolução de divergências entre as Casas. A identificação e sistematização dessas práticas decorre, especialmente, da observação ativa da prática do processo legislativo pelo próprio autor da tese, em sua atuação profissional de assessoramento legislativo há mais de duas décadas.

A segunda estratégia é um amplo levantamento empírico sobre a aplicação das normas de resolução de divergências nas Casas legislativas nas últimas seis legislaturas (da 51ª à 56 Legislaturas), compreendendo o período de vinte e quatro anos. Por meio desses levantamentos, é possível observar como as Casas dão início ao processo legislativo, como depois atuam no decorrer dele, tanto na função de revisão como depois, se for o caso, na decisão final sobre as alterações propostas pela outra Casa. Essa pesquisa legislativa está descrita, a seguir, na parte final da seção sobre Metodologia.

1.4. Plano da obra

Para conduzir a investigação pretendida, este trabalho divide-se em três partes, que somam ao todo dez capítulos. A primeira parte dedica-se ao exame do bicameralismo. As outras duas voltam-se mais especificamente ao exame do processo legislativo brasileiro na perspectiva bicameral. A segunda parte orienta-se para o estudo das normas do processo legislativo e sua aplicação na resolução das divergências entre as câmaras. Para tanto, são especificados três modelos de tramitação bicameral. A terceira parte, enfim, discute quatro práticas legislativas cujos efeitos incidem sobre os referidos modelos normativos.

A Parte I do trabalho, composta por dois capítulos, contempla o estudo do bicameralismo. No primeiro capítulo, busca-se compreender, inicialmente, sua origem e a sua aplicação moderna. São analisados aspectos como a decisão por essa organização do Legislativo e as funções das câmaras altas. Verifica-se, ainda, que o bicameralismo enseja divergências entre as câmaras, de modo que são apresentados os métodos utilizados para resolução de divergências no processo legislativo. Para introduzir a discussão sobre o Brasil, o segundo capítulo descreve a aplicação do bicameralismo nas Constituições brasileiras, centrando-se nos aspectos de composição e competências das câmaras, inclusive no texto constitucional vigente.

As Partes II e III versam sobre o tema propriamente dito deste trabalho, que é o exame da resolução de divergências entre as Casas na elaboração legislativa. Tendo em vista a complexidade e variedade das normas que compõem o sistema bicameral e o processo legislativo, nessa perspectiva, adotou-se o critério de "verticalizar" os temas, tratando-os, em cada capítulo, em seus aspectos normativos e depois em sua aplicação prática. Embora essa não seja, possivelmente, a forma tradicional de abordagem, que costuma dividir os aspectos teóricos e normativos dos empíricos, entendeu-se que, para o presente trabalho, esse formato distanciaria o exame de cada modelo normativo da sua aplicação na dinâmica bicameral, o que dificultaria a sua compreensão e análise.

A Parte II do trabalho refere-se ao exame das normas do processo legislativo no sistema bicameral brasileiro e compõe-se de três capítulos. Cada um dos capítulos analisa minudentemente um dos modelos de tramitação bicameral identificados na Constituição Federal, a partir dos seguintes aspectos: histórico do processo legislativo estabelecido nas Constituições precedentes; análise do modelo normativo na Constituição de 1988 e sua regulamentação regimental; funcionamento do modelo bicameral, a partir dos resultados legislativos obtidos da 51ª à 56ª Legislaturas; problemas observados e sugestões normativas de atualização ou aperfeiçoamento do modelo. O Capítulo 4 versa sobre o modelo bicameral dos projetos de lei; o Capítulo 5, sobre as propostas de emenda à Constituição; e o Capítulo 6, sobre as medidas provisórias.

A Parte III examina quatro práticas legislativas desenvolvidas no Congresso Nacional e que têm relevante impacto no processo legislativo bicameral e no sistema de resolução de divergências entre as Casas. Para tanto, elas produzem efeitos, por vezes distintos, em um ou mais dos modelos normativos analisados anteriormente, incidindo sobre os textos, as disposições ou as proposições em tramitação. Seguem-se os números dos Capítulos e as respectivas práticas que serão tratadas em cada um deles: Capítulo 7 - Emendas de Redação; Capítulo 8 - Supressão de expressões ou dispositivos; Capítulo 9 - Desdobramento de Proposições; Capítulo 10 - Apensação (Tramitação em Conjunto). A cada final de capítulo, serão apresentados eventuais problemas decorrentes dessas práticas e oferecidas sugestões para modernização ou aperfeiçoamento das normas pertinentes.

1.5. Metodologia

A questão central do presente esforço de pesquisa refere-se a como as câmaras resolvem as suas divergências na elaboração legislativa, considerando a aplicação das normas do processo legislativo brasileiro estabelecidas na Constituição Federal de 1988. A seguir descreve-se a abordagem metodológica e depois especificamente a pesquisa legislativa cujos resultados são apresentados nas Partes II e III.

1.5.1. Abordagem metodológica

Uma primeira observação geral a se fazer, a respeito da metodologia, é que em uma abordagem quanto ao alcance, trata-se de uma investigação jurídico-descritiva, que se orienta a conhecer as características do fenômeno em avaliação, mediante especificação de suas propriedades relevantes, submetendo-o a análises e avaliando os diversos aspectos do objeto a investigar.[30] Por meio desse procedimento, pode-se decompor o problema jurídico em seus componentes, oferecendo um panorama da articulação entre eles, a fim de mostrar o funcionamento da instituição jurídica sob investigação. Por isso, em investigações de maior aprofundamento, para estudo de objeto de maior complexidade, como é o caso, pode-se considerar o tipo de pesquisa como jurídico-compreensiva.[31]

A abordagem proposta justifica-se, quanto ao sistema bicameral brasileiro, em virtude da complexidade e da variedade de normas de

30 WITKER, Jorge. *Como elaborar uma tesis em Derecho - Pautas Medotológicas y Tecnicas para el Estudante o Ivestigador del Derecho.* Madrid: Editorial Civitas, S. A., 1991, p. 24. ODAR, Reynaldo Mario T. El alcance de las investigaciones jurídicas. *Derecho y cambio social.* Ano 12, n. 41, 2015, p. 6.

31 GUSTIN, Miracy; DIAS, Maria Teresa. *(Re)pensando a pesquisa jurídica.* Belo Horizonte: Del Rey, 2013, p. 28.

resolução de divergências no processo legislativo brasileiro, que apresentam características peculiares conforme as espécies normativas que são elaboradas. Vale observar que essas normas estão previstas na Constituição, mas têm desdobramento mediante regulamentação do Regimento Comum do Congresso Nacional, dos Regimentos Internos das Casas e mesmo de resoluções específicas, como é o caso da Resolução nº 1, de 2002, do Congresso Nacional, que regula a apreciação das medidas provisórias.

Desse modo, a resposta à questão central da pesquisa não é trivial. Ao contrário, ela demanda exame minucioso de um conjunto de atos normativos que regulamentam o processo legislativo. E esses atos normativos precisam ser vistos de forma articulada, para que se possa verificar quais são e como são aplicadas as normas de resolução de divergências entre as câmaras. Vale destacar que, por vezes, o mesmo instituto jurídico é previsto de forma diversa entre as câmaras, como se pode exemplificar com o tratamento oferecido ao substitutivo da Casa revisora na apreciação final da iniciadora.

Mesmo a interpretação das normas constitucionais e regimentais sujeitam-se a diferentes interpretações, não raramente contraditórias. Assim, por exemplo, a controvérsia sobre a impugnação de matéria estranha nas medidas provisórias, praticada pelo Senado Federal, que a enquadra como juízo de admissibilidade dos dispositivos e as exclui da aplicação do parágrafo único do art. 65 da Constituição, enquanto a Câmara dos Deputados entende imprescindível que qualquer supressão lhe seja submetida, considerando sua posição de Casa iniciadora.

Foi referido, ainda, que predomina uma percepção possivelmente distorcida do sistema bicameral brasileiro, que tem em conta somente a regra estabelecida no art. 65 da Constituição, para os projetos de lei, como se ela se aplicasse a todas as demais proposições legislativas. É preciso registrar, contudo, que os modelos de tramitação bicameral das medidas provisórias e das propostas de emenda à Constituição são distintos em relação àquele, sendo que este último é bastante diverso daquele. Até mesmo os projetos de leis complementares, que compartilham as regras do art. 65, apresentam peculiaridades quanto à produção legislativa decorrente das normas de resolução de divergências.

Tudo isso indica um estágio de domínio sobre o tema que justifica a pesquisa ora desenvolvida.

Não obstante, avalia-se que a investigação a ser empreendida poderá alcançar resultados que vão além dos até aqui descritos. O exame das práticas legislativas desenvolvidas nos últimos anos e sua incidência sobre os modelos de tramitação bicameral suscitam problemas que merecem atenção.

O que se observa é que há desvios ou disfunções no sistema que merecem ser corrigidas. Há também lacunas e insuficiências na regulamentação do processo legislativo, que devem ser supridas. Para tanto, o trabalho avança para uma abordagem jurídico-propositiva, uma vez que são formuladas sugestões de mudança ou de acréscimo às normas vigentes, amparadas em argumentos e dados extraídos da investigação.

Importante deixar claro, nesse ponto, que a tese pretende sugerir aprimoramentos e modernização das normas sobre o processo legislativo e o sistema bicameral. Nesse sentido, não é objetivo da tese a proposição de alterações radicais na sistemática de resolução de divergências estabelecido na Constituição para as diversas espécies legislativas. As alterações mais significativas deverão ter por objeto a apreciação das medidas provisórias, que enfrentam graves problemas referentes aos prazos de tramitação intermediários, das comissões mistas e dos plenários das Casas.

Com relação ao tipo de pesquisa quanto aos procedimentos, para o alcance dos objetivos traçados, foi necessária a combinação deles. A pesquisa bibliográfica foi utilizada sobretudo para investigação dos aspectos históricos e conceituais do bicameralismo e do processo legislativo, assim como dos aspectos normativos deste. Foi também adotada a pesquisa jurisprudencial, para identificação e análise dos julgados referentes ao processo legislativo constitucional.

Houve, ainda, pesquisa legislativa, dedicada aos aspectos processuais do histórico legislativo de proposições, a seguir especificada.[32]

1.5.2. Pesquisa legislativa

Usualmente, a avaliação do processo legislativo bicameral brasileira é feita apenas a partir da interpretação das normas que o regulam ou em percepções e inferências sem fundamento nos dados da realida-

32 PAULA, Felipe de. PAIVA, Luiz Guilherme Mendes de. A Pesquisa Legislativa: Fontes, Cautelas e Alternativas à Abordagem Tradicional. In: FEFERBAUM, Marina; QUEIROZ. Rafael Mafei Rabelo. *Metodologia de Pesquisa em Direito: Técnicas e abordagens para elaboração de monografias, dissertações e teses.* 2ª. ed. São Paulo: Saraiva, 2019, p. 129-150.

de. Contudo, para cumprir o objetivo a que se propôs a presente tese, não se mostrou suficiente tal abordagem, mostrando-se necessário examinar o funcionamento do sistema bicameral a partir de dados extraídos do histórico processual das proposições legislativas no Congresso Nacional. Com efeito, para completa avaliação do sistema bicameral, interessa saber quais são os resultados obtidos a partir da aplicação das normas do processo legislativo e, em especial, das regras de resolução de divergências.

Para tanto, foi realizada **pesquisa legislativa** correspondente à tramitação e produção legislativa das **últimas seis legislaturas (51ª a 56ª)**,[33] compreendendo o período de 1º de fevereiro de 1999 a 31 de janeiro de 2023.

Na **Parte II** deste trabalho, **para cada espécie normativa**, serão apresentados e analisados os **resultados obtidos a partir do processo legislativo bicameral.**

A respeito, cumpre fazer alguns esclarecimentos metodológicos sobre o conjunto de dados e o método do trabalho realizado. Quanto aos dados coletados, entendeu-se necessário, para os referidos propósitos do levantamento, que ele compreendesse **dois conjuntos, segmentados para cada espécie normativa**, em virtude das regras específicas de tramitação bicameral:

a) dados sobre a **atuação das câmaras no tratamento de proposições recebidas** da outra, **ou seja, na função de revisão da proposição** (Casa revisora), especialmente para identificar qual o destino dessas proposições (transformadas em normas jurídicas; rejeitadas; em tramitação; etc.);

b) dados específicos sobre as **proposições transformadas em norma jurídica**, para conhecimento de sua **iniciativa e tramitação nas duas Casas** do Congresso Nacional, conforme as regras do modelo de processo legislativo que lhes é aplicado.

33 O parágrafo único do art. 44 da Constituição estipula que "*cada **legislatura** tem a duração de quatro anos*". A legislatura corresponde ao período de atividade de cada composição do Congresso Nacional, que se forma em decorrência das eleições gerais. Ela se inicia com a posse dos deputados em 1º de fevereiro do ano seguinte às eleições para os novos mandatos e termina quatro anos depois, no 31 de janeiro anterior ao início da seguinte. Portanto, a legislatura corresponde ao período de mandato dos membros efetivos da Câmara dos Deputados.

Com relação aos métodos de trabalho, é preciso esclarecer que, infelizmente, os sistemas de informação do Congresso Nacional não fornecem, de forma estruturada, todos os dados necessários para a análise pretendida. As bases de dados, embora tenham apresentado evolução crescente, ainda possuem legados de sistemas textuais e não estruturados, que limitam a obtenção direta de informações, uma vez que parte delas estão contidas nos textos das ações legislativas redigidos de forma livre.[34] A limitação do levantamento às seis últimas legislaturas teve por base não só o volume de informações a serem tratadas, mas também o fato de que somente a partir dessa época os dados apresentaram estruturação mínima para o desenvolvimento dos levantamentos.

Apenas recentemente foi implementada uma funcionalidade de Tramitação Bicameral no sítio do Senado Federal na internet, na qual é possível verificar o andamento de uma proposição, em uma só consulta, nas duas Casas do Congresso Nacional. O recurso, contudo, ainda apresenta sérias limitações, que se agravam para algumas espécies de proposições e, principalmente, mostram mais dificuldades à medida em que se retroage no tempo. Por exemplo, nas matérias mais antigas são apresentadas as ações legislativas nas duas Casas, mas sem a segmentação de quando as proposições foram encaminhadas ou retornaram de uma Casa à outra, o que exige a conferência manual das informações de ida e volta da matéria. Nas medidas provisórias que tiveram projetos de lei de conversão, as tramitações nem sempre estão encadeadas, exigindo consultas sucessivas, como se fossem matérias distintas. Nas PECs, há dificuldades de registro sobre desdobramentos das matérias, algumas vezes com indicações imprecisas sobre as matérias decorrentes dessas operações.

Isso tornou necessária a extração de dados do sistema em grande medida manualmente, e a produção de base de dados própria, como a estruturação ou complementação de informações por meio de pesquisa em cada uma das proposições, a partir das páginas na internet da Câmara dos Deputados (câmara.leg.br), do Senado Federal (senado.leg.

34 Os Boletins de Ação Legislativa (BAL) registravam no sistema de informação textual originário (MATE – Matérias Legislativas) os encaminhamentos, eventos ou atividades desenvolvidas durante a tramitação das proposições legislativas pelas unidades encarregadas da gestão e controle do processo legislativo, conforme previsto no art. 261, II, do Regimento Interno do Senado Federal. Esse sistema evoluiu e foi convertido no Sistema de Informações Legislativas - LEGIS, com base de dados estruturada. Contudo, foi necessário absorver o legado de informações do sistema anterior, adotando-se estratégia de estruturação incremental dos dados.

br), do Congresso Nacional (congressonacional.leg.br) e da Presidência da República (planalto.gov.br). As informações extraídas dependeram de cada espécie normativa, em virtude das especificidades das proposições e de suas respectivas tramitações bicamerais, com registro dos dados considerados mais importantes para a investigação conduzida no presente trabalho.

Para o conjunto de dados sobre a **atuação na revisão das proposições**, descrito no **item (a) acima**, foram requeridas informações aos respectivos Serviços de Pesquisas Legislativas na Câmara dos Deputados e no Senado Federal.[35] Os critérios de pesquisa foram os seguintes:

- Proposições recebidas da outra Casa do Congresso Nacional, a partir de 1º de fevereiro de 1999 (até o final da última legislatura, cuja quarta sessão legislativa ordinária encerrou-se em 22 de dezembro de 2022);
- Tipos de proposições: projetos de lei, projetos de lei complementar, projetos de decreto legislativo e propostas de emenda à Constituição;
- Dados informados (quando possível):
    - Identificação da proposição na Câmara dos Deputados (tipo, número e ano);
    - Identificação da proposição no Senado Federal (tipo, número e ano);
    - Ementa;
    - Iniciativa/autoria;
    - Data de início da tramitação (ou leitura na Casa);
    - Resultado/última situação;
    - Data resultado/última situação;
    - Destino (envio após tramitação na Casa);
    - Norma jurídica gerada (tipo, número e data), se houver.

35 Na Câmara dos Deputados, a pesquisa foi solicitada por meio da plataforma "Fale Conosco", disponível no Portal da Câmara dos Deputados, em https://camara.custhelp.com/. No Senado Federal, foi requerida pesquisa por e-mail ao Serviço de Pesquisa Legislativa-SEPEL (sepel@senado.leg.br).

O produto da pesquisa foi encaminhado em planilhas eletrônicas (Excel), geradas a partir das bases de dados mantidas, respectivamente, em cada uma das Casas do Congresso Nacional. Esses dados foram tratados para se obter o registro e classificação de **duas variáveis consideradas relevantes para a análise**: a **iniciativa** (parlamentar ou extraparlamentar) e o **resultado a que chegou a proposição**, considerado o final da 56ª Legislatura. Essa última informação foi padronizada, uma vez que os sistemas das Casas variam e nem sempre a registram de forma uniforme. Para tanto, foram adotados os seguintes **resultados padronizados** da tramitação das proposições:

- Transformado em Lei (TL);
- Em tramitação (ET);
- Rejeitado (RJ);
- Prejudicado (PJ);
- Arquivado (ARQ);
- Veto Total Mantido (VTM).

Com relação aos **dados sobre as proposições que se transformaram em normas jurídicas, descritos no item (b)**, eles foram levantados buscando-se, a partir de cada norma, qual a proposição que lhe deu origem e sua tramitação em cada Casa do Congresso Nacional. Foram extraídos dados relacionados a: iniciativa; deliberação na Casa iniciadora; emendas ou substitutivos oferecidos na revisão e deliberação após retorno da emenda ou substitutivo. Esses dados foram obtidos mediante consultas nas bases de dados sobre proposições legislativas das Casas do Congresso Nacional. Quando necessário, essas informações foram complementadas a partir de coleta de dados específicos nos registros de ações legislativas que constam na tramitação das matérias.

Finalmente, na **Parte III** deste trabalho são apresentados levantamentos sobre o histórico processual de diversas proposições envolvidas nas práticas legislativas examinadas nos quatro capítulos que o formam. Merece especial atenção o levantamento das propostas de emendas constitucionais (PECs) submetidas a supressões de expressões ou dispositivos (Capítulo 8) e a desdobramentos para promulgação fatiada (Capítulo 9).

Parte I

BICAMERALISMO: EVOLUÇÃO HISTÓRICA, FATORES DE ADOÇÃO E PERCURSO NAS CONSTITUIÇÕES BRASILEIRAS

Este trabalho volta-se a examinar as normas do processo legislativo brasileiro, sob a perspectiva bicameral. Nesse sentido, buscará examinar, de forma preponderante, aspectos relacionados à interação entre as câmaras que compõem o Congresso Nacional.

Antes, porém, desse exame específico, entendeu-se necessário, em um primeiro momento, empreender um esforço de compreensão do sistema bicameral, em sua origem, justificativa, aplicação e métodos. Mais do que simples contexto, trata-se de investigar as razões e fundamentos do bicameralismo, que ensejam o próprio ambiente no qual se desenvolve o processo legislativo na perspectiva que se quer adotar. Visto um panorama mais amplo, mostra-se interessante focalizar esse estudo no Brasil, para verificar o percurso histórico do bicameralismo nas Constituições do País.

O bicameralismo é a forma de organização do Poder Legislativo na qual ele é composto por duas câmaras (ou Casas legislativas). Os legislativos bicamerais são aqueles em que as deliberações envolvem duas câmaras distintas.[1] Embora sua origem situe-se na Idade Média, na Inglaterra do século XIV, a sua adoção passou a ser mais ampla a partir do final do século XVIII. O trabalho pretende apresentar como se deu a evolução dessa aplicação. Atualmente, dos 190 parlamentos cadastrados na União Inter-Parlamentar, 78 são bicamerais, o que corresponde a 41%. Nas Américas, há mais países bicamerais (57%) do que unicamerais.[2]

É interessante também pesquisar quais fatores, em geral, levam à adoção do bicameralismo. Não se pode indicar uma razão determinante para que um país faça a opção pela organização bicameral do legislativo. Aspectos como o desenvolvimento histórico, a dimensão geográfica e o tamanho da população são indicativos, mas não levam necessariamente ao bicameralismo. A forma federal de Estado, por sua vez, leva a uma adoção preferencial pelo sistema bicameral, sobretudo por inspiração da matriz norte-americana. Há autores, porém, que identificam no sistema de governo presidencialista uma motivação até mais forte para o bicameralismo, especialmente na América Latina.[3]

---

1 TSEBELIS, George; MONEY, Jeannette. *Bicameralism*. Cambridge: Cambridge University Press, 1997, p. 15.

2 IPU-INTER-PARLIAMENTARY UNION. *Parline - Global Data on National Parliaments*. Disponível em: https://data.ipu.org/content/parline-global-data-national-parliaments. Acesso em 01 jun. 2023.

3 NEIVA, Pedro Robson Pereira. Os Determinantes da Existência e dos Poderes das Câmaras Altas: Federalismo ou Presidencialismo? *Revista das Ciências Sociais*, v.

A divisão do legislativo em duas câmaras tem, basicamente, quatro justificativas teóricas: (i) a possibilidade de acolher diferentes representações e interesses nas duas câmaras; (ii) o reforço ao sistema de freios e contrapesos, pelo controle mútuo entre as câmaras, o que contribui para a preservação das liberdades políticas e individuais; (iii) a possibilidade de melhoria da legislação, pela criação de um sistema de avaliação redundante das proposições e de correção de eventuais erros por duas câmaras distintas; e (iv) a estabilidade dos resultados legislativos, por tornar o processo de elaboração legislativa mais complexo e cuidadoso.[4]

A complexidade do processo legislativo decorre da necessidade de interação entre as câmaras para a produção legislativa. Considerando os diferentes interesses representados, será natural o surgimento de divergências entre as câmaras. Para solucioná-las, os parlamentos valem-se de diferentes métodos e critérios. Os métodos mais utilizados são o sistema *navette* (troca de proposições), no qual podem ser adotados diversos critérios de decisão final, e a comissão mista. Esses métodos e critérios serão posteriormente analisados, inclusive em sua utilização no processo legislativo brasileiro.

O primeiro capítulo desta Parte, numerado como Capítulo 2, tem intenção de apresentar os aspectos históricos e justificativas de adoção do bicameralismo, a serem posteriormente cotejados com a realidade brasileira.

Para dar início a esse cotejo, faz-se necessário examinar o percurso histórico do bicameralismo no Brasil. Para tanto, será empreendida análise da composição e competências das câmaras na organização do Poder Legislativo conforme as Constituições precedentes, desde a imperial até as republicanas. Será examinado o processo constituinte de 1987/1988, no qual houve muito breve discussão sobre o bicameralismo, por não se constituir objeto de polêmica à ocasião. Será, então, apresentada a configuração atual do Congresso Nacional. Esse é o objeto do Capítulo 3. Vale registrar que o processo legislativo será objeto de estudo em capítulos posteriores, conforme as normas constitucionais pertinentes a cada uma das espécies legislativas.

49, n. 2, 2006; LLANOS, Mariana; SANCHÉZ, Francisco. O bicameralismo em perspectiva comparada. In: AVRITZER, Leonardo; ANASTASIA, Fátima (Orgs.) *Reforma política no Brasil*. Belo Horizonte: Ed. UFMG; Brasília: PNUD, 2006.

4 LLANOS, Mariana; NOLTE, Detlef. Bicameralism in the Americas: around the extremes of symmetry and incongruence. *The Journal of Legislative Studies*, v. 9, n. 3, 2003, p. 60.

2

BICAMERALISMO: EVOLUÇÃO HISTÓRICA, ADOÇÃO E MÉTODOS DE RESOLUÇÃO DE DIVERGÊNCIAS

Para análise do bicameralismo, tal como descrito na abertura da Parte I, este Capítulo divide-se em três seções. A primeira consiste no exame da origem e evolução histórica do bicameralismo. A segunda seção dedica-se a três aspectos: os fatores de decisão sobre a estrutura do legislativo e a decisão pelo bicameralismo; as funções das câmaras altas nos legislativos bicamerais; e a classificação do bicameralismo segundo os critérios de simetria e congruência. Finalmente, a terceira sessão apresenta os métodos e critérios de resolução de divergência adotados nos diversos parlamentos, com ênfase para o sistema *navette* e a comissão mista.

2.1. Origem e evolução histórica do bicameralismo

São basicamente dois os modelos históricos de organização bicameral do parlamento, que se distinguem conforme a composição da segunda câmara. No primeiro, com origem na Inglaterra, as câmaras se diferenciam conforme as classes sociais que as compõem: o povo, na Câmara dos Comuns; e os nobres e o clero, na Câmara dos Lordes. No segundo modelo, que surgiu junto com a federação na Constituição dos Estados Unidos da América, de 1787, o Congresso é formado pela Câmara dos Representantes, cujos membros representam o povo, e pelo Senado, cujos integrantes exercem a representação dos Estados. A seguir, é apresentado como se deu o surgimento de cada um desses modelos.

2.1.1. O bicameralismo no parlamento inglês

O estudo do bicameralismo relaciona-se, inicialmente, com a criação do próprio parlamento, na Idade Média, por volta do século XIII. Na época, vigorava o feudalismo, que se caracterizava por uma organização econômica, social e política baseada em grandes propriedades de terra, que pertenciam aos senhores feudais, aos quais estavam subordinados os camponeses, que trabalhavam como servos.

A queda do Império Romano do Ocidente e a invasão dos povos bárbaros resultou em um processo de ruralização da Europa e de descentralização do poder político para a nobreza, formada pelos senhores feudais. A sociedade feudal era estamental, dividida em classes, com pouca mobilidade social e baseada em vínculos de vassalagem. Além da nobreza, o clero situava-se no topo da pirâmide social, mediante entrelaçamento da força religiosa e política.

O antecedente remoto do parlamento pode ser identificado no *Curia Regis*, que funcionava como o conselho do rei, no qual tomavam parte condes e barões, bispos e arcebispos, grandes proprietários de terra, magnatas e dignatários mais graduados do palácio real.[5] O conselho existia em uma forma menor e em uma assembleia maior, ambas com os mesmos poderes e funções. A forma menor permanecia em sessão contínua e era composta por oficiais de Estado do rei e magnatas que estavam na corte. A assembleia maior era conhecida como *Magnum Concilium* e se reunia apenas mediante convocação, para discussão de assuntos extraordinários, principalmente tributação.[6]

O *Curia Regis* tratava dos mais diversos assuntos de Estado, assumindo funções legislativas, judiciárias e diplomáticas. No decorrer da história, gradualmente, essas funções foram se especializando em diferentes órgãos de governo. A formação do parlamento pode ser demarcada a partir da diferenciação do *Magnum Concilium*, para desempenho da função legislativa, embora a Câmara dos Lordes na Inglaterra tenha continuado a exercer função judicial até 2009.[7]

Em virtude da estrutura do feudalismo, eram reiterados os conflitos entre os senhores feudais, que buscavam ampliar seus poderes, e a realeza, que tentava manter seus privilégios à custa de pesados impostos. Essa disputa foi intensificada no início do século XIII, quando os se-

5 ANDRADE, Almir de. A evolução política dos parlamentos e a maturidade democrática: o exemplo modelar do parlamento inglês. *Revista de Informação Legislativa*, Brasília, ano 21, n. 8, jan./mar. 1984, p. 69.

6 TSEBELIS, George; MONEY, Jeannette. *Bicameralism*. Cambridge: Cambridge University Press, 1997, p. 22.

7 ADAMS, George Burton. The Descendants of the Curia Regis. *The American Historical Review*, vol. 13, n. 1, out. 1907, p. 12-14. Disponível em: doi:10.1086/ahr/13.1.11. Acesso em 27 fev. 2022.

nhores da nobreza feudal obtiveram vitória pelas armas e impuseram a Magna Carta ao Rei João sem Terra, em 1215. As disputas de poder entre os nobres e os reis tiveram longa duração, com acentuada resistência destes a cumprirem os compromissos que firmavam, por pressão política ou necessidade de recursos.

No decorrer do século XIII, houve o desenvolvimento da agricultura e do comércio, junto com o crescimento das cidades. Por consequência, ocorreu o fortalecimento em riqueza e aumento do prestígio político da burguesia, dos artesãos, camponeses e profissionais liberais, que passaram a constituir elemento relevante da sociedade britânica. Em virtude disso, foi ampliada a participação nos conselhos reais, que deixaram de ter como base apenas a posse feudal para tomar forma de convocações gerais.

O primeiro parlamento em que participaram representantes dos condados (dois cavaleiros de cada) e dos cidadãos das cidades (dois burgueses de cada) foi convocado em 1265, pelo conde de Leicester, Simon de Montfort, após guerra civil na qual aprisionou o então monarca Henrique III. Esse parlamento ficou conhecido como o embrião da futura Câmara dos Comuns. Depois, contudo, reempossado o rei, voltaram a ser convocados parlamentos apenas com a presença de prelados e barões.

O seu sucessor, Eduardo I, tentou conduzir nova política de relações com o parlamento (*rex in parlamento*). Na última década do reinado, em conflito com a Igreja e sem recursos para prosseguir nas guerras, convocou um grande parlamento em 1295, que ficou conhecido como *parlamento modelo*, pois serviu de base para os posteriores.[8] A ele compareceram representantes de todas as camadas sociais, eleitos nos respectivos distritos: dois cavaleiros de cada condado, dois cidadãos de cada cidade, dois de cada vila, todos os bispos, arcebispos, grandes abades, um representante de cada catedral e de cada diocese, além de sete condes e quarenta e um barões. Daí em diante houve maior estabilidade do parlamento, apesar de ainda persistir por muito tempo as dificuldades com a realeza.[9]

Para diferenciar a instituição que então se configurava, passou a ser utilizado o neologismo *parlamentum*, surgido no latim medieval do

---

8 TSEBELIS, George; MONEY, Jeannette. *Bicameralism*. Cambridge: Cambridge University Press, 1997, p. 22.

9 ANDRADE, Almir de. A evolução política dos parlamentos e a maturidade democrática: o exemplo modelar do parlamento inglês. *Revista de Informação Legislativa*, Brasília, ano 21, n. 8, jan./mar. 1984, p. 90.

século XII para designar um conjunto de pessoas que se reuniam para falar ou debater algum assunto. No século XIII, o termo passou a constar oficialmente nas atas das assembleias políticas e dos conselhos reais, bem como na publicação dos editos e ordenações.[10]

A estrutura bicameral do parlamento surgiu na metade do século XIV, no reinado de Eduardo III. Até então, todos se reuniam na mesma sala, com os nobres e clérigos nas fileiras da frente, e os comuns na retaguarda. Como só podiam falar se interpelados, estes passaram a reunir-se antes para decidir quais posições deveriam tomar e a eleger um representante (*Speaker*) para transmitir os votos ao plenário da assembleia.[11]

Foi no parlamento de 1343 que, pela primeira vez, se agruparam em locais diferentes: a nobreza e o clero em uma sala, formando a Câmara dos Lordes; e os demais em outra, constituindo a Câmara dos Comuns.[12] A divisão era baseada na distinção entre a convocação individual e a geral: na Câmara dos Lordes, os que representavam a si mesmos (prelados e lordes); e na Câmara dos Comuns, os que representavam suas comunidades (cavaleiros e burgueses).[13]

Ainda no século XIV, os parlamentos passaram a exercer atribuições legislativas. Antes, os seus membros se dirigiam ao rei por meio de petições, que se convertiam em editos ou ordenações se a autoridade real as aprovasse. A partir de então, passaram a converter essas petições em projetos, cuja forma definitiva era dada pela própria câmara, que as submetia à autoridade do rei como órgão coletivo. Tal procedimento foi oficializado por Eduardo III por meio de uma ordenação real.[14]

---

10 Ibidem, p. 75.

11 Informa Donald Shell que em 1377 a Câmara dos Comuns elegeu o seu primeiro *Speaker*, do que afirma ter surgido o parlamento de duas câmaras. Cf. SHELL, Donald. The History of Bicameralism. *The Journal of Legislative Studies*, vol. 7, issue 1, spring 2001, p. 5.

12 ANDRADE, Almir de. A evolução política dos parlamentos e a maturidade democrática: o exemplo modelar do parlamento inglês. *Revista de Informação Legislativa*, Brasília, ano 21, n. 8, jan./mar. 1984, p. 95.

13 George Tsebelis e Jeannette Money apontam o parlamento de 1339 como aquele em que ocorreu a primeira reunião de câmaras separadas. Cf. TSEBELIS, George; MONEY, Jeannette. *Bicameralism*. Cambridge: Cambridge University Press, 1997, p. 23.

14 ANDRADE, Almir de. A evolução política dos parlamentos e a maturidade democrática: o exemplo modelar do parlamento inglês. *Revista de Informação Legislativa*, Brasília, ano 21, n. 8, jan./mar. 1984, p. 96.

Portanto, foi a sucessão dos fatos históricos narrados e os conflitos entre a realeza e as demais classes sociais que resultaram no surgimento do parlamento, assim como na sua configuração bicameral. O parlamento descendeu dos conselhos reais, como um desdobramento da necessidade do rei de consultar aqueles cujos recursos e capacidades permitiam suprir as suas demandas e ações. A divisão em duas câmaras veio da necessidade de acomodar os interesses dos nobres e do clero de forma apartada dos comuns, representantes dos condados e cidades.

De forma semelhante, parlamentos surgiram por toda a Europa para possibilitar consultas e dar consentimento a atos dos monarcas. Eles atuavam como fóruns nos quais se reuniam os principais grupos sociais em que a sociedade medieval era dividida (usualmente, o clero, a nobreza e a burguesia). A composição e a estrutura variavam na medida em que eram abertos a esses grupos e na fórmula pela qual eles se reuniam, juntos ou separadamente.

O parlamento pré-reforma da Escócia reunia os três estados (prelados, lordes e representantes dos burgueses) em um arranjo unicameral, até 1707. Na Hungria, a Mesa dos Magnatas tornou-se uma câmara separada em 1608.[15] Na Suécia, até 1866, eram reconhecidos quatro estados (nobres, clérigos, burgueses e camponeses) e cada qual se reunia em sua própria câmara.[16]

O modelo inglês de bicameralismo decorreu das necessidades práticas impostas pela realidade da sociedade feudal nos séculos XIII e XIV.

15 Descrevendo a evolução na Hungria, que informa ter padrão de desenvolvimento semelhante ao surgimento das assembleias parlamentares na Europa ocidental, Zontan Szente registra que, em meados do século XIII, as reuniões anuais destinavam-se a discutir e a aconselhar o rei sobre assuntos de Estado. Na ocasião, o rei exercia sua prerrogativa de jurisdição, que não se limitava a emitir julgamentos em casos individuais, pois se tornou costume o rei interpretar e confirmar várias leis de seu reino. Essas assembleias ainda não eram dotadas de poderes legislativos. Mas os poderes foram gradativamente estendidos para além da administração de justiça, para alcançar várias de suas funções modernas, inclusive para contemplar certas funções de controle e prestação de contas relacionadas ao sistema de governo e nomeação de autoridades. O início do exercício de competências normativas data do final do século XIII. Cf. SZENTE, Zoltán. Functions of the National Assembly within the Constitutional Tradition of Hungary. *Annales U. Sci. Budapestinensis Rolando Eotvos Nominatae*, v. 46, 2005, p. 96-97.

16 COAKLEY, John. The Strange Revival of Bicameralism. *The Journal of Legislative Studies*, 2014, vol. 20, n. 4, p. 545.; SHELL, Donald. The History of Bicameralism. *The Journal of Legislative Studies*, vol. 7, issue 1, spring 2001b, p. 7.

Não derivou de concepções teóricas ou de um projeto específico de organização das instituições políticas. Porém, para garantir sua sustentação nos séculos adiante, os defensores do bicameralismo fundamentaram sua permanência e justificativa na teoria do governo misto. A Câmara dos Comuns representava o elemento democrático da sociedade; a Câmara dos Lordes, o elemento aristocrático; e o poder de veto do rei, o elemento monárquico. O equilíbrio de poder entre os diversos interesses representados garantia que o sistema político não degenerasse no domínio de um dos elementos sobre os outros.[17]

A esse propósito, John Coakley considera que a adoção da teoria do governo misto como base para o bicameralismo tornou-se um potente "*mito político*", no sentido de uma narrativa amplamente aceita, embora não inteiramente correta, que pretende explicar um desenvolvimento histórico específico. Avalia o autor que:

> Foi a força do mito do governo misto, e não a realidade do bicameralismo britânico, que teve impacto tão profundo em outros países, seja por imposição, como nas ex-colônias britânicas, seja servindo como um modelo, como em grande parte do resto da Europa e nos Estados Unidos, ou, indiretamente, como consequência da exportação da variante norte-americana para a maior parte da América Latina. (*Tradução nossa*).[18]

Efetivamente, o legislativo bicameral inglês não resultou de um projeto teórico de instituição política. Contudo, a partir de seu desenvolvimento, e tendo em vista o poder do Estado britânico, ele passou a ser considerado como um modelo de estabilidade e de governo equilibrado.

Em 1748, Montesquieu publica *L'Esprit des Lois* (O Espírito das Leis), obra que exerceu grande influência sobre a elaboração das constituições no final do século XVIII e posteriores, notadamente quanto à separação

---

17 SHELL, Donald. The History of Bicameralism. *The Journal of Legislative Studies*, vol. 7, issue 1, spring 2001b, p. 7; TSEBELIS, George; MONEY, Jeannette. *Bicameralism*. Cambridge: Cambridge University Press, 1997, p. 21.

18 COAKLEY, John. The Strange Revival of Bicameralism. *The Journal of Legislative Studies*, 2014, vol. 20, nº 4, p. 544. No original: "*It was the strength of the myth of mixed government, not the reality of British bicameralism, that was to have such a profound impact on other countries, whether by imposition, as in Britain's own former colonies, or by serving as a model, as in much of the rest of Europe and in the United States, or, indirectly, as a consequence of the export for the US variant to most of Latin America*".

dos poderes e à modelagem das instituições políticas. No Livro Décimo Primeiro, Capítulo VI, no qual analisa a constituição da Inglaterra, defende a estrutura bicameral do legislativo, para que haja dois corpos, um dos nobres e outro do povo, que se limitem reciprocamente. Nesse sentido, afirma:

> Sempre há em um Estado pessoas que se distinguem por nascimento, pela riqueza ou pelas honras; mas se elas estivessem confundidas com o povo e tivessem apenas uma voz como os demais, a liberdade comum seria sua escravidão, e elas não teriam nenhum interesse em defendê-la, pois a maioria das resoluções seria contra elas. A participação que elas tenham na legislação deve, então, ser proporcional às outras vantagens que elas tenham no Estado: o que acontecerá se elas formarem um corpo que tenha o direito de impedir as iniciativas do povo, assim como o povo tenha o direito de impedir as suas. Assim, o poder legislativo será confiado tanto ao corpo de nobres quanto ao corpo que for escolhido para representar o povo, os quais terão, cada um deles, assembleias e deliberações a parte, assim como pontos de vista e interesses separados. (*Tradução nossa*).[19]

A ideia exposta é corolário da noção de que a liberdade política somente pode ser alcançada pela divisão dos poderes entre as classes, como o equilíbrio alcançado na constituição inglesa. Tanto assim que Montesquieu afirma não haver liberdade se o poder legislativo e o poder executivo estiverem concentrados na mesma pessoa ou no mesmo corpo de magistrados, e que ela estaria perdida se o mesmo corpo dos nobres ou do povo exercesse sozinho os três poderes (o de fazer as leis,

19 MONTESQUIEU, Charles de Secondat de. *De L'esprit des Lois* (1748). Edition établie par Laurent Versini. Paris: Éditions Gallimard, 1995 (2 volumes), p. 114. No original: "*Il y a toujours dans un État des gens distingués par la naissance les richesses ou les honneurs; mais s'ils étaient confondus parmi le peuple, et s'ils n'y avaient qu'une voix comme les autres, la liberté commune serait leur esclavage, et ils n'auraient aucun intérêt à la défendre, parce que la plupart des résolutions seraient contre eux. La part qu'ils ont à la législation doit donc être proportionnée aux autres avantages qu'ils ont dans l'État: ce qui arrivera s'ils forment un corps qui ait droit d'arrêter les entreprises du peuple, comme le peuple a droit d'arrêter les leurs. Ainsi, la puissance législative sera confiée, et au corps des nobles, et au corps qui sera choisi pour représenter le peuple, qui auront chacun leurs assemblées et leurs délibérations à part, et des vues et des intérêts séparés*". (Seconde partie, Livre XI, Chapitre VI – De la constitution d'Angleterre).

o de executar as resoluções e o de julgar os crimes e demandas entre particulares).

Como considera o poder de julgar como nulo, Montesquieu acrescenta que a parte do corpo legislativo composta pelos nobres é a mais adequada para moderar, como entende necessário, os demais poderes. Indica que esse corpo deve ser hereditário, mas para prevenir que siga seus interesses particulares nos assuntos que possam corrompê-lo, propõe que ele só participe da legislação com a faculdade de impedir (direito de anular a resolução de outrem), e não de estatuir (direito de estabelecer, por si mesmo).

Com relação ao povo, Montesquieu pondera não ser possível, nem conveniente, que ele tenha, em conjunto, o poder legislativo, razão pela qual é preciso que o exerça por meio de seus representantes. Para tanto, convém que em cada lugar os habitantes escolham um representante, sendo que todos os cidadãos devem ter o direito de votar, salvo os que não tiverem condições de manifestar vontade própria. Argumenta que a vantagem dos representantes é que eles são capazes de discutir os assuntos, o que o povo não é capaz de fazer. Desse modo, o povo deve participar do governo mediante escolha dos representantes, não para que tomem decisões ativas, mas para se dedicarem a fazer leis, ou para verificar se as que fez foram bem executadas.

Adiante, no mesmo Capítulo da obra, Montesquieu conclui sobre a constituição do governo:

> Aqui está, então, a constituição fundamental do governo de que falamos. Sendo o corpo legislativo composto por duas partes, uma deterá a outra por sua faculdade recíproca de impedir. Ambas estarão presas pelo poder executivo, que por sua vez estará preso pelo legislativo.
>
> Esses três poderes devem formar um repouso ou uma inação. Mas como, pelo movimento necessário das coisas, eles são obrigados a ir adiante, eles serão forçados a ir adiante em comum acordo. (*Tradução nossa*).[20]

20 MONTESQUIEU, Charles de Secondat de. *De L'esprit des Lois* (1748). Edition établie par Laurent Versini. Paris: Éditions Gallimard, 1995 (2 volumes). No original: *"Voici donc la constitution fondamentale du gouvernement dont nous parlons. Le corps législatif y étant composé de deux parties, l'une enchaînera l'autre par sa faculté mutuelle d'empêcher. Toutes les deux seront liées par la puissance exécutrice, qui le sera elle-même par la législative. Ces trois puissances devraient former un repos ou une*

Esse trecho sintetiza a noção de limitação mútua de poderes que viabiliza, na concepção de Montesquieu, a obtenção da liberdade política.[21] Mas ele veicula, ainda, o papel que o bicameralismo desempenha, não só na organização institucional desses poderes, mas também em sua dinâmica de funcionamento, que enseja significativa repercussão no processo legislativo.

Karl Lowenstein aponta que uma ordem constitucional equilibrada tem por característica que a dinâmica política, baseada em controles mútuos dos detentores de poder, não conduza a "pontos mortos" (*deadlocks*) ou bloqueios dentro do mesmo detentor do poder. Ele exemplifica com o caso em que o parlamento seja paralisado pela diferença de opinião entre os partidos.[22] O critério de uma boa ordem constitucional não é apenas que haja controles entre os órgãos que impeçam um detentor de poder de adquirir preponderância sobre os outros. A Constituição deverá prever soluções constitucionais para o caso de haver bloqueios mútuos entre os detentores de poder no decorrer do processo político.[23] Aplicando-se tal ideia ao bicameralismo e aos possíveis bloqueios internos ao parlamento, mostram-se necessárias normas constitucionais que regulem a construção de acordos e evitem os "pontos mortos" de decisão que impeçam as decisões políticas.

2.1.2. O bicameralismo na Constituição norte-americana

O parlamento bicameral da Inglaterra teve natural influência nas colônias norte-americanas. Registra Donald Shell que, a partir do início do século XVII, no estabelecimento de seus governos, elas tinham o

inaction. Mais comme, par le mouvement nécessaire des choses, elles sont contraintes d'aller, elles seront forcées d'aller de concert". (Seconde partie, Livre XI, Chapitre VI - De la constitution d'Angleterre).

21 Para Vítor Nunes Leal, Montesquieu expõe o ideal de governo da burguesia no século XVIII, com poderes divididos e contrabalançados, que se limitavam reciprocamente, em benefício da liberdade individual e de empreendimento. Nesse esquema, o legislativo não só é dividido em sua estrutura como depende, para obtenção de seus resultados, da colaboração do executivo (por meio do veto). Cf. LEAL, Vitor Nunes. O sistema bicameral e a elaboração das leis na constituição de 1946. *Revista de Direito Administrativo*, v. 8, 1947, p. 428.

22 LOEWENSTEIN, Karl. *Teoria de la Constituición*. Tradução para o espanhol por Alfredo Gallego Anabitarde. Barcelona: Ariel, 1986, p. 346-347.

23 Ibidem, p. 349.

padrão inglês como modelo e consideravam como normativa a teoria mista da constituição.[24]

Havia, contudo, a dificuldade prática quanto à formação das segundas câmaras, que era a inexistência de uma aristocracia, tipicamente formada pela nobreza, com base na hereditariedade. Ademais, tendo em conta os ideais republicanos e democráticos, impunha-se o desafio da divisão do poder político do povo para formação de dois ramos do legislativo. Essas questões fizeram oscilar as constituições das colônias.

Assim, por exemplo, o Congresso reunido em Essex para estabelecer uma nova forma de governo em New Hampshire assumiu, em janeiro de 1776, o nome e a autoridade de uma Casa de Representantes e decidiu que ela deveria "*escolher doze pessoas, sendo proprietários e habitantes dentro da colônia*", distribuídos pelos condados, "*para ser um ramo distinto e separado do Legislativo*". Nenhum ato ou resolução poderia ser válida e colocada em execução a não ser que fosse aprovada por ambos os ramos da legislatura.[25]

Com a Independência, segundo Horst Dippel, as diversas constituições aprovadas em 1776, com exceção de uma, adotaram soluções bicamerais, com uma segunda câmara denominada Conselho ou Senado. Houve diversas soluções sobre o tempo do mandato e a renovação alternada. Quanto à composição, Virgínia e Delaware contornaram a dificuldade recorrendo a leis eleitorais. New Jersey, Maryland e Carolina do Norte, porém, deram resposta explícita, diferenciando pelo total do patrimônio, ou pela extensão de terra, aqueles que poderiam ser eleitos para a câmara alta. Maryland acrescentou o requisito de idade mínima de 25 anos (contra 21 anos para a Câmara dos Delegados) e que fossem "*homens de maior sabedoria, experiência e virtude*".[26] Desse modo, a câmara alta se compunha de um elemento aristocrático, marcadamente definido pela propriedade e pelo status mais elevado.[27]

24 SHELL, Donald. The History of Bicameralism. *The Journal of Legislative Studies*, vol. 7, issue 1, spring 2001, p. 5.

25 NEW HAMPSHIRE. *Constitution of New Hampshire – 1776*. Disponível em https://avalon.law.yale.edu/18th_century/nh09.asp. Acesso em 24 mai. 2023.

26 MARYLAND. *Constitution of Maryland – Nov. 11, 1776*. Disponível em: https://avalon.law.yale.edu/17th_century/ma02.asp. Acesso em 24 mai. 2023.

27 DIPPEL, Horst. *História do Constitucionalismo Moderno: Novas Perspectivas*. (Tradução de António Manuel Hespanha e Cristina Nogueira da Silva). Lisboa: Fundação Caloustre Bulbenkian, 2007, p. 84-86.

A opção pelo unicameralismo foi da Pensilvânia, que rompeu com a tradição britânica ao estabelecer na Constituição que o poder legislativo era investido em uma Câmara de Representantes dos homens livres do Estado. Em prestígio à soberania popular, a Constituição buscou substituir o controle de uma segunda câmara pela consulta ao próprio povo, para evitar leis mal refletidas ou de disposições precipitadas. Para tanto, determinava que os projetos de lei fossem impressos e submetidos à consideração do povo, antes de que fossem lidos na assembleia geral pela última vez para debate e emendas, sendo que, salvo em caso de urgência, eles somente seriam transformados em lei na sessão seguinte.[28] Georgia e Vermont, embora contassem com uma Assembleia, submetiam os projetos de lei ao Conselho Executivo, para sua análise e aconselhamento, em desalinho com a separação dos poderes, ainda em consolidação. Vermont inclusive estendia o controle ao Governador e ao povo.[29]

A alternativa unicameral era objeto de críticas, especialmente pelo receio dos poderes demasiadamente amplos da Câmara dos Representantes. Nessa linha, John Adams retoma o argumento de que não haverá liberdade se os poderes do governo estivessem reunidos em um só corpo e se a representação do povo fosse exercida em apenas uma assembleia.[30] Aponta diversos problemas de se ter uma única câmara, como a possibilidade de decisões precipitadas, tendenciosas a seu próprio favor, ou baseadas em entusiasmos e paixões momentâneas.

Em relação ao exercício dos demais poderes pelo legislativo, argumentava que a assembleia representativa não era adequada para desempenhar nem o poder executivo, por falta de sigilo e diligência, nem o poder judiciário, por ser numerosa, lenta e ter pouco domínio do sistema legal. Concluía, enfim, que a assembleia, se reunisse todos os po-

---

28 PENSILVÂNIA. *Constitution of Pennsylvania – Sept. 28, 1776.* Disponível em: https://avalon.law.yale.edu/18th_century/pa08.asp. Acesso em 24 mai. 2023.

29 GEORGIA. *Constitution of Georgia – Feb. 5, 1777.* Disponível em: 2023.https://avalon.law.yale.edu/18th_century/ga02.asp. Acesso em 24 mai; VERMONT. *Constitution of Vermont – July 8, 1777.* Disponível em: https://avalon.law.yale.edu/18th_century/vt01.asp. Acesso em 24 mai. 2023.

30 ADAMS, John. "III. Thoughts on Government, April 1776," *Founders Online,* National Archives, https://founders.archives.gov/documents/Adams/06-04-02-0026-0004. [Original source: *The Adams Papers,* Papers of John Adams, vol. 4, *February–August 1776,* ed. Robert J. Taylor. Cambridge, MA: Harvard University Press, 1979, pp. 86–93.]

deres, faria leis e as executaria arbitrariamente, assim como julgaria as controvérsias a seu favor.

Por isso, defendia a necessidade de que se constituísse uma câmara distinta, que pudesse mediar a representação do povo e o poder executivo. Argumentava que, se o legislativo estivesse em uma só assembleia e o executivo em uma única pessoa, eles se oporiam e tentariam enfraquecer um ao outro até que o conflito terminasse em guerra. Para manter o equilíbrio entre os poderes, propunha a constituição dessa nova câmara, a qual denominava de Conselho, que deveria ter voz negativa na legislatura, por meio de exercício livre e independente.

Em 1780, como redator da Constituição de Massachussetts, previu a existência de uma Casa de Representantes e de um Senado, sendo este constituído a partir de representantes com patrimônio mínimo três vezes superior à daquela, e cinco anos de residência na colônia. Nessa Constituição, definiu e demarcou os outros ramos do governo. Criou um governador eleito diretamente pelo povo, com poderes de veto aos projetos de lei, e um judiciário independente. A referida Constituição representou, portanto, um amadurecimento da separação dos poderes, do sistema de freios e contrapesos e da estrutura bicameral do legislativo.

Interessante observação a respeito da evolução das constituições dos Estados norte-americanos a partir de 1776 é apresentada por Horst Dippel, que nela identifica

> (...) a mudança de uma **perspectiva centrada nos princípios**, que insistiu na importância dos princípios fundamentais que subjaziam à representação, como o debate em torno das vantagens e desvantagens de uma representação separada da propriedade documentou, especialmente no início do processo constitucional americano, quando o exemplo britânico ainda era o ponto de referência óbvio, para uma **perspectiva centrada nos resultados**, menos preocupada com a pureza dos princípios do que com as supostas consequências de sua aplicação e os seus efeitos na legislação. (*Grifos nossos*).[31]

Até a Convenção de Filadélfia, que se reuniu em 1787 e deu origem à Constituição dos Estados Unidos da América, o bicameralismo era dominante nas constituições estaduais, sendo a primeira câmara incumbida

31 DIPPEL, Horst. *História do Constitucionalismo Moderno: Novas Perspectivas.* (Tradução de António Manuel Hespanha e Cristina Nogueira da Silva). Lisboa: Fundação Caloustre Bulbenkian, 2007, p. 93.

da representação do povo e a segunda câmara formada, especialmente, a partir de qualificações relacionadas ao patrimônio e à propriedade. Já se faziam distinções de composição entre as câmaras, com os Conselhos ou Senados integrados por menor número de membros, com idade mínima mais alta, mandatos mais longos e alternância de renovação.

Os ideais e propósitos dos norte-americanos de construir uma sociedade igualitária e democrática, assim como a ausência de uma aristocracia de nobreza hereditária, levaram a que houvesse defensores do unicameralismo. Os Artigos da Confederação previam um Congresso da Confederação, sucessor do Segundo Congresso Continental, formado por delegados dos parlamentos estaduais, o que se assemelhava a uma solução unicameral para o governo comum.

Porém, a adoção do bicameralismo mostrou-se chave para a construção da solução federal, quando a Convenção da Filadélfia se viu em impasse quanto à participação dos Estados no complexo decisório do governo central. Ela foi fruto do "grande compromisso", que viabilizou o apoio dos pequenos Estados para a nova Constituição, resguardando seus interesses de uma possível dominação dos maiores. Para tanto, o Congresso dos Estados Unidos foi constituído de duas casas legislativas: a Câmara dos Representantes, composta por representantes do povo, eleitos em número proporcional à população; e o Senado, com igual representação para cada Estado, originalmente com dois senadores indicados pelo respectivo legislativo estadual.[32]

Nos Artigos Federalistas nº 39 James Madison explica as fontes dos poderes das câmaras e a diferença de seu caráter nacional e federal:

> A Câmara dos Representantes vai derivar seus poderes do povo da América; e o povo vai ser representado na mesma proporção e segundo os mesmos princípios em que são nos legislativos dos respectivos estados. Nesse sentido, o governo é *nacional*, não *federal*. O Senado, por outro lado, terá seus poderes derivados dos estados, como sociedades políticas e iguais, e estes serão representados conforme o princípio da igualdade no Senado, tal como são agora no Congresso existente. Nesse sentido, o governo é *federal*, não *nacional*. (*Tradução nossa. Grifos do original.*).[33]

32 Segundo Tsebelis e Money, a primeira câmara refletia a dimensão popular, enquanto a segunda, a dimensão territorial. (Cf. TSEBELIS, George; MONEY, Jeannette. *Bicameralism*. Cambridge: Cambridge University Press, 1997.p. 26-27)

33 HAMILTON, Alexander; MADISON, James; JAY, John. *The Federalist Papers. Edited*

No nº 51 dos Artigos Federalistas, Madison apresenta a necessidade de que as partes constituintes do governo se controlem reciprocamente, de modo que cada uma delas se mantenha em seu respectivo lugar. Adverte como necessário, para a preservação da liberdade, que os poderes tenham composição diversa e que interfiram o mínimo um na formação do outro, assim como que tenham capacidade de resistir aos abusos dos demais. Considerando que no governo republicano predomina a autoridade legislativa, estipula como solução a divisão do legislativo em dois ramos que não se vinculem, mediante diferentes modos de eleição e de atuação, o quanto for possível.[34]

Nos nºs 62 e 63, Madison trata de aspectos relacionados à composição e aos poderes conferidos ao Senado. Ao versar sobre esses assuntos, elenca razões para a adoção do bicameralismo e para a existência dessa instituição.

Aspecto de grande relevância e não relacionado apenas à organização interna, mas imbricado com a própria federação, diz respeito à igualdade de representação dos Estados no Senado. Para lhe dar fundamento, Madison apoia-se na conjugação dos caráteres nacional e federal do novo governo em comum, que se fundem numa "*mistura dos princípios da representação proporcional e igual*". Observa que essa definição resultou não da teoria, mas do "*espírito de amizade, da deferência e condescendência mútuas*" que se mostraram indispensáveis. Desse modo, "*o voto igual concedido a cada estado é, ao mesmo tempo, um reconhecimento constitucional da parcela da soberania por eles conservada e um instrumento para preservar essa soberania residual*". Isso garante, ainda, que nenhuma lei ou resolução será aprovada "*sem a concordância, primeiro, da maioria do povo e, depois, da maioria dos estados*".[35]

---

with introduction and notes by Lawrence Goldman. New York: Oxford University Press Inc., 2008, p. 191. No original: "*The House of Representatives will derive its powers from the people of America; and the people will be represented in the same proportion and on the same principle as they are in the legislature of a particular State. So far the government is* national, *not* federal*. The Senate, on the other hand, will derive its powers from the States as political and coequal societies; and these will be represented on the principle of equality in the Senate, as they now are in the existing Congress. So far the government is* federal, *not* national".

34 Ibidem, p. 257.

35 Ibidem, p. 304-305. Os trechos no texto são de tradução nossa. No original: "*founded on a mixture of the principles of proportional and equal representation*"; "*of a*

Quanto à indicação dos senadores pelos legislativos estaduais, aponta haver uma dupla vantagem: favoreceria uma indicação selecionada; e daria aos governos estaduais um papel que assegure sua autoridade na condução do governo federal. Anos depois, porém, a 17ª Emenda, ratificada em 1913, estabeleceu a eleição popular direta de senadores em todos os Estados, mantendo-se a igual representação de dois senadores cada.

A Constituição estabeleceu requisitos mais elevados para os senadores do que para os representantes: trinta anos de idade, contra vinte e cinco; e nove anos de cidadania, contra sete. Para Madison, isso se justifica pela natureza do cargo de senador, que exige "*maior amplitude de informação e estabilidade de caráter*", de modo que é preferível que o senador tenha atingido um período da vida em que já tenha obtido essas características.[36]

Para tratar do número de senadores (menor do que de representantes) e da duração de seus mandatos (de maior extensão), Madison enumera os propósitos e vantagens que a existência de um Senado pode trazer para uma república:[37]

1º) reforça a garantia de controle sobre o governo, por exigir a concordância de dois órgãos distintos contra a usurpação e a deslealdade dos que governam;

2º) por ser uma câmara menor e de mandatos mais longos, tem maior solidez e viabiliza uma segunda reflexão no processo legislativo, evitando assim a tomada de resoluções descabidas e falaciosas, conduzidas por líderes facciosos, bem como decisões tomadas pelo impulso de paixões súbitas e violentas;

3º) os mandatos mais longos conferem maior conhecimento das leis e das matérias de interesse do país, o que possibilita melhor

spirit of amity, and that mutual deference and concession"; "*the equal vote allowed to each State is at once a constitutional recognition of the portion of sovereignty remaining in the individual States and an instrument for preserving that residuary sovereignty*"; "*No law or resolution can now be passed without the concurrence, first, of a majority of the people, and then of a majority of the States*".

36 Ibidem, p. 304. Trecho assinalado de tradução nossa. No original: "*requiring greater extent of information and stability of character*"

37 Ibidem, p. 305-310.

qualidade e consistência da legislação e dos meios para alcançar a felicidade do povo;

4º) é necessária uma instituição estável e contínua, que evite os efeitos perniciosos de um governo mutável e imprudente, que levaria à falta de lealdade e reverência do povo em relação ao sistema político;

5º) uma instituição composta de forma seleta e estável, vinculada à prosperidade da comunidade e com adequado sentido de caráter nacional, é necessária para obter respeito e confiança por parte das nações estrangeiras;

6º) deve-se incluir no poder legislativo um corpo de maior permanência, que possibilite cuidar de assuntos de atenção continuada, que dependam da sucessão de medidas bem escolhidas e encadeadas, com efeito gradual e por vezes não observável de forma imediata.

Madison acrescenta que a segunda câmara "*pode, às vezes, ser necessária como defesa do povo contra os seus próprios erros e ilusões temporárias*". Isso porque o povo pode reclamar medidas que mais tarde venha a lamentar, se tiver sido estimulado por paixões indevidas ou vantagens ilícitas, ou traído por seus representantes, caso toda a responsabilidade legislativa esteja nas mãos de um único corpo de homens. O Senado, por ser um corpo moderado e independente, pode deter essas medidas até que o povo retome a razão, a justiça e a verdade.[38]

A Constituição norte-americana conferiu um novo modelo e uma nova legitimidade ao bicameralismo, associando-o à arquitetura da federação. Nos países que adotam essa forma de Estado, a composição bicameral do parlamento passou a encontrar um novo fundamento. Assim, além das razões tradicionalmente apontadas para a existência das segundas câmaras, relacionadas aos freios e contrapesos e à revisão da legislação, incide o argumento de natureza federativa, pelo qual a primeira câmara representa o povo e a segunda câmara representa os Estados, concorrendo ambas para as decisões do poder central. Interessante ob-

38 Ibidem, p. 310. Trecho assinalado de tradução nossa. No original: "*... such an institution may be sometimes necessary as a defense to the people against their own temporary erros and delusions*".

servar que os trechos dos Artigos Federalistas, vistos e transcritos, revisitam e fundem esses argumentos.

2.1.3. A evolução histórica do bicameralismo: as duas dimensões de Tsebelis e Money

Para George Tsebelis e Jeannette Money, a evolução do bicameralismo segue duas dimensões: a de eficiência; e a política.[39] Essas dimensões podem ser referidas, em boa medida, aos fundamentos antes mencionados, quanto às razões tradicionais do bicameralismo, tais como os controles recíprocos e a melhoria da legislação, e aquelas decorrente das diferentes representações que emanam das duas Casas legislativas.

A apresentação dessas dimensões, nesta seção do trabalho, justifica-se não só por sua interessante perspectiva de explicação do bicameralismo, mas principalmente porque fornece uma possível chave para os rumos da evolução das câmaras altas em diversos países. Em seguida, essas dimensões são descritas, para depois analisarmos como o desenvolvimento do bicameralismo pode ser observado a partir de seus correspondentes enfoques.[40]

A **dimensão da eficiência** tem como principal objeto os resultados legislativos, ao buscar atingir a melhoria da legislação, tanto no conti do de sua estabilidade quanto de sua qualidade. O propósito é que haja o aprimoramento do produto legislativo, de modo que seja produzida melhor legislação, por meio de convergências entre as câmaras, o que as leva a terem melhor desempenho (*better off*). A qualidade pode ser considerada tanto no aspecto substantivo quanto procedimental. No primeiro, trata-se de perseguir o resultado mais próximo do preferido pelos cidadãos. No segundo, sugere-se que há vários meios de atingir os resultados desejados, sendo o mais eficiente aquele que o alcança com menor custo.

A **dimensão política** corresponde à representação de diferentes interesses ou preferências sociais expressas pelas duas câmaras, que devem chegar a um compromisso para a produção da legislação. Quando essas diferenças se opõem, surgem conflitos entre as câmaras sobre os

39 TSEBELIS, George; MONEY, Jeannette. *Bicameralism*. Cambridge: Cambridge University Press, 1997, p. 7.

40 TSEBELIS, George; MONEY, Jeannette. *Bicameralism*. Cambridge: Cambridge University Press, 1997, p. 16.

resultados legislativos a alcançar. Por isso, essa dimensão tem natureza distributiva, pois a prevalência de uma das câmaras deixa a outra em situação pior (*worse off*). Consequentemente, o bicameralismo visto sob essa perspectiva tem o foco no balanço relativo de poder entre as duas casas legislativas, ou seja, na capacidade ou habilidade de cada uma delas de fazer prevalecer as suas preferências, ou de vetar resultados que lhe sejam insatisfatórios.

Segundo os autores, desde o surgimento do bicameralismo, vinculado à representação de classes, até sua nova feição na Constituição norte-americana, em que se baseou na representação política dos Estados, a justificativa para haver duas casas legislativas amparava-se em ambas as dimensões. Assim, é possível identificar elementos da dimensão de eficiência e da dimensão política nos argumentos utilizados por aqueles que defenderam o bicameralismo até o século XVIII, como Montesquieu, John Adams e Madison, preocupados tanto com a melhoria da legislação quanto com o equilíbrio de poder entre as câmaras.

Contudo, do século XIX em diante, essas duas dimensões, até então consideradas conjuntamente, foram se distanciando e evoluindo de forma distinta, no debate e na aplicação do bicameralismo. O fator de maior influência na diferenciação desses caminhos correspondeu à forma de Estado adotada, da qual em geral decorreu o modelo de bicameralismo implantado. Conforme essas características, foi conferida maior ênfase em uma ou outra dimensão.

Nos sistemas **unitários**, muitas monarquias europeias emergentes criaram as assembleias dos *Estados Gerais*, baseadas na distinção de três ou quatro classes. Elas, contudo, caíram em desuso no período do absolutismo e foram seguidos, com o advento das monarquias constitucionais ou das repúblicas, pelo estabelecimento de parlamentos bicamerais. Suécia, Dinamarca, França, Itália, Portugal e Espanha tiveram essa evolução institucional. O bicameralismo foi utilizado como mecanismo decorrente do novo equilíbrio de poder, em virtude das mudanças sociais. As segundas câmaras serviram, então, como um espaço de preservação de poder político e como uma base constitucional de sustentação para a nobreza e, quando era o caso, para o monarca.[41]

Contudo, o papel da câmara alta foi questionado na medida em que passaram a ser adotados o sufrágio universal e os mecanismos democráticos de governo. Muitas delas tiveram o seu caráter aristocrático

41 Ibidem, p. 29-30.

reduzido e seus poderes limitados no processo legislativo, tornando-se politicamente débeis. O exemplo mais significativo foi o da própria Câmara dos Lordes, que passou por reformas que diminuíram gradativamente seus poderes de veto, restringindo-se a impor um tempo de adiamento às decisões da câmara baixa. O mesmo ocorreu na França, em que os poderes do Senado, equivalentes aos da Assembleia Nacional na Terceira República, foram reduzidos nas Quarta e Quinta República.

Na medida em que os argumentos da dimensão política se mostravam fragilizados, pela falta de critérios distintos de representação, foram manejados outros argumentos típicos da dimensão da eficiência para justificar as segundas câmaras. Entre eles, a necessidade de revisão e de reflexão na elaboração legislativa, por outra câmara independente e estável, assim como características específicas de legisladores mais experientes, como a sabedoria, a moderação e o maior conhecimento da legislação. Por meio dessas qualificações, a câmara alta reteve sua autoridade, a despeito da falta de poder, mantendo-se influente e capaz de convencer a câmara baixa da correção de suas opiniões.[42]

Uma outra tendência, observada em países de organização unitária, foi a de congruência entre as câmaras. Na falta de critérios de diferenciação para formação das casas legislativas, ou na repulsa a eles, os procedimentos eleitorais fizeram com que as câmaras altas fossem gradativamente alteradas para assemelhar-se às câmaras baixas. Nesse caso, o debate evoluiu para o questionamento do valor das segundas câmaras, consideradas supérfluas e onerosas. Como resultado, por exemplo, a Dinamarca, em 1953, e a Suécia, em 1959, fizeram opção pelo unicameralismo.[43]

Entretanto, outro grupo de países europeus experimentou evolução distinta, com maior ênfase na **dimensão política**. As confederações na Europa, tais como a suíça e a alemã, empregavam regras de maioria qualificada ou de unanimidade numa assembleia única. Cada unidade constituinte era representada na assembleia, onde seus representantes atuavam como embaixadores dos governos, a partir de instruções rece-

42 MONEY, Jeannette; TSEBELIS, George. Cicero's Puzzle: Upper House Power in Comparative Perspective. *International Political Science Review*, v. 13, n. 1, jan. 1992, p. 25-43.

43 TSEBELIS, George; MONEY, Jeannette. *Bicameralism*. Cambridge: Cambridge University Press, 1997, p. 32-33.

bidas. Na Confederação Suíça, as unidades tinham pesos iguais, enquanto na Germânica aplicava-se um sistema de votos ponderados, que não correspondia exatamente ao tamanho da população, de forma a privilegiar as menores. A decisão algumas vezes exigia votação unânime, o que atribuía poder de veto a estas.

Nesses países, a evolução inspirou-se no modelo norte-americano, com uma câmara baixa de representação popular e uma câmara alta formada para representação das unidades federadas, embora nem sempre com igual número de representantes. Neles, o bicameralismo seguiu trajetória diferente, típica dos sistemas federais. A legitimidade conferida às câmaras altas pela representação territorial lhes possibilitou tornarem-se influentes e poderosas, como nos Estados Unidos, na Alemanha e na Suíça. A ênfase do debate sobre a estrutura do parlamento recaiu, nesses casos, mais na **dimensão política** do que nos aspectos de eficiência. Embora não seja necessariamente adotado nos sistemas federais, o bicameralismo tornou-se um importante elemento da configuração institucional da grande maioria dos países que adotaram essa forma de Estado.

A caracterização das dimensões de eficácia e política, propostas por Tsebelis e Money, tem grande valia porque fornece, inicialmente, uma sistematização dos argumentos utilizados a favor do bicameralismo, a partir de seus possíveis propósitos. Da mesma forma, mostra-se convincente a bifurcação dos caminhos evolutivos adotados a partir dos modelos em que se basearam os países para adoção do bicameralismo. É bem pertinente, ainda, a observação de que as câmaras altas compostas a partir da representação das unidades federadas ganharam maior legitimidade (e poder), enquanto as baseadas em distinções de classe foram repudiadas no decorrer do tempo.

Contudo, conforme se verá na próxima seção, muitos países, de organização unitária ou federal, fizeram ou mantiveram a opção pelo bicameralismo, levando a crer que as dimensões política e de eficiência são frequentemente compartilhadas em muitas configurações institucionais até os dias atuais.

2.1.4. O ressurgimento do bicameralismo nas últimas décadas

No século XX, especialmente após as guerras mundiais, houve um declínio na proporção de legislativos bicamerais. Por volta de 1950, 36,25% dos países soberanos (29 de 80) tinham legislativos unicamerais (portanto, 63,75% eram bicamerais).[44] A proporção de parlamentos bicamerais caiu de 59%, em 1961, para 34%, em 1986, e para 33%, em 1996.[45] Isso decorreu não só do surgimento de novos países com legislativos unicamerais, mas também da abolição de segundas câmaras em outros 31 países.[46] Essa tendência ao unicameralismo foi observada não só nacionalmente, mas também no nível subnacional das federações.[47]

Dois foram os caminhos que levaram ao unicameralismo. A maior parte dos países unicamerais nunca tiveram uma segunda câmara. Outros, porém, a aboliram. No século XX, os países que se tornaram independentes (na África, Ásia, Caribe e Pacífico), em sua maioria, adotaram parlamentos unicamerais. Podem ser apontadas como razões para isso: (a) a preferência pela forma unitária de governo, pois muitos eram pequenos em tamanho e população; (b) muitos eram países pobres e havia a preocupação com o custo da segunda câmara; e (c) os países elaboraram suas primeiras constituições entre 1950 e 1970, período em que as segundas câmaras eram acusadas de redundantes, reacionárias ou antidemocráticas.

Alguns desses países eram heterogêneos em termos étnicos, linguísticos e regionais. Se por um lado, isso favoreceria arranjos bicamerais, houve a preocupação de que o reconhecimento formal dessas clivagens pudesse estimular pressões separatistas dentro das fronteiras

---

44 MASSICOTTE, Louis. Legislative unicameralism: A global survey and a few case studies. *The Journal of Legislative Studies*, v. 7, n. 1, 2001, p. 153.

45 COAKLEY, John. The Strange Revival of Bicameralism. *The Journal of Legislative Studies*, 2014, vol. 20, nº 4, p. 543.

46 MASSICOTTE, Louis. Legislative unicameralism: A global survey and a few case studies. *The Journal of Legislative Studies*, v. 7, n. 1, 2001, p. 170.

47 Ibidem, p. 151 e 153. Conforme Massicotte, mesmo nos Estados Unidos e na Austrália houve extinção de segundas câmaras no nível subnacional, como em Nebraska (1937) e Queensland (1922). Houve opção pelo unicameralismo nos legislativos subnacionais no Canadá, Nigéria, Alemanha, Índia, Argentina, Suíça e Brasil (7 dos 20 legislativos estaduais brasileiros, abrangendo 2/3 da população total, eram bicamerais no início dos anos 1920; cf. nota 14, p. 166). O autor registra, em 2001, que apenas 73 legislaturas estaduais são bicamerais, de mais de 450. O bicameralismo prevalece nos Estados Unidos e na Austrália (com exceção de um único estado em cada caso) e sobrevive em uma minoria de unidades na Argentina (9 províncias de 23), na Índia (5 estados em 25), na Rússia (4 unidades em 89) e na Micronésia (1 estado em 4). As legislaturas estaduais unicamerais são a regra em todas as outras federações, incluindo Alemanha, Áustria, Bélgica, Suíça e Canadá. Os legislativos das Comunidades Autónomas espanholas também são unicamerais.

ainda frágeis, herdadas do passado colonial. Finalmente, o unicameralismo se amoldou mais às tendências ideológicas de um Estado mais intervencionista, em contraposição ao bicameralismo, mais voltado à proteção das ameaças às liberdades dos indivíduos.

Dos países que já tiveram segundas câmaras, aproximadamente um terço as aboliram, principalmente no decorrer do século XX. O cenário mais frequente para a extinção de segundas câmaras foi em países em desenvolvimento com regimes autoritários de direita, que estabeleciam constituições de fachada que imitavam as estruturas democráticas liberais, incluindo segundas câmaras nomeadas ou eleitas. Esses órgãos serviam de disfarce para regimes impopulares ou corruptos e não desempenhavam papel autônomo significativo no processo político. Quando os regimes foram derrubados, as segundas câmaras foram abolidas e não mais reapareceram.[48] Normalmente, não houve discussão profunda sobre a extinção, nem abalo político decorrente, pois havia apenas aparência de governo constitucional.

Houve países, porém, em que as segundas câmaras funcionaram por um longo período, mas não resistiram às críticas da época, nas quais eram consideradas inúteis, caras e antidemocráticas. Por isso, acabaram sendo abolidas isoladamente ou como parte de reformas constitucionais, em geral após polêmicas e debates. Como exemplos podem ser mencionados: Nova Zelândia (1951), Dinamarca (1953), Suécia (1970) e Islândia (1991).[49] Esses eram países unitários, de população não superior a 5 milhões. Quando Portugal adotou a Constituição de 1976, a segunda câmara foi abolida e o país tornou-se a maior democracia ocidental - com população maior do que 10 milhões - com legislativo unicameral.[50] Mas nesse movimento havia países também com história constitucional conturbada, como Sri Lanka (1971), Equador (1979), Peru (1992) e Venezuela (1999).[51]

---

48 Ibidem, p. 156. Massicote enumera como exemplos os senados em Cuba antes de Castro, na Nicarágua sob os Somozas, no Egito sob o Rei Faruk, no Iraque sob Nuri Said, na Líbia sob o Rei Idriss, no Irã sob o Xá, na Hungria sob o Almirante Horthy, ou a câmara corporativa portuguesa sob Salazar e Caetano.

49 Ibidem, p. 156.

50 SHELL, Donald. The History of Bicameralism. *The Journal of Legislative Studies*, vol. 7, issue 1, spring 2001b, p. 14

51 MASSICOTTE, Louis. Legislative unicameralism: A global survey and a few case studies. *The Journal of Legislative Studies*, v. 7, n. 1, 2001, p. 156.

Aconteceram casos em que, após a extinção, a segunda câmara foi restaurada. Boa parte deles se deu com a volta de democracia após regimes autoritários que a haviam abolido. Exemplo típico foi o da Espanha, em que o Senado foi extinto em 1923, quando o general Primo de Rivera assumiu o cargo, e assim permaneceu nos períodos da República (1931-1939) e do regime de Franco. Em 1976, com a volta da democracia e da devolução de poder às regiões, o Senado foi restaurado.

São várias as segundas câmaras restauradas na história: França (desde 1852), México (1874), República Dominicana (1924), Alemanha (1949), Paraguai (1967), Granada (1983), Haiti (1987), Polônia (1989), Romênia (1991), Etiópia (1995), Marrocos (1996) e Camboja (1998). Nas Filipinas, o Senado foi abolido em 1935, ressurgiu cinco anos depois, desapareceu sob a ditadura de Marcos em 1972 e reapareceu com a democracia em 1986. Na Tailândia, o Senado continuou sendo extinto e restaurado com quase todos os golpes militares desde 1946. A África do Sul passou do bicameralismo para o unicameralismo em 1980, depois para um tricameralismo de base racial em 1983, e de volta ao bicameralismo em 1994.

Entre 1950 e 1979, mais países aboliram sua segunda câmara (19) do que criaram ou restauraram uma (17), com 9 países criando uma segunda câmara, mas abolindo-a no período. Contudo, entre 1980 e 1999, somente 6 segundas câmaras foram abolidas, enquanto 11 foram restauradas e 14 foram criadas, totalizando 25.

Nas últimas décadas do século XX e na virada do século, ocorreu uma reversão da tendência favorável ao unicameralismo e um "renascimento" do bicameralismo. Países que nunca tinham tido segunda câmara, decidiram criar uma. Isso ocorreu em países anteriormente comunistas, como Croácia (1990, até 2001), Rússia (1993), Quirguistão (1994), Cazaquistão (1995), Belarus (1996), Bósnia-Herzegovina (1998), Tajiquistão (1999). No continente africano, tornaram-se bicamerais: Namíbia (1989), Burkina Faso, Gabão e Mauritânia (1991), Congo-Brazzaville (1992), Argélia (1996) e Senegal (1998). Na região Ásia-Pacífico: Paquistão (1973), Palau (1981) e Nepal (1990).[52] Entre 1996 e 2014, surgiram 28 novas segundas câmaras, 19 delas na África ou no Oriente Médio, 4 na Ásia e 5 na Europa ou em países da antiga União Soviética. No mesmo período, apenas 9 países foram na direção oposta.

52 Ibidem, p. 154.

Interessante observar que a popularidade recente do bicameralismo não se relaciona com eventual expansão da forma federal de Estado. Dos 28 países onde as segundas câmaras foram criadas ou restauradas entre 1996 e 2014, apenas um pode ser descrito como federal. Mas utilizando-se de dados de 2014, Coakley observa que ainda permanece forte a associação entre federalismo e bicameralismo: 76% dos Estados federais têm segundo câmaras, em comparação com 35% dos Estados unitários. Isso mostra uma mudança em relação a 1996, quando 82% dos Estados federais e 26% dos Estados unitários eram bicamerais. A diferença decorre não só da adoção do bicameralismo em Estados unitários, mas também da diminuição do bicameralismo em Estados federais. Em 1996, os únicos quatro Estados federais que tinham parlamentos unicamerais eram pequenos: três deles (Comores; Federação de São Cristóvão e Nevis; e Micronésia) tinham populações de menos da metade de um milhão; e o quarto, os Emirados Árabes Unidos, era tradicionalmente pouco povoado. Mas a eles se reuniu uma federação maior que aboliu a segunda câmara em 1999, a Venezuela.[53]

Em março de 2014, havia 77 países com segunda câmaras.[54] Segundo consulta em maio de 2023, de 190 parlamentos vinculados à Inter-Parliamentary Union (IPU), 78 são bicamerais (41%) e 112 são unicamerais (59%), segundo a base de dados *Parline*.[55] Ainda segundo esses dados, o continente americano é o único onde prevalece o bicameralismo, com 20 países bicamerais (57%) contra 15 unicamerais (43%). Segundo dados de Roel Meijer, em 2015, entre os 36 países mais desenvolvidos, metade era unicameral e metade bicameral.[56]

Considerando as últimas décadas, pode-se verificar que não há um movimento de extinção de câmaras altas. Na verdade, desde o final do século passado, houve um aumento do número delas. Houve certo equi-

53 COAKLEY, John. The Strange Revival of Bicameralism. *The Journal of Legislative Studies*, 2014, vol. 20, n. 4, p. 550.

54 Ibidem, p. 549.

55 IPU-Inter-parliamentary Union. *Parline - Global Data on National Parliaments*. Disponível em: https://data.ipu.org/content/parline-global-data-national-parliaments. Acesso em 26 mai. 2023. (Consta informação de que estão excluídos dos dados três parlamentos cujas câmaras estão suspensas).

56 MEIJER, Roel. Upper Houses in Bicameral Parliaments: Roles, Reforms & Trends. *Masterthesis Comparative Politcs* (Supervisor Prof. Dr. M. H. Leyenaar). Radboud University, jan. 2015, p. 38. Disponível em: https://theses.ubn.ru.nl/handle/123456789/1177?locale-attribute=en. Acesso em 19 mai. 2022.

líbrio de opções entre unicameralismo e bicameralismo, de modo que não se pode identificar uma tendência clara a favor de nenhuma delas. Certamente, porém, o bicameralismo continuará a ser objeto de debates e questionamentos em diversos países, para criação, reforma ou extinção das segundas câmaras.[57]

2.2. A aplicação do bicameralismo

Dois movimentos reacenderam o debate sobre a estrutura do legislativo nos últimos tempos. O primeiro refere-se ao ressurgimento do interesse pelo sistema bicameral nas últimas décadas, de que já se tratou. Em contraposição, defensores do unicameralismo apontam haver uma trajetória histórica secular em direção a essa forma de estrutura do legislativo. Tanto assim que o número de países unicamerais supera o número de países bicamerais e, em muitos casos, as segundas câmaras desempenham papel menor na arena legislativa, o que configura um bicameralismo apenas formal. Mesmo nas federações, onde já se mostrou a preferência pelo sistema bicameral no poder central, no nível subnacional os legislativos unicamerais constituem a maioria.[58]

O segundo movimento diz respeito às discussões sobre reformas e extinções de segundas câmaras. A respeito, Nicholas Aroney lembra dos seguintes eventos: a reforma da Câmara de Lordes britânica (que foi feita em sua composição em 1999 e nas funções em 2009); as propostas para transformar o Senado canadense em órgão eleito; as reformas do sistema eleitoral na Nova Zelândia, para compensar a extinção da câmara alta; as reformas do federalismo alemão, que resultaram em mudanças nos poderes do *Bundesrat*[59]; e os frequentes interesses despertados

57 COAKLEY, John. The Strange Revival of Bicameralism. *The Journal of Legislative Studies*, 2014, vol. 20, n. 4, p. 562; NORTON, Philip. Adding value? The role of second chambers. *Asia Pacific Law Review*, v. 15, n. 1, 2007, p. 18; SHELL, Donald. Introduction. *The Journal of Legislative Studies*, vol. 7, issue 1, spring 2001a, p. 1.

58 MASSICOTTE, Louis. Legislative unicameralism: A global survey and a few case studies. *The Journal of Legislative Studies*, v. 7, n. 1, 2001, p. 151. Em defesa do unicameralismo no Brasil, ver: MANGABEIRA, João. *Em torno da Constituição*. São Paulo: Companhia Editora Nacional, 1934. Ver, ainda, seção 4.1.2, sobre o processo legislativo e a resolução de divergências na Constituição de 1934.

59 A propósito, ver: TAYLOR, Greg, Upper House Reform in Germany: The Commission for the Modernization of the Federal System (2009). *Constitutional Forum Constitutionnel*, vol. 17, n. 1, 2009, p. 25-38, Monash University Faculty of Law Le-

pelas relações entre o governo norte-americano e as duas Casas do Congresso.[60] Podem ser acrescentados, ainda, debates sobre alterações no parlamento italiano.

Donald Shell observa que alguns dos países que aboliram a segunda câmara enfrentam agora pressões para retorná-las e que alguns dos antigos países comunistas optaram por legislativos bicamerais. Portanto, não se pode afirmar que o processo de democratização do início do século XXI tenha sido acompanhado pelo repúdio às segundas câmaras. Isso pode parecer surpreendente, pois não são poucos os argumentos levantados contra elas. O autor lembra que, se ela tem poderes equivalentes e composição distinta à da câmara baixa, no sistema parlamentar ela pode comprometer a sustentação do gabinete e a execução das políticas públicas que a maioria está disposta a apoiar. Mesmo se a responsabilidade do primeiro-ministro e do gabinete for reconhecida como exclusiva da primeira câmara, essa interferência pode atingir o princípio da responsabilidade democrática. Se, para evitar isso, a segunda câmara tiver os seus poderes minorados e se tornar fraca, sua permanência pode ser questionada por apenas causar atrasos na aprovação da legislação, pelo vaivém dos projetos entre as casas.[61]

O problema talvez pudesse ser superado pela organização de uma primeira câmara perfeita e virtuosa. Aponta-se, porém, que esse ideal é inalcançável, pois continuam necessários os freios e contrapesos, assim como a moderação e a sabedoria das segundas câmaras. Outros meios e instituições poderiam auxiliar nessas tarefas, mas não as substituem. Nas democracias modernas, o judiciário pode fornecer freios (controles) mais efetivos do que os oferecidos por uma câmara parlamentar. Mas é difícil que ele forneça o devido equilíbrio (contrapeso) na elaboração da legislação (ou, pelo menos, essa não deveria ser sua função). Na sociedade atual, a atividade de governo se tornou bastante complexa e o equilíbrio de diversas visões e interesses na formulação

gal Studies Research Paper No. 2009/34, Disponível em: https://ssrn.com/abstract=1599438. Acesso em 13 mai. 2023.

60 ARONEY, Nicholas. Four Reasons for an Upper House: Representative Democracy, Public Deliberation, Legislaltive Outputs and Executive Accountability. *Adelaide Law Review*, v. 29, 2008, p. 206-208. (São listados, ainda autores que têm se dedicado ao tema).

61 SHELL, Donald. The History of Bicameralism. *The Journal of Legislative Studies*, vol. 7, issue 1, spring 2001b, p. 14.

das políticas parece justificar uma segunda câmara, disposta de forma diferente da primeira. Nos governos democráticos, o apoio obtido por meio da persuasão é essencial. Assim, uma câmara que contemple interesses e pontos de vista variados, de modo explícito e formal, ou implícito e informal, pode ter papel vital na mobilização de apoio e articulação de interesses distintos.[62]

A câmara alta não pode ser vista de forma isolada ou como um mero legado histórico. É preciso analisá-la em sua relação com a câmara baixa, pois ambas fazem parte da mesma estrutura. Então, vale observar as mudanças pelas quais as câmaras foram passando e as diferentes funções que lhe foram sendo atribuídas. Uma delas, de grande impacto nos sistemas parlamentaristas, diz respeito ao fato de que a câmara baixa deve formar, mas também deve fiscalizar, o governo. Ocorre que a tarefa de controle tende a ficar subordinada à tarefa de garantir suporte ao governo, fazendo com que os filiados ao partido majoritário se abstenham de criticá-lo. O mesmo pode ocorrer nos sistemas presidencialistas, em que os partidos que componham a base do governo deixem de exercer o controle devido às ações governamentais. Nesses casos, uma câmara alta pode atuar mais firmemente nessa tarefa, desde que sua composição seja distinta. Por isso, é importante que a câmara alta seja composta de forma diferente da outra (incongruência), sob pena de se tornar uma duplicação de difícil defesa.

As subseções a seguir aprofundam a discussão sobre a adoção e aplicação do bicameralismo, versando sobre os fatores de decisão por essa organização, as funções das câmaras altas e as distinções entre as câmaras sob o ponto de vista de composição e competências (congruência e simetria). Não se pretende aqui, propriamente, conduzir uma argumentação em defesa do bicameralismo, mas sim reunir e apresentar os elementos que, em geral, são utilizados para servir de justificativa para a opção por essa configuração institucional e as características esperadas para o seu funcionamento.

2.2.1. Fatores de decisão sobre a estrutura do Legislativo

A propósito da escolha da estrutura do legislativo, a literatura tem procurado identificar e catalogar fatores que possam contribuir, mesmo que apenas indicativamente, com determinada opção. Entre eles, podem

62 Ibidem, p. 15.

ser mencionados a história, a dimensão geográfica do país, o tamanho da população e a forma de Estado.[63] É também importante perquirir sobre a interação da estrutura do legislativo com outros aspectos relacionados ao sistema político.

2.2.1.1. História, dimensão geográfica e população do país

Não parece haver dúvida de que a trajetória histórica, peculiar a cada país, é fator de decisão de grande relevância sobre a estrutura do parlamento, orientando a opção, conforme o caso, tanto para o unicameralismo quanto para o bicameralismo. A estrutura atual do parlamento é muito influenciada pelas soluções adotadas no passado e depende, portanto, do caminho trilhado a partir dos fatos históricos.

Em geral, os países pequenos e poucos povoados tendem a optar pelo unicameralismo, enquanto os de grandes territórios e população têm propensão pelo bicameralismo.[64] Em países com poucos habitantes, as câmaras altas costumam ser vistas como caras e redundantes. Dos setenta e sete países com população inferior a cinco milhões de habitantes, cinquenta e cinco têm legislatura unicameral.[65] Na Europa, entre os vinte países mais populosos, dez têm parlamentos bicamerais[66]; entre os menos populosos, somente três adotaram o bicameralismo: Irlanda, Bósnia-Herzegovina e Eslovênia. Isso confirma uma tendência mundial: os legislativos unicamerais são a maioria, mas o bicameralismo caracteriza a maior parte dos países com mais de trinta milhões de habitantes. Trinta dos quarenta países mais populosos têm um sistema de duas câ-

63 ARAÚJO, Paulo Magalhães. Bicameralismo: história, conceito e funções nos governos contemporâneos. *Revista Brasileira de Estudos Políticos*, Belo Horizonte, n. 114, jan.-jun. 2017, p. 436.

64 NEIVA, Pedro R. *Estudo comparado das câmaras altas: os poderes e o papel dos senados nos sistemas presidencialistas.* Tese (doutorado em ciência política). Instituto Universitário de Pesquisas do Rio de Janeiro, IUPERJ, Rio de Janeiro, 2004; PATTERSON, Samuel C. e MUGHAN, Anthony. Fundamentals of Institutional Design: The Functions and Powers of Parliamentary Second Chambers, *The Journal of Legislative Studies*, vol. 7, issue 1, spring 2001, p. 40.

65 MASSICOTTE, Louis. Legislative unicameralism: A global survey and a few case studies. *The Journal of Legislative Studies*, v. 7, n. 1, 2001, p. 152.

66 Entre os dez mais populoso, apenas a Turquia e a Ucrânia adotaram parlamentos unicamerais.

maras, de modo que quatro bilhões de pessoas vivem em países onde o parlamento é bicameral.[67]

De forma correlacionada com a população, a extensão geográfica do país também parece ter alguma influência. Em países de pequena extensão, a necessidade de uma câmara alta é menos evidente, porque a população não se distribui por grandes áreas. Na Europa, nove dos treze maiores países em área têm parlamento bicameral (com exceção da Ucrânia, Suécia, Noruega e Finlândia).[68]

Uma exceção relevante é a China que, apesar da grande população e do território extenso, tem legislativo unicameral. Entre os dez mais extensos do mundo, é o único país que não é bicameral. Entre os unicamerais de maior população, destacam-se Portugal e Grécia,[69] com mais de 10 milhões de habitantes, além da Venezuela, com população de aproximadamente 30 milhões, e da Coréia do Sul, com mais de 50 milhões. Com exceção da Coréia do Sul, os outros foram bicamerais, mas as câmaras altas foram abolidas. Por outro lado, o arquipélago de Palau, com pouco mais de 20 mil habitantes, tem parlamento de estrutura bicameral, o que atesta o caráter apenas indicativo desses critérios.

2.2.1.2. Bicameralismo e federalismo

A forma de Estado também exerce influência significativa sobre a estrutura do parlamento, embora não haja uma implicação direta. Nas federações e Estados regionais, geralmente é adotado o bicameralismo. A existência de uma câmara alta, onde as unidades menores sejam sobrerrepresentadas, foi importante para o surgimento das federações, e continua sendo condição relevante. A partir de então, a solução bicameral passou a ter uma dupla justificativa: uma amparada nos tradicionais ideais do governo misto e do mecanismo de freios e contrapesos; e outra baseada na formulação da estrutura do Estado federal.[70]

---

67 PASSAGLIA, Paolo. Unicameralism, Bicameralism, Multicameralism: Evolution and Trends in Europe. *Perspectives on Federalism*, v. 10, n. 2, 2018, p. 8.

68 Ibidem, p. 8.

69 NEIVA, Pedro R. Estudo comparado das câmaras altas: os poderes e o papel dos senados nos sistemas presidencialistas. Tese (doutorado em ciência política). Instituto Universitário de Pesquisas do Rio de Janeiro, IUPERJ, Rio de Janeiro, 2004, p. 25.

70 SHELL, *op. cit.*, p. 12.

É possível observar, no entanto, que a maioria das federações encontra no legislativo bicameral uma importante característica institucional para garantir a representação de componentes regionais na formulação das políticas nacionais, como um elemento essencial para o bom funcionamento da federação. Assim, busca-se garantir duas importantes características de uma federação eficaz: a distribuição constitucional de poderes legislativos e administrativos, assim como de recursos financeiros entre os diferentes níveis de governo; e a participação efetiva dos diferentes grupos nas instituições centrais de governo (no que o papel de uma câmara alta é um aspecto importante). O modelo territorial confere à câmara alta uma base de representação diferente daquela da câmara baixa, o que permite que as câmaras sejam incongruentes[71], o que reforça e legitima a solução bicameral.

Contudo, não se pode afirmar que os legislativos bicamerais sejam, por definição, uma característica da federação. Cabe lembrar, inclusive, que cinco federações têm legislativos unicamerais (Emirados Árabes Unidos; Comores; Micronésia; São Cristóvão e Nevis; e Venezuela). Também, o princípio da igualdade da representação das unidades constituintes - de inspiração norte-americana - não tem aplicação universal, tal como acontece no Canadá, Alemanha, Áustria, Índia, Malásia e Suíça. São grandes as variações sobre o método de seleção dos membros, a composição regional e as funções da câmara alta.

São basicamente cinco os métodos utilizados: (a) a eleição direta pelos cidadãos das unidades constituintes (EUA, Austrália, Suíça, Nigéria, Brasil, Argentina e México); (b) eleição indireta pelos legislativos estaduais (Áustria, Holanda, Índia); (c) indicação de membros do Executivo estadual (Alemanha); (d) indicação pelo primeiro ministro federal (Canadá); e (e) uma mistura desses métodos, como na África do Sul, em que cada província tem seis legisladores e quatro membros dos Executivos estaduais. Também usam métodos misturados: Rússia, Etiópia, Malásia, México, Espanha e Bélgica.[72]

---

71 LIJPHART, Arendt. *Modelos de democracia: desempenho e padrões de governo em 36 países*. Tradução de Vera Caputo, 4a. ed. Rev. e ampl., Rio de Janeiro: Civilização Brasileira, 2019, p. 226-233.

72 WATTS, Ronald L. *Federal Second Chambers Compared*. Presentation at Conference on "Federalizing Process in Italy. Comparative Perspectives". Organized by Department for Institutional Reforms-Italy and the Forum of Federations. Rome, 17-19 fev. 2010, p. 4. Disponível em: <http://pti.regione.sicilia.it/portal>. Acesso em 22 fev. 2023.

Não é verdadeiro, porém, que legislativos bicamerais sejam exclusividade de países federais, ou que a necessidade de representação de unidades territoriais seja o único fator que determina a existência de uma câmara alta. Embora essa conexão possa existir, ela não é vinculativa, até porque essa não é a única função de uma câmara alta. O bicameralismo pode ter fundamentos e propósitos muito distintos e ser a opção de países unitários. Em 2014, 58 de 164 dos países unitários (35,3%) tinham legislativos bicamerais. Inclusive, dos 77 legislativos bicamerais de então, a maioria (75,3%) era situado em países unitários.[73]

2.2.1.3. Bicameralismo e representação

A crítica tradicional contra o bicameralismo qualifica as câmaras altas como aristocráticas, conservadoras e antidemocráticas. Esse argumento tem base na imagem original da Câmara dos Lordes britânica, composta por membros aristocratas hereditários ou dependentes de patronato. Um símbolo dessa posição é a alegadamente expressa pelo Abade de Sieyès,[74] de que a câmara alta que discorda da câmara baixa é perniciosa e a que concorda é supérflua[75]. No mesmo sentido, é atribuído a Jeremy Bentham o seguinte argumento: se uma câmara alta representa o interesse geral, é inútil; e se representa apenas interesse particular, é perniciosa. A câmara alta era vista como uma instituição reacionária, parte de um arsenal defensivo do sistema de propriedades e um baluarte contra os objetivos da câmara popular.[76]

73 COAKLEY, John. The Strange Revival of Bicameralism. *The Journal of Legislative Studies*, 2014, vol. 20, n. 4, p. 550.

74 Segundo Nicholas Aroney, embora esse raciocínio seja atribuído a Sieyès, "há motivos para duvidar se ele realmente disse (ou mesmo pensou) qualquer coisa assim". Cf.: ARONEY, Nicholas. Four Reasons for an Upper House: Representative Democracy, Public Deliberation, Legislaltive Outputs and Executive Accountability. *Adelaide Law Review*, v. 29, 2008, p. 213, nota 41, tradução nossa. Disponível em: https://papers.ssrn.com/sol3/papers.cfm?abstract_id=2432755. Acesso em 18 mar. 2022.

75 Segundo Donald Shell, Herman Finer sugeriu que uma resposta apropriada a Sieyès seria: "Se as duas assembleias concordarem tanto melhor para a nossa crença na sabedoria e justiça da lei; se discordam, é hora de o povo reconsiderar sua atitude". Cf. SHELL, Donald. The History of Bicameralism. *The Journal of Legislative Studies*, vol. 7, issue 1, spring 2001b, p. 13, tradução nossa.

76 ARONEY, Nicholas. Four Reasons for an Upper House: Representative Democracy, Public Deliberation, Legislaltive Outputs and Executive Accountability. *Adelaide*

A partir do momento em que as câmaras altas passaram a ser compostas por meio de eleições democráticas, a crítica passou a enfatizar sua possível inutilidade e redundância, por repetirem as funções da primeira. Questiona-se, então, se as duas câmaras podem ser representativas, ou se uma já não seria suficiente. A democracia moderna opera por meio do governo da maioria. Se a câmara baixa aprovar uma medida, por que submetê-la a uma revisão pela câmara alta? Se esta aprova a proposta, não houve mudança; se ela rejeita, então está contradizendo a voz do povo, expressa pela câmara baixa. Alega-se que o povo só precisa falar uma vez, pois tem a autoridade absoluta.

Para Nicholas Aroney, esse raciocínio envolve uma concepção particular de democracia, que envolve três pressupostos, todos questionáveis. O primeiro é o de que a sociedade política pode ser concebida como composta por um povo unitário (*demos*), que pode ser representado por uma única instituição (a câmara baixa) com base em determinado processo eleitoral. O segundo é o de que a democracia equivale ao majoritarismo, ou seja, que a governança democrática legítima é suficientemente realizada por meio de um sistema da regra da maioria. O terceiro pressuposto é o de que os sistemas eleitorais predominantemente adotados para compor a câmara baixa efetivamente garantem o governo da maioria.[77]

O primeiro pressuposto baseia-se na concepção de que a soberania do povo deve ser expressa por uma única instituição (a câmara baixa) em que todos os cidadãos fossem representados. Tanto que as Constituições francesas de 1791 e 1793 previam uma assembleia legislativa unicameral, na qual a soberania do povo de toda nação era expressa de forma una e indivisível. Essa concepção operou um poderoso mito pelo qual o poder consolidado das novas instituições foi legitimado durante a Revolução Francesa, e que persiste até os dias atuais. Realmente, a realidade social dos habitantes de um território muitas vezes inclui um senso de unidade e identidade como um povo, com propósitos e objetivos compartilhados. Mas aqui se coloca um problema, especialmente nos países federais, em relação à percepção dessa noção de povo e à composição dos legislativos. O povo refere-se sempre a todo o país ou pode ser o povo de uma dada unidade federada (os povos)? Ou os dois ao mesmo tempo? Afinal,

Law Review, v. 29, 2008, p. 213, nota 41, tradução nossa. Disponível em: https://papers.ssrn.com/sol3/papers.cfm?abstract_id=2432755. Acesso em 18 mar. 2022.

77 Ibidem, p. 214-219.

as pessoas votam em seus representantes locais e em representantes dos níveis estadual e federal. Desse modo, a realidade social e política dificulta uma concepção simplista da democracia como a regra de um povo unitário sobre uma nação consolidada.

Sobre a diferença entre as câmaras, Jeremy Waldron refere-se à carta dirigida em 1830 por Bentham ao General Lafayette,[78] na qual se argumenta que se uma câmara alta nada oferece em relação à baixa, então é redundante e todos os custos incorridos em seu estabelecimento e manutenção são desperdiçados e cada atraso legislativo decorrente dos procedimentos separados das duas câmaras deve ser considerado como prejuízo.[79] A estratégia de Bentham era dizer que se havia características das câmaras altas que eram importantes para a elaboração de uma legislação séria e responsável, tais como aptidões especiais ou mandatos longos, então isso deveria ser justificativa para mudar a câmara única, e não para instituir uma segunda.

Essa ideia, aparentemente simples, não mantém essa qualidade quando a dirigimos para a noção de representação, pois por melhor que se pensasse um esquema para ela em uma câmara única, sempre haveria como melhorar. O pensamento de Bentham exige que a sociedade política seja composta por um povo unitário que pudesse ser bem representado por uma só instituição, a partir de um processo eleitoral particular. Mas isso é equivocado, porque o povo nao pode ser representado de uma única forma, nem há uma representação perfeita para um povo. Há uma grande variedade de pessoas relacionando-se entre si de diversas maneiras, com vários interesses, desejos e visões. Mesmo o melhor ponto de vista deve reconhecer a possibilidade de enriquecimento por outros modos de representação. Um forte argumento a favor do bicameralismo é a possibilidade de enriquecer os modos pelos quais as pessoas são representadas no legislativo. Isso deve ser valorizado por si só, como uma matéria de participação, ou pode ser valorizada na medida em que a camada adicional de representação fornece uma base qualitativamente distinta para análise.

78 WALDRON, Jeremy. Bicameralism and the Separation of Powers. *Current Legal Problems*, v. 65, n. 1, 2012, p. 35.

79 BENTHAM, Jeremy. Jeremy Bentham to his Fellow-Citizens of France, on Houses of Peers and Senates, *The works of Jeremy Bentham, vol. 4*. William Tait, 1843. Disponível em: https://oll.libertyfund.org/title/bowring-the-works-of-jeremy-bentham-vol-4#lf0872-04_head_249. Acesso em 21 mar. 2022.

São possíveis lógicas distintas de representação, até mesmo sob a mesma base de eleitorado, para constituir com legitimidade a segunda câmara (como calendários distintos, rotatividade das vagas etc.). O fato de um projeto de lei ter que ser analisado por dois conjuntos diferentes e independentes de representantes, sujeitos a processos próprios de deliberação, já tem importância significativa, até mesmo se as assembleias forem estruturalmente semelhantes. Já assim pode resultar diferenças em virtude das personalidades e das interações entre os representantes. Ainda mais quando o projeto é examinado após um tempo de sua aprovação na primeira câmara, por uma segunda câmara, onde podem ser trazidos outros aspectos para se pensar e se falar. Nesse ínterim pode haver reações do eleitorado e da imprensa, assim como novas considerações da sociedade civil, às quais deve estar vinculada a deliberação formal do legislativo. Desse modo, é melhor que a segunda câmara seja constituída em bases muito distintas da primeira. Mas mesmo que exista alguma semelhança entre elas, ainda pode ocorrer que se expressem de maneira diferente e que haja divergência entre elas.[80]

Aqui, cabe recordar a conclusão a que chegaram George Tsebelis e Jeannette Money, de que mesmo as câmaras altas consideradas fracas ou insignificantes influenciam a legislação, em virtude de fatores que se aplicam às negociações intercamerais, de que é exemplo a impaciência pela aprovação do projeto.[81]

Ainda segundo Nicholas Aroney, as câmaras altas são criticadas como antidemocráticas por sua capacidade de vetar ou adiar decisões tomadas pelas câmaras baixas por maioria simples. Lijphart, embora admita que o majoritarismo constitui um dos elementos essenciais da prática e da teoria democrática contemporânea, indica que um segundo ponto de referência é o modelo consensual de democracia, segundo o qual um governo é idealmente conduzido por ou em nome de tantas pessoas quanto possível. E há também a orientação das teorias da democracia deliberativa, na qual as virtudes de participação e discussão são essenciais para um sistema saudável de autogoverno. A crítica ao bicameralismo como antidemocrático depende do pressuposto de que o majoritarismo é capaz de esgotar as aspirações da democracia, como se

80 WALDRON, Jeremy. Bicameralism and the Separation of Powers. *Current Legal Problems*, v. 65, n. 1, 2012, p. 38-43.

81 TSEBELIS, George; MONEY, Jeannette. *Bicameralism*. Cambridge: Cambridge University Press, 1997, p. 211.

valores democráticos alternativos, tais como o consenso e a deliberação, não fossem igualmente importantes.

Com relação à garantia de que os sistemas eleitorais na câmara baixa estabeleçam efetivamente o governo da maioria, há dois problemas. O primeiro, de índole técnica, tem a ver com as dificuldades na relação entre as preferências dos eleitores e a forma como os sistemas eleitorais acumulam suas escolhas no momento da eleição. Trata-se da anomalia da maioria cíclica, ou do chamado paradoxo de Condorcet, segundo o qual as preferências de um grupo e as preferências individuais não são necessariamente transitivas, mas os métodos de contar e acumular votos devem assumir que são. Assim, os sistemas eleitorais podem produzir vencedores que garantem a maioria dos votos, mas em relação aos quais a maioria dos eleitores prefere um candidato alternativo. Nenhum sistema eleitoral pode garantir que o candidato eleito seja positivamente favorecido sobre todos os demais candidatos pela maioria dos eleitores.

O segundo problema é que alguns sistemas eleitorais, em função da organização dos distritos, obtêm maiorias com maior porcentagem de votos do que se fossem considerados os votos de todos os eleitores da jurisdição. Não se trata apenas de problemas como o *gerrymendering* ou má distribuição, mas de distorções de representatividade que podem surgir sempre que o sistema eleitoral se utiliza de distritos e membros do legislativo que representem eleitorados locais ou regionais. Esse apego à distribuição territorial do eleitorado remete ao questionamento de um povo único ou de povos diferentes organizados em localidades e agrupamentos em nível local, estadual e federal. Embora os sistemas proporcionais possam reproduzir variações de opiniões e interesses, retorna o questionamento sobre a vontade unitária do povo e se uma câmara única, na qual prevalece a regra da maioria, será capaz de consolidá-la e expressá-la suficientemente.

John Coakley observa que a noção de representação é complexa e pode referir-se a diferentes abordagens na relação entre os titulares de cargos e aqueles que os escolhem.[82] A câmara alta pode dar voz a interesses especiais, que podem ser de dois tipos. Eles podem ser interesses que resistam a reformas sociais, que usem sua autoridade tradicional para legitimar sua posição arraigada no passado, de que foi exemplo a Câmara dos Lordes britânica. Ou podem ser interesses de grupos com

82 COAKLEY, John. The Strange Revival of Bicameralism. *The Journal of Legislative Studies*, 2014, vol. 20, n. 4, p. 564.

contribuições nacionais potencialmente importantes, tais como minorias étnicas, linguísticas, religiosas ou regionais, que podem passar a receber uma representação, pelo menos simbólica, na segunda câmara. A questão é se os seus membros compartilham o compromisso com esse tipo de representação.

2.2.1.4. Bicameralismo e sistema de governo

Interessante também buscar a relação entre bicameralismo e sistema de governo. Para iniciar, cabe observar a contraposição que muitas vezes se estabelece entre a eficiência do governo e a separação dos poderes (freios e contrapesos). Afirma-se que o parlamento desempenhará seu papel legislativo de forma mais eficiente se não for prejudicado por uma câmara alta obstrucionista e que os governos serão capazes de fazer e administrar políticas de forma mais decisiva se forem responsáveis apenas por uma câmara. Esse argumento da eficiência é articulado no debate sobre o bicameralismo, em geral, por sua relação com os sistemas de governo. A doutrina da separação de poderes é orientada pela preocupação de dividir e limitar o poder governamental, e não propriamente pela preocupação de tornar o governo mais eficiente e decisivo. Tal argumento é dirigido ao sistema presidencialista, onde é possível uma separação mais nítida entre os poderes legislativo e executivo.[83]

Os defensores do sistema de Westminster viram como virtude a união entre o legislativo e o executivo, ligados pelo gabinete, o que se opunha à clássica visão de que a separação dos poderes é um importante meio pelo qual a liberdade política do sujeito pode ser protegida. O sistema partidário, em conjunto com a prevalência da Câmara dos Comuns sobre a Câmara dos Lordes, permitia que o gabinete mantivesse controle sobre o executivo e o legislativo. O controle do governo seria exercido, sobretudo, pela pressão constante incidente sobre ele pelo julgamento dos eleitores na eleição seguinte. Desse modo, era possibilitado um governo eficiente, mas razoável e justo, considerando sua responsabilidade final perante o eleitorado, por meio do parlamento e, em particular, da oposição.

83 ARONEY, Nicholas. Four Reasons for an Upper House: Representative Democracy, Public Deliberation, Legislaltive Outputs and Executive Accountability. *Adelaide Law Review*, v. 29, 2008, p. 220. Disponível em: https://papers.ssrn.com/sol3/papers.cfm?abstract_id=2432755. Acesso em 18 mar. 2022.

A eficiência do governo se baseava na capacidade do parlamento de manter posição pelo menos de alguma distância crítica em relação ao governo, o que incluía um papel vital para a Câmara dos Lordes. Assim, embora esses argumentos servissem para defender a superioridade do parlamentarismo e da prevalência da Câmara dos Comuns, eles não chegavam, na Inglaterra, a defender a abolição da Câmara dos Lordes, especialmente por sua capacidade única de criticar o governo, de uma forma ainda relativamente livre da disciplina partidária.

A defesa dos sistemas parlamentaristas de governo torna-se mais vigorosa onde possa haver uma independência e distância crítica entre o executivo e o parlamento. Isso é possível se a câmara alta tiver composição político-partidária diferente da câmara baixa e for capaz de exercer seu próprio julgamento em questões de legislação e de controle das decisões do executivo. Ou seja, uma câmara alta adequadamente desenhada deve colocar uma restrição à consolidação do poder governamental nas mãos de um pequeno número de pessoas, por meio da limitação e divisão do exercício desse poder, com todas as consequências constitucionais e de apoio à liberdade que isso possa ter.

Nessa linha, os argumentos a favor do bicameralismo voltam-se também às preocupações de limitar e controlar o poder político e proteger direitos, tanto em termos do exercício do poder legislativo quanto da responsabilização do governo no exercício do poder legislativo.

Tal como expresso por John Stuart Mill:

> (...) A consideração que mais favorece, em minha opinião, a favor de duas Câmaras (e isso eu considero de alguma relevância) é o efeito nocivo produzido na mente de qualquer detentor do poder, seja um indivíduo ou uma assembleia, pela consciência de ter apenas a si mesmos para consultar. É importante que nenhum grupo de pessoas possa, em grandes negócios, ser capaz, mesmo temporariamente, de fazer prevalecer seu "sic volo" sem pedir o consentimento de qualquer outra pessoa. Uma maioria em uma única assembleia, quando assume caráter permanente — quando composta pelas mesmas pessoas que habitualmente atuam em conjunto, e sempre com a vitória assegurada em sua própria Casa — facilmente se torna despótica e presunçosa, se dispensada da necessidade de considerar se seus atos terão a concordância de outra autoridade constituída.
> (...) Um dos requisitos mais imprescindíveis na condução prática da política, especialmente na gestão de instituições livres, é a conciliação: disponibilidade para transigir; uma disposição de conceder algo aos oponentes e de moldar boas medidas de modo a ser

> o menos ofensivo possível a pessoas de opiniões opostas; e deste hábito salutar, o "dar e receber" mútuo (como tem sido chamado) entre duas Casas é uma escola perpétua; útil como tal ainda hoje, e sua utilidade provavelmente seria ainda mais sentida em uma constituição mais democrática do Legislativo.[84] (Tradução nossa)

Nos sistemas presidencialistas, há separação nítida entre os poderes executivo e legislativo, tanto em termos de suas atribuições e prerrogativas, mas também como resultado de processos eleitorais específicos, dos quais decorrem composições próprias, nem sempre vinculadas pelos mesmos grupos partidários. Isso reforça a atuação do legislativo na fiscalização do executivo, assim como uma estrutura complexa de controles políticos e constitucionais em contraposição à força presidencial.[85]

Em amplo estudo sobre os fatores determinantes dos poderes das câmaras altas, Pedro Robson Pereira Neiva busca qual a variável explicativa de maior influência, se o federalismo ou o presidencialismo. Argumenta que, embora o federalismo seja importante, a variável de maior explicação é dada pelo sistema de governo: nos países parlamentaristas, as casas legislativas contam com poucas atribuições, enquanto

---

84 MILL, John Stuart, "Of a Second Chamber." (Chapter 13), In: *Considerations on Representative Government (1861)*. Disponível em: https://constitution.org/2-Authors/jsm/rep_gov.htm. Acesso em 22 mar. 2022. Trecho original: "*(...) The consideration which tells most, in my judgment, in favour of two Chambers (and this I do regard as of some moment) is the evil effect produced upon the mind of any holder of power, whether an individual or an assembly, by the consciousness of having only themselves to consult. It is important that no set of persons should, in great affairs, be able, even temporarily, to make their sic volo prevail without asking any one else for his consent. A majority in a single assembly, when it has assumed a permanent character — when composed of the same persons habitually acting together, and always assured of victory in their own House — easily becomes despotic and overweening, if released from the necessity of considering whether its acts will be concurred in by another constituted authority. (...) One of the most indispensable requisites in the practical conduct of politics, especially in the management of free institutions, is conciliation: a readiness to compromise; a willingness to concede something to opponents, and to shape good measures so as to be as little offensive as possible to persons of opposite views; and of this salutary habit, the mutual give and take (as it has been called) between two Houses is a perpetual school; useful as such even now, and its utility would probably be even more felt in a more democratic constitution of the Legislature.*"

85 ARAÚJO, Paulo Magalhães. Bicameralismo: história, conceito e funções nos governos contemporâneos. *Revista Brasileira de Estudos Políticos*, Belo Horizonte, n. 114, jan.-jun. 2017, p. 464.

nos presidencialistas, as atribuições são amplas. Assim, elas envolvem assuntos de Estado, de abrangência nacional, relacionados ao controle do presidente, além de exercerem papel fundamental no funcionamento do sistema político como um todo. [86]

No mesmo sentido, Mariana LLanos e Francisco Sanchéz analisam o bicameralismo dos países presidencialistas na América Latina e verificam que os Senados possuem extensas faculdades de controle, assim como as câmaras baixas, diferentemente do que costuma acontecer com os países parlamentaristas, nos quais o governo é politicamente responsável apenas perante estas. Concluem que são Senados poderosos (*veto players*), inspirados no Senado norte-americano, que se constituem em atores centrais na complexa engrenagem de freios e contrapesos, que permitem duplicar os controles do legislativo sobre o executivo e oferecer resistência a uma tirania da maioria na câmara baixa. Como esses controles estão presentes tanto em países federais quanto unitários, os autores concluem que tal bicameralismo simétrico está correlacionado com o presidencialismo, e não com o federalismo, como se costuma acreditar.[87]

2.2.2. Funções das câmaras altas nos Legislativos bicamerais

As funções exercidas pelas câmaras altas nos parlamentos bicamerais são tradicionalmente agrupadas em três conjuntos, que correspondem à próximas subseções.

2.2.2.1. Moderação, estabilidade e melhoria da legislação

É conhecido o diálogo entre Thomas Jefferson, ao retornar da França, e George Washington, no momento da ratificação da constituição norte-americana. À pergunta de Jefferson, sobre a razão da criação da segunda câmara, Washington lhe perguntou por que colocava a xícara no pires, a que teria respondido que seria "para esfriar". Washington

86 NEIVA, Pedro Robson Pereira. Os Determinantes da Existência e dos Poderes das Câmaras Altas: Federalismo ou Presidencialismo? *Revista das Ciências Sociais*, v. 49, n. 2, 2006, p. 286,

87 LLANOS, Mariana; SANCHÉZ, Francisco. O bicameralismo em perspectiva comparada. In: AVRITZER, Leonardo; ANASTASIA, Fátima (Orgs.) *Reforma política no Brasil*. Belo Horizonte: Ed. UFMG; Brasília: PNUD, 2006. p. 161.

então concluiu que, pela mesma razão, a câmara alta havia sido criada "para esfriar a legislação".[88]

O diálogo representa o papel em geral atribuído à câmara alta de reflexão, moderação e amadurecimento na elaboração da legislação. Trata-se de resfriar os impulsos comuns às assembleias numerosas, pela reavaliação das propostas, aperfeiçoamento dos projetos e ponderação dos interesses em jogo. Nesse sentido, o bicameralismo atuaria para conferir moderação, dar maior estabilidade e melhorar a qualidade das decisões políticas.

Esses objetivos do bicameralismo e, por consequência, das câmaras altas sempre estiveram presente nas justificativas de sua aplicação ao longo da história. É possível identificá-las claramente em Montesquieu, quando considera necessária a formação de dois corpos legislativos, cada qual com deliberação separada e capaz de impedir as iniciativas do outro. Atribui, desde então, à câmara alta a função de moderação (embora amparado no recurso da hereditariedade).[89]

Também Madison, nos Artigos Federalistas (n°s 62 e 63), utiliza os argumentos relacionados à moderação e à estabilidade em sua defesa da existência do Senado, além dos relacionados à federação (ou associados a estes, como no caso da indicação pelas assembleias, que permitiria uma indicação selecionada). Nesse sentido, sustenta que o cargo de senador exige maior amplitude de informação e estabilidade de caráter, e deve contar com qualificações distintas dos representantes, como a idade mais avançada e maior tempo de cidadania.[90] Além disso, deve haver um número de senadores menor do que de representantes e eles devem ter mandatos de maior extensão. Tudo em prol de garantir maior solidez e reflexão no processo legislativo, evitando decisões descabidas ou tomadas por impulso, assim como possibilitar maior domínio das leis e assuntos de interesse do país pelos senadores, de modo a obter maior qualidade, consistência e estabilidade da legislação.

88 PATTERSON, Samuel C.; MUGHAN, Anthony. *Senates: bicameralism in the contemporary world.* Columbus: Ohio State University Press, 1999, p. 15.

89 MONTESQUIEU, Charles de Secondat de. *De L'esprit des Lois* (1748). Edition établie par Laurent Versini. Paris: Éditions Gallimard, 1995 (2 volumes). (Seconde partie, Livre XI, Chapitre VI - De la constitution d'Angleterre, p. 114.).

90 HAMILTON, Alexander; MADISON, James; JAY, John. *The Federalist Papers. Edited with introduction and notes by Lawrence Goldman.* New York: Oxford University Press Inc., 2008, p. 303-314.

Mariana LLanos e Detlef Nolte apresentam inventário de características institucionais que foram incorporadas às Constituições para reforçar o desenvolvimento de expertise e sabedoria por parte das câmaras altas, bem como para diminuir a instabilidade na legislação: (i) requisito de idade mínima, para que elas sejam compostas por legisladores mais maduros e de carreira política mais avançada; (ii) critérios de seleção que envolvam alguma avaliação de conhecimento; (iii) eleição indireta para obter maior seleção na indicação e, nos sistemas federais, maior vínculo entre os governos federais e estaduais; (iv) mandatos mais longos, para desenvolver conhecimento legislativo e um maior grau de independência política, para que a câmara alta seja capaz de moderar o ímpeto de poder, com mais tempo de consideração sobre a legislação; e (v) renovação parcial da segunda câmara, para obter continuidade do conjunto dos senadores, garantir aquisição de conhecimento, independência de opinião e estabilidade dos resultados legislativos.[91]

William H. Riker enumera, como justificativas tradicionais para o bicameralismo, os efeitos de retardar o processo legislativo, dificultar a mudança abrupta de política, obrigar os legisladores equivocados a repensar e, dessa forma, minimizar a arbitrariedade e a injustiça nas ações governamentais. Além dessas, aponta que a necessidade de maiorias concorrentes é mais rigorosa que a de uma maioria única. Para o autor, um sistema majoritário puro pode causar instabilidade e desequilíbrio nas políticas, assim como insegurança contra a tirania da maioria. Aponta, então, que é vantajoso criar regras estáveis para a sociedade e que essa estabilidade, em boa medida, poderá ser obtida pelo modelo bicameral.[92]

Nesse sentido, Raphaela Rocha Ribeiro lembra que as câmaras altas têm como função clássica a de "*trazer uma perspectiva diferente da câmara popular e que reflita seu papel contido, experiente e independente*". A divisão do poder legislativo visa a aprimorar a produção legislativa, aproximando-as de um consenso que não considere exclusivamente a opinião majoritária da câmara baixa. Para tanto, a câmara alta pode se debruçar sobre questões não enfrentadas ou encontrar equívocos ou deslizes cometidos pela outra câmara. Além disso, o prolongamento do

91 LLANOS, Mariana; NOLTE, Detlef. Bicameralism in the Americas: around the extremes of symmetry and incongruence. *The Journal of Legislative Studies*, v. 9, n. 3, 2003, p. 61.

92 RIKER, William H. The justification of bicameralism. International *Political Science Review*, v. 13, 1992, p. 101-116.

tempo do processo legislativo permite o enfrentamento de temáticas controversas pelos parlamentares e pela sociedade.[93]

Por outro lado, são diversas as críticas à redundância e divisão da deliberação em câmaras distintas e de poder equivalente. Para estas, os efeitos no processo decisório seriam a incoerência, a lentidão e os entraves à mudança, em desrespeito à vontade do povo, considerada una, homogênea e passível de ser representada em uma câmara única.[94]

A questão é se as câmaras altas, ao funcionarem como câmaras de revisão com julgamento independente da câmara baixa e do governo, podem melhorar a qualidade da legislação de forma que outros mecanismos técnicos não possam, ou se elas funcionam mais como obstáculos à promulgação eficiente e tempestiva da legislação.

Legislar é um processo técnico-jurídico e não há dúvidas de que padrões de legislação e equipes de assessoramento podem auxiliar no aperfeiçoamento da legislação. Nicholas Aroney argumenta, porém, que as câmaras altas adicionam dimensões não oferecidas por recursos de redação técnica, especialmente o fato de que a legislação deve ser aprovada por um segundo corpo de representantes eleitos e o aumento do tempo para a promulgação. Esses fatores favorecem um debate adicional e mais amplo sobre a política proposta em seus detalhes técnicos e possíveis consequências.[95]

No caso das proposições iniciadas pelo governo, uma câmara alta com formação política diferente da câmara baixa previne que o exercício do poder legislativo seja consolidado nas mãos daqueles que já têm o controle do poder executivo. E mesmo se o partido do governo gozar de maioria na câmara alta, sua existência como uma câmara independente pode fazer a diferença. As câmaras altas podem fornecer um fórum de

---

93 RIBEIRO, Raphaela Rocha. *O Senado Federal no direito constitucional brasileiro*. Orientador: Roger Stiefelmann Leal. (Dissertação de Mestrado). Faculdade de Direito, Universidade de São Paulo, 2017, p. 50.

94 ARAÚJO, Paulo Magalhães. Bicameralismo: história, conceito e funções nos governos contemporâneos. *Revista Brasileira de Estudos Políticos*, Belo Horizonte, n. 114, jan.-jun. 2017, p. 440.

95 ARONEY, Nicholas. Four Reasons for an Upper House: Representative Democracy, Public Deliberation, Legislaltive Outputs and Executive Accountability. *Adelaide Law Review*, v. 29, 2008, p. 225. Disponível em: https://papers.ssrn.com/sol3/papers.cfm?abstract_id=2432755. Acesso em 18 mar. 2022.

debate menos influenciado pelos partidos, mais distante das tensões políticas típicas das câmaras baixas e de características mais deliberativas.

Embora possa representar algum retardo na aprovação da legislação, a existência de uma segunda câmara permite uma nova rodada de debate e um escrutínio mais substancial da proposta, não só dentro da própria câmara, mas também entre o público em geral e os meios de comunicação. Esses pontos reforçam a sugestão de que uma câmara alta pode melhorar as credenciais democráticas do sistema, porque facilita a deliberação pública mais longa e profunda sobre os objetivos propostos e os meios que o governo se propõe a adotar para garantir esses objetivos.

A câmara alta pode, ainda, fornecer um canal pelo qual uma representação potencialmente distinta e ampla da comunidade seja capaz de criticar ou resistir à legislação proposta e outras políticas governamentais. Considerando que as maiorias podem ser diferentes nas câmaras eleitas, podem ser acumulados, mais efetivamente, pontos de vista do maior número de eleitores possível. Com isso, são diminuídas as chances de aprovação de medidas equivocadas ou ineficazes.

Além disso, Tsebelis e Money registram que a simples presença de uma segunda câmara possibilita um controle de qualidade da legislação, a partir de duas ideias.[96] A primeira é preventiva: saber que alguém vai examinar o produto torna o produtor mais cuidadoso. Assim, a expectativa de uma segunda avaliação induz os elaboradores a desempenhar melhor sua função. Segundo, existe um sistema para descobrir erros depois que tenham sido cometidos. Uma câmara alta, a despeito de seu nível de expertise e sabedoria, constitui esse mecanismo de controle de qualidade.

Os autores trazem, ainda, um outro argumento, relacionado à estabilidade. As escolhas baseadas na vontade de maiorias únicas são instáveis ou imprevisíveis, porque a consistência da hierarquia das preferências individuais não se expressa na ordenação das preferências coletivas. A divisão do legislativo em dois diferentes grupos e a exigência de maiorias concorrentes em ambos pode reduzir o número de alternativas preferidas. Ou seja, a necessidade de maiorias concorrentes é mais rigorosa que a de maioria única. Desse modo, o bicameralismo produz efeito estabilizador, pois submete as decisões legislativas a maiorias dis-

96 TSEBELIS, George; MONEY, Jeannette. *Bicameralism*. Cambridge: Cambridge University Press, 1997, p. 40.

tintas, que se constrangem mutuamente, e reduzem o leque de alternativas de mudança.[97]

2.2.2.2. *Representação de unidades territoriais*

As câmaras altas têm uma função única, não compartilhada pelas câmaras baixas, que é a de representar os interesses territoriais dos Estados, regiões ou províncias a nível nacional. Antes até do estabelecimento de federações, já foi possível encontrar corpos legislativos formados por "embaixadores" dos Estados na Confederação Suíça e na Confederação Alemã. Mas foi com o modelo federativo, inaugurado pelos Estados Unidos em 1787, que se consolidou esse tipo de representação. Na elaboração da constituição norte-americana, essa foi a questão mais controversa, mas a de solução mais engenhosa, viabilizando a Constituição e inaugurando o sistema federal. A câmara baixa, cuja formação tem base na população dos Estados, é contrabalançada por uma câmara alta, na qual eles contam com igual participação. As câmaras têm igual poder, de modo que nenhuma lei pode ser aprovada sem o apoio da maioria dos representantes do povo e da maioria dos representantes dos Estados.

Esse modelo foi seguido por muitos países ao adotarem a forma de federação. Nem sempre, porém, se definiu a mesma composição para todos os Estados. Grande parte dos Estados distribui os assentos na câmara alta levando em consideração a população, mas as áreas menos populosas geralmente são sobrerrepresentadas. Um exemplo é a Alemanha, que nem dá igual representação aos Estados, nem usa um critério estritamente populacional. Cada Estado tem de três a seis assentos na câmara alta, dependendo do número de habitantes, mesmo que o maior tenha aproximadamente trinta vezes a população do menor. O propósito é que nem os grandes nem os pequenos Estados dominem o legislativo.

Vale registrar que o modelo de representação territorial é adotado não só nas federações, tendo-se tornado a forma mais comum de representação nas câmaras altas. Esse é o caso dos países onde houve algum grau de devolução ao governo regional. Assim, por exemplo, a constituição italiana estabelece que o Senado é eleito na base regional

97 LEVMORE, Saul. 'Bicameralism: When are Two Decisions Better than One?', *International Review of Law and Economics*, 1992.

e a Constituição espanhola dispõe que o Senado é a câmara de representação territorial. A vantagem do modelo territorial é dar à câmara alta uma base de representação distinta daquela da câmara baixa, o que permite que as câmaras sejam diferentes em sua perspectiva de decisão e número de membros.

Também, há variação no método de escolha dos membros da câmara alta. Há três possibilidades de representação dentro de cada unidade geográfica: sua assembleia, seu governo ou seu povo. A representação feita pelas assembleias ou pelo governo cria uma conexão direta entre essas instituições subnacionais e o parlamento nacional, assim como uma forma indireta de responsabilidade entre a câmara alta e o povo, por meio das eleições a nível subnacional.

A eleição pelos legislativos estaduais foi utilizada nos Estados Unidos até 1913, quando passou a ser eleição direta. É utilizado atualmente na Áustria, Índia, Holanda e representantes das regiões na câmara alta da Espanha. A representação dos governos subnacionais na câmara alta é menos comum e tem como exemplo clássico a Alemanha, onde o *Bundesrat* é composto por ministros dos *Länder*. Na África do Sul, os membros da câmara alta são eleitos pelas assembleias, mas os primeiros-ministros provinciais recebem automaticamente uma das vagas. Na Rússia, as vagas na câmara alta são compartilhadas entre os governos e as assembleias, com uma vaga para cada um.

Quando os membros da câmara alta são escolhidos pelo povo mediante eleições, o vínculo entre as instituições subnacionais e o parlamento nacional é mais fraco, mas a câmara alta terá maior legitimidade democrática e suporte popular. É o que ocorre nos Estados Unidos, Austrália, Suíça, Brasil e na Espanha (para eleição dos representantes das províncias). Quando ambas as câmaras são eleitas diretamente, os sistemas de composição são, em geral, diferenciados, por meio de circunscrições, mandatos ou sistemas eleitorais distintos.

Meg Russel divide em três categorias as funções desempenhadas por uma câmara alta sob perspectiva territorial: representar os territórios e seus interesses em nível nacional; proporcionar um fórum para as unidades territoriais debater as políticas e acomodar posições comuns; e vincular o parlamento nacional às assembleias e governos subnacionais.[98] Essas funções podem ser desempenhadas de maneiras distintas

98 RUSSEL, Meg. The Territorial Role of Second Chambers. *The Journal of Legislative Studies*, vol. 7, issue 1, 2001, p. 109.

pelas câmaras altas, com variados níveis de sucesso. Os meios pelos quais elas podem ser implementadas são a seguir descritos.

- *Poderes sobre a legislação territorial*: atribuir aos membros da câmara alta maior poder sobre a legislação que afete particularmente as unidades subnacionais. O exemplo clássico é o da Alemanha. A intenção é que a câmara alta forneça meios para uma efetiva representação de interesses territoriais e para influência nas políticas do governo federal. Ela pode servir, ainda, como um fórum para os Estados se reunirem e agirem coletivamente.

- *Disposições de assentos e votações.* Ao contrário do que ocorre na maioria das câmaras altas, em que os membros se sentam junto a seus grupos partidários, no *Bundesrat* alemão as delegações sentam-se junto à representação de seus Estados. Cada delegação tem um único voto ponderado, equivalente a seu número de assentos. Se o governo estadual é formado por coalizão, isso exige que haja um acordo no bloco sobre a posição a ser tomada frente à política federal. Com isso, o governo federal não pode prever o resultado das votações com base nos partidos, mas sim na posição dos governos estaduais e suas coalizões.

Na África do Sul, a legislação em geral é decidida por maioria simples de votos na câmara alta e os membros das delegações provinciais podem se separar e votar conforme seus grupos partidários. Contudo, os projetos que afetam as províncias e as emendas constitucionais devem ser decididas com a delegação provincial votando em bloco e a aprovação depende do voto de cinco das nove províncias. As delegações de cada província são eleitas pelos legislativos provinciais, na proporção da força de cada partido, de modo a incluir a oposição. Mas as delegações têm suas posições definidas pelas assembleias provinciais e, portanto, são determinadas pelos partidos majoritários.

- *Comitês e debates.* O Senado espanhol desenvolveu esforços para acentuar seu papel de câmara de representação territorial. Uma das iniciativas foi o estabelecimento em 1994 de um Comitê Geral das Comunidades Autônomas, com 50 membros, aberto aos senadores eleitos por assembleias regionais e aos representantes das comunidades autônomas, que têm o direito de solicitar que ele seja convocado e a propor questões para discussão. O comitê tem competência para o debate de questões territoriais, análise de projetos sob a perspectiva territorial, oferecimento de emendas sob o ponto de vista das regiões e investigações sobre a relação das regiões com a União Europeia. Ele também pode realizar um debate anual sobre o Estado das regiões espanholas e a descentralização. Embora ele acolha esse debate, é o governo que tem o poder de convocá-lo, razão pela qual não tem sido tão acionado (até 2001, só ocorreu em 1994 e 1999).

- *Iniciativa da legislação.* A Constituição espanhola permite que as assembleias regionais, por meio de seus representantes, proponham projetos de lei perante o parlamento nacional. Contudo, apesar do papel de representante regional do Senado, essa iniciativa deve ocorrer perante a câmara baixa. Na Alemanha, ao contrário, os projetos dos Estados podem ser apresentados, por seus representantes, diretamente no *Bundesrat*. Se aprovados, o governo federal tem o dever de responder e o projeto é debatido na câmara baixa, onde será proposto por um representante do governo do Estado patrocinador. Os membros do governo estadual têm direito de falar em ambas as câmaras do parlamento nacional, o que se estende aos comitês.

- *Responsabilidade perante as instituições territoriais.* A câmara alta deve garantir que seus representantes sejam responsáveis perante aqueles que representam. Idealmente, essa prestação de contas incluiria alguma forma de ligação entre as instituições, para criar uma comunicação bidirecional e ajudar a formulação conjunta de políticas em diferentes níveis de governo. Onde os membros das câmaras altas são eleitos pelas assembleias subnacionais, a prestação de contas poderia cumprir esses dois papeis. Contudo, isso pode não acontecer se não houver mecanismos definidos para tanto. Na Espanha, por exemplo, os membros eleitos para a câmara alta pelas assembleias regionais desempenham papeis duplos, pois ocupam também assentos nessas assembleias. Contudo, não há um mecanismo para que os senadores possam relatar às assembleias sobre suas atividades na câmara alta. Na Alemanha, os membros do *Bundesrat* desempenham duplo papel, como membros do governo. Suas atividades são fiscalizadas pelas assembleias estaduais. Algumas assembleias estaduais têm comitês do *Bundesrat*, especificamente para monitorar as atividades dos ministros na câmara alta. Em assuntos importantes, como as emendas constitucionais, pode haver debates nas assembleias antes dos votos no *Bundesrat*.[99]

Nem sempre as câmaras altas desempenham a contento a função de representação territorial. As câmaras da Austrália e do Canadá são exemplos. Embora os membros representem os Estados, não há exigência de que eles reflitam isso nas atividades que exercem na câmara. Eles sentam-se e votam em grupos partidários, não têm poderes particula-

99 Ibidem, p. 112.

res sobre a legislação territorial e não participam de comitês ou debates com perspectiva territorial. Não há qualquer mecanismo de prestação de contas ou de comunicação com as instituições estaduais. Os senadores não têm direito a voz nas assembleias estaduais e, na Austrália, é proibido exercer cargos no Senado e na assembleia estadual. Nesse país, muitas vezes a avaliação é de que não há prova de que os senadores efetivamente tenham protegido os interesses dos Estados mais do que os membros da câmara baixa. O sistema eleitoral proporcional tem garantido a participação na câmara alta dos principais partidos. Com isso, os Estados estão representados na câmara alta principalmente por meio das bancadas partidárias e não mediante atuação formal nas atividades da câmara.

No Canadá, a função do Senado de representação dos interesses das províncias é ainda mais questionável. Os senadores, embora representem formalmente os Estados, são nomeados pelo primeiro-ministro. Como não há tradição dele nomear senadores da oposição, alguns partidos podem ficar sem assento na câmara alta. A falta de envolvimento das províncias na nomeação de senadores prejudicou seriamente a credibilidade do Senado e tem gerado, há décadas, apelos por uma reforma.

Na Espanha, a Constituição não estabeleceu competências claras para que o Senado desempenhe a representação territorial, o que o enfraquece. Ele é também prejudicado pelo fato de que apenas um quinto de seus membros representam as regiões autônomas, que são agora a força territorial dominante. A falta de mecanismos de responsabilidade perante as assembleias estaduais faz com que o Senado funcione como uma câmara de partidos nacionais. Há apelos para uma reforma que reforce o papel territorial do Senado, mas as forças nacionalistas e separatistas se opõem sobre uma câmara de estilo mais federal.

A câmara de feição mais federal é o *Bundesrat* alemão, que tem sido descrito como a instituição mais importante do governo federal no país. É uma câmara alta que consegue trazer os interesses dos Estados para as decisões nacionais, facilita o debate entre os Estados e dispõe de mecanismos de prestação de contas aos legislativos estaduais. O exercício do papel territorial decorre da forma de indicação peculiar e dos poderes que lhe são atribuídos. Contudo, o funcionamento do *Bundesrat* é bem diferente das outras câmaras parlamentares, com poucas sessões plenárias e cronograma rígido de reuniões. O trabalho principal é realizado por meio das comissões. Tanto nelas quanto nas sessões plenárias é significativa a participação de servidores públicos estaduais que, juntamente com os membros da câmara, são bastante relevantes para a legislação sob discussão.

A função territorial tem crescido em prestígio nas discussões sobre as câmaras altas. Porém, como seu desempenho ainda se mostra limitado, esse papel tem sido objeto de discussões sobre reformas, como no Canadá, Espanha e Itália. Contudo, essas reformas têm tido dificuldades para prosperar. Os casos da Espanha e da Itália mostram que a função territorial deve acompanhar e ser contemporâneo aos processos de devolução, sob pena de depois haver dificuldade para que se compatibilizem mediante reformas posteriores, que podem ser tardias.

2.2.2.3. *Controle do governo/executivo*

A separação de poderes tem entre seus objetivos impedir a atuação tirânica das maiorias ou de segmentos políticos dominantes no governo. Tal proteção deve existir porque assembleias únicas e numerosas são propensas a tomar decisões sob impulsos e paixões, que podem colocar em risco a liberdade política. Decisões que não se submetem a revisão ou controles externos também podem ser prejudiciais aos interesses dos cidadãos. A câmara alta pode atuar como contrapeso a essas decisões, ao ponderar ou rever aquelas que venham em desfavor do interesse público e, especialmente, ao reforçar o controle, fiscalização e responsabilidade do governo perante o parlamento.

Nos sistemas presidencialistas, apesar de os titulares dos cargos executivos serem eleitos e atuarem de forma independente, o legislativo tem papel na aprovação de despesas governamentais e na fiscalização das decisões do governo. No parlamentarismo, o exercício do poder executivo é substancialmente controlado por um primeiro-ministro que tem o apoio da maioria dos membros da câmara baixa, mas não necessariamente da câmara alta, se o parlamento for bicameral.

De todo modo, os parlamentos desempenham um papel essencial para garantir que o poder executivo seja exercido por indivíduos democraticamente responsáveis perante o povo. Esse mecanismo de responsabilização democrática não deve ocorrer somente em momentos decisivos, como na formação dos governos, mas também de forma regular, por meio de controles parlamentares.

No entanto, a literatura tem chamado atenção para o fato de que a estrita disciplina partidária permitiu aos governos muitas vezes dominar o parlamento com o apoio da bancada dos partidos majoritários. A estrutura do parlamento, então, pode suscitar questões sobre o desempenho das funções de controle e fiscalização. Especialmente no sistema parlamentarista, os governos são normalmente de partido único ou de coalização rigidamente disciplinados, com maiorias absolutas na câmara baixa. Nesse contexto, a câmara baixa poderá ter grande dificuldade em conseguir tanto sustentar no poder o governo quanto agir para exercer um controle efetivo sobre ele. Uma câmara alta mais independente do governo pode servir, então, como a instituição mais bem posicionada para desempenhar o controle, fiscalização e responsabilização do governo.

A respeito, Jeremy Waldron adverte que os componentes de uma câmara não devem ser subordinados aos da outra, nem podem ambos estar sujeitos à mesma liderança política. Especialmente no sistema Westminster, é fundamental que as casas tenham relação diferente com o executivo. Em geral, o gabinete domina a câmara baixa no interesse da autoridade do governo. O autor defende, então, que o foco das reformas das câmaras altas deve estar na limitação da dominação pelo executivo, para não se colocar em risco a separação de poderes. Isso pode ser mais difícil se a câmara alta é eleita e composta por políticos. O domínio da política partidária pode levar a que a prática do bicameralismo se distancie da teoria. Algumas medidas profiláticas podem ser tomadas a esse respeito, como a de impedir que os membros do gabinete possam integrar a câmara alta. É fundamental que ela seja independente do governo para que possa exercer genuinamente o debate legislativo e não simplesmente aclamar a agenda do executivo.[100]

2.2.3. Bicameralismo forte ou fraco: simetria e congruência

Arend Lijphart vale-se de três aspectos dos parlamentos bicamerais para determinar a força do bicameralismo: (a) os poderes constitucionais formais que as duas câmaras possuem; (b) os métodos de seleção adotados para composição da câmara alta; e (c) os métodos de eleição para a câmara alta, que são distintos dos da primeira câmara e concebidos para sobrerrepresentar determinadas minorias. A partir desses aspectos, o autor define as variáveis de simetria e congruência, segundo as quais estabelece a classificação do bicameralismo em forte, fraco ou de média força.[101]

100 WALDRON, Jeremy. Bicameralism and the Separation of Powers. *Current Legal Problems*, v. 65, n. 1, 2012, p. 43-48.

101 LIJPHART, Arend. *Modelos de democracia: desempenho e padrões de governo em 36 países*. Tradução de Vera Caputo, 4a. ed. Rev. e ampl., Rio de Janeiro: Civilização Brasileira, 2019, p. 226.

2.2.3.1. Simetria e congruência

Lijphart considera o primeiro desses aspectos (os poderes constitucionais formais) o mais importante. Exemplifica que, nos países parlamentaristas, é frequente que o gabinete se responsabilize exclusivamente perante a primeira câmara e que os votos negativos da segunda câmara sejam anulados por aquela. Para construir sua classificação, Lijphart examinou a organização política de trinta e seis países democráticos. Entre esses, identifica como tendo as câmaras equivalentes apenas a Argentina, Itália, Suíça, Estados Unidos e Uruguai.

A importância política da segunda câmara depende tanto dos poderes formais quanto dos métodos de seleção adotados. As segundas câmaras não eleitas diretamente não têm legitimidade democrática e, por consequência, não contarão com a influência política que as eleições populares conferem. Mesmo que tenham poder formal limitado, isso pode ser compensado, de alguma maneira, pelas eleições diretas e a legitimação dela decorrente.

A soma do primeiro e do segundo critérios, ou seja, dos poderes constitucionais e da legitimidade democrática, levarão à classificação do legislativo bicameral em simétrico ou assimétrico. As câmaras *simétricas* serão aquelas com poderes constitucionais e legitimidade democrática iguais ou moderadamente desiguais. As assimétricas serão aquelas altamente desiguais quanto a esses critérios.

Aqueles cinco países com poderes constitucionais equivalentes são consequentemente simétricos. Embora sem poderes totalmente iguais, Lijphart ainda classifica como simétricos: Austrália, Japão, Holanda e Alemanha. Os dois primeiros têm as câmaras totalmente eleitas pelo voto direto. A Holanda, embora a segunda câmara seja composta pelo voto indireto pelos legislativos provinciais, ela tem poder de veto absoluto sobre toda a legislação proposta. Na Alemanha, o *Bundesrat* tem composição peculiar, pois é composto por representantes dos executivos dos Estados-membros da federação, o que lhe confere grande força. Nos demais países considerados, a relação de poder entre as câmaras é classificada como assimétrica.[102]

O terceiro aspecto, relativo aos métodos de eleição para a câmara alta, define a variável da congruência. Se as duas câmaras têm composição diferentes, elas são consideradas *incongruentes*. O melhor exemplo

102 Ibidem, p. 226.

são as câmaras altas federais, que sobrerrepresentam as pequenas unidades da federação. O maior grau de sobrerrepresentação ocorre quando as representações estaduais ou provinciais são iguais, independentemente da população das unidades federais, como ocorre na Suíça, Estados Unidos, Argentina e Austrália. O *Bundesrat* alemão e o Senado canadense são exemplos de câmaras federais nos quais as unidades federais são representadas de forma desigual, mas ainda assim ocorre a sobrerrepresentação. O *Bunderat* austríaco é uma exceção, pois tem o número de componentes mais ou menos proporcional à população dos *Länder*.

A partir das variáveis de simetria e congruência, Lijphart define quatro categorias principais: (a) o bicameralismo *forte*, caracterizado tanto pela simetria quanto pela incongruência; (b) o bicameralismo de *força média*, em que falta um desses elementos; (c) o bicameralismo *fraco*, no qual as câmaras são tanto assimétricas quanto congruentes; e (d) os legislativos unicamerais.[103]

De forma a expandir os parâmetros que definem a simetria e a incongruência, para melhor precisar a classificação, Mariana Llanos e Detlef Nolte propõem as seguintes características institucionais do bicameralismo:[104]

a) Favorecem a incongruência

1) representação de interesses provinciais e minoritários na câmara alta;

2) representação populacional em ambas as câmaras, porém com distritos e fórmulas eleitorais diferentes;

3) representação de não eleitos na câmara alta (indicados ou hereditários);

4) eleições indiretas para membros da câmara alta;

5) número de membros diferente (menor na câmara alta);

6) mínimo de idade mais alto para a câmara alta;

7) critérios de seleção para a câmara alta envolvem *expertise*;

8) mandatos mais longos para a câmara alta;

9) renovação parcial da câmara alta

103 Ibidem, p. 233. O autor defende que seria plausível fundir as duas últimas categorias, mas não o propõe em razão da posição de Tsebelis e Money, de que as segundas câmaras exercem influência mesmo quando fracas ou insignificantes.

104 LLANOS, Mariana; NOLTE, Detlef. Bicameralism in the Americas: around the extremes of symmetry and incongruence. *The Journal of Legislative Studies*, v. 9, n. 3, 2003, p. 63.

b) Favorecem a simetria

1) as câmaras têm poderes iguais para apreciar, modificar ou rejeitar proposições;

2) as câmaras têm iguais poderes de iniciativa;

3) o método de resolução de divergências entre as câmaras é bicameral;

4) as câmaras têm instrumentos iguais de controle político;

5) o Senado concorda com as escolhas de autoridades do Executivo; e

6) há divisão de tarefas no *impeachment*.

2.2.3.2. Abordagem tridimensional (simetria, congruência e legitimidade)

Meg Russel entende que a abordagem de Arend Lijphart é limitada. Aponta que uma teoria mais convincente deve ser "tridimensional", reconhecendo a centralidade da legitimidade observada para a força bicameral (além da simetria e da congruência).[105] Defende que a legitimidade é fundamental para a compreensão do bicameralismo, tanto pela composição de algumas câmaras altas quanto pelo papel de todas essas câmaras na contraposição das câmaras democraticamente eleitas. Nesse sentido, entende que Lijphart observou como a legitimidade afetou a dinâmica do bicameralismo, mas seu papel é mais central e significativamente mais complexo do que ele sugeriu (como contribuição à dimensão da simetria). Contudo, entende correta a observação de que a falta de legitimidade pode fazer com que a câmara alta se mostre incapaz, na prática, de fazer uso completo de seus poderes.

A legitimidade é de grande relevância para o bicameralismo por dois motivos. O primeiro diz respeito à composição das câmaras altas. O bicameralismo tem origens pré-democráticas. Ainda hoje grande parte das câmaras altas nacionais inclui membros não eleitos, ou eleitos indiretamente. Em uma era democrática, isso resulta em questionamentos óbvios sobre os resquícios de um modelo elitista.

A segunda razão mais universal para questionar a legitimidade das câmaras altas diz respeito ao seu papel fundamental de contestar as

105 RUSSELL, Meg. Rethinking bicameral strength: A three-dimensional approach. *The Journal of Legislative Studies*, v. 19, n. 3, 2013, p. 370-391.

decisões das câmaras baixas, geralmente eleitas com base na igualdade universal. As câmaras altas, portanto, desafiam a regra da maioria, do que resulta uma tensão inerente ao bicameralismo. A legitimidade da câmara alta depende inteiramente do apoio social que puder angariar.

Contudo, só a legitimidade decorrente da eleição pode não ser suficiente para que a câmara alta seja respeitada e influente. As percepções de legitimidade podem ser influenciadas por uma combinação de fatores de entrada (composição via eleições justas), de procedimento e de resultado (decisões sobre as políticas), todos eles relevantes para o bicameralismo.

2.3. Bicameralismo e os métodos de resolução de divergências entre as câmaras

O bicameralismo não pode ser compreendido somente a partir da estrutura dividida do Legislativo em duas câmaras. As instituições bicamerais consistem também, por definição, na interação entre essas câmaras, para a tomada de decisões políticas e produção da legislação. E fica claro que tal interação pressupõe a possibilidade de vetos e divergências entre as câmaras, decorrentes dos distintos interesses nelas representados.

Assim, a ocorrência de divergências entre as câmaras e a necessidade de superá-las é decorrência da organização bicameral. A interação entre as câmaras afeta os resultados legislativos. As normas que estabelecem onde deve ocorrer a iniciativa das proposições, se há ou não prevalência de decisão de uma das câmaras (e de qual delas), como será feita a revisão da proposição e por quantas vezes (rodadas), se haverá uma regra de parada, se a câmara revisora terá ou não poder de veto (rejeição) têm consequências na dinâmica bicameral. Elas alteram o equilíbrio entre as duas câmaras e influenciam os resultados legislativos.

Por isso, é necessário o estudo dos métodos e critérios de resolução das divergências entre as câmaras na elaboração legislativa. Esta tese vale-se da perspectiva sugerida por George Tsebelis e Jeannette Money, de que o bicameralismo deve ser analisado a partir da interação entre as duas câmaras e, em especial, da influência que ela exerce sobre os resultados legislativos.[106]

106 TSEBELIS, George; MONEY, Jeannette. *Bicameralism*. Cambridge: Cambridge University Press, 1997.

Para conhecer as sistemáticas de resolução de divergências entre as câmaras na elaboração legislativa, esta seção orienta-se pela análise da aplicação dos métodos empregados na experiência estrangeira.[107] Os dois mais utilizados são o sistema *navette* (ou *shuttle*) e a comissão mista (comitê de conferência),[108] razão pela qual serão mais bem analisados. Há, porém, outros métodos, como a sessão conjunta, o veto suspensivo, o referendo e a dissolução das casas.

2.3.1. Sistema navette (shuttle ou troca de emendas)

O sistema *navette* institui um vaivém do projeto (ou de emendas) entre as câmaras até que se obtenha a concordância entre elas ou se imponha uma regra de parada. A câmara que inicia aprova o projeto e o encaminha para a segunda câmara, na qual pode ocorrer uma das seguintes alternativas: ela o aprova e a legislação vai à promulgação; ela o rejeita e – se tiver poder de veto – o encaminha ao arquivo; ou ela o emenda e devolve à câmara de origem.[109] Segundo levantamento de George Tsebelis e Jeannette Money, esse sistema era empregado em todos os legislativos bicamerais, com exceção do parlamento da então Iugoslávia, em que ocorria o exame simultâneo da legislação.[110]

Em geral, a constituição de cada país estabelece os critérios aplicados para a resolução da divergência entre as câmaras, nas seções sobre os poderes e procedimentos do legislativo. A partir delas, é possível observar a relação de forças normativamente estabelecida na produção dos atos legislativos. São muito variados os procedimentos adotados. Uma forma de tentar classificar esses procedimentos é por meio da equivalência – ou não – entre as câmaras.

---

107 O emprego dos métodos e critérios no Brasil serão examinados nos Capítulos seguintes.

108 Ibidem, p. 4.

109 Ibidem, p. 55, 101; TSEBELIS, George *Atores com poder de veto: como funcionam as instituições políticas*. Tradução de Micheline Christophe. Rio de Janeiro: Editora FGV, 2009, p. 211; RUBIATTI, Bruno de Castro. Sistema de resolução de conflitos e o papel do Senado como Câmara revisora no bicameralismo brasileiro. *Revista Brasileira de Ciência Política*, nº 23. Brasília, maio - ago. 2017, p. 52.

110 TSEBELIS, George; MONEY, Jeannette. *Bicameralism*. Cambridge: Cambridge University Press, 1997, p. 55.

Em alguns países, a equivalência entre as câmaras estabelece que o vaivém entre elas vai continuar até que se obtenha acordo sobre o mesmo texto em ambas. Embora as câmaras tenham iguais poderes, a sistemática pode ocasionar um número indefinido de rodadas do projeto entre as casas até que se obtenha o resultado, o que pode ser considerado pouco razoável.[111] Alternativamente, se a divergência persiste, o projeto pode ser retirado ou sua tramitação encerrada. É o caso da Bélgica (algumas matérias), Libéria, Nigéria e Filipinas.[112]

Em outros países, adota-se outro critério para possibilitar uma decisão final e, portanto, a obtenção do resultado legislativo. Para tanto, pode ser dada prevalência a uma das casas, muitas vezes a câmara baixa ou a câmara iniciadora. A câmara baixa é decisiva, por exemplo, em Antigua, Áustria, Bahamas, Barbados, Bélgica (para algumas matérias), Belize, Congo, Croácia, República Checa, Alemanha (para algumas matérias), Granada, Irlanda, Jamaica, Japão, Madagascar, Malásia, Mauritânia, Polônia, Rússia, Espanha, Essuatíni e Reino Unido. A câmara iniciadora é decisiva na Argentina, Brasil, Chile, República Dominicana e México.[113]

Finalmente, há países em que é adotada uma regra de parada, pela combinação do sistema *navette* com outro método de resolução de divergência, como a comissão mista (comitê de conferência). Essa regra de parada pode se dar pela manifestação voluntária de uma das câmaras ou após um determinado número de rodadas. Uma "rodada" ocorre quando uma lei é reintroduzida na câmara iniciadora e um "período" ocorre quando o projeto passa de uma casa para a outra. Portanto, uma rodada equivale a dois períodos (envios).[114]

É bastante frequente que ocorra a combinação de métodos de resolução de divergências. Um interessante exemplo é o da França, cuja sistemática é bastante complexa. Os projetos aprovados na casa de origem são encaminhados para revisão pela segunda casa. Se esta emenda o projeto, ele retorna para nova apreciação da primeira. Se necessário, depois do projeto ser revisado duas vezes, o governo pode

111 RUSSEL, Meg. *Resolving Disputes Between the Chambers*. Paper to Royal Commission. The Constitutional Unit, University College London, 1999, p. 3.

112 TSEBELIS, George; MONEY, Jeannette. *Bicameralism*. Cambridge: Cambridge University Press, 1997, p. 55.

113 Ibidem, p. 63.

114 Neste trabalho, preferimos nos referir a "envio" (de uma câmara a outra) e não a "período".

intervir e convocar um comitê de conferência. Se o compromisso é obtido pelo comitê, a nova versão é submetida a ambas as casas para aprovação. Emendas, a esse ponto, requerem a aprovação do governo. Se o compromisso não for alcançado ou se uma das casas rejeitar a versão do comitê, o governo pode pedir para que a Assembleia Nacional (câmara baixa) decida sobre o texto final.

Nos Estados Unidos, também é possível a combinação dos métodos *navette* e comissão mista.[115] Em geral, a Câmara dos Representantes e o Senado iniciam o processo de resolução de diferenças alterando as emendas um do outro (troca de emendas). É possível que isso ocorra por até duas rodadas (dois graus de emendas), mas a terceira não é permitida. Esgotadas as possibilidades de acordo por troca de emendas, uma casa deve aceitar a posição da outra, ou o projeto será rejeitado, se ambas permanecerem inflexíveis. Alternativamente, em qualquer estágio desse processo, ou após esgotada a troca de emendas, qualquer das câmaras pode declarar formalmente sua discordância e solicitar a criação de uma comissão mista (comitê de conferência) para discutir as divergências e buscar uma resolução mutuamente satisfatória. Quando uma câmara solicita um comitê de conferência, normalmente a outra câmara concorda com ela. As câmaras podem aceitar os acordos que a comissão tenha alcançado e, se for possível, ainda lidar com divergências remanescentes por meio de trocas de emendas.

A propósito dos sistemas de resolução de divergências e, em especial, do sistema *navette*, a base de dados Parline, mantida pelo IPU – Inter-parlamentary Union, apresenta, entre os dados sobre o processo legislativo nos parlamentos bicamerais, um campo que descreve o resultado quando as duas câmaras não chegam a um acordo sobre um projeto de lei (*"Outcome when the two chambers cannot agree on a piece of draft legislation"*), doravante referido como campo Resultado. Conforme a tabela a seguir, o campo é preenchido com quatro possíveis valores. Em junho de 2023, os dados agregados mostravam o seguinte:[116]

---

115 RYBICKI, Elizabeth. Resolving Bicameral Differences in Congress: Conference Committees and Amendments Between the Houses. In: MAES, Helen (ed.). *How Laws are Made in the U.S.A.* New York: Nova Science Publicshers, Inc., 2010, p. 96-97 e 102-103.

116 IPU-Inter-parliamentary Union. *Parline - Global Data on National Parliaments.* Disponível em: https://data.ipu.org/content/parline-global-data-national-parliaments. Acesso em 5 jun. 2023. Seção *"Compare data on Parliaments"*, field *"Outcome when the two chambers cannot agree on a piece of draft legislation"*.

Tabela 2.1 – Resultado quando as câmaras não chegam a um acordo sobre o projeto (IPU)

Resultado ("*Outcome...*")[1]	**Número de países**	**Percentual**
A legislação não pode ser adotada a menos que ambas as câmaras concordem	27	38,6%
A decisão da câmara baixa entrará em vigor após um determinado prazo	16	22,9%
Outras regras são aplicáveis	23	32,8%
Não se aplica[2]	4	5,7%
Total	**70**	**100,0%**

1) Não constam dados no campo Resultado para 8 países bicamerais.

2) O campo Resultado consta preenchido com "Não se aplica" para Egito, Serra Leoa, Ilhas Salomão e Iêmen.

Uma boa parte dos países (38,6%) exige que as câmaras concordem com o mesmo texto para que ele seja adotado como lei, o que representa uma equivalência de forças entre as câmaras. Meg Russel entende que essa situação é pouco recomendável, pois o projeto pode tramitar indefinidamente sem meios de resolver a disputa entre as câmaras.[117]

Perto de um quarto dos países (22,9%) adota como critério de decisão final a prevalência da decisão da câmara baixa após um determinado prazo. Nesse caso, a preferência recai em atribuir maior força à câmara baixa na elaboração legislativa, possivelmente em razão de ser a casa eletiva e de representação popular.

Finalmente, existem outras regras, adotadas de forma particular nos países (32,8%) como decorrência da interação estabelecida entre as câmaras.[118] Na maioria das vezes, combinam-se os métodos de resolução de controvérsias para solucionar o impasse e alcançar o resultado legislativo.[119]

117 RUSSEL, Meg. *Resolving Disputes Between the Chambers.* Paper to Royal Commission. The Constitutional Unit, University College London, 1999, p. 3.

118 A base de dados Parline dispõe de campo (*Notes*) para breve descrição da solução prevista.

119 Para informações sobre métodos de resolução e critérios de decisão final adotados em diversos países, ver: TSEBELIS, George; MONEY, Jeannette. *Bicameralism.* Cambridge: Cambridge University Press, 1997, p. 48-68 e 178-179; FISH, M. Steven;

Em quase todos os países, a importância da legislação financeira tem levado à modificação do processo de negociação entre as câmaras.[120] Normalmente, o sistema *navette* é reduzido e o processo de revisão é limitado no tempo. O padrão britânico, seguido por diversos países membros do *Commonwealth*, ilustra a tendência mais geral. Nesses países, a legislação não financeira deve tramitar até duas rodadas antes de que a câmara baixa decida, enquanto a legislação financeira é revista pela câmara alta uma vez, em geral sem poder de emenda, antes de ser promulgada com o máximo de um mês de espera.[121]

2.3.2. Comissão mista (comitê de conferência)

A comissão mista (comitê de conferência) reúne membros de ambas as câmaras para elaboração de um compromisso que será votado depois pelos seus plenários. O compromisso proposto pela comissão é em geral submetido às câmaras sob regra fechada (sem possibilidade de emendas), salvo exceções. Exemplos de países que empregam esse método são França, Alemanha, Japão, Rússia, África do Sul e Estados Unidos. No Canadá e Irlanda, os comitês estão previstos, mas raramente são convocados.[122]

O uso da comissão mista permite que os membros das duas câmaras se envolvam diretamente em uma discussão sobre o projeto para

KROENIG, Maththew. *The Handbook of National Legislatures – A Global Survey*. Cambridge Universtity Press, 2011.

120 Segundo Giuseppe Vergottini, a proeminência da Câmara baixa, como câmara popular, se vê sobretudo na legislação financeira e fiscal. Na Grã Bretanha, se uma legislação financeira (*money bill*) é aprovada pela Câmara dos Comuns e rejeitada pela Câmara dos Lordes, ela pode ser enviada ao soberano para sanção e transformação em lei. Nos Estados Unidos, a legislação fiscal é iniciada na Câmara dos Representantes, sujeita a alterações do Senado. No Canadá e Austrália é negada a iniciativa do Senado em tal matéria. Cf. VERGOTTINI, Giuseppe de. *Diritto Costituzionale Comparato*. Padova: Cedam, 1991, p. 496.

121 TSEBELIS, George; MONEY, Jeannette. *Bicameralism*. Cambridge: Cambridge University Press, 1997, p. 69.

122 TSEBELIS, George; MONEY, Jeannette. *Bicameralism*. Cambridge: Cambridge University Press, 1997, p. 4, 55 e 176; RUSSEL, Meg. *Resolving Disputes Between the Chambers*. Paper to Royal Commission. The Constitutional Unit, University College London, 1999, p. 4; VERGOTTINI, Giuseppe de. *Diritto Costituzionale Comparato*. Padova: Cedam, 1991, p. 497.

resolver as divergências. Tirar essa discussão do plenário das câmaras poderá criar uma atmosfera mais construtiva e menos conflituosa para negociar. Também, permite que sejam indicados parlamentares interessados ou especialistas, que possam trazer conhecimentos para facilitar as negociações e estabelecer a melhor política.[123]

As comissões mistas de conferência, em muitos casos, são empregadas após algumas rodadas do sistema *navette*, sem que tenha havido acordo. Eles são frequentemente utilizados para a legislação mais importante e oferecem um meio de promover o acordo bicameral e, assim, evitar o risco de fracasso associado à negociação (por emendas) entre as câmaras. As câmaras devem estar de acordo em delegar a resolução de divergências à comissão mista de conferência. As comissões possuem vantagens de informação e oferecem às câmaras um método de evitar as ineficiências de negociação entre as câmaras. Por isso, ela é preferida quando possam extrair resultados melhores do que a negociação entre as câmaras e, principalmente, quando possam evitar o risco de que essas negociações fracassem.[124]

A comissão costuma ter o mesmo número de membros de cada uma das casas e decide por maioria (como um colegiado unicameral). Nos Estados Unidos, porém, as delegações não precisam ter o mesmo tamanho, porque o sistema exige maioria simultânea nas duas delegações. Existem muitas variáveis diferentes no desenho e funcionamento das comissões mistas, as quais influenciam na frequência em que são acionadas e no seu grau de sucesso. Essas variáveis são: como e por quem eles são convocados; se a comissão é permanente ou se são temporárias; como são compostas; o que podem discutir; e como é tomada a decisão. A seguir estão algumas dessas variáveis e comentários a título de exemplo sobre elas em alguns países.[125]

---

123 RUSSEL, Meg. *Resolving Disputes Between the Chambers*. Paper to Royal Commission. The Constitutional Unit, University College London, 1999, p. 4.; RYBICKI, Elizabeth. Resolving Bicameral Differences in the U.S. Congress, *1789-2002. American Political Science Association* - Annual Meeting - Conference Papers, Philadelphia, ago. 2003, p. 3.

124 WIELEN, Ryan J. Vader. Why conference committees? A theory of conference use in structuring bicameral agrément. *Journal of Theoretical Politics*, vol. 25, issue 1 jan. 2013, p. 3-35.

125 RUSSEL, Meg. *Resolving Disputes Between the Chambers*. Paper to Royal Commission. The Constitutional Unit, University College London, 1999, p. 4-7; TSEBELIS, George; MONEY, Jeannette. *Bicameralism*. Cambridge: Cambridge University Press, 1997, p. 178-179.

• *Quando funciona a comissão mista?*

Na França, a comissão mista é usada para negociar acordos sobre todos os projetos de lei, exceto os projetos constitucionais (que são submetidas a acordo de ambas as casas). Um projeto de lei terá sido considerado três vezes em cada câmara antes de a comissão ser convocada, ou duas vezes se tiver sido classificado como urgente. A comissão é encarregada de elaborar uma posição de compromisso, que é depois votada por ambas as câmaras. No entanto, se as câmaras não concordarem, a câmara baixa tem a última palavra.

Nos anos iniciais do atual sistema parlamentar francês, o uso da comissão mista foi relativamente raro e esperava-se que a comissão chegasse a um compromisso que seria aceito. No entanto, com o passar do tempo, a comissão mista tornou-se cada vez mais comum como parte do processo legislativo – por exemplo, em 1988-1992, foi utilizada em 39% dos projetos de lei. É também cada vez mais comum que a comissão mista discorde, ou que a última palavra vá para a câmara baixa. Nesse mesmo período, a câmara baixa teve a última palavra em 18% dos projetos. Em muitos casos, a comissão mista se reúne por apenas alguns minutos, concorda em discordar e remete o assunto para a câmara baixa para decisão. A comissão mista acaba se tornando apenas um obstáculo, no que é efetivamente um sistema de veto suspensivo.

Na Alemanha, uma comissão mista pode ser convocada para qualquer projeto de lei em que as casas discordem e, na prática, era utilizada em cerca de 10% dos projetos, até 1999. A influência da comissão mista depende se a câmara alta tem poder de veto, por afetar a jurisdição dos Estados. Uma vez alcançado o acordo na comissão mista, ele é submetido a ambas as câmaras. Se a câmara alta tem poder de veto, ambas as casas devem concordar com a posição de compromisso ou o projeto é rejeitado. Se não, a câmara baixa tem a última palavra.[126]

Nos Estados Unidos, as câmaras podem escolher um dos três mecanismos procedimentais para solução das divergências: sistema *navette* (troca de emendas), comissão mista ou uma combinação de ambos. Na prática, porém, desde o final do século XX são também utilizados mecanismos informais de negociação entre as lideranças políticas, conduzidos pelos congressistas ou seus funcionários, para prevenir as divergências e evitar a instalação dos comitês, tendo em vista o tempo perdido decor-

126 RUSSEL, Meg. *Resolving Disputes Between the Chambers*. Paper to Royal Commission. The Constitutional Unit, University College London, 1999, p. 5.

rente. Segundo Elizabeth Rybicki, em estudo que considerou o período de 1789 a 2002, três fatores explicam a variação no uso das comissões mistas ao longo do tempo: mudanças na agenda política (surgimento de legislação nova e complexa); desenvolvimentos institucionais internos; e controle partidário das câmaras (controle separado pelos partidos das câmaras do Congresso).[127]

O conteúdo da legislação é o principal preditor do uso de comissões mistas, de modo que a frequência de legislação importante e complexa aumenta a sua ocorrência. As câmaras são mais propensas a discordar sobre medidas significativas e estas são mais propensas a serem complexas e contenciosas, de modo que necessitam de um fórum para negociações demoradas e não estruturadas. As medidas que abordem questões políticas sensíveis podem exigir a atenção de um pequeno grupo de especialistas. Isso explica o aumento das comissões mistas em meados do século XIX e na década de 1970, nas quais o Congresso enfrentou assuntos complicados, que variaram de direitos civis à guerra nuclear.

Os desenvolvimentos institucionais também aumentaram os incentivos para as reuniões em comissões mistas, que deixaram de ser precedidos por longas trocas de emendas e possibilitaram agilizar o processo de negociação. Os integrantes das comissões mistas, retirados das comissões permanentes, traziam expertise para as reuniões, o que facilitava as negociações e levava à aprovação da melhor política. A partir de 1975, ambas as câmaras adotaram regras para abrir as reuniões das comissões mistas para o público e torná-las mais responsáveis perante as câmaras. Com resultados menos tendenciosos, as comissões mistas se tornaram um meio eficiente para resolver as diferenças.

Por fim, cogita-se que as câmaras resolverão mais provavelmente suas diferenças por meio de comissões mistas se houver controle dividido de partidos nas câmaras do Congresso. Quando partidos políticos opostos controlam a Câmara e o Senado, as câmaras tendem a ter grandes diferenças de política, o que poderia levar ao aumento da instalação de comissões mistas. Se fossem controladas pelo mesmo partido político, elas poderiam coordenar informalmente as soluções por meio das

127 RYBICKI, Elizabeth. Resolving Bicameral Differences in the U.S. Congress, *1789-2002. American Political Science Association* – Annual Meeting – Conference Papers, Philadelphia, ago. 2003, p. 1-14.

lideranças partidárias. Contudo, a capacidade do partido minoritário de obstruir as políticas da maioria afeta a escolha dos procedimentos de resolução.

Conforme apontado por Tsebelis e Money, a impaciência é um fator que deve ser levado em grande consideração, pois quanto mais tempo se demorar para chegar a um acordo, maior a possiblidade de que a medida não seja aprovada. Portanto, o tempo (ou a falta dele) é um fator importante no sucesso de qualquer agenda política. Então, pode ser que uma câmara prefira ceder à posição da outra, aceitando sua emenda ou projeto, em vez de prolongar as negociações por meio de uma comissão mista e arriscar o fracasso na aprovação da medida.

- *Quem pode convocar a comissão mista?*

A primeira indicação de controle sobre o processo de conciliação é quem tem o direito de convocar a comissão mista. Na França, esse direito é do governo. Um projeto de lei pode continuar a tramitar entre as câmaras, mas o governo tem o direito de convocar a comissão mista se tiver havido o número de vezes previsto. Os membros de ambas as câmaras devem então participar na formação da comissão.

Nos Estados Unidos, a iniciativa é puramente parlamentar – qualquer câmara pode convocar a comissão mista. Um projeto de lei pode tramitar indefinidamente até que isso aconteça. Se uma câmara convocar a comissão mista, a outra deve considerar o pedido e decidir se quer consentir. A requisição para constituir a comissão pode partir de requerimento apoiado pela unanimidade dos membros da Casa iniciadora, após receber o texto da revisora. Na Câmara dos Representantes, o Regimento autoriza o *Spearker* a convocar, de ofício, a comissão mista e designar seus integrantes. No Senado, a constituição da comissão mista de conferência pode partir de seu Presidente, mediante requerimento de qualquer senador.[128]

Na Alemanha, o poder de convocar a comissão mista é compartilhado. O pedido geralmente virá da câmara alta se receber um projeto de lei com o qual esteja divergente. No entanto, também pode ser feita pela câmara baixa ou pelo governo em resposta a um veto da câmara alta. Quem quer que seja que convoque a comissão mista, todos os partidos são chamados a cooperar.

128 CASSEB, Paulo Adib. *Processo legislativo: atuação das comissões permanentes e temporárias.* São Paulo: Revista dos Tribunais, 2008, p. 211.

• *Quem são os membros?*

Na maioria dos casos, a comissão mista será composta por um número igual de membros de cada câmara. Na França, a comissão mista é composta por sete membros de cada câmara e na Alemanha, de 16 membros de cada câmara. Nos EUA o número de membros não é fixo, devido ao processo decisório da comissão (descrito a seguir). A comissão será normalmente composta de membros em proporção aos grupos partidários. Este é o caso de ambas as câmaras na França e na câmara baixa da Alemanha. No entanto, a câmara alta na Alemanha – que é composta por representantes dos governos estaduais – está presente na comissão por um membro de cada um dos 16 Estados. Este será um membro sênior do governo do Estado.

Nos Estados Unidos, a composição da comissão é incumbência dos Presidentes das Casas, que escolhem, em geral, membros das comissões permanentes que analisaram o projeto de lei durante sua tramitação.[129] O mesmo ocorre na França. Mas nos Estados Unidos, eles devem ser membros seniores, dando à comissão mista seriedade e poder de intermediação, o que não é necessário na França.

• *Composição temporária ou permanente?*

A comissão mista na Alemanha não é retirada de comissões especializadas para cada projeto de lei, mas é uma comissão permanente instituída no início de cada sessão parlamentar. Isso tem a desvantagem de que os membros podem não estar familiarizados com os aspectos técnicos do projeto de lei. No entanto, tem a vantagem de que os membros da comissão mista – como os de outros membros permanentes de comissões – podem desenvolver relações de confiança e cooperação que são menos prováveis em comissões *ad hoc*. Na Alemanha e nos Estados Unidos, os membros da comissão mista são seniores e, em ambos os casos, isso leva a comissão a ser apelidada de "terceira câmara".

• *Sobre o que a comissão mista pode discutir?*

A comissão mista pode ser mais ou menos restrita naquilo que ela pode discutir sobre o projeto de lei. Na França e nos Estados Unidos, ela limita-se às cláusulas específicas do projeto de lei que estão em divergência. Contudo, nos Estados Unidos, as restrições regimentais nesse sentido são muitas vezes ignoradas, em busca da tentativa de conciliação.[130]

129 Ibidem, p. 211.

130 Ibidem, p. 212.

No entanto, na Alemanha, a comissão mista está restrita apenas aos assuntos especificados na moção de convocação. Estes podem ser limitados às cláusulas contestadas, ou podem ser mais gerais. Este sistema tem a vantagem de permitir maior margem de negociação entre diferentes grupos da comissão mista sobre as alterações. A desvantagem é que pode gerar ressentimento entre outros parlamentares se questões que eles acreditavam estarem resolvidas forem reabertas e alteradas.

- *Como é tomada a decisão da comissão mista?*

Para o resultado das deliberações da comissão mista, são aspectos críticos: o equilíbrio político nela instalado; os meios pelos quais ela chega à decisão. Tanto na Alemanha como na França a decisão será por maioria de votos dos membros da comissão mista. Por motivos puramente político-partidários, isso muitas vezes pode resultar em impasse. Tendo em vista que a câmara baixa, controlada pelo governo, tem a última palavra, isso ajuda a explicar por que a comissão mista francesa muitas vezes resulta em fracasso.

Na Alemanha, a aritmética pode não ser tão simples. Na comissão mista, os Estados têm um representante cada, mas na câmara alta os Estados têm diferentes números de votos. Portanto, o equilíbrio partidário dos representantes na comissão mista pode ser diferente daquela da câmara, e a comissão terá que considerar isto. Isso é agravado pelo fato de que os membros da câmara alta na comissão mista tenderão a representar os governos de coalizão de seus Estados, de modo que os padrões de voto na comissão mista podem variar em diferentes assuntos. Outro aspecto importante da comissão mista alemã é que ela se reúne em privado, com registros de votação não divulgados até que dois mandatos parlamentares tenham terminado. Isso permite que os membros se comportem de forma mais flexível.

Nos Estados Unidos, aplica-se um sistema completamente diferente de tomada de decisão. Nele, os grupos representando as duas casas votam em dois blocos, com um voto cada, de modo que o acordo depende de uma maioria entre os representantes de cada câmara. Quando as câmaras são controladas por diferentes maiorias, qualquer acordo é um compromisso genuíno entre os grupos. É interessante que a comissão mista norte-americana, ao contrário da alemã, se reúne em público. No entanto, a negociação que antecede um acordo tende a ocorrer em reuniões prévias privadas.

No Japão, a peculiaridade das comissões mistas é que elas decidem por maioria qualificada de dois terços.

• *As propostas do comitê podem ser alteradas?*

A fim de manter a integridade das propostas da comissão mista, elas geralmente não podem ser alteradas quando forem discutidas em qualquer das câmaras. É o caso da França, dos Estados Unidos e é, geralmente, o caso na Alemanha, embora a comissão mista possa decidir de outra forma se desejar, caso a caso. Na França, embora as câmaras não possam alterar a proposta da comissão mista, o governo pode. Se a comissão mista propuser uma solução que não satisfaça o governo, ela provavelmente será rejeitada em favor do projeto de lei original, que será então aceito pela câmara baixa. Isso enfraquece ainda mais o status, a abrangência e o respeito da comissão mista.

• *Quem tem a última palavra?*

Como se vê no caso francês, um fator crucial para o sucesso da comissão mista é o status de suas propostas ao final do processo. Como a câmara baixa pode decidir, em última análise, há pouco incentivo para que os representantes do partido governante cooperem ou obtenham compromisso. Nos Estados Unidos, toda a legislação deve obter o acordo de ambas as casas e o resultado da comissão mista está sujeito à mesma regra. Se não houver acordo, isso pode resultar na rejeição do projeto de lei ou em outra comissão convocada. Na Alemanha, o processo tem um ponto final mais claramente definido. No caso de projeto de lei em que a câmara alta tenha veto, uma vez que a comissão mista foi convocada pela câmara alta, suas recomendações devem ser aceitas ou o projeto de lei é rejeitado. Isso cria um incentivo para os membros do governo se comprometerem na comissão mista. É notável que em outros projetos de lei, onde a câmara alta pode ser superada, a comissão mista ainda tenda ao compromisso, embora em menor grau. Como se trata de uma comissão permanente, isso parece bastante natural. Afinal, se o governo não cooperasse nesses assuntos, a oposição poderia fortalecer sua resistência naqueles projetos de lei em que o governo precisasse que ela fosse razoável.

• *Críticas sobre o sistema de comissões mistas*

Esse conjunto de variáveis mostra que existem grandes diferenças nas formas de composição, funcionamento e decisão das comissões mistas. Isso certamente influencia no seu grau de sucesso para a resolução das divergências entre as câmaras. Há também quem tenha ressalvas e críticas ao sistema de comissões mistas. Uma delas é que a comissão mista pode se tornar uma miniatura de câmara (uma terceira câmara), onde o partido que tiver a maioria consegue o que quer. Outra é que, se a câmara baixa puder rejeitar as propostas da comissão mista, e tiver a última palavra, o processo da comissão mista pode ser visto como inútil.[131]

Mas a maior crítica que se dirige às comissões mistas é que elas acabam por deter grande influência. Afinal, conduzem acordos que as câmaras inteiras depois não podem emendar. Desse modo, podem acumular muito poder e serem acusados de ter natureza antidemocrática, pois concedem a poucos parlamentares grande influência sobre decisões políticas nacionais críticas.

Na literatura norte-americana também se identifica a possibilidade de "*runaway conference*", que é a possibilidade de a comissão mista propor posições de compromisso que se diferenciam das posições comuns de ambas as câmaras ou que exclua suas posições comuns. Para evitar esse perigo, as câmaras podem ser cuidadosas na seleção dos membros da comissão mista e estabelecer especificações restritivas do conjunto de soluções aceitáveis. As comissões mistas alemãs atuam sob regime de poucas restrições, enquanto as franceses e japonesas sob um regime máximo de restrições. Os comitês norte-americanos têm grande variação, pois as câmaras podem estabelecer restrições caso a caso.[132]

2.3.3. Outros métodos

Há outros métodos, menos utilizados, de resolução de divergências entre as câmaras: a sessão conjunta; o veto suspensivo; o referendo; e a dissolução das câmaras.

• *Sessão conjunta*

A sessão conjunta oferece oportunidade para que todos os membros das duas câmaras se envolvam juntos na discussão sobre um projeto e, potencialmente, na solução das divergências. Em geral, a sessão conjunta é convocada quando a segunda câmara, que revisar a legislação, discordar da primeira.

131 RUSSEL, Meg. *Resolving Disputes Between the Chambers*. Paper to Royal Commission. The Constitutional Unit, University College London, 1999, p. 7.

132 RYBICKI, Elizabeth. Resolving Bicameral Differences in the U.S. Congress, *1789-2002. American Political Science Association* – Annual Meeting – Conference Papers, Philadelphia, ago. 2003, p. 3-4; TSEBELIS, George; MONEY, Jeannette. *Bicameralism*. Cambridge: Cambridge University Press, 1997, p. 177.

Como exemplo, Austrália, Bolívia, Paquistão, Índia e Islândia utilizam esse método. Um exemplo do uso deste procedimento é a **Índia**, em que uma sessão conjunta pode ser convocada se as casas discordarem de um projeto de lei, ou se a câmara alta não conseguir aprovar o projeto em seis meses. A decisão na sessão conjunta é por maioria simples.[133] Na maioria das vezes, o procedimento beneficia a câmara baixa, porque normalmente ela tem maior número de membros. O resultado combinado então leva o resultado para a sua posição.

A Bolívia é exemplo de utilização da sessão conjunta. O projeto de lei apresentado pelos membros de uma das câmaras dará início ao processo legislativo nela. O de outra iniciativa será enviado à Câmara dos Deputados. As iniciativas legislativas sobre descentralização, autonomias e ordenamento do território são levadas ao conhecimento da Câmara de Senadores. Se o projeto for aprovado pela iniciadora e pela revisora, será enviado ao executivo para promulgação. Contudo, uma sessão conjunta (pleno da Assembleia Legislativa Plurinacional) se reúne para considerar projetos que, aprovados pela iniciadora, sejam rejeitados pela revisora, ou se esta não se pronunciar no prazo de trinta dias. Se, porém, houver aprovação pela revisora com emendas, a câmara iniciadora poderá aceitá-las por maioria absoluta dos presentes. Se não aceitar, as câmaras se reúnem em sessão conjunta, a pedido da iniciadora, dentro de vinte dias para deliberar sobre o projeto, cuja decisão será tomada por maioria absoluta dos presentes.[134]

- *Veto suspensivo*

No método de veto suspensivo, a câmara baixa tem a última palavra, mas a câmara alta pode causar atrasos, que servem de incentivo para que a câmara baixa aceite emendas razoáveis ou permitir que o público e a imprensa se concentrem na questão e levem a uma mudança de opinião da câmara baixa ou do governo. Contudo, a câmara alta não tem poder para forçar a câmara baixa a aceitar seus pontos de vista.

133 TSEBELIS, George; MONEY, Jeannette. *Bicameralism*. Cambridge: Cambridge University Press, 1997, p. 55. RUSSEL, Meg. *Resolving Disputes Between the Chambers*. Paper to Royal Commission. The Constitutional Unit, University College London, 1999, p. 4.

134 BOLÍVIA. Constitución Política del Estado. [Aprovada por Assembleia Constituinte em 2007. Aprovada por Referendo Nacional em 25.01.2009. Promulgada pelo Presidente em 07 set. 2009.] Disponível em: https://www.diputados.bo/sites/default/files/cpe2014.pdf. Acesso em 12 mar. 2022.

O exemplo mais conhecido é o do parlamento inglês, em que um projeto de lei ordinário originário da Câmara dos Comuns pode receber aprovação real sem o consentimento da Câmara dos Lordes se for aprovado em duas sessões consecutivas pela câmara baixa com um intervalo de pelo menos um ano entre elas (com exceção dos projetos financeiros, que estão sujeitos a um mês de atraso). Esse sistema, porém, não é muito comum.

Há sistemas de veto suspensivo que operam de outra forma, mediante fixação do prazo formal no qual a legislação poderá ser adiada. Ou seja, os atrasos especificados referem-se ao tempo dentro do qual a câmara alta deve apreciar um projeto de lei. Nesses casos, não há limite de tempo para a consideração de um projeto na câmara baixa, mas se a câmara alta não chegar a uma posição dentro de um determinado período, o projeto de lei é considerado como tendo passado automaticamente. Uma vez que a câmara alta tenha se manifestado, a câmara baixa tem o direito de superar aquela posição. Assim, este período de atraso é a arma mais forte da câmara alta. Exemplos deste sistema são a Polónia, onde a câmara alta tem 30 dias para rever legislação; a Bélgica, onde a câmara alta tem 60 dias; a Áustria, onde o prazo é de oito semanas; e a Irlanda, onde são 90 dias.[135]

Há, ainda, a possibilidade de fixação de um determinado número de rodadas. Esse é o caso da França, em que o projeto circula três vezes e, se ainda assim não houver acordo, é adotado o procedimento de comissão mista. Se ainda assim não resolver, o governo poderá solicitar que a câmara baixa tome a decisão final.

Finalmente, outro tipo de procedimento de veto suspensivo pode incluir a exigência de maioria qualificada (por exemplo, de maioria absoluta, 2/3 ou 3/4) na câmara baixa para superar a câmara alta. Isto se aplica no Japão, por exemplo, onde uma maioria de 2/3 da câmara baixa pode recusar emendas ou a rejeição da câmara alta. Na Espanha, a maioria qualificada está ligada a uma outra forma de atraso. Uma maioria absoluta da câmara baixa pode superar a câmara alta imediatamente, ou depois de dois meses tal decisão pode ser tomada por uma maioria simples.

A adoção de um sistema de veto suspensivo configura normalmente uma câmara alta relativamente fraca, pois a câmara baixa pode sobrepujar suas emendas ou decisões. Nesse sentido, quanto mais longo o período de atraso especificado, ou maior o número de rodadas previstos

135 RUSSEL, Meg. *Resolving Disputes Between the Chambers*. Paper to Royal Commission. The Constitutional Unit, University College London, 1999, p. 2-3.

ou a maioria qualificada necessária para superar a decisão da câmara alta, maior a sua capacidade de influência.[136]

• *Referendo*

O referendo é utilizado de forma posterior ao ato legislativo, para que o povo possa manifestar diretamente sua ratificação ou rejeição, como instrumento de democracia direta. Em alguns países, o referendo pode ser usado como procedimento de último recurso em caso de divergência entre as câmaras. Um exemplo é a Irlanda, onde a câmara alta tem poucos poderes para desafiar a câmara baixa. A maioria dos senadores tem o direito de petição ao presidente para um referendo sobre uma lei de importância nacional, que tenha sido aprovada contra a sua vontade. No entanto, este poder não costuma ser usado.

Tendo em vista a importância e operacionalização da consulta popular, o referendo parece particularmente apropriado quando aplicado a projetos de alteração constitucional. Nesse caso, coloca-se a medida contestada a referendo, a menos que se obtenha um certo nível de apoio suficiente em ambas as câmaras. Esse procedimento é possível na Itália e na Espanha.

Nos países onde o parlamento pode ser dissolvido, uma alternativa é submeter a medida contestada a um referendo, que se coloca então como último recurso, menos drástico, do que a convocação de eleições. Tal medida teria a vantagem de colocar o povo como árbitro final da questão. O sistema, porém, exigiria uso cuidadoso, pois nem o governo nem as câmaras devem agravar o público com referendos frequentes sobre assuntos sem tanta importância.[137]

• *Dissolução das câmaras e convocação de eleições*

Outra solução possível para a divergência é dissolver ambas as casas do parlamento e convocar uma eleição. Dessa forma, o controle político das câmaras pode mudar e passar a ser possível aprovar o projeto.

O principal exemplo desse procedimento é a Austrália. Nesse país, ambas as câmaras são eleitas diretamente, com os membros da câmara alta tendo mandatos de seis anos, enquanto os membros da câmara baixa têm mandato de três anos. Normalmente, metade do Senado é eleito ao mesmo tempo que os membros da câmara baixa em uma eleição ge-

136 Ibidem, p. 7.

137 Ibidem, p. 3-4.

ral. No entanto, no caso de uma disputa, as câmaras podem ser dissolvidas e reeleitas por completo. Isso depende de que certas condições sejam cumpridas – a principal delas é que a legislação deve ser rejeitada duas vezes pelo Senado, após o que três meses devem passar antes que seja aprovada novamente na câmara baixa e rejeitada novamente pelo Senado. Neste ponto, o primeiro-ministro pode solicitar que o governador geral dissolva ambas as câmaras e convoque eleições. Após essas eleições, se o Senado continuar a bloquear a legislação, a decisão final pode ser tomada em uma sessão conjunta. Como os membros da câmara baixa superam o número de senadores na proporção de dois para um, a legislação provavelmente será aprovada.

Essa ação tão drástica – que em última instância também poderia ser adotada na Itália para resolver uma disputa – tem graves consequências políticas. É claro que isso envolve o custo e o transtorno de uma eleição, na qual o público pode não acolher a medida, prejudicar o partido governante e até lhe custar a maioria. Na Austrália, os riscos são aumentados pelo fato de que a dissolução do Senado – e consequente eleição do dobro do número normal de senadores – pode gerar um resultado em que o governo tenha ainda menos condição de aprovar futuros projetos de lei na casa. No entanto, os governos australianos recorreram a duplas dissoluções seis vezes no século XX, a última delas em 1987. Nos casos em que o mesmo governo retornou, o Senado tendeu a aceitar que agora deveria passar o projeto em discussão. Em apenas um caso foi necessária uma sessão conjunta. Meg Russel sustenta que uma alternativa a esse sistema, quando aplicado a alterações constitucionais, seja o referendo, como já foi discutido anteriormente na Austrália.[138]

138 Ibidem, p. 3 e 7.

3

O PODER LEGISLATIVO NAS CONSTITUIÇÕES BRASILEIRAS: COMPOSIÇÃO E COMPETÊNCIAS DAS CÂMARAS

O Poder Legislativo no Brasil sempre teve configuração bicameral. Este Capítulo inicia com a trajetória da organização bicameral do Legislativo brasileiro nas Constituições anteriores. Em seguida, descreve a **composição** e as **competências** da Câmara dos Deputados e do Senado Federal, que compõem o Congresso Nacional, conforme a Constituição vigente.

É importante esclarecer que **não serão abordados, neste momento, aspectos relacionados ao processo legislativo**, salvo algumas informações sobre iniciativas das leis, uma vez que haverá seções específica sobre o tema na Parte II do trabalho, conforme cada espécie normativa tratada.

3.1. O Legislativo bicameral nas Constituições anteriores

Apenas para organização da exposição, o percurso histórico do bicameralismo nas Constituições brasileiras será apresentada em três seções. A Constituição vigente merecerá tópicos posteriores específicos sobre a composição e as competências das Casas.

3.1.1. A Constituição do Império (1824)

A **Constituição do Império**,[1] outorgada por D. Pedro I em 1824, marcou o início da institucionalização da monarquia constitucional. Desde então, foi adotado o sistema bicameral, pois a Assembleia Geral

1 BRASIL. *Constituição Política do Império do Brazil de 25 de março de 1824*. Brasília, DF: Presidência da República. Disponível em: https://www.planalto.gov.br/ccivil_03/constituicao/constituicao24.htm. Acesso em: 31 jan. 2022.

era composta de duas câmaras: a Câmara dos Deputados e o Senado (art. 14). Somente em 6 de maio de 1826, quatro anos depois de proclamada a Independência, ocorreu a abertura da primeira legislatura, de quatro anos (art. 17), e teve início a prática constitucional do bicameralismo.

As duas câmaras eram eleitas de forma indireta, por meio de sufrágio censitário, mas os mandatos eram temporários na Câmara dos Deputados e vitalícios no Senado. Os deputados eram em número proporcional à população, conforme a lei, e o número de senadores era a metade dos deputados por província. Eram requisitos para ocupar o cargo de senador: ser cidadão brasileiro e estar no gozo dos direitos políticos; ter quarenta anos para cima; ser pessoa de saber, capacidade e virtudes; e ter rendimento anual com soma de oitocentos mil réis (art. 45). A eleição dos senadores era feita "*em listas tríplices, sobre as quais o Imperador escolherá o terço na totalidade da lista*" (art. 43). Os Príncipes da Casa Imperial eram senadores por direito, a partir dos vinte e cinco anos (art. 46).

A organização bicameral foi adotada com inspiração no Parlamento inglês. Dispunha o art. 13 da Constituição Imperial que o Poder Legislativo era delegado à Assembleia Geral com a sanção do Imperador. Explicava Pimenta Bueno que, como a Assembleia Geral era dividida em duas câmaras e o poder legislativo era delegado a elas e ao Imperador, pela concessão ou denegação da sua sanção, este Poder era dividido em três ramos. Essa divisão era calculada no perfeito interesse da ordem e da prosperidade pública, como "*uma das mais importantes e sólidas garantias que a sabedoria da nossa lei fundamental deu ao país e ao seu porvir*". Se uma câmara via o "*interesse móvel, local, o progresso mais ou menos imaginário ou perigoso, outra contempla[va] o interesse estável, geral, o princípio conservador*". Assim, concluía, "*são os negócios públicos e a legislação bem e maduramente meditados*".[2]

Verifica-se, nessa ponderação, a exata expressão da motivação da época para a adoção do bicameralismo. Como visto, a transposição do modelo bicameral inglês teve sua justificativa amparada na teoria do governo misto, a partir do equilíbrio obtido, no caso brasileiro, pela presença dos "*três ramos*" identificados por Pimenta Bueno.

Aspecto interessante dizia respeito à Casa iniciadora das proposições vindas do Executivo. Estipulava o art. 53 da Constituição Imperial

2 PIMENTA BUENO, José Antonio. *Direito Público Brasileiro e Análise da Constituição do Império*. Ministério da Justiça e Negócios Interiores, 1958, p. 49.

que *"o Poder Executivo exerce por qualquer dos Ministros de Estado a proposição que lhe compete na formação das leis"*, sendo estas então examinadas por uma Comissão da Câmara dos Deputados, *"aonde deve ter princípio"*, para ser convertida em projeto de lei. Segundo José Afonso da Silva, essa regra se devia ao bicameralismo inglês. Sua origem estaria na exigência de que as matérias que trouxessem encargos aos contribuintes fossem submetidas primeiro à Câmara dos Comuns e, somente se aprovadas, à Câmara dos Lordes. Disso teria derivado a prioridade à Câmara dos Deputados no Brasil, por ser ela a câmara de representação popular, sobretudo porque o Senado no Império era aristocrático e vitalício.[3] Esse critério prevalece até hoje, estando previsto o início, na Câmara dos Deputados, da discussão e votação dos projetos de lei de iniciativa do Poder Executivo (art. 64, CF-1988).

3.1.2. Da Proclamação da República até a Constituição de 1937

O **Decreto nº 1, de 15 de novembro de 1889**,[4] estabeleceu como forma de governo da nação brasileira a República Federativa, passando cada uma das províncias a formar um Estado, constituindo juntos os *"Estados Unidos do Brazil"* (art. 2º). Com inspiração na organização norte-americana, foram consagrados o presidencialismo, a república e a forma federativa. **O Decreto nº 510, de 22 de junho de 1890**,[5] do Governo Provisório, confirmou a *"dualidade das câmaras"* (art. 3º) e o Poder Legislativo passou a denominar-se Congresso Nacional, composto de dois ramos: a Câmara e o Senado (art. 16 da Constituição provisória).

A **Constituição de 1891** manteve a estrutura bicameral do Legislativo, com ambas as Casas eleitas por sufrágio direto, para legis-

3 SILVA, José Afonso da. *Processo constitucional de formação das leis*. 2a. ed. São Paulo: Malheiros, 2006, p. 164.

4 BRASIL. *Decreto nº 1, de 15 de novembro de 1889*. Proclama provisoriamente e decreta como forma de governo da Nação Brasileira a República Federativa, e estabelece as normas pelas quais se devem reger os Estados Federais. Brasília, DF: Presidência da República. Disponível em: https://www.planalto.gov.br/ccivil_03/decreto/1851-1899/d0001.htm. Acesso em: 31 jan. 2022.

5 BRASIL. *Decreto nº 510, de 22 de junho de 1890*. Publica a Constituição dos Estados Unidos do Brazil. Brasília, DF: Senado Federal. Disponível em: https://legis.senado.leg.br/norma/388004/publicacao/15722625. Acesso em: 27 mai. 2023.

latura de três anos (arts. 16 e 17).[6] A Câmara dos Deputados era composta por *"representantes do povo"*, eleitos pelos Estados e pelo Distrito Federal, com número fixado por lei, em proporção que não excedia de um por setenta mil habitantes, não podendo ser inferior a quatro por Estado (art. 28). A legislatura durava três anos (art. 17, § 2º). O Senado era composto por três senadores por Estado e Distrito Federal (art. 30), com mandato de nove anos, renovando-se um terço da composição a cada triênio. O senador tinha idade mínima de 35 anos (art. 30). O Vice-Presidente da República era o Presidente do Senado, mas só tinha voto de qualidade (art. 32).

O Senado passou a adotar o modelo norte-americano, com representação igualitária para todos os Estados e Distrito Federal. Contudo, o mandato de maior extensão dificultava a renovação da composição da Casa e acentuava o seu caráter conservador. Por outro lado, a forma de escolha dos senadores, desde então, era feita por eleição direta, criando vínculo imediato com os eleitores. Nisso, o Senado brasileiro se antecipou ao norte-americano, que adotou a eleição direta apenas a partir de 1913, com a ratificação da 17ª Emenda.

Para a composição da Câmara dos Deputados as regras já ensejavam limites à aplicação do princípio da igualdade na representação, uma vez que foi instituído um mínimo de quatro deputados por Estado. Essa desigualdade acabaria por se agravar nas Constituições posteriores.

Interessante observar que o Decreto nº 510, de 1890, previa que os projetos de lei poderiam ter origem indistintamente na Câmara dos Deputados ou no Senado, sob iniciativa de qualquer de seus membros, ou serem propostos por mensagem do Poder Executivo (art. 35). Essa referência ao Executivo, contudo, não constava do artigo correspondente da Constituição de 1891 (art. 36). Não obstante, o seu art. 29 mantinha a competência da Câmara para *"discussão dos projetos oferecidos pelo Poder Executivo"*.

Vale registrar, ainda, que o art. 53 da Constituição de 1891 previa que o Presidente da República seria submetido a processo e a julgamento, depois que a Câmara declarasse procedente a acusação, perante o Supremo Tribunal Federal, nos crimes comuns, e perante o Senado, nos de responsabilidade. A mesma disposição se aplicava aos Ministros de

---

6 BRASIL. *Constituição da República dos Estados Unidos do Brasil, de 24 de fevereiro de 1891*. Brasília, DF: Presidência da República. Disponível em: https://www.planalto.gov.br/ccivil_03/constituicao/constituicao91.htm. Acesso em: 31 jan. 2022.

Estado, nos crimes conexos com aquele (art. 52, § 2º). Tratou-se, portanto, da previsão do *impeachment*, no qual o Senado atuava como tribunal político, após provocação da Câmara dos Deputados, com inspiração na Constituição norte-americana.

A **Constituição de 1934** alterou a organização bicameral[7] e a relação entre os Poderes.[8] O Poder Legislativo passou a ser exercido pela Câmara dos Deputados "*com a colaboração do Senado Federal*" (art. 22). Aquela era composta por representantes do povo, eleitos pelo sistema proporcional, e de representantes eleitos por organizações profissionais, com mandato de quatro anos (art. 23). Além da novidade da representação corporativa, que devia corresponder a um quarto da representação popular (art. 23, § 1º e § 3º), houve alteração nas regras de representação proporcional, de modo a beneficiar os Estados menos populosos. Para tanto, o número de deputados, fixado em lei, não podia exceder de um por 150 mil habitantes até o máximo de vinte, e deste limite para cima, de um por 250 mil habitantes (art. 23, § 1º). Os Territórios elegiam dois deputados.

O Senado Federal era composto por dois representantes de cada Estado e do DF, eleitos mediante sufrágio universal, igual e direto, por oito anos, com renovação pela metade a cada legislatura (art. 89). A ele incumbia "*promover a coordenação dos Poderes federais entre si, manter a continuidade administrativa, velar pela Constituição, colaborar na feitura de leis e praticar os demais atos da sua competência*" (art. 88). As suas

7 A Constituição de 1934 pode ser considerada a que apresentou a maior inovação no sistema bicameral brasileiro. A subcomissão da Comissão do Itamaraty, formada em 1932 para elaborar o Anteprojeto da futura Constituição, fez opção pelo sistema unicameral, por influência de João Mangabeira. O Senado seria suprimido e em seu lugar criado o Conselho Supremo, órgão técnico consultivo e deliberativo, com funções políticas e administrativas. No texto constitucional aprovado, não vingou o unicameralismo e o Senado Federal foi mantido, mas como um órgão colaborador da Câmara dos Deputados (art. 22), com função de Poder Coordenador (tal como era a do Conselho Supremo no Anteprojeto), mas com competência legislativa mitigada A propósito, ver: POLETTI, Ronaldo. *Constituição de 1934*. (Coleção Constituições brasileiras, v. 3). Brasília: Senado Federal, Subsecretaria de Edições Técnicas, 2012; e MANGABEIRA, João. *Em torno da Constituição*. São Paulo: Companhia Editora Nacional, 1934. Ver, ainda, seção 4.1.2, sobre o processo legislativo e a resolução de divergências na Constituição de 1934.

8 BRASIL. *Constituição da República dos Estados Unidos do Brasil, de 16 de julho de 1934*. Brasília, DF: Presidência da República. Disponível em: https://www.planalto.gov.br/ccivil_03/constituicao/constituicao34.htm. Acesso em: 31 jan. 2022.

competências legislativas foram reduzidas, mas não completamente eliminadas. Foram preservados domínios em que atuava em colaboração com a Câmara (art. 91, I e VII), com poderes de iniciativa. Nos demais, a Câmara legislava isoladamente, mas o Plenário do Senado podia exercer a iniciativa de projeto de lei (art. 41).

Não se verificava, portanto, um rompimento com a estrutura bicameral do legislativo, mas foram impostas significativas limitações à atuação legislativa do Senado. Por outro lado, ele exercia não só o papel de coordenação dos Poderes, mas também teve reforçada sua atuação federativa. A iniciativa das leis sobre intervenção federal e as que interessavam determinadamente a um ou mais Estados passaram a ser de iniciativa exclusiva do Senado (art. 41, § 3º). Também lhe foi conferida a atribuição privativa de autorizar empréstimos externos dos Estados, DF e Municípios (art. 90, "b"), assim como de aprovar por voto secreto as nomeações de magistrados, Ministros do Tribunal de Contas, do Procuerador-Geral da República e dos chefes de missões diplomáticas no exterior (art. 90, "a").

A curta vigência da Constituição não permitiu que essas inovações institucionais tivessem efeitos que permitissem sua adequada avaliação.

A **Constituição de 1937** foi outorgada pelo Presidente Getúlio Vargas no mesmo dia em que se iniciou o Estado Novo, com uma proposta singular de arranjo institucional.[9] Uma das características desse regime foi a concentração dos Poderes Executivo e Legislativo nas mãos do Presidente da República, com o fechamento do Congresso Nacional.[10] A federação também foi inviabilizada, pela redução da autonomia dos Estados e a nomeação de interventores nomeados pelo poder central.

No texto constitucional, não praticado, o Poder Legislativo seria exercido pelo Parlamento Nacional, com a colaboração do Conselho de Economia Nacional e do Presidente da República (art. 38). O Parlamento Nacional seria formado por duas câmaras: a Câmara dos Deputados, composta por representantes do povo, eleitos por sufrágio indireto (art.

9 BRASIL. *Constituição dos Estados Unidos do Brasil, de 10 de novembro de 1937*. Brasília, DF: Presidência da República. Disponível em: https://www.planalto.gov.br/ccivil_03/constituicao/constituicao37.htm. Acesso em: 31 jan. 2022.

10 A menção à Constituição de 1937 consta nesta seção apenas para registro histórico de suas disposições normativas, não se podendo considerar que instituiu uma legítima modelagem bicameral, até por sua feição notadamente autoritária e de domínio do Poder Executivo.

46); e o Conselho Federal, composto por um representante por Estado, eleitos pelos legislativos estaduais, mais dez membros nomeados pelo Presidente da República (art. 50). O número de Deputados seria proporcional à população e fixado em lei, não podendo ser superior a dez nem inferior a três por Estado (art. 48).[11] A iniciativa das leis caberia apenas ao Governo (art. 64). Às Casas só se concederia iniciativa coletiva e mesmo assim com restrições (art. 64, § 1º). De todo modo, o Governo poderia sustar por trinta dias o andamento dos projetos de iniciativa parlamentar se pretendesse apresentar projeto para regular o assunto (art. 64, § 2º).

3.1.3. Da Constituição de 1946 até o final do Regime Militar

A **Constituição de 1946** retomou, basicamente, o modelo da primeira Constituição republicana.[12] A organização que ela conferiu ao Congresso Nacional, novamente composto por Câmara dos Deputados e Senado Federal, foi adotada em linhas gerais pelas constituições seguintes, aproximando-se inclusive da atual (com exceção da regra de que o Vice-Presidente da República presidia o Senado Federal).

A Câmara dos Deputados era composta por representantes do povo, eleitos, segundo o sistema proporcional, pelos Estados, DF e Territórios (art. 56), para legislatura de quatro anos (art. 57). À semelhança da Constituição de 1934, o número de deputados era estabelecido por lei conforme proporção que não podia exceder um para cada 150 mil habitantes, até 20 deputados, e um para cada 250 mil habitantes, além esse número. Para ainda maior proteção dos Estados menos populosos, foi estabelecido o número mínimo de sete deputados por Estado e DF, não se podendo diminuir a representação já fixada (art. 58, §§ 1º e 2º). Cada Território tinha um deputado. Contudo, nos Estados mais populosos, o crescimento populacional repercutia no crescimento do número de representantes.

11 Quando os processos eleitorais voltaram, a Lei Constitucional nº 9, de 28 de fevereiro de 1945, retornou a previsão de composição das câmaras por sufrágio direto e alteradas as regras de composição das Casas (para a Câmara, de cinco a trinta e cinco deputados; para o Senado, de dois senadores por Estado).

12 BRASIL. *Constituição dos Estados Unidos do Brasil, de 18 de setembro de 1946*. Brasília, DF: Presidência da República. Disponível em: https://www.planalto.gov.br/ccivil_03/constituicao/constituicao46.htm. Acesso em: 31 jan. 2022.

O Senado Federal era composto por representantes dos Estados e do DF, eleitos segundo o princípio majoritário (art. 60), com igual representação de três senadores cada, mandato de oito anos e renovação alternada de um e dois terços por legislatura. O Vice-Presidente da República exercia as funções de Presidente do Senado Federal, onde só tinha voto de qualidade (art. 61).

O processo legislativo voltou a ter a participação integral das duas Casas legislativas. A iniciativa das leis cabia aos membros ou comissões da Câmara dos Deputados e do Senado Federal, e ao Presidente da República (art. 67). A Câmara dos Deputados e o Presidente da República compartilhavam a iniciativa das leis de fixação das forças armadas e leis financeiras (art. 67, § 1º). Além da iniciativa geral, o Presidente da República tinha a iniciativa reservada das leis que criavam empregos em serviços existentes, aumentavam vencimentos ou modificavam, no curso da legislatura, a lei de fixação das forças armadas (art. 67, § 2º).

Os projetos de iniciativa do Executivo tinham a discussão iniciada na Câmara dos Deputados (art. 67, § 3º). A Câmara dos Deputados figurava preponderantemente, portanto, como Casa iniciadora. Essa atribuição passou a ter muita importância, pois o processo de revisão dos projetos foi simplificado, passando a Casa iniciadora a ter a última palavra sobre as modificações propostas pela revisora, aprovando-as ou não (art. 69). Tratava-se de um sistema *navette* com regra de parada definida para apenas uma rodada.

Em contraposição, o Senado Federal manteve as competências que lhe haviam sido formalmente atribuídas pela Constituição de 1937, relacionadas à autorização de empréstimos dos Estados, DF e Municípios (art. 63, II) e à aprovação de autoridades. Nesta última, são acrescentados o Prefeito do Distrito Federal e os membros do Conselho Nacional de Economia (art. 63, I). Foi acrescida, ainda, a competência de suspender a execução, no todo ou em parte, de lei ou decreto declarados inconstitucionais por decisão definitiva do Supremo Tribunal Federal (art. 64). O fortalecimento da Câmara dos Deputados no processo legislativo passou a ser, de certo modo, compensada pelo aumento de competências de caráter federal ou nacional atribuídas ao Senado.

Com o advento do Regime Militar, o **Ato Institucional (AI) nº 1**, de 9 de abril de 1964,[13] estabeleceu a possibilidade de os Comandantes-

13 BRASIL. *Ato Institucional (AI) nº 1, de 9 de abril de 1964*. Dispõe sobre a manutenção da Constituição Federal de 1946 e as Constituições Estaduais e respectivas

em-Chefe que o editaram suspender direitos políticos por dez anos e cassar mandatos legislativos federais, estaduais e municipais (art. 10). Em 26 de novembro de 1965, foi aprovada a Emenda Constitucional nº 17, que alterava o art. 58 da Constituição para estabelecer que o número de deputados passava a ser em proporção que não excedesse de um para cada 300 mil habitantes, até vinte e cinco Deputados, e, além desse limite, de um para cada 500 mil habitantes. Essa regra foi mantida na posterior **Constituição de 1967**,[14] em seu art. 41, § 2º.

Alteração de maior monta ocorreu com a **Emenda Constitucional nº 1, de 17 de outubro de 1969**.[15] A composição da Câmara dos Deputados passou a ser estabelecida pela proporção de eleitores (e não de habitantes) de cada Estado, em escala progressiva de quatro patamares estabelecida no § 2º do art. 39, que se iniciava com três deputados para Estados com até cem mil eleitores. Isso resultou em diminuição no número de deputados.

No chamado Pacote de Abril, que fechou o Congresso Nacional, a **Emenda Constitucional nº 8, de 14 de abril de 1977**,[16] alterou a composição das Casas para a eleição seguinte. Quanto ao Senado, definiu que uma das vagas, na renovação de dois terços, seria feita mediante eleição indireta, pelo colégio eleitoral constituído para eleição do Governador de Estado (art. 41, § 2º). Quanto ao número de deputados, fixou, de forma inovadora, o número total de 420, em proporção à população, conforme estabelecido pela Justiça Eleitoral (art. 39). Para tanto, definiu o mínimo de seis e o máximo de cinquenta e cinco deputados por Estado

Emendas, com as modificações introduzidas pelo Poder Constituinte originário da revolução Vitoriosa. Brasília, DF: Presidência da República. Disponível em: http://www.planalto.gov.br/ccivil_03/ait/ait-01-64.htm. Acesso em: 27 mai. 2023.

14 BRASIL. *Constituição da República Federativa do Brasil, de 1967*. Brasília, DF: Presidência da República. Disponível em: https://www.planalto.gov.br/ccivil_03/constituicao/constituicao67.htm. Acesso em: 31 jan. 2022.

15 BRASIL. *Emenda Constitucional nº 1, de 17 de outubro de 1969*. Edita novo texto da Constituição Federal de 24 de janeiro de 1967. Disponível em: https://www.planalto.gov.br/ccivil_03/constituicao/Emendas/Emc_anterior1988/emc01-69.htm. Acesso em 7 abr. 2023.

16 BRASIL. *Emenda Constitucional nº 8, de 14 de abril de 1977*. Altera artigos da Constituição Federal, incluindo-se em seu Título V os artigos 208, 209 e 210. Disponível em: http://www.planalto.gov.br/ccivil_03/constituicao/emendas/emc_anterior1988/emc08-77.htm. Acesso em 7 abr. 2023.

(art. 39, § 2º). Com exceção de Fernando de Noronha, os Territórios tinham direito a dois deputados (art. 39, § 3º).

A previsão de eleição indireta de um terço dos senadores foi extinta pela Emenda Constitucional nº 15, de 19 de novembro de 1980.[17] O número de deputados, por sua vez, sofreu alteração pela Emenda Constitucional nº 22, de 29 de junho de 1982.[18] O número total de deputados passou para 479 e os limites mínimos e máximo das bancadas por Estado passaram a ser, respectivamente, de oito e de sessenta.[19] Os Territórios passaram a ter quatro deputados. Essas alterações beneficiaram os Estados menos populosos, especialmente do Norte e do Centro-Oeste.

É preciso registrar que, durante o Regime Militar, houve evidente restrição ao livre exercício dos poderes de controle do Congresso Nacional, assim como acentuado fortalecimento da participação do Poder Executivo no processo legislativo, como será descrito em capítulo próprio. Para tanto, foram adotados mecanismos como solicitação de urgência ou de votação em sessão conjunta, expedição de decretos-leis (que não podiam ser emendados) e aprovação por decurso de prazo, conforme disposições da Constituição de 1967, ampliadas pela Emenda Constitucional nº 1, de 1969. A Câmara dos Deputados deixou de ter iniciativa de legislação sobre matéria financeira e efetivos militares.

O Presidente da República passou a ter iniciativa de proposta de emenda à Constituição (art. 47, II). Foram, ainda, aumentadas as hipóteses de iniciativa privativa do Presidente da República, progressivamente mais numerosas. Como esses projetos tinham início de sua discussão e votação na Câmara dos Deputados, isso resultou em crescente protagonismo dessa Casa legislativa no processo legislativo.

---

17 BRASIL. *Emenda Constitucional nº 15, de 19 de novembro de 1980.* Restabelece o sistema de voto direto nas eleições para Governador de Estado e para Senador da República. Disponível em: http://www.planalto.gov.br/ccivil_03/constituicao/emendas/emc_anterior1988/emc15-80.htm. Acesso em 7 abr. 2023.

18 BRASIL. *Emenda Constitucional nº 22, de 29 de junho de 1982.* Altera e acrescenta dispositivos à Constituição Federal. Disponível em: https://www.planalto.gov.br/ccivil_03/constituicao/emendas/emc_anterior1988/emc22-82.htm. Acesso em 7 abr. 2023.

19 O total de deputados foi aumentado para 487 pela Emenda Constitucional nº 25, de 15 de maio de 1985, para prever mais oito deputados para o Distrito Federal, até então não representado.

3.2. O breve debate sobre o bicameralismo na Constituinte de 1987/1988

Antes de tratar do Congresso Nacional na Constituição Federal de 1988, é interessante registrar os debates da Constituinte sobre o bicameralismo, assim como seus efeitos na composição e competências das Casas.

A Emenda Constitucional nº 26, de 27 de novembro de 1985,[20] convocou a Assembleia Nacional Constituinte, composta pelos membros da Câmara dos Deputados e do Senado Federal, em reunião unicameral, a partir de 1º de fevereiro de 1987, na sede do Congresso Nacional. Os trabalhos estenderam-se até a promulgação da nova Constituição Federal, em 5 de outubro de 1988. Foram inicialmente formadas oito Comissões Temáticas, cada qual dividida em três Subcomissões Temáticas. A Comissão da Organização dos Poderes e Sistema de Governo teve uma comissão dedicada a cada Poder. Os anteprojetos das Subcomissões foram reunidos em um anteprojeto único da Comissão. Depois, houve reunião das matérias e votação na Comissão de Sistematização.

A **Subcomissão do Poder Legislativo** discutiu o sistema unicameral/bicameral em sua 1ª Reunião Extraordinária, realizada no dia 21 de abril de 1987, junto com outros assuntos, como o prazo de funcionamento do Congresso, o recesso e a convocação extraordinária. Colocado em discussão o tema do bicameralismo, houve apenas duas intervenções específicas sobre ele, mais uma do Relator.

O Constituinte Farabulini Junior manifestou-se pela manutenção do sistema bicameral, pois "*a se manter a Federação, deverá ser mantida também a representação pelo Senado Federal*". Provocado pelo Presidente, Constituinte Bocayuva Cunha, o Relator da Subcomissão, Constituinte José Jorge, esclareceu que não houve proposta pelo sistema unicameral. Fez considerações de que somente se houvesse opção pelo parlamentarismo é que se deveria estabelecer "*atribuições mais efetivas para o Senado Federal*", para que ele não se transformasse num "*refúgio de aposentados*", pois neste sistema "*quem manda é a Câmara, que se constitui, exatamente, digamos, no braço de sustentação do regime, através do Primeiro-Ministro*". Concluiu que o tema não era polêmico porque

20 BRASIL. *Emenda Constitucional nº 26, de 27 de setembro de 1986.* Convoca Assembleia Nacional Constituinte e dá outras providências. Disponível em: https://www.planalto.gov.br/ccivil_03/constituicao/emendas/emc_anterior1988/emc26-85.htm. Acesso em 7 abr. 2023.

"*a maioria dos Constituintes opta pelo sistema bicameral*" e que só o havia incluído "*para o roteiro ficar completo*".[21]

Em seguida, o Constituinte Henrique Córdova manifestou-se sobre o tema. Após digressão sobre a separação dos poderes, afirma que "*tanto no sistema parlamentar de governo como no presidencialista, há possibilidade de perfeito funcionamento do sistema bicameral*". Defendeu, contudo, que se discutisse a composição do Senado Federal, referindo-se a antiga proposta sua para que "*1/3 do Senado fosse composto por governadores que houvessem concluído seu mandato*". Não havendo outros interessados em se manifestar, o Presidente passou à discussão de outros assuntos.[22] Não houve, portanto, um efetivo debate sobre o bicameralismo, tomando-se como isenta de polêmica sua permanência, por conexão com a federação.

Na 3ª Reunião Extraordinária, em 28 de abril de 1987, ao se discutir temas relacionados ao processo legislativo (em especial, a extinção dos decretos-leis), o bicameralismo foi brevemente mencionado pelo Constituinte Miro Teixeira, em manifestação contrária às votações em sessões conjuntas, especialmente quando provocadas por urgência do Poder Executivo. Segundo argumenta, essa possibilidade deveria ser excepcionalíssima, pois representava a negação absoluta do bicameralismo e impedia o poder revisor de uma Casa sobre a outra.[23]

A respeito disso, na 6ª Reunião da Comissão, realizada em 30 de abril de 1987, na forma de audiência pública, colheu-se manifestação da ex-Secretária-Geral da Mesa do Senado Federal, Sarah Abraão, sobre os problemas do processo legislativo vigente. Segundo afirmou, o Congresso Nacional "*deixou de ter um sistema bicameral para reunir-se constantemente em sessões conjuntas*", nas quais eram votadas as matérias mais importantes, como os decretos-leis e as emendas constitucionais. Contudo, não havia estrutura para isso e as comissões mistas eram formadas às centenas, do que resultava que "*o Congresso Nacional não pôde legislar, fez de conta que legislou*". Avaliou que o Congresso não tomava conhecimento dos decretos-leis, o que os tornavam "*legislação*

21 Diário da Assembleia Nacional Constituinte – Suplemento 62, de 20/05/1987, p. 38.

22 Ibidem, p. 38-40.

23 Ibidem, p. 59.

exclusivamente do Executivo", de modo que se deveria *"acabar com as sessões conjuntas, simplesmente"*.[24]

As manifestações acima mostravam que a preocupação da Constituinte, até então, não se relacionava exatamente com a opção sobre a estrutura bicameral, mas sim com aspectos relacionados, como o sistema de governo e o processo legislativo. Neste, buscava-se resgatar as prerrogativas do Poder Legislativo e reduzir a dominância do Executivo.

Também se pretendia reforçar as atribuições de controle do Congresso Nacional em face do Poder Executivo. Para tanto, na 4ª Reunião Extraordinária, em 29 de abril de 1987, o Constituinte Flávio Marcílio propõe que os empréstimos da União passassem a necessitar de aprovação do Senado, tal como já era exigido para os Estados e Municípios, assim como que a escolha do presidente do Banco Central fosse aprovada pelo Senado Federal ou pelo Congresso Nacional.[25] O Relator da Subcomissão acatou ambas como competência do Senado Federal: o de controle do endividamento da União como decorrência lógica das atribuições já desempenhadas quanto aos Estados e Municípios; a aprovação de autoridades como uma forma de contrabalançar os poderes da Câmara dos Deputados, tendo em vista opção feita pelo parlamentarismo na Subcomissão.

Após 18 reuniões, entre ordinárias e extraordinárias, o Anteprojeto do Relator da Subcomissão do Poder Legislativo foi votado em 22 de maio de 1987, com a permanência do bicameralismo.[26] Houve três destaques que visavam a adoção do unicameralismo. Nas três votações, que não contaram com o encaminhamento pelos autores dos destaques, eles foram rejeitados por unanimidade. O Senado Federal era não só mantido, como tinha reforçadas as suas competências.

A discussão passou então para o âmbito da **Comissão da Organização dos Poderes e Sistema de Governo**. A discussão sobre o sistema de governo era a mais polêmica e praticamente dominou os debates da Comissão. O Parecer do Relator Constituinte Egídio Ferreira Lima, aprovado pela Comissão, manteve a opção pelo parlamentarismo e buscou reforçar as prerrogativas do Poder Legislativo.

---

24 Diário da Assembleia Nacional Constituinte – Suplemento 59, de 14/05/1987, p. 21-22.

25 Diário da Assembleia Nacional Constituinte – Suplemento 62, de 20/05/1987, p. 67.

26 Diário da Assembleia Nacional Constituinte – Suplemento 103, de 24/07/1987, p. 6.

Em manifestação em Reunião anterior, a 5ª Ordinária, em 9 de junho de 1987, ao tratar sobre a questão da representação proporcional, o Relator afirmou que, após reflexões, concluiu que "*o Senado tem importância vital, sobretudo porque, como Casa revisora, com os representantes dos estados da Federação, ela poderá ser contrapeso de possíveis excessos da Câmara, levados por grandes maiorias de estados que possam vir a se agigantar*".[27]

Houve, contudo, uma emenda que propunha o unicameralismo, de autoria do Constituinte Plínio Arruda Sampaio. Na votação do destaque sobre essa emenda, na 7ª Reunião ordinária, o autor se manifestou conformado com a derrota, por saber da posição da maioria, mas registrou que gostaria que ficasse marcada a proposta do Partido dos Trabalhadores a favor do sistema unicameral.[28]

Passou-se à **Comissão de Sistematização**, sob Relatoria do Constituinte Bernardo Cabral, que manteve o bicameralismo e reforçou as atribuições do Senado Federal, ao lhe conferir as competências de dispor sobre: limites globais e condições para as operações de crédito externo e interno dos entes da Federação; limites e condições para conceção de garantia da União nessas operações; e limites globais e condições para o montante da dívida mobiliária dos entes subnacionais.

Segundo levantamento de Ana Luiza Backes, na Comissão de Sistematização houve uma votação relacionada ao unicameralismo e outra sobre as competências do Senado Federal.[29] Na votação do destaque sobre a emenda que propunha o unicameralismo, o seu autor, Constituinte Paulo Delgado, argumentava ser o Senado uma câmara que adulterava o voto proporcional e detinha os avanços da Câmara dos Deputados. Foi contraditado pelos Constituintes José Fogaça, para quem o fim do bicameralismo seria também o fim do sistema federativo, sendo o Senado vital em país de profundas disparidades regionais como o Brasil, sendo fundamental para o equilíbrio federativo. Ao final, a Emenda foi rejeitada, com 17 votos favoráveis, 62 contra e 2 abstenções.

A outra Emenda, do Constituinte Gastone Righi, propunha não propriamente a extinção do Senado, mas que as competências a ele atri-

27 Diário da Assembleia Nacional Constituinte – Suplemento 115, de 05/08/1987, p. 11.

28 Diário da Assembleia Nacional Constituinte – Suplemento 118, de 08/08/1987, p. 2.

29 BACKES, Ana Luiza. *Democracia e sobre-representação de regiões: o papel do Senado.* (Dissertação de Mestrado em Ciência Política). Orientador: Gláucio Ary Dillon Soares. Brasília: Universidade de Brasília, 1998, p. 92.

buídas como privativas fossem transferidas para o Congresso Nacional, uma vez que teriam sido usurpadas da Câmara dos Deputados e deveriam a ela retornar, como autêntica representação popular, ainda mais tendo em vista a adoção do parlamentarismo. Os Constituintes Nelson Carneiro e José Jorge apontaram que, a prevalecer a emenda, o Senado Federal ficaria sem função, o que equivaleria, na prática, a optar pelo unicameralismo. O Senador José Fogaça, posicionando-se em nome da Relatoria, manifestou-se contrariamente à emenda, que foi derrotada.

No **Plenário**, foi aprovada uma emenda substitutiva do chamado Centrão, que alterava o projeto aprovado na Comissão de Sistematização, mas não houve mudança em relação ao bicameralismo. Foi votado, contudo, um destaque decorrente de uma fusão de emendas dos Constituintes Plínio Arruda Sampaio e Itamar Franco, que propunham a transferência de competências do Senado Federal para o Congresso Nacional, especialmente as relacionadas ao endividamento no exterior, tanto da União quanto dos Estados e Municípios.[30] A emenda recebeu o apoio do Constituinte Farabulini Junior, reforçando a importância de os deputados federais, como representantes do povo, examinar e autorizar os vultosos empréstimos e financiamentos feitos no exterior.

Contra a emenda manifestou-se o Congressista Francisco Dornelles. Ponderou que o Senado Federal representava os Estados e que transferir para o Congresso Nacional a competência de dispor sobre limites e condições de endividamento de Estados e Municípios iria favorecer os de maior bancada e maior poderio, abalando o equilíbrio federativo. No mesmo sentido, manifestou-se o Congressista José Fogaça, ressaltando a importância da isonomia de tamanho das bancadas no Senado para o equilíbrio federativo. Assim, se transferida a competência para o Congresso Nacional, onde vigoraria a proporcionalidade, poderia privilegiar os grandes Estados em detrimento dos pequenos.

A emenda foi rejeitada, tendo havido 138 votos favoráveis, 312 contra, 5 abstenções e 104 ausências. Segundo a avaliação de Ana Luiza Backes, embora os debates enfatizassem a polarização regional, a clivagem decisiva da votação foi a partidária. Nas regiões mais beneficiadas com a representação no Senado, a votação foi menor, mas ela foi baixa em todas as regiões. Contudo, a diferença foi sobretudo partidária: enquanto a "esquerda" votou a favor da transferência; a "direita" votou

30 Diário da Assembleia Nacional Constituinte, de 08/03/1988, p. 8539-8541.

contra em bloco. Além disso, dos 72 constituintes senadores, apenas 4 votaram a favor da emenda.[31]

Quanto à composição da Câmara dos Deputados, houve um acordo de aprovação de uma emenda que, de um lado, fixava o teto de setenta deputados federais por Estado (para contemplar São Paulo) e, de outro, criava a bancada de três novos Estados: Tocantins (a partir da divisão de Goiás), Amapá e Roraima (que deixavam de ser Territórios), assegurando-se ainda a irredutibilidade das bancadas existentes.[32] Basicamente, o modelo bicameral da Constituição de 1946 foi retomado, inclusive quanto ao processo legislativo das leis. As competências do Senado Federal, contudo, foram reforçadas em relação a 1946. Como se sabe, posteriormente a opção parlamentarista não se consolidou diretamente nem após o plebiscito em 1993, no qual a população votou a favor do presidencialismo.

3.3. O Congresso Nacional na Constituição de 1988: composição e competências

A Constituição Federal de 1988 dispõe, no art. 44, que o Poder Legislativo é exercido pelo Congresso Nacional, que se compõe da Câmara dos Deputados e do Senado Federal. As seções a seguir tratam da composição e das competências dessas Casas legislativas.

Para fazer uma análise mais aderente ao bicameralismo, a exposição será conduzida a partir das características de congruência e simetria propostas por Arend Lijpart,[33] de que anteriormente já se tratou. A propósito, vale registrar que, segundo Paulo Magalhães Araújo,[34] três características do Legislativo combinam-se de forma decisiva para a dinâmica bicameral: (a) os graus de convergência ou divergência utilizados

---

31 BACKES, Ana Luiza. *Democracia e sobre-representação de regiões: o papel do Senado.* (Dissertação de Mestrado em Ciência Política). Orientador: Gláucio Ary Dillon Soares. Brasília: Universidade de Brasília, 1998, p. 108.

32 Ibidem, p. 99.

33 LIJPHART, Arend. *Modelos de democracia: desempenho e padrões de governo em 36 países.* Tradução de Vera Caputo, 4a. ed. rev. e ampl., Rio de Janeiro: Civilização Brasileira, 2019.

34 ARAÚJO, Paulo Magalhães. Bicameralismo: história, conceito e funções nos governos contemporâneos. *Revista Brasileira de Estudos Políticos*, Belo Horizonte, n. 114, jan.-jun. 2017, p. 448.

na constituição de cada câmara; (b) os graus de simetria ou assimetria decorrentes da distribuição de atribuições entre elas; e (c) os métodos formais de interação bicameral, relacionadas ao papel e ao tempo de cada câmara no processo de tramitação.

Com relação ao bicameralismo brasileiro, as seções a seguir vão buscar apresentar um panorama a respeito dos dois primeiros aspectos. O último relaciona-se com o propósito deste trabalho e será tratado nos capítulos posteriores, dentro do escopo proposto.

3.3.1. A composição das Casas legislativas

A análise das disposições constitucionais sobre a composição das Casas do Congresso Nacional permite a conclusão de que o sistema brasileiro é incongruente, isto é, que as câmaras se distinguem quanto à representação, na medida em que são distintas as regras de formação. De início, o art. 45 da Constituição de 1988 diz que a Câmara dos Deputados é composta por "*representantes do povo*", eleitos pelo sistema proporcional, em cada Estado, Território e Distrito Federal. O Senado Federal é composto, conforme o art. 46, por "*representantes dos Estados e do Distrito Federal*", eleitos segundo o princípio majoritário.

O número de deputados deve ser proporcional à população do Estado ou do Distrito Federal, com o limite mínimo de oito e máximo de setenta, conforme estabelecido por lei complementar (art. 45, § 1º, da CF).[35] Os Territórios elegem quatro deputados federais (art. 45, § 2º)[36]. Para o Senado Federal, cada Estado e o Distrito Federal elegem três senadores, com mandato de oito anos, renovados de quatro em quatro anos, alternadamente, por um e dois terços (art. 46, §§ 1º e 2º, da CF). A composição do Senado Federal, considerados os atuais 26 Estados e o Distrito Federal, é de oitenta e um senadores.

A Lei Complementar (LC) nº 78, de 30 de dezembro de 1993, *disciplina a fixação do número de deputados, nos termos do art. 45, § 1º, da Constituição Federal.*[37] Segundo seu art. 1º, o número de deputados fe-

35 A fórmula tem inspiração na Emenda Constitucional nº 8, de 1977, que estipulou limites mínimos e máximos de tamanho para as bancadas de cada Estado.

36 O Território integra a União (art. 18, § 2°) e terá quatro deputados federais (art. 45, § 2°). Não há previsão para que tenha senadores (art. 46, *caput* e § 1°).

37 O STF definiu que, em face do art. 45, § 1º, da CF, compete ao legislador complementar definir o critério de distribuição do número de deputados dos Estados e

derais não ultrapassará quinhentos e treze representantes. Prevê essa norma que a proporcionalidade à população seja calculada a partir de atualização estatística demográfica das unidades da Federação, fornecida pelo Instituto Brasileiro de Geografia e Estatística (IBGE) no ano anterior às eleições. Feitos os cálculos da representação dos Estados e do DF, o Tribunal Superior Eleitoral (TSE) deve fornecer aos Tribunais Regionais Eleitorais (TREs) e aos partidos políticos o número de vagas a serem disputadas.

Já se pode aqui constatar que a incongruência decorre, em grande medida, da atribuição da representação dos Estados-membros ao Senado Federal, com igual representação entre eles. Nos Estados federais o bicameralismo costuma ter maior grau de incongruência pela superrepresentação das menores unidades, o que se acentua quando se confere igual representação a todas elas no Senado Federal (conforme o originário modelo norte-americano). Verifica-se, ainda, que no Brasil, embora adote a mesma circunscrição para as eleições nos Estados, os deputados federais são eleitos pelo sistema proporcional, enquanto os senadores são eleitos pelo sistema majoritário, com consequentes distinções de acessos às Casas pelos candidatos e partidos políticos.

O número de integrantes das Casas é outro fator de incongruência entre elas. O usual é que as câmaras baixas, de representação popular, sejam maiores do que as câmaras altas. Uma exceção conhecida, por razões históricas, é a Câmara dos Lordes, que é maior do que a Câmara dos Comuns. No Brasil, atualmente, o tamanho do Senado Federal corresponde a 15,8% do tamanho da Câmara dos Deputados, o que pode ser considerada uma proporção menor do que a usual, que gira em torno da metade. Vale observar que quanto menor a proporção, pode-se avaliar que o voto de um senador pesa mais do que o de um deputado na formação geral da vontade da Casa. Isso tem especial relevância no sistema brasileiro, uma vez que mesmo nas sessões conjuntas as votações são tomadas separadamente.

do DF, proporcionalmente à população, observados os parâmetros constitucionais, sendo inviável transferir a escolha desse critério ao Tribunal Superior Eleitoral ou a outro órgão. Cf. BRASIL. Supremo Tribunal Federal. Ação Direta de Inconstitucionalidade (ADI) nº 4.936/PB, Relatora Ministra Rosa Weber, Tribunal Pleno, julgamento em 01/07/2014. DJe 30-10-2014. Requerente: Governador do Estado da Paraíba. Interessado: Tribunal Superior Eleitoral (TSE).

A propósito da divisão no tempo, a legislatura tem duração de quatro anos (art. 44, parágrafo único) e corresponde a cada composição da Câmara dos Deputados (membros titulares) que se forma por força das eleições gerais. Assim, tem início com a posse dos deputados em 1º de fevereiro do ano seguinte às eleições para os novos mandatos e termina quatro anos depois, no dia 31 de janeiro anterior ao início da seguinte. A Câmara dos Deputados se renova integralmente a cada legislatura, tempo de duração dos mandatos dos deputados federais (permitidas reeleições), mas o Senado Federal é contínuo, pois renova-se alternadamente a cada legislatura, por um ou por dois terços de seus membros (art. 46, § 2°). O mandato do senador titular tem duração de oito anos (duas legislaturas).

Quanto à elegibilidade, além de requisitos comuns dispostos nos incisos I a V do § 3º do art. 14 (nacionalidade brasileira, pleno exercício dos direitos políticos, alistamento eleitoral, domicílio eleitoral na circunscrição e filiação partidária), exige-se para senador a idade mínima de 35 anos e para o deputado federal a idade mínima de 21 anos (art. 14, § 3º, VI, "a" e "c").[38] A tradição de idade mais elevada para os senadores tem relação com a expectativa de maior experiência e moderação, que favorecem a estabilidade nas decisões. Este é mais um elemento de incongruência identificado no País.

Outro aspecto, peculiar ao legislativo brasileiro, diz respeito à suplência dos cargos eletivos. Os senadores são eleitos com dois suplentes (art. 46, § 3º), enquanto os suplentes dos deputados federais são os mais votados sob a mesma legenda e não eleitos efetivos nas listas dos respectivos partidos ou federações. Há aqui outra diferença em relação às câmaras.

3.3.2. Competências do Congresso Nacional e de suas Casas

Outra variável relevante para a caracterização do sistema bicameral é o conjunto de competências de cada Casa, que leva à simetria, ou assimetria, de poderes entre elas. Essas atribuições podem ser de di-

38 Conforme disposto no § 2º do art. 11 da Lei das Eleições (Lei nº 9.504, de 30 de setembro de 1997), com a redação dada pela Lei nº 13.165, de 2015, "*a idade mínima constitucionalmente estabelecida como condição de elegibilidade é verificada tendo por referência a data da posse, salvo quando fixada em dezoito anos, hipótese em que será aferida na data-limite para o pedido de registro*".

ferentes naturezas, conforme o desenho institucional de cada sistema constitucional. Nesta seção, pretende-se apresentar uma visão geral da atribuição de competências estabelecida pela Constituição de 1988, cabendo observar que nos Capítulos posteriores serão mais detidamente analisadas aquelas que se referem ao processo legislativo.

A Constituição Federal fixa as atribuições do Congresso Nacional (arts. 48 e 70), sua competência exclusiva (art. 49) e as competências privativas da Câmara dos Deputados (art. 51) e do Senado Federal (art. 52). A seguir essas competências são enumeradas para, mais adiante, serem avaliadas sob o ponto de vista da simetria.

Quanto à função legislativa, o art. 48 diz caber ao Congresso Nacional legislar sobre todas as matérias de competência da União, especialmente as listadas no dispositivo, com a sanção do Presidente da República, exceto para as hipóteses de competência exclusiva do Congresso ou de suas Casas. Sobre a função de controle, o art. 70 estabelece a competência do Congresso Nacional para a fiscalização contábil, financeira, orçamentária, operacional e patrimonial da União e das entidades da administração direta e indireta, quanto à legalidade, legitimidade, economicidade, aplicação das subvenções e renúncia de receitas.

O art. 49 traz a relação das competências exclusivas do Congresso Nacional, sobre: aprovação de tratados (inciso I); guerra, paz e defesa nacional (inciso II); preservação de sua competência legislativa (incisos V, XI e XV); fiscalização e controle do Poder Executivo (incisos III, IX, X, XIII e XIV); autorização da intervenção federal e estados de emergência (inciso IV); mudança de sede (inciso VI); fixação de subsídios (incisos VII e VIII); atos de concessão e renovação de rádio e televisão (inciso XII); autorização de exploração de recursos naturais em terras indígenas (inciso XVI); e aprovação de alienação ou concessão de terras públicas (inciso XVII).

Sobre as competências das Casas do Congresso Nacional, algumas delas são previstas tanto para uma Casa quanto para a outra. São elas: elaborar seu regimento interno (art. 51, III, para a Câmara; art. 52, XII, para o Senado); dispor sobre sua organização, funcionamento, polícia, criação, transformação ou extinção dos cargos, empregos e funções de seus serviços, e a iniciativa de lei para fixação da respectiva remuneração, observados os parâmetros estabelecidos na lei de diretrizes orçamentárias (art. 51, IV, para a Câmara; art. 52, XIII, para o Senado – ambas com a redação da EC 19/98); e eleger membros do Conselho da República, nos termos do art. 89, VII (art. 51, V, para a Câmara; art. 52, XIV, para o Senado).

Há competências privativas da Câmara dos Deputados (art. 51), sem correspondência no Senado Federal, quais sejam: autorizar, por dois terços de seus membros, a instauração de processo contra o Presidente e o Vice-Presidente da República e os ministros de Estado (inciso I)[39]; e proceder à tomada de contas do Presidente da República, quando não apresentadas ao Congresso Nacional dentro de sessenta dias após a abertura da sessão legislativa (inciso II).

Por sua vez, são atribuídas ao Senado Federal competências privativas (art. 52), que não têm similar na Câmara dos Deputados, nem contam com a participação desta. Essas funções relacionam-se à atuação do Senado Federal de órgão de representação estadual, pelo fato de que as decisões nelas previstas: (a) devem expressar a vontade do conjunto dos Estados, que formam a União; ou (b) afetam o interesse de um ou alguns deles, de modo que é necessário evitar que haja prejuízo indevido ou a predominância do poder de uns em relação aos demais. Elas podem ser agrupadas da seguinte forma:

(i) funcionamento do Senado como órgão judiciário (impeachment), para processar e julgar, nos crimes de responsabilidade[40]: (a) com prévia autorização da Câmara dos Deputados, o Presidente e o Vice-Presidente da República, bem como os Ministros de Estado e os Comandantes da Marinha, do Exército e da Aeronáutica nos crimes da mesma natureza conexos com aqueles (art. 52, I, c/c art. 51, I); (b) os Ministros do Supremo Tribunal Federal, o Procurador-Geral da República e o Advogado-Geral da União nos crimes de responsabilidade (art. 52, II);

(ii) aprovação da escolha e exoneração de autoridades: (a) por voto secreto, após arguição pública de: magistrados, nos casos estabelecidos na Constituição; ministros do Tribunal de Contas da União indicados pelo Presidente da República; governador de Território; presidente e diretores do banco central; Procurador-Geral da República; titulares de outros cargos que a lei determinar, tais como os dirigentes de agências regularas (art. 52, III); (b) por voto secreto, após arguição em sessão se-

39 Sobre o impeachment, no STF: MS 21.564, rel. p/ o ac. Min. Carlos Velloso; ADPF 378-MC, rel. p/ o ac. Min. Roberto Barroso, j. 17-12-2015, DJE de 8-3-2016; MS 34.130 MC, rel. Min. Edson Fachin, j. 15-4-2016, DJE de 1º-9-2016.

40 Nesses casos, funcionará como Presidente o do Supremo Tribunal Federal, limitando-se a condenação, que será proferida por dois terços dos senadores, à perda do cargo, com inabilitação, por oito anos, para o exercício da função pública, sem prejuízo das demais sanções judiciais cabíveis (art. 52, parágrafo único, CF).

creta, a escolha dos chefes de missão diplomática de caráter permanente (art. 52, IV); (c) por maioria absoluta e por voto secreto, a exoneração, de ofício, do Procurador-Geral da República antes do término de seu mandato (art. 52, XI);

(iii) autorização de endividamento e estabelecimento de limites das dívidas da União, Estados, DF e Municípios: (a) autorizar operações externas de natureza financeira, de interesse da União, dos Estados, do Distrito Federal, dos Territórios e dos Municípios (art. 52, V); fixar, por proposta do Presidente da República, limites globais para o montante da dívida consolidada da União, dos Estados, do Distrito Federal e dos Municípios (art. 52, VI); (c) dispor sobre limites globais e condições para as operações de crédito externo e interno da União, dos Estados, do Distrito Federal e dos Municípios, de suas autarquias e demais entidades controladas pelo Poder Público federal (art. 52, VII); (d) dispor sobre limites e condições para a concessão de garantia da União em operações de crédito externo e interno (art. 52, VIII); (e) estabelecer limites globais e condições para o montante da dívida mobiliária dos Estados, do Distrito Federal e dos Municípios (art. 52, IX);

(iv) suspensão de execução, no todo ou parte, de lei declarada inconstitucional pelo Supremo Tribunal Federal: após decisão definitiva, nos recursos extraordinários (art. 52, X);[41]

(v) fixação de alíquotas mínimas e máximas sobre a competência tributária dos Estados e DF; e avaliação do Sistema Tributário Nacional: (a) fixar alíquotas máximas do imposto sobre transmissão causa mortis e doação de quaisquer bens ou direitos (art. 155, § 1º, IV); (b) estabelecer as alíquotas aplicáveis às operações e prestações interestaduais e de exportação (art. 155, § 2º, IV); (c) estabelecer alíquotas mínimas nas operações internas (art. 155, § 2º, V, "a"); (d) fixar alíquotas máximas nas operações internas para resolver conflito específico que envolva interesse de Estados e do DF (art. 155, § 2º, V, "b"); (e) avaliar periodicamente a funcionalidade do Sistema Tributário Nacional, em sua estrutura e seus componentes, e o desempenho das administrações tributárias da União, dos Estados, do DF e dos Municípios (art. 52, XV).

Da análise histórica do bicameralismo brasileiro, que se empreendeu anteriormente, é possível verificar que o Senado Federal recuperou

41 O dispositivo caiu praticamente em desuso após o requisito da repercussão geral e consequente súmula da decisão (art. 102, III e § 3º, CF). Ver arts. 543-A e 543-B do Código de Processo Civil, incluídos pela Lei nº 11.418, de 19 de dezembro de 2006.

e ampliou as competências privativas que lhe eram conferidas antes do Regime Militar, especialmente aquelas relacionadas ao controle político e às atribuições de cunho federativo. Assim, passou a processar e julgar o *impeachment* do Presidente da República e outras autoridades, em crimes conexos àquele, cabendo à Câmara apenas autorizá-lo. Foi aumentado o rol de autoridades cuja escolha é submetida à sua aprovação. Teve ampliada sua competência quanto ao controle do endividamento da União, Estados, DF e Municípios, mediante autorização de operações externas de crédito e a regulamentação dos limites e condição de dívidas e concessão de garantias. Manteve a competência de suspensão de execução de lei declarada inconstitucional pelo STF. E passou a fixar alíquotas mínimas e máximas para exercício da competência tributária dos Estados e DF.

Nas competências relacionadas ao controle, não há distinção entre as Casas. Assim, ambas podem, pelo plenário ou por suas comissões, convocar ministro de Estado ou titulares de órgãos subordinados à Presidência da República para prestarem informações pessoalmente perante essas instâncias (art. 50). Podem, ainda, encaminhar pedidos escritos de informação a essas autoridades (art. 50, § 2º). Podem ambas, em conjunto ou separadamente, criar comissões parlamentares de inquérito com poderes de investigação próprios das autoridades judiciais (art. 58, § 3º). O julgamento anual das contas do Presidente da República é atribuição do Congresso Nacional (art. 49, IX).

Sob o ponto de vista do processo legislativo, pelo menos no aspecto normativo, podem ser identificadas as seguintes características:

i) as câmaras têm a mesma competência legislativa, não havendo matérias que possam ser objeto de iniciativa apenas em uma delas (salvo as de iniciativas privativas, de regulação ou gestão interna);

ii) nos projetos de lei, ambas podem se caracterizar como Casa iniciadora, que terá a última palavra sobre as emendas da Casa revisora (*navette* com regra de parada após uma rodada). As proposições de iniciativa extraparlamentar têm início na Câmara dos Deputados, o que lhe confere prevalência nesse papel;

iii) a Casa revisora tem poder de veto, sendo a proposição arquivada se nela for rejeitada, não havendo possibilidade de superação dessa decisão pela outra Casa;

iv) não há tempo definido para decisão pela Casa revisora, que inclusive poderá manter a proposição em tramitação até que seja arquivada conforme regras regimentais, salvo no caso de urgência constitucional solicitada pelo Presidente da República para projetos de sua autoria;

v) o sistema bicameral das propostas de emenda à Constituição exige que o texto seja aprovado nas duas Casas, por três quintos dos votos, em dois turnos, para ir à promulgação;

vi) nas medidas provisórias, há constituição de comissão mista de deputados e senadores antes de sua votação pelos plenários das duas Casas, iniciando-se pelo da Câmara dos Deputados;

vii) nas sessões conjuntas, os votos de cada Casa são computados separadamente, importando a rejeição da matéria o voto contrário de uma delas. Nas comissões mistas, segue-se a mesma regra, salvo se ela for paritária.

Do que se observa, o rol de competências privativas pende para uma distribuição favorável ao Senado Federal. Por outro lado, há prevalência da Câmara dos Deputados na função de Casa iniciadora dos projetos de lei, caso em que ela terá a última palavra sobre as emendas da revisora. Em uma avaliação geral da distribuição de poderes entre as Casas, pode-se considerar haver elevado grau de simetria entre elas.

A partir da análise da composição e das competências das Casas do Congresso Nacional, pode-se avaliar que o bicameralismo no Brasil configura-se como **incongruente** (composição distinta) e **simétrico** (poderes equivalentes), o que possibilita seu enquadramento na categoria de um "**bicameralismo forte**", nos termos da classificação de Arend Lijphart.[42]

42 LIJPHART, Arend. *Modelos de democracia: desempenho e padrões de governo em 36 países*. Tradução de Vera Caputo, 4a. ed. rev. e ampl., Rio de Janeiro: Civilização Brasileira, 2019

Parte II

PROCESSO LEGISLATIVO BICAMERAL: OS TRÊS MODELOS NORMATIVOS

O art. 59 da Constituição Federal de 1988 define o processo legislativo a partir de seu objeto, ao dispor que ele compreende a elaboração de: emendas à Constituição, leis complementares, leis ordinárias, leis delegadas, medidas provisórias, decretos legislativos e resoluções.

A compreensão de processo enseja, inicialmente, a ideia de um conjunto de atos ordenados e inter-relacionados voltados à realização de um fim.[1] No caso, a finalidade é a formação "*do ato legislativo geral, abstrato, obrigatório e modificativo da ordem jurídica preexistente*"[2] ou, mais especificamente, a elaboração das espécies normativas mencionadas, que derivam diretamente da Constituição. Nesse sentido, o processo legislativo qualifica-se como uma "*espécie do gênero amplo do direito processual, por meio do qual o direito regula sua própria criação, estabelecendo as normas que presidem a produção de outras normas* [...]".[3]

Desse modo, a sequência de atos coordenados volta-se "à concretização da função legislativa do Estado"[4] ou, mais especificamente, tais atos "*são realizados pelos órgãos legislativos, visando à formação das espécies normativas previstas no art. 59 da Constituição* [...]"[5]. Verifica-se que esse dispositivo engloba os "*momentos de produção normativa no plano federal até o nível primário, inclusive*", de modo que possibilita "*uma visão integrada dos atos derivados de primeiro grau*".[6] Esses

---

1 Para José Afonso da Silva, esses atos são: (a) iniciativa legislativa; (b) emendas; (c) votação; (d) sanção e veto; (e) promulgação e publicação (cf. SILVA, José Afonso da. *Curso de Direito Constitucional Positivo*. 20ª ed. São Paulo: Malheiros, 2002, p. 522). As fases e atos do processo legislativo serão analisados posteriormente.

2 SILVA, José Afonso da. *Processo constitucional de formação das leis*. 2a. ed. São Paulo: Malheiros, 2006, p. 41.

3 SAMPAIO, Nelson de Sousa. *O processo legislativo*. 2ª ed. Atualizada por Uadi Lamêgo Bulos. Belo Horizonte: Livraria Del Rey, 1996, p. 27.

4 SILVA, José Afonso da. *Processo constitucional de formação das leis*. 2a. ed. São Paulo: Malheiros, 2006, p. 41.

5 MORAES, Alexandre de. *Direito Constitucional*, 34ª ed. São Paulo: Atlas, 2015, p. 693; SILVA, José Afonso da. *Curso de Direito Constitucional Positivo*. 20ª ed. São Paulo: Malheiros, 2002, p. 521.

6 FERREIRA FILHO, Manoel Gonçalves. *Do processo legislativo*. 6ª ed. São Paulo: Saraiva, 2009, p. 204; AMARAL JÚNIOR, José Levi Mello do. Processo Legislativo – Aspectos Teóricos, Práticos e Jurisprudenciais da Reprodução do Direito Brasileiro Relativamente aos Atos Normativos Primários. In: MORAU, Caio; OLIVEIRA, Carlos E. Elias de (orgs). *Processo Legislativo: Teoria e Prática*, São Paulo: JusPodivm, 2022, p. 199.

atos retiram seu fundamento de validade diretamente da Constituição e podem inovar o ordenamento jurídico.

A primazia da elaboração da legislação foi atribuída, pela Constituição, ao Poder Legislativo, mas ele não detém o monopólio da função normativa, nem mesmo quanto aos atos normativos primários. Nesse sentido, vale lembrar a previsão na Constituição, introduzida pela Emenda Constitucional nº 32, de 2001, de decretos autônomos de competência do Presidente da República (art. 84, VI, CF). Sobre o Judiciário[7], vale noticiar que o STF já decidiu pela recepção, pela Constituição vigente, de norma de seu Regimento Interno com força e eficácia de lei, pois validamente editada com fundamento em regra que lhe atribuía poder normativo primário (art. 119, § 3º, "c", CF-1967/69, com a redação da EC nº 7, de 1977).[8] Enfim, o art. 59 da Constituição enumera os atos normativos primários produzidos pelo processo legislativo, vale dizer, elaborados diretamente ou por atuação do Poder Legislativo, mediante sua aprovação ou por sua delegação.[9]

José Afonso da Silva propõe distinção entre processo legislativo e procedimento legislativo.[10] O processo refere-se à ideia do conjunto de atos encadeados para exercício da função legislativa, em sua forma abstrata, como princípios estáticos estabelecidos. O procedimento é o processo em movimento para atingir o fim a que se propõe, que é a ela-

---

7 Há polêmica sobre a hierarquia legal dos regimentos internos dos Tribunais. A propósito, ver CAVALCANTE FILHO, João Trindade. *Processo Legislativo Constitucional*. 4ª ed. Brasília: JusPodivm, 2020, p. 47.

8 Conforme, no STF: BRASIL. Supremo Tribunal Federal. Ação Civil Originária (ACO) 597-Agr, Relator Ministro Celso de Mello, Tribunal Pleno, julgamento 03/10/2002, DJ 10/08/2006. Autor: Banco de Brasília (BRB), Réu: Estado de Santa Catarina.

9 Algumas espécies normativas relacionadas no art. 59 merecem breve esclarecimento, em face dessa afirmação. As emendas constitucionais estão incluídas porque decorrem do poder constituinte derivado de reforma, atribuído ao Congresso Nacional, na forma do art. 60, CF (SAMPAIO, *op. cit.*, p. 65). As leis delegadas, embora elaboradas pelo Presidente da República, dependem de delegação expressa do Congresso Nacional, mediante resolução, na forma do § 2º do art. 68 da CF, e podem ser submetidas a posterior apreciação (§ 3º do mesmo dispositivo). As medidas provisórias são editadas pelo Presidente da República com força de lei, mas submetidas de imediato ao Congresso Nacional, para sua conversão em lei, de modo que têm efeito normativo (força de lei) e processual (tal qual proposição legislativa), na forma do art. 62 da CF.

10 SILVA, José Afonso da. *Processo constitucional de formação das leis*. 2a. ed. São Paulo: Malheiros, 2006, p. 40, 42 e 260.

boração da lei, de forma concreta e dinâmica. O procedimento é "*o modo pelo qual os atos do processo legislativo se realizam*".[11]

Desse modo, enquanto o processo legislativo é o meio de que se utiliza a ordem jurídica para regular a criação do próprio direito, o procedimento é a ordem (juridicamente definida) na qual se praticam os atos do processo legislativo, o caminho que esse processo pode tomar.[12] O processo legislativo tem assento constitucional, pois é a Constituição que fornece suas bases e elementos fundamentais. Já os procedimentos legislativos, além de atender aos princípios constitucionais, têm seus fundamentos jurídicos disciplinados nos regimentos internos das Casas legislativas.

Recentemente, o processo legislativo de elaboração das leis ordinárias (não orçamentárias) tem sido qualificado como *procedimento comum*,[13] que se diferencia dos demais aplicáveis a outras espécies legislativas, então identificados como *procedimentos especiais*. O relevo do procedimento comum é que ele se caracteriza como o padrão, que reúne de forma mais completa os diversos atos praticados no processo legislativo. Os procedimentos especiais, em geral, caracterizam-se por variações na presença ou na forma de exercício dos atos previstos naquele.

Considerada em sua elaboração, Manoel Gonçalves Ferreira Filho registra que a lei ordinária é um ato complexo, na medida em que exige que duas ou mais vontades homogêneas, tendentes a um mesmo fim, fundam-se numa só vontade declarada, idônea a produzir determinados fins. Para tanto, o processo de formação da lei desdobra-se em três fases distintas: a introdutória (iniciativa da lei); a constitutiva (deliberação legislativa e a sanção); e a complementar (promulgação e publicação).[14]

11 SILVA, José Afonso da. *Curso de Direito Constitucional Positivo*. 20ª ed. São Paulo: Malheiros, 2002, p. 527.

12 CAVALCANTE FILHO, João Trindade. *Processo Legislativo Constitucional*. 4ª ed. Brasília: JusPodivm, 2020, p. 26.

13 Há, na literatura sobre processo legislativo, subdivisão do procedimento comum, em *ordinário*, *sumário* (urgência constitucional) e *abreviado* (competência conclusiva das comissões), que não será abordada no presente trabalho. A propósito: CAVALCANTE FILHO, João Trindade. *Processo Legislativo Constitucional*. 4ª ed. Brasília: JusPodivm, 2020, p. 27; CARVALHO, Kildare G. *Técnica legislativa*. 5a. ed. Belo Horizonte: Del Rey, 2010, p. 219; BRASIL. Presidência da República. Casa Civil. *Manual de redação da Presidência da República*, 3ª. ed., rev., atual. e ampl. Brasília: Presidência da República, 2018, pp. 165-168.

14 FERREIRA FILHO, Manoel Gonçalves. *Do processo legislativo*. 6ª ed. São Paulo: Saraiva, 2009, p. 206. No mesmo sentido: MORAES, Alexandre de. *Direito Constitucional*, 34ª ed. São Paulo: Atlas, 2018, p. 697.

A iniciativa é o ato por meio do qual se propõe a adoção de direito novo, manifestada pelo depósito do instrumento (projeto) em mãos da autoridade competente. Esse ato desencadeia o processo de elaboração da lei. A fase constitutiva é um ato complexo, pois a lei é constituída mediante aprovação das câmaras legislativas somada à sanção do chefe de Estado, ou à superação de seu veto. Na verdade, a complexidade do ato legislativo é dupla, uma vez que, nos legislativos compostos por duas câmaras, a deliberação legislativa em si já é um ato complexo. A fase complementar destina-se a integrar a eficácia da lei e compreende a promulgação e a publicação. A promulgação é a autenticação de que a lei foi regularmente elaborada, de que existe juridicamente e está apta a produzir efeitos. A publicação é uma comunicação destinada a levar ao conhecimento daqueles a que obriga o texto da lei.[15]

Os diversos procedimentos legislativos caracterizam-se como os *ritos* do processo legislativo[16], no sentido de modo de organização e realização dos atos antes descritos. A literatura sobre processo legislativo versa sobre esses ritos e procedimentos, que não serão exaustivamente descritos neste trabalho, especialmente porque tratam, muitas vezes, de atividades desempenhadas no interior de cada Casa legislativa. Este trabalho busca trazer enfoque para a perspectiva bicameral, concentrando-se nos elementos que tenham influência relevante sobre esse aspecto (como, por exemplo, a iniciativa das proposições).

A partir desse ponto de vista específico, podem ser identificados na Constituição Federal **três** distintos **modelos bicamerais**,[17] sendo que a

15 FERREIRA FILHO, Manoel Gonçalves. *Do processo legislativo*. 6ª ed. São Paulo: Saraiva, 2009, pp. 71-75, 206.

16 CARVALHO, Kildare G. *Técnica legislativa*. 5a. ed. Belo Horizonte: Del Rey, 2010, p. 217.

17 Embora correspondam a uma tramitação peculiar, as normas de elaboração das leis orçamentárias não são consideradas como um modelo normativo específico, nesta tese, pelas seguintes razões: *(i)* os modelos normativos identificados foram extraídos diretamente da Constituição Federal de 1988, mas o art. 166 apenas dispõe que os projetos de leis orçamentárias *"serão apreciados pelas duas Casas do Congresso Nacional, na forma do regimento comum"*, atribuindo seu exame e parecer a uma comissão mista permanente (§ 1º); *(ii)* não há previsão constitucional expressa para apreciação dos projetos de leis orçamentárias nas sessões conjuntas do Congresso Nacional (art. 57, § 3º); *(iii)* as leis orçamentárias são modalidades de leis ordinárias (art. 59, III), não constituindo espécie normativa própria; *(iv)* o art. 65, *caput*, aplica-se à tramitação dos projetos de leis ordinárias orçamentárias; e *(v)* a apreciação na forma concentrada, subsequente e imediata nas Casas, em sessão conjunta do Congresso Nacional, tem fundamento normativo regimental, embora

cada um deles corresponde um **diferente tipo de interação entre as Casas do Congresso Nacional no tratamento das convergências ou divergências** que surjam na produção das respectivas espécies normativas. Esses modelos bicamerais são:

1) **modelo bicameral dos projetos de lei** (PL), baseado no **art. 65 da Constituição Federal;**

2) **modelo bicameral das propostas de emenda à Constituição** (PEC), baseado no **art. 60, § 2º**, da Constituição Federal; e

3) **modelo bicameral das medidas provisórias** (MPV), baseado no **art. 62, §§ 8º e 9º, combinado com art. 65 da Constituição Federal.**

Em virtude de seu volume e frequência, é corriqueiro que o modelo dos projetos de lei seja visto e tratado como o único no sistema bicameral. Assim, suas características são tomadas como universais, como se aplicáveis a todo o processo legislativo brasileiro. É preciso, contudo, desconstruir essa generalização, na medida em que implica simplificação e até mesmo distorção na avaliação do relacionamento entre as Casas do Congresso Nacional na elaboração legislativa.

O que é comum aos modelos é a utilização do sistema *navette* e a necessidade de que a proposição seja aprovada por ambas as Casas para que se transforme na correspondente norma jurídica, pois em caso de rejeição a proposição será destinada ao arquivo. Contudo, são adotados critérios distintos para a resolução de divergências (emendas ou substitutivos) entre as Casas, conforme a espécie normativa, o que leva à configuração dos modelos mencionados. Vale lembrar que as condições e mecanismos de resolução de divergências determinam, em grande parte, o que cada câmara pode aportar no resultado legislativo e, consequentemente, qual o poder relativo de cada uma delas no processo legislativo.[18]

Assim, o **modelo dos projetos de lei** corresponde a um **sistema *navette*** com **regra de parada de até uma rodada** (um retorno à câ-

se possa admitir que decorra da própria natureza da matéria, especialmente quanto à deliberação sobre as emendas parlamentares.

18 TSEBELIS, George; MONEY, Jeannette. Bicameral negotiations: the Navette system in France. *British Journal of Political Science*, v. 25, n. 1, 1995, p.102.

mara de origem). Por isso, é importante a caracterização da Casa iniciadora, que terá a palavra final sobre as modificações propostas pela Casa revisora, conforme interpretação do parágrafo único do art. 65 da Constituição. Disso resulta a relevância da iniciativa do projeto de lei, pois é por meio dela que será determinada a Casa iniciadora. Nas iniciativas parlamentares, a Casa iniciadora será aquela do autor da iniciativa. O art. 64 da Constituição determina, contudo, que as iniciativas extraparlamentares terão início na Câmara dos Deputados, do que se depreende haver prevalência desta Casa na tramitação dos projetos de lei.

O **modelo bicameral das propostas de emenda à Constituição** é bem distinto. Ele corresponde a um sistema ***navette* sem regra de parada**. O § 2º do art. 60 da Constituição exige que a PEC seja aprovada nas duas Casas pelo quórum de três quintos de seus respectivos membros, em dois turnos. O dispositivo nem dá prevalência de decisão a qualquer das Casas, nem estabelece em que ponto as idas-e-voltas deverão ser interrompidas se houver divergências entre elas. Tanto assim que as Casas consideram como uma proposta nova aquela que, embora de sua iniciativa, foi recebida da outra com modificações. Nesse modelo, somente se transformará em emenda constitucional o texto que for aprovado, com o mesmo teor, pelas duas câmaras. Disso resulta um equilíbrio de poderes entre elas na elaboração das normas dessa espécie.

O terceiro **modelo bicameral** identificado é o das **medidas provisórias**, tal como estabelecida sua tramitação no Congresso Nacional a partir da edição da Emenda Constitucional nº 32, de 2001. Desde então, elas são examinadas por uma comissão mista, que sobre elas emite parecer, antes de serem apreciadas, em sessões separadas, pelo plenário de cada uma das Casas, tendo início no da Câmara dos Deputados (art. 62, §§ 8º e 9º, CF). Se alterado o texto originário da medida provisória, passa a ter tramitação um projeto de lei de conversão, dela decorrente (art. 62, § 12, CF). Embora a resolução de divergências entre os plenários das Casas seja resolvida pela aplicação do art. 65 da Constituição, a análise pela comissão mista e a possibilidade de apreciação da medida provisória e de seu projeto de lei de conversão ensejam o surgimento de um novo modelo bicameral. A uma porque a **comissão mista** pode ser vista como um **meio de resolução de divergências previamente** à deliberação dos plenários das Casas, a partir dos quais entra em funcionamento **o sistema *navette* de até uma rodada**. A duas porque as alternativas de decisão das Casas, quando ocorre o projeto de lei de conversão, tornam-se bem mais complexas, exigindo abordagem específica.

Os três Capítulos que compõem esta Parte dedicam-se, respectiva e especificamente, a esses modelos. Para melhor exposição, **para cada um dos modelos**, serão abordados **quatro aspectos**: (a) o **histórico**, nas Constituições passadas ou disposições anteriores da Constituição de 1988; (b) a análise do **modelo normativo** estabelecido na Constituição vigente e em sua regulamentação regimental; (c) o funcionamento do modelo, a partir dos **resultados legislativos** obtidos da 51ª à 56ª Legislatura; e (d) as observações colhidas, **problemas e sugestões** decorrentes da análise empreendida nas seções anteriores.

4

MODELO BICAMERAL DOS PROJETOS DE LEI (PREVALÊNCIA DA CASA INICIADORA)

Este Capítulo visa a tratar do modelo bicameral dos projetos de lei, que atualmente encontra fundamento no art. 65 da Constituição. Consideradas as espécies normativas relacionadas no art. 59 da Constituição, esse modelo aplica-se à elaboração das leis ordinárias, das leis complementares e dos decretos legislativos. Por essa razão, haverá necessidade de se desdobrarem em mais seções os aspectos de que tratamos na introdução desta Parte.

Desse modo, o Capítulo será composto de oito seções, que se dedicam aos seguintes assuntos:

1. histórico das normas sobre a tramitação bicameral dos projetos de lei nas Constituições anteriores;
2. análise do modelo normativo bicameral das leis ordinárias (procedimento comum);
3. análise do modelo normativo bicameral das leis complementares, dos decretos legislativos e de procedimentos especiais (que se aplicam tanto às leis ordinárias quanto às leis complementares);
4. análise de procedimentos de apreciação concentrada em sessões conjuntas do Congresso Nacional (leis orçamentárias e vetos presidenciais);
5. exposição sobre dados de levantamento da elaboração de leis ordinárias da 51ª à 56ª Legislaturas, para verificação do funcionamento do modelo quanto a essa espécie normativa;
6. exposição sobre dados de levantamento da elaboração de leis complementares da 51ª à 56ª Legislaturas para verificação do funcionamento do modelo quanto a essa espécie normativa;
7. exposição sobre dados de levantamento da elaboração de decretos legislativos da 51ª à 56ª Legislaturas para verificação do funcionamento do modelo quanto a essa espécie normativa;
8. problemas, sugestões e observações sobre o modelo bicameral dos projetos de lei.

Cabe esclarecer que a segunda seção terá por objeto a análise das leis ordinárias, considerado o procedimento *comum*, nas quais será examinado o art. 65 da Constituição, em sua interpretação e aplicação, a partir das normas regimentais pertinentes. Depois, na terceira sessão, serão abordadas as especificidades dos procedimentos especiais de elaboração das leis complementares e decretos legislativos, assim como de procedimentos especiais relativos: aos projetos em que é solicitada urgência pelo Presidente da República; aos projetos de código; e aos projetos de autoria de comissão mista. A quarta seção versa sobre procedimentos de tramitação concentrada, em que a apreciação ocorre em sessão conjunta do Congresso Nacional, com votações separadas: os projetos de lei orçamentários e os vetos presidenciais.

As três seções seguintes contêm exposições sobre levantamentos realizados sobre a elaboração, respectivamente, das leis ordinárias, das leis complementares e dos decretos legislativos no período compreendido entre a 51ª e a 56ª Legislaturas. O objetivo desses levantamentos é verificar o funcionamento do modelo, especialmente sobre como as Casas têm atuado como iniciadoras ou revisoras, e como tem ocorrido a resolução das divergências. Neste capítulo, ainda poderão ser obtidos importantes parâmetros de comparação entre o desempenho do sistema conforme as espécies normativas em elaboração.

4.1. Normas sobre elaboração das leis nas Constituições anteriores

Antes de tratar da Constituição de 1988, é interessante consultar as constituições brasileiras anteriores, para verificar a origem e a evolução ocorrida até a fórmula atualmente utilizada. O objetivo é rememorar as soluções oferecidas, tanto pelas lições que foram legadas, quanto para compreensão da fórmula atualmente prevista. Em linhas gerais, pode-se verificar que a sistemática de tramitação bicameral dos projetos de lei sempre se baseou no sistema *navette*, em que as proposições ou emendas aprovadas em uma das câmaras (a Casa iniciadora) são encaminhadas para revisão da outra (a Casa revisora).

4.1.1. Projetos de lei e superação de divergências em sessão conjunta da Assembleia Geral

Alguns elementos da sistemática atual já se delineavam na **Constituição do Império, de 1824**. Nesta, as proposições legislativas eram apresentadas concorrentemente pelos deputados, pelos senadores e pelos ministros de Estado (arts. 52 e 53). Era privativa da Câmara dos Deputados a iniciativa: sobre impostos; sobre recrutamentos; e sobre a escolha da nova dinastia, no caso da extinção da imperante (art. 36).

A proposição originária do Poder Executivo era apresentada perante a Câmara dos Deputados e, depois de examinada por uma comissão, poderia ser convertida em projeto de lei (art. 53). As proposições que a Câmara dos Deputados admitia e aprovava eram remetidas para revisão do Senado Federal (arts. 55 e 57). O mesmo procedimento era feito para as proposições com origem no Senado, que eram submetidas à revisão da Câmara dos Deputados (art. 60). Como se vê, desde então se definia a sistemática de câmara iniciadora e câmara revisora. As votações ocorriam por maioria simples, presente a maioria absoluta (arts. 23 e 25).

Se a câmara revisora rejeitava o projeto, o devolvia à iniciadora dando ciência de sua não concordância (art. 59). Já se observava, portanto, o poder de veto (rejeição) de ambas. Se qualquer das câmaras adotava inteiramente o projeto da forma que a outra lhe enviou, o remetia ao Imperador para sanção, na forma de decreto (arts. 62 e 63). Se, porém, o projeto era emendado pela revisora, retornava à iniciadora. Se esta não concordava com as emendas, mas entendia ser o projeto vantajoso, podia requerer, por três de seus membros, a reunião das duas câmaras para deliberação (art. 61). A divergência entre as câmaras deveria se resolver, portanto, em sessão conjunta da Assembleia Geral (art. 14), dirigida pelo Presidente do Senado (art. 22).

Porém, houve grave conflito entre as câmaras sobre como deveria ocorrer as votações na Assembleia Geral, uma vez que o número de senadores era metade do número de deputados. O Senado defendia que as votações deveriam ser feitas separadamente nas câmaras, pois a votação "promíscua" (tomada em conjunto) resultaria na proeminência numérica da Câmara dos Deputados. Entre 1826 e 1830, nenhuma sessão conjunta chegou a se realizar, em face da oposição do Senado. Apenas em novembro de 1830 ocorreram as primeiras sessões conjuntas, para votação de emendas do Senado, não aceitas pela Câmara, ao Orçamento de 1831, graças à atuação do Imperador junto aos senadores.[19] Nas sessões conjuntas, o quórum de presença era contado separadamente nas duas câmaras (ou seja, exigia-se maioria absoluta em cada uma delas,

19 NOGUEIRA, Octaciano. O Poder Legislativo no Brasil (1821-1930). 2a. ed. Brasília: Fundação Petrônio Portela, 1983, p. 57.

conforme o art. 23), pois a Assembleia Geral era composta pelas duas câmaras (art. 14), mas a votação era promíscua.

Registre-se, conforme Pimenta Bueno, que o direito dado expressamente pelo art. 61 da Constituição Imperial à câmara iniciadora, quando recusava as emendas da outra, era o de requerer, e não de impor, a fusão das câmaras em sessão conjunta. Se houvesse anuência, então ocorreria a sessão em Assembleia Geral e prevaleceria a decisão que a maioria dos votos estabelecesse (mesmo que fossem rejeitadas as emendas). Se houvesse negativa, não ocorreria a fusão, o que equivalia a um veto, com a consequente rejeição do projeto.[20]

4.1.2. Projetos de lei e superação de divergências em até duas rodadas

Após a Proclamação da República, o **Decreto nº 510, de 22 de junho de 1890**, do Governo Provisório, que convocava a constituinte e "*publica[va] a Constituição dos Estados Unidos do Brazil*"[21], acabou com a possibilidade da votação promíscua em sessão conjunta para superação da divergência legislativa entre as câmaras e instituiu um sistema de revisão bicameral em duas rodadas (art. 37). Permaneceu a possibilidade de iniciativa de projetos pelos deputados, senadores e Poder Executivo (art. 35). Cabia à Câmara, porém, a iniciativa das leis de impostos, a fixação das forças de terra e mar e a discussão dos projetos oferecidos pelo Executivo (art. 28).

O projeto aprovado por uma das câmaras era submetido à outra, que, se aprovava, o enviava à sanção do Presidente da República (art. 36). O projeto rejeitado por uma das câmaras era arquivado e não podia ser renovado na mesma sessão legislativa (art. 38). O projeto emendado pela revisora voltava à iniciadora, que, se aceitava as emendas, o remetia à sanção com as modificações (art. 37, *caput*).

A diferença, em relação à Constituição imperial, se dava quando a câmara iniciadora não concordava com as emendas da revisora. Nesse

20 PIMENTA BUENO, José Antonio. *Direito Público Brasileiro e Análise da Constituição do Império*. Ministério da Justiça e Negócios Interiores, 1958, p. 137.

21 Segundo o art. 3º do Decreto, "*a Constituição ora publicada vigorará desde já unicamente no tocante à dualidade das Câmaras do Congresso, à sua composição, à sua eleição e à função, que são chamadas a exercer, de aprovar a dita Constituição, e proceder em seguida na conformidade das suas disposições*".

caso, o projeto retornava a esta, que deveria ratificar as alterações por dois terços dos votos dos presentes. Nessa hipótese, a câmara iniciadora somente poderia reprová-las por "*dois terços dos seus votos*" (art. 37, § 1º). Se rejeitadas as alterações, o projeto era submetido sem elas à sanção (art. 37, § 2º). Desse modo, evitava-se a votação promíscua prevista na Constituição de 1824, mas definia-se um processo legislativo extenso e complexo,[22] com a possibilidade de uma segunda rodada de apreciação em caso de divergência entre as câmaras. Surgiu aqui, como regra de parada, a prevalência da decisão da câmara iniciadora sobre as emendas da revisora, embora com quórum qualificado.

A **Constituição de 1891** manteve esse sistema de iniciativa e de revisão bicameral (arts. 36 a 40). Houve alteração apenas no quórum da votação final da câmara iniciadora, se ratificadas as emendas por "*dois terços dos votos dos membros presentes*" na câmara revisora. Nessa hipótese, a câmara iniciadora poderia reprovar as emendas "*pela mesma maioria*" (art. 39, § 1º). Essa mudança trouxe ainda mais força à câmara iniciadora, que poderia rejeitar as emendas da revisora com mais facilidade, pois passou a ser suficiente o quórum de dois terços dos presentes, e não do total de membros da Casa, como na forma anterior.

Na **Constituição de 1934**, houve sensível alteração no papel desempenhado pelo Senado Federal, com evidente repercussão na sistemática de revisão dos projetos de lei.[23] No âmbito institucional, cabia ao Senado Federal "*promover a coordenação dos Poderes federais entre si, manter a continuidade administrativa, velar pela Constituição, colaborar na feitura de leis e praticar os demais atos da sua competência*" (art. 88). Contudo, o Senado teve sua competência legislativa mitigada, uma vez que o Poder Legislativo passou a ser "*exercido pela Câmara dos Deputados, com a colaboração do Senado Federal*" (art. 22). Eram enumeradas as matérias nas quais o Senado Federal colaborava com a Câmara dos Deputados na elaboração das leis (art. 91, I, "a" a "l"), às quais se somavam os projetos de código e de consolidação de leis (art. 91, VII). Entre essas matérias, figuravam sobretudo aquelas concernentes à federação ou com implicações na política federativa.[24]

22 PINTO, Júlio Roberto de S. *Institutos e processos do legislativo brasileiro: uma análise comparada e histórica*. Rio de Janeiro: Forense, 2009, p. 118.

23 Ver seção 3.1.2 sobre o sistema bicameral na Constituição de 1934.

24 POLETTI, Ronaldo. *Constituição de 1934*. (Coleção Constituições brasileiras, v. 3). Brasília: Senado Federal, Subsecretaria de Edições Técnicas, 2012.

Foram bastante modificadas, ainda, as regras sobre iniciativas das leis, que passavam a caber a qualquer membro ou comissão da Câmara dos Deputados, ao Plenário do Senado Federal e ao Presidente da República. Nos casos em que o Senado colaborava com a Câmara, a iniciativa poderia ser de qualquer de seus membros ou comissões (art. 41). Contudo, a iniciativa das leis de fixação das forças armadas e sobre matéria fiscal e financeira competia exclusivamente à Câmara dos Deputados e ao Presidente da República (art. 41, § 1º). A este competia exclusivamente a iniciativa das leis sobre aumento dos vencimentos de funcionários, criação de empregos em serviços já organizados, ou modificação, durante o prazo da sua vigência, da lei de fixação das forças armadas (art. 41, § 2º). Ao Senado Federal competia, exclusivamente, a iniciativa das leis sobre a intervenção federal e as que interessassem determinadamente a um ou mais Estados (art. 41, § 3º).

O projeto que não dependia de colaboração do Senado Federal, se aprovado pela Câmara dos Deputados, era remetido à sanção do Presidente da República. O mesmo ocorria, se as duas câmaras tivessem que atuar e ambas aprovassem o projeto (art. 43). Assim também se a revisora fizesse emendas e a iniciadora com elas concordasse (art. 44). Nesses casos, o texto definitivamente aprovado era submetido à sanção (art. 44, § 2º).

Em caso de discordância da iniciadora sobre as emendas da revisora, deveria haver novo envio à revisora, que só poderia manter as emendas por dois terços dos votos dos presentes, devolvendo-as à iniciadora, que somente poderia rejeitá-las definitivamente por igual maioria, se fosse a Câmara dos Deputados, ou por dois terços dos seus membros, se fosse o Senado Federal (art. 44, § 1º). Ou seja, mantinha-se o procedimento da Constituição de 1981, se a iniciadora fosse a Câmara dos Deputados, mas agravava-se o quórum (para dois terços dos membros da Casa) se a iniciadora fosse o Senado Federal. Essa diferença justificava-se, segundo Pontes de Miranda, "*por ser de composição muito menor o Senado Federal e ter-se de afastar a hipótese de prevalecer contra o voto de corpo numeroso como é a Câmara alguma maioria acidental do Senado Federal*".[25] Não obstante, havia nisso um claro reforço à posição da Câmara dos Deputados.

25 MIRANDA, Pontes de. *Comentários à Constituição da República dos E. U. do Brasil* (1934). Tomo I. Rio de Janeiro: Guanabara, 1936, p. 538.

As normas formalmente dispostas na **Constituição de 1937** simplificavam o processo legislativo e conferiam protagonismo ao Poder Executivo, inclusive na iniciativa das leis (art. 64). Assim, traziam graves restrições à iniciativa parlamentar de projetos e de emendas (arts. 64, § 1º, e 65, parágrafo único). Os projetos que interessassem à economia nacional seriam submetidos ao Conselho de Economia Nacional e, se aprovados, submetidos a uma só discussão em cada uma das câmaras, que se limitaria a aceitá-los ou rejeitá-los (art. 65, parágrafo único). Aprovado um projeto em ambas as câmaras, ele seria submetido à sanção do presidencial (art. 66). Não se previa, portanto, procedimento para divergências entre as câmaras. Essas normas, contudo, não foram colocadas em prática, em virtude do fechamento do Congresso Nacional após o golpe de estado e a instituição do Estado Novo, em 1937, até 1946. No período, o Presidente da República legislou por meio de decretos-leis.

4.1.3. Projetos de lei e superação de divergências em até uma rodada

O sistema de tramitação bicameral da **Constituição de 1946** teve configuração próxima à atual, podendo-se constatar como sendo a origem da fórmula vigente. A iniciativa das leis, salvo os casos de competência exclusiva (art. 67, § 2º), cabia ao presidente da República e a qualquer membro ou comissão da Câmara dos Deputados e do Senado Federal (art. 67). A Câmara dos Deputados e o Presidente da República tinham a iniciativa exclusiva da lei de fixação das forças armadas e das leis sobre matéria financeira (art. 67, § 1º). Os projetos de iniciativa do Presidente da República tinham a tramitação iniciada na Câmara dos Deputados (art. 67, § 3º).

A sistemática de revisão sofreu a mais significativa alteração, com a eliminação da segunda rodada em caso de discordância entre as câmaras. O projeto aprovado em uma das câmaras era revisto pela outra, em um só turno. Aprovado em ambas, era enviado à sanção ou promulgação (art. 68). Se emendado na revisora, voltava à iniciadora para que se pronunciasse sobre as modificações, aprovando-as ou não. Nos termos dessa votação final, o projeto era enviado à sanção (art. 69). Ficava estabelecida, portanto, a prevalência da decisão da Casa iniciadora sobre as emendas da revisora, sem diferença quanto ao quórum. No caso das leis ordinárias, a câmara iniciadora passava a falar por último e ter a decisão definitiva, por maioria simples, sobre as emendas da revisora, aprovando-as ou não. O texto resultante era encaminhado à sanção.

Vitor Nunes Leal avalia que os trâmites legislativos foram simplificados, tendo em vista a necessidade de o Estado legislar mais rapidamente. Contudo, argumentava que o procedimento continuava *"muito mais adequado para impedir do que para apressar a legislação"*.[26] Isso porque a câmara revisora (em geral, o Senado) podia rejeitar o projeto se julgasse que a iniciadora depois poderia desprezar suas emendas. Alertava então que disso resultava que a câmara revisora podia impedir uma lei, mas podia não colaborar, afinal, com sua elaboração. O autor tem razão no sentido de que a câmara revisora poderia se ver obrigada a rejeitar o projeto se entendesse que parte dele era inaceitável, pois a câmara iniciadora poderia rejeitar a emenda supressiva, mantendo o texto por sua única vontade.

O processo de elaboração das leis sofreu alterações com os **Atos Institucionais (AI) nº 1**, de 9 de abril de 1964 (arts. 4º e 5º), e *nº 2*, de 27 de outubro de 1965 (arts. 3º a 5º), após o Golpe Militar de 1964. A Constituição de 1946 foi mantida, com as alterações instituídas pelos Atos referidos. Essas modificações foram posteriormente incorporadas pela **Emenda Constitucional nº 17, de 26 de novembro de 1965.** Depois, a **Constituição de 1967** contemplou essas normas, brevemente alteradas pela **Emenda Constitucional nº 1, de 1969**. Em síntese, elas não promoveram mudança na regra de resolução de conflitos entre as câmaras na elaboração legislativa, mas trouxeram inovações voltadas ao funcionamento do sistema bicameral, especialmente quanto ao fortalecimento da participação do Poder Executivo na legislação.

Nessa linha, foi prevista a solicitação de regime de urgência pelo Presidente da República para projetos de lei de sua iniciativa, sobre qualquer matéria, caso em que eles deveriam ser aprovados no prazo de 45 dias em cada uma das câmaras.[27] Na CF/1967, esgotados esses prazos, o projeto seria considerado aprovado (art. 54, § 1º, CF/1967; art. 51, § 3º, na redação dada pela EC 1/1969). Se emendado pelo Senado, como

26 LEAL, Vitor Nunes. O sistema bicameral e a elaboração das leis na constituição de 1946. *Revista de Direito Administrativo*, v. 8, 1947, p. 440. A crítica do autor não se refere ao privilégio dado à Casa iniciadora, mas dirige-se ao próprio sistema bicameral, com o qual discorda. Para ele, o Senado brasileiro subsistiu *"muito menos por ser um órgão essencial ao regime federativo, do que por ser uma câmara governista e conservadora"* (p. 438).

27 Ver art. 4º, AI 1/1965 (com prazo de 30 dias); art. 5º, AI 2/1965 (com prazo de 45 dias); art. 67, § 3º, CF/1946, com a redação da EC 17/1965; art. 54, CF 1967; art. 51, CF/1967, com a redação da EC 1/1969.

Casa revisora, a Câmara dos Deputados dispunha de mais 10 dias para apreciar as emendas, findo os quais elas eram tidas como aprovadas (art. 54, § 2º, CF/1967; art. 51, § 3º, na redação dada pela EC 1/1969).[28] Interessante que o Presidente da República, se entendesse urgente a medida, podia solicitar que a apreciação do projeto de lei ocorresse em sessão conjunta do Congresso Nacional, no prazo de 40 dias (art. 54, § 3º, CF/1967; art. 51, § 2º, na redação dada pela EC 1/1969).

Vale registrar, ainda, a possibilidade de o Presidente da República expedir decretos com força de lei, em casos de urgência ou de interesse público relevante, sobre segurança nacional e finanças públicas (art. 58, CF/1967). A EC 1/1969 acrescentou as normas tributárias e a criação de cargos públicos e fixação de vencimentos (art. 55, com a redação da EC 1/1969). Os decretos-leis tinham vigência imediata, não podiam ser emendados e deviam ser deliberados pelo Congresso Nacional no prazo de sessenta dias, sob pena de aprovação por decurso de prazo (art. 58, parágrafo único, CF/1967; art. 55, § 1º, na redação dada pela EC 1/1969). Verifica-se, portanto, o aumento das hipóteses de deliberação em sessões conjuntas, com a urgência constitucional e o decreto-lei, nas quais não se aplicavam as regras de revisão bicameral.

Foi consideravelmente ampliada a iniciativa do Presidente da República, mantendo-se a iniciativa geral e acrescentando-se novas hipóteses de iniciativa exclusiva na CF/1967 e outras mais na EC 1/1969.[29] Como os projetos de iniciativa do Executivo começavam sua discussão e votação na Câmara dos Deputados, isso resultou em maior protagonismo dessa Casa no processo legislativo.

Definiu-se, ainda, que leis delegadas poderiam ser elaboradas pelo Presidente da República, por comissão do Congresso Nacional ou de qualquer de suas Casas, com ressalva para algumas matérias (art. 55, CF/1967; art. 52, na redação dada pela EC 1/1969). A delegação

28 Para tentar abrandar o caráter autoritário, a Emenda Constitucional nº 22, de 1982, alterou de forma que, se o projeto não fosse aprovado pelas Casas no prazo de 45 dias cada, ele era incluído na ordem do dia, nas dez sessões subsequentes, em dias sucessivos, e se ainda assim não apreciado, era considerado definitivamente aprovado (art. 51, § 3º). A mesma regra se aplicava à apreciação pela Câmara dos Deputados das emendas do Senado, após 10 dias (art. 51, § 4º), e à apreciação dos decretos-leis, após sessenta dias (art. 55, § 1º).

29 Ver arts. 4º e 5º, AI1/1965; art. 4º, AI 2/1965; art. 67, § 2º, CF/1946, com a redação da EC 17/1965; art. 59, CF/1967; art. 57, CF/1967, com a redação da EC 1/1969.

ao Presidente da República se fazia mediante resolução do Congresso Nacional, que deveria especificar o conteúdo e termos de exercício. No caso de delegação à Comissão Especial, regulada no Regimento Comum, previa-se que o projeto aprovado deveria ser enviado à sanção, salvo se, no prazo de 10 dias da sua publicação, a maioria dos membros da comissão ou um quinto da Câmara dos Deputados ou do Senado Federal formulasse requerimento para sua votação pelo Plenário (art. 56, CF/1967; art. 53, na redação dada pela EC 1/1969).

Sem alterar, como foi dito, a sistemática de tramitação bicameral dos projetos de lei, a Constituição de 1967 foi mais didática ao prevê-la. Segundo o art. 61, o projeto de lei aprovado por uma câmara era revisto pela outra, em um só turno de discussão e votação. Se a revisora o aprovasse, ele era enviado à sanção ou à promulgação. Se o emendasse, voltava à Casa iniciadora, para que ela apreciasse as emendas. Se o rejeitasse, ele era arquivado (art. 61, § 1º). Acrescentava o § 2º do dispositivo que o projeto de lei que recebesse parecer contrário de todas as comissões, quanto ao mérito, era tido como rejeitado. E o § 3º que a matéria de projeto de lei rejeitado ou não sancionado somente poderia constituir novo projeto, na mesma sessão legislativa, mediante proposta de maioria absoluta dos membros de qualquer das câmaras. A EC nº 1, de 1969, manteve essas disposições no art. 58 da nova redação. Entretanto, ressalvou da irrepetibilidade, no § 3º do art. 61, as proposições de iniciativa do Presidente da República.

Vale a pena, a título de encerramento desse histórico, registrar o diagnóstico a que chegava Manoel Gonçalves Ferreira Filho nos Comentários à Constituição Brasileira, que se referia ao período anterior à Constituição de 1988, de que "*as Câmaras brasileiras não estão em pé de igualdade no processo legislativo. A vontade da Casa iniciadora prevalece, na medida em que a revisão, embora possa chegar ao máximo que é a rejeição, não pode assegurar o prevalecimento de modificações*". Isso porque, se a Casa revisora aceitava o projeto, mas com emendas, ela aprovava o projeto inicial, mas as emendas ficavam à mercê da Casa iniciadora. Isso na prática, concluía, "*repercut[ia] numa inferiorização do Senado Federal que é a Câmara revisora dos projetos presidenciais em geral, de longe os mais importantes*".[30]

30 FERREIRA FILHO, Manoel Gonçalves. *Comentários à Constituição Brasileira: Emenda Constitucional nº 1, de 1969, com as alterações introduzidas pelas Emendas Constitucionais até a nº 24, de 1983*. 5ª ed. rev. e atualizada. São Paulo: Saraiva, 1984, p. 307.

4.2. Leis ordinárias na Constituição de 1988 (procedimento comum)

Apesar do impulso reformador em muitos outros pontos, a Constituição Federal de 1988, ao tratar do processo legislativo e da tramitação bicameral das leis, manteve-se arraigada às tradições e ao desenvolvimento do tema nas constituições precedentes.[31] Houve, contudo, depuração de disposições mais autoritárias, que conferiam prerrogativas exacerbadas ao Poder Executivo na elaboração legislativa, especialmente por meio da aprovação de proposições por decurso de prazo.

A redação do art. 65 da Constituição de 1988 é praticamente uma reprodução do texto do *caput* e § 1º do art. 58 da Constituição de 1967, com a redação da Emenda Constitucional nº 1, de 1969, conforme se vê no quadro abaixo:

Quadro 4.1 - Comparativo entre as Constituições de 1967/1969 e a de 1988

Constituição de 1967 cf. EC 1/1969	Constituição de 1988
Art. 58. O projeto de lei aprovado por uma Câmara será revisto pela outra, em um só turno de discussão e votação. § 1º Se a Câmara revisora o aprovar, o projeto será enviado a sanção ou a promulgação; se o emendar, volverá à Casa iniciadora, para que aprecie a emenda; se o rejeitar, será arquivado.	**Art. 65.** O projeto de lei aprovado por uma Casa será revisto pela outra, em um só turno de discussão e votação, e enviado à sanção ou promulgação, se a Casa revisora o aprovar, ou arquivado, se o rejeitar. **Parágrafo único.** Sendo o projeto emendado, voltará à Casa iniciadora.

Desse modo, a tramitação bicameral para os projetos de lei (não orçamentários) manteve-se no sistema *navette* (troca de emendas) com até uma rodada. O projeto de lei aprovado por uma Casa - a iniciadora - será revisto pela outra - a revisora -, em um só turno de discussão e votação. O projeto será enviado para sanção ou promulgação se a Casa revisora o aprovar, ou arquivado se ela o rejeitar. A Casa revisora, portanto, tem poder de veto, que não pode ser superado pela Casa iniciadora.

31 Nesse sentido: FERREIRA FILHO, Manoel Gonçalves. *Do processo legislativo*. 6ª ed. São Paulo: Saraiva, 2009, p. 194.

Contudo, a Casa revisora pode emendar o projeto, caso em que a tramitação é encerrada com, no máximo, uma rodada, ou seja, um retorno à Casa iniciadora, que terá a possibilidade de rejeitar ou aprovar, todas ou em parte, as emendas. Embora isso não esteja expresso, a Casa iniciadora tem a última palavra sobre as emendas da Casa revisora. Desse modo, é a Casa iniciadora que conforma o texto final do projeto e o encaminha à sanção.

Portanto, a iniciativa da lei determina em que sequência ela será apreciada na tramitação entre as câmaras. Isto, por sua vez, tem grande importância na tramitação bicameral, uma vez que determina em qual das Casas terá início sua apreciação (Casa iniciadora) e, consequentemente, qual desempenhará o papel de Casa revisora.

4.2.1. A iniciativa das leis e a Casa iniciadora

O art. 61 da Constituição Federal de 1988 dispõe que "*a iniciativa das leis complementares e ordinárias cabe a qualquer membro ou comissão da Câmara dos Deputados, do Senado Federal ou do Congresso Nacional, ao Presidente da República, ao Supremo Tribunal Federal, aos Tribunais Superiores, ao Procurador-Geral da República e aos cidadãos, na forma e nos casos previstos nesta Constituição*".[32]

Os projetos de iniciativa parlamentar são apresentados perante a Casa respectiva, de modo que ela será a iniciadora e a outra, a revisora. Assim, os projetos de lei de deputados federais ou de comissões da Câmara dos Deputados a terão como Casa iniciadora e o Senado Federal como revisora. Os projetos de lei de senadores ou de comissões do Senado Federal o terão como Casa iniciadora e a Câmara dos Deputados como revisora. Os projetos elaborados por comissão mista são encaminhados, alternadamente, ao Senado Federal ou à Câmara dos Deputados, nos termos do art. 142 do Regimento Comum. Vale observar que não há distinção entre as matérias que podem ser iniciadas em cada câmara, ou seja, não há determinação da Casa iniciadora do projeto de lei pela natureza da matéria.

32 José Afonso da SILVA adverte que é incorreta a linguagem que se refere à iniciativa do projeto de lei. Defende que a iniciativa legislativa significa iniciativa de lei, pois o objetivo é a sua formação. (SILVA, José Afonso da. *Processo constitucional de formação das leis*. 2a. ed. São Paulo: Malheiros, 2006, p. 136).

Quanto às iniciativas extraparlamentares, o *caput* do art. 64 da Constituição Federal determina que "*a discussão e votação dos projetos de lei de iniciativa do Presidente da República, do Supremo Tribunal Federal e dos Tribunais superiores terão início na Câmara dos Deputados*". Entende-se que essa regra se aplica aos demais titulares que, embora não previstos expressamente, têm iniciativa reservada em condições equivalentes. É o caso do Tribunal de Contas da União, do Ministério Público Federal e da Defensoria Pública da União. Já o § 2º do art. 61 dispõe que a iniciativa popular "*pode ser exercida pela apresentação à Câmara dos Deputados de projeto de lei*" nas condições que menciona. Portanto, os projetos de iniciativa extraparlamentar terão como Casa iniciadora a Câmara dos Deputados e como Casa revisora o Senado Federal (arts. 64 e 61, § 2, CF).

Considerando que as iniciativas extraparlamentares e as suas próprias têm a Câmara dos Deputados como Casa iniciadora e esta tem a palavra final na superação das divergências, identifica-se haver uma primazia conferida a essa Casa no processo legislativo brasileiro. Como foi mencionado, a determinação da Câmara dos Deputados como Casa iniciadora das iniciativas extraparlamentares é de longa tradição nas constituições brasileiras, encontrando-se presente desde a Constituição Imperial.

Em virtude da importância da iniciativa das leis na tramitação bicameral, ela merece estudo pormenorizado, que trate de sua classificação e dos titulares legitimados a exercer tal prerrogativa. A iniciativa das leis pode ser classificada em:

a) geral (comum ou concorrente[33]), quando é legitimada a vários titulares, sobre qualquer matéria, salvo as de iniciativa reservada. No Brasil, cabe: a qualquer membro ou comissão da Câmara dos Deputados, do Senado Federal ou do Congresso Nacional; ao Presidente da República; e aos cidadãos;

b) reservada (privativa ou exclusiva), quando compete a um só titular, de modo que somente a ele cabe a decisão de propor direito novo em matérias confiadas à sua atenção, ou de seu interesse preponderante. No Brasil, têm iniciativa reservada o Presidente da República, o STF, os Tribunais Superiores, o Procurador-Geral da República, o Defensor Público-Geral da União, a Câmara dos

33 MORAES (*op. cit.*, p. 697) utiliza a denominação de "concorrente" como sinônimo de iniciativa geral. CAVALCANTE FILHO (*op. cit.*, p. 72) a utiliza como sinônimo da inciativa compartilhada.

Deputados e o Senado Federal. Nesse caso, se o Legislativo aprovar projeto de iniciativa de outro titular sobre a matéria reservada incidirá em vício de iniciativa, do que resultará a inconstitucionalidade formal da lei;

c) compartilhada, quando a mesma matéria pode ser de iniciativa de dois órgãos ou titulares, mas não de todos (não é de iniciativa geral); e

d) popular, quando é conferida aos cidadãos, na forma da Constituição. É geral quanto à matéria, definindo-se como popular quanto aos requisitos constitucionais a serem atendidos para apresentação do projeto, qual seja, a subscrição por, no mínimo, um por cento do eleitorado nacional, distribuído por pelo menos cinco Estados, com não menos de três décimos por cento dos eleitores de cada um deles (art. 61, § 2º).

Pode-se, ainda, falar em iniciativa *vinculada*, quando a apresentação do projeto de lei sobre determinado tema, em data ou em prazo certo, decorre de imposição constitucional. Mas a vinculação diz respeito apenas ao tempo, e não ao modo (conteúdo) como o titular deverá propor a regulação da matéria.

São os seguintes os titulares de iniciativa das leis na Constituição brasileira:

a) Iniciativa parlamentar

A iniciativa parlamentar sempre esteve prevista nas Constituições brasileiras.[34] Houve hipóteses inclusive de matérias cuja iniciativa somente poderia ser exercida pela Câmara dos Deputados ou pelo Senado Federal.[35] O texto da Constituição de 1937 (não praticado) deu proeminência à iniciativa governamental (art. 64, *caput* e § 2º) e restringiu a iniciativa parlamentar individual, mantendo-a apenas coletivamente (art. 64, § 1º). A Constituição de 1946 retornou às possibilidades de iniciativa parlamentar do membro ou comissão das Casas do Congresso Nacional, mantidas até a Constituição vigente.

34 Sobre a evolução da iniciativa parlamentar, ver: SILVA, José Afonso da. *Processo constitucional de formação das leis*. 2a. ed. São Paulo: Malheiros, 2006, p. 144.

35 São exemplos: para a Câmara dos Deputados, art. 36 da Constituição de 1824, art. 29 da Constituição de 1891 e § 1º do art. 41 da Constituição de 1934; para o Senado Federal, § 3º do art. 41 da Constituição de 1934.

O poder de iniciativa é considerado inerente aos membros e comissões do Poder Legislativo, cuja função precípua é o exercício da função legislativa. Conforme o art. 61 Constituição, "*a iniciativa das leis complementares e ordinárias cabe a qualquer membro ou comissão da Câmara dos Deputados, do Senado Federal ou do Congresso Nacional,* (...)". Trata-se de iniciativa geral, que viabiliza a apresentação de projetos de lei pelos parlamentares ou comissões sobre qualquer matéria pertinente à correspondente espécie legislativa (lei ordinária ou complementar), com exceção daquelas de iniciativa reservada pela Constituição para outro Poder ou órgão.

Essa modalidade de iniciativa possibilita, inclusive, que a oposição e as minorias busquem influir nas normas e decisões que produzem a realidade social e econômica. Do contrário, o Legislativo restaria vinculado tão-somente às propostas do Executivo, perdendo grande parte de sua influência e poder de agenda.

Atualmente, a iniciativa parlamentar tem especial relevância para o Senado Federal, uma vez que lhe permite funcionar como Casa iniciadora dos projetos de lei que propõe, com a consequente decisão final sobre as emendas formuladas pela Câmara dos Deputados. Não fosse isso, o papel do Senado Federal se restringiria, no processo legislativo, à atuação como Casa revisora dos projetos aprovados pela Câmara dos Deputados.

b) Presidente da República

A iniciativa das leis pelo Poder Executivo fundamenta-se na posição que se encontra face às necessidades coletivas, por ser o chefe de administração pública e possuir meios e ferramentas aptos a planejar, desenhar e implementar as políticas públicas. Desse modo, entende-se cabível que possa indicar o conteúdo das leis que julga serem capazes de resolver os problemas nacionais. Por isso, tornou-se princípio quase universal do Direito Constitucional contemporâneo a atribuição do poder de iniciativa das leis ao Poder Executivo. A exceção é o caso dos Estados Unidos da América, mas apenas sob o ponto de vista formal, pois os projetos de interesse da administração são subscritos por congressistas do partido do Presidente norte-americano ou ele encaminha mensagem ao Congresso.[36]

36 SILVA, José Afonso da. *Processo constitucional de formação das leis*. 2a. ed. São Paulo: Malheiros, 2006, p. 140; SCHWARTZ, Bernard. *Direito constitucional norte-americano*, Rio de Janeiro: Forense, 1966, p. 132-133; CLÈVE, Clèmerson Merlin. *Atividade legislativa do Poder Executivo*. 3ª ed. São Paulo: Revista dos Tribunais, 2011, p. 107.

No Brasil, o Executivo sempre teve o poder de iniciativa das leis, de modo que isso se tornou uma tradição do Direito Constitucional, que vem desde a Constituição imperial, e ganhou gradativa projeção, acentuada a partir de 1964 pelos Atos Institucionais e, depois, pela Constituição de 1967. Atualmente, o Presidente da República dispõe de amplos poderes de iniciativa legislativa e de uma multiplicidade de formas e meios para exercê-la, quais sejam:[37]

i) é detentor da iniciativa geral das leis ordinárias e complementares, sobre qualquer matéria (exceto as de iniciativa reservada aos demais Poderes e órgãos), em igualdade de poderes com membros e comissões das Casas do Congresso Nacional (art. 61, CF);

ii) possui vasto campo de iniciativa reservada, especialmente no domínio da administração pública (art. 61, § 1º);

iii) é o único legitimado para a iniciativa das leis que estabelecem o plano plurianual, as diretrizes orçamentárias e os orçamentos anuais (art. 165), assim como as leis de créditos adicionais (art. 166) e as medidas provisórias de créditos extraordinários (art. 167, § 3º);

iv) compartilha a iniciativa com o Procurador-Geral da República para a lei complementar sobre a organização do Ministério Público da União, do Distrito Federal e dos Territórios conforme disposto nos arts. 61, § 1º, II, "d"; e 128, § 5º. Esse compartilhamento foi reconhecido pelo STF no Mandado de Segurança nº 21.239, Relator Ministro Sepúlveda Pertence.[38]

Interessante registrar que a atribuição da reserva de iniciativa a um determinado titular configura não só a decisão sobre a necessidade de regular a matéria e os interesses a ela vinculados, mas também a escolha do momento dessa regulação. A *ratio essendi* da reserva de iniciativa ao chefe do Executivo refere-se aos interesses da administração públi-

37 Além destas relacionadas, relativas às leis, o Presidente da República ainda: é o único titular da iniciativa de medidas provisórias, conforme o *caput* do art. 62 da Constituição; poderá elaborar leis delegadas, após solicitação ao Congresso Nacional, que formalizará a delegação, se for o caso, por meio de resolução (art. 65, CF); tem iniciativa de emendas à Constituição (art. 60, II).

38 BRASIL. Supremo Tribunal Federal. Mandado de Segurança nº 21.239, Relator Ministro Sepúlveda Pertence, Tribunal Pleno, julgamento em 05/06/1991, DJ 23-04-1993, RTJ 147/126.

ca, os quais deve resguardar[39]. Por isso, verifica-se a preponderância de assuntos relacionados a esse domínio no rol de matérias reservadas ao Presidente da República.[40]

c) Supremo Tribunal Federal (STF) e Tribunais Superiores

A iniciativa das leis pelo Poder Judiciário foi instituída na Constituição de 1934 (art. 67, "a"), ao dispor que competia aos tribunais "(...) *propor ao Poder Legislativo a criação ou supressão de empregos e a fixação dos vencimentos respectivos*". A Constituição de 1946 acolheu essa disposição praticamente nos mesmos termos (art. 97, II), assim como a de 1967 (art. 115, II). José Afonso da Silva dá notícia de que a iniciativa de leis atribuída ao Judiciário não encontrava abrigo no direito comparado[41]. O fundamento alegado foi o da independência dos Poderes, de modo a atribuir a cada Poder a competência de organizar os seus serviços. A prerrogativa que era atribuída aos demais Poderes foi estendida ao Judiciário.

Essa argumentação é considerada frágil por Manoel Gonçalves Ferreira Filho, pois a iniciativa por si só não é suficiente para garantir a independência, uma vez que a matéria ainda será submetida ao Legislativo. Não teria sido essa razão, mas o "*amor à simetria*" que teria inspirado essa concessão.[42] Roger Stiefelmann Leal argumenta que a legitimação constitucional como titular de iniciativa legislativa situa a cúpula do Judiciário em posição singular na arena política e respalda as opções, preferências e interesses articulados pelos órgãos jurisdicionais a partir das cláusulas normativas contidas nas proposições legislativas que oferecem. Nesses casos, fica comprometida a dissociação estrutural necessária entre legislação e jurisdição constitucional e a lei decorren-

39 SILVA, José Afonso da. *Processo constitucional de formação das leis*. 2ª ed. São Paulo: Malheiros, 2006, p. 179.

40 A jurisprudência do STF assentou que as matérias de competência privativa do chefe do Executivo são de observância obrigatória pelos Estados. Desse modo, as matérias enumeradas não podem ser reguladas sequer por dispositivos das constituições estaduais, sob pena de inconstitucionalidade formal. A propósito, tome-se como modelo a decisão na ADI 248, Relator Min. Celso de Mello, Tribunal Pleno, julgamento em 18/11/1993, DJ 08/04/1994.

41 SILVA, José Afonso da. *Processo constitucional de formação das leis*. 2ª ed. São Paulo: Malheiros, 2006, p. 154.

42 FERREIRA FILHO, Manoel Gonçalves. *Do processo legislativo*. 6ª ed. São Paulo: Saraiva, 2009, p. 143.

te da iniciativa do Judiciário ganha presunção de constitucionalidade reforçada.[43]

Embora o art. 61 relacione, entre os titulares do poder de iniciativa das leis, o Supremo Tribunal Federal e os Tribunais Superiores, eles dispõem apenas de iniciativa reservada. Para o STF, reserva-se a iniciativa de lei complementar que disponha sobre o Estatuto da Magistratura, atendidos os princípios listados no art. 93. Para o STF e os Tribunais Superiores, a matéria de iniciativa reservada,[44] na forma de lei ordinária, está prevista no inciso II do art. 96: *(i)* alteração do número de membros dos tribunais inferiores; *(ii)* criação e a extinção de cargos e a remuneração dos seus serviços auxiliares e dos juízos que lhes forem vinculados, bem como a fixação do subsídio de seus membros e dos juízes, inclusive dos tribunais inferiores; *(iii)* criação ou extinção dos tribunais inferiores; e *(iv)* alteração da organização e da divisão judiciárias.

De modo similar à iniciativa governamental, as normas que atribuem a iniciativa ao Poder Judiciário aplicam-se em relação às constituições e à legislação dos Estados, não se admitindo a usurpação da iniciativa dos tribunais, tal como o esquema disposto na Constituição Federal pelo constituinte derivado ou legislador estadual.[45]

Embora seja órgão auxiliar do Poder Legislativo (art. 71, CF), também se confere ao Tribunal de Contas da União (TCU) a iniciativa privativa da lei que disponha sobre a criação e a extinção de cargos e funções de seus serviços, assim como a fixação da remuneração de seu pessoal,

---

43 LEAL, Roger Stiefelmann. Jurisdição Constitucional e a Participação do Poder Judiciário no Processo Legislativo. *O ativismo judicial e os desafios da jurisdição constitucional – em homenagem ao Prof. Elival da Silva Ramos.* SAUAIA, Hugo Moreira Lima (coord.). Belo Horizonte: Conhecimento Editora, 2022, p. 193-201.

44 No âmbito estadual, há também previsão de "*lei de organização judiciária de iniciativa do Tribunal de Justiça*" (art. 125, § 1º, CF), assim como se admite que "*lei estadual poderá criar, mediante proposta do Tribunal de Justiça, a Justiça Militar estadual, constituída, em primeiro grau, pelos juízes de direito e pelos Conselhos de Justiça e, em segundo grau, pelo próprio Tribunal de Justiça, ou por Tribunal de Justiça Militar nos Estados em que o efetivo militar seja superior a vinte mil integrantes*" (art. 125, § 3º, CF).

45 A propósito: BRASIL. Supremo Tribunal Federal. *Ação Direta de Inconstitucionalidade (ADI) nº 274*, Relator Ministro Octávio Gallotti, Relator para o Acórdão: Paulo Brossard. Tribunal Pleno, julgamento em 05/02/1992, DJ 05/05/1995. Requerente: Procurador-Geral da República. Requerido: Assembleia Legislativa do Estado de Pernambuco.

por força do art. 73, *in fine*, que lhe estende as atribuições previstas no art. 96 (no caso, as da alínea "b" do inciso II).

d) Ministério Público Federal

A iniciativa reservada aos Poderes quanto à sua organização, cargos, serviços auxiliares e remuneração, foi estendida às instituições permanentes consideradas essenciais à função jurisdicional do Estado, como o Ministério Público (art. 127, CF). O § 2º do art. 127 assegura ao Ministério Público autonomia funcional e administrativa, e o poder de propor ao Legislativo, observado o disposto no art. 169, "*a criação e extinção de seus cargos e serviços auxiliares, provendo-os por concurso público de provas ou de provas e títulos, a política remuneratória e os planos de carreira; a lei disporá sobre sua organização e funcionamento*".

A Emenda Constitucional nº 19, de 4 de junho de 1998, acrescentou a expressão "*a política remuneratória e os planos de carreira*". Antes, porém, o STF já havia decidido, na Ação Direta de Inconstitucionalidade (ADI) nº 63, Relator Ministro Ilmar Galvão, que na iniciativa reservada então disposta "*compreende-se a de propor a fixação dos respectivos vencimentos, bem como a sua revisão*".[46]

Está prevista, ainda, iniciativa legislativa compartilhada pelo Procurador-Geral da República e pelo Presidente da República, de apresentação de projeto de lei complementar para dispor sobre a organização do Ministério Público da União, do Distrito Federal e dos Territórios, considerando o disposto no art. 128, § 5º, c/c art. 61, § 1º, II, "d", da Constituição.[47] Qualificado como "*esdrúxulo*" pelo Relator Ministro Sepúlveda Pertence, tal compartilhamento de iniciativa foi reconhecido pelo STF no julgamento do Mandado de Segurança nº 21.239.[48] O Ministro observa que se trata de um "*testemunho eloquente desse esforço de composição entre o futuro projetado e o passado renitente*". Nesse

46 BRASIL. Supremo Tribunal Federal. *Ação Direta de Inconstitucionalidade (ADI) nº 63*, Relator Ministro Ilmar Galvão, Tribunal Pleno, julgamento em 13/10/1993, DJ 27/05/1994. Requerente: Governador do Estado de Alagoas. Requerido: Assembleia Legislativa do Estado de Alagoas.

47 O art. 128, § 5º, CF, dispõe que a iniciativa de tal lei complementar "é facultada aos respectivos Procuradores-Gerais" e "*estabelecerão a organização, as atribuições e o estatuto de cada Ministério Público* (...)", observadas as disposições que relaciona.

48 BRASIL. Supremo Tribunal Federal. *Mandado de Segurança nº 21.239*, Relator Ministro Sepúlveda Pertence, Tribunal Pleno, julgamento em 05/06/1991, DJ 23-04-1993, RTJ 147/126.

mesmo julgamento, o disposto no § 2º do art. 127, acima transcrito, é referido como "*predicado explícito*" da autonomia do Ministério Público.

e) Defensoria Pública da União

A Emenda Constitucional nº 80, de 4 de junho de 2014, acrescentou o § 4º ao art. 134 da Constituição, para dispor que "*são princípios institucionais da Defensoria Pública a unidade, a indivisibilidade e a independência funcional, aplicando-se também, no que couber, o disposto no art. 93 e no inciso II do art. 96 desta Constituição Federal*". A partir de então, o Defensor Público-Geral Federal passou a dispor da iniciativa decorrente da aplicação dos dispositivos mencionados.[49]

f) Iniciativa popular

A Constituição Federal de 1988 define a iniciativa popular como um dos instrumentos do exercício da soberania popular,[50] na esteira da democracia participativa, conforme disposto no art. 14, III. Seu desenvolvimento, no nível federal,[51] encontra-se no § 2º do art. 61, ao dispor que "*a iniciativa popular pode ser exercida pela apresentação à Câmara dos Deputados de projeto de lei subscrito por, no mínimo, um por cento do eleitorado nacional, distribuídos pelo menos por cinco Estados, com não menos de três décimos por cento dos eleitores de cada um deles*"[52]. A Lei nº 9.709, de 18 de novembro de 1998, "*regulamenta a execução do disposto nos incisos I, II e III do art. 14 da Constituição Federal*", em seus arts. 13 e 14.[53]

49 Vale observar que permaneceu o disposto no art. 61, § 1º, I, "d", da Constituição, que prevê a iniciativa privativa do Presidente da República quanto à lei que disponha sobre "*a organização (...) da Defensoria Pública da União, (...)*".

50 Sobre a origem da iniciativa popular, ver: FERREIRA FILHO, Manoel Gonçalves. *Do processo legislativo*. 6ª ed. São Paulo: Saraiva, 2009, p. 144.

51 Nos Estados, a lei disporá sobre a iniciativa popular no processo legislativo estadual (art. 27, § 4º, da CF). No âmbito municipal, a lei orgânica adotará a iniciativa popular de projetos de lei de interesse específico do Município, da cidade ou de bairros, através da manifestação de, pelo menos, cinco por cento do eleitorado (art. 29, XIII).

52 Ver a Lei nº 9.709, de 18 de novembro de 1998, que "regulamenta a execução do disposto nos incisos I, II e III do art. 14 da Constituição Federal".

53 O Regimento Interno da Câmara dos Deputados agrega novos requisitos à apresentação da iniciativa popular de lei (art. 252) e dispõe que o projeto não poderá ser votado em caráter conclusivo, ou seja, deverá necessariamente ser apreciado em Plenário, transformado em Comissão Geral (arts. 24, II, "c"; 91, II; 252, VII).

A iniciativa é geral, ou seja, não está restrita a matérias determinadas, mas não engloba as matérias reservadas a outros titulares. Tem caráter de ato coletivo e características de iniciativa formulada e não vinculante. Isto é, a propositura deve ser apresentada na forma de um projeto de lei e o Congresso Nacional não está obrigado à sua aprovação. A iniciativa popular restringe-se, portanto, a deflagrar o processo legislativo. Não há prazo definido para que ocorra a apreciação do projeto.[54]

As exigências da Constituição e da lei não são de simples cumprimento, sobretudo em virtude do grande número de subscritores necessários. Por isso, Manoel Gonçalves Ferreira Filho previu que não seria fácil o exercício da iniciativa popular, qualificando o instituto até como "*decorativo*".[55] Nessa linha, Pinto Ferreira observa que "é evidentemente muito mais prático ao eleitorado (...) fazer a apresentação de sua proposta por intermédio de um deputado ou senador do que gastar tempo e dinheiro em angariar e coletar milhares de assinaturas".[56]

Nesse sentido, tornou-se prática que um parlamentar, ou grupo de parlamentares, adote o projeto de lei como de sua autoria, para evitar as exigências e formalidades previstas para a iniciativa popular. Assim, muitas iniciativas são consideradas populares, politicamente, mas não o são, em sentido técnico. Segue lista de exemplos de leis conhecidas como provenientes de iniciativa popular e sua correspondente iniciativa formal:

- Lei nº 8.930, de 6 de setembro de 1994, que "*dá* nova redação ao art. 1º da Lei nº 8.072, de 25 de julho de 1990, que dispõe sobre os crimes hediondos, nos termos do art. 5º*, inciso XLIII, da Constituição Federal, e determina outras providências*", proveniente do Projeto de Lei nº 4.146, de 1993, apresentado pelo Poder Executivo (nos dados complementares do Projeto, no sítio eletrônico da Câmara, consta observação de que é "*apresentado nos termos do § 2º do art. 61 da Constituição Federal, para tramitar como projeto de iniciativa popular, chamado 'Daniela Perez' ou 'Gloria Perez'*");[57]

54 O art. 39 da Constituição argentina define o prazo de doze meses para que o Congresso dê expresso tratamento ao projeto de lei apresentado pelos cidadãos perante a Câmara dos Deputados.

55 FERREIRA FILHO, Manoel Gonçalves. *Do processo legislativo*. 6ª ed. São Paulo: Saraiva, 2009, p. 208.

56 FERREIRA, Pinto. *Comentários à Constituição Brasileira*. São Paulo: Saraiva, 1992, v. 3, p. 271.

57 Disponível em: https://www.camara.leg.br/proposicoesWeb/fichadetramitacao?idProposicao=219155. Acesso em 15 fev. 2023.

- Lei nº 9.840, de 18 de setembro de 1999, que "*altera dispositivos da Lei nº* 9.504, de 30 de setembro de 1997, e da Lei nº 4.737, de 15 de julho de 1965 – Código Eleitoral" (cassação do mandato eletivo por compra de voto), proveniente do Projeto de Lei nº 1517, de 1999, cuja autoria consta como do Deputado Albérico Cordeiro;[58]
- Lei nº 11.124, de 16 de junho de 2005, que "*dispõe sobre o Sistema Nacional de Habitação de Interesse Social – SNHIS, cria o Fundo Nacional de Habitação de Interesse Social – FNHIS e institui o Conselho Gestor do FNHIS*", originada do Projeto de Lei nº 2710, de 1992, em que consta como autor o Deputado Nilmário Miranda;[59]
- Lei Complementar nº 135, de 4 de junho de 2010, que "*altera a Lei Complementar nº* 64, de 18 de maio de 1990, que estabelece, de acordo com o § 9º do art. 14 da Constituição Federal, casos de inelegibilidade, prazos de cessação e determina outras providências, para incluir hipóteses de inelegibilidade que visam a proteger a probidade administrativa e a moralidade no exercício do mandato" (Lei da Ficha Limpa), originada pelo Projeto de Lei Complementar nº 518, de 2009, em que consta como autores o Deputado Antonio Carlos Biscaia e outros.[60] Esse projeto foi apensado ao Projeto de Lei Complementar nº 168, de 1993, de autoria do Poder Executivo.

A mais recente das iniciativas populares, e a única registrada formalmente como tal na Câmara dos Deputados, é a do Projeto de Lei nº 4.850, de 2016, que "*estabelece medidas contra a corrupção e demais crimes contra o patrimônio público e combate o enriquecimento ilícito de agentes públicos*" (10 Medidas contra a Corrupção).[61] Fruto de campanha e esforço conjunto de setores do Ministério Público e da sociedade, com coleta de mais de dois milhões de assinaturas, o projeto foi originalmente autuado como de autoria do Deputado Mendes Thame e outros parlamentares. Após sua aprovação, na forma de substitutivo, pela

58 Disponível em: https://www.camara.leg.br/proposicoesWeb/fichadetramitacao?idProposicao=38166. Acesso em 15 fev. 2023.

59 Disponível em: https://www.camara.leg.br/proposicoesWeb/fichadetramitacao?idProposicao=18521. Acesso em 15 fev. 2023.

60 Disponível em: https://www.camara.leg.br/proposicoesWeb/fichadetramitacao?idProposicao=452953. Acesso em 15 fev. 2023.

61 Disponível em: https://www.camara.leg.br/proposicoesWeb/fichadetramitacao?idProposicao=2080604. Acesso em 15 fev. 2023.

Câmara dos Deputados, com diversas modificações e acréscimos (inclusive de normas sobre abuso de autoridade), o projeto foi encaminhado ao Senado Federal (PLC nº 80, de 2016).

Contudo, foi deferida medida liminar *inaudita altera partes* no Mandado de Segurança nº 34.530/DF, Relator Ministro Luiz Fux,[62] para tornar sem efeito os atos praticados e suspender o processo legislativo referente ao referido projeto, determinando o seu retorno à Câmara dos Deputados, para que fosse autuado como Projeto de Iniciativa Popular e observasse o rito previsto no seu Regimento Interno.[63] Embora se possa reconhecer como acertada a autuação e adoção dos procedimentos regimentalmente aplicáveis aos projetos de iniciativa popular, observa-se a enorme dificuldade prática em atender aos requisitos formais dessa espécie de iniciativa. Ainda, embora se deva repudiar eventual desvirtuamento do projeto, a decisão parece ir além das características e limites do instituto no direito brasileiro, uma vez que a iniciativa popular se limita à possibilidade de apresentação do projeto de lei, não havendo norma que dê suporte à obrigatoriedade de sua aprovação nos termos propostos.

Reautuado na Câmara dos Deputados, conforme determinado pelo STF, o projeto foi novamente encaminhado ao Senado Federal (PLC nº 27, de 2017), onde foi aprovado com emendas e retornou à Câmara dos Deputados em 3 de julho de 2019. Permanece em tramitação (PL nº 3855, de 2019) na Casa iniciadora, aguardando a apreciação das emendas da revisora.

---

62 BRASIL. Supremo Tribunal Federal. *Medida Cautelar no Mandado de Segurança nº 34.530/DF*, Relator Ministro Luiz Fux, de 14/12/2016, publicada no DJE nº 268, divulgado em 16/12/2016. Impetrante: Eduardo Nantes Bolsonaro. Impetrada: Mesa Diretora da Câmara dos Deputados. Interessado: Presidente do Senado Federal.

63 A decisão ampara-se, em síntese, nos seguintes argumentos: deve ser vedada a prática de apropriação da autoria do projeto por um ou mais deputados, pois isso "*amesquinha a magnitude democrática e constitucional da iniciativa popular, subjugando um exercício por excelência da soberania pelos seus titulares aos meandros legislativos nem sempre permeáveis às vozes da rua*"; a atuação como projeto de iniciativa parlamentar tem consequências relevantes em termos procedimentais, dispostos no Regimento Interno, malferindo o devido processo legislativo constitucional; o projeto de lei de iniciativa popular "*deve ser debatido na sua essência, interditando-se emendas e substitutivos que desfigurem a proposta original para simular apoio público a um texto essencialmente distinto do subscrito por milhões de pessoas*". Conclui que, não atendidas essas exigências e permitidas emendas com matéria estranha à proposta original, "*ocorre sobreposição do anseio popular pelos interesses parlamentares ordinários*", e atropelo do "*texto gestado no consciente popular*" por "*propostas mais interessantes à classe política*".

g) Iniciativa privativa da Câmara dos Deputados e do Senado Federal

A Emenda Constitucional nº 19, de 4 de junho de 1998, promoveu alteração nos art, 51, IV, e 52, XIII, da Constituição, para cindir a competência privativa das Casas do Congresso Nacional nas matérias relacionadas à sua administração, de modo que elas passaram a dispor sobre elas da seguinte forma:

- sobre sua organização, funcionamento, polícia, criação, transformação ou extinção de cargos, empregos e funções de seus serviços, as Casas poderão dispor mediante resoluções, respectivamente, da Câmara dos Deputados, do Senado Federal, ou do Congresso Nacional (nos serviços comuns, conforme art. 57, § 3º, II), tal como originalmente previsto na Constituição;
- sobre a respectiva remuneração (dos seus servidores),[64] observados os parâmetros estabelecidos na lei de diretrizes orçamentárias, mediante iniciativa privativa de lei, conforme redação dada pela EC nº 19, de 1998 (arts. 9º e 10).

4.2.2. Convergência ou divergência entre as Casas: o art. 65 da CF

O art. 65 da Constituição Federal é regulado pelo Título VI do Regimento Comum do Congresso Nacional (RCCN), intitulado "*Das Disposições Comuns sobre o Processo Legislativo*" (arts. 136 ao 143).[65] Essas disposições são complementadas pelos Regimentos Internos das duas Casas, que disciplinam o tratamento das emendas que elas recebem da Casa revisora nos projetos de sua autoria.

O art. 134 do RCCN dispõe que o projeto de lei, aprovado em uma das Casas do Congresso Nacional, será enviado à outra Casa, em autógrafos assinados pelo respectivo Presidente.[66] O projeto deve ter uma

64 Segundo o inciso XII do art. 49 da Constituição, é da competência exclusiva do Congresso Nacional [veiculada por decreto legislativo], "*fixar idêntico subsídio para os Deputados Federais e os Senadores* (...)".

65 O Regimento Comum do Congresso Nacional (RCCN) foi aprovado pela Resolução nº 1, de 11 de agosto de 1970. Os dispositivos originais em aplicação foram estabelecidos na vigência da Constituição de 1967, com a redação dada pela Emenda Constitucional nº 1, de 1969, e recepcionados pela Constituição de 1988.

66 Conforme arts. 134 e 139, RCCN; art. 200, § 1º, RICD; arts. 328 e 329, RICD. O autógrafo constitui o documento oficial que contém o texto aprovado em definitivo pela Casa legislativa, a ser encaminhado à sanção, à promulgação ou à outra Casa.

ementa e será acompanhado de cópia ou publicação de todos os documentos, votos e discursos que o instruíram em sua tramitação.

A apreciação na Casa revisora, deverá ocorrer em um só turno de discussão e votação (art. 65, *caput*, CF).[67] Ela terá as seguintes alternativas de decisão:

(1ª) havendo convergência entre as Casas, a revisora irá aprovar o projeto de lei sem alterações, caso em que deverá encaminhá-lo à sanção do Presidente da República;

(2ª) havendo divergência total, a Casa revisora irá rejeitar integralmente o projeto, valendo-se de seu poder de veto, e então arquivá-lo; ou

(3ª) havendo divergência parcial, a Casa revisora irá propor alterações ao projeto, na forma de emendas, remetendo-o de volta à Casa iniciadora.

Com relação à **primeira alternativa**, de **convergência** entre as Casas, o art. 139 do Regimento Comum do Congresso Nacional dispõe que *"os projetos aprovados definitivamente serão enviados à sanção no prazo improrrogável de 10 (dez) dias"*.[68] Os Regimentos Internos preve-

---

Para tanto, reproduz a redação final aprovada pelo plenário ou pela comissão competente, na hipótese de decisão conclusiva. Se a Casa revisora aprovar o projeto, sem emendas, os autógrafos encaminhados à sanção reproduzirão o texto proveniente da Casa iniciadora.

---

67 A Casa iniciadora poderá dispor, em seu regimento, sobre a apreciação da matéria, se em um ou dois turnos. Na Câmara dos Deputados, por exemplo, os projetos de lei complementar estão sujeitos a dois turnos (art. 148, RICD). O Regimento Comum estabelece também que os projetos de lei (ordinária ou complementar) de autoria de comissão mista serão apreciados, na câmara iniciadora, em dois turnos (art. 143, VI, RCCN). Contudo, tal possibilidade não existe para a Casa revisora, tendo em vista o disposto no art. 65 da Constituição. Por isso, o art. 143, § 1º, RCCN, contempla a tramitação dos projetos de iniciativa de comissão mista, na câmara revisora, em apenas um turno.

68 O art. 65 da Constituição dispõe que, se aprovado, o projeto será *"enviado à sanção ou promulgação"*. Contudo, conforme Manoel Gonçalves Ferreira Filho, *"a redação deste preceito é infeliz"*, pois sugere falsamente que possa caber promulgação sem sanção. Mas na verdade, a sanção, expressa ou tácita, há de preceder sempre à promulgação. No dispositivo, a conjunção *ou* não é disjuntiva, mas copulativa. (FERREIRA FILHO, Manoel Gonçalves. *Comentários à Constituição brasileira de 1988*. São Paulo: Saraiva, 1997, p. 383).

em o procedimento a ser adotado nessa hipótese. O parágrafo único do art. 319 do RISF dispõe que *"a redação final dos projetos de lei da Câmara destinados à sanção será dispensada, salvo se houver vício de linguagem, defeito ou erro manifesto a corrigir"*. De igual modo, o art. 195, § 2º, III, do RICD estabelece que a redação final será dispensada, *"salvo se houver vício de linguagem, defeito ou erro manifesto a corrigir"*, nos projetos do Senado aprovados sem emenda. O encaminhamento se dará, então, por meio de autógrafos (art. 200, RICD; art. 328, RISF), que reproduzem o texto da Casa iniciadora, pois este não sofreu modificação (art. 200, § 1º, RICD; art. 329, RISF).

Cabe observar que os dispositivos transcritos apresentam, na verdade, duas possibilidades. A primeira é de que não ocorra realmente nenhuma alteração no texto, caso em que a Casa revisora simplesmente reproduzirá o texto da Casa iniciadora nos autógrafos, encaminhando-o à sanção. Outra hipótese é que o texto contenha *"vício de linguagem, defeito ou erro manifesto a corrigir"*. O art. 135 do Regimento Comum estabelece que *"a retificação de incorreções de linguagem, feita pela Câmara revisora, desde que não altere o sentido da proposição, não constitui emenda que exija sua volta à Câmara iniciadora"*. O projeto, então, poderá ser encaminhado pela Casa revisora diretamente à sanção do Presidente da República, mas não será dispensada a redação final, do que decorrerá a necessidade de confecçao de novos autógrafos para considerar a adequação necessária.

Desse modo, as emendas da Casa revisora que provocam o retorno da matéria à iniciadora são apenas aquelas que promovem modificação no *"sentido da proposição"*, as chamadas emendas de mérito. Eventuais emendas de redação não ensejam o retorno à câmara iniciadora. O Regimento Interno da Câmara dos Deputados define a emenda de redação como *"a modificativa que visa a sanar vício de linguagem, incorreção de técnica legislativa ou lapso manifesto"* (art. 118, § 8º, RICD). O Regimento Interno do Senado não define a emenda de redação, embora preveja que ela deverá ser submetida às mesmas formalidades regimentais das que forem pertinentes ao mérito (art. 234). Essa norma, contudo, se refere aos trâmites internos ao Senado, e não à necessidade de retorno à Câmara, à qual se aplica o mencionado art. 319, parágrafo único, do RISF.

Contudo, nem sempre é trivial e isento de controvérsia se determinada emenda classifica-se como de redação ou de mérito. Tanto assim que o parágrafo único do art. 234 do RISF dispõe que a emenda de redação dependerá de parecer da comissão que houver elaborado a redação final, sem prejuízo de ser ouvida a Comissão de Constituição, Justiça e Cidadania se houver dúvida sobre se ela alcança a "*substância da proposição*" (art. 234, parágrafo único, RISF).

Vale, contudo, deixar registrada a advertência de Pontes de Miranda, em seus comentários à Constituição de 1946, de que deve haver aplicação do princípio da bicameralidade *in minimis*, pois é preciso que "*sobre a menor alteração de sentido*" haja a apuração bicameral: "*se há emenda, por mínima que seja, volta à outra câmara, para que se pronuncie sobre este ponto*".[69] O tema merece maior desenvolvimento, sobretudo pela possibilidade do uso da emenda de redação como recurso estratégico da Casa revisora para evitar o retorno do projeto à Casa iniciadora. Por isso, será objeto de análise específica em capítulo posterior.

A **segunda alternativa** prevista no art. 65 da CF (parte final) é a de **divergência total**, que resultará na rejeição do projeto pela Casa revisora e, consequentemente, no seu arquivamento. Não há possibilidade de superação dessa decisão pela Casa iniciadora, de modo que a Casa revisora detém, no sistema bicameral, poder de veto ao projeto de lei. A rejeição representa a repulsa da Casa revisora em regular aquela matéria em lei, pelo menos naquela oportunidade (sessão legislativa). Tanto assim que o art. 67 da Constituição determina que "*a matéria do projeto de lei rejeitado somente poderá constituir objeto de novo projeto, na mesma sessão legislativa, mediante proposta da maioria absoluta dos membros de qualquer das Casas do Congresso Nacional*".

Com relação à **terceira alternativa**, de **divergência parcial**, dispõe o art. 136 do RCCN que, se o projeto for emendado pela Casa revisora, ela o devolverá à Casa iniciadora, acompanhado das emendas, com cópia ou publicação dos documentos, votos e discursos que instruíram a sua tramitação. O art. 138 do RCCN permite a qualquer congressista interessado na discussão e votação de emenda na câmara revisora que participe dos trabalhos das comissões que sobre ela devem opinar, podendo discutir a matéria, sem direito a voto. O parágrafo único do art. 65 da Constituição faz referência genérica ao projeto "*emendado*". É preciso, então, analisar o que são as emendas e suas limitações.

69 MIRANDA, Pontes de. *Comentários à Constituição de 1946*. Rio de Janeiro: Henrique Cahen Editor, 1947, vol. II, p. 78.

4.2.3. As emendas e suas limitações

Segundo o art. 118 do Regimento Interno da Câmara dos Deputados, a emenda é "*a proposição apresentada como acessória de outra*", sendo que a principal uma proposição legislativa.[70] Em seguida, relaciona e define as espécies de emendas, que são as seguintes:

a) *supressiva*: a que manda erradicar qualquer parte de outra proposição;

b) *aditiva*: que se acrescenta a outra proposição;

c) *modificativa*: que altera a proposição sem a modificar substancialmente;

d) *substitutiva*: apresentada como sucedânea a parte de outra proposição, denominado-se "*substitutivo*", quando alterar, substancial ou formalmente[71], em seu conjunto;

e) *de redação*: a modificativa que visa a sanar vício de linguagem, incorreção de técnica legislativa ou de lapso manifesto;

f) *aglutinativa*: a que resulta da fusão de outras emendas, ou destas com o texto, por transação tendente à aproximação dos respectivos objetos.[72]

Os Regimentos admitem, ainda, a *subemenda*, como aquela apresentada em comissão a outra emenda e que pode ser, por sua vez, supressiva, substitutiva ou aditiva, desde que a supressiva não incida sobre emenda com a mesma finalidade (art. 118, § 7º, RICD). A subemenda não pode conter matéria estranha à da respectiva emenda (art. 213, RISF).

70 São elas: os projetos de lei ordinária, os projetos de lei complementar, os projetos de decreto legislativo, os projetos de resolução e as propostas de emenda à Constituição (art. 138, I, "a" a "e", RICD).

71 Considera-se formal a alteração que vise exclusivamente ao aperfeiçoamento da técnica legislativa (art. 118, § 4º, RICD).

72 As emendas aglutinativas existem apenas na Câmara dos Deputados (não há emenda congênere no Senado Federal). Na Câmara, elas não são admitidas no âmbito das Comissões. São apresentadas em Plenário, antes da votação das partes a que se referem, devendo assentar-se em textos constantes das proposições – substitutivos, proposições apensadas ou outras emendas. São condições: não introduz conteúdo novo à matéria; não há limite de número de emendas ou de extensão dos textos aglutinados; e podem ser apresentadas em segundo turno (Questão de Ordem nº 62, de 1996). Ver art. 122, RICD.

Os parlamentares e as comissões do Legislativo são os únicos titulares do poder de emenda, ao contrário do poder de iniciativa que é estendido a outros Poderes e órgãos. Isso decorre do fato de os membros do Congresso Nacional serem os únicos legitimados a estabelecer direito novo, além de que a emenda se insere num procedimento já instaurado pelo ato de iniciativa e identificado pelo seu objeto.[73] Desse modo, o projeto constitui continente, sob o qual incide o direito de emenda. O titular da iniciativa escolhe a matéria, a oportunidade e os interesses para sua regulamentação. A emenda trata do modo de regular a matéria, incidindo em parte desses interesses.[74] Nesse sentido, não são aceitas emendas que versem assunto estranho ao projeto em discussão (art. 125, RICD; art. 230, I e II, RISF).[75]

O poder de emenda conferido aos parlamentares sofre limitação nos projetos de iniciativa reservada. Tais limites estão dispostos no art. 63 da Constituição, segundo o qual não será admitido aumento de despesa prevista: nos projetos de iniciativa exclusiva do Presidente da República, ressalvado o disposto no art. 166, §§ 3º e 4º;[76] e nos projetos sobre organização dos serviços administrativos da Câmara dos Deputados, do Senado Federal, dos Tribunais Federais e do Ministério Público.[77]

O STF confirmou essas diretrizes quanto ao poder de emenda nos projetos de iniciativa reservada e seus limites, superando entendimentos diversos no quadro constitucional anterior. Pode ser tomada como

73 FERREIRA FILHO, Manoel Gonçalves. *Do processo legislativo*. 6a. ed. São Paulo: Saraiva, 2009, p. 209.

74 SILVA, José Afonso da. *Processo constitucional de formação das leis*. 2a. ed. São Paulo: Malheiros, 2006, p. 195.

75 O art. 230 do RISF estipula que não são admitidas emendas: sem relação com a matéria da disposição que se pretenda emendar; em sentido contrário à proposição quando se trate de proposta de emenda à Constituição, projeto de lei ou de resolução; que diga respeito a mais de um dispositivo, a não ser que se trate de modificações correlatas; que importe aumento de despesa prevista nos projetos de iniciativa privativa (art. 63, CF).

76 O § 3º do art. 166 se refere às condições para aprovação de emendas ao projeto de lei do orçamento anual ou aos projetos que o modifiquem, e o § 4º à necessidade, para aprovação de emendas ao projeto de lei de diretrizes orçamentárias, de compatibilidade com o plano plurianual.

77 O dispositivo constitucional está reproduzido nos arts. 124 do RICD e 230, IV, do RISF. Este último se refere a "projetos de iniciativa do Presidente da República" (sem a palavra "exclusiva"), o que ensejaria, se assim aplicado, limitação ilegítima ao poder de emenda parlamentar.

exemplo a Medida Cautelar na ADI nº 1.050, Relator Ministro Celso de Mello, julgamento em 21 de setembro de 1994, cujo acórdão reconhece que o poder de emendar projetos de lei qualifica-se como prerrogativa de ordem político-jurídica inerente ao exercício da atividade legislativa que pode ser legitimamente exercida pelos membros do Legislativo, mesmo que se cuide de proposições sujeitas à reserva de iniciativa, desde que respeitados as seguintes limitações para as emendas parlamentares: "*(a) não importem em aumento da despesa prevista no projeto de lei, (b) guardem afinidade lógica (relação de pertinência) com a proposição original e (c) tratando-se de projetos orçamentários (CF, art. 165, I, II e III), observem as restrições fixadas no art. 166, §§ 3º e 4º da Carta Política*".[78]

Como se vê, em complemento à disposição sobre o aumento da despesa do art. 63 da Constituição, o STF agrega limitação a ele vinculada, qual seja "*a impossibilidade de o Parlamento veicular matérias diferentes das versadas no projeto de lei, de modo a desfigurá-lo*", tal como expresso no acórdão da ADI nº 3.114, Relator Ministro Carlos Ayres Britto.[79] Ou seja, as emendas devem guardar pertinência material com o objeto original da iniciativa normativa submetida à cláusula de reserva.[80]

4.2.4. Resolução da divergência: apreciação de emendas da Casa revisora pela Casa iniciadora

A Constituição de 1988 não é expressa em relação à apreciação da Casa iniciadora sobre as emendas da revisora. As Constituições foram

---

78 BRASIL. Supremo Tribunal Federal. *Medida Cautelar na Ação Direta de Inconstitucionalidade (ADI) nº 1.050-MC*, Relator Ministro Celso de Mello, Tribunal Pleno, julgado em 21/09/1994, DJ 23/04/2004. Requerente: Procurador-Geral da República. Requerido: Governador do Estado de Santa Catarina. Julgamento do mérito, em 01/082018, DJ 28/08/2018. No mesmo sentido: ADI 2.681 MC, Relator Ministro Celso de Mello, Tribunal Pleno, julgado em 11/09/2002, DJe 25/10/2013. Requerente: Governador do Estado do Rio de Janeiro. Interessada: Assembleia Legislativa do Estado do Rio de Janeiro.

79 BRASIL. Supremo Tribunal Federal. *Ação Direta de Inconstitucionalidade (ADI) nº 3.114*, Relator Ministro Carlos Ayres Britto, Tribunal Pleno, julgamento em 24/08/2005, DJ 07/04/2006. Requerente: Governador do Estado de São Paulo. Requerido: Assembleia Legislativa do Estado de São Paulo.

80 BRASIL. Supremo Tribunal Federal. *Ação Direta de Inconstitucionalidade (ADI) nº 4.433*, Relatora Ministra Rosa Weber, Tribunal Pleno, julgamento em 18/06/2015, DJe 02/10/2015. Requerente: Governador do Estado de Santa Catarina. Interessado: Assembleia Legislativa do Estado de Santa Catarina.

ficando mais breves quanto a isso. A de 1946 dizia que o projeto deveria voltar à Casa iniciadora para que ela se pronunciasse acerca da modificação, aprovando-a ou não (art. 69). A de 1967, com a redação da EC nº 1, de 1969, dispunha que o projeto voltaria à iniciadora para que apreciasse a emenda (art. 58, § 1º). A de 1988 apenas dispõe que "*sendo o projeto emendado, voltará à Casa iniciadora*" (art. 65, parágrafo único), sem qualquer referência às emendas ou à apreciação após o retorno.

A redação lacônica do parágrafo único do art. 65 da Constituição levou, inicialmente, a dúvidas se a apreciação feita pela câmara iniciadora deveria continuar a se limitar às emendas da revisora, ou deveria haver nova apreciação do projeto, com possibilidade até de nova remessa à revisora, se não se fizesse nos mesmos termos.[81] Contudo, a prática e os Regimentos Internos das câmaras mantiveram os procedimentos tal como anteriormente adotados, entendendo-se que a câmara iniciadora deveria fazer o que as constituições anteriores previam, apreciando apenas as emendas, tendo inclusive a última palavra sobre elas.

Assim, o § 4º do art. 195 do RICD dispõe que, nos projetos com origem no Senado emendados pela Câmara, "*a redação final limitar-se-á às emendas, destacadamente, não as incorporando ao texto da proposição, salvo quando apenas corrijam defeitos evidentes de forma, sem atingir de qualquer maneira a substância do projeto*". De igual modo, o art. 319 do RISF determina que "*nos projetos da Câmara emendados pelo Senado, a redação final limitar-se-á às emendas destacadamente, não as incorporando ao texto da proposição*".

Os autógrafos reproduzem a redação final aprovada pelo plenário (art. 329, RISF), que se restringirá às emendas aprovadas, sem incorporá-las ao texto da proposição, não se admitindo emendas a dispositivo não emendado, salvo as de redação, que decorram das emendas aprovadas ou corrijam defeitos evidentes de forma (art. 195, § 4º, RICD; art. 322, RISF). Portanto, os autógrafos da Casa revisora conterão apenas as emendas aprovadas, e não a consolidação delas com o texto do projeto original. Juntamente com o autógrafo da Casa revisora, deve seguir cópia ou segunda via dos autógrafos originários da iniciadora (art. 331, RISF).

Desse modo, a Casa iniciadora não apreciará novamente o projeto, uma vez que ele já se encontra aprovado, mas tão somente as emendas que lhe foram oferecidas pela revisora. Chegando as emendas à Casa ini-

81 FERREIRA FILHO, Manoel Gonçalves. *Comentários à Constituição brasileira de 1988*. São Paulo: Saraiva, 1997, p. 66.

ciadora, elas serão distribuídas e analisadas pelas comissões. É o que determina o art. 123 do RICD, segundo o qual "*as emendas do Senado a projetos originários da Câmara serão distribuídas, juntamente com estes, às Comissões competentes para opinar sobre as matérias de que tratam*". Não há dispositivo equivalente no Regimento Interno do Senado, mas se pode verificar que o mesmo deverá ocorrer ao receber as emendas da Câmara a projetos dele originários, uma vez que o art. 286 refere-se à manifestação favorável ou não das comissões (conforme adiante).

Importante vedação consta no art. 285 do Regimento Interno do Senado, segundo o qual "*a emenda da Câmara a projeto do Senado não é suscetível de modificação por meio de subemenda*". Não foi localizado dispositivo análogo no Regimento Interno da Câmara, mas tal proibição incide para ambas as câmaras, uma vez que, após o retorno das emendas da Casa revisora, a iniciadora não poderia promover alterações nas emendas recebidas, não só porque isso desvirtuaria a vontade da outra câmara, mas também porque provocaria a apreciação de um novo texto, inovador em relação aos aprovados tanto por ela quanto pela revisora. Embora se defira a última palavra à Casa iniciadora, os limites de sua atuação deveriam estar fixados pelos textos até então aprovados, por uma câmara ou por outra, não se podendo admitir o surgimento de um terceiro texto a essa altura da tramitação. A questão, contudo, ganha complexidade quanto a possíveis aprovações parciais, com supressões de expressões, das emendas da Casa revisora, conforme será discutido adiante (art. 137 do RCCN).

O Regimento Interno do Senado dispõe, no art. 286, que a discussão e a votação das emendas da Câmara a projeto do Senado deverão ocorrer em globo, exceto em duas hipóteses:

(a) se qualquer comissão se manifestar favoravelmente a umas e contrariamente a outras, caso em que a votação se fará em grupos, segundo o sentido dos pareceres;

(b) se for aprovado destaque para a votação de qualquer emenda.[82]

---

82 Esse procedimento, de qualquer modo, teria aplicação segundo as regras gerais das votações, nas quais são obedecidas, entre outras, as seguintes normas (art. 300, RISF): III - a votação das emendas que tenham pareceres concordantes de todas as comissões será feita em grupos, segundo o sentido dos pareceres, ressalvados os destaques; as demais e as destacadas serão votadas uma a uma, classificadas segundo a ordem estabelecida no art. 246, II; IV - no grupo das emendas de parecer favorável incluem-se as de comissão, quando sobre elas não haja manifestação em contrário de outra; V - serão incluídas no grupo das emendas de parecer

Como se infere da primeira hipótese, as emendas da Câmara serão distribuídas às comissões competentes para que profiram parecer antes de serem submetidas à deliberação pelo plenário do Senado. Se os pareceres foram favoráveis ou contrários a todas as emendas, elas serão votadas em globo. Se apenas algumas forem recomendadas à aprovação, haverá votação em grupos (as de parecer favorável em um grupo; e as de parecer contrário em outro). A segunda hipótese diz respeito à possibilidade de destaque para votação em separado que, se concedido, provocará uma votação específica sobre ela, e não em conjunto com as demais (art. 312, RISF).

Na Câmara dos Deputados, o art. 123 do Regimento Interno estabelece que as emendas do Senado a projetos originários da Câmara serão distribuídas, juntamente com estes, às Comissões competentes para opinar sobre as matérias de que tratam. Ao dispor sobre o processamento das votações, o § 1º do art. 189 do RICD dispõe que as emendas serão votadas em grupo, conforme tenham parecer favorável ou parecer contrário de todas as comissões, considerando-se que:

> I – no grupo das emendas com parecer favorável incluem-se as de autoria de comissão, quando sobre elas não haja manifestação em contrário de outra;
>
> II – no grupo das emendas com parecer contrário incluem-se aquelas sobre as quais se tenham manifestado pela rejeição as comissões competentes para o exame do mérito, embora consideradas constitucionais e orçamentariamente compatíveis.

A votação em grupo simplifica a deliberação em plenário, pela redução do número de votações, além de atender, em geral, à manifestação das comissões a respeito das emendas. Por sua vez, conforme o § 2º do art. 189, a emenda que tenha pareceres divergentes e as emendas destacadas serão votadas uma a uma, conforme sua ordem e natureza, para viabilizar a decisão específica do plenário sobre cada uma delas.

A Casa iniciadora poderá aprovar todas as emendas da revisora, caso em que a elaboração da lei resulta da convergência entre as duas câmaras. Ela poderá aprovar parcialmente as emendas da câmara revisora, acatando algumas e rejeitando outras. Nessa hipótese, a posição da Casa iniciadora prevalecerá sobre parte das propostas da revisora.

contrário aquelas sobre as quais se tenham manifestado pela rejeição as comissões competentes para o exame do mérito, embora consideradas constitucionais; [...]

Finalmente, a Casa iniciadora poderá rejeitar todas as emendas da revisora, quando então restarão descartadas as propostas desta última.

Surge, ainda, a interessante questão de saber se uma emenda poderá ser dividida, ou seja, votada em partes, pois poderá acontecer de a câmara iniciadora pretender acolher apenas uma ou mais dessas partes, mas não toda a emenda. Para dar resposta à questão, o art. 137 do Regimento Comum estabelece que, ao votar as emendas oferecidas pela câmara revisora, só é lícito à câmara iniciadora cindi-las quando se tratar de artigos, parágrafos e alíneas,[83] desde que não modifique ou prejudique o sentido da emenda.[84] Com orientação complementar, o parágrafo único do art. 286 do Regimento Interno do Senado dispõe que a emenda da Câmara só poderá ser votada em parte se o seu texto for suscetível de divisão. Contudo, esse critério parece distinguir-se do adotado pelo Regimento Comum, mais objetivo.

Tanto o art. 285 do Regimento do Senado, acima comentado, quanto o art. 137 do Regimento Comum pretendem evitar que ocorra modificação do texto da emenda da Casa revisora. Não obstante, na Questão de Ordem 178/2012, os Deputados Chico Alencar e Ivan Valente questionam a Presidência da Câmara dos Deputados sobre supressões de expressões em dispositivos do Substitutivo do Senado, por entender que promoviam grave afronta ao devido processo legislativo. O Presidente da Câmara, Deputado Marco Maia, indeferiu a Questão, alegando haver jurisprudência, em matérias semelhantes, de que o relator poderia suprimir partes dos artigos, incisos ou parágrafos acrescentados pelo Senado.[85]

Após a apreciação das emendas da Casa revisora, a iniciadora deverá confeccionar os autógrafos para enviar o projeto à sanção. Os autógrafos reproduzirão a redação final, conforme a decisão sobre cada emenda: se aprovada, será incorporada na redação final; se rejeitada,

83 O termo dispositivo refere-se a "*artigos, parágrafos, incisos, alíneas ou itens*", conforme disposto no parágrafo único do art. 12 da Lei Complementar nº 95, de 26/2/1998, com a redação dada pela Lei Complementar nº 107, de 26/4/2001, que "*dispõe sobre a elaboração, a redação, a alteração e a consolidação das leis* [...]".

84 Essa disposição tem equivalência no § 3º do art. 210 do RICD, mas que se refere apenas à apreciação das emendas do Senado ao projeto de código da Câmara.

85 BRASIL. Câmara dos Deputados. *Questão de Ordem 178/2012*, levantada pelos Deputados Chico Alencar e Ivan Valente, em 25/04/2012. Questiona a supressão de expressões propostas nos itens [...] do parecer do substitutivo do Senado Federal ao PL nº 1974, de 1999 (Código Florestal). Respondida pelo Presidente Marco Maia. Disponível em: https://www2.camara.leg.br/buscaQordem/. Acesso em 10 jun. 2023.

não ocasionará repercussão na redação final e, consequentemente, no autógrafo enviado à sanção.

Embora não difiram radicalmente, o que se verifica é que não há uma uniformidade de tratamento regimental sobre como as câmaras devem atuar no momento de apreciação das emendas da revisora. Há aspectos previstos no Regimento Comum e outros no Regimentos Internos da Casa. E estes nem sempre seguem os mesmos critérios e procedimentos. Seria importante conferir regulamentação mais completa e uniforme sobre o assunto no Regimento Comum, mesmo que deixando espaço para ritos específicos de deliberação de cada Casa.

Vale analisar, por fim, quais as possíveis decisões da câmara iniciadora em face dos diferentes tipos de emenda da câmara revisora, ou de partes dela, após divisão, se for o caso. O quadro a seguir desenvolve esse exercício.

Quadro 4.2 – Resultado do projeto conforme decisão da emenda na Casa iniciadora

Tipo de emenda da câmara revisora	Decisão sobre a emenda na câmara iniciadora	Resultado no texto do projeto (autógrafo) remetido à sanção
Aditiva	Aprova	Dispositivos da revisora acrescentados
	Rejeita	Dispositivos da revisora não acrescentados.
Modificativa	Aprova	Redação da revisora acolhida; redação da iniciadora descartada.
	Rejeita	Redação da iniciadora mantida; redação da revisora descartada.
Substitutiva parcial*	Aprova	Dispositivos da revisora acolhidos; dispositivos da iniciadora descartados.
	Rejeita	Dispositivos da iniciadora mantidos; dispositivos da revisora descartados.
Supressiva	Aprova	Dispositivo da iniciadora suprimido.
	Rejeita	Dispositivo da iniciadora mantido.
De redação	Não resulta no retorno à câmara iniciadora. Fica valendo a redação da Casa revisora.	

*O *substitutivo* (emenda substitutiva global) será analisado em seção específica.

** Não se aplica a essa análise a emenda *aglutinativa*, uma vez que ela: resulta da fusão de outras emendas (art. 118, § 3º, RICD); e é apresentada no plenário da Câmara, por ocasião da votação (art. 122, RICD).

O quadro demonstra que o sistema de superação de divergências adotado para os projetos de lei vai além da prevalência da Casa iniciadora. Não só isso é admitido, como é possível que o autógrafo do projeto de lei enviado à sanção possa conter partes aprovadas somente pela câmara iniciadora. Isso poderá ocorrer nas emendas substitutivas parciais, quando a iniciadora decide manter os seus dispositivos e descartar os sucedâneos da câmara revisora, pois aqueles nem sempre coincidem com estes. Mas aqui se pode argumentar que tal opção foi colocada à disposição da Casa iniciadora.

Mais grave ainda é o caso em que ocorre a rejeição de emenda supressiva da Casa revisora, pois a parte do projeto expressamente rejeitado por ela será mantido no texto enviado à sanção, tendo sido aprovado apenas pela iniciadora. Vale recordar que a Casa revisora poderia ter exercido seu poder de veto e rejeitado todo o projeto. Contudo, ao optar por sua aprovação, com supressão de parte, acaba por conferir à câmara iniciadora a liberdade de conformar o projeto à sua maneira, incluindo ou não tal parte.

4.2.5. Resolução da divergência: apreciação de substitutivo da Casa revisora pela iniciadora

Mais desafiador para o sistema de superação de divergências entre as câmaras é a possibilidade de que a Casa revisora formule um substitutivo ao projeto e o encaminhe à apreciação da Casa iniciadora. Essa possibilidade existe porque o substitutivo é, na verdade, um tipo de emenda, de modo que atende à previsão do parágrafo único do art. 65 da Constituição. Realmente, a emenda substitutiva é aquela apresentada como sucedânea a parte de outra proposição. Quando ela alterar, substancial ou formalmente, a proposição, em seu conjunto, ela será denominada "*substitutivo*" (art. 118, § 4º, RICD). Ou seja, o substitutivo é uma emenda substitutiva global, no sentido de que é sucedânea de toda a proposição (e não apenas de parte dela). Nessa mesma linha, o § 4º do art. 246 do RISF dispõe que a "*emenda que substituir integralmente o projeto*" terá a identificação de "*substitutivo*".

O substitutivo é, portanto, uma modalidade de emenda, tal como reconhecido pelo STF no julgamento, em 31 de maio de 2000, da Medida Cautelar na ADI nº 2.182, Relator Ministro Maurício Corrêa, cujo acórdão, após transcrever o disposto no § 4º do art. 118 do RICD, conclui que substitutivo "*nada mais é do que uma ampla emenda ao projeto inicial*".[86]

Desse modo, é possível que a Casa revisora, em vez de apresentar emendas a um ou mais dispositivos do projeto aprovado pela iniciadora, opte por apresentar um substitutivo, que pretenda substituir o texto em seu conjunto (integralmente). Nesse caso, como deverá agir a Casa iniciadora para apreciar o substitutivo da revisora? Ambos os Regimentos das Casas do Congresso Nacional estabelecem a equivalência do substitutivo com uma "*série de emendas*". Contudo, apresentam orientação diversa quanto à votação em globo ou não.

O Regimento Interno da Câmara (art. 190, *caput* e parágrafo único) dispõe que o substitutivo de uma câmara ao projeto da outra "*será considerado como uma série de emendas e votado em globo*". Isso somente não correrá:

a) se qualquer comissão, em seu parecer, se manifestar favoravelmente a uma ou mais emendas e contrariamente a outra ou outras, caso em que a votação se fará em grupos, segundo o sentido dos pareceres;

b) quando for aprovado requerimento para a votação de qualquer emenda destacadamente. Como se vê, são as mesmas circunstâncias que fazem com que o Senado, no caso de emendas da Câmara (a princípio, votadas em globo), vote em grupo ou separadamente (art. 286, RISF).

O Senado, porém, inverte a preferência de votação no caso do substitutivo da Câmara a um projeto de sua iniciativa. O substitutivo será considerado uma série de emendas, mas votado separadamente, por artigos, parágrafos, incisos, alíneas e itens, em correspondência aos do projeto emendado, salvo aprovação de requerimento para votação em globo ou por grupos de dispositivos (art. 287, RISF).

O Regimento, nesse caso, não incentiva a votação em globo, uma vez que a aprovação do substitutivo da Câmara prejudicaria todo o projeto do Senado, optando por dar preferência regimental à votação por dispo-

86 BRASIL. Supremo Tribunal Federal. *Medida Cautelar na Ação Direta de Inconstitucionalidade (ADI-MC) nº 2.182*, Relator Ministro Maurício Corrêa, Tribunal Pleno, julgada em 31/05/2000, DJ 19/03/2004. Requerente: Partido Trabalhista Nacional-PTN. Requeridos: Presidente da República e Congresso Nacional.

sitivos, mediante confronto de cada um deles com seu correspondente do projeto original. Aparentemente, o Regimento do Senado pretende preservar ao máximo o projeto original. Mas há a possibilidade de, mediante requerimento, submeter o substitutivo da Câmara à votação em globo, ou por grupo de dispositivos, de modo a agilizar a deliberação, se essa for a intenção da Casa.

É frequente a votação em globo do substitutivo, com destaque para votação em separado de alguns dispositivos. Esse procedimento encontra amparo nos Regimentos Internos, segundo os quais são admitidos destaques para votação de projeto ou de substitutivo, ou de parte deles, quando a preferência regimental (ordem de votação) recaia sobre o outro (art. 161, IV, RICD; art. 313, I e IV, RISF). Nesse caso, o destaque só será possível caso o texto destacado possa ajustar-se à proposição em que deva ser integrado e forme sentido completo (art 162, V, RICD; art. 313, parágrafo único, RISF). Também, não será permitido destaque de expressão cuja retirada inverta o sentido da proposição ou a modifique substancialmente (art. 162, IV, RICD; art. 314, II, RISF).

Tal como foi comentado na seção anterior, sobre a apreciação das emendas da Casa revisora, não há uniformidade de disciplina regimental a respeito da apreciação dos substitutivos da Casa revisora pela iniciadora. A situação é até pior, na medida em que o Regimento Comum sequer trata especificamente dos substitutivos, exigindo a extensão a eles das disposições sobre a apreciação das emendas, o que não contempla as especificidades necessárias. É preciso, portanto, dar essa disciplina no Regimento Comum, para uniformização dos critérios e procedimentos adotados nas Casas.

Considerada, então, a possibilidade de aprovação ou rejeição do substitutivo integralmente, ou sua aprovação parcial, em correspondência com o projeto, são as seguintes as possibilidades de decisão e resultado após votação na Casa iniciadora:

Quadro 4.3 – Resultado no texto remetido à sanção, conforme decisão da Casa iniciadora

Decisão na Casa iniciadora sobre o substitutivo da Casa revisora	Resultado no texto remetido à sanção
Aprova o substitutivo	Substitutivo adotado integralmente como texto remetido à sanção. O projeto original é descartado, salvo dispositivos pontualmente destacados para aproveitamento no texto.

Aprova parcialmente o substitutivo	Dispositivos aprovados do substitutivo, combinados com dispositivos mantidos do projeto (não substituídos por aqueles).
Rejeita o substitutivo	Projeto original mantido integralmente como texto remetido à sanção. O substitutivo é descartado, salvo dispositivos pontualmente destacados para aproveitamento no texto.

Cabe reforçar que, após a apreciação na Casa iniciadora do substitutivo da revisora, o projeto é encaminhado à sanção, tal como naquela decidido. Atendido o disposto no parágrafo único do art. 65, não há possibilidade de novo retorno à revisora. Nesse sentido, o julgamento, já mencionado, da Medida Cautelar na ADI nº 2.182, Relator Ministro Maurício Corrêa, em cujo acórdão ficou registrado que "*a rejeição do substitutivo pela Câmara, aprovando apenas alguns dispositivos dele destacados (art. 190 do RI-CD), implica a remessa do projeto à sanção presidencial, e não na sua devolução ao Senado, porque já concluído o processo legislativo [...]*".[87] Acrescenta o acórdão que orientação contrária levaria a uma interminável repetição de idas e vindas de uma Casa legislativa para outra, tornando sem fim o processo legislativo. Em seu voto, o Relator argumenta que a aprovação de substitutivo na Casa revisora não implica a rejeição do projeto original, mas somente sua alteração, que será apreciada pela iniciadora; e que a inserção de dispositivos do substitutivo na versão final do projeto constitui prerrogativa da Casa iniciadora.

Houve voto vencido apenas do Ministro Marco Aurélio, no sentido de que seria necessário "*o duplo crivo no mesmo sentido*" entre as câmaras uma vez que a Casa iniciadora "*mesclou* [os textos], *fazendo surgir um novo projeto*", o que ensejaria a volta da matéria ao Senado Federal. Apontava o voto contrário que houve inclusão no texto final de dispositivos que não passaram por ambas as Casas (os da câmara iniciadora que não constaram no substitutivo da revisora), o que conduziria a uma interpretação do parágrafo único do art. 65 que permitiria a aprovação do projeto por apenas uma das Casas, em desrespeito ao sistema bicameral. Essa posição foi contraposta não só pelo Relator, mas também

87 BRASIL. Supremo Tribunal Federal. *Medida Cautelar na Ação Direta de Inconstitucionalidade (ADI-MC) nº 2.182*, Relator Ministro Maurício Corrêa, Tribunal Pleno, julgamento em 31/05/2000, DJ 19/03/2004. Requerente: Partido Trabalhista Nacional-PTN. Requeridos: Presidente da República e Congresso Nacional.

pelos votos dos Ministros Nelson Jobim e Sepúlveda Pertence. Registrou o Ministro Pertence que nunca existiu no constitucionalismo brasileiro um bicameralismo perfeito, mas que sempre houve, isto sim, um bicameralismo imperfeito com prevalência da câmara de origem, com predominância política para a Câmara dos Deputados, tendo em vista o início nessa Casa dos projetos do Executivo, responsável pela "*imensa maioria dos projetos convertidos em lei*".

No julgamento de mérito da ação (ADI nº 2.182), ocorrida em 12 de maio de 2010, foi confirmada a posição do Tribunal, com voto vencido do Relator originário, Ministro Marco Aurélio, sendo designada como Redatora para o Acórdão a Ministra Cármen Lúcia. Na ocasião, reafirmou-se caber à Câmara dos Deputados, como Casa iniciadora, a remessa do projeto à sanção do Presidente da República, após examinada a emenda da outra Casa. Ficou consignado, ainda, que "*o substitutivo aprovado no Senado da República, atuando como Casa revisora, não caracterizou novo projeto de lei a exigir uma segunda revisão*".[88]

Desse modo, fica evidenciado que a Casa revisora, se discordar do texto original do projeto, deve sopesar, como alternativas, a sua rejeição ou o oferecimento de substitutivo. Ela precisa estar ciente, sempre, de que a decisão final sobre o texto, nessa última hipótese, caberá inteiramente à Casa iniciadora. Embora a questão tenha sido equacionada sob o ponto de vista formal, resta inquietação sob o aspecto material, sempre que realizada a composição de dispositivos na votação final da Casa iniciadora. Isso porque, embora os Regimentos Internos procurem exigir que os textos destacados se ajustem à proposição e formem sentido completo, parece evidente que dessa combinação de dispositivos poderá emergir sentidos normativos diversos daqueles originariamente dispostos no texto original ou no substitutivo.

Em caso de substitutivo da Casa revisora, após sua apreciação, a Casa iniciadora confeccionará os autógrafos para enviar o projeto à sanção. Os autógrafos reproduzem a redação final, que consolida o texto resultante da deliberação da Casa iniciadora. Não é raro, porém, que ela recorra a ajustes redacionais ou a emendas de redação, de modo a

88 BRASIL. Supremo Tribunal Federal. *Ação Direta de Inconstitucionalidade (ADI) nº 2.182*, Relator Ministro Marco Aurélio, Redatora para o Acórdão Ministra Cármen Lúcia, Tribunal Pleno, julgamento em 12/05/2010, DJ 10/09/2010. Requerente: Partido Trabalhista Nacional-PTN. Requeridos: Presidente da República e Congresso Nacional.

oferecer coerência e sistematicidade ao texto. Nessa operação, ela não pode inovar em relação ao sentido do texto aprovado na conjugação do projeto original e do substitutivo, sob pena de incorrer em inconstitucionalidade formal. O tema será mais bem desenvolvido no Capítulo sobre as emendas de redação, por proximidade a ele.

4.3. Projetos de leis complementares, de decretos legislativos e procedimentos especiais

Nas seções a seguir, são apresentadas normas específicas relacionadas à superação de divergências aplicadas em procedimentos especiais e de algumas outras espécies normativas.

4.3.1. Projetos de lei complementar

A Constituição Federal de 1988 relaciona a lei complementar entre as espécies normativas cuja elaboração decorrem do processo legislativo (art. 59, II). Depois, a menciona junto com a lei ordinária ao tratar da iniciativa (art. 61). Nos demais dispositivos sobre o processo legislativo das leis, refere-se genericamente aos "*projetos de lei*", equiparando o tratamento das leis ordinárias e das complementares, salvo no que diz respeito ao quórum de aprovação.[89] Quanto a este, exige que as leis complementares sejam "*aprovadas por maioria absoluta*" (art. 69).[90]

Informa Nelson de Sousa Sampaio que "*a noção de lei complementar é mais velha do que o adjetivo*", pois antes se utilizava o qualificativo lei orgânica, desde as Constituições de 1891 (art. 34) e de 1934 (art. 39).[91] A inspiração para o modelo atual da lei complementar encontra-se na Emenda Constitucional nº 4, de 2 de setembro de 1961, que instituiu o sistema parlamentarista no Brasil. O art. 22 dessa Emenda estipulava que se poderia "*complementar a organização do sistema parlamentar de*

---

89 O art. 53 da Constituição de 1967 estabelecia que as leis complementares eram votadas por maioria absoluta, "*observados os demais termos da votação das leis ordinárias*".

90 A maioria absoluta é definida como o primeiro número inteiro superior à metade dos integrantes de cada Casa. Para aprovação por maioria absoluta, na Câmara dos Deputados são necessários 157 votos favoráveis. No Senado, são 41 votos favoráveis.

91 SAMPAIO, Nelson de Sousa. *O processo legislativo*. 2ª ed. Belo Horizonte: Livraria Del Rey, 1996, p. 67.

governo [...]mediante leis votadas, nas duas Casas do Congresso Nacional, pela maioria absoluta dos seus membros". O precedente estrangeiro, por sua vez, é a lei orgânica regulada pelo art. 46 da Constituição francesa, que ocupa, na hierarquia das regras de direito, um lugar intermediário entre a Constituição e as leis ordinárias.[92]

Além da diferença quanto ao quórum, em relação às leis ordinárias, as leis complementares têm matéria própria, restrita às quais a Constituição determina ter esse cabimento. Assim, não está ao livre arbítrio do legislador determinar qual matéria deve constar em lei complementar, nem se pode atribuir tal enquadramento pela relevância do tema. Devem ser complementares apenas as leis às quais a Constituição confere essa qualidade.

Essa orientação foi consagrada em julgamento unânime do STF na ADI nº 789, Relator Ministro Celso de Mello, de 26 de maio de 1994, cuja ementa registra que "*só cabe lei complementar, no sistema do direito positivo brasileiro, quando formalmente reclamada a sua edição por norma constitucional explícita*".[93] No voto, o Relator aduz que a exigência de lei complementar não se pode presumir por analogia, seja por força de compreensão, seja por inferência de situações que possam guardar relação de similitude entre si.

Se é a Constituição que determina o que deve ser veiculado por lei complementar, em contrapartida, "*quando a Constituição exige lei complementar para disciplinar determinada matéria, essa disciplina só pode ser feita por essa modalidade normativa*". A advertência vem expressa no acórdão da Medida Cautelar na ADI nº 2.436, Relator Ministro Moreira Alves.[94]

Prevalece no STF, ainda, a posição de que há "*inexistência de relação hierárquica entre lei ordinária e lei complementar*", havendo entre

92 FERREIRA FILHO, Manoel Gonçalves. *Do processo legislativo*. 6a. ed. rev. e ampl. São Paulo: Saraiva, 2009, p. 248.

93 BRASIL. Supremo Tribunal Federal. *Ação Direta de Inconstitucionalidade (ADI) nº 789*, Relator Ministro Celso de Mello, Tribunal Pleno, julgamento em 26/05/1994 (unânime), DJ 19/12/1994. Requerente: Procurador-Geral da República. Requeridos: Presidente da República e Congresso Nacional.

94 BRASIL. Supremo Tribunal Federal. *Medida Cautelar na Ação Direta de Inconstitucionalidade (ADI-MC) nº 2.436*, Relator Ministro Moreira Alves, Tribunal Pleno, julgamento em 30/05/2001, DJ 09/05/2003. Requerente: Procurador-Geral da República. Requerida: Mesa Diretora da Assembleia Legislativa do Estado de Pernambuco.

elas apenas distribuição material atribuída pela Constituição.[95] Essa é a expressão do acórdão do Recurso Extraordinário (RE) nº 377.457, Relator Ministro Gilmar Mendes, que se baseia em outros precedentes do Tribunal.[96] No entanto, há polêmica na doutrina sobre possível hierarquia superior da lei complementar.[97]

É preciso destacar que a lei ordinária em matéria expressamente designada para lei complementar é formalmente inconstitucional. Entretanto, a jurisprudência do STF entende que o contrário não se dá, de modo que a lei complementar em matéria de lei ordinária seria materialmente e juridicamente lei ordinária. Admitida tal possibilidade, futura alteração da lei complementar, no ponto, poderia ser feita por lei ordinária.[98]

Com relação à tramitação bicameral dos projetos de leis complementares, não há distinção a se fazer em relação às leis ordinárias, exceto com relação ao quórum, que é de maioria absoluta. Desse modo, tem aplicação o art. 65 da Constituição, assim como as regras regimentais que o regulamentam.

Vale observar que a Câmara dos Deputados delibera em dois turnos sobre o projeto de lei complementar, como Casa iniciadora, por força do art. 148 do seu Regimento Interno. Contudo, quando atua como Casa

95 Não obstante, na ADI nº 1.570-2/DF, o voto do Relator Ministro Maurício Corrêa menciona que lei complementar, "*superveniente e de hierarquia superior*", regulou integralmente determinada matéria, revogando, por incompatibilidade, lei ordinária anterior, que com ela conflitava. (Ação julgamento em 12/02/2004, DJ 22/10/2004; Requerente: Procurador-Geral da República; Requerido: Congresso Nacional).

96 BRASIL. Supremo Tribunal Federal. RE nº 377.457-3/PR, Relator Ministro Gilmar Mendes, Tribunal Pleno, julgamento em 17/09/2008, DJe 19/12/2008. Recorrente: Antônio Glênio F. Albuquerque & Advogados Associados S/C. Recorrido: União. São mencionados, no mesmo sentido: ADI nº 1.480-MC, Relator Ministro Celso de Mello, DJ 18/05/2001; AR nº 1.264, Relator Ministro Néri da Silveira, DJ 31/05/2002; ADI nº 2.711, Relator Ministro Maurício Corrêa, DJ 16/04/2004.

97 A propósito, ver: FERREIRA FILHO, Manoel Gonçalves. *Do processo legislativo*. 6a. ed. rev. e ampl. São Paulo: Saraiva, 2009, p. 248; MORAES, Alexandre de. *Direito Constitucional*, 34ª ed. São Paulo: Atlas, 2018, p. 720; CAVALCANTE FILHO, João Trindade. *Processo Legislativo Constitucional*. 4ª ed. Brasília: Jus Podivm, 2020, p. 209.

98 A propósito: ADC 1, Relator Ministro Moreira Alves, Tribunal Pleno, julgamento em 01/12/1993, RTJ 156/721, Requerentes: Presidente da República, Mesa do Senado Federal, Mesa da Câmara dos Deputados; Agravo Regimental no RE nº 510.348-0/GO, Relator Min. Cezar Peluso. Segunda Turma, julgamento em 07/10/ 2008, DJe 21/11/2008. Agravante: Centro de Estudo de Anestesia S/C. Agravada: União.

revisora, o projeto de lei complementar é submetido a turno único de votação, em virtude do disposto no art. 65 da Constituição.[99]

4.3.2. Projetos de decretos legislativos

A Constituição Federal de 1988 menciona o decreto legislativo como uma das espécies normativas no art. 59. Contudo, não regula especificamente os procedimentos de sua elaboração. Eles são destinados a veicular as matérias de competência exclusiva do Congresso Nacional, com efeitos externos a ele, previstas no art. 49 da Constituição Federal.

A elas, deve-se acrescentar a hipótese dos §§ 3º e 11 do art. 62, com a redação dada pela EC nº 32, de 2001, que preveem a edição de decreto legislativo para regular os efeitos das relações jurídicas constituídas e decorrentes de relações jurídicas constituídas e de atos praticados na vigência de medida provisória que for rejeitada ou perder eficácia sem conversão em lei.

Os decretos legislativos independem de sanção do Presidente da República. Pontes de Miranda prende-se a esse aspecto para definir os decretos legislativos como "*as leis a que a Constituição não exige a remessa ao Presidente da República para a sanção (promulgação ou veto)*".[100] Também José Afonso da Silva ressalta que a diferença, em relação ao projeto de lei, está em que os projetos de decreto legislativo não são sancionáveis, de modo que, terminada sua elaboração nas câmaras do Congresso Nacional, dependem apenas de promulgação do Presidente do Senado Federal para se tornarem atos legislativos perfeitos.[101]

A propósito, é curioso observar que o art. 71 da Constituição de 1946 dispunha que, nos casos do art. 66 (de competência exclusiva do Congresso Nacional), a "*elaboração da lei*" seria considerada com a votação final encerrada, sendo ela promulgada pelo Presidente do Senado. A Constituição de 1967 já enumerava o decreto legislativo entre as es-

---

99 Nesse sentido, a Questão de Ordem 443/2009-CD. Ainda, as Questões de Ordem 10.434/1993-CD e 465/2001-CD esclarecem que, por se tratar de exigência meramente regimental, e não constitucional, a realização do segundo turno insere-se entre as 'exigências' e 'formalidades' que devem ser dispensadas no caso de tramitação em regime de urgência.

100 MIRANDA, Pontes de. *Comentários à Constituição de 1967, com a Emenda nº 1, de 1969.* 2a. ed. São Paulo: Revista dos Tribunais, 1973, tomo III, p. 142.

101 SILVA, op. cit., p. 339.

pécies normativas (art. 49, VI). Contudo, ao tratar da remessa dos projetos de lei ao Presidente da República para sanção (art. 62), trazia exceção no § 5º, de que nos casos do art. 47 (de competência exclusiva do Congresso Nacional), "*realizada a votação final, a lei será promulgada pelo Presidente do Senado Federal*". Igual forma foi mantida após a Emenda Constitucional nº 1, de 1969 (arts. 46, VI, e 59, § 6º).

Os Regimentos Internos traçam também essa distinção, ao enumerar as espécies de projetos. Os de lei referem-se às matérias de competência do Congresso Nacional, com sanção do Presidente da República (art. 109, I, RICD; art. 213, I, RISF). Os de decretos legislativos dizem respeito às matérias de competência exclusiva do Congresso Nacional, sem sanção do Presidente da República (art. 109, II, RICD; art. 213, II, RISF).

Com a exceção do encaminhamento à sanção, os demais procedimentos da tramitação bicameral dos projetos de decretos legislativos são equivalentes aos projetos de leis. Primeiro porque, como deixavam claro as Constituições anteriores, o projeto tramitava como se lei fosse, com variação apenas após final aprovação, quando então era enviado à promulgação. Segundo, porque ambos são espécies do gênero *projeto*, como bem demonstram os dispositivos regimentais mencionados. As peculiaridades dos decretos legislativos ficam por conta, sobretudo, da iniciativa e da competência para promulgar. Eles são aprovados por maioria simples, salvo no caso de procedimentos especiais comentados adiante.

Os projetos de decreto legislativo só admitem a iniciativa parlamentar. No art. 49 da Constituição, verifica-se que boa parte dos incisos se referem a matérias cuja provocação parte do Poder Executivo. Contudo, isso se faz mediante mensagem do Presidente da República à Câmara dos Deputados, que então se encarrega, por meio da comissão competente ou de parlamentar, da iniciativa do decreto legislativo pertinente à hipótese. Também nesse aspecto há a equiparação entre os projetos de lei e os projetos de decreto legislativo, caracterizando-se a Câmara dos Deputados como a Casa iniciadora, embora o art. 64 da Constituição somente se refira aos "*projetos de lei de iniciativa do Presidente da República*". Aprovado na Câmara dos Deputados, o projeto de decreto legislativo será encaminhado ao Senado Federal, para revisão.

A promulgação dos decretos legislativos compete ao Presidente do Senado Federal, conforme disposto no inciso XXVIII do art. 48 do Regimento Interno dessa Casa. De igual modo, o parágrafo único do art. 52 do Regimento Comum dispõe que se tratando "*de matéria da competência exclusiva do Congresso Nacional, será promulgada pelo Presidente do Senado*". Vale observar que tal competência é atribuída a essa autoridade na qualidade de Presidente da Mesa do Congresso Nacional. Desse modo, atualmente, nas suas ausências e impedimentos, segue-se a linha de substituição definida para essa Mesa no § 5º do art. 57 da Constituição Federal.

Não há, no Regimento Comum do Congresso Nacional, disposição que verse especificamente sobre a tramitação bicameral do projeto de decreto legislativo. Os Regimentos Internos das Casas possuem dispositivos que regulam os procedimentos adotados em cada uma delas no que diz respeito à aprovação dos decretos legislativos para aprovação dos tratados. O Regimento Interno da Câmara atribui competência à Comissão de Relações Exteriores e Defesa Nacional para tratar do assunto (art. 32, XV, *c*, RICD). Para ela é encaminhada a mensagem do Presidente da República e é ela que formula o projeto de decreto legislativo pertinente (at. 129, § 2º, RICD). Admite-se que o projeto possa tramitar em regime de urgência (art. 151, I, *j*, RICD).

O Regimento Interno do Senado Federal, por sua vez, regula, como proposição sujeita a disposições especiais, os *projetos referentes a atos internacionais*, dedicando-lhe seção específica, composta pelo art. 376. Atribui a instrução da matéria à Comissão de Relações Exteriores e Defesa Nacional, onde poderão ser oferecidas emendas ao projeto e ele receberá parecer (art. 376, I a III). Em seguida, ou se não emitido o parecer no prazo fixado, será deliberado em plenário (art. 376, IV e V). Admite-se, porém, que o Presidente do Senado possa, ouvidas as lideranças, conferir competência conclusiva (terminativa, na denominação da Casa) ao projeto (art. 91, § 1º, I,).[102]

Com relação à tramitação dos projetos de decreto legislativo, há dois procedimentos especiais. O primeiro tem previsão desde a edição original da Constituição. Trata-se do disposto no art. 223, §§ 1º e 2º, combinado com o art. 49, XII, que se referem à tramitação dos atos de concessão ou renovação de concessão de emissoras de rádio e televisão. A previsão constitucional é de que eles tramitem na forma estabelecida para a urgência constitucional, disposta no art. 64, §§ 2º e 4º, a contar

102 Esta opção não poderá ser aplicada no caso dos tratados de direitos humanos aprovados na forma do § 3º do art. 5º, que exige o quórum de três quintos, pois a competência terminativa somente pode ser aplicada pelo Presidente, ouvidas as lideranças, na apreciação de projetos de decretos legislativos por maioria simples.

do recebimento da mensagem do Poder Executivo (art. 223, § 1º, CF).[103] Além disso, em caso de *não* renovação da concessão ou permissão, o projeto de decreto legislativo dependerá de aprovação de, no mínimo, dois quintos do Congresso Nacional, em votação nominal (art. 223, § 2º, CF).

O segundo procedimento especial decorre da inclusão, na Constituição Federal, do § 3º do art. 5º, pela Emenda Constitucional nº 45, de 30 de dezembro de 2004. Esse dispositivo dispõe que os tratados e convenções internacionais de direitos humanos que forem aprovados, em cada Casa do Congresso Nacional, em dois turnos, por três quintos dos votos dos respectivos membros, "*serão equivalentes às emendas constitucionais*". Até então, a aprovação dos tratados pelo Congresso Nacional, na forma do art. 49, I, da Constituição, somente ocorria por maioria simples.

A partir desse novo dispositivo, passou a ser possível a incorporação, no ordenamento jurídico brasileiro, dos tratados de direitos humanos como norma de hierarquia constitucional. O procedimento especial do § 3º do art. 5º da Constituição instituiu mecanismo de reforma da Constituição que segue o rito de tramitação das propostas de emendas constitucionais, assim como as regras próprias da aprovação dos tratados, como a restrição dos poderes do Congresso em promover modificações em seu texto e a submissão a ato final de promulgação por meio de decreto do Presidente da República.[104]

Não houve, contudo, alteração regimental decorrente dessa previsão constitucional, embora alguns projetos de decreto legislativo já tenham tramitado e sido aprovados na forma por ela estabelecida.[105] O que

103 Na prática, os projetos de decretos legislativos de outorga de serviços de rádio e televisão tramitam pelo procedimento de competência conclusiva das comissões, tanto na Câmara dos Deputados (conforme Parecer nº 9-A, de 1990, da CCJ/CD e Ato Normativo nº 1, de 1999, da CCTCI), quanto no Senado Federal (conforme Parecer nº 34, de 2003-CCJ/SF).

104 LEAL, Roger Stiefelmann. O todo ou a parte? Direitos, tratados e dissonâncias interpretativas. *Direitos Fundamentais & Justiça*, Belo Horizonte, ano 16, n. 47, jul./dez. 2002, p. 377; RAMOS, Elival da Silva. Os tratados sobre direitos humanos no direito constitucional brasileiro pós-Emenda Constitucional nº 45/04. In: AMARAL JUNIOR, Alberto; JUBILUT, Liliana Lyra. *O STF e o direito internacional dos direitos humanos.* São Paulo: Quartier Latin, 2009, p. 174.

105 Cabe mencionar os projetos que deram origem aos Decretos Legislativos nºs 186, de 09/07/2008; 261, de 25/11/2015; e 1, de 18/2/2021, que aprovaram os tratados de que tratam, respectivamente, os Decretos do Presidente da República nºs 6.949, de 25/08/2009; 9.522, de 08/10/2018; e 10.932, de 10/01/2022.

tem havido é, em síntese, a combinação dos procedimentos, seguindo-se o tradicionalmente disposto nos Regimentos Internos para os projetos de decreto legislativo, mas com a apreciação em plenário na forma de uma proposta de emenda à Constituição, em dois turnos, por três quintos dos votos, com votação nominal.

Na Câmara dos Deputados, por ocasião de mensagem presidencial que submetia ao Congresso Nacional um tratado na forma do § 3º do art. 5º da Constituição,[106] foi levantada a Questão de Ordem 230/2007 (do Deputado Otávio Leite), respondida em 27 de novembro de 2007 pelo então Presidente Arlindo Chinaglia, que, na falta de regulamento regimental específico, definiu os procedimentos a serem adotados da seguinte forma: *(i)* o projeto de decreto legislativo terá despacho regular, determinando, no entanto, que sua apreciação em Plenário se dê por votação nominal; *(ii)* se for aprovado por pelo menos três quintos dos membros da Casa, a matéria será submetida a segundo turno de votação nominal; *(iii)* obtido, em ambos os turnos, o quórum de três quintos dos votos, a matéria será encaminhada ao Senado Federal, com menção de sua aprovação nos termos do § 3° do art. 5° da Constituição Federal; *(iv)* aprovada sem atingir os três quintos em qualquer dos dois turnos, a matéria seguirá à revisão sem equivalência de norma constitucional, estando dispensada a votação em segundo turno se já na primeira votação o quórum exigido não for alcançado. Em aditamento, foi esclarecido que, na hipótese de ser o tratado de direitos humanos submetido sem solicitação do Presidente da República de trâmite nos termos do § 3º do art. 5º, será aberto prazo de dez sessões para eventual apresentação de requerimento, subscrito por um terço dos membros da Casa, de adoção do rito especial previsto naquele dispositivo constitucional.[107]

Embora a questão ainda não se tenha colocado, e até seja de difícil ocorrência, em caso de divergência entre as Casas na elaboração do projeto de decreto legislativo, deverá haver também diferenciação quanto à tramitação bicameral. Assim, se o projeto de decreto legislativo cuida de aprovação apenas na forma do art. 49, I, da Constituição, deverá

106 Trata-se da Convenção Internacional sobre os Direitos das Pessoas com Deficiência e seu Protocolo Facultativo, assinados em Nova York, em 30 de março de 2007.

107 Nesse sentido, houve despacho do Presidente Marco Maia, em 17 de agosto de 2011, em face da Mensagem (MSC) 696/2010, do Poder Executivo, sobre a Convenção Internacional sobre a Proteção dos Direitos de Todos os Trabalhadores Migrantes e dos Membros de suas Famílias, adotada em 18 de dezembro de 1990 em Sessão da Assembleia Geral das Nações Unidas.

ser seguida a tramitação bicameral dos projetos, na forma do art. 65 da Constituição (prevalência da Casa iniciadora). Contudo, se a aprovação deve ocorrer conforme o disposto no art. 5º, § 3º, da Constituição, então a tramitação bicameral seguirá o previsto no § 2º do art. 60 da Constituição (equivalência entre as Casas). Ocorre que o § 3º do art. 5º dispõe seja o tratado aprovado *"em cada Casa do Congresso Nacional"*, tal como disposto no art. 60, § 2º, da Constituição, além de prever o quórum de três quintos dos respectivos membros, em dois turnos de votação. Talvez tivesse sido mais feliz a redação do § 3º do art. 5º se simplesmente remetesse à forma de aprovação do § 2º do art. 60, ao invés de reproduzir suas condições em nova disposição, que pode gerar margem a dúvidas.

4.3.3. Urgência constitucional solicitada pelo Presidente da República

Como regra, não incide prazo constitucional para que o Poder Legislativo delibere sobre um determinado projeto de lei. Entretanto, o art. 64, § 1º, da Constituição de 1988 prevê um regime de urgência constitucional, pelo qual *"o Presidente da República poderá solicitar urgência para apreciação de projetos de sua iniciativa"*. Esse procedimento legislativo, denominado de sumário,[108] demanda dois requisitos: o projeto de lei de iniciativa do Presidente da República; e a solicitação dessa autoridade ao Congresso Nacional.

Esse procedimento foi introduzido no sistema constitucional brasileiro pelo Ato Institucional nº 1, de 1964, mas sob pena de aprovação tácita da matéria, visando acelerar o processo legislativo e impedir o engavetamento dos projetos ou a obstrução deles em detrimento da atividade governamental.[109] A obstrução passou então a servir para forçar a aprovação tácita do direito novo. A regra foi atenuada na Emenda Constitucional nº 22, de 29 de junho de 1982, e finalmente substituída na Constituição vigente, que não admite a aprovação tácita.

Atualmente, a Câmara dos Deputados e depois o Senado Federal dispõem de até quarenta e cinco dias cada qual, sucessivamente, para

108 FERREIRA FILHO, op. cit., Processo legislativo..., p. 213, denomina esse procedimento de "abreviado". Contudo, essa denominação tem sido recentemente atribuída ao procedimento de caráter conclusivo nas comissões (art. 58, § 2º, I, CF).

109 Ibidem, p. 213.

se manifestarem sobre o projeto. Esgotado tal prazo, ficam sobrestadas todas as demais deliberações legislativas da respectiva Casa, com exceção das que tenham prazo constitucional determinado, até que se ultime a votação (art. 64, § 2º, da CF). Aqueles prazos, porém, não correm no período de recesso do Congresso Nacional, nem se aplicam aos projetos de código (art. 64, § 4º, da CF).

Se o Senado Federal emendar o texto aprovado pela Câmara dos Deputados, esta disporá de dez dias para deliberar sobre elas, igualmente sob pena de sobrestamento (art. 64, § 3º, CF, e art. 204, II, RICD). Segundo a Questão de Ordem 508/2009-CD, o tratamento relativo ao sobrestamento, no caso, deve ser o mesmo aplicado às medidas provisórias, permitindo-se a votação, fora dele, de matérias para as quais o Presidente da República não possa pedir urgência ou ter iniciativa.[110] As emendas do Senado são apreciadas em regime de urgência na Câmara dos Deputados (art. 151, I, "m", RICD). A urgência dispensa exigências, interstícios ou formalidades regimentais, salvo publicação, pareceres das comissões ou do relator de plenário e o quórum para deliberação (art. 152, RICD).

4.3.4. *Projetos de Código*

A Constituição Federal faz apenas uma referência aos projetos de código, para vedar a aplicação de urgência constitucional, e dos prazos que dela decorrem, para essa modalidade de proposição (art. 64, § 4º, *in fine*). Essa proibição justifica-se pela complexidade e extensão desse tipo de proposição, que normalmente sistematiza e engloba todo um ramo do direito.

Em função da natureza da matéria, os Regimento Internos das Casas estipulam processo legislativo especial para os códigos, sujeitos a procedimentos e prazos mais longos, especialmente para oferecimento de emendas.[111] Também, determinam a constituição de comissões espe-

110 Trata-se da aplicação, com a adaptação pertinente, do critério utilizado para as medidas provisórias conforme decisão da Questão de Ordem 411/2009-CD, pelo então Presidente da Câmara dos Deputados, Deputado Michel Temer.

111 O art. 205, § 4º, RICD, estipula o prazo de vinte sessões consecutivas para o oferecimento de emendas perante a comissão especial. Nos arts. 374, III, e 122, § 1º, RISF, o prazo de emendas é de vinte dias úteis, perante a comissão temporária criada para estudo do projeto de código.

cíficas para sua análise e parecer (art. 205, § 1º, RICD; art. 374, RISF). Os projetos de código não podem ter tramitação conclusiva nas comissões (art. 24, II, "b", RISF; art. 91, I, RISF) e são discutidos e votados em sessões exclusivas no Plenário (art. 207, § 3º, RICD; arts. 163, § 6º e 374, IX, RISF).

No Regimento Interno do Senado não há disposição específica sobre a revisão de um projeto de código recebido da Câmara. Não há também disciplina sobre a apreciação de emendas da Câmara aos projetos de código do Senado. A princípio, aplicam-se as regras dos projetos de lei em geral.[112]

No Regimento Interno da Câmara, há previsão de que o projeto de código por ela aprovado será enviado ao Senado Federal no prazo de cinco sessões, acompanhado da publicação de todos os pareceres que instruíram a tramitação (art. 209). Há, ainda, regras sobre a apreciação das emendas do Senado ao projeto de código da Câmara, que inicialmente vai à comissão especial para produção de parecer no prazo de dez sessões (art. 210). Publicadas as emendas e o parecer, o projeto será incluído em Ordem do Dia dentro de duas sessões (art. 210, § 1º). Na discussão, somente serão debatidas as emendas do Senado (art. 210, § 2º).

Com relação à votação, consta que "é lícito cindir a emenda do Senado Federal para votar separadamente cada artigo, parágrafo, inciso e alínea dela constante" (art. 210, § 3º, RICD). Embora relevante, essa regra praticamente reproduz o disposto no art. 137 do Regimento Comum, que ainda agrega a condição de que a cisão não pode modificar ou prejudicar o sentido da emenda. Aprovado definitivamente, o projeto é enviado à sanção no prazo improrrogável de três sessões (art. 210, § 4º). Por fim, é estabelecido que o projeto de código recebido do Senado para revisão obedecerá às mesmas normas descritas (art. 210, § 5º).

A mais peculiar das normas de tramitação bicameral dos projetos encontra-se no art. 139-A do Regimento Comum. O dispositivo prevê uma espécie de segunda revisão pela Casa revisora, em projetos de código em tramitação há mais de três legislaturas, provocada pela Casa ini-

112 O parágrafo único do art. 374 do RISF estabelece que as disposições do rito especial fixadas "*serão aplicáveis exclusivamente aos projetos de código elaborados por juristas, comissão de juristas, comissão ou subcomissão especialmente criada para essa finalidade, e que tenham sido amplamente divulgados*". A intenção dessa regra, aparentemente, é sua aplicação às hipóteses de elaboração de um novo ou da reforma integral de um código, para afastar sua utilização para os projetos que alterem parcialmente um código existente.

ciadora visando a sua "*adequação às alterações constitucionais e legais promulgadas desde sua apresentação*".

O art. 139-A foi incluído no Regimento Comum pela Resolução nº 1, de 28 de janeiro de 2000-CN, decorrente do Projeto de Resolução nº 9, de 1999-CN. A justificação deixa claro que a motivação foi a tramitação do então Projeto de Código Civil,[113] que já tramitava no Congresso Nacional há três décadas, inicialmente aprovado na Câmara dos Deputados e revisto, com emendas, pelo Senado. Ocorre que, depois disso, houve significativas alterações no ordenamento jurídico, inclusive a própria Constituição Federal de 1988.

Essas atualizações, contudo, não poderiam ser introduzidas no projeto naquele estágio da tramitação, em que as emendas da Casa revisora estavam em exame na Casa iniciadora. De outro lado, não se poderia deixar de fazê-lo, considerando o novo panorama constitucional e legal. Para superar a situação paradoxal, foi aprovada a Resolução nº 1, de 2000-CN, que introduziu o art. 139-A no Regimento Comum.

A segunda revisão tem a seguinte sistemática, descrita no art. 139-A: o Relator na Casa que estiver prestes a finalizar a tramitação, antes de seu parecer, encaminhará ao Presidente da Casa relatório com as alterações necessárias para atualizar o texto em face das alterações legais ocorridas no curso da tramitação (§ 1º); esse relatório é encaminhado à outra Casa, para análise da respectiva Comissão de Constituição e Justiça (§ 2º); esta Comissão, após verificar se as alterações restringem-se à atualização necessária, oferecerá parecer no prazo de cinco dias (§ 3º); tal parecer será apreciado em plenário no prazo de cinco dias, vedadas emendas ou modificações (§ 4º); será feita a comunicação à Casa em que se encontra o projeto de código para prosseguimento de sua tramitação, incorporadas as alterações aprovadas (§ 5º).

Embora acrescentado para resolver situação específica, o dispositivo permanece no Regimento Comum, aplicável a projetos de código "*em tramitação há mais de três legislaturas*". Em face da complexidade e do tempo de tramitação dos códigos, e da possível envergadura e impacto das alterações promovidas em cada Casa, seria recomendável que essa opção se estendesse a qualquer situação em que ela se fizesse necessária, até mesmo por razões de sistematização do texto, e não somente

113 O Projeto de Lei nº 634, de 1975, de iniciativa do Poder Executivo, deu origem à Lei nº 10.406, de 10 de janeiro de 2002, que "*institui o Código Civil*".

pela atualização do ordenamento jurídico. Isso, contudo, demandaria alteração do Regimento Comum.

4.3.5. *Projetos de iniciativa de Comissão Mista*

O Regimento Comum, no Título VI, referente às Disposições Comuns sobre o Processo Legislativo, traz um Capítulo III, específico sobre a tramitação dos projetos elaborados por Comissão Mista. A possibilidade ampara-se no art. 61 da Constituição Federal, que admite o cabimento da iniciativa das leis complementares e ordinárias a qualquer comissão das Casas *"ou do Congresso Nacional"*.

O referido Capítulo dispõe de dois artigos, que versam sobre a tramitação dos projetos elaborados por Comissão Mista: o art. 142 dispõe que eles serão encaminhados, alternadamente, ao Senado Federal ou à Câmara dos Deputados; e o art. 143 estabelece as regras e prazos de tramitação dessa espécie de projeto nas Casas do Congresso Nacional.

Essa é a única iniciativa que, por si só, não determina a Casa iniciadora. Nas iniciativas extraparlamentares ou de membros ou comissões da Câmara dos Deputados, a proposição nela terá início. Nas iniciativas de membros ou comissões do Senado Federal, este será a Casa iniciadora. Mas nos projetos de autoria de Comissão Mista, tem-se a possibilidade de que tanto uma quanto a outra Casa sejam iniciadoras.

O art. 143 do RCCN regula a tramitação dos projetos de autoria de Comissão Mista, fixando regras diversas daquelas aplicadas nos demais projetos, especialmente em dois aspectos: (a) realização de dois turnos de discussão e votação na Casa iniciadora, para todas as espécies de projeto de lei, tanto complementar quanto ordinária (art. 143, I a VI) [114];

114 É a seguinte a tramitação do projeto na câmara iniciadora: I - recebido no expediente, será lido e publicado, devendo ser submetido à discussão, em primeiro turno, 5 (cinco) dias depois; II - a discussão, em primeiro turno, far-se-á, pelo menos, em 2 (duas) sessões consecutivas; III - encerrada a discussão, proceder-se-á à votação, salvo se houver emendas, caso em que serão encaminhadas à Comissão Mista para, sobre elas, opinar; IV - publicado o parecer sobre as emendas, será a matéria incluída em fase de votação, na Ordem do Dia da sessão que se realizar 48 (quarenta e oito) horas depois; V - aprovado com emendas, voltará o projeto à Comissão Mista para elaborar a redação do vencido; e VI - o projeto será incluído em Ordem do Dia, para discussão, em segundo turno, obedecido o interstício de 48 (quarenta e oito) horas de sua aprovação, sem emendas, em primeiro turno, ou da publicação do parecer da Comissão Mista, com redação do vencido. Na câmara revisora, aplicam-se os incisos I a V (art. 143, § 1º, RCCN).

(b) instrução em todas as etapas pela própria Comissão Mista (art. 143, III, V e § 2º). Na Casa revisora, somente pode ser realizado um turno, tendo em vista o disposto no art. 65 da Constituição (art. 143, § 1º). Se voltar para a câmara iniciadora com emendas da câmara revisora, o projeto será instruído com o parecer proferido anteriormente, pela própria Comissão Mista, sobre tais emendas (art. 143, § 2º).

A prática dessas disposições tem enfrentado críticas e resistências nas Casas do Congresso Nacional. Uma delas refere-se à realização de dois turnos na câmara iniciadora, o que é considerado anacrônico quanto aos projetos de leis ordinárias, pois os demais dessa espécie tramitam nas Casas em turno único.[115] Outro ponto, e até de maior dificuldade, diz respeito à instrução apenas pela própria Comissão Mista autora da iniciativa. Isso resulta em dois problemas: (a) afasta da instrução do projeto as comissões permanentes das Casas, especializadas no tema ou no exame da constitucionalidade e da adequação orçamentária e financeira; e (b) nos casos em que a iniciativa é de comissão mista temporária, com duração determinada (como ocorre com as comissões parlamentares mistas de inquérito), as disposições tornam-se inaplicáveis após a extinção do colegiado. Isso é muito comum, pois os projetos em geral constam dos relatórios finais de trabalho dessas comissões.

4.4. Procedimentos de apreciação concentrada (em sessões conjuntas)

Esta seção trata de procedimentos de tramitação concentrada, em que a apreciação da matéria ocorre mediante sessão conjunta do Congresso Nacional, embora com votações separadas e imediatamente subsequentes nas Casas. Esses procedimentos distinguem-se dos adotados para os projetos de lei em geral, quanto ao trâmite das emendas ao projeto entre as Casas, razão pela qual fogem do objeto principal deste trabalho. A breve descrição que será feita a seguir tem apenas a intenção de descrever o procedimento, exatamente para demonstrar como se afasta do mecanismo previsto no parágrafo único do art. 65 da Constituição.

Na primeira subseção, serão abordadas as leis orçamentárias, que são analisadas por comissão mista permanente e depois apreciadas em

115 Na Câmara dos Deputados, os projetos de lei complementar estão sujeitos a dois turnos (art. 148, RICD), mas essa disposição aplica-se somente em sua atuação como câmara iniciadora, pois o art. 65, CF, não admite dois turnos na revisão.

sessão conjunta (art. 166, CF). Na subseção seguinte, será descrita a deliberação sobre os vetos presidenciais, diretamente em sessão conjunta (arts. 57, § 3º, IV e 66, §§ 4º a 6º, CF), que se inserem como etapa final na elaboração das leis ordinárias ou complementares. Embora não constituam espécie normativa própria, a descrição a parte desse procedimento se dá exatamente por ele diferir da tramitação bicameral prevista no parágrafo único do art. 65 da Constituição para a revisão dos projetos de lei.

4.4.1. Projetos de leis orçamentárias

As leis orçamentárias estão previstas e descritas no art. 165 da Constituição Federal, são de iniciativa do Poder Executivo e estabelecem o plano plurianual (PPA), as diretrizes orçamentárias (LDO) e os orçamentos anuais (LOA). Não se caracterizam como uma espécie normativa própria, elas são leis ordinárias, aprovadas por maioria simples (art. 47, CF). Seguem, contudo, procedimentos especiais, com ampla regulação na própria Constituição Federal, que lhe dedica seção própria (Dos Orçamentos, arts. 165 a 169). Esses procedimentos especiais configuram uma espécie de tramitação concentrada, mediante instrução em comissão mista permanente e apreciação em sessão conjunta do Congresso Nacional, embora com votações separadas das Casas, de forma subsequente e imediata.[116]

O art. 166 da Constituição estabelece que os projetos de lei relativos ao PPA, à LDO e à LOA, assim como aos créditos adicionais, "*serão apreciados pelas duas Casas do Congresso Nacional, na forma do regimento comum*". Em seguida, o § 1º determina que caberá a uma Comissão mista permanente de Senadores e Deputados examinar e emitir parecer sobre esses projetos, as contas prestadas pelo Presidente da República, planos e programas nacionais, regionais e setoriais e exercer o acompanhamento e a fiscalização orçamentária, sem prejuízo da atuação das demais comissões e Casas do Congresso Nacional. O § 2º dispõe que as emendas parlamentares serão apresentadas na comissão mista, que sobre elas emitirá parecer, e apreciadas, "*na forma regimental, pelo Plenário das duas Casas do Congresso Nacional*".[117]

116 Ver nota 232, sobre as razões pelas quais tais procedimentos especiais não são considerados, nesta tese, como um modelo normativo específico de tramitação bicameral.

117 Embora não constitua propriamente emenda, a Constituição Federal traz exceção à impossibilidade de modificação do projeto pelo titular da iniciativa (Presidente

Há, ainda, previsão de uma lei complementar que disponha sobre o exercício financeiro, a vigência, os prazos, a elaboração e a organização das leis orçamentárias, além de normas de gestão financeira e patrimonial da administração direta e indireta, instituição e funcionamento de fundos e critérios para a execução equitativa, cumprimentos a restos a pagar e limitações de programações de caráter obrigatório (art. 165, § 9º, CF). A iniciativa das leis orçamentárias é considerada *vinculada*, pois o Presidente da República deverá, no tempo definido, remeter o respectivo projeto ao Congresso Nacional, nos termos dessa lei complementar (arts. 84, XXIII; 165, § 9º, I; e 166, § 6º, CF).[118]

É interessante observar que, na ordem constitucional anterior a previsão de deliberação do orçamento era, em dois momentos, expressamente referida para ocorrer nas sessões conjuntas do Congresso Nacional. Assim é que o art. 29, § 3º, III, da Constituição de 1967, com a redação dada pela Emenda Constitucional nº 1, de 1969, prevê que a Câmara dos Deputados e o Senado Federal, sob a direção da Mesa deste, reunir-se-ão em sessão conjunta, entre outras hipóteses, para "*discutir e votar o orçamento*" (art. 29, § 3º, III). Mais adiante, no art. 66, dispõe que o projeto de lei orçamentária anual será "*enviado pelo Presidente da República ao Congresso Nacional, para votação conjunta das duas Casas, até quatro meses antes do exercício financeiro seguinte* [...]", após exame e parecer por Comissão mista (art. 66, § 1º).

Duas outras disposições, de então, revelam o amplo controle do Poder Executivo sobre o orçamento. A parte final do art. 66 estipula que "*se, até trinta dias antes do encerramento do exercício financeiro, o Poder Legislativo não o devolver para sanção, será promulgado como lei*". Havia, ainda, severa limitação ao exercício de emendas, pois o § 1º do art. 65 dispunha que não seria objeto de deliberação "*a emenda de que decorra aumento de despesa global ou de cada órgão, fundo, projeto ou programa,*

da República) no § 5º do art. 166, ao dispor que o Presidente da República poderá enviar mensagem ao Congresso Nacional para propor modificação nos projetos a que se refere o artigo, enquanto não iniciada a votação na comissão mista, da parte cuja alteração é proposta. Os arts. 28, 83 e 95 da Resolução nº 1, de 24 de dezembro de 2006-CN, dispõem que tais propostas somente serão apreciadas se recebidas até o início da votação do respectivo relatório preliminar na comissão mista.

118 Até que a lei complementar a que se refere o art. 165, § 9º, I e II, entre em vigor, os prazos para encaminhamento das leis orçamentárias estão dispostos nos incisos do art. 35, § 2º, do ADCT.

ou que vise a modificar-lhe o montante, a natureza ou o objetivo". O papel do Poder Legislativo era tão-somente aprovar o projeto de lei vindo do Executivo, sem possibilidade de que fossem propostas emendas importantes. A hipótese de rejeição do orçamento era impossível de ser considerada, pois o governo não teria como iniciar o exercício financeiro sem um orçamento como guia.

Na Constituinte 1987/1988, o tema orçamentário mereceu grande atenção, pois era visto como símbolo das prerrogativas parlamentares perdidas durante o governo autoritário. Por isso, além de consagrar princípio e normas tradicionais, os dispositivos da Constituição de 1988 trouxeram novos conceitos e regras. Entre as novidades, aponta-se a devolução ao Legislativo da prerrogativa de propor emendas ao orçamento (art. 166, § 3º) e a explicitação do sentido da universalidade orçamentária considerando as receitas e despesas que devem integrar o orçamento público e merecer, portanto, a aprovação legislativa (art. 165, § 5º).[119] Houve, inclusive, previsão expressa da possibilidade de rejeição do projeto de lei orçamentária anual (art. 166, § 8º).

Com relação à deliberação das leis orçamentárias pelo Congresso Nacional, não se repetiram as antigas referências expressas à votação do orçamento em sessão conjunta. Mas se manteve a previsão de apreciação pelas duas Casas, na forma do Regimento Comum (art. 166, *caput*), assim como a apresentação de emendas e o exame e emissão de parecer em comissão mista permanente (art. 166, §§ 1º e 2º). O Regimento Comum disciplina a matéria em seção própria (Seção III do Capítulo III, arts. 89 a 103), complementada pela Resolução do Congresso Nacional nº 1, de 22 de dezembro de 2006, que a ele se integra (art. 1º, Res. 1/2006-CN).

A disciplina regimental mantém a previsão de apreciação da matéria orçamentária nas sessões conjuntas, conforme referido nos arts. 89 e 100 do RCCN. A instrução ocorre na comissão mista permanente (art. 166, § 1º, CF; art. 90, RCCN), cuja composição, organização, competência, e regras de funcionamento estão indicadas na Constituição e regulamentadas na mencionada Resolução nº 1, de 2006, que também disciplina a tramitação das diversas leis orçamentárias.

Há diversas referências na Resolução do Congresso Nacional nº 1, de 2006, ao *"Plenário do Congresso Nacional"*,[120] indicando que a ma-

119 GIACOMONI, James. Orçamento Público. 10ª ed., São Paulo: Atlas, 2001, p. 56.

120 São os seguintes dispositivos da RCN 1/2006-CN com menção ao *"Plenário do Congresso Nacional"*: arts. 82, XVI; 107; 114, VI; 116, VI; 123, *caput* e § 3º; 137.

téria não é deliberada em sessões separadas das Casas, mas em sessão conjunta.[121] O mais expressivo é o art. 137, segundo o qual "*o plenário do Congresso Nacional, quando em apreciação matéria orçamentária, proclamado o resultado da votação de cada Casa, poderá ser solicitada a sua verificação* [...]". O dispositivo prevê que a apreciação no plenário do Congresso Nacional, em sessão conjunta, ocorrerá mediante "*votação de cada Casa*". Essa disposição está em consonância com o disposto no art. 43 do Regimento Comum, cujo *caput* dispõe que, para apreciação das matérias em sessões conjuntas, "*nas deliberações, os votos da Câmara dos Deputados e do Senado Federal serão sempre computados separadamente*". Acrescenta-se que o voto contrário de uma das Casas importará a rejeição da matéria (§ 1º) e que a votação começará pela Câmara dos Deputados (§ 2º).[122]

Considerada a instrução das leis orçamentárias pela comissão mista permanente, verifica-se que a deliberação das leis orçamentárias ocorre em sessão conjunta, muito embora a votação se faça separadamente, computando-se os votos em cada Casa. Trata-se de deliberação concentrada, mas na qual a votação propriamente dita ocorre de forma bicameral (sucessivamente, em cada Casa). Com isso, evita-se a votação "promíscua"[123], na qual os votos dos deputados federais seriam suficientes para decidir o destino da matéria.

A adoção dessa sistemática justifica-se pela natureza da matéria orçamentária, que exige celeridade em sua apreciação, em atenção sobretudo à periodicidade do orçamento anual. Outro aspecto que exige relevo é o processamento das emendas parlamentares, que tiveram sua possibilidade retomada a partir da Constituição de 1988 e crescem, a cada ano, em seus valores e impacto, sendo parte delas agora de execu-

---

121 Em sentido oposto, o § 9º do art. 62, acrescentado pela Emenda Constitucional nº 32, de 2001, ao disciplinar a tramitação das medidas provisórias, deixou expresso que elas seriam examinadas por comissão mista de Deputados e Senadores, antes de serem apreciadas, "*em sessão separada, pelo plenário de cada uma das Casas do Congresso Nacional*".

122 Nas sessões conjuntas, essa ordem somente não será seguida na votação dos vetos, em caso de projeto de lei de iniciativa de Senadores, quando então a votação começará pelo Senado (art. 43, § 2º, *in fine*, RCCN).

123 A denominação era utilizada na crítica que o Senado fazia a votações tomadas em conjunto na Constituição do Império, uma vez que resultavam na proeminência numérica da Câmara dos Deputados.

ção obrigatória (impositivas).[124] Como exemplo, ao Orçamento de 2023 foram apresentadas 6.640 emendas parlamentares, que somam valor superior a R$ 234 bilhões.[125]

Nesse contexto, mostra-se inviável a aplicação do parágrafo único do art. 65 da Constituição Federal, não só pela celeridade necessária, mas também porque não se poderia cogitar de prevalência da Casa iniciadora sobre as emendas da Casa revisora. Por essa razão, adota-se o sistema da comissão mista permanente, que produz o parecer pelo qual se orientará a deliberação das Casas. Enfim, essas características conduzem à apreciação em conjunto das leis orçamentárias no plenário do Congresso Nacional, com submissão do projeto e emendas, na forma proposta pelo parecer da comissão mista permanente, às duas Casas numa mesma sessão, ocorrendo as votações sobre o mesmo objeto e de forma imediatamente subsequente.

Considerando que o processo legislativo orçamentário tem características peculiares, nem havendo, rigorosamente, tramitação entre as Casas, mas sim deliberação do projeto em sessão conjunta, seu estudo não será desenvolvido neste trabalho, cujo foco atém-se ao trâmite bicameral e à resolução das divergências entre as Casas, apesar da importância e interesse acadêmico que o tema orçamentário merece.

4.4.2. Apreciação dos vetos presidenciais

O § 1º do art. 66 da Constituição contempla a possibilidade de o Presidente da República vetar todo o projeto de lei, ou parte dele, se considerá-lo inconstitucional ou contrário ao interesse público. Para tanto, dispõe do prazo de quinze dias úteis, contados da data do recebimento, devendo então comunicar os motivos do veto ao Presidente do Senado dentro de quarenta e oito horas.[126] Como se vê, o veto poderá

124 A propósito, as Emendas Constitucionais n°s 87, de 16 de abril de 2015; e 100, de 26 de junho de 2019.

125 AGÊNCIA CÂMARA. Parlamentares apresentam 6.640 emendas ao Orçamento de 2023. *Agência Câmara*. Brasília: Câmara dos Deputados, 16 nov. 2022. Disponível em: https://www.camara.leg.br/noticias/919879-parlamentares-apresentam-6-640-emendas-ao-orcamento-de-2023/ Acesso em 20 mar. 2023.

126 Sobre a impossibilidade de "novo veto" em lei já promulgada e publicada, havendo ocorrência de preclusão decorrido o prazo deferido ao Presidente da República, ver: ADPFs 714, 715 e 716, Relator Ministro Gilmar Mendes, Tribunal Pleno, julgamento em 17/02/2021, DJe 25/02/2021. Requerente: Partido Democrático Trabalhista (PDT). Interessado: Presidente da República.

ter razão jurídica (inconstitucionalidade) ou política (contrariedade ao interesse público).

O veto poderá atingir todo o projeto ou apenas parte dele.[127] Com o veto total, o projeto não se transforma em lei, até que haja seu reexame pelo Congresso Nacional. O veto parcial obriga o reexame apenas da parte atingida do projeto. A parte não vetada (ou seja, sancionada) já se torna lei, seguindo-se a promulgação e a entrada em vigor, após a publicação.[128] O veto parcial "*somente abrangerá texto integral de artigo, de parágrafo, de inciso ou de alínea*" (art. 66, § 2º).[129]

O veto total ou parcial será objeto de apreciação pelo Congresso Nacional. O veto é relativo e superável, pois apenas suspende a transformação do texto vetado em lei, até que o Congresso Nacional se pronuncie sobre ele. Para tanto, é prevista a realização de sessão conjunta para "*conhecer do veto e sobre ele deliberar*" (art. 57, § 3º, IV).

No mesmo sentido, o § 4º do art. 66 da Constituição dispõe que "*o veto será apreciado em sessão conjunta, dentro de trinta dias a contar de seu recebimento, só podendo ser rejeitado pelo voto da maioria absoluta dos deputados e senadores*".[130] Interessante é observar que atualmente se vota a favor ou contra o veto propriamente dito. Anteriormente, se votava a favor ou contra o projeto (a matéria vetada), que iria à promulgação se obtivesse a votação de dois terços dos membros de cada uma das Casas (art. 62, § 3º, CF-1967; art. 59, § 3º, após a EC nº 1, de 1969).

---

127 O veto sempre esteve presente nas Constituições brasileiras. O veto parcial surgiu com a Emenda Constitucional de 3 de setembro de 1926 à Constituição de 1891. Posteriormente, para conter abusos por parte do governo, que não raro alterava, por meio deles, o sentido do texto aprovado, o art. 7º da Emenda Constitucional nº 17, de 1965, dispôs que o veto parcial "*deve abranger o texto de artigo, parágrafo, inciso, item, número ou alínea*" (art. 70, § 1º, da Constituição de 1946, com a redação dada pela referida Emenda Constitucional).

128 Na Constituição argentina, embora possa haver veto parcial, o projeto somente se converte em lei após o reexame do Congresso (art. 83).

129 Sobre situações recentes e peculiares sobre o veto, ver: CAVALCANTE FILHO, João Trindade. A ciranda do veto: tradicional, meio-veto, desveto, reveto e não veto. *Consultor Jurídico (CONJUR)*. 14 fev. 2023. Disponível em: https://www.conjur.com.br/2023-fev-14/fabrica-leis-ciranda-veto-tradicional-meio-veto-desveto-reveto-nao-veto#_ftn6 . Acesso em 21 mar. 2023.

130 A redação transcrita foi dada pela Emenda Constitucional nº 76, de 28 de novembro de 2013. Até essa Emenda, a votação dos vetos era realizada em escrutínio secreto.

Esgotado sem deliberação o prazo previsto no § 4º do art. 66, o veto será colocado na ordem do dia da sessão imediata, sobrestadas as demais proposições, até sua votação final (art. 66, § 6º, CF). O prazo é contado, atualmente, da protocolização do veto na Presidência do Senado Federal, conforme o art. 104-A do Regimento Comum, acrescentado pela Resolução do Congresso Nacional nº 1, de 11 de julho de 2013-CN. Antes, o prazo era contado da leitura do veto na sessão conjunta, do que muitas vezes resultava grande atraso em sua deliberação.[131]

Isso era agravado pelo fato de que as sessões conjuntas não tinham periodicidade definida, ocorrendo apenas quando convocadas pelo Presidente do Senado Federal ou seu substituto, com audiência da Mesa da Câmara (art. 2º, RCCN). Para tentar dar cumprimento ao prazo, foi definida a convocação de sessão conjunta "*para apreciação de vetos para a terceira terça-feira de cada mês, impreterivelmente*" (art. 106, § 1º, RCCN, com a redação da Res. 1/2013-CN). Se não realizadas, deve-se convocar sessão conjunta para a terça-feira seguinte (art. 106, § 2º, RCCN, com a redação dada pela Res. 1/2013-CN).

Se o veto não for votado no prazo constitucional, ocorrerá o sobrestamento da pauta das sessões conjuntas (art. 66, § 6º, CF, parte final). Contudo, seu efeito é limitado, pois ele incidirá apenas sobre as deliberações tomadas no plenário do Congresso Nacional, alcançando os projetos de leis orçamentárias (art. 166, CF) e demais hipóteses previstas no § 3º do art. 57 da Constituição.

Desde a Resolução do Congresso Nacional nº 1, de 11 de março de 2015, que alterou o procedimento de apreciação dos vetos presidenciais no Regimento Comum, há previsão de que a votação dos vetos seja nominal e ocorra por meio de cédula com identificação do parlamentar, da qual constarão todos os vetos incluídos na ordem do dia, agrupados por projeto.[132] Essa cédula deverá permitir a apuração eletrônica da votação (arts. 46 e 106-A RCCN, com a redação dada pela Res. 1/2015-CN). Contudo, até o início da ordem do dia, poderá ser apresentado desta-

131 A propósito, ver: BRASIL. Supremo Tribunal Federal. *Agravo Regimental no Mandado de Segurança nº 31.816/DF*, Relator para o Acórdão Ministro Teori Zavaski, Tribunal Pleno, julgamento em 27/02/2013, DJe 13/05/2013). Agravante: Mesa do Congresso Nacional. Agravado: Alessandro Lucciola Molon.

132 Esta Resolução revogou o *caput* e § 2º do art. 104 e o art. 105 do Regimento Comum, que previam a constituição de comissão mista, de 3 membros de cada Casa, para examinar e dar parecer sobre o veto, no prazo de vinte dias. A partir de então, o veto é remetido diretamente ao plenário do Congresso Nacional, para apreciação.

que de dispositivos individuais ou conexos para apreciação no painel eletrônico, a requerimento de líderes, conforme proporcionalidade das bancadas partidárias (art. 106-A, § 1º, com a redação dada pela Res. 1/2015-CN).

Nas deliberações em sessões conjuntas, os votos da Câmara dos Deputados e do Senado Federal serão computados separadamente (art. 43, RCCN). No caso de vetos presidenciais, a votação começará pela Câmara dos Deputados, salvo se o projeto de lei vetado for de iniciativa de senador, quando a votação começará pelo Senado (art. 43, § 2º, RCCN). Na verdade, instituído o sistema de cédula eletrônica, a votação se dá simultaneamente, mas a apuração obedecerá à sequência determinada. Nos itens de veto destacados, quando há votação no painel eletrônico, então será obedecida a sequência de votação.

Segundo a parte final do § 4º do art. 66 da Constituição, o veto só "*pode ser rejeitado pela maioria absoluta dos deputados e senadores*". Desse modo, submetido o veto à votação, se obtida a maioria absoluta de votos "NÃO", ele estará rejeitado. Se aquele quórum de votação não é obtido, o veto estará mantido e a matéria vetada será definitivamente arquivada. As votações nas Casas são separadas e sucessivas. O veto precisa ser rejeitado em ambas. Se o veto é mantido na primeira, nem há necessidade de votar na segunda. Se ele é rejeitado na primeira, vota-se na segunda. Se o veto for rejeitado também na segunda câmara, a matéria vetada irá à promulgação.

Se o veto não for mantido, o projeto (ou a parte dele vetada) será enviado ao Presidente da República para promulgação (art. 66, § 5º, CF). Se não for promulgado em quarenta e oito horas, o Presidente do Senado o promulgará e, se este não o fizer em igual prazo, o Primeiro Vice-Presidente do Senado deverá fazê-lo (art. 66, § 7º, CF; art. 52, II, RISF).

No caso do veto parcial, a parte vetada passa a fazer parte integrante da lei anteriormente sancionada e promulgada, formando com esta um só diploma legal. Incide, então, a cláusula de vigência, estabelecida no texto ou no art. 1º da Lei de Introdução às Normas do Direito Brasileiro (Decreto-Lei nº 4.657, de 4 de setembro de 1942). O prazo para início da vigência conta-se a partir da data de publicação de cada parte, respectivamente.

Como se vê, o procedimento de apreciação dos vetos presidenciais ocorre de forma concentrada, em sessão conjunta. Atualmente, a apreciação ocorrerá mediante cédula eletrônica, onde constarão todos os itens de veto da pauta, salvo destaques feitos pelas lideranças. A apuração da cédula, ou a votação dos destaques, se dá seguidamente nas Casas, na ordem determinada pela iniciativa do projeto de lei vetado. A rejeição do veto dependerá da convergência entre as Casas, pela obtenção da maioria absoluta de votos "NÃO" em ambas. Se não obtida essa maioria absoluta em uma das Casas, o veto estará mantido (e a matéria vetada, arquivada). Desse modo, não há outras considerações relativas ao sistema bicameral, sendo a votação realizada de forma concentrada nas sessões conjuntas do Congresso Nacional, colhendo-se apenas as votações separadamente, para evitar que os votos dos senadores (em qualquer direção) sejam sobrepujados pelos votos dos deputados federais.

4.5. Dados sobre elaboração das Leis Ordinárias da 51ª à 56ª legislatura

Esta seção tem por objetivo apresentar o levantamento realizado sobre a elaboração das leis ordinárias no período compreendido entre a 51ª e a 56ª Legislaturas (fevereiro de 1999 a janeiro de 2023), com o objetivo de verificar como as Casas têm atuado no papel de iniciadoras ou de revisoras dos projetos de leis ordinárias, assim como observar como foram resolvidas as divergências consignadas na forma de emendas ou de substitutivos. Para tanto, as subseções fornecem dados sobre a iniciativa e as etapas de apreciação das proposições na Casa revisora e seu retorno para decisão final da Casa iniciadora.

Vale esclarecer que os projetos de leis orçamentárias seguem sistemática diversa de tramitação, mediante deliberação em sessão conjunta do Congresso Nacional, motivo pelo qual não estão computadas nesta seção, salvo quando mencionadas para efeito de totalização da produção de leis ordinárias em geral.

4.5.1. Projetos de lei ordinária que chegaram à revisão e resultados legislativos

Tomando em conta esse período, foram identificados os projetos de leis ordinárias que chegaram à revisão, ou seja, aqueles que foram aprovados na Casa iniciadora e, por consequência, foram encaminhados à Casa revisora. Não foram considerados os projetos que não foram aprovados na Casa iniciadora porque esses sequer chegaram a ter tramitação bicameral. O objetivo é verificar como cada uma das câmaras considera os projetos provenientes da outra e qual o resultado a que afinal chegaram.

Os dados da consolidação geral dos projetos de lei ordinária estão expostos na Tabela abaixo. Conforme se verifica, no período, chegaram ao Senado Federal 3.527 projetos iniciados e aprovados pela Câmara dos Deputados. Por sua vez, foram 2.709 os projetos iniciados no Senado Federal e que chegaram à revisão da Câmara dos Deputados. Ao todo, foram **6.236** projetos de lei ordinária aprovados pela respectiva Casa iniciadora e remetidos à Casa revisora.

Tabela 4.1 – Projetos de lei ordinária encaminhados à revisão e resultado da tramitação

Tipos de resultados	Iniciados na CD e encaminhados ao SF						Iniciados no SF e encaminhados à CD			1999 a 2022	
	Iniciativa Extraparlamentar			Iniciativa Parlamentar			Iniciativa Parlamentar			Resultados	
	N°	% Inic.	% Tipo	Nº	% Inic.	% Tipo	N°	% Inic.	% Tipo	Total Tipo	% do Total
TL	662	88,98	28,05	1113	39,99	47,16	585	21,59	24,79	**2360**	**37,84**
ET	38	5,11	1,64	789	28,35	34,08	1488	54,93	64,28	**2315**	**37,12**
RJ	2	0,27	0,40	177	6,36	35,69	317	11,70	63,91	**496**	**7,96**
PJ	6	0,81	1,72	90	3,23	25,79	253	9,34	72,49	**349**	**5,60**
ARQ	28	3,76	5,08	501	18,00	90,93	22	0,81	3,99	**551**	**8,83**
VTM	8	1,08	4,85	113	4,06	68,48	44	1,62	26,67	**165**	**2,65**
Total de PLs à revisão	**744**	**100,00**	**11,93**	**2783**	**100,00**	**44,63**	**2709**	**100,00**	**43,44**	**6236**	**100%**
Tramitação	CD → SF = 3527 (56,56%)						SF → CD = 2709				

Legenda Tipos: TL = Transformado em Lei; ET = Em tramitação; RJ = Rejeitado; PJ = Prejudicado; ARQ = arquivado; VTM = Veto Total Mantido.

Dos 6.236 projetos de lei ordinária remetidos à revisão, 2.360 transformaram-se em leis ordinárias, o que corresponde a 37,84%. Um percentual bem semelhante de projetos, 37,12%, equivalente a 2.315, ainda se encontrava em tramitação até o final da 56ª Legislatura, em 31 de janeiro de 2023. Há, ainda, um quarto de projetos (25,04%) que teve outro destino, como a rejeição (496 projetos; 7,96%), a prejudicialidade (349 projetos; 5,60%), o arquivamento (551 projetos; 8,83%) ou o veto total mantido (165; 2,65%).

Com relação às iniciativas desses 6.236 projetos de lei ordinária, são surpreendentemente parecidos os números das iniciativas parlamentares, que são 2.783 para a Câmara dos Deputados (44,63%) e 2.709 para o Senado Federal (43,44%). A elas se somam 744 iniciativas extraparlamentares, o que faz o diferencial para que a Câmara dos Deputados encaminhe mais projetos ao Senado Federal do que o sentido inverso. Mas essa diferença não é tão expressiva, pois representa 11,93% do total de projetos com tramitação bicameral, de modo a perfazer o total de 3.527 projetos iniciados na Câmara dos Deputados (56,56%).

Contudo, é possível observar certa discrepância entre os percentuais de projetos recebidos em cada Casa e o percentual de projetos que, desses, se transformam em leis. Como visto, a diferença quanto à remessa de projetos não é tão significativa (Câmara, 56,56%; Senado, 43,44%) e se deve basicamente às iniciativas extraparlamentares (11,93%). Contudo, considerados os 2.360 transformados em lei, eles são: 1.775 iniciados na Câmara, o que corresponde a 75,21% (662 de iniciativa extraparlamentar mais 1.113 de iniciativa parlamentar); e 585 iniciados no Senado, equivalente a 24,79% (todos eles de iniciativa parlamentar).

Uma razão inicial para a diferença de aprovações refere-se à iniciativa dos projetos. Das 744 iniciativas extraparlamentares, 662 transformaram-se em lei (ou seja, 88,98%).[133] As iniciativas parlamentares têm índice bem menor de sucesso: 39,99% para a Câmara (1.113 dos 2.780 projetos apresentados por deputados ou comissões da Casa); e 21,59% para o Senado (585 dos 2.709 projetos de senadores ou comissões da Casa). Mas essa não é a razão preponderante, pois a remessa de iniciativas parlamentares contribui com acréscimo de menos de doze por cento, enquanto os projetos iniciados na Câmara representam dois terços dos convertidos em lei. Isso indica que há expressiva contribuição da iniciativa parlamentar da própria Câmara dos Deputados. Vale, então, analisar mais minuciosamente os resultados obtidos pela iniciativa, parlamentar e extraparlamentar.

Com relação à iniciativa parlamentar, há duas dimensões a considerar. A primeira é a dos tipos de resultados obtidos pelos projetos em cada Casa revisora, o que acaba por demonstrar como ela atua no desempenho dessa função. Não é da preferência de nenhuma das Casas a

133 Vale observar que 5,11% dos projetos de iniciativa extraparlamentares (38 deles) ainda se encontrava em tramitação no final da 56ª Legislatura, de modo que apenas o remanescente (6,05%; 45 projetos) concluiu a tramitação com insucesso.

rejeição expressa dos projetos. O Senado somente rejeitou 177 (6,36%) dos 2.780 projetos encaminhados pela Câmara. A Câmara rejeitou mais, foram 317 (11,70%) dos 2.709 projetos encaminhados pelo Senado, mas ainda assim não é tão significativo. Os números da prejudicialidade também são baixos: 253 (9,34%) de projetos do Senado, declaradas na Câmara; 90 (3,23%) de projetos da Câmara, declaradas no Senado. Possivelmente, o número é maior na Câmara devido às apensações, mais frequentes do que no Senado.

Os números de projetos arquivados são inversamente proporcionais aos mantidos em tramitação. De iniciativa parlamentar na Câmara, foram 501 (18,00%) arquivados no Senado; de iniciativa do Senado, foram 22 (0,81%) arquivados na Câmara. De iniciativa parlamentar na Câmara, 789 projetos (28,35%) permanecem em tramitação no Senado; de iniciativa do Senado, 1.488 (54,93%) continuam em tramitação. Isso se deve, em grande parte, às regras regimentais de arquivamento ao final das legislaturas, que excetuam as proposições originárias da outra Casa (art. 105, III, RICD, revogado;[134] art. 332, I, RISF), mas que, no caso do Senado, preveem que ele ocorrerá após duas legislaturas (art. 332, parágrafo único, RISF[135]). Seja por essa razão, ou pela falta de deliberação sobre as matérias, verifica-se que mais da metade das proposições encaminhadas pelo Senado para a Câmara encontram-se em tramitação (54,93%).

Considerados todos esses números, pode-se concluir que, no processo legislativo brasileiro, o poder de veto no Congresso Nacional é praticado de uma forma que poderia ser qualificada como *rejeição por espera*.[136] Nesse sentido, basta contrapor a quantidade de projetos que

134 O antigo inciso III do art. 105 do RICD dispunha que as proposições originárias do Senado eram excepcionadas do arquivamento ao final da legislatura. A Resolução nº 33, de 2022, revogou este inciso, acrescentando o inciso VI, excepcionando do arquivamento as proposições "*destinadas à elaboração das espécies normativas referidas no art. 59 da Constituição Federal que não tenham tramitado por três legislaturas completas*" (novo inciso VI do art. 105 do RICD).

135 Segundo o art. 332 do RISF, ao final da legislatura serão arquivadas todas as proposições em tramitação no Senado, exceto as que enumera, entre as quais as originadas da Câmara (inciso I). Contudo, o § 1º dispõe que, em todas as hipóteses, será automaticamente arquivada a proposição que se encontre em tramitação há duas legislaturas, salvo se requerida a continuidade de sua tramitação nos termos em que estabelece a seguir.

136 Essa estratégia é possibilitada pelas regras de formação da Ordem do Dia, que correspondem à pauta de votação dos plenários das câmaras. Ela é designada pelo Presidente da Casa, após ouvidas as lideranças (art. 17, I, "s", e 86, RICD; arts. 48,

são mantidos em tramitação, em contraposição aos rejeitados. Além disso, os arquivamentos ocorrem ao final das legislaturas e decorrem, em geral, do longo tempo de tramitação dos projetos, sem apreciação.

Uma segunda dimensão a considerar quanto à iniciativa parlamentar refere-se à sua significativa participação na elaboração das leis ordinárias (não orçamentárias), pelo menos as decorrentes dos projetos de leis.[137] Conforme se verifica na linha do tipo de resultado Transformados em Lei (TL), os percentuais das leis produzidas são os seguintes: de iniciativa extraparlamentar: 28,05%; de iniciativa parlamentar da Câmara dos Deputados: 47,16%; de iniciativa parlamentar do Senado Federal: 24,79%. Somados esses dois últimos índices, relativos à iniciativa parlamentar, sua contribuição é de 71,95%. De certo modo, esses números amenizam a importância que em geral se atribui à iniciativa extraparlamentar quanto à prevalência da Câmara dos Deputados. Se ela prevalece na realidade do sistema bicameral das leis, muito se deve à sua própria produção legislativa, responsável por quase metade das iniciativas transformadas em lei.

Já as iniciativas extraparlamentares têm índices baixíssimos de rejeição e de prejudicialidade. São 8 projetos em 744, o que corresponde a apenas 1,07%. Somados os arquivados e os vetados totalmente, são apenas 45, ou seja, 6,02%. Como há 4,95% em tramitação, apenas 10,75% dos projetos, após chegarem à revisão não foram convertidos em lei. Isso demonstra alta taxa de sucesso para as iniciativas extraparlamentares que conseguem a aprovação da Casa iniciadora, a Câmara dos Deputados. Para aprimorar a compreensão desses dados, é interessante considerar como se compõe essa iniciativa extraparlamentar e seus resultados, conforme apresentado na Tabela a seguir:

VI, 163, RISF). Não há, contudo, obrigatoriedade de inclusão na Ordem do Dia dos projetos, ou prazos rigorosamente definidos para que isso ocorra, salvo nos projetos em urgência constitucional (art. 64, §§ 1º a 4º, CF).

137 A estas somam-se, na elaboração de leis ordinárias, as medidas provisórias e os projetos orçamentários, conforme será visto adiante.

Tabela 4.2 – Projetos de lei ordinária de iniciativa extraparlamentar encaminhados à revisão e resultado da tramitação

Extraparlamentares	PR		TRIBUNAIS		MPU		DPU		POP	
Tipo de Resultado	N°	%	N°	%	N°	%	N°	%	N°	%
TL	446	86,52	181	94,76	33	97,06	5	83,33	0	0
ET	31	6,05	5	2,62	1	2,94	0	0	1	100,00
RJ	2	0,39	0	0	0	0	0	0	0	0
PJ	6	1,17	0	0	0	0	0	0	0	0
ARQ	27	5,27	1	0,52	0	0	0	0	0	0
VTM	3	0,59	4	2,09	0	0	1	16,67	0	0
Total Titular	512	100,00	191	100,00	34	100,00	6	100,00	1	100,00
TOTAL GERAL	747									

Legenda Titulares: PR = Presidente da República; MPU = Ministério Público da União; DPU = Defensoria Pública da União; POP = Iniciativa Popular; Tribunais = Supremo Tribunal Federal, Tribunais Superiores e Tribunal de Contas da União.

Legenda Tipos: TL = Transformado em Lei; ET = Em tramitação; RJ = Rejeitado; PJ = Prejudicado; ARQ = arquivado; VTM = Veto Total Mantido.

O que se verifica na Tabela é que os índices de transformação em lei dos projetos de iniciativa dos Tribunais e do Ministério Público da União ultrapassam 90% e são ainda maiores do que a média de 88,98% apresentados na tabela anterior para o conjunto das iniciativas extra-parlamentares. Apenas a Defensoria Pública da União e o Presidente da República têm índices na faixa inferiores a essa média, mas ainda assim superiores a 80%. No caso da DPU são poucos os projetos e um deles não foi transformado em lei por um veto total mantido.[138]

Esse desempenho é explicado pela deferência do Congresso Nacional a essas instituições e pelo fato de que os projetos se referem a matéria de iniciativa privativa, em geral relacionadas a temas administrativos próprios, o que facilita sua aprovação. A única exceção é o Presidente da República, que também tem iniciativa geral. Por conse-

138 O projeto vetado totalmente foi o PL 2747, de 2015, na Câmara (PLC nº 32, de 2016, no Senado), que "dispõe sobre o subsídio do Defensor Público-Geral Federal e dá outras providências". O veto foi mantido na sessão conjunta de 18 de outubro de 2016.

quência, seus índices de matérias em tramitação e arquivadas são um pouco maiores, de 6,05% e 5,27, respectivamente.

A iniciativa popular consta com apenas um projeto de lei pelo fato de que somente o PL nº 4.850, de 2016 (PLC nº 27, de 2017, no Senado), que "*estabelece medidas contra a corrupção e demais crimes contra o patrimônio público e combate o enriquecimento ilícito e de agentes públicos*", foi autuado formalmente com essa titularidade de iniciativa, após Medida Liminar deferida nesse sentido deferida pelo Ministro Luiz Fux nos autos do Mandado de Segurança nº 34.530. Após emendas do Senado Federal, autuadas como PL nº 3855, de 2019, o projeto permanece em tramitação na Câmara dos Deputados.

4.5.2. Iniciativas e origem das leis ordinárias elaboradas da 51ª à 56ª Legislatura

No processo legislativo brasileiro, as leis ordinárias são provenientes de três tipos de proposições legislativas: a conversão de medidas provisórias; a transformação de projetos de lei orçamentária; e a transformação de projetos de lei ordinária (não orçamentária). Os dois primeiros somente têm iniciativa do Presidente da República. Já os projetos de lei podem ter inciativa de diversos titulares que recebem essa prerrogativa da Constituição Federal.

A Tabela abaixo apresenta a evolução da 51ª até a 56ª Legislatura do número de leis ordinárias que resultaram desses processos e da iniciativa dos diversos titulares. No período, foram produzidas **4.654 leis ordinárias**, não computadas apenas leis ordinárias provenientes da conversão de medidas provisórias anteriores à Emenda Constitucional nº 32, de 11 de setembro de 2001, pois elas seguiam rito específico de deliberação em sessão conjunta.

Do conjunto de 4.654 leis ordinárias:

- 837 (17,99%) foram provenientes de medidas provisórias (MPV) posteriores à Emenda Constitucional nº 32, de 2001, cuja tramitação bicameral ocorreu na forma dos arts. 62, §§ 8º e 9º, e 65, da Constituição;
- 1.457 (31,30%) foram provenientes de projetos de lei orçamentários (PLN), cuja deliberação ocorre em sessão conjunta do Congresso Nacional, nos termos do art. 166 da Constituição e do Regimento Comum do Congresso Nacional;

- 2.360 (50,71%) foram provenientes de projetos de lei (PL) cuja tramitação bicameral ocorreu na forma do art. 65 da Constituição Federal, distribuídos pelas iniciativas da seguinte forma: 445 do Presidente da República; 217 do STF, Tribunais Superiores, MPU e DPU; 1.113 de deputados e comissões da Câmara; 585 de senadores e comissões do Senado.

Tabela 4.3 - Origem e iniciativas das leis ordinárias produzidas da 51ª à 56ª Legislatura

Legislatura	INICIATIVA						TOTAL
	Presidente da República			Jurídicas[2]	Câmara	Senado	
	MPV[3]	PLN (Orç.)[4]	PL[5]	PL	PL	PL	
51ª (1999-2002)	59	419	102	19	124	32	**755**
52ª (2003-2006)	226	296	95	31	105	50	**803**
53ª (2007-2010)	148	270	106	51	189	174	**938**
54ª (2011-2014)	118	135	82	75	197	94	**701**
55ª (2015-2018)	126	162	40	24	245	112	**709**
56ª (2019-2022)	160	175	20	17	253	123	**748**
Total	837	1457	445	217	1113	585	**4654**
% Total	**17,99%**	**31,30%**	**9,56%**	**4,66%**	**23,92%**	**12,57%**	**100,00%**
Só PLs	-	-	**445**	**217**	**1.113**	**585**	**2360**
% PLs	-	-	**18,86%**	**9,19%**	**47,16%**	**24,79%**	**100,00%**

Notas: (1) O período compreendido é de 01/02/1999 até 31/01/2022. (2) Iniciativas Jurídicas: STF, Tribunais Superiores, TCU, Ministério Público da União e Defensoria Pública da União. (3) Somente foram consideradas as leis objeto de conversão de medidas provisórias a partir da Emenda Constitucional nº 32, de 2001; (4) PLN é projeto de lei do Congresso Nacional, referente à matéria orçamentária; (5) PL é projeto de lei, referente à legislação em geral.

Em um primeiro momento, impressiona que quase um terço (31,30%) das leis ordinárias produzidas no período decorreram de projetos de leis orçamentárias (PLN), certamente referentes a créditos adicionais, que tramitam na forma do art. 166 da Constituição, com deliberação em sessão conjunta do Congresso Nacional. A isso se somam 17,99% de leis ordinárias provenientes de medidas provisórias.

Então, quase metade das leis produzidas no período (50,70%) foram elaboradas pela tramitação de projetos de lei ordinária (PL), conforme o modelo de tramitação instituído pelo art. 65 da Constituição Federal. Consideradas apenas essas, aproximadamente metade (47,16%) foi de iniciativa de deputados e comissões da Câmara dos Deputados. A outra metade praticamente se divide entre as iniciativas extraparlamentares (28,05%) e as de iniciativa dos senadores e comissões do Senado Federal (24,79%). Portanto, podemos concluir que dos projetos de lei ordinária, três quartos tiveram como Casa iniciadora a Câmara dos Deputados (75,21%) e o outro quarto teve como Casa iniciadora o Senado Federal (24,79%).

Embora se observe evidente prevalência da Câmara dos Deputados, é possível verificar que: (a) essa prevalência deve-se mais à iniciativa própria da Casa do que à iniciativa extraparlamentar; (b) a iniciativa do Presidente da República representou 18,86% dos projetos de lei, de modo que, embora contribua, não é a iniciativa dessa autoridade a maior responsável pela prevalência da Câmara dos Deputados; e (c) a iniciativa do Senado Federal não é desprezível, pois corresponde a um quarto das leis produzidas, o que equivale ao mesmo índice das iniciativas extraparlamentares de projetos de lei.

Na Tabela é possível observar que a iniciativa presidencial dos projetos de lei diminuiu ao longo do tempo, especialmente nas últimas legislaturas. De outro lado, cresceu a iniciativa parlamentar, tanto da Câmara dos Deputados quanto do Senado Federal. Isso pode representar a retomada de certo protagonismo do Legislativo na elaboração das leis ordinárias, embora seja variável bastante afeta a influências políticas e à estratégia de gestão governamental.

4.5.3. A aprovação dos projetos pela Casa revisora nas leis produzidas

Nas tabelas anteriores, foram analisados os resultados positivos ou não de tramitação dos projetos de lei ordinária. Nos resultados de insucesso da tramitação, foi demonstrado que são poucas as rejeições expressas dos projetos de lei ordinária na Casa revisora. Em geral, adota-se a opção qualificada como *rejeição por espera*, que consiste em manter em tramitação os projetos de lei que não se pretende aprovar. No limite, eles acabam sendo objeto de arquivamento ao final de duas ou três legislaturas de tramitação, conforme as regras regimentais pertinentes.

Interessa agora analisar mais detidamente as aprovações dos projetos de lei na Casa revisora, de modo a conhecer como efetivamente são produzidas as leis ordinárias no Congresso Nacional sob a perspectiva bicameral. Deste ponto em diante, passa-se a analisar a tramitação dos projetos de lei a partir de sua aprovação na Casa revisora. Isso permitirá conhecer como se deu o funcionamento do modelo bicameral na produção das leis ordinárias do período analisado.

Como foi anteriormente descrito, o art. 65 da Constituição estabelece que a Casa revisora, nas hipóteses de aprovação, poderá adotar uma das seguintes alternativas: (1) aprovar o projeto e encaminhá-lo à sanção; ou (2) fazer emendas, caso em que deverá retorná-lo à Casa iniciadora. Porém, no estudo das práticas legislativas, verificou-se uma outra opção, que é: (3) a aprovação de emenda de redação e envio à sanção.

A Tabela a seguir apresenta quantos projetos tiveram essas opções, no período analisado de 24 anos (51ª à 56ª Legislatura), separando-os conforme a iniciativa e, consequentemente, a Casa revisora.

Tabela 4.4 – Decisão pela aprovação dos projetos de lei ordinária na Casa revisora

Iniciativa e Casa Iniciadora	Casa Revisora	Decisão da Casa Revisora						Total iniciativa (TI)
		Sanção (sem emenda)		Sanção com emenda de redação		Retorno à Casa iniciadora		
		Nº	% TI	Nº	% TI	Nº	% TI	
Parlam. CD	SF	756	67,92	185	16,62	172	15,45	1113
Pres. Rep.	SF	333	74,83	71	15,96	41	9,21	445
Jurídicas*	SF	191	88,02	18	8,29	8	3,69	217
Total CD	**SF**	**1280**	**72,11**	**274**	**15,44**	**221**	**12,45**	**1775**
Parlam. SF Total SF	**CD**	**374**	**63,93**	**24**	**4,10**	**187**	**31,97**	**585**
Totais e % do TI		**1654**	**70,08**	**298**	**12,63**	**408**	**17,29**	**2360**

* Iniciativas "Jurídicas": STF, Tribunais Superiores, TCU, Ministério Público da União e Defensoria Pública da União.

Inicialmente, pode-se observar que há preponderância para o encaminhamento à sanção do projeto de lei da forma como aprovada pela Casa iniciadora (ou seja, sem emendas) nas duas Casas. Isso ocorreu em maior número quando o Senado atuou como Casa revisora (72,11%). Esse número foi maior para as iniciativas extraparlamentares: 88,02% nas Jurídicas; e 74,83% para o Presidente da República. Possivelmente, esses percentuais se devem às iniciativas privativas, que em geral suscitam menor interesse de alteração na Casa revisora, tanto assim que o retorno por emendas foi baixo (respectivamente, 3,69% e 9,21%). Comparando apenas as iniciativas parlamentares, elas são próximas, com o Senado Federal aprovando sem emendas um pouco mais do que a Câmara dos Deputados (67,92% contra 63,93%).

Consequentemente, a Câmara dos Deputados aprova mais projetos de lei com alterações do que o Senado Federal. A diferença entre as Casas é bastante significativa, porém, na forma de promover essas alterações. Após emendas, a Câmara dos Deputados retornou 31,97% dos projetos aprovados para o Senado Federal. Em apenas 4,10% dos projetos ela entendeu ter havido emenda de redação que não provocou o retorno à Casa iniciadora.

No Senado Federal, essas proporções se invertem. Em 12,45% dos casos, o Senado retornou o projeto à Câmara. Em percentual maior do que esse, de 15,44%, o Senado encaminhou o projeto à sanção após emenda de redação. Tal como referido no Capítulo anterior, apresenta-se claro o impacto causado pela prática de adoção das emendas de redação.

A Tabela adiante apresenta o número de projetos de lei aprovados com emenda de redação, em cada legislatura, para demonstrar a evolução da utilização dessa prática legislativa:

Tabela 4.5 – Número de projetos de lei ordinária aprovados com emenda de redação e enviados à sanção, por legislatura

Legislatura	Casa revisora	
	Senado	Câmara
51ª (1999-2002)	30	0
52ª (2003-2006)	34	4
53ª (2007-2010)	37	4
54ª (2011-2014)	40	3
55ª (2015-2018)	63	2
56ª (2019-2022)	70	11
Total	**274**	**24**

Embora sempre caiba exame específico, em cada projeto, os números indicam que as emendas de redação têm sido utilizadas para evitar a exposição de divergências e o consequente retorno à Casa iniciadora, o que indica sua adoção como um recurso estratégico contra a prevalência de decisão dessa câmara no modelo bicameral das leis.

4.5.4. Divergência e retorno da Casa revisora à iniciadora: emenda ou substitutivo

Considerando os casos de retorno para a Casa iniciadora, foi visto que há possibilidade de que a Casa revisora encaminhe emendas ao texto ou um substitutivo. O encaminhamento de emendas representa divergências pontuais em relação ao texto, pois cada uma delas endereça um dos dispositivos, salvo se eles forem correlacionados (art. 230, III, RISF). A opção pelo substitutivo, por outro lado, significa uma divergência mais abrangente, na medida em que ele busca suceder o texto em seu conjunto. A Tabela abaixo apresenta como as Casas revisoras têm buscado promover alterações no projeto de lei, se por meio de emendas ou de substitutivos.

Tabela 4.6 – Retorno para a Casa iniciadora nos projetos de lei ordinária: emenda ou substitutivo?

Iniciativa e Casa Iniciadora	Casa Revisora	Retorno (Emenda ou Substitutivo)				Total PLs com retorno (TPL)
		Emenda		Substitutivo		
		Nº	% TPL	Nº	% TPL	
Parlam. CD	SF	88	51,16	84	48,84	172
Pres. Rep.	SF	24	58,54	17	41,46	41
Jurídicas*	SF	7	87,50	1	12,50	8
Total CD	**SF**	**119**	**53,85**	**102**	**46,15**	**221**
Parlam. SF **Total SF**	**CD**	**44**	**23,53**	**143**	**76,47**	**187**
Totais e % do TPL		**163**	**39,95**	**245**	**60,05**	**408**

* Iniciativas "Jurídicas": STF, Tribunais Superiores, TCU, Ministério Público da União e Defensoria Pública da União.

As Casas têm preferências inversas quanto ao retorno. Ao atuar como Casa revisora, o Senado Federal praticamente equilibra o número de emendas (53,85%) ou de substitutivos (46,15%), com ligeira preponderância das primeiras. Mais uma vez observa-se a influência da iniciativa do projeto, pois as emendas são maioria, de forma decrescente: nas iniciativas das instituições Jurídicas (87,50%); do Presidente da República (58,54%); e dos deputados e comissões da Câmara (51,16%). Isso decorre da preferência, na mesma ordem, por mudanças mais pontuais no texto do que uma mudança em seu conjunto.

Já a Câmara dos Deputados apresenta grande preferência por retornar um substitutivo nos projetos de iniciativa do Senado Federal (76,47%). Esse número é bem superior até mesmo se comparado apenas ao índice de retorno de substitutivos nos projetos de iniciativa parlamentar na Câmara dos Deputados (48,84%). Ou seja, enquanto o Senado como Casa revisora não retorna nem metade dos projetos com substitutivos, a Câmara passa dos três quartos de devolução com eles. Pode-se identificar aqui uma diferença de perfil no desempenho da atividade de revisão, sendo o Senado Federal mais comedido nas divergências do que a Câmara dos Deputados.

De todo modo, é bastante relevante observar que no cômputo geral os retornos com substitutivos (60,05%) superam os retornos com emendas (39,95%). Isso expõe ainda mais a fragilidade normativa do sistema bicameral das leis, que se inicia pela brevidade do parágrafo único do art. 65 da Constituição Federal. O Regimento Comum, ao dispor sobre as disposições comuns [às Casas] sobre o processo legislativo (arts. 135 a 140), sequer menciona o tratamento a ser conferido aos substitutivos pela Casa iniciadora. A disciplina do tema fica restrita a um artigo em cada Regimento Interno, cuja orientação é de que o substitutivo seja considerado uma "série de emendas" de forma a possibilitar sua votação em globo ou em correspondência com o texto originário do projeto, segundo o sentido dos pareceres (art. 190, parágrafo único, RICD; art. 287, RISF).

4.5.5. A resolução da divergência: a decisão da Casa iniciadora

Recebidas as emendas ou o substitutivo da Casa revisora, caberá à Casa iniciadora decidir sobre seu acolhimento ou não. No modelo bicameral das leis, a resolução da divergência levantada pela Casa revisora caberá livremente à Casa iniciadora. Em linhas gerais, a Casa iniciadora poderá acatar todas as emendas recebidas, acatar apenas algumas delas (ou parte delas), ou rejeitar todas as emendas. No mesmo sentido, o substitutivo, considerado como uma série de emendas, poderá ser acolhido integralmente, parcialmente (parte dele, em combinação com o texto originário) ou rejeitado integralmente.

A Tabela adiante apresenta como as Casas iniciadoras decidiram sobre as emendas da Casa revisora nos projetos de lei ordinária que retornaram para sua apreciação, a partir das opções antes apresentadas.

Tabela 4.7 – Decisão da Casa iniciadora sobre as emendas da revisora a projetos de lei ordinária

Casa Iniciadora	Projetos com Emendas da Casa revisora						Total de PLs com emendas
	Emendas acatadas totalmente		Emendas acatadas parcialmente		Emendas Rejeitadas		
	Nº	% PL	Nº	% PL	Nº	% PL	
Câmara	61	51,26	34	28,57	24	20,17	119
Senado	29	65,91	6	13,64	9	20,45	44
Totais	**90**	**55,21**	**40**	**24,54**	**33**	**20,25**	**163**

É interessante observar que há boa deferência com as emendas oferecidas pela Casa revisora. Ambas as Casas acolheram todas as emendas recebidas em mais da metade dos projetos retornados, o Senado (65,91%) um pouco mais do que a Câmara (51,26%). A diferença é compensada pelo acatamento de parte das emendas: 13,64% dos projetos no Senado; 28,57% dos projetos na Câmara. A soma desses valores em cada câmara mostra que o acatamento das emendas é elevado, ou seja, que a divergência da Casa revisora costuma ter acolhida, total ou ao menos parcialmente, na Casa iniciadora: 79,83% na Câmara; 79,55%, no Senado.

Esse equilíbrio é, por evidente, mantido no percentual de projetos em que ocorreu a rejeição de todas as emendas: 20,17% para os projetos iniciados na Câmara dos Deputados e 20,45% para os projetos com início no Senado Federal. Nesses casos, a divergência foi solucionada integralmente a favor da posição da Casa iniciadora, sem contribuição da Casa revisora no texto.

A Tabela abaixo apresenta as decisões adotadas pela Casa iniciadora nos casos em que o retorno ocorreu com substitutivo:

Tabela 4.8 – Decisão da Casa iniciadora sobre os substitutivos da revisora a projetos de lei ordinária

Casa Iniciadora	Projetos com Substitutivos da Casa revisora						Total de PLs com Substitutivo
	Substitutivo acatado integralmente		Substitutivo acatado parcialmente		Substitutivo Rejeitado		
	Nº	% PL	Nº	% PL	Nº	% PL	
Câmara	58	56,86	31	30,39	13	12,75	102
Senado	89	62,24	42	29,37	12	8,39	143
Totais	**147**	**60,00**	**73**	**29,80**	**25**	**10,20**	**245**

As Casas também não diferem muito em seu comportamento, na qualidade de iniciadoras, quando recebem substitutivos aos projetos. Aliás, o acatamento dos substitutivos é até maior do que o das emendas, o que pode até parecer contraintuitivo, na medida em que o substitutivo representa uma divergência mais ampla do que as emendas pontuais ao texto. Não obstante, na média de 60% dos substitutivos são integralmente acolhidos pela Casa iniciadora, que, por consequência, admitem o descarte do seu texto originário.

A esse índice se somam os percentuais, bem semelhantes, de acolhimento parcial dos substitutivos: 30,39% na Câmara e 29,37% no Senado. Nesse caso, há uma composição entre os textos da Casa iniciadora e da Casa revisora. É usual que seja acolhido o substitutivo com a manutenção de dispositivos considerados relevantes do texto originário, de forma que – embora mediante decisão da Casa iniciadora – a resolução das divergências acabe por acolher preponderantemente o texto da revisora.

É ainda um tanto surpreendente o baixo índice de rejeição integral dos substitutivos da Casa revisora na iniciadora, pois poderia parecer natural que esta preferisse manter o seu texto na maior parte das vezes. Na Câmara, a rejeição integral ocorreu em 12,75% dos projetos; no Senado, em 8,39%. Interessante observar que, embora o Senado tenha recebido mais substitutivos da Câmara, ele os rejeitou em menor proporção. Esses números mostram que as Casas admitem e reconhecem o aperfeiçoamento do texto do projeto de lei pela outra Casa, aproveitando o texto que lhes é submetido por esta, nem que seja parcialmente.[139]

139 Segundo o Ministro Nelson Jobim, em seu voto na ADI-MC nº 2182, a baixa incidência de rejeições de substitutivos se dá porque *"as negociações políticas feitas no*

Com efeito, a soma dos substitutivos aproveitados total ou parcialmente é amplamente favorável às Casas revisoras, pois representam a expressiva maioria dos projetos (87,25% na Câmara; 91,61% no Senado). Desse modo, não é inútil, nem dispensável, a atuação das Casas revisoras na produção de substitutivos. Mais uma vez, a prevalência da decisão pela Casa iniciadora não significa que, por essa razão, ela irá privilegiar o seu próprio texto na resolução das divergências surgidas. Os números até permitem afirmar o contrário.

4.6. Dados sobre elaboração das Leis Complementares da 51ª à 56ª legislatura

Sobre a produção de leis complementares, foi feito levantamento no mesmo período do realizado para as leis ordinárias, da 51ª à 56ª Legislatura. Desse modo, a seguir serão apresentados os dados para essa espécie normativa, na mesma sequência adotada para as leis ordinárias nas seções anteriores. De início, cabe observar que foram elaboradas 102 leis complementares no período indicado.

4.6.1. Projetos de lei complementar que chegaram à revisão e resultados legislativos

A primeira observação é que a limitação material e o quórum de aprovação das leis complementares mostram-se limitadores da tramitação dos projetos de lei complementar. No período de estudo, apenas 206 deles chegaram à Casa revisora. Isso indica que não são muitas as proposições desse tipo que, apresentadas na Casa iniciadora, ultrapassam o filtro da votação por maioria absoluta.

Senado repercutem, também, de forma intermediária, na Câmara, tendo em vista os partidos políticos representados na Câmara e no Senado" (p. 399).

Tabela 4.9 – Projetos de lei complementares (PLPs) encaminhados à revisão e resultado da tramitação

Tipos de resultados	Iniciados na CD e encaminhados ao SF						Iniciados no SF e encaminhados à CD			1999 a 2022	
	Iniciativa Pres. República			Iniciativa Parlamentar CD			Iniciativa Parlamentar SF			Resultados	
	N°	% Inic.	% Tipo	Nº	% Inic.	% Tipo	N°	% Inic.	% Tipo	Total Tipo	% do Total
TL	27	87,10	26,47	40	68,97	39,22	35	29,91	34,31	102	**49,51**
ET	1	3,23	1,25	12	20,69	15,00	67	57,26	83,75	80	**38,83**
RJ	0	0,00	0,00	0	0,00	0,00	3	2,56	100,00	3	**1,46**
PJ	1	3,23	12,50	0	0,00	0,00	7	5,98	87,50	8	**3,88**
ARQ	2	6,45	22,22	6	10,34	66,67	1	0,85	11,11	9	**4,37**
VTM	0	0,00	0,00	0	0,00	0,00	4	3,42	100,00	4	**1,94**
Total de PLPs à revisão	**31**	**100,00**	**15,05**	**58**	**100,00**	**28,16**	**117**	**100,00**	**56,80**	**206**	**100%**
Tramitação	CD → SF = 89 (43,20%)						SF → CD = 117				

Legenda Tipos: TL = Transformado em Lei; ET = Em tramitação; RJ = Rejeitado; PJ = Prejudicado; ARQ = arquivado; VTM = Veto Total Mantido.

Curiosamente mais projetos foram inicialmente aprovados no Senado Federal e chegaram à revisão da Câmara dos Deputados (117, ou 56,80%) do que os que trilharam sentido inverso (89, ou 43,20%). Não obstante, os iniciados na Câmara dos Deputados se transformaram mais em leis complementares, tanto em número (67 das 102) quanto em taxa de sucesso, considerando os de iniciativa parlamentar. Nesse último aspecto, a tendência se repete com o que foi observado nas leis ordinárias. Após chegar à revisão, os projetos de iniciativa extraparlamentar (no caso, do Presidente da República) se transformaram em lei em 87,10% dos casos. Não houve rejeição desse tipo de iniciativa, apenas 1 prejudicialidade, 2 arquivamentos e 1 projeto permanecia em tramitação até o final da 56ª legislatura.

Os projetos de lei complementar de iniciativa de parlamentares ou comissões da Câmara dos Deputados também tiveram boa taxa de aprovação no Senado Federal e transformação em lei complementar, com 68,97%. Não houve rejeição ou prejudicialidade, havendo 20,69% deles ainda em tramitação e 10,34% foram arquivados. Vê-se, portanto, a mesma tendência de *rejeição por espera* e não por votação desfavorável em plenário.

Os senadores, embora aprovem na Casa mais projetos de lei complementar, não obtêm o mesmo resultado na Câmara dos Deputados. Apenas 29,91% de seus projetos transformaram-se em lei complementar. As razões de insucesso distribuem-se entre: prejudicialidade (5,98%), veto total (3,42%), rejeição expressa (2,56%) e arquivamento (0,85%). Mas o que mais impede a transformação dos projetos em lei é mesmo a permanência em tramitação, pois 57,26% deles se encontravam nessa situação no final da 56ª legislatura. Repete-se a *rejeição por espera*.

Das 102 leis elaboradas no período de estudo, pouco mais de um quarto foi de iniciativa do Presidente da República (27, ou 26,47%). A iniciativa do Senado contribuiu com 35 dessas leis (34,31%). E a iniciativa parlamentar da Câmara dos Deputados com 40 delas (39,22%). O maior número de projetos que chegaram à revisão a partir de iniciativa do Senado não o fizeram prevalecer na quantidade de leis complementares produzidas. De todo modo, sua iniciativa corresponde a pouco mais de um terço da produção de leis complementares.

4.6.2. A aprovação dos projetos pela Casa revisora nas leis complementares produzidas

No exercício da função de revisão, as Casas têm comportamentos distintos ao aprovarem os projetos de lei complementar. Vale observar a Tabela abaixo:

Tabela 4.10 – Decisão pela aprovação dos projetos de lei complementar na Casa revisora

Iniciativa e Casa Iniciadora	Casa Revisora	Decisão da Casa Revisora						Total iniciativa (TI)
		Sanção (sem emenda)		Sanção com emenda de redação		Retorno à Casa iniciadora		
		Nº	% TI	Nº	% TI	Nº	% TI	
Parlam. CD	SF	17	42,50	14	35,00	9	22,50	40
Pres. Rep.	SF	12	44,44	11	40,74	4	14,81	27
Total CD	**SF**	**29**	**43,28**	**25**	**37,31**	**13**	**19,40**	**67**
Parlam. SF Total SF	**CD**	**13**	**37,14**	**3**	**8,57**	**19**	**54,29**	**35**
Totais e % do TI		**42**	**41,18**	**28**	**27,45**	**32**	**31,37**	**102**

Há até números parecidos quanto à aprovação sem emendas, que permite o envio do projeto diretamente à sanção: ocorreu em 43,28% dos casos em que o Senado foi a Casa revisora; e em 37,14% dos projetos em que a Câmara revisou. São números menores do que observados para as leis ordinárias (respectivamente, de 72,11% e 63,93%), o que indica um maior rigor na revisão das leis complementares.

Nos projetos que sofreram alguma modificação, contudo, há diferença de tratamento entre as Casas. A Câmara dos Deputados retornou a maioria dos projetos para exame das emendas pelo Senado Federal (54,29%). Apenas em 8,57% dos casos, os projetos foram encaminhados à sanção com emendas de redação. De forma diversa, o Senado Federal devolveu apenas 19,40% dos projetos para análise das emendas pela Câmara dos Deputados. Em 37,31% das vezes o Senado Federal encaminhou o projeto à sanção com emendas de redação.

O Senado Federal promoveu mudanças por meio de emendas de redação (25 projetos) quase o dobro de vezes do que o fez com emendas de mérito (13 projetos). Naqueles primeiros, mandou o projeto de lei complementar diretamente à sanção, evitando abrir divergência com a outra Casa e confeccionando a versão final do texto. Nestes últimos, retornou a proposição para apreciação final da Câmara dos Deputados, possibilitando que esta resolvesse a divergência conforme sua decisão.

4.6.3. Divergência e retorno da Casa revisora à iniciadora: emenda ou substitutivo

Nos projetos de lei complementar que retornaram à Casa iniciadora, houve uma frequência bem maior de aprovação de substitutivos do que de emendas na Casa revisora. Os dados da Tabela abaixo demonstram que mais de três quartos dos retornos são provocados por substitutivos: 76,92% quando o Senado foi a Casa revisora; e 84,21% quando foi a Câmara que revisou. A natureza da lei complementar, que decorre de previsão constitucional para regular um determinado tema, demanda um tratamento mais sistemático do texto, de modo que as emendas pontuais não são a opção preferível.

Tabela 4.11 - Retorno para a Casa iniciadora nos projetos de lei complementar: emenda ou substitutivo?

Iniciativa e Casa Iniciadora	Casa Revisora	Retorno (Emenda ou Substitutivo)				Total PLs com retorno (TPL)
		Emenda		Substitutivo		
		Nº	% TPL	Nº	% TPL	
Parlam. CD	SF	3	33,33	6	66,67	9
Pres. Rep.	SF	0	0,00	4	100,00	4
Total CD	**SF**	**3**	**23,08**	**10**	**76,92**	**13**
Parlam. SF Total SF	**CD**	**3**	**25,79**	**16**	**84,21**	**19**
Totais e % do TPL		**6**	**18,65**	**26**	**81,25**	**32**

Mais uma vez ressalta-se a importância que haver um tratamento regimental seguro e uniforme sobre os substitutivos, que nessa espécie normativa se mostra ainda mais frequente do que nos projetos de lei ordinária.

4.6.4. A resolução da divergência: a decisão da Casa iniciadora

As Tabelas a seguir demonstram como as Casas iniciadoras resolvem sobre as emendas ou os substitutivos das Casas revisoras. Embora não sejam muito frequentes os casos de retorno, é interessante observar que, em nenhum deles, houve rejeição integral das emendas ou do substitutivo. Isso demonstra, como já foi observado nas leis ordinárias, que há deferência da Casa iniciadora em relação às modificações propostas pela Casa revisora.

Tabela 4.12 - Decisão da Casa iniciadora sobre as emendas da revisora a projetos de lei complementar

Casa Iniciadora	Projetos com Emendas da Casa revisora						Total de PLs com emendas
	Emendas acatadas totalmente		Emendas acatadas parcialmente		Emendas Rejeitadas		
	Nº	% PL	Nº	% PL	Nº	% PL	
Câmara	1	33,33	2	66,67	0	0,00	3
Senado	1	33,33	2	66,67	0	0,00	3
Totais	**2**	**33,33**	**4**	**66,67**	**0**	**0,00**	**6**

Como são poucos os projetos de lei complementar que retornaram com emendas, é difícil vislumbrar os dados como tendência, mas ao menos é suficiente para mostrar que houve pelo menos acatamento de parte das emendas da Casa revisora, em ambas as câmaras.

Tabela 4.13 - Decisão da Casa iniciadora sobre os substitutivos da revisora a projetos de lei complementar

Casa Iniciadora	Projetos com Substitutivos da Casa revisora						Total de PLs com Substitutivo
	Substitutivo acatado integralmente		Substitutivo acatado parcialmente		Substitutivo Rejeitado		
	Nº	% PL	Nº	% PL	Nº	% PL	
Câmara	5	50,00	5	50,00	0	0,00	10
Senado	10	62,50%	6	37,50	0	0,00	16
Totais	**15**	**57,69%**	**11**	**42,31**	**0**	**0,00**	**26**

Os dados mostram que os substitutivos da Casa revisora são bem recebidos pela Casa iniciadora. Nenhum deles deixou de ser aproveitado, pelo menos em parte. A Câmara dividiu-se entre o aproveitamento total ou parcial dos substitutivos propostos pelo Senado. Já o Senado, por sua vez, acatou os substitutivos integralmente em até maior proporção (62,50%) do que o aproveitamento parcial de seus dispositivos (37,50%).

Novamente, verifica-se que a posição de Casa iniciadora não leva, obrigatoriamente, à insistência na sua posição inicial. Em boa parte das vezes, as divergências levantadas pela Casa revisora são acolhidas pela Casa iniciadora, muitas delas com abandono do próprio texto originário, apesar de sua posição privilegiada de detentora da decisão final.

4.7. Dados sobre elaboração dos Decretos Legislativos da 51ª à 56ª legislatura

A tramitação dos projetos de decretos legislativos assemelha-se à dos projetos de lei, com a diferença de que não são submetidos à sanção, uma vez que versam sobre matéria de competência exclusiva do Congresso Nacional (art. 49, CF). Por decorrência, só admitem a iniciativa parlamentar.

Não obstante, muitas das hipóteses previstas referem-se a autorizações de atos do Presidente da República ou matérias que demandam sua provocação. Nesses casos, o Poder Executivo encaminha mensagem ao Congresso Nacional, dirigida à Câmara dos Deputados, que se encarrega, pela instância ou autoridade competente, da iniciativa do respectivo projeto de decreto legislativo. Desse modo, esta Casa figura, na expressiva maioria das vezes, como Casa iniciadora do projeto. A adoção da mesma sistemática dos projetos de lei, inclusive com relação à Casa de início, não é expressa, mas decorre de sua natureza de leis para as quais não se exige a sanção do Presidente da República.[140]

Quanto à produção dos decretos legislativos, foi realizado o levantamento no mesmo período das leis, da 51ª à 56ª Legislatura. Nesse período, apenas dois projetos exigiram aplicação do parágrafo único do art. 65 da Constituição Federal, com retorno à Casa iniciadora, conforme adiante examinado.[141]

4.7.1. A iniciativa e as modalidades de decretos legislativos

Considerando as hipóteses de decretos legislativos previstas na Constituição e na legislação, a Tabela a seguir apresenta o número de decretos produzidos, no período mencionado, conforme a Casa iniciadora e as modalidades de decreto.

140 MIRANDA, Pontes de. *Comentários à Constituição de 1967, com a Emenda nº 1, de 1969.* 2a. ed. São Paulo: Revista dos Tribunais, 1973, tomo III, p. 142.

141 Não foram considerados os projetos de decretos legislativos relativos ao inciso XII do art. 49 da Constituição, que se refere a *"apreciar os atos de concessão e renovação de concessão de emissoras de rádio e televisão"*, em virtude da natureza da matéria.

Tabela 4.14 – Decretos legislativos por Casa iniciadora e modalidades

Casa iniciadora/ Modalidades de Decreto Legislativo*	Câmara	Senado	Retorno
Art. 49, I, CF (Tratados)	985		1
Art. 49, I, c/c art. 5º, § 3º (Tratados Dir. Hum.)	3		
Art. 49, III (Ausência Pres. Rep.)	1		
Art. 49, IV (Intervenção Federal)	2		
Art. 49, V (Sustação de atos normativos)	7	3	
Art. 49, VII (Subsídio parlamentares)	7	1	
Art. 49, VIII (Subsídio Pres., Vice e Ministros)	2		
Art. 49, IX (Contas do Pres. Rep.)	10		
Art. 49, XIII (Escolha Ministro TCU)	6	4	
Art. 49, XV (Referendo e plebiscito)	4	1	1
Art. 49, XVI (Exploração em terra indígena)	1		
Art. 49, XVII (Alienação terras públicas)		1	
Art. 49, XVIII (Calamidade pública)	1		
Lei Compl. 97/1999 (Defesa Nacional)	4		
Lei 2.953/1956 (Remessa tropas para exterior)	5		
TOTAL	**1.038**	**10**	**2**

* Constam apenas as modalidades em que foram encontrados decretos legislativos no período. Não foram considerados os Decretos Legislativos relativos à concessão de rádio e TV, previstos no art. 49, XII, CF.

Conforme se verifica, a grande maioria dos decretos legislativos corresponde à hipótese do art. 49, I, da Constituição, segundo a qual é da competência exclusiva do Congresso Nacional "*resolver sobre tratados, acordos ou atos internacionais que acarretem encargos ou compromissos gravosos ao patrimônio nacional*". Nesse caso, é recebida mensagem do Presidente da República que submete o tratado à aprovação do Congresso Nacional, com início de tramitação na Câmara dos Deputados. O projeto de decreto legislativo é formulado pela Comissão de Relações Exteriores e Defesa Nacional, como conclusão de seu parecer sobre a mensagem (art. 32, XV, *c*, RICD).

Foram 985 tratados aprovados na forma do art. 49, I, da Constituição, mediante votação por maioria simples, o que lhes possibilita a posterior incorporação ao ordenamento jurídico nacional com status de lei ordinária. Tiveram, ainda, 3 decretos legislativos que foram aprovados nos termos do art. 5º, § 3º, da Constituição, com a redação dada pela Emenda Constitucional nº 45, de 2004, em dois turnos, pelo quórum de três quintos, o que lhes garante equivalência às emendas constitucionais.[142]

Conforme antes referido, as modalidades de decreto legislativo que veiculam autorizações ou aprovações de atos do Poder Executivo têm início na Câmara dos Deputados, após mensagens do Presidente da República. É o caso das hipóteses dos arts. III, IV, IX e XVIII do art. 49 da Constituição assim como do § 3º do art. 9º da Lei Complementar nº 97, de 9 de junho de 1999, e do art. 1º da Lei nº 2.953, de 17 de novembro de 1956.

Outras modalidades, porém, de matérias que não demandam provocação do Poder Executivo, abrem a possibilidade de iniciativa das Casas do Congresso Nacional. Esse foi o caso das modalidades previstas nos incisos V, VII, VIII, XIII, XVI e XVII do art. 49 da Constituição. Algumas delas contaram com projetos de iniciativa do Senado Federal, que apenas em 10 casos transformaram-se em decretos legislativos.

4.7.2. Decretos legislativos que chegaram à revisão da outra Casa

A Tabela abaixo apresenta os projetos de decreto legislativo que chegaram à revisão em uma das Casas, após aprovação pela outra.

142 São eles: (1) Decreto Legislativo nº 186, de 9 de julho de 2008, sobre a Convenção sobre os Direitos das Pessoas com Deficiência e de seu Protocolo Facultativo (PDC nº 563, de 2008, na Câmara; PDS nº 90, de 2008, no Senado); (2) Decreto Legislativo nº 261, de 25 de novembro de 2015, sobre o Tratado de Marraqueche para Facilitar o Acesso a Obras Publicadas às Pessoas Cegas, Com Deficiência Visual e com Outras Dificuldades para Ter Acesso ao Texto Impresso (PDC nº 57, de 2015, na Câmara; PDS nº 347, de 2015, no Senado); e (3) Decreto Legislativo nº 1, de 18 de fevereiro de 2021 sobre a Convenção Interamericana contra o Racismo, a Discriminação Racial e Formas Correlatas de Intolerância (PDC nº 861, de 2017, na Câmara; PDS nº 562, de 2020, no Senado).

Tabela 4.15 – Projetos de decreto legislativo encaminhados à revisão e resultado da tramitação

Tipos de Resultados	Iniciadas na CD e encaminhadas ao SF Iniciativa da Câmara			Iniciadas no SF e encaminhadas à CD Iniciativa do Senado			1999 a 2022 Resultados	
	Nº	**% Inic.**	**% Tipo**	**Nº**	**% Inic.**	**% Tipo**	**Total**	**% Total**
TL	1038	89,71	99,05	10	16,67	0,95	1048	**86,11**
ET	43	3,72	58,11	31	51,67	41,89	74	**6,08**
RJ	1	0,09	20,00	4	6,67	80,00	5	**0,41**
PJ	75	6,48	90,36	8	13,33	9,64	83	**6,82**
ARQ	0	0,00	0,00	7	11,67	100,00	7	**0,58**
Total e % do Total	**1157**	**100,00**	**95,07**	**60**	**100,00**	**4,93**	**1217**	**100**

Legenda Tipos: TL = Transformado em Lei; ET = Em tramitação; RJ = Rejeitado; PJ = Prejudicado; ARQ = arquivado; VTM = Veto Total Mantido.

Como descrito, a maioria dos projetos de decreto legislativo iniciam na Câmara dos Deputados. Mantém-se o padrão de deixar os projetos em tramitação quando não se quer aprová-los ou até que estejam aptos à deliberação, com poucas rejeições expressas. As prejudicialidades ocorrem sobretudo para matérias que perderam a oportunidade de votação.

4.7.3. Os retornos da Casa revisora à iniciadora e sua apreciação final

Em todo o período, foram identificados apenas dois projetos em que houve retorno da Casa revisora à iniciadora, nos termos do parágrafo único do art. 65 da Constituição, um referente a tratado e outro a convocação de plebiscito.

Um caso foi o do Decreto Legislativo nº 152, de 25 de junho de 2002,[143] que *"aprova o texto final, após modificações de cunho vernacular, em substituição àquele encaminhado pela Mensagem 1.259, de 1996, da Convenção Interamericana contra a Corrupção, concluída originalmente em Caracas, em 29 de março de 1996"*, cuja origem foi o Projeto de

143 BRASIL *Decreto Legislativo nº 152, de 2002*. Aprova o texto final, após modificações de cunho vernacular, em substituição àquele encaminhado pela Mensagem 1.259, de 1996, da Convenção Interamericana contra a Corrupção, concluída originalmente em Caracas, em 29 de março de 1996. Disponível em: https://legis.senado.leg.br/norma/591730/publicacao/15712386. Acesso em 14 mai. 2023.

Decreto Legislativo (PDC) nº 189, de 1999.[144] O projeto foi apresentado pela Comissão de Relações Exteriores e Defesa Nacional da Câmara dos Deputados, em face da Mensagem (MSC) nº 114, de 1999, do Poder Executivo, de 20 de janeiro de 1999.[145]

O projeto foi aprovado na Câmara dos Deputados em 27 de janeiro de 2000, aprovando-se a Convenção com reserva para o art. XI, alínea "c". Remetido ao Senado Federal, onde tramitou como Projeto de Decreto Legislativo (PDS) nº 42, de 2000, foi aprovado Substitutivo ao Projeto, em 5 de setembro de 2001, com o objetivo de retirar a reserva. A matéria retornou à Câmara dos Deputados, que rejeitou o substitutivo do Senado em 19 de junho de 2002, remetendo o seu texto original à promulgação.

Outro caso foi o do Decreto Legislativo nº 137, de 2 de junho de 2011, que "*convoca plebiscito sobre a criação do Estado de Tapajós*",[146] decorrente do Projeto de Decreto Legislativo (PDS) nº 19, de 1999, de iniciativa do Senador Mozarildo Cavalcanti.[147] Aprovado no Senado Federal em 23 de novembro de 2000, foi remetido à Câmara dos Deputados. Posteriormente, houve retificação dos autógrafos do Senado, encaminhado àquela Casa em 24 de outubro de 2001.

Na Câmara dos Deputados, foi autuado como Projeto de Decreto Legislativo (PDC) nº 731, de 2000, que somente foi aprovado em 5 de maio de 2011, na forma de Substitutivo. A matéria retornou ao Senado em 11 de maio de 2011 (autuado como SDS nº 19, de 1999). Em 31 de

---

144 BRASIL. Congresso Nacional. *Projeto de Decreto Legislativo (PDC) nº 189, de 1999, na Câmara, da Comissão de Relações Exteriores e Defesa Nacional. PDS nº 42, de 2000, no Senado.* Aprova o texto final, após modificações de cunho vernacular, em substituição àquele encaminhado pela Mensagem 1.259, de 1996, da Convenção Interamericana contra a Corrupção, concluída originalmente em Caracas, em 29 de março de 1996. Disponível em: https://www.congressonacional.leg.br/materias/materias-bicamerais/-/ver/pdc-189-1999. Acesso em 14 maio 2023.

145 Publicada no Diário da Câmara dos Deputados de 22/01/1999, p. 3.060, coluna 1.

146 BRASIL Congresso Nacional. *Decreto Legislativo nº 137, de 2011.* Convoca plebiscito sobre a criação do Estado de Tapajós. Disponível em: https://legis.senado.leg.br/norma/588206/publicacao/15814841. Acesso em 14 mai. 2023.

147 BRASIL. Congresso Nacional. *Projeto de Decreto Legislativo (PDS) nº 19, de 1999, no Senado, do Senador Mozarildo Cavalcanti. PDC nº 731, de 2000, na Câmara.* Convoca plebiscito sobre a criação do Estado de Tapajós. Disponível em: https://www.congressonacional.leg.br/materias/materias-bicamerais/-/ver/pds-19-1999. Acesso em 14 maio 2023.

maio, foi aprovado em globo o Substitutivo da Câmara. Foi, então, promulgado o Decreto Legislativo nº 137, de 5 de junho de 2011.

Em ambos os casos, como se vê, a matéria retornou à Casa iniciadora, que apreciou em caráter definitivo o Substitutivo da outra Casa, conforme previsto no parágrafo único do art. 65 da Constituição. Desse modo, embora não haja norma expressa e o *caput* desse dispositivo constitucional somente se refira a "*projeto de lei*", o procedimento foi seguido para os projetos de decreto legislativo mencionados. Em um dos casos, houve rejeição do substitutivo da Casa revisora, mantendo-se o texto da iniciadora. No outro, o substitutivo da revisora prevaleceu.

4.8. Problemas, sugestões e observações sobre o modelo bicameral dos projetos de lei

A partir da análise normativa do modelo bicameral dos projetos de lei e dos dados levantados, são apresentados, a seguir, aspectos relevantes, problemas identificados e suas respectivas sugestões de solução:

I - Decisão final da Casa iniciadora e primazia da Câmara dos Deputados

A **característica mais marcante do modelo bicameral dos projetos de lei é a atribuição da última palavra para a Casa iniciadora** (art. 65, parágrafo único, CF). A partir disso, e considerando que as iniciativas extraparlamentares têm início de tramitação na Câmara dos Deputados (art. 64, CF), difundiu-se a percepção de que esta Casa tem primazia na elaboração das leis. Ocorre que o número de projetos de iniciativa parlamentar aprovados e remetidos à revisão equivale entre as Casas, de modo que a maior atividade de revisão no Senado decorre mesmo das iniciativas extraparlamentares.

´Contudo, uma **possível alteração dessa sistemática merece algumas ponderações**. Em primeiro lugar, não foi tão significativo o percentual de projetos de lei ordinária (PLs) de iniciativa extraparlamentar que chegou à revisão do Senado, abaixo de 12% (apesar de sua provável relevância substantiva). Nos projetos de lei complementar (PLPs), o Senado mandou mais projetos à revisão do que a Câmara, mesmo considerando os de iniciativa presidencial[148]. De certo modo, isso desconstrói a caracterização do Senado como a Casa revisora por excelência. A

148 No decorrer das legislaturas, a iniciativa parlamentar das leis ordinárias teve crescimento gradual, com decréscimo da iniciativa presidencial.

Câmara tem o maior percentual de iniciativa das leis elaboradas (47% das ordinárias, 40% das complementares)[149], mas isso se deve mais à sua própria iniciativa legislativa, com aprovação do Senado. O que aconteceu foi que, na revisão, o Senado aprovou mais projetos vindos da Câmara do que vice-versa.[150]

Em segundo lugar, a regra de início de tramitação pela Câmara das iniciativas extraparlamentares tem fundamento em tradição que vem desde o Império. Não há qualquer diferença com relação à matéria veiculada, dirigindo-se sempre à Câmara. Considerando que os projetos do Poder Executivo têm relevante papel nas políticas públicas, seria razoável cogitar da possibilidade de que matérias com interesse federativo tivessem início (e última palavra, por consequência) no Senado Federal. Contudo, essa alteração demandaria maior reflexão e a consideração de outros fatores, especialmente pelo fato de que não há reserva temática para as câmaras nas iniciativas parlamentares.

Por essas razões, **não se propõe alteração** na sistemática vigente.

II - A utilização da rejeição tácita (por espera)

O *caput* do art. 65 da Constituição prevê a alternativa da rejeição expressa pela Casa revisora, com consequente arquivamento do projeto de lei. Contudo, essa possibilidade é muito pouco utilizada (em torno de 8%). **A estratégia adotada para que um projeto não seja aprovado na revisora é a da rejeição tácita (que qualificamos como *rejeição por espera*)**, que **consiste em manter projetos em tramitação por longo tempo, até que sejam arquivados** conforme as regras regimentais. Isso ocorreu até com maior ênfase nos projetos de lei complementar, principalmente na Câmara, que manteve mais de metade dos projetos vindos do Senado em tramitação.

Trata-se de **procedimento arraigado na prática e na cultura das Casas e possivelmente não relacionado apenas ao sistema bicameral**, tendo em vista o grande número de projetos de lei que são apresentados e permanecem em tramitação, sem chegar à deliberação. Isso é reforçado pelas regras de formação das pautas das comissões e das

149 Considerados apenas os projetos de lei, excluídas as leis provenientes de medidas provisórias e de projetos de lei orçamentários.

150 Por isso, o Senado teve iniciativa de um quarto das leis ordinárias produzidas e um terço das leis complementares.

Ordens do Dia dos plenários, que conferem prerrogativa aos Presidentes das Casas, ouvidas as lideranças, para determinação das matérias a serem deliberadas, sem limites de prazos específicos para deliberação. A propósito, cabe a observação de José Levi Mello do Amaral Júnior, de que *"o não legislar também é uma decisão consciente e legítima do Poder Legislativo"*.[151]

A questão tem relação com o arquivamento das proposições, que tem disciplina distinta entre as Casas, em seus respectivos Regimentos Internos. No Senado Federal os projetos oriundos da Câmara dos Deputados serão arquivados ao final da segunda legislatura de sua tramitação na Casa, salvo requerimento de desarquivamento que lhe permitirá tramitação por mais uma (art. 332, §§ 1º e 2º, RISF). Na Câmara dos Deputados, houve alteração recente na matéria. A Resolução da Câmara dos Deputados nº 33, de 4 de agosto de 2022, revogou o inciso III do art. 105 do Regimento Interno, que dispensava do arquivamento as proposições originárias do Senado Federal. Na nova disciplina, elas se enquadram na regra geral, segundo a qual as proposições destinadas à elaboração das espécies normativas do art. 59 da Constituição não serão arquivadas antes que tenham tramitado por três legislaturas completas.

Considerando que o arquivamento é matéria disciplinada em cada um dos Regimentos Internos, tendo em vistas as peculiaridades de cada Casa, deixa-se de formular proposta específica a respeito. Vale consignar, porém, que é **altamente recomendável que as Casas mantenham uniformidade no tratamento do arquivamento das matérias uma da outra,** para melhor equilíbrio do sistema bicameral. Além disso, o tempo recentemente estipulado se afigura excessivamente longo, o que aparentemente serve para formar um estoque de matérias para uso político, quando necessário, pela Presidência e lideranças, em desalinho com o princípio da unidade da legislatura.[152]

151 AMARAL JÚNIOR, José Levi Mello do. Processo Legislativo – Aspectos Teóricos, Práticos e Jurisprudenciais da Reprodução do Direito Brasileiro Relativamente aos Atos Normativos Primários. In: MORAU, Caio; OLIVEIRA, Carlos E. Elias de (orgs). *Processo Legislativo: Teoria e Prática*, São Paulo: JusPodivm, 2022, p. 223.

152 Segundo José Afonso da Silva, a legislatura marca o período de funcionamento de cada *Congresso*, no sentido de sua nova composição. Isso supõe uma atuação independente do Congresso e de suas Casas (em relação à composição anterior). Sua unidade implica que, em cada legislatura, funcionam como um novo *Congresso*, começando sua tarefa sem relação com a legislatura anterior. (Cf. SILVA, José Afonso da. *Processo constitucional de formação das leis*. 2a. ed. São Paulo: Malheiros, 2006, p. 52).

III - O retorno de emendas ou substitutivos pela Casa revisora e sua apreciação na Casa iniciadora

O índice de aprovações na Casa revisora com envio à sanção é alto nos projetos de lei ordinária (64% na Câmara, 72% no Senado), mas menor nos projetos de lei complementar (37% na Câmara; 43% no Senado). Quando atuou como revisora, a Câmara retornou mais projetos do que o Senado, principalmente nos de lei complementar.

As seguintes observações são marcantes quanto ao retorno de projetos pela Casa revisora (art. 65, parágrafo único, CF):

a) o Senado aprovou mais emendas de redação do que a Câmara, remetendo os projetos à sanção (nos PLs, 15% contra 4%; nos PLPs, 37% contra 9%). Essa diferença significativa e o crescente número de projetos aprovados com emenda de redação no Senado indica seu possível uso estratégico, para evitar o retorno à iniciadora, conforme será discutido em capítulo específico, adiante;

b) Na revisão de PLs, a Câmara retornou com substitutivo mais de dois terços dos projetos (76,47%). O Senado retornou mais PLs com emendas do que com substitutivos, mas em percentual próximo (respectivamente, 53,8% e 46,2%). O retorno dos PLPs foi na expressiva maioria de substitutivos: 84% na Câmara, 77% no Senado.[153]

Um **problema** identificado no modelo diz respeito à **ausência de regulamentação uniforme dos critérios e procedimentos de apreciação, pela Casa iniciadora, das emendas e dos substitutivos da Casa revisora**. Há aspectos previstos no Regimento Comum e outros no Regimentos Internos da Casa, mas com disposições distintas. É recomendável que essa disciplina ocorra no Regimento Comum, pois: (a) ele é que pode regulamentar o art. 65 da Constituição naquilo que for comum às duas Casas (como já ocorre hoje, de forma insuficiente, nos arts. 135 a 140); e (b) os Regimentos Internos são passíveis de mudança por iniciativa isolada de uma das Casas, por resolução própria.

Vale reforçar que tal disciplina é ainda mais necessária para os substitutivos, que sequer têm regulamentação específica no Regimento

153 É raro o retorno de projetos de decreto legislativo. No período analisado, houve apenas dois casos, um sobre aprovação de tratado e outro sobre convocação de plebiscito. Ambos retornaram com substitutivo.

Comum e, como indicado pelos dados, vem sendo utilizado de forma crescente pelas Casas. Além disso, pode-se dizer que a regulamentação da apreciação dos substitutivos nos Regimentos Internos difere mais do que das emendas, com diferença nas preferências de votação.

Sugere-se, portanto, a **regulamentação comum da apreciação das emendas e substitutivos pela Casa Iniciadora no Regimento Comum do Congresso Nacional**, para o que se propõe sejam adotadas as seguintes disposições, mediante alteração dos arts. 136 e 137 e acréscimo dos arts. 136-A, 136-B e 137-A:

O Regimento Comum do Congresso Nacional passa a vigorar com as seguintes alterações:

> *"Art. 136. Emendado o projeto pela Câmara revisora, esta o devolverá à Câmara iniciadora, acompanhado das emendas ou do substitutivo, com cópia ou publicação dos documentos, votos e discursos que instruíram a sua tramitação." (NR)*
>
> *"Art. 136-A. As emendas ou o substitutivo da Câmara revisora a projeto da Câmara iniciadora serão distribuídas às comissões competentes desta, para opinar sobre as matérias de que tratam.*
>
> *Art. 136-B. A discussão e a votação das emendas da Câmara revisora a projeto da Câmara iniciadora far-se-ão em globo, salvo se:*
>
> *I – qualquer comissão manifestar-se favoravelmente a umas e contrariamente a outras, caso em que a votação se fará em grupos, conforme o sentido dos pareceres;*
>
> *II – for concedido destaque para a votação de qualquer emenda.*
>
> *Parágrafo único. A emenda da Câmara revisora não é suscetível de modificação por meio de subemenda."*
>
> *"Art. 137. Ao votar as emendas oferecidas pela Câmara revisora, só é lícito à Câmara iniciadora cindi-las quando se tratar de artigos, parágrafos, incisos, alíneas ou itens, desde que não modifique ou prejudique o sentido da emenda." (NR)*
>
> *"Art. 137-A. O substitutivo da Câmara revisora a projeto da Câmara iniciadora será considerado como série de emendas e votado em globo, salvo se:*
>
> *I – qualquer comissão, em seu parecer, manifestar-se favoravelmente a um ou mais dispositivos e contrariamente a outros, caso em que a votação se fará em grupos, conforme o sentido dos pareceres;*
>
> *II – for concedido destaque para a votação de qualquer dispositivo."*

É preciso, ainda, haver salvaguarda na hipótese em que ocorre a combinação dos textos, o original da Casa iniciadora e o substitutivo da Casa revisora, para que não sejam introduzidas disposições que não correspondam estritamente aos textos em apreciação. Essa situação, contudo, será analisada de forma específica no Capítulo posterior sobre as emendas de redação, tendo em vista a atual prática de "ajustes redacionais" na Casa iniciadora.

IV - Acolhimento das modificações da Casa revisora pela Casa iniciadora

Um aspecto que **reforça as conclusões do item I,** acima, em desfavor da existência de uma prevalência exacerbada da Casa iniciadora, diz respeito ao elevado grau de acolhimento das modificações propostas pela Casa revisora. Na sua decisão final como Casa iniciadora, as câmaras foram favoráveis, em boa medida, às divergências abertas pelas revisoras na forma de emendas ou de substitutivos. A rejeição total das emendas foi pequena, em torno de 20%. Em mais da metade dos casos, elas foram acatadas totalmente. De forma até certo ponto surpreendente, o acatamento integral dos substitutivos também foi grande, com descarte do texto original. A rejeição total teve pequena ocorrência, menor até do que das emendas. Isso significa que **houve reconhecimento pela Casa iniciadora de que as emendas ou substitutivos da revisora aperfeiçoavam o projeto**. Assim, **o fato de ter a última palavra não representou a opção preferencial por seu próprio texto.**

5

MODELO BICAMERAL DAS PROPOSTAS DE EMENDA À CONSTITUIÇÃO (EQUILÍBRIO ENTRE AS CASAS)

O presente Capítulo tem por objeto o modelo bicameral de tramitação das propostas de emenda à Constituição, que atualmente tem sua base no § 2º do art. 60 da Constituição. Conforme registra Manoel Gonçalves Ferreira Filho, "*teoricamente, a modificação da Constituição não é obra do legislador, do Poder Legislativo, mas sim do Poder Constituinte, ainda que do Poder Constituinte derivado*".[1] Ocorre, porém, que o direito constitucional brasileiro, desde a Constituição de 1967, enumera expressamente a emenda à Constituição como uma das espécies normativas compreendidas no processo legislativo.

Nesse sentido, mostra-se possível abordar a tramitação das propostas de emenda à Constituição (PEC) como um dos modelos bicamerais previstos no processo legislativo brasileiro. Conforme mencionado, trata-se de modelo bicameral em que as Casas se situam em pé de igualdade, não se identificando prevalência a nenhuma delas, uma vez que o texto a ser promulgado deve ter sido aprovado com igual conteúdo normativo pelas duas Casas.

Este Capítulo será composto das seguintes seções:

1) normas das Constituições antecedentes sobre modificação da Constituição e do processo de revisão constitucional realizado em 1993;

2) normas sobre a iniciativa das propostas na Constituição de 1988;

3) análise do modelo normativo bicameral das emendas à Constituição, a partir da interpretação e aplicação do § 2º do art. 60 da Constituição;

4) normas sobre a promulgação das emendas constitucionais;

---

1 FERREIRA FILHO, Manoel Gonçalves. *Do processo legislativo*. 6ª ed. São Paulo: Saraiva, 2009, p. 289.

5) exposição sobre dados de levantamento da elaboração das emendas constitucionais da 51ª à 56ª Legislaturas, para verificação do funcionamento do modelo quanto a essa espécie normativa;

6) observações colhidas, problemas e sugestões sobre o modelo bicameral das propostas de emenda à Constituição.

5.1. Apontamentos sobre normas antecedentes

Antes de examinar o modelo bicameral de alteração da Constituição vigente, vale percorrer o histórico das Constituições brasileiras para conhecer as experiências de modificação constitucional nelas previstas.

5.1.1. Nas Constituições precedentes

Diferentemente do que ocorreu com os projetos de lei, o processo de modificação da Constituição não teve uniformidade na história constitucional brasileira. Contudo, a tradição foi confiar o processo ao Poder Legislativo. Não é fácil encontrar um padrão no relacionamento entre as Casas nesse processo, havendo variação em relação à terminologia, à iniciativa, ao procedimento e ao quórum adotado.

Para registro, vale observar que a **Constituição do Império**, outorgada, fez distinção material, inspirada no constitucionalismo inglês, ao considerar, em seu art. 178, que "é só constitucional o que diz respeito aos limites e atribuições dos Poderes Políticos, e aos direitos políticos e individuais dos cidadãos". Prossegue o dispositivo que "*tudo, o que não é constitucional, pode ser alterado sem as formalidades referidas, pelas Legislaturas ordinárias*". Tais formalidades eram as descritas nos artigos antecedentes, cujo início se demarcava depois de passados quatro anos de jurada a Constituição (art. 174) e envolviam a admissão da discussão da reforma do Artigo Constitucional (arts. 175 e 176), a expedição de Lei a ser promulgada pelo Imperador para que os eleitores dos Deputados, na eleição para a próxima legislatura, conferissem procuração para a pretendida alteração (art. 176) e a discussão da proposta na primeira sessão da legislatura seguinte. Se vencesse, depois de atender o que era preciso para formação de uma lei ordinária, prevaleceria para a mudança ou adição à Lei fundamental, e após solenemente promulgada, se juntaria à Constituição (art. 177).

Contudo, considera-se que a previsão do art. 178 constituiu a "*chave do êxito e da duração da Carta Imperial*", por lhe conferir plasticidade e adaptabilidade às condições políticas, econômicas e culturais da época. Com uma única modificação, o Ato Adicional de 1834, a Constituição de 1824 serviu à monarquia de D. Pedro I, ao período regencial e ao reinado de D. Pedro II. Possibilitou a praxe do governo parlamentar e mudanças das leis eleitorais, sem necessidade de mudanças na Carta, que durou 65 anos.[2]

A **Constituição de 1891**, na qual se adotou a República Federativa, admitia sua reforma por iniciativa do Congresso Nacional ou das Assembleias dos Estados (art. 90). Nessa primeira hipótese, a proposta deveria ser apresentada por uma quarta parte, pelo menos, dos membros de qualquer das câmaras do Congresso Nacional e deveria ser aceita em três discussões, por dois terços dos votos, em uma e em outra câmara. Na segunda hipótese, deveria ser solicitada por dois terços dos Estados, no decurso de um ano, representado cada Estado pela maioria de votos da sua Assembleia (art. 90, § 1º). A proposta era considerada aprovada se o fosse, no ano seguinte, mediante três discussões, por maioria de dois terços dos votos das duas câmaras do Congresso (art. 90, § 2º). A proposta era incorporada à Constituição, como parte integrante dela, e publicada com as assinaturas dos Presidente e Secretários das duas Câmaras (art. 90, § 3º).[3]

A **Constituição de 1934**,[4] em seu art. 178, estabeleceu distinção entre emenda e revisão, levando-se em conta a matéria a ser alterada, com consequente diferença de procedimento. A emenda aplicava-se quando as alterações propostas não modificassem a estrutura política do Estado (arts. 1 a 14, 17 a 21); a organização ou a competência dos poderes da soberania (Capítulos II, III e IV, do Título I; Capítulo V, do Título I; Título II; Título III; e arts. 175, 177, 181, este mesmo art. 178). Para que essas matérias fossem alteradas, era necessária a revisão, de procedimento mais complexo. Para Pontes de Miranda, a emenda se destinava a pontos cuja estabilidade, no entender do constituinte, não precisava ser tão grande quanto a dos outros.[5] Para Ronaldo Poletti, a distinção en-

2 NOGUEIRA, Octaciano. *Constituições Brasileiras: 1824.* Brasília: Senado Federal e Ministério da Ciência e Tecnologia, Centro de Estudos Estratégicos, 1999, p. 15-16.

3 Não podiam ser admitidos como objeto de deliberação, no Congresso, projetos tendentes a abolir a forma republicano-federativa, ou a igualdade da representação dos Estados no Senado (art. 90, § 4º, Const. 1891).

4 Ver seção 3.1.2 sobre o sistema bicameral na Constituição de 1934.

5 MIRANDA, Pontes de. Comentários à Constituição de 1967, com a Emenda nº 1, de 1969. 2ª ed. São Paulo: Revista do Tribunais, 1973, p. 147.

tre emenda e revisão compatibilizava a extensão do texto constitucional, invasor de matérias impróprias, com a possibilidade de maior ou menor rigidez, consoante a natureza intrínseca dos dispositivos.[6]

Na emenda, a iniciativa deveria ser formulada de modo preciso e poderia ser de uma quarta parte dos membros da Câmara dos Deputados ou do Senado Federal, ou de mais da metade dos Estados, no decurso de dois anos, manifestando-se cada um pela maioria da Assembleia respectiva. A emenda seria aprovada se fosse aceita, em duas discussões, pela maioria absoluta da Câmara dos Deputados e do Senado Federal, em dois anos consecutivos. Se fosse aprovada por dois terços dos membros de uma das Casas, deveria ser submetida à outra, imediatamente ou na primeira sessão legislativa, entendendo-se aprovada se lograsse a mesma maioria (art. 178, § 1º).

Na revisão, a proposta era apresentada na Câmara dos Deputados ou no Senado Federal, e apoiada, pelo menos, por dois quintos dos seus membros, ou submetida a qualquer desses órgãos por dois terços das Assembleias Legislativas, após deliberação da maioria absoluta de cada uma delas. Se ambos aceitassem a revisão, por maioria de votos, era elaborado o anteprojeto na forma que determinassem. Este era submetido, na Legislatura seguinte, a três discussões e votações em duas sessões legislativas, em uma e na outra Casa (art. 178, § 2º). A revisão ou a emenda eram promulgadas pelas Mesas da Câmara dos Deputados e do Senado Federal.[7]

As normas da **Constituição de 1937** estabeleciam, em seu art. 174, que a constituição poderia ser "*emendada, modificada ou reformada por iniciativa do Presidente da República ou da Câmara dos Deputados*". Se a iniciativa fosse do Presidente da República, o projeto teria que ser votado em bloco por maioria ordinária de votos da Câmara e do Conselho Federal, sem modificações ou com propostas sugeridas pelo Presidente da República ou que tivessem sua aquiescência (§ 1º). Em caso de iniciativa da Câmara dos Deputados, a aprovação exigia o voto da maioria dos membros das duas câmaras (§ 2º), sendo depois submetida ao Presidente da República, que poderia pedir fosse submetida a nova tra-

6 POLETTI, Ronaldo. *Constituições Brasileiras: 1934*. Brasília: Senado Federal e Ministério da Ciência e Tecnologia, Centro de Estudos Estratégicos, 1999, p. 54.

7 Não se podia proceder à reforma da Constituição na vigência do estado de sítio (art. 178, § 4º). Não eram admitidos à deliberação projetos tendentes a abolir a forma republicana federativa (art. 178, § 5º).

mitação em ambas as câmaras, na legislatura seguinte (§ 3º). Se rejeitado o projeto de iniciativa do Presidente da República ou se aprovado o projeto de iniciativa da Câmara, apesar de sua oposição, o Presidente da República poderia resolver que o projeto fosse submetido a plebiscito nacional (§ 4º). Na prática, porém, as "Leis Constitucionais" expedidas foram baseadas no art. 180 da Constituição, segundo o qual, "*enquanto não se reunir o Parlamento nacional, o Presidente da República terá o poder de expedir decretos-leis sobre todas as matérias da competência legislativa da União*".

A **Constituição de 1946** retomou, com alterações, a sistemática da Constituição de 1891, com a possibilidade de emenda da Constituição mediante proposta da quarta parte dos membros da Câmara dos Deputados ou do Senado Federal, ou de mais da metade das Assembleias Legislativas dos Estados no decurso de dois anos, manifestando-se cada uma delas pela maioria dos seus membros (art. 217, § 1º). A aprovação deveria ser em duas discussões pela maioria absoluta de cada Casa, em duas sessões legislativas ordinárias e consecutivas (§ 2º). Se aprovada em uma das câmaras pelo voto de dois terços, a emenda seria logo submetida à outra câmara e, se aprovada por igual maioria, seria aceita (§ 3º). A emenda era promulgada pelas Mesas da Câmara dos Deputados e do Senado Federal, com a assinatura dos membros das duas e anexada, com o respectivo número de ordem, ao texto da Constituição (§ 4º).[8]

O **Ato Institucional nº 1, de 9 de abril de 1964**, decorrente do Regime Militar então instituído, admitiu a possibilidade de o Presidente da República remeter ao Congresso Nacional "*projetos de emenda da Constituição*" (art. 3º). Nessa hipótese, os projetos seriam apreciados em reunião do Congresso Nacional, dentro de trinta dias, em duas sessões, com intervalo máximo de dez dias, e considerados aprovados se obtivessem, em ambas as votações, a maioria absoluta dos membros das duas Casas do Congresso (art. 3º, parágrafo único).

O **Ato Institucional nº 2, de 27 de outubro de 1965**, enumerou, em seu art. 2º, *caput* e § 1º, as formas de iniciativa das emendas à Constituição: pela quarta parte, no mínimo, dos membros da Câmara dos Deputados ou do Senado Federal; por mensagem do Presidente da

8 É mantida a proibição de reformar a Constituição na vigência do estado de sítio (art. 217, § 5º) e a vedação a projetos tendentes a abolir a Federação ou a República (art. 217, § 6º).

República; e por mais da metade das Assembleias Legislativas, manifestando-se cada uma delas pela maioria de seus membros. A emenda deveria ser aprovada em dois turnos na mesma sessão legislativa, por maioria absoluta de cada uma das Casas (art. 2º, § 2º). Para tanto, aprovada em uma câmara, a emenda deveria ser enviada à outra, para deliberação (art. 2º, § 3º).

A **Constituição de 1967** é a que mais se aproxima da vigente, em termos de sistematização do tema. Primeiro, havia seção específica sobre o Processo Legislativo no Capítulo VI, do Poder Legislativo. O art. 49 equivalia ao atual art. 59, ao definir o processo legislativo como a elaboração das espécies normativas que enumera, substituindo-se os decretos-leis pela medida provisória. O art. 50 manteve as três possíveis iniciativas das emendas à Constituição: a quarta parte dos membros da Câmara dos Deputados ou do Senado Federal (art. 50, I e § 3º); o Presidente da República (art. 50, II); e as Assembleias Legislativas, cuja proposta deve ser aceita por mais da metade delas, manifestando-se cada uma pela maioria de seus membros (art. 50, III e § 4º).[9] O art. 51 dispunha que a proposta era discutida e votada em reunião do Congresso Nacional, no prazo de sessenta dias, em duas sessões, e aprovada se obtida, em ambas as votações, a maioria absoluta dos votos dos membros das duas Casas do Congresso. A emenda à Constituição, segundo o art. 52, era então promulgada pelas Mesas da Câmara dos Deputados e do Senado Federal, com o respectivo número de ordem.

A **Emenda Constitucional nº 1, de 1969**, retirou a possibilidade de iniciativa pelas Assembleias Legislativas, manteve a do Presidente da República e alterou a dos parlamentares, para um terço dos membros de cada Casa (art. 47, I, II e § 3º). Foi mantida a discussão e votação em reunião do Congresso Nacional, em duas sessões, mas o quórum de aprovação da emenda à Constituição passou para dois terços dos votos (art. 51). A promulgação pelas Mesas das Casas, com o respectivo número de ordem, foi mantida.[10]

9 Repete-se a proibição de emendar a Constituição na vigência do estado de sítio (art. 50, § 2º). É estabelecido que *"não será objeto de deliberação a proposta de emenda tendente a abolir a Federação ou a República"* (art. 50, § 1º).

10 Mantiveram-se, ainda, as vedações da Constituição de 1967, referidas na nota anterior (art. 47, §§ 1º e 2º).

5.1.2. A Revisão Constitucional de 1993

A Constituição Federal de 1988 instituiu uma regra transitória de revisão e uma regra permanente de emenda à Constituição. O art. 3º do Ato das Disposições Constitucionais Transitórias (ADCT) estipulou que tal revisão constitucional seria realizada após cinco anos, contados da promulgação da Constituição, pelo voto da maioria absoluta dos membros do Congresso Nacional, em sessão unicameral. Tal previsão teve inspiração na Constituição portuguesa de 1976, com a redação dada pela Revisão de 1982, cujo art. 286.1 permitia à Assembleia da República rever a Constituição *"decorridos cinco anos sobre a data da publicação de qualquer lei de revisão"*.

A revisão constitucional desenvolveu-se desde o final de 1993 até junho de 1994. Contudo, o processo não foi bem-sucedido e não atendeu às expectativas de aprimoramento geral da Constituição. Ao final, foram aprovadas seis Emendas Constitucionais de Revisão (ECR), com modificações pontuais do texto constitucional, com temas como a redução do mandato do Presidente da República, a criação do Fundo Social de Emergência e a suspensão dos efeitos da renúncia de parlamentar submetido a processo de perda de mandato.

5.2. A iniciativa das emendas constitucionais

O art. 60 da Constituição de 1988 contempla as mesmas três possibilidades de iniciativa previstas no art. 47 da Constituição de 1967, com a redação da EC nº 1, de 1969. Assim é que podem ter iniciativa das emendas à Constituição, de forma concorrente: (a) um terço, no mínimo, dos membros da Câmara dos Deputados ou do Senado Federal (art. 60, I); (b) o Presidente da República (art. 60, II); e (c) mais da metade das Assembleias Legislativas das unidades da federação, manifestando-se cada uma delas pela maioria relativa de seus membros (art. 60, III).

No Brasil, nunca houve iniciativa parlamentar individual para modificação da Constituição.[11] Seguindo essa tradição, a Constituição de 1988 previu a iniciativa parlamentar coletiva. Adotou-se o mesmo quórum vigente do regime constitucional anterior, de um terço dos parlamentares de cada Casa (correspondem a 171 na Câmara dos Deputados

11 SAMPAIO, Nelson de Souza. *O processo legislativo*. 2ª ed. Atualizada por Uadi Lamêgo Bulos. Belo Horizonte: Livraria Del Rey, 1996.

ou 27 no Senado Federal). Embora o percentual seja alto, esse número não tem impedido a apresentação de muitas propostas, pelo costume de subscrição delas pelos parlamentares "para tramitar", sem que isso represente compromisso de posterior posicionamento favorável.

Igualmente coletiva é a previsão de iniciativa das Assembleias Legislativas, cuja proposta deve ser formulada pela maioria delas. Resgata-se essa tradicional modalidade, presente nas Constituições republicanas, desde a de 1891 (art. 90, § 2º), mantida nas posteriores, salvo no texto da Constituição de 1937 e na Emenda Constitucional nº 1, de 1969. Os requisitos postos, de autoria pela maioria das Assembleias Legislativas, com aprovação em cada uma delas da maioria relativa de seus membros, têm dificultado a prática dessa iniciativa, uma vez que as demais alternativas se apresentam mais factíveis. Não obstante, foi apresentada ao Senado Federal a Proposta de Emenda à Constituição (PEC) nº 47, de 2012, que "*altera os arts. 22, 24, 61 e 220 da Constituição Federal*" (sobre as competências legislativas dos entes federativos), assinada pelos Presidentes de quinze Assembleias Legislativas. A proposição, contudo, não teve aprovação e foi arquivada ao final da 56ª Legislatura.

Apenas o Presidente da República tem a prerrogativa de iniciativa individual de emenda à Constituição. Essa modalidade de iniciativa surgiu formalmente na Constituição de 1937, que inclusive conferia maiores privilégios à proposta de iniciativa do Presidente da República (art. 174, § 1º). Na Constituição de 1946, não havia a iniciativa presidencial para emendas à Constituição. Mas ela retornou no art. 3º do Ato Institucional nº 1, de 10 de abril de 1964,[12] e foi mantida nos textos de 1967 e de 1969.

Apresentadas as três hipóteses, cabe observar que não há, na Constituição, regra específica para o início de tramitação das iniciativas extraparlamentares, como há no *caput* do art. 64 para os projetos de lei. No caso das iniciativas parlamentares, a proposta é apresentada na Casa dos seus subscritores. Contudo, para os dois outros casos, a Constituição nada estabelece.

A Constituição de 1967 estabelecia que a proposta das Assembleias Legislativas seria apresentada ao Senado Federal (§ 4º do art. 50), mas então a proposta era, em qualquer caso, discutida e votada em sessão conjunta do Congresso Nacional (art. 51). Talvez em virtude de tal mo-

12 Segundo esse art. 3º, "o Presidente da República poderá remeter ao Congresso Nacional projetos de emenda da Constituição".

dalidade de iniciativa ter sido suprimida na Emenda Constitucional nº 1, de 1969, os Constituintes de 1987/1988 não se lembraram de restaurar a regra de início da tramitação. A propósito, o Regimento Interno do Senado Federal estipula que poderão ter tramitação iniciada na Casa as propostas de iniciativa: de um terço de seus membros (art. 60, I, CF; art. 212, I, RISF) ou de mais da metade das Assembleias Legislativas (art. 60, III, CF; art. 212, II, RISF).

Quanto às propostas de iniciativa do Presidente da República, no regime da Emenda Constitucional nº 1, de 1969, elas eram discutidas e votadas em reunião conjunta do Congresso Nacional (art. 48, CF-1967 cf. EC 1/1969), razão pela qual ela era encaminhada ao Presidente do Senado Federal, que a convocava (art. 72, RCCN). Após a Constituição de 1988, se tornou costumeira sua apresentação perante a Câmara dos Deputados, chegando ao Senado Federal somente se conseguir aprovação nessa Casa.

A questão gerou, no Senado Federal, uma Consulta ao Plenário, formulada pelo Senador Lúcio Alcântara. Em consequência, a Comissão de Constituição, Justiça e Cidadania aprovou o Parecer nº 692, de 1995, Relator Senador Bernardo Cabral, aprovado pelo Plenário em 21 de novembro de 1995, em que conclui, fundado no sistema bicameral do Poder Legislativo (cooperação das duas Casas legislativas), e com base na regra geral do art. 60 da Constituição, que "*o Poder Executivo pode - sendo-lhe facultado - encaminhar suas propostas de emendas ao texto constitucional, ora para a Câmara dos Deputados, ora para o Senado Federal*",[13] uma vez que a regra do art. 64 da Constituição, que o obriga a encaminhar os projetos de lei de sua autoria para a Câmara, "*é uma regra excepcional que deve ser interpretada de forma estrita, abrangendo, apenas a hipótese do projeto de lei* [...]".

Para tanto, o Parecer, embora admita que o costume possa ser fonte do Direito Constitucional, argumenta que a prática de envio da proposta de iniciativa do Poder Executivo à Câmara dos Deputados nem configura um costume preenchedor de lacuna jurídica, no sentido de direito subsidiário, nem se cogita de aplicação analógica do art. 64 da Constituição, que é regra excepcional e deve ser interpretada de forma estrita. A regra geral, defende, é a insculpida no art. 60 da Constituição, que faculta a

13 A expressão utilizada não pretende defender que exista uma apresentação alternada de PECs do Presidente da República para as câmaras, mas que ele possa escolher a Casa perante a qual apresentará a proposta.

ambas as Casas legislativas o início da tramitação da proposta de emenda à Constituição.

A verdade é que a argumentação do Parecer parece ir mais longe do que o necessário para concluir pela possibilidade de apresentação de proposta de emenda à Constituição do Presidente da República perante o Senado Federal. Para tanto, talvez bastasse demonstrar não haver impedimento constitucional para tanto. Aparentemente, o Parecer pretende mesmo desconstituir a prática adotada após a Constituição de 1988, de o Presidente da República encaminhar à Câmara dos Deputados as suas propostas de emenda à Constituição. Este procedimento não se afigura inconstitucional, como não seria – na falta de previsão expressa – a apresentação da proposta perante o Senado Federal, por livre decisão do titular da iniciativa. Vale dizer, o Presidente da República tem a opção de apresentar a proposta de sua autoria perante qualquer uma das Casas, sem contrariar qualquer dispositivo constitucional.

Embora não se possa retirar o valor de iniciar a discussão e votação da proposição, no processo de tramitação bicameral das emendas à Constituição não se apresenta a prevalência da Casa iniciadora, como ocorre no processo bicameral das leis, pois as Casas estarão em pé de igualdade, conforme adiante será analisado (art. 60, § 2º, CF). Se houver alguma razão técnica para a ausência de disposição sobre o início da tramitação das propostas de emenda à Constituição de iniciativa extraparlamentar, essa possivelmente seria a mais relevante.

Por fim, importa registrar o disposto no § 5º do art. 60, segundo o qual "*a matéria constante de proposta de emenda rejeitada ou havida por prejudicada não pode ser objeto de nova proposta na mesma sessão legislativa*". Trata-se da irrepetibilidade, que é absoluta no caso das propostas de emenda à Constituição, no sentido de que não pode ser superada por nenhum quórum mais alto de iniciativa, como é possível para os projetos de lei (art. 67, CF).[14]

5.3. O § 2º do art. 60 da Constituição Federal de 1988 e a equivalência entre as Casas

A tramitação bicameral da proposta de emenda à Constituição está regulada no § 2º do art. 60, o qual dispõe que "*a proposta será discutida*

14 CAVALCANTI FILHO, João Trindade. *Processo Legislativo Constitucional*. 4ª ed. Salvador: Ed. Juspodivm, 2020, p. 187.

e votada em cada Casa do Congresso Nacional, em dois turnos, considerando-se aprovada se obtiver, em ambos, três quintos dos votos dos respectivos membros".

Essa regra traz duas diferenças substanciais em relação à ordem constitucional anterior (art. 51, CF-1967): (a) era estipulado o prazo de sessenta dias para discussão e votação da proposta, a contar de seu recebimento ou apresentação; e (b) a apreciação da proposta era concentrada, em sessões conjuntas do Congresso Nacional.

Com relação ao prazo, Nelson de Souza Sampaio comenta não ter conhecimento de Constituição que estabeleça limite de tempo para deliberação sobre emendas que a modifiquem. Observa, ainda, que o preceito criava o paradoxo de exigir-se apreciação mais célere das propostas de emenda constitucional do que os projetos de lei, que tinham cem dias para serem apreciados (art. 54, CF-1967)[15], sob pena de serem considerados aprovados.

Quanto à apreciação da proposta, ela passou a ser prevista em Casas separadas, exigindo-se a aprovação em ambas, em dois turnos, pela maioria de três quintos dos votos dos respectivos membros. Cada turno é constituído de discussão e votação[16]. O quórum corresponde ao voto favorável de 308 deputados federais na Câmara dos Deputados e de 49 senadores no Senado Federal.

5.3.1. Necessidade de aprovação de texto de mesmo sentido: equivalência entre as Casas

Manoel Gonçalves Ferreira Filho observa que a aprovação da emenda à Constituição obedece a um procedimento "*cuja exigência essencial é a aprovação de um texto igual, em dois turnos de discussão e votação, pela Câmara dos Deputados e pelo Senado Federal*", em ambas as Casas pela maioria de três quintos de seus membros. Trata-se, portanto, de um "*ato complexo igual, pois resulta de vontades postas no mesmo plano – a da Câmara dos Deputados e a do Senado Federal*".[17]

15 Exceto se em regime de urgência, quando o prazo era de 40 dias para serem apreciados, em sessão conjunta (art. 54, § 3º).

16 Cada turno é constituído de discussão e votação, conforme o art. 149 do RICD e o art. 271 do RISF.

17 FERREIRA FILHO, Manoel Gonçalves. *Do processo legislativo.* 6ª ed. São Paulo: Saraiva, 2009, p. 292.

É importante ressaltar que não se aplica à proposta de emenda à Constituição (PEC) a regra de tramitação e revisão dos projetos de lei, prevista no art. 65 da Constituição de 1988, pela qual a Casa iniciadora toma a decisão a respeito das eventuais modificações promovidas no texto pela Casa revisora, acatando-as ou rejeitando-as em definitivo, o que leva a que o texto resultante pode ter sido aprovado por apenas uma das Casas, a iniciadora.

No caso de proposta de emenda à Constituição, só irá à promulgação o texto que for aprovado pelas duas Casas, com o mesmo sentido. Por isso, não há prevalência de uma das Casas. Na expressão do Ministro Sepúlveda Pertence, Relator da Medida Cautelar na ADI nº 3.472, no processo legislativo das emendas à Constituição rege *"o* ***sistema bicameral puro****"*.[18]

Realmente, se aprovada na câmara de origem em dois turnos, por três quintos dos votos, a PEC vai à outra câmara, para revisão. Aprovada, de igual forma e com o mesmo conteúdo, vai à promulgação. Rejeitada (não obtidos os três quintos em qualquer dos turnos), vai ao arquivo. Não há dispositivo na Constituição para o caso de aprovação da proposta pela câmara de revisão de modo diverso ao proposto pela câmara de origem (tal como o parágrafo único do art. 65 para os projetos de lei). Surgem, então, outras situações possíveis: (a) a aprovação na câmara de revisão de texto no mesmo sentido, com emendas de redação; ou (b) a aprovação na câmara de revisão de texto com sentido diverso, contendo alterações de mérito.

Na hipótese de emenda de redação, entende-se que a matéria poderá ir à promulgação, que contemplará a alteração nela especificada. Nesse caso, evita-se o retorno à câmara de origem, uma vez que não houve alteração no sentido da matéria. Por vezes, porém, pode haver dúvidas sobre o real alcance da emenda, se de redação ou de mérito, o que poderá resultar em conflitos entre as Casas ou mesmo futura arguição por inconstitucionalidade formal da emenda constitucional (como foi exemplo a ação acima mencionada).

18 BRASIL Supremo Tribunal Federal. *Medida Cautelar na Ação Direta de Inconstitucionalidade (ADI-MC) nº 3.472*, Relator Ministro Sepúlveda Pertence, Tribunal Pleno, julgamento em 28/04/2005, DJ 24/06/2005, Requerente: Associação Nacional dos Membros do Ministério Público (Conamp); Requerido: Congresso Nacional. Disponível em: https://redir.stf.jus.br/paginadorpub/paginador.jsp?docTP=AC&docID=387256. Acesso em 15 abr. 2023.

O STF reconheceu a desnecessidade do retorno à outra câmara, na hipótese de emenda de redação, de forma equiparada com o que ocorre com os projetos de lei. Assim, na ADI nº 2.666, Relatora Ministra Ellen Gracie,[19] entendeu-se que a alteração questionada "*não importou em mudança substancial no sentido do texto*", do que resultou inexistência de ofensa ao § 2º do art. 60 da Constituição, com envio direto da proposta à promulgação. No caso, foi suprimida pelo Senado Federal a expressão "*observado o disposto no § 6º do art. 195 da Constituição Federal*", que constava em dispositivo da PEC aprovada pela Câmara dos Deputados. Contudo, como a proposta tratava de prorrogação de contribuição (CPMF) então vigente, tal alusão "*não teria efeito nenhum, pois inaplicável ao caso*", uma vez que a noventena prevista no dispositivo referenciado não incide em prorrogação, sem solução de continuidade temporal. Não havia, portanto, alteração de ordem material, mas apenas formal do texto, ensejando a adequação da redação. Era desnecessário, assim, o retorno da PEC à Câmara para votação do texto alterado.

Aplicou-se, para tanto, o precedente da Ação Direta de Constitucionalidade (ADC) nº 3, Relator Ministro Nelson Jobim, que dispensou o retorno à Casa iniciadora de projeto de lei aprovado com emenda de redação na Casa revisora. Ao estender esse mesmo tratamento à proposta de emenda à Constituição aprovada com emenda de redação, foi considerado legítimo seu envio, em seguida, à promulgação.[20]

5.3.2. Aprovação de texto em sentido diverso e efeito pingue-pongue

Para compreender a tramitação bicameral da PEC, vale supor que a Casa-1, onde iniciou sua tramitação, a encaminhe para a Casa-2. Se esta aprovar texto em sentido diverso daquele que recebeu, a proposta

19 BRASIL. Supremo Tribunal Federal. *Ação Direta de Inconstitucionalidade (ADI) nº 2.666*, Relatora Ministra Ellen Gracie, Tribunal Pleno, julgamento em 03/10/2002, DJ 06/12/2002. Requerente: Partido Social Liberal (PSL). Requerido: Congresso Nacional. Disponível em: https://redir.stf.jus.br/paginadorpub/paginador.jsp?docTP=AC&docID=266881. Acesso em 16 abr. 2023.

20 BRASIL. Supremo Tribunal Federal (Plenário). *Ação Declaratória de Constitucionalidade (ADC) nº 3.* Relator Ministro Nelson Jobim, Tribunal Pleno, julgamento em 02-12-1999, DJ 09-05-2003. Requerente: Procurador-Geral da República. Disponível em: https://redir.stf.jus.br/paginadorpub/paginador.jsp?docTP=AC&docID=882. Acesso em 16 abr. 2023.

alterada deve ser devolvida à Casa-1, na forma de substitutivo. Nisso, a proposta retorna como se fosse nova, dando início a uma tramitação completa, na qual o novo texto da Casa-2 será apreciado pela Casa-1.

Nessa circunstância, portanto, a Casa-1 procederá à revisão do texto da Casa-2, como decorrência de aplicação do disposto no § 2º do art. 60, que exige a aprovação em ambas, no mesmo sentido, para que o texto vá à promulgação. Surge, então, importante diferença em relação aos projetos de lei, pois não se cogita de apreciação apenas de emendas da Casa-2 pela Casa-1, mas sim da reanálise nesta da proposta alterada por aquela.[21]

Essa sistemática pode levar ao chamado efeito pingue-pongue, quando uma proposta permanece sendo enviada de uma câmara para outra até que não haja mais divergências entre elas. Não está definida regra de parada, como está para os projetos de lei (última palavra da Casa iniciadora, em uma única rodada). As câmaras estão em posição de equivalência, de modo que ou uma delas converge para a posição da outra, ou a proposta permanecerá no pingue-pongue, ou ela acabará por ser rejeitada por uma das câmaras.

Nesse sentido, o Regimento Interno da Câmara estabelece que a PEC do Senado, bem como as emendas do Senado à PEC oriunda da Câmara, terá a mesma tramitação de uma proposta iniciada na Câmara (art. 203). O Regimento Interno do Senado contém norma equivalente quanto à revisão feita pela Casa de proposta da Câmara (art. 368). Há, ainda, dispositivo no qual "*considera-se proposta nova o substitutivo da Câmara a proposta de iniciativa do Senado*" (art. 367). Embora a referência se faça ao substitutivo, os dois dispositivos levam a que uma proposta oriunda da Câmara (com texto ainda não analisado no Senado, ou com texto em sentido diverso a um original do Senado) seguirá as mesmas regras de tramitação no Senado de uma proposta dele próprio originária.

Importante precedente, a respeito, foi adotado, em 21 de outubro de 1997, pelo então Presidente da Câmara, Deputado Michel Temer, sobre tramitação do Substitutivo do Senado à PEC da Reforma da Previdência Social (PEC 33/1995-CD; PEC 33/1996-SF),[22] em resposta à Questão

21 Exatamente por essa diferença, passa-se a evitar a nomenclatura de "Casa iniciadora" e "Casa revisora", passando-se a utilizar "Casa-1", para aquela onde a PEC começou a tramitar, e "Casa-2" para a outra. Em virtude do efeito pingue-pongue, a revisão será realizada sempre que uma delas receber uma versão do texto encaminhada pela outra.

22 Deu origem à Emenda Constitucional nº 20, de 15 de dezembro de 1998.

de Ordem 10.403/1997, levantada pelos Deputados Nelson Gibson e Arnaldo Faria de Sá. Na decisão, ficou consignado que:

> 1) o Substitutivo do Senado deverá ter a tramitação de proposta nova, sujeita aos mesmos requisitos de tramitação e aprovação de uma proposição inédita, o que implica nos termos regimentais, apreciação pela Comissão de Constituição e Justiça (CCJ) e por Comissão Especial;
>
> 2) caso a Câmara aprove integralmente o texto oriundo do Senado, estará a matéria apta à promulgação; caso a rejeite totalmente, será arquivada; e, caso introduza novas alterações será encaminhada ao Senado.

Na ocasião, o Presidente da Câmara esclareceu que o texto aprovado pelo Senado e encaminhado à Câmara, embora formalmente deva manter o número de tramitação, é, em essência, uma nova proposta de emenda à Constituição, e não uma mera emenda ao texto oriundo da Casa "iniciadora". Desse modo, a matéria enviada pelo Senado deve ter a tramitação de proposta nova na Câmara, sujeita aos mesmos requisitos de tramitação e aprovação de uma proposição inédita.

Nesse mesmo sentido, o Ministro Sepúlveda Pertence afirma, em seu voto na ADI-MC nº 3.472, antes mencionada, sobre situação na qual o Senado Federal aprovou texto em sentido diverso do aprovado pela Câmara dos Deputados:

> Quando o Senado [...], a propósito da mesma matéria, aprova proposição diversa,[23] tem-se devolvido a questão à Casa de origem: o retorno, porém, vale pela submissão a ela, da proposta alterada, como se fora iniciativa original do Senado, a fim de ser, então, aprovada, também em dois turnos, pela Câmara e levada à promulgação; ou por ela rejeitada, pondo fim, no tópico, ao processo frustrado de emenda constitucional.[24]

---

23 Embora o Ministro se refira a "*proposição diversa*", não se trata de uma outra PEC (proposição), como se poderia pensar, mas sim de um texto diverso (alterado) da mesma PEC, tanto assim que, pela descrição, a "*proposta alterada*" é devolvida à Casa de origem.

24 BRASIL Supremo Tribunal Federal. *Medida Cautelar na Ação Direta de Inconstitucionalidade (ADI-MC) nº 3.472*, Relator Ministro Sepúlveda Pertence, Tribunal Pleno, julgamento em 28/04/2005, DJ 24/06/2005, Requerente: Associação Nacional dos Membros do Ministério Público (Conamp); Requerido: Congresso Nacional. Disponível em: https://redir.stf.jus.br/paginadorpub/paginador.jsp?docTP=AC&docID=387256. Acesso em 15 abr. 2023.

Para aqueles que pretendem a produção da emenda constitucional, o efeito pingue-pongue é evidentemente indesejável, na medida em que mantém a proposta indefinidamente em tramitação. Mas esse é o efeito esperado, em se tratando de emenda constitucional, para que as Casas alcancem a convergência na modificação do texto da Constituição. Tal sistemática relaciona-se com a rigidez da Constituição, na medida em que garante sua alteração por meio de um procedimento especial, mais complexo e difícil do que o das leis ordinárias.

Em muitos casos, a convergência entre as Casas, mediante aprovação do mesmo texto, é de difícil consecução. Uma possível alternativa poderia ser a supressão das disposições que ainda causam divergência, de modo a enviar à promulgação o texto remanescente, que já obteve ou tem condições de obter aprovação nas duas Casas. Vale dizer, iniciada e aprovada uma proposta em uma câmara (Casa-1), a outra câmara (Casa-2) poderá aprová-la parcialmente, suprimindo dela partes, dispositivos ou expressões. Na verdade, isso pode acontecer em qualquer das idas e vindas da proposta. Assim, por exemplo, a Casa-2 pode acrescentar ou alterar dispositivos e, retornando a proposta para a Casa-1 na forma de substitutivo (a ser considerado nova proposta), esta suprimir um ou alguns deles. Como o texto remanescente já foi aprovado pela Casa-2, haveria necessidade de a ela retornar, ou estaria pronta para promulgação? O estudo dessa possibilidade será objeto de Capítulo próprio, na Parte III deste trabalho, na qual serão discutidas as condições para que tal procedimento ocorra.

Vale registrar, desde logo, que há distinção em relação à tramitação dos projetos de lei. Nesta, havendo rejeição (supressão) de dispositivos na Casa revisora, a emenda supressiva correspondente retornaria para decisão da Casa iniciadora. Não haveria, desse modo, a possibilidade do pingue-pongue entre as Casas, uma vez que há regra de parada definida após uma rodada, ao retornar a matéria para a Casa iniciadora, que decidiria sobre a permanência ou não da parte rejeitada pela Casa revisora. Observe-se, ainda, que, no caso dos projetos, o retorno é apenas da(s) emenda(s) supressiva(s), e não do texto integral modificado, como se verificou anteriormente ocorrer nas PECs.

Outra possibilidade adotada para a prática parlamentar para evitar o efeito pingue-pongue é o desdobramento da proposta em duas partes, mantendo nela a parte em convergência, para envio à promulgação, e separando-se a outra parte, em que ainda persiste a divergência, para formar nova proposta, visando à continuidade de sua tramitação entre as Casas. Isto se operacionaliza por meio de destaque para constituir proposição autônoma, previsto nos Regimentos Internos (arts. 57, III, e 161, III, RICD; art. 312, I, RISF).

O principal objetivo do desdobramento é, sobretudo em propostas complexas e polêmicas, não retardar a promulgação daquela parte que já obteve aprovação de ambas as Casas, na forma exigida pelo § 2º do art. 60 da Constituição. Esse procedimento ficou conhecido como promulgação "fatiada", por abranger apenas parte da proposta inicial. A nova proposição, por sua vez, costuma ser denominada de "PEC Paralela", por versar sobre o mesmo tema (parcialmente), embora com tramitação desvinculada da outra, a partir de então.[25]

O surgimento, a discussão sobre a regularidade, e as condições para que se possa proceder a esse desdobramento da proposta de emenda à Constituição serão analisadas em Capítulo posterior desta tese, na Parte III.

5.4. A promulgação da emenda constitucional: controle bicameral

Aprovada a proposta na forma do § 2º do art. 60 da Constituição, a emenda à Constituição será promulgada pelas Mesas da Câmara dos Deputados e do Senado Federal, com o respectivo número de ordem, conforme disposto no § 3º do mesmo dispositivo. O Regimento Comum do Congresso Nacional estipula que a promulgação ocorrerá em sessão conjunta solene (art. 85). Uma vez promulgada, a emenda à Constituição é publicada no Diário Oficial da União.

A Constituição Federal de 1988 manteve o formato da promulgação das emendas constitucionais nas Constituições republicanas. Na Constituição de 1891 os presidentes das câmaras e os secretários as assinavam (art. 90, § 3º). A partir de 1934, a promulgação passou a ser feita pelas Mesas das duas Casas do Congresso Nacional (salvo na Constituição de 1937).[26]

---

25 A denominação surgiu quando do desmembramento da PEC nº 67, de 2003 (Reforma da Previdência do Governo Lula), que resultou na EC nº 41, de 19 de dezembro de 2003. A PEC Paralela da Previdência, de então, recebeu o nº 77, de 2003, e teve como primeira signatária a Senadora Ideli Salvatti. Após aprovação no Senado e encaminhamento à Câmara (PEC 227/2004), onde recebeu substitutivo, retornou ao Senado (PEC 77A/2003) e foi aprovada, dando origem à EC nº 47, de 5 de julho de 2005. Mais recentemente essa denominação tem tido utilização mais ampla, até mesmo de propostas inaugurais com temas correlatos à original, sem que tenha havido necessariamente o desdobramento de uma PEC anterior.

26 Os dispositivos são os seguintes: na Constituição de 1934, art. 178, § 3º; na de 1946, art. 217, § 4º; na de 1967, art. 52; após a EC 1/1969, art. 49.

Vale observar que as demais sessões conjuntas são dirigidas, a partir da Constituição de 1988, pela Mesa do Congresso Nacional, presidida pelo Presidente do Senado Federal e composta, nos demais cargos, alternadamente, pelos ocupantes de cargos equivalentes na Câmara dos Deputados e do Senado Federal (art. 57, § 5º). Até então, as sessões conjuntas eram dirigidas pela Mesa do Senado Federal (art. 29, § 3º, EC 1/1969).

No entanto, na sessão conjunta solene de promulgação das emendas constitucionais, foi mantida a fórmula das Constituições precedentes, em que se exige a presença das duas Mesas das Casas do Congresso Nacional. Essa é a única sessão conjunta na qual há esse requisito. Entende-se que **deverão estar presentes pelo menos a maioria de cada uma das Mesas**, o que corresponde a quatro membros de cada uma, já que elas são formadas por sete membros titulares.

Essa forma de promulgação das emendas constitucionais, pelas Mesas das duas Casas, lhe confere um importante efeito. Trata-se de uma espécie de **controle de regularidade do processo legislativo bicameral**, pois uma Mesa poderá verificar se o texto aprovado pela outra e remetido à promulgação encontra-se em condições para a prática desse ato. Qualquer discordância em relação ao texto submetido à promulgação poderá inviabilizá-la. Duas ocasiões já mostraram como a promulgação pode servir a essa função.

Uma delas deu-se durante a tramitação da PEC nº 333, de 2004, na Câmara (PEC nº 20, de 2008, no Senado),[27] que deu origem à Emenda Constitucional nº 58, de 23 de setembro de 2009, sobre a composição e limite de despesas das Câmaras Municipais.[28] O Senado Federal tentou desmembrar a PEC para promulgar apenas o dispositivo referente ao número de vereadores, mas a Câmara dos Deputados entendeu impres-

27 BRASIL. Congresso Nacional. *Proposta de Emenda à Constituição (PEC) nº 333, de 2004, na Câmara dos Deputados, do Deputado Pompeo de Mattos e outros. PEC nº 20, de 2008, no Senado Federal.* Modifica a redação do art. 29-A e acrescenta art. 29-B à Constituição Federal para dispor sobre o limite de despesas e a composição das Câmaras de Vereadores e dá outras providências. Disponível em: https://www.congressonacional.leg.br/materias/materias-bicamerais/-/ver/pec-333-2004-cd .Acesso em 22 abr. 2023.

28 BRASIL. *Emenda Constitucional nº 58, de 23 de setembro de 2009.* Altera a redação do inciso IV do caput do art. 29 e do art. 29-A da Constituição Federal, tratando das disposições relativas à recomposição das Câmaras Municipais. Disponível em: https://www.planalto.gov.br/ccivil_03/constituicao/emendas/emc/emc58.htm. Acesso em 22 abr. 2023.

cindível que constasse, na mesma norma jurídica, o dispositivo sobre os limites de despesas dos legislativos municipais.

Outra situação ocorreu na tramitação da PEC nº 11, de 2011, do Senado Federal (PEC nº 70, de 2011, na Câmara), posteriormente renumerada como PEC nº 91, de 2019, sobre o procedimento de apreciação das medidas provisórias pelo Congresso Nacional.[29] Após aprovação de substitutivo da Câmara dos Deputados, a matéria retornou ao Senado Federal, dispondo sobre prazos específicos para a comissão mista e para o plenário de cada uma das Casas. Porém, uma emenda de redação no Senado alterou a disciplina do prazo das comissões mistas. Como a Mesa da Câmara dos Deputados discordou tanto que se tratasse de emenda de redação quanto da própria sistemática definida, a PEC não foi promulgada, apesar de formalmente constar como aprovada pelas duas Casas.[30]

Como se vê, em ambos os casos, houve discordância de uma Casa em relação ao procedimento promovido pela outra, o que tornou inviável a promulgação pretendida.[31] Desse modo, este ato assume o papel de forma de controle da regularidade do devido processo legislativo da PEC, em perspectiva bicameral.

5.5. Dados sobre a elaboração das emendas constitucionais

O levantamento da tramitação das emendas à Constituição adotou critérios distintos dos projetos de lei, em virtude de suas peculiaridades, especialmente pelo fato de que não se caracterizam as funções de Casa iniciadora e de Casa revisora, assim como pela possibilidade de ocorrer o pingue-pongue da matéria entre as Câmaras.

---

29 BRASIL. Congresso Nacional. *Proposta de Emenda à Constituição (PEC) nº 11, de 2011, no Senado Federal (renumerada para PEC nº 91, de 2019). Proposta de Emenda à Constituição (PEC) nº 70, de 2011, na Câmara dos Deputados.* Altera o procedimento de apreciação das medidas provisórias pelo Congresso Nacional. Tramitação bicameral disponível em: https://www.congressonacional.leg.br/materias/materias-bicamerais/-/ver/pec-11-2011-sf. Acesso em 8 abr. 2023.

30 CAVALCANTE FILHO, João Trindade. A PEC nº 91/2019 e o curioso caso da emenda que foi sem nunca ter sido. *Consultor Jurídico (Conjur).* 20 set. 2022. Disponível em: https://www.conjur.com.br/2022-set-20/fabrica-leis-pec-912019-curioso-emenda-foi-nunca-sido. Acesso em 17 mar. 2023.

31 Esses casos serão mais minudentemente descritos nas seções deste trabalho que tratarem das práticas de funcionamento do sistema bicameral, quanto às emendas de redação e ao desdobramento de proposições.

Não obstante, até para efeito de comparação quanto à tramitação bicameral, manteve-se, nesse aspecto, o período de levantamento de fevereiro de 1999 a janeiro de 2023, nas seis últimas legislaturas (da 51ª à 56ª Legislatura). Nesse caso, foi considerado apenas o primeiro encaminhamento da matéria à revisão. Considerando, ainda, que a PEC encaminhada à outra Casa é considerada como uma nova proposição, não faz sentido o levantamento sobre as emendas da Casa revisora e sua apreciação final pela Casa iniciadora. Desse modo, adotou-se para as PECs uma abordagem diferente, relacionada apenas à iniciativa e à tramitação delas entre as Casas, além de exemplo sobre o efeito pingue-pongue.

5.5.1. Propostas de emenda à Constituição que chegaram à primeira revisão e resultados legislativos

No período de fevereiro de 1999 a janeiro de 2023 (da 51ª à 56ª Legislatura), 199 propostas de emenda à Constituição tiveram aprovação em uma das Casas e foram, por consequência, remetidas à outra câmara. Dessas, 108 foram aprovadas nas duas Casas e se transformaram em emendas à Constituição, juntando-se às 20 que haviam sido promulgadas anteriormente. A Tabela abaixo apresenta os dados do levantamento sobre a tramitação bicameral das PECs, com relação ao quantitativo que chegou à primeira revisão da outra Casa.

Tabela 5.1 – Propostas de emenda à Constituição encaminhadas à primeira revisão e resultado da tramitação

Tipos de resultados	Iniciadas na CD e encaminhadas ao SF						Iniciadas no SF e encaminhadas à CD			1999 a 2022	
	Iniciativa Pres. República			Iniciativa Parlamentar CD			Iniciativa Parlamentar SF			Resultados	
	N°	% Inic.	% Tipo	Nº	% Inic.	% Tipo	N°	% Inic.	% Tipo	Total Tipo	% do Total
TL	15	93,75	13,89	39	78,00	36,11	54	40,60	50,00	**108**	**54,27**
ET	1	6,25	1,23	6	12,00	7,41	74	55,64	91,36	**81**	**40,70**
RJ	0	0,00	0,00	1	2,00	33,33	2	1,50	66,67	**3**	**1,51**
PJ	0	0,00	0,00	2	4,00	50,00	2	1,50	50,00	**4**	**2,01**
ARQ	0	0,00	0,00	2	4,00	66,67	1	0,75	33,33	**3**	**1,51**
Total de PECs à revisão	**16**	**100,00**	**8,04**	**50**	**100,00**	**25,13**	**133**	**100,00**	**66,83**	**199**	**100,00**
Tramitação	CD → SF = 66 (33,16%)						SF → CD = 133				

Legenda Tipos: TL = Transformado em Lei; ET = Em tramitação; RJ = Rejeitado; PJ = Prejudicado; ARQ = arquivado.

O levantamento constatou que houve mais aprovações de propostas no Senado Federal do que na Câmara dos Deputados. Certamente, o quórum de três quintos, em dois turnos, representa barreira significativa para a viabilidade de tramitação bicameral das propostas, de modo que elas são filtradas ainda na Casa de origem. Foram 133 propostas aprovadas no Senado, encaminhadas à primeira revisão da Câmara, e 66 aprovadas na Câmara e encaminhadas à apreciação do Senado (16 do Presidente da República; e 50 dos deputados). Essa vantagem do Senado, porém, não tem correspondência no índice de aprovação final das matérias. O percentual de transformação em emenda à Constituição é inversamente proporcional à quantidade de aprovações na Casa de origem: do Presidente da República, 93,75% (15 de 16); dos deputados, 78,00% (39 de 50); dos senadores, 40,60% (54 de 133).

De todo modo, é interessante observar que, das 108 emendas à Constituição promulgadas no período, a metade teve início no Senado Federal (54) e a outra metade na Câmara dos Deputados, somando-se as de iniciativa do Presidente da República (15) às de autoria de deputados (39). Nesse sentido, a maior aprovação na Casa de origem teve repercussão favorável na produção das emendas à Constituição, em benefício do Senado Federal.

Com relação às propostas que não foram transformadas em emenda constitucional, repete-se a preponderância da *rejeição por espera*, pois a soma de rejeições (1,51%), prejudicialidades (2,01%) e arquivamentos (1,51%) chega a apenas 5,03% no total das propostas apreciadas por uma segunda Casa. Assim, manter as propostas indesejadas em tramitação constitui a forma mais utilizada de evitar sua aprovação na etapa de revisão. Quanto mais propostas são aprovadas na Casa de origem, maior número delas permanece em tramitação na outra Casa, sem aprovação ou rejeição.

5.5.2. Emendas constitucionais por iniciativa e legislatura

A tabela anterior indica um interessante dado a respeito das emendas constitucionais, que é a prevalência do Senado Federal na iniciativa. Essa tendência merece ser estudada ao longo do tempo, para verificar como ela ocorreu no decorrer das legislaturas. Para tanto, a Tabela abaixo apresenta as emendas constitucionais promulgadas, conforme a iniciativa e as legislaturas, da 49ª até a 56ª. Cabe observar que estão contempladas todas as 128 emendas constitucionais promulgadas até o encerramento da 56ª Legislatura, em janeiro de 2023.

Tabela 5.2 - Emendas Constitucionais por iniciativa e legislatura

Iniciativa/ Legislatura	Pres. Rep.	% na Legislatura	Deputados	% na Legislatura	Senadores	% na Legislatura	Soma na Legislatura
49ª (1991-1994)	0	0,00	3	75,00	1	25,00	**4**
50ª (1995-1998)	11	68,75	4	25,00	1	6,25	**16**
51ª (1999-2002)	6	31,58	4	21,05	9	47,37	**19**
52ª (2003-2006)	2	14,29	6	42,86	6	42,86	**14**
53ª (2007-2010)	2	14,29	4	28,57	8	57,14	**14**
54ª (2011-2014)	2	11,76	9	52,94	6	35,29	**17**
55ª (2015-2018)	1	6,67	5	33,33	9	60,00	**15**
56ª (2019-2022)	2	6,90	11	37,93	16	55,17	**29**
Soma iniciativa e % do Total	**26**	**20,31**	**46**	**35,94**	**56**	**43,75**	**Total = 128**

A prevalência dos senadores na iniciativa das emendas constitucionais manteve-se nas últimas seis legislaturas, com exceção da 54ª (2011-2014), em que a Câmara dos Deputados teve maior índice. Nas quatro últimas, excetuando essa, o percentual de emendas constitucionais com início no Senado Federal ultrapassou a metade, batendo a soma da iniciativa presidencial e da Câmara dos Deputados. Por sua vez, a iniciativa do Presidente da República somente se mostrou preponderante na 50ª Legislatura, há mais de vinte e cinco anos.

Os números ajudam no balanceamento dos poderes entre as Casas no sistema bicameral brasileiro. Se nas leis há prevalência, nos últimos anos, da Câmara dos Deputados, tanto na iniciativa da produção legislativa quanto na última palavra que lhe é conferida pelo modelo bicameral, nas emendas constitucionais o Senado Federal tem papel mais destacado na iniciativa. Esta Casa beneficia-se, nesta espécie normativa, das regras de maior equilíbrio do modelo de tramitação bicameral.

5.5.3. Efeito pingue-pongue: o exemplo da EC nº 32, de 2001

Conforme examinado anteriormente, a tramitação bicameral das propostas de emenda à Constituição se distingue da aplicada aos projetos de lei, especialmente pela necessidade de aprovação do texto nas duas Casas, por três quintos dos votos, em dois turnos, conforme disposto no § 2º do art. 60 da Constituição. Disso decorre a possibilidade do efeito pingue-pongue, ou seja, que a matéria fique no vaivém entre as Casas até que isso ocorra.

É interessante apresentar uma situação em que foi identificado o efeito pingue-pongue, de modo a demonstrar sua ocorrência e desdobramentos na tramitação. Para tanto, observe-se a tramitação da Emenda Constitucional (EC) nº 32, de 11 de setembro de 2001, que "*altera dispositivos dos arts. 48, 57, 61, 62, 64, 66, 84, 88 e 246 da Constituição Federal, e dá outras providências*".[32] Essa Emenda Constitucional foi a que alterou o rito das medidas provisórias e será objeto de seção específica, quanto a seus aspectos materiais, no capítulo sobre o modelo bicameral dessa espécie normativa.

Neste ponto, interessa verificar a tramitação da Proposta de Emenda à Constituição (PEC) nº 1, de 1995 (PEC nº 472, de 1997, na Câmara), que deu origem à referida emenda constitucional.[33] O Quadro a seguir mostra como ela tramitou entre as Casas, com 2 rodadas (4 envios) até que as Casas estivessem de acordo com o mesmo texto.

Quadro 5.1 – Tramitação pingue-pongue da PEC nº 1, de 1995 (EC nº 32, de 2001)

Casa 1 – Senado Federal	Envios	Casa 2 – Câmara dos Deputados
PEC 1/1995 (Sen. Espiridião Amin e outros) Apresentada em 16/02/1995 Aprovada em 14/05/1997	1	Leitura em 11/06/1997 **PEC 472/1997**
Recebida em 01/06/1999 **PEC 1A/1995**	2	Aprovado Substitutivo1(CD) em 26/05/1999 Devolvida ao Senado em 01/06/1999
Aprovado Substitutivo2(SF) em 01/12/1999 Envio à Câmara em 07/12/1999	3	Recebida em 07/12/1999
Recebida em 01/08/2001 Aprovado Substitutivo3(CD) em 05/09/2001 Encaminhamento à promulgação	4	Aprovado Substitutivo3(CD) em 01/08/2001 Devolvida ao Senado em 01/08/2001
Sessão Conjunta Solene de Promulgação da EC nº 32, de 11/09/2001		

32 BRASIL. *Emenda Constitucional nº 32, de 11 de setembro de 2001*. Altera dispositivos dos arts. 48, 57, 61, 62, 64, 66, 84, 88 e 246 da Constituição Federal, e dá outras providências. Disponível em: https://www.planalto.gov.br/ccivil_03/constituicao/emendas/emc/emc32.htm. Acesso em 12 abr. 2023.

33 BRASIL. Congresso Nacional. *Proposta de Emenda à Constituição (PEC) nº 1, de 1995, no Senado Federal do Senador Espiridião Amin e outros. PEC nº 472, de 1997, na Câmara dos Deputados.* Dá nova redação ao artigo 62 da Constituição Federal (adoção de medidas provisórias). (Deu origem à Emenda Constitucional nº 32, de 2001). Disponível em: https://www.congressonacional.leg.br/materias/materias-bicamerais/-/ver/pec-1-1995-sf. Acesso em 12 maio 2023.

Os temas de divergência foram: o prazo de tramitação e eficácia, e sua possível prorrogação uma única vez; a votação em sessão conjunta ou em sessões separadas das Casas; a previsão expressa do exame por comissões mistas; e o início da tramitação alternado entre as Casas ou sempre pela Câmara dos Deputados. A deliberação em Casas separadas e a Casa de início da tramitação foram os aspectos que ensejaram mais divergência. No decorrer da tramitação, e dos substitutivos que se sucederam, as divergências foram sendo superadas. Ao final, prevaleceu a posição do Senado quanto à votação em Casas separadas (e não em sessão conjunta) e a posição da Câmara dos Deputados quanto ao início da tramitação sempre nesta Casa (e não de forma alternada, como preferia o Senado). Foram necessários seis anos e meio para que a proposta chegasse à promulgação.

Embora seja decorrência da regra de tramitação bicameral prevista no § 2º do art. 60 da Constituição, essa situação foi uma excepcionalidade. A necessidade de uma solução sistêmica para o rito de apreciação das medidas provisórias dificultou qualquer solução que não se mostrasse completa.

5.5.4. Dados sobre a tramitação das PECs entre as Casas

O modelo bicameral das propostas de emenda à Constituição, embora favorável ao equilíbrio entre as Casas, foi considerado dificultoso pela demora que causava na tramitação das propostas. Foram então desenvolvidas duas práticas legislativas com o objetivo de evitá-lo, conforme será discutido em Capítulos específicos deste trabalho. Ao final desses Capítulos, serão apresentados levantamentos sobre as ocorrências identificadas dessas práticas, de modo que eles se somam à presente exposição de dados sobre as PECs.

Por ora, interessa mostrar que o pingue-pongue da proposta entre as Casas, embora decorrência natural do modelo bicameral das PECs, tornou-se exceção, de que foi exemplo a Emenda Constitucional nº 32, de 2001, cuja tramitação foi acima descrita. A Tabela abaixo apresenta como tramitaram entre as Casas as 128 propostas que se transformaram em emenda constitucional:

Tabela 5.3 – Tramitação entre as Casas das PECs que se transformaram em EC

Iniciativa	Total da iniciativa	1 envio (só ida)	2 envios (ida-e-volta)	4 envios (2 idas-e-voltas)
Deputados	46	39	7	0
Pres. República	26	25	1	0
Senadores	56	39	16	1
Total de PECs	**128**	**103**	**24**	**1**

Obs.: Não houve caso de 3 envios (ida-volta-ida)

Conforme se verifica, além do caso mencionado, não se identificou outra situação em que o pingue-pongue tenha ocorrido. Nas demais propostas, chegou-se a no máximo a uma ida-e-volta. As de iniciativa do Presidente da República, inclusive, quase todas, depois se passarem pela aprovação na Câmara dos Deputados (para onde, por tradição, são encaminhadas inicialmente), não retornam com modificações do Senado Federal. Nas de iniciativa dos senadores e dos deputados, ocorrem retornos (ida-e-volta), mas em menor proporção do que a aprovação direta pela outra Casa (só ida).

Vale registrar, por fim, que esses dados precisam ser complementados, no panorama geral da tramitação das propostas de emenda à Constituição, pelas ocorrências de supressões de expressões ou dispositivos, sem retorno à outra Casa, e de desdobramentos de proposições para imediata promulgação de parte delas, conforme a seguir:

a) foram objeto de supressão de expressões ou dispositivos, sem retorno à outra Casa, as PECs que deram origem às seguintes Emendas Constitucionais: nº 19, de 1998; nº 20, de 1998; nº 21, de 1999; nº 76, de 2013; e nº 78, de 2014;

b) foram objeto de desdobramento (e de supressão, em alguns casos) as PECs que deram origem às seguintes Emendas Constitucionais: nº 41, de 2003, e nº 47, de 2005; nº 42, de 2003, e nº 44, de 2004; nº 45, de 2004; nº 58, de 2009; nº 91, de 2016; nºs 100 e 102, de 2019; e nºs 103 e 114, de 2021.

A descrição da tramitação dessas propostas consta em seções próprias desses respectivos Capítulos, que complementam o presente levantamento.

5.6. Problemas, sugestões e observações sobre o modelo bicameral das Propostas de Emenda à Constituição

A partir da análise normativa do modelo bicameral das propostas de emenda à Constituição e dos dados levantados, são apresentadas, a seguir, aspectos que merecem relevo.

I – Iniciativa das emendas constitucionais e equilíbrio no sistema bicameral

Das 108 emendas constitucionais produzidas entre 1999 e 2022, a metade teve iniciativa de senadores, 39 de deputados e 15 do Presidente da República. A iniciativa mais efetiva dos senadores manteve-se nas últimas seis legislaturas, com exceção da 54ª. O Senado aprovou, na origem, mais PECs do que a Câmara (computadas as de iniciativa presidencial).

Interessante observar que, **na medida em que aumenta o quórum da matéria, aumenta também a participação dos senadores na iniciativa das normas elaboradas**. No período analisado, foram: 25% das leis ordinárias; 34% das leis complementares; 50% das emendas constitucionais. O movimento é inverso na iniciativa própria da Câmara: 47% das leis ordinárias; 40% das leis complementares; 36% das emendas constitucionais. Possivelmente, o tamanho das Casas influencia na construção de acordos e na viabilidade de aprovação das matérias com quórum mais elevado.

Verifica-se, portanto, que **não há prevalência da Câmara dos Deputados na elaboração das PECs** e que, ao contrário, **se a prevalência for considerada a partir da iniciativa, ela é do Senado Federal**. Considerando que as PECs se situam no mais alto nível na hierarquia das normas jurídicas do processo legislativo, é possível concluir que **isso enseja equilíbrio no sistema bicameral brasileiro**.

II – A utilização da rejeição tácita (por espera)

Nas PECs, repete-se a estratégia de utilização da rejeição tácita (por espera). No período, somente três PECs foram rejeitadas expressamente. Embora o Senado aprove mais PECs, ao chegar à revisão na Câmara dos Deputados, mais da metade permaneceu em tramitação até o final da 56ª Legislatura. No Senado, são poucas as que chegam da Câmara e, portanto, permanecem em tramitação. Tal como ocorre nos projetos, as PECs normalmente somente são pautadas para votação quando se forma possível maioria que possibilite sua aprovação, de modo que as rejeições expressas têm pouca ocorrência.

III – A tramitação das PECs, efeito pingue-pongue, supressões e desdobramentos

Na tramitação de proposta de emenda à Constituição, só vai à promulgação o texto que é aprovado pelas duas Casas, com o mesmo sentido, nas duas Casas, por três quintos dos votos, em dois turnos. Assim, não há prevalência de uma das Casas, vigendo o "*o **sistema bicameral puro***", na expressão do Ministro Sepúlveda Pertence.[34] Isso pode resultar no chamado **efeito pingue-pongue**, quando a proposição fica no vaivém entre as Casas até que o texto seja aprovado da forma exigida. Esse efeito ocorreu na proposta que deu origem à Emenda Constitucional nº 32, de 2001, que teve duas rodadas (quatro envios) entre as Casas até sua aprovação final e promulgação.

As **práticas de supressão de expressões ou dispositivos e de desdobramentos das PECs tornaram excepcionalidade o pingue-pongue** entre as Casas. Com essas operações, as propostas foram mais rapidamente encaminhadas à promulgação, na parte em acordo, enquanto a parte em desacordo foi suprimida ou passou a constituir nova PEC, mediante desdobramento. **Os problemas relacionados à tramitação das PECs referem-se a essas práticas legislativas, que serão tratadas em Capítulos específicos.**

34 BRASIL Supremo Tribunal Federal. *Medida Cautelar na Ação Direta de Inconstitucionalidade (ADI-MC) nº 3.472*, Relator Ministro Sepúlveda Pertence, Tribunal Pleno, julgamento em 28/04/2005, DJ 24/06/2005, Requerente: Associação Nacional dos Membros do Ministério Público (Conamp); Requerido: Congresso Nacional. Disponível em: https://redir.stf.jus.br/paginadorpub/paginador.jsp?docTP=AC&docID=387256. Acesso em 15 abr. 2023.

6

MODELO BICAMERAL DAS MEDIDAS PROVISÓRIAS (COMISSÃO MISTA E PREVALÊNCIA DA INICIADORA)

Conforme foi antes argumentado, a tramitação das medidas provisórias constitui um **terceiro modelo bicameral** no processo legislativo brasileiro, tendo em vista suas peculiaridades, a partir da redação dada ao art. 62 da Constituição pela Emenda Constitucional nº 32, de 2001. Tal caracterização decorre, em específico, da aplicação dos §§ 8º e 9º deste art. 62, segundo os quais a medida provisória será examinada por comissão mista, que sobre ela deve emitir parecer, antes de ser apreciada, em sessões separadas, pelo plenário de cada uma das Casas do Congresso Nacional. O primeiro plenário a apreciar medida provisória deve ser o da Câmara dos Deputados. Havendo modificação no Senado Federal, em relação ao texto aprovado naquela Casa, a matéria deverá retornar a ela, que fará o papel de Casa iniciadora, por aplicação do parágrafo único do art. 65 da Constituição.

Trata-se, portanto, de um modelo próprio, que ganha complexidade por ainda haver a possibilidade, no decorrer da tramitação, de alteração do texto original da medida provisória, hipótese em que passa a tramitar um projeto de lei de conversão (art. 62, § 12), a ser apreciado pelas Casas. Tal circunstância enseja uma multiplicidade de alternativas na revisão pelo Senado Federal e, se for o caso, no retorno à Câmara dos Deputados.

Este Capítulo visa a analisar a origem, as normas e os resultados desse modelo bicameral peculiar das medidas provisórias. Para tanto, compõe-se das seguintes seções:

1) exame dos motivos e da tramitação da proposta de emenda à Constituição que deu origem à Emenda Constitucional nº 32, de 2001, bem como as alterações dela decorrentes;

2) análise do modelo normativo de tramitação das medidas provisórias, em suas fases de exame pela comissão mista e apreciação pelos plenários das duas Casas, inclusive em caso de divergências entre elas;

3) análise das alternativas de conversão ou não da medida provisória em lei;

4)exposição sobre dados de levantamento da tramitação das medidas provisórias desde a edição da Emenda Constitucional nº 32, até o final da 56ª Legislatura, para verificação do funcionamento do modelo;

5)observações colhidas, problemas e sugestões sobre o modelo bicameral das medidas provisórias.

6.1. Da Constituição original à Emenda Constitucional nº 32, de 2001

No regime anterior à Constituição Federal de 1988, havia a possibilidade de expedição pelo Presidente da República de decretos-leis, em casos de urgência ou de interesse público relevante, e desde que não houvesse aumento de despesa, com vigência imediata e aprovação por decurso de prazo, após sessenta dias, conforme disposto no art. 55 da Constituição Federal de 1967, com a redação dada pelas Emendas Constitucionais nºs 1, de 10 de outubro de 1969, e 22, de 29 de junho de 1982.

Para substituir os decretos-leis, considerados inadequados para a nova ordem democrática, a Constituição de 1988 instituiu uma nova espécie normativa, as medidas provisórias. Segundo o art. 62, o Presidente da República pode, em caso de relevância e urgência, adotar medidas provisórias com força de lei, devendo submetê-las de imediato ao Congresso Nacional.[1] Na redação original, o prazo de eficácia da medida provisória foi definido em trinta dias, não havendo possibilidade de aprovação por decurso de prazo. Ao contrário, foi estabelecido que, se não fosse convertida em lei, ocorreria a perda de eficácia da medida provisória desde a edição, devendo o Congresso Nacional disciplinar as relações jurídicas dela decorrentes (art. 62, parágrafo único, na redação original).

A característica peculiar da medida provisória é que ela, de um lado, produz um efeito normativo, na medida em que tem *"força de lei"* ordinária, mas também, de outro, gera um efeito processual, por instaurar o procedimento legislativo com vista à sua conversão em lei, pois é sub-

1 Na redação original, não foi estabelecida delimitação material para a medida provisória (como havia para o decreto-lei), nem disposição sobre a possibilidade de o Congresso Nacional emendá-la.

metida *"de imediato ao Congresso Nacional"*. Assim, ao mesmo tempo em que a medida provisória é ato normativo equivalente a lei ordinária, ela é também uma proposição submetida à análise do Congresso Nacional. Esse duplo efeito foi descrito pelo Ministro Celso de Mello, Relator da Medida Cautelar na ADI nº 293, julgada em 6 de junho de 1990.[2]

Segundo a Resolução do Congresso Nacional (RCN) nº 1, de 2 de maio de 1989, que *"dispõe sobre a apreciação, pelo Congresso Nacional, das Medidas Provisórias a que se refere o art. 62 da Constituição Federal"*, a cada medida provisória publicada era constituída uma comissão mista para sobre ela emitir parecer. Os congressistas podiam oferecer emendas perante essa comissão. Depois, a medida provisória era analisada em sessão conjunta do Congresso Nacional, tanto quanto ao atendimento dos pressupostos constitucionais de relevância e urgência, quanto aos aspectos de constitucionalidade material e mérito.

A não conversão da medida provisória em lei podia resultar de sua rejeição em deliberação do Congresso Nacional ou do transcurso do prazo constitucional sem que tivesse havido a deliberação final. O parágrafo único do art. 62 da Constituição dispunha que a perda de eficácia retroagiria à edição da medida provisória, mas o Congresso poderia disciplinar as relações jurídicas dela decorrentes. A Resolução do Congresso Nacional nº 1, de 1989, previa que, nessa hipótese, a comissão mista deveria elaborar um projeto de decreto legislativo, cuja tramitação teria início na Câmara dos Deputados, para disciplinar as relações jurídicas decorrentes da medida provisória (arts. 6º, parágrafo único, e 17).[3]

6.1.1. As sessões conjuntas e a reedição das medidas provisórias

O curto prazo originalmente estabelecido para a eficácia e tramitação da medida provisória acabou por ocasionar grande polêmica sobre

2 BRASIL. Supremo Tribunal Federal. *Medida Liminar na Ação Direta de Inconstitucionalidade (ADI) nº 293*. Relator Ministro Celso de Mello, Tribunal Pleno, julgada em 06/06/1990, DJ 16/04/1993. Requerente: Procurador-Geral da República. Requerido: Presidente da República.

3 Tal previsão foi raramente colocada em prática. Um exemplo, porém, é o Decreto Legislativo (DLG) nº 166, de 28 de junho de 1991, cujo art. 1º dispõe que *"são mantidos os efeitos financeiros decorrentes da aplicação da Medida Provisória nº 296, de 29 de maio de 1991, incidente sobre as folhas de pagamento dos servidores civis e militares da União, referentes aos meses de maio e junho de 1991"*.

a possibilidade de sua reedição, uma vez que a norma constitucional era silente a respeito. Em face da Medida Provisória nº 39, de 15 de fevereiro de 1989, que reproduzia alguns dispositivos da Medida Provisória nº 29, de 15 de janeiro de 1989, não convertida em lei, o Presidente da Mesa do Congresso Nacional, Senador Nelson Carneiro, designou Comissão Mista, na sessão conjunta de 20 de fevereiro de 1989, para análise da "*constitucionalidade e juridicidade da reedição de medida provisória que tenha perdido a eficácia, nos termos do parágrafo único do art. 62 da Constituição*" (Ofício nº 31-CN). A consulta foi formulada, portanto, em tese, mas em face de um caso concreto (a Comissão denominou essas questões, respectivamente, de principal e secundária).

Segundo o Parecer nº 1, de 1989-CN, da Comissão Mista, de 28 de fevereiro de 1989,[4] Relator Deputado Nelson Jobim, a questão principal (em tese) deveria ter solução conforme a causa que ensejou a não conversão da medida provisória em lei. Se a causa era a verificação, pelo Congresso Nacional, da falta dos pressupostos constitucionais de urgência e relevância, a reedição poderia ser admitida, se estivessem configurados no momento da reedição. De outro lado, se rejeição fosse pelo mérito, ou seja, se houvesse a discordância do Congresso Nacional quanto ao tratamento dado à matéria, não poderia haver a reedição. Finalmente, se tivesse ocorrido o decurso do prazo de trinta dias sem deliberação final do Congresso Nacional, então se admitiria, provisoriamente, a "*reiteração de uma segunda MP, idêntica à primeira*". Esperava-se que a questão viesse a ser dirimida pela lei complementar prevista no parágrafo único do art. 59 da Constituição para dispor "*sobre a elaboração, redação, alteração e consolidação das leis*". Isso, contudo, jamais ocorreu.[5]

Com relação ao caso concreto, entendeu-se que a reprodução parcial da MPV nº 29 na MPV nº 39, de 1989, não configurara reedição, uma vez que elas não eram "*absolutamente idênticas*". Esse precedente e o entendimento sobre a possibilidade de reedição na falta de deliberação do Legislativo acabou por se consolidar na prática institucional. Já em

4 BRASIL. Congresso Nacional. Parecer nº 1, de 1989-CN, da Comissão Mista, designada pelo Presidente do Senado Federal, na sessão conjunta de 20-2-89, sobre indagação contida no Ofício nº 31-CN, pertinente às medidas provisórias. Publicado no Diário do Congresso Nacional (DNC), Ano XLIV, nº 17, de 1º de março de 1989, p. 571-574.

5 A Lei Complementar nº 95, de 26 de fevereiro de 1998, atendeu ao disposto no parágrafo único do art. 59 da CF, mas nada tratou sobre a reedição das MPs, que, na época de sua elaboração, já estava consolidada na prática e na jurisprudência do STF.

maio de 1989, a MPV nº 53 reeditou a nº 45; a nº 55 reeditou a nº 46; a nº 57 reeditou a nº 48; a nº 58 reeditou a nº 49; a nº 59 reeditou a nº 50; a nº 60 reeditou a nº 52; e assim se seguiu.

Posteriormente, o STF decidiu pela impossibilidade de reedição no caso de rejeição expressa da medida provisória pelo Congresso Nacional, conforme Medida Cautelar na ADI nº 293, Relator Ministro Celso de Mello, tanto porque tal decisão descaracteriza o juízo de relevância e urgência, quanto porque exterioriza, no mérito, vontades discordantes entre o Presidente da República e o Legislativo, que se recusou a transformar a proposta em lei.[6]

Porém, o Tribunal admitiu como válidas as reedições de medidas provisórias não apreciadas pelo Congresso Nacional, quando tenham ocorrido dentro do prazo de trinta dias de vigência, segundo Medida Cautelar na ADI nº 295. O voto condutor da maioria, do Ministro Marco Aurélio, concluiu, em síntese, pelo seguinte: o prazo do art. 62 da Constituição visava a alcançar o pronunciamento do Legislativo, para superar a aprovação pelo decurso do prazo; não havia, no art. 62, qualquer vedação à reedição de medidas provisórias; o art. 67 tratava da limitação de reapresentação de projeto de lei rejeitado, mas não havia previsão análoga para a medida provisória; portanto, não havia inconstitucionalidade na reedição de medida provisória havendo o decurso do prazo sem o pronunciamento do Congresso Nacional.[7]

Essa orientação tornou-se pacífica e foi objeto, anos depois, da Súmula nº 651, aprovada na Sessão Plenária do STF de 24 de setembro de 2003, nos seguintes termos:

> Súmula 651-STF: A medida provisória não apreciada pelo Congresso Nacional podia, até a EC 32/2001, ser reeditada dentro do seu prazo de eficácia de trinta dias, mantidos os efeitos de lei desde a primeira edição. (DJ de 09/10/2003, p. 3).

---

6 BRASIL. Supremo Tribunal Federal. *Medida Liminar na Ação Direta de Inconstitucionalidade (ADI) nº 293*. Relator Ministro Celso de Mello, Tribunal Pleno, julgada em 06/06/1990, DJ 16/04/1993. Requerente: Procurador-Geral da República. Requerido: Presidente da República.

7 BRASIL. Supremo Tribunal Federal. *Medida Liminar na Ação Direta de Inconstitucionalidade (ADI-MC) nº 295*, voto do Relator para o Acórdão, Ministro Marco Aurélio, julgada em 22/06/1990, DJ 22/08/1997. Requerente: Conselho Federal da Ordem dos Advogados do Brasil. Requerido: Presidente da República.

Na Sessão Plenária de 17 de março de 2016, o STF conferiu efeito vinculante ao enunciado da Súmula nº 651, convertendo-a na Súmula Vinculante nº 54 (DJe nº 54, de 28/03/2016).

Essa sistemática, de reedição ilimitada de medidas provisórias não apreciadas pelo Congresso Nacional, resultou em grave distorção, ao permitir que o Executivo, com a acomodação ou complacência do Legislativo, pudesse legislar por meses, às vezes anos. A natureza provisória das medidas causava elevada insegurança jurídica. A MPV nº 2.112-88, de 26 de janeiro de 2001,[8] foi a campeã de reedições, com 88 vezes. Ela teve como originária a MPV nº 480, 27 de abril de 1994.[9] Vigorou como medida provisória, portanto, por mais de 6 anos e 9 meses, sendo convertida na Lei nº 10.180, de 6 de fevereiro de 2001.[10]

A partir da MPV nº 325, de 14 de junho de 1993,[11] passou-se a empregar expressamente o mecanismo de convalidação da medida provisória reeditada (no caso, a nº 321, de 14 de maio de 1993), de modo a evitar a incidência do efeito *ex tunc* de perda de eficácia, desde a edição, da medida provisória não convertida em lei. A partir de então, essa fórmula passou a ser empregada nas reedições. No julgamento da ADI-MC nº 1.603, o Relator Ministro Moreira Alves (julgado em 21/05/199, DJ

---

8 BRASIL. *Medida Provisória (MPV) nº 2.112-88, de 26 de janeiro de 2001*. *Organiza e disciplina os Sistemas de Planejamento e de Orçamento Federal, de Administração Financeira Federal, de Contabilidade Federal e de Controle Interno do Poder Executivo Federal, e dá outras providências.*

9 As MPs ganhavam número novo em relação à originária sempre que fossem reeditadas, mas contivessem alguma alteração em seu conteúdo. A MPV nº 480, 27 de abril de 1994, *organiza e disciplina os Sistemas de Controle Interno e de Planejamento e de Orçamento do Poder Executivo e dá outras providências.*

10 O art. 2º da Emenda Constitucional nº 32, de 2001, estabeleceu que as medidas provisórias editadas antes de sua vigência "*continuam em vigor até que outra medida provisória ulterior as revogue explicitamente ou até deliberação definitiva do Congresso Nacional*". Desse modo, algumas delas permanecem em tramitação. A mais longeva é a MPV nº 2.162-72, de 23 de agosto de 2001, que "*dispõe sobre a emissão de Notas do Tesouro Nacional - NTN destinadas a aumento de capital do Banco do Brasil S.A., e dá outras providências*". Isso porque ela tem como originária a MPV nº 1.367, de 14 de março de 1996. Considerado todo o tempo, essa medida provisória permanece em vigor há mais de 26 anos.

11 BRASIL. *Medida Provisória (MPV) nº 325, de 14 de junho de 1993*. Dispõe sobre a remuneração de cargos de provimento em comissão da Advocacia-Geral da União, dá nova redação ao caput do art. 1° da Lei n° 5.899, de 5 de julho de 1973, revoga a Lei n° 8.200, de 28 de junho de 1991, e dá outras providências.

29/08/1997), votou no sentido de que, uma vez "*admitido que reeditada, dentro do prazo de 30 dias, a Medida Provisória anterior não perde a sua eficácia, não se pode sustentar que, convertida em lei a última das Medidas Provisórias, as anteriores a ela, e que permaneceram eficazes por força dela, percam, por causa da conversão, a sua eficácia*". Desse modo, a conversão em lei da última medida provisória da cadeia de reedições fazia permanecerem válidas as disposições das medidas provisórias que a precederam na sequência.

6.1.2. PEC nº 1, de 1995: a proposta de alternância do início de tramitação entre as Casas e a prevalência da Casa iniciadora

O elevado número de medidas provisórias, agravado pelas reedições, foi o que motivou a apresentação da Proposta de Emenda à Constituição (PEC) nº 1, de 1995, tendo como primeiro signatário o Senador Esperidião Amin. Argumentavam os autores que até janeiro daquele ano haviam sido editadas 824 medidas provisórias, sendo que 459 delas eram reedições (55,7% do total). Para superar o problema, a PEC previa a perda da eficácia da medida provisória em sessenta dias, a partir de sua publicação, vedada a reedição se não apreciada ou rejeitada, no todo ou em parte. O texto inicial não modificava a previsão de deliberação em sessão conjunta.

A matéria foi aprovada no Senado Federal em 14 de maio de 1997, na forma de substitutivo, e encaminhada à Câmara dos Deputados, onde tomou o número PEC nº 472, de 1997. A proposta aumentava o prazo de tramitação e eficácia para noventa dias, admitida uma prorrogação por igual prazo pelo Presidente da República, e trazia alteração na apreciação das medidas provisórias, ao dispor que elas teriam "*sua votação iniciada na Câmara dos Deputados ou no Senado Federal, observado o critério de alternância simples*".

O texto aprovado pela Câmara dos Deputados em 26 de maio de 1999, porém, alterou esses dois aspectos. O prazo passou a ser de sessenta dias, com possiblidade de uma prorrogação, e a previsão de início de tramitação alternado entre as Casas foi suprimida (permanecendo, portanto, a votação em sessão conjunta). Mas o texto avançou em diversos outros aspectos, que depois constaram na emenda constitucional promulgada.

Devolvida ao Senado, a PEC (nº 1-A, de 1995) ainda mereceu alterações na Casa, cujo Relator, Senador José Fogaça, formulou novo substitutivo, aprovado em segundo turno em 1º de dezembro de 1999.

O prazo para a perda de eficácia manteve-se em sessenta dias, com uma prorrogação automática, mas o Senado insistiu na apreciação da medida provisória separadamente, nos plenários das Casas (e não em sessão conjunta), estipulando que a Mesa do Congresso Nacional ficaria incumbida da distribuição das medidas provisórias, observado critério de alternância. Ficou expresso que comissão mista de deputados e senadores deveria emitir parecer sobre a matéria, antes da apreciação separada das Casas. O Senado via como uma das razões da falta de deliberação o fato de que as sessões conjuntas não se realizam rotineiramente (tal como ocorre nas sessões plenárias das Casas), mas apenas mediante convocação, com problema crônico de quórum, o que dificultava a apreciação das medidas provisórias, assim como ocorria com os vetos presidenciais.

Submetida à Câmara dos Deputados, a PEC veio a ser aprovada – com novo substitutivo, Relator Deputado Mendes Ribeiro Filho – apenas em 1º de agosto de 2001. Neste, a medidas provisória, após parecer da comissão mista, passava a ser apreciada no plenário das Casas separadamente, mas com votação iniciada na Câmara dos Deputados. Desse modo, ela se configurava como Casa iniciadora e o Senado como revisora. O prazo permanecia de sessenta dias, prorrogável automaticamente uma única vez, por igual período, assim como o regime de urgência e sobrestamento, após quarenta e cinco dias da publicação, subsequentemente, de "*todas as demais deliberações legislativas*" da Casa em que estivesse tramitando.

A PEC retornou ao Senado. O Parecer nº 729, de 2001, da Comissão de Constituição, Justiça e Cidadania (CCJ), Relator Senador Osmar Dias, concluiu pela aprovação integral do substitutivo da Câmara dos Deputados.[12] Sobre o início da votação sempre no plenário da Câmara dos Deputados, o parecer afirma que se impõe a "*realidade de dois fatos concretos e inafastáveis*": de um lado, a economia processual coloca a necessidade de aprovação da proposição que, em seu mérito essencial, constituía avanço democrático; e, de outro, a fórmula adotada repete o que determina a Constituição quanto às proposições de iniciativa do

12 Conforme esclarece na sessão de 09/08/2001, o Relator, Senador Osmar Dias, pretendia apresentar emenda na CCJ retornando ao texto que previa a alternância entre as Casas no início da tramitação. Foi, contudo, dissuadido por outros Senadores e por uma ligação do então Presidente da Câmara dos Deputados, Deputado Aécio Neves, no sentido de não alterar a matéria, o que provocaria seu retorno à Câmara dos Deputados. O argumento era de que a matéria, tal como estava, significava um avanço em relação à sistemática então vigente.

Poder Executivo. O Senador José Fogaça, contudo, advertiu no plenário, na sessão de discussão de 28 de agosto de 2001, que a versão final do texto levaria o Senado e os senadores a ter "*atuação bastante restrita, limitada*", de "*caráter meramente homologatório*", quase que "*assinando embaixo aquilo que vier a ser aprovado quanto às emendas pela Câmara dos Deputados*". Restaria aos senadores uma participação mais ativa, produtiva e eficaz por via das comissões mistas.

Na sessão de 5 de setembro de 2001, a PEC foi aprovada em segundo turno, com 66 votos favoráveis e 3 votos contrários (Senadora Heloísa Helena e Senadores Lauro Campos e Roberto Requião). Dias após, ocorreu a promulgação da Emenda Constitucional nº 32, de 11 de setembro de 2001,[13] que estabelecia uma nova sistemática para as medidas provisórias.

6.1.3. O novo modelo e prazos das medidas provisórias

A reforma do instituto trouxe várias novidades, algumas decorrentes de interpretações e jurisprudência do regime anterior, e outras realmente inovadoras. O que se pode considerar, em síntese, é que algumas dessas características tinham origem na própria natureza da medida provisória – e essas foram mantidas – enquanto outras surgiram com a implantação do novo prazo e processo legislativo.

A medida provisória permaneceu como um ato normativo primário e provisório, de iniciativa privativa do Presidente da República, com força, eficácia e valor de lei.[14] Continuou presente o seu duplo efeito normativo e processual.[15] Mantiveram-se os pressupostos de relevância e urgência para sua edição,[16] mas se instituiu previsão de controle parlamentar desses pressupostos, mediante juízo prévio ao de mérito no

13 BRASIL. *Emenda Constitucional nº 32, de 11 de setembro de 2001*. Altera dispositivos dos arts. 48, 57, 61, 62, 64, 66, 84, 88 e 246 da Constituição Federal, e dá outras providências. Disponível em: https://www.planalto.gov.br/ccivil_03/constituicao/emendas/emc/emc32.htm. Acesso em 12 abr. 2023.

14 AMARAL JÚNIOR, José Levi Mello do. *Medida provisória: edição e conversão em lei - Teoria e prática*. 2ª ed. São Paulo: Saraiva, 2012, p. 105.

15 CLÈVE, Clèmerson Merlin. *Medidas Provisórias*. 4ª ed. São Paulo: Thomson Reuters Brasil, 2021, p. 60.

16 Na expressão de Manoel Gonçalves Ferreira Filho, "*a medida provisória foi prevista para o caso de uma urgência qualificada pela relevância*" (Cf. FERREIRA FILHO, Manoel Gonçalves. *Do processo legislativo*, 6ª ed., 2009, p. 242).

plenário de cada Casa (art. 62, § 5º).[17] Um importante aperfeiçoamento trazido pela EC nº 32, de 2001, foi a limitação material das medidas provisórias, pois a Constituição passou a prever os domínios nos quais elas são vedadas.[18]

Embora seja positivo o saldo de alterações implantadas pelo novo modelo, o processo legislativo das medidas provisórias manteve-se como seu ponto de maior fragilidade e se tornou bastante complexo, em face da solução híbrida (parte concentrada, na comissão mista; parte bicameral, nos plenários das Casas) que foi aplicada.

Embora a dificuldade de quórum nas sessões conjuntas fosse realmente um entrave para a deliberação sobre as medidas provisórias no modelo anterior, é surpreendente que – mesmo com advertências expressas – o Senado tenha aceitado a mudança da deliberação concentrada para a bicameral, com previsão de votação iniciada no plenário da Câmara dos Deputados. Como não havia disposição a respeito, passava a ser aplicável a regra do art. 65 da Constituição, na qual se reconhece a preponderância de decisão da Casa iniciadora. O Senado se resignava a um papel secundário na apreciação da matéria, quando até então – embora com as dificuldades de apreciação – mantinha uma posição de equivalência. Mesmo que as comissões mistas passassem a ter atuação mais ativa[19], a configuração inicial e final passava por completo ao controle da Câmara dos Deputados. Era possível prever que, mesmo com a extensão do tempo, o Senado Federal estaria sempre premido à deliberação nos últimos dias do prazo de eficácia da medida provisória, o que lhe colocaria sob grande pressão e com opções de decisão bastante limitadas.

17 O art. 8º da Resolução nº 1, de 2002-CN, dispõe que o plenário de cada Casa decidirá, em apreciação preliminar, sobre o atendimento ou não dos pressupostos constitucionais de relevância e urgência, ou de sua inadequação financeira e orçamentária, antes do exame de mérito. O parágrafo único esclarece que, se o Plenário da Câmara ou o do Senado decidir no sentido do não atendimento, ou da inadequação, a medida provisória será arquivada.

18 A propósito, ver: AMARAL JÚNIOR, José Levi Mello do. *Medida provisória: edição e conversão em lei – Teoria e prática*. 2ª ed. São Paulo: Saraiva, 2012, p. 115-141; MORAES, Alexandre de. *Direito Constitucional*. 31ª ed. São Paulo: Atlas, 2015, p. 715.

19 Vale observar que, até então, as comissões mistas sequer eram previstas na Constituição para as medidas provisórias. Na verdade, elas somente viriam a ter funcionamento regular a partir da decisão adotada pelo STF na ADI 4.029, em 8 de março de 2012.

Uma mudança de grande impacto da Emenda Constitucional nº 32, de 2001, foi a nova sistemática de prazos das medidas provisórias. Já foi comentado que o prazo de trinta dias inicialmente instituído pela Constituição de 1988 se tornou irreal em face da possibilidade de inúmeras reedições. No novo modelo, foram adotadas as seguintes regras:

i) o prazo de eficácia da medida provisória foi estendido, passando a ser de sessenta dias, renovável uma única vez, automaticamente, por igual período (art. 62, §§ 3º e 7º, CF);

ii) se a medida provisória não for apreciada em até quarenta e cinco dias contados da sua publicação, entra em regime de urgência, subsequentemente, em cada uma das Casas Casa do Congresso Nacional, ficando sobrestadas todas as demais deliberações legislativas da Casa em que estiver tramitando, até que se ultime a votação (art. 62, §§ 6º, CF);

iii) ocorre a perda de eficácia da medida provisória se ultrapassado esse prazo sem sua apreciação nas duas Casas do Congresso Nacional; e

iv) é vedada a reedição da medida provisória, em caso de rejeição ou perda de eficácia pelo decurso de seu prazo.

Diferentemente do que dispunha o texto original da Constituição de 1988, no qual se previa a convocação extraordinária do Congresso Nacional em caso de adoção de medida provisória durante o recesso parlamentar, o § 4º do art. 62 da Constituição, com a redação dada pela EC nº 32, de 2001, prevê que os prazos das medidas provisórias são contados de sua publicação, mas suspendem-se durante os períodos de recesso.[20] O art. 18 da Resolução nº 1, de 2002-CN, esclarece que tal suspensão ocorre "*sem prejuízo da plena eficácia da medida provisória*" e que, conforme seu parágrafo único, se ela for editada durante o período de recesso, a contagem de seus prazos fica suspensa, iniciando-se no primeiro dia da sessão legislativa ordinária ou extraordinária que se seguir à sua publicação.[21]

20 Portanto, conta-se o dia da publicação da medida provisória no Diário Oficial da União como o primeiro de seu prazo de eficácia e, salvo se estiver no recesso, da tramitação.

21 Conforme o § 8º do art. 57 da Constituição, com a redação dada pela Emenda Constitucional nº 50, de 2006, havendo medidas provisórias em vigor na data de convocação extraordinária do Congresso Nacional, elas serão automaticamente incluídas na pauta da convocação.

A suspensão dos prazos durante o recesso leva a que, algumas vezes, a medida provisória tenha tempo de eficácia superior a cento e vinte dias corridos de calendário. Desse modo, o que se considera para o cômputo dos sessenta dias, prorrogáveis por igual período, são os dias de tramitação da matéria, assim considerados aqueles em que o Congresso Nacional estiver em funcionamento (desconsiderado o recesso), e não propriamente os dias de eficácia, que geralmente serão em maior número. Há, nesses casos, uma dissociação entre o prazo de tramitação da medida provisória e o tempo de sua eficácia.

Outra hipótese de extensão da eficácia da medida provisória tem previsão no § 12 do art. 62 da Constituição, segundo o qual, se aprovado projeto de lei de conversão alterando seu texto, ela se manterá integralmente em vigor até que ele seja sancionado ou vetado. É a medida provisória em sua versão original que se mantém em vigor, na forma que já vem produzindo efeitos desde a edição, por até mais quinze dias úteis, que é o prazo de que dispõe o Presidente da República para sancionar ou vetar o projeto (art. 66, § 1º, CF). As eventuais modificações feitas por intermédio do projeto de lei de conversão somente terão vigência a partir de sua conversão em lei, que decorrerá da sanção do presidente da República ou, em caso de veto, da rejeição deste. Ocorre aqui, mais uma vez, a dissociação entre o prazo de tramitação, que poderá até se encerrar (em, no máximo, cento e vinte dias), mas - desde que tenha havido a aprovação, dentro dele, do projeto pelas duas Casas - a eficácia da medida provisória original continuará em curso até que ocorra a sanção ou o veto.

Para viabilizar a votação da medida provisória no prazo de cento e vinte dias, a EC nº 32, de 2001, instituiu regime de urgência, após quarenta e cinco dias de sua publicação, com ocorrência subsequente (contínua) de sobrestamento de todas as demais deliberações legislativas (trancamento) da pauta de cada uma das Casas do Congresso Nacional onde ela estiver tramitando, até que se ultime a votação (art. 62, § 6º, CF). A sistemática tem forte impacto no sistema bicameral. O sobrestamento não se aplica à comissão mista, não só porque ela é própria da matéria (salvo no caso da CMO), mas também porque o dispositivo se refere à Casa em que ela estiver tramitando. O art. 9º da Resolução nº 1, de 2002-CN, tratou de esclarecer que a disposição se refere apenas ao sobrestamento da pauta "*do plenário da Casa em que estiver tramitando*" (e não das comissões).

Vale apontar a distinção do regime de urgência das medidas provisórias daquele instituído por solicitação do Presidente da República para os projetos de lei de sua iniciativa, conforme disposto no § 1º do art. 64 da Constituição (urgência constitucional). A diferença principal reside exatamente no fato de que no caso das medidas provisórias o prazo de quarenta e cinco dias é único e contínuo para as duas Casas, enquanto, na urgência constitucional, cada Casa dispõe de prazo próprio (art. 64, §§ 2º e 3º, CF).

O prazo para o início do regime de urgência das medidas provisórias mostrou-se extremamente exíguo, ainda mais considerando a previsão de instrução pela comissão mista seguida da deliberação subsequente dos plenários das Casas. A consequência foi o sobrestamento frequente da pauta do plenário da Câmara dos Deputados e quase continuado da pauta do plenário do Senado Federal. O prazo da urgência se mostrou também dissonante com o próprio prazo de cento e vinte dias de vigência da medida provisória (considerando a prorrogação automática). O prazo curto de urgência foi concebido para tentar provocar a votação nos primeiros sessenta dias da tramitação, o que jamais ocorria.

Em reação à urgência a que se submetiam todas as medidas provisórias em tramitação, o Congresso Nacional passou a estudar formas de limitar o alcance desse sobrestamento, uma vez que, pela literalidade do § 6º do art. 62 da Constituição, ele alcançava "*todas as demais deliberações legislativas*". A EC nº 32, de 2001, não trouxe alívio no número de medidas provisórias adotadas pelo Presidente da República. Ao contrário, lhe dotou de certo poder de controle da agenda do Legislativo, ao congestioná-la com medidas provisórias à medida que eram editadas. A possibilidade de revogação de uma medida provisória por outra, por sua vez, lhe conferia o poder de liberar a pauta, quando entendia necessário. Desse modo, a solução adotada para o problema das reedições frequentes trouxe como efeito colateral o trancamento reiterado da pauta dos plenários das Casas.

Na tentativa de retomar o controle da pauta, as Casas buscaram soluções diversas. No Senado Federal, passou-se a deliberar matérias de efeitos concretos, tais como escolha de autoridades (art. 52, III e IV, CF) e resoluções de autorização de operações externas (art. 52, V, CF), sob justificativa de que não se caracterizavam como "*deliberações legislativas*".

Solução mais sofisticada surgiu na Câmara dos Deputados, a partir da Questão de Ordem nº 411, de 11 de março de 2009, de autoria do Deputado Régis de Oliveira. O argumento do parlamentar era exatamente a de que o trancamento de pauta pelas medidas provisórias não deveria alcançar a deliberação, em plenário, de matéria que devesse ser apreciada por resolução ou por matéria administrativa, por não se tratar propriamente de matéria de índole normativa, não obstante sua menção no art. 59, VII, da Constituição.

Em 17 de março de 2009, a resposta do então Presidente da Câmara dos Deputados, Deputado Michel Temer, foi além do requerido. É a seguinte a ementa da decisão:

> Presidente Michel Temer (PMDB-SP). Responde à questão de ordem do Deputado Regis de Oliveira com uma reformulação e ampliação da interpretação sobre quais são as matérias abrangidas pela expressão "deliberações legislativas" para os fins de sobrestamento da pauta por medida provisória nos termos da Constituição; entende que, sendo a medida provisória um instrumento que só pode dispor sobre temas atinentes a leis ordinárias, apenas os projetos de lei ordinária que tenham por objeto matéria passível de edição de medida provisória estariam por ela sobrestados; desta forma, considera não estarem sujeitas às regras de sobrestamento, além das propostas de emenda à constituição, dos projetos de lei complementar, dos decretos legislativos e das resoluções – estas objeto inicial da questão de ordem – as matérias elencadas no inciso I do art. 62 da Constituição Federal, as quais tampouco podem ser objeto de medidas provisórias; decide, ainda, que as medidas provisórias continuarão sobrestando as sessões deliberativas ordinárias da Câmara dos Deputados, mas não trancarão a pauta das sessões extraordinárias.[22]

Para tanto, o Presidente da Câmara valeu-se de um argumento de natureza política, em virtude das frequentes críticas sobre a paralisação das votações na Casa pelos trancamentos por medidas provisórias. A esse, buscou somar um argumento de natureza jurídica, com amparo no Estado democrático de direito e na separação de poderes, ao conferir interpretação sistemática à expressão "*todas as deliberações legislativas*", restringindo-lhe a aplicação somente às deliberações legislativas ordinárias, assim consideradas as relativas às matérias que possam ser

22 BRASIL. Câmara dos Deputados. *Questão de Ordem 411/2009*, levantada pelo Deputado Regis de Oliveira, em 11/03/2009. Defende a tese de que as resoluções previstas no art. 59, VII, CF, não estão subordinadas ao trancamento de pauta, pois não se incluiriam na definição da expressão "deliberações legislativas". Respondida pelo Presidente Deputado Michel Temer, em 17/03/2009, com reformulação e ampliação da interpretação sobre quais as matérias abrangidas pela expressão "deliberações legislativas" para os fins de sobrestamento de pauta por medida provisória nos termos da Constituição. Disponível em: https://www2.camara.leg.br/buscaQordem/. Acesso em 25 abr. 2023.

objeto de medida provisória (excluídas inclusive as do § 1º do art. 62 da Constituição).

Questionada essa interpretação perante o STF, por provocação dos Deputados Fernando Coruja, Ronaldo Caiado e José Aníbal, foi indeferida a Medida Cautelar no Mandado de Segurança nº 27.931, Relator Ministro Celso de Mello, em 27 de março de 2009.[23] O julgamento do mérito ocorreu em 29 de junho de 2017, ocasião em que o Tribunal, por maioria de votos, indeferiu o Mandado de Segurança e deu ao § 6º do art. 62 da Constituição, na redação da EC nº 32, de 2001, interpretação conforme à Constituição, para, sem redução de texto, restringir-lhe a exegese, em ordem a fixar entendimento de que o regime de urgência previsto no dispositivo constitucional *"refere-se, tão somente, àquelas matérias que se mostram passíveis de regramento por medida provisória"*. Em consequência, ficaram excluídos da incidência do sobrestamento *"as propostas de emenda à Constituição e os projetos de lei complementar, de decreto legislativo, de resolução e, até mesmo, tratando-se de projetos de lei ordinária, aqueles que veiculem temas pré-excluídos do âmbito de incidência das medidas provisórias (CF, art. 62, § 1º, I, II e IV), nos termos do voto do Relator"*.[24]

6.2. A tramitação da medida provisória e a resolução das divergências

A Constituição original não previa expressamente as instâncias de instrução e deliberação das medidas provisórias, referindo-se apenas à sua submissão imediata ao Congresso Nacional. A disciplina de tramitação foi então regulada pela Resolução do Congresso Nacional nº 1, de 2 de maio de 1989, que previa a instrução por comissão mista e apreciação em sessão conjunta. A comissão mista deveria ser integrada por seis senadores e seis deputados, atendida, tanto quanto possível, a proporcionalidade partidária. Na sistemática dessa Resolução, eram previstos dois pareceres: um, a ser emitido no prazo de cinco dias da publicação da medida provisória no Diário Oficial da União (DOU), para tratar de

23 BRASIL. Supremo Tribunal Federal. *Medida Cautelar no Mandado de Segurança (MS-MC) nº 27.931*, Relator Min. Celso de Mello, Decisão monocrática em 27/3/2009. Impetrantes: Fernando Coruja, Ronaldo Caiado e José Aníbal. Impetrado: Presidente da Câmara dos Deputados.

24 Ibidem.

sua admissibilidade, tendo em vista os pressupostos de relevância e urgência (art. 5º); e outro, caso admitida a medida provisória, a ser emitido no prazo de quinze dias, contado da publicação da medida provisória no DOU, para examinar os aspectos constitucional e de mérito (art. 7º).

Desse modo, a EC nº 32, de 2001, não inovou, propriamente, ao prever a instrução da medida provisória por comissão mista. Tornou essa disposição expressa, contudo, no § 9º do art. 62 da Constituição, segundo o qual "*caberá à comissão mista de Deputados e Senadores examinar as medidas provisórias e sobre ela emitir parecer, antes de serem apreciadas, em sessão separada, pelo plenário de cada uma das Casas do Congresso Nacional*". Instituiu-se, portanto, uma tramitação para a medida provisória em parte concentrada (instrução na comissão mista), em parte bicameral (apreciação nos plenários das Casas).

6.2.1. Instrução por comissão mista e construção prévia de convergências

A cada medida provisória é constituída uma comissão mista temporária a ela dedicada, exceto no caso das destinadas a abertura de crédito extraordinário (art. 167, § 3º, CF), em que o exame e parecer são realizados pela comissão mista permanente a que se refere o § 1º do art. 166 da Constituição, que é a Comissão Mista de Planos, Orçamentos Públicos e Fiscalização (CMO), em virtude da especialidade da matéria (art. 2º, § 6º, da Res. 1/2002-CN). Os prazos e ritos, nesse último caso, continuam os mesmos.

A comissão mista temporária é integrada por treze membros de cada Casa, com igual número de suplentes. Doze das vagas de cada Casa são distribuídas considerando, tanto quanto possível, a proporcionalidade de partidos ou blocos parlamentares em cada uma delas (art. 2º, § 2º, da Res. 1/2002-CN). Ocorre que somente partidos ou blocos maiores conseguem lugar, por essa via, na comissão mista (aqueles com, no mínimo, 43 deputados ou 7 senadores). Para contemplar as bancadas minoritárias que não alcançam esses números (e que, portanto, jamais teriam acesso às comissões mistas), é acrescida uma vaga para cada Casa, a ser preenchida em rodízio entre aquelas (art. 2º, § 3º, Res. 1/2002-CN).

Os líderes de partidos ou blocos parlamentares de cada Casa devem indicar os integrantes da comissão mista. O § 4º do art. 2º da Res. 1/2002-CN estabelece o prazo de doze horas do dia seguinte ao da publicação da medida provisória, mas esse prazo não é observado na prática. Recebidas as indicações, o Presidente da Mesa do Congresso Nacional faz as designações. O § 5º permite que, esgotado o prazo do § 4º, o Presidente da Mesa faça a designação dos integrantes do partido ou bloco, que deverá então recair sobre os líderes e vice-líderes (para constrangê-los a participar ou a indicar seus substitutos).

Composta a comissão mista, ela será instalada e eleitos o presidente e vice-presidente, de Casas distintas (art. 3º, Res. 1/2002-CN). Em seguida, o presidente da comissão mista designa o relator e o relator-revisor[25], de câmaras diversas, mas preferencialmente do mesmo partido. Há um critério de alternância entre as câmaras para a presidência e a relatoria das comissões mistas para análise de medidas provisórias. Desse modo, o presidente e o relator-revisor devem pertencer a uma câmara, enquanto o vice-presidente e o relator à outra (art. 3º, §§ 1º a 4º, Res. 1/2002-CN).

Vale observar que esse critério busca manter o equilíbrio de atuação entre as câmaras na comissão mista. Conforme bem observado pelo Senador José Fogaça na sessão de aprovação da EC nº 32, de 2001, no novo modelo de tramitação a Câmara dos Deputados passaria a ter atuação preponderante na apreciação das medidas provisórias, ao se caracterizar como Casa iniciadora. Ao Senado, restaria praticamente uma atuação meramente homologatória. A participação mais *"ativa, produtiva e eficaz"* dos senadores estaria restrita, a partir de então, à via das comissões mistas. Desse modo, a sistemática de comissões mistas é de maior valor especialmente para os senadores, na medida em que mantém sua possibilidade de intervenção na matéria antes até de sua apreciação pela Câmara dos Deputados.

O parecer da comissão mista sobre a medida provisória deve tratar, em itens separados, sobre os seguintes aspectos: *i)* constitucional, inclusive sobre os pressupostos de relevância e urgência; *ii)* de mérito; *iii)* de adequação financeira e orçamentária; *iv)* cumprimento do encaminhamento da Mensagem ao Congresso Nacional pelo presidente da República, com a exposição de motivos, no dia da publicação da medida

25 Compete ao relator-revisor exercer as funções de relatoria na casa diversa da do relator da medida provisória (art. 3º, § 4º, Res. 1/2002-CN). A denominação não é muito feliz, uma vez que nem sempre o relator-revisor atuará na Casa revisora (após a EC 32/2001, sempre o Senado). Desse modo, se na alternância o relator for do Senado, o relator-revisor será da Câmara, o que pode causar algum estranhamento, inclusive porque será o primeiro da relatoria a atuar em plenário.

provisória (art. 5º, *caput*, da Res. 1/2002-CN). Mesmo que se manifeste pelo não atendimento dos pressupostos constitucionais ou pela inadequação financeira ou orçamentária, a comissão mista deve pronunciar-se sobre o mérito (art. 5º, § 2º, Res. 1/2002-CN).

Quanto ao mérito, o parecer pode ser pela aprovação total ou parcial, ou alteração da medida provisória, ou pela sua rejeição; ou, ainda, se houver emenda a ela apresentada, pode concluir pela apresentação de: *i)* projeto de lei de conversão relativo à matéria; e *ii)* projeto de decreto legislativo, disciplinando as relações jurídicas decorrentes dos textos suprimidos ou alterados (art. 5º, § 4º, Res. 1/2002-CN).

Vale observar que o parecer da comissão mista informa a decisão tanto do plenário da Câmara dos Deputados quanto a do plenário do Senado Federal. Ou seja, um só parecer – produzido previamente pelo colegiado misto – serve para subsidiar a decisão das duas Casas. Fica claro que a conformação final da matéria levará em consideração, em grande medida, o parecer produzido na comissão mista e, se houver, o projeto de lei de conversão apresentado em sua conclusão.

A comissão mista funciona, portanto, como um meio de resolução de divergências previamente à deliberação dos plenários das Casas. As controvérsias sobre os termos da medida provisória surgem e desenvolvem-se nos debates da comissão mista, na qual deve ser construída a orientação sobre a matéria, a ser seguida, pelo menos em linhas gerais, pelos plenários da Câmara dos Deputados e do Senado Federal. É na comissão mista também que são analisadas as emendas oferecidas pelos congressistas (tanto deputados quanto senadores) e, portanto, avaliada a conveniência de permanecer o texto original editado pelo Presidente da República ou haver modificações no texto da medida provisória. Por isso, é no parecer da comissão mista o momento natural e conveniente para a produção de um eventual projeto de lei de conversão, que consolide as modificações pretendidas ao texto da medida provisória.

Ocorre, contudo, que o § 9º do art. 62 da Constituição, com a redação dada pela EC nº 32, de 200, previu o exame e parecer da medida provisória pela comissão mista, mas não estabeleceu prazo para a conclusão dessa tarefa. A compatibilização dos prazos de urgência e de vigência da medida provisória com as diversas instâncias de sua tramitação resultaram em graves dificuldades. Na tentativa de possibilitar a deliberação sobre a matéria em até quarenta e cinco dias, para não incidir a urgência e o sobrestamento das pautas dos plenários, a Resolução nº 1, de 2002-CN, segmentou os prazos entre as instâncias em quatorze dias, de forma que: *(i)* a comissão mista disporia até o décimo quarto dia para emitir seu parecer (art. 5º, *caput*); *(ii)* a Câmara dos Deputados teria até o vigésimo oitavo dia para concluir seus trabalhos (art. 6º, *caput*); *(iii)* o Senado Federal teria até o quadragésimo segundo dia para apreciar a matéria (art. 7º, *caput*); e *(iv)* a Câmara dos Deputados disporia de três dias para apreciar as modificações do Senado Federal (art. 7º, § 4º).

Esses prazos se mostraram impraticáveis sob o ponto de vista político e legislativo, ainda mais se considerado que o Congresso Nacional dispunha de cento e vinte dias, ao todo, para deliberar sobre a matéria. O primeiro desses prazos, de até o décimo quarto dia para a comissão mista emitir o parecer, inviabilizou por completo o seu funcionamento. O prazo tinha início com a própria publicação da medida provisória, de modo que englobava os procedimentos para constituição da comissão (art. 2º, §§ 4º a 7º, Res. 1/2002-CN), escolha e designação da direção e relatoria (art. 3º, Res. 1/2002-CN) e recebimento de emendas (nos seis primeiros dias, conforme art. 4º, Res. 1/2002-CN).

Ou seja, era um prazo virtualmente impossível de ser cumprido, considerados todos esses procedimentos e a previsão de que, se ultrapassado, a matéria seria encaminhada à Câmara dos Deputados, onde seria proferido parecer de plenário, pelo relator (ou relator-revisor) designado em substituição à comissão mista (art. 6º, §§ 1º e 2º, Res. 1/2002-CN).[26] Isso levou a que as comissões mistas, embora designadas, sequer fossem instaladas.

Como nenhuma matéria pode ser submetida a discussão e votação em plenário sem que esteja instruída por parecer, a responsabilidade por sua emissão, que seria da comissão mista – com intervenção dos parlamentares das duas Casas – passa a ser exercida por um único deputado, o relator de plenário, designado pelo Presidente da Câmara dos Deputados (art. 157, § 2º, RICD). Instaura-se então o que foi denominado por José Levi Mello do Amaral Júnior como o "*império do relator*",[27] pelo amplo domínio sobre o texto a ser votado em plenário, contemplando ou não emendas oferecidas pelos demais congressistas no prazo comum

26 Registre-se que, mesmo na sistemática anterior à EC nº 32, de 2001, havia previsão equivalente. O art. 8º da Res. 1/1989-CN dispunha que, esgotado o prazo da comissão mista sem emissão do parecer, tanto o de admissibilidade quanto o de constitucionalidade e mérito, seria designado, pelo Presidente do Congresso Nacional relator para proferir parecer em plenário (na sessão conjunta), no prazo máximo de 24 horas.

27 AMARAL JÚNIOR, José Levi Mello do. *Medida provisória: edição e conversão em lei – Teoria e prática*. 2ª ed. São Paulo: Saraiva, 2012, p. 177.

(art. 3º, Res. 1/2002-CN) e apresentando outras suas, consolidando-as em um projeto de lei de conversão. A Resolução autoriza expressamente a apresentação de projeto de lei de conversão pelo relator de plenário, inclusive concedendo prazo para sua votação até a sessão ordinária seguinte, mediante requerimento de líder e independentemente de deliberação do plenário (art. 6º, § 3º, Res. 1/2002-CN).

Vale observar que, não tendo funcionado a comissão mista, a escolha do relator de plenário não é inofensiva, permitindo ao Presidente da Câmara dos Deputados, por meio dela, direcionar a orientação a ser adotada sobre a matéria. Não deixa de ter importância, ainda, o fato de que a discussão e votação da matéria terá por base um parecer cuja conclusão (inclusive projeto de lei de conversão, se for o caso) foi elaborada em apenas uma das Casas, sem a participação dos congressistas da outra. Esse parecer de plenário tem seu alcance restrito à Casa em que é proferido, diferentemente do parecer da comissão mista.

Portanto, ao chegar ao Senado Federal, a situação se repete, ou seja, deve ser emitido um novo parecer de plenário, dessa vez por um senador, designado pelo Presidente da Casa (art. 48, XXI, RISF). Instaura-se, então, um segundo "império do relator", com ampla margem de possibilidades sobre a orientação a seguir em relação à matéria e seu texto. Multiplicam-se, desse modo, as alternativas de decisão sobre o texto, do que poderá resultar soluções distintas entre as Casas e gerar maiores dificuldades na conversão da medida provisória em lei.

A falta de funcionamento das comissões mistas ensejou alegações de irregularidade formal no processo legislativo tanto na doutrina quanto junto ao STF. Inicialmente, o Tribunal foi reticente em entender que disso resultaria a inconstitucionalidade da lei. Assim, na ADI nº 3.289, julgada pelo plenário em 5 de maio de 2005,[28] o Relator Ministro Gilmar Mendes, afastou o juízo de inconstitucionalidade por essa causa, por entender que o estágio de implementação da EC nº 32, de 2001, até então, "*ainda não* [permitia] *a formulação de inconstitucionalidade por ofensa ao referido § 9º* [do art. 62]".

Desde antes, porém, a doutrina clamava para que fosse exigido o parecer da comissão mista. Assim, Juliana Carla Freitas do Valle argumentava que o parecer prévio da comissão mista era "*instrumento in-*

28 BRASIL. Supremo Tribunal Federal. *Ação Direta de Inconstitucionalidade (ADI) nº 3.289*. Relator Min. Gilmar Mendes, Tribunal Pleno, j. 05/05/2005, DJ 24/02/2006, Requerente: Partido da Frente Liberal-PFL; Requerido: Presidente da República.

dispensável para regularizar o processo legislativo porque proporciona a discussão da matéria, uniformidade de votação e celeridade na apreciação das medidas provisórias".[29] Por isso, sustentava a inconstitucionalidade dos dispositivos da Resolução nº 1, de 2002-CN, que não honravam a imposição constitucional de parecer prévio da comissão mista. No mesmo sentido, Clèmerson Merlin Clève defendia que "*o pronunciamento do relator não deveria suprir o parecer exigido pelo constituinte*", uma vez que a comissão mista é exigência constitucional, de modo que não seriam aceitáveis as medidas provisórias convertidas em lei que não fossem, antes, examinadas pela comissão mista.[30]

Paulo Adib Casseb registrava que a alternativa de relatoria da medida provisória diretamente em plenário decorria da alegação de que a tramitação da matéria no Congresso Nacional ocorria em prazo exíguo e configurava, por isso, uma espécie de regime de urgência, nos quais, em geral, se prescinde de seu exame pelas comissões. Para o autor, tratava-se de mero subterfúgio para mascarar o descumprimento da norma constitucional. Tal realidade anulava a esperança constitucional quanto à efetivação do juízo de admissibilidade e do exame do mérito das medidas provisórias, que competiam, em tese, à comissão mista.[31]

Na esteira desses questionamentos, em 19 de novembro de 2008, a Associação Nacional dos Servidores do IBAMA (ASIBAMA Nacional) ajuizou a Ação Direta de Inconstitucionalidade (ADI) nº 4.029, com pedido de Medida Cautelar, com o objetivo de ver declarada inconstitucional a Lei nº 11.516, de 28 de agosto de 2007, proveniente da MPV nº 366, de 27 de abril de 2007, que promovia a criação do Instituto Chico Mendes de Conservação da Biodiversidade. Em 7 de março de 2012, com relatoria do Ministro Luiz Fux, o STF inicialmente julgou, por maioria, parcialmente procedente a ação, com modulação de eficácia, com base na falta da análise e parecer da comissão mista e na ausência dos pressupostos constitucionais de urgência e relevância.

Como era rotineira a falta de parecer da comissão mista, o juízo de inconstitucionalidade decorrente dessa causa poderia alcançar todas as

29 VALLE, Juliana Carla de Freitas do. *Medidas provisórias: o Procedimento Legislativo e seus Efeitos Jurídicos*. Brasília: FDK Editora, 2004, p. 54.

30 CLÈVE, Clèmerson Merlin. *Medidas Provisórias*. 4ª ed. São Paulo: Thomson Reuters Brasil, 2021, p. 141.

31 CASSEB, Paulo Adib. *Processo legislativo: atuação das comissões permanentes e temporárias*. São Paulo: Ed. Revista dos Tribunais, 2008, p. 284-285.

leis provenientes de conversão de medidas provisórias desde a EC nº 32, de 2001 (efetivamente, desde então, até a MPV nº 561, de 8 de março de 2012, não houve parecer emitido por comissão mista). Tal possibilidade foi levada ao plenário do STF no dia seguinte, por meio de questão de ordem suscitada pelo Advogado-Geral da União.

Em decorrência, o Tribunal, por maioria, acolheu a questão de ordem e alterou o dispositivo do acórdão, para considerar constitucional a Lei nº 11.516, de 2007, proveniente da MPV nº 366, de 2007. Incidentalmente, porém, declarou inconstitucionais, com eficácia *ex nunc*, dispositivos da Resolução nº 1, de 2002-CN, que dispunham sobre: *(i)* o prazo de quatorze dias para a comissão mista emitir o parecer (*caput* do art. 5º); *(ii)* a publicação do parecer da comissão mista, o início e o prazo, até o vigésimo oitavo dia, de apreciação da medida provisória pela Câmara dos Deputados (*caput* do art. 6º); *(iii)* a previsão de que, esgotado o prazo da comissão mista, o processo seja encaminhado para a Câmara dos Deputados, para exame da medida provisória (§ 1º do art. 6º); e, nesse caso, *(iv)* a emissão de parecer pelo relator, ou relator-revisor, no plenário da Câmara dos Deputados (§ 2º do art. 6º).[32]

Com isso, tornou-se obrigatória a emissão do parecer pela comissão mista, sem que houvesse prazo definido para essa etapa. Passou a ser possível que a medida provisória perdesse eficácia ainda na comissão mista, se ali transcorrido todo o seu prazo constitucional. Essa hipótese foi prevista e debatida durante o julgamento. O Ministro Ricardo Lewandowski alertou que, adotada essa posição, uma minoria no parlamento poderia passar a frustrar a competência do Presidente da República de editar medidas provisórias, por meio de manobras obstrutivas de guerrilha parlamentar. O estabelecimento de um prazo para a comissão mista na Resolução seria uma forma de regulamentação do dispositivo constitucional (o § 9º do art. 62) de modo a impedir o impasse institucional. Também o Ministro Cezar Peluso via a fixação do prazo para a comissão mista como um modo de movê-la a exercer a competência que a Constituição lhe atribui. Tais argumentos foram rebatidos pelos Ministros Luiz Fux (Relator), Ayres Britto, Celso de Mello e Gilmar Mendes, para os quais a falta de emissão do parecer pela comissão mista

32 BRASIL. Supremo Tribunal Federal. *Ação Direta de Inconstitucionalidade (ADI) nº 4.029*. Relator Min. Luiz Fux, Tribunal Pleno, julgamento em 08/03/2012, DJe 27/06/2012. Requerente: Associação Nacional dos Servidores do IBAMA. Interessados: Presidente da República e Congresso Nacional.

deveria levar, por força da própria Constituição, à perda de eficácia da medida provisória.

Como consequência da decisão, a partir da MPV nº 562, de 21 de março de 2012, as comissões mistas passaram a funcionar para examinar e emitir parecer sobre as medidas provisórias. Nela, a comissão mista aprovou o parecer em 2 de maio de 2012, manifestando-se pela constitucionalidade, atendimento dos pressupostos de relevância e urgência, adequação financeira e orçamentária e, no mérito, por sua aprovação, acatando diversas emendas, concluindo por um projeto de lei de conversão, numerado como PLV nº 10, de 2012.[33]

Antes da tramitação na Câmara dos Deputados, em 16 de junho de 2012, o Presidente da Casa, Deputado Marco Maia, esclareceu que: *(i)* o sobrestamento da pauta do plenário somente ocorreria efetivamente a partir do momento em que a medida provisória iniciasse formalmente sua tramitação na Casa (independentemente do tempo decorrido na comissão mista, superior aos quarenta e cinco dias); *(ii)* uma medida provisória mais antiga somente teria precedência sobre outra que já tivesse chegado a partir da primeira sessão que ocorresse após a sua publicação na Casa; *(iii)* como foi eliminada a figura do parecer de plenário, cabe ao relator (ou relator-revisor) somente a função de esclarecer ao plenário acerca do parecer exarado pela comissão mista; *(iv)* como as emendas já foram oferecidas perante a comissão mista, as possibilidades de alteração da matéria na Casa cingem-se à aprovação de destaques e de emendas aglutinativas,[34] que prescindem de parecer da comissão mista, pois se referem a matérias já instruídas (o mesmo ocorre para emendas do Senado, na hipótese de retorno para sua deliberação na Câmara).

Os trabalhos das comissões mistas seguem as regras dispostas no Regimento Comum do Congresso Nacional (RCCN) e, especialmente, na Resolução nº 1, de 2002-CN, que a ele se integra. Suas reuniões são iniciadas com a presença, no mínimo, de um terço dos membros de cada uma das Casas, aferida mediante assinatura no livro de presenças, e as

33 Aprovada na forma do PLV tanto pelo plenário da Câmara dos Deputados quanto do Senado Federal, a MPV nº 562, de 2012, foi convertida na Lei nº 12.695, de 25 de julho de 2012.

34 Conforme o art. 122 do RICD, as emendas aglutinativas não podem ser apresentadas pelo relator isoladamente, mas apenas pelos autores das emendas objeto da fusão ou, ainda, por um décimo dos membros da Casa ou líderes que representem esse número.

deliberações são tomadas por maioria de votos, presente a maioria absoluta dos membros de cada uma das Casas (art. 4º, § 6º, Res. 1/2002-CN). Por se tratar de uma comissão mista com paridade numérica de composição entre as Casas, as deliberações são tomadas em conjunto.[35]

João Trindade Cavalcante Filho reputa de pouca efetividade jurídica o controle realizado pela comissão mista. Porém, reconhece que, politicamente, "é lá que o jogo das MPs é efetivamente jogado", pois um parecer contrário, ou a não emissão do parecer, resulta de forma quase certeira na rejeição da medida provisória, ou na sua "*morte à míngua*" sem deliberação na própria comissão e sem que cause o trancamento da pauta do Plenário das Casas. Juridicamente, a partir da ADI nº 4.029, a manifestação da comissão é obrigatória, mas meramente opinativa e não vinculante, e não lhe é reconhecido caráter terminativo, de arquivamento da proposição em caso de parecer contrário, sem necessidade de encaminhamento ao Plenário.[36]

O funcionamento regular das comissões mistas perdurou até que adveio a pandemia de Covid-19, em março de 2020. A comissão mista constituída para emitir parecer sobre a MPV nº 902, de 6 de novembro de 2019, chegou a ser constituída, realizou quatro reuniões e o relator apresentou seu relatório, mas ele não foi votado. Ela foi a primeira, na sequência, em que não foi emitido o parecer em decorrência da pandemia de Covid-19. Embora posteriores a ela, as MPVs 903 e 905/2019, tiveram seus pareceres aprovados em comissão, respectivamente, em 11 e em 17 de março de 2020. As MPVs 902, 904, 906/2019 e posteriores voltaram a ter instrução e deliberação diretamente nos plenários das Casas legislativas, na forma dos respectivos Sistemas de Deliberação Remota (SDR), por força do Ato Conjunto da Mesa da Câmara dos Deputados e do Senado Federal nº 1, de 31 de março de 2020 (ACM 1/2020), que "*dispõe sobre o regime de tramitação, no Congresso Nacional, na Câmara dos Deputados e no Senado Federal, de medidas provisórias durante a pandemia de Covid-19*". Esse Ato teve vigência com autorização excepcional do

35 Conforme o parágrafo único do art. 14 do RCCN, "*nas deliberações da comissão mista, tomar-se-ão, em separado, os votos dos membros do Senado Federal e da Câmara dos Deputados, sempre que não haja paridade numérica em sua composição*".

36 CAVALCANTE FILHO, João Trindade. *Processo Legislativo Constitucional*. 4ª ed. Brasília: Jus Podium, 2020, p. 278.

STF (ADPFs 661 e 663)[37], conforme comentado adiante em seção específica sobre a tramitação das medidas provisórias durante a pandemia.

6.2.2. *Emendas às medidas provisórias, sua pertinência temática e implicações bicamerais*

Na sistemática original das medidas provisórias, a Resolução nº 1, de 1989-CN, previa que podiam ser oferecidas emendas à medida provisória nos cinco dias que se seguiam à sua publicação, a serem entregues na secretaria da comissão mista (art. 4º). A emenda devia estar acompanhada de texto regulando as relações jurídicas decorrentes do dispositivo de que tratava (art. 4º, § 3º). Já se vedava, então, a apresentação de emendas que versavam matéria estranha àquela tratada na medida provisória, cabendo ao Presidente da Comissão Mista seu indeferimento liminar. Essa decisão podia ser desafiada mediante recurso do autor, com apoio de três membros, ao plenário da comissão, que decidia, definitivamente, por maioria simples, sem discussão ou encaminhamento de votação (art. 4º, §§ 1º e 2º).

Esses dispositivos foram praticamente reproduzidos na Resolução nº 1, de 2002-CN, alterando-se o prazo de apresentação de emendas para seis dias (art. 4º, *caput*) e acrescentando-se que elas somente podiam ser oferecidas perante a comissão mista (art. 4º, § 1º), o que excluía a possibilidade de emendas de plenário. A vedação à apresentação de emendas versando matéria estranha permaneceu, com previsão de indeferimento liminar pelo presidente da comissão mista e de recurso nos mesmos termos da norma anterior (art. 4º, §§ 4º e 5º).

Foi incluída a possibilidade de que, no prazo de oferecimento de emendas, o autor de projeto sob exame de qualquer das Casas pudesse solicitar à comissão mista que ele tramitasse sob a forma de emenda (art. 4º, § 2º). Ao final da apreciação da medida provisória, o projeto era declarado prejudicado e arquivado, salvo se ela fosse rejeitada por

37 BRASIL. Supremo Tribunal Federal. Ação de Descumprimento de Preceito Fundamental (ADPF) nº 661, Relator Ministro Alexandre de Moraes, Requerente: Diretório Nacional do Progressistas (PP), Interessados: Presidente da Mesa Diretora da Câmara dos Deputados e Presidente da Mesa do Senado Federal. ADPF nº 663, Relator Ministro Alexandre de Moraes. Requerente: Presidente da República. Interessada: Câmara dos Deputados. Medida cautelar (contraposta) deferida em 27/03/2020 e referendada pelo Pleno, por maioria, na Sessão Virtual de 11 a 18/12/2020. DJe 08/04/2021.

ser inconstitucional, hipótese em que o projeto retornaria seu curso normal (art. 4º, § 3º). Essa inovação tem se mostrado de pouco efeito prático.

O aspecto mais polêmico sobre as emendas oferecidas às medidas provisórias, inclusive com repercussões bicamerais, sempre foi o da matéria estranha a seu objeto (chamados de contrabandos legislativos ou de emendas jabutis). Além dos dispositivos previstos nas resoluções específicas, conforme acima, é preciso registrar que o inciso II do art. 7º da Lei Complementar nº 95, de 26 de fevereiro de 1998, que dispõe sobre a elaboração, a redação, a alteração e a consolidação das leis (art. 59, parágrafo único, da Constituição), já trazia como princípio que "*a lei não conterá matéria estranha a seu objeto ou a este não vinculada por afinidade, pertinência ou conexão*", o que reforçava a inadequação da inclusão de temas distintos no projeto de conversão da medida provisória em lei.

Durante o tempo em que as comissões mistas deixaram de funcionar, ficou inviabilizado o indeferimento liminar das emendas com matéria estranha por seu presidente. Contudo, nem mesmo depois, esse procedimento foi regularmente seguido. A primeira reação, por parte da Câmara dos Deputados, deu-se com a Questão de Ordem nº 352, de 2013, levantada pelo Deputado Miro Teixeira durante a votação da MPV 615/2013,[38] respondida pelo então Presidente da Casa, Deputado Henrique Eduardo Alves, em 9 de setembro de 2013,[39] ocasião em que anunciou a seguinte Decisão:

---

38 BRASIL. *Medida Provisória (MPV) nº 615, de 20 de maio de 2013*. Autoriza o pagamento de subvenção econômica aos produtores da safra 2011/2012 de cana-de-açúcar e de etanol da região Nordeste e o financiamento da renovação e implantação de canaviais com equalização da taxa de juros; dispõe sobre os arranjos de pagamento e as instituições de pagamento integrantes do Sistema de Pagamentos Brasileiro - SPB; altera a Lei nº 12.783, de 11 de janeiro de 2013, para autorizar a União a emitir, sob a forma de colocação direta, em favor da Conta de Desenvolvimento Energético - CDE, títulos da dívida pública mobiliária federal; e dá outras providências.

39 BRASIL. Câmara dos Deputados. *Questão de Ordem 352/2013*, levantada pelo Deputado Miro Teixeira, em 05/09/2013. Durante a votação da MPV 615/13, solicita que emendas ou relatórios que proponham a incorporação de matérias estranhas às medidas provisórias sejam indeferidas liminarmente pelo Presidente da Câmara dos Deputados. Respondida pelo Presidente Henrique Eduardo Alves, em 09/09/2013. Disponível em: https://www2.camara.leg.br/buscaQordem/. Acesso em 19 abr. 2023.

> Senhoras Deputadas e Senhores Deputados,
>
> A tramitação da Medida Provisória 615, de 2013, expôs, de forma flagrante, um desvirtuamento do processo legislativo que vem se agravando nos últimos anos e que está a merecer uma reação adequada desta Presidência e da Câmara dos Deputados.
>
> Trata-se da desobediência clara e reiterada ao preceituado pela Lei Complementar nº 95, de 1998, que trata da elaboração das leis no Brasil, norma a ser cumprida pelos Três Poderes, a qual estabelece no inciso II, do seu art. 7°, que "*a lei não conterá matéria estranha a seu objeto ou a este não vinculada por afinidade pertinência ou conexão*".
>
> No mesmo sentido, o Regimento Interno da Câmara dos Deputados determina, no § 3° do art. 100 que "*nenhuma proposição poderá conter matéria estranha ao enunciado objetivamente declarado na ementa, ou dele decorrente*".
>
> Assim, é decisão do Presidente da Câmara dos Deputados que, doravante, com fundamento no art. 125 do Regimento Interno,[40] devolverá à Comissão Mista a medida provisória, as emendas ou projeto de lei de conversão que contrariem esses mandamentos legais, para as devidas adequações.
>
> Do mesmo modo, não será aceita, por esta Presidência, medida provisória encaminhada faltando menos de quinze dias úteis para sua perda de eficácia, a partir da Medida Provisória 618, de 2013, para que a Câmara dos Deputados tenha o mínimo de uma semana para sua apreciação.[41]

Em cumprimento a essa decisão, o Presidente da Câmara dos Deputados devolveu à comissão mista, no dia 30 de outubro de 2013, a MPV 623/2013, para as devidas adequações, considerando o disposto no art. 7º, II, da Lei Complementar nº 95, de 1998, e nos arts. 100, § 3º,

---

40 Segundo o art. 125 do RICD, "*o Presidente da Câmara ou de Comissão tem a faculdade de recusar emenda formulada de modo inconveniente, ou que verse sobre assunto estranho ao projeto em discussão ou contrarie prescrição regimental. No caso de reclamação ou recurso, será consultado o respectivo Plenário, sem discussão nem encaminhamento de votação, a qual se fará pelo processo simbólico*".

41 Em reunião de Líderes no dia seguinte, ficou decidido que essa decisão se aplicaria: quanto à inclusão de matéria estranha na medida provisória, a partir da MPV 621/2013; e, quanto ao prazo máximo para encaminhamento da medida provisória à Câmara dos Deputados, a partir da MPV 618/2013.

e 125 do RICD.[42] Em consequência, essa medida provisória acabou por perder eficácia no dia 15 de novembro de 2013.

A decisão, porém, não foi capaz de superar o problema. Mesmo quando instada a reformular seu parecer, a comissão mista deixava de fazê-lo, o que levava à perda de eficácia da medida provisória. Em consequência, durante a tramitação da MPV nº 627, de 26 de março de 2013,[43] o Presidente da Câmara dos Deputados adotou nova decisão, em 1º de abril de 2014. Por ela, com fundamento nos arts. 55, parágrafo único, e 125, do RICD,[44] o Presidente considerou "*como não escrita a parte do parecer exarado pela Comissão Mista à Medida Provisória n. 627/2013, correspondente ao texto dos arts. 95 e 96 do PLV n. 2/2014, submetendo o restante da proposição à deliberação do Plenário*" (DCD 02/04/2014, p. 91).

Se o tratamento dado às emendas sem afinidade com o texto originário da medida provisória já apresentava dificuldades na Câmara dos Deputados, ele ganhava ainda mais complexidade no Senado Federal, uma vez que, apesar dos esforços de contenção pela Presidência da Casa iniciadora, matérias estranhas eram muitas vezes aprovadas e incorporadas ao projeto de lei de conversão, e consequentemente submetidas à deliberação da Casa revisora. Com frequência, isso levava o plenário do Senado a aprovar essas matérias, sob pena de fazer caducar a medida provisória, por falta de tempo suficiente para o retorno dela à Câmara

---

42 Ofício nº 2.566/2013/SGM-P, publicado no Diário da Câmara dos Deputados de 31/10/2013, p. 50871.

43 BRASIL. *Medida Provisória (MPV) nº 627, de 26 de março de 2013*. Altera a legislação tributária federal relativa ao Imposto sobre a Renda das Pessoas Jurídicas - IRPJ, à Contribuição Social sobre o Lucro Líquido - CSLL, à Contribuição para o PIS/PASEP e à Contribuição para o Financiamento da Seguridade Social - COFINS; revoga o Regime Tributário de Transição - RTT, instituído pela Lei nº 11.941, de 27 de maio de 2009; dispõe sobre a tributação da pessoa jurídica domiciliada no Brasil, com relação ao acréscimo patrimonial decorrente de participação em lucros auferidos no exterior por controladas e coligadas e de lucros auferidos por pessoa física residente no Brasil por intermédio de pessoa jurídica controlada no exterior; e dá outras providências.

44 O art. 55 do RICD dispõe que "*a nenhuma Comissão cabe manifestar-se sobre o que não for de sua atribuição específica*". Segundo seu parágrafo único, "*considerar-se-á como não escrito o parecer, ou parte dele, que infringir o disposto neste artigo, o mesmo acontecendo em relação às emendas ou substitutivos elaborados com violação do art. 119, §§ 2º e 3º, (...)*". O art. 125 está transcrito em nota anterior.

dos Deputados, que ainda teria a última palavra e poderia superar as objeções do Senado Federal.

A reiteração do problema levou a que fosse apresentada, na sessão do Plenário do Senado Federal de 2 de junho de 2015, a Questão de Ordem nº 6/2015, pelo Senador Ronaldo Caiado, na qual requeria que o Presidente do Senado Federal impugnasse os dispositivos do projeto de lei de conversão que contivessem matéria estranha ao objeto da medida provisória. Com isso, os dispositivos seriam suprimidos do texto sem que ocasionasse a necessidade de retorno da matéria à Câmara dos Deputados, especialmente pelo fato de que eles não poderiam ser admitidos constitucionalmente, de modo que a Casa iniciadora não poderia fazê-los retornar ao texto. O Presidente do Senado Federal, contudo, preferiu aguardar o posicionamento do Supremo Tribunal Federal, que já havia sido provocado a se pronunciar sobre o assunto, respondendo a Questão de Ordem apenas em 27 de outubro de 2015.[45]

Realmente, a polêmica sobre as emendas jabutis já estava sob apreciação do Tribunal. Em maio de 2014 havia sido proposta pela Confederação Nacional das Profissões Liberais (CNPL) a Ação Direta de Inconstitucionalidade (ADI) nº 5.127,[46] contra o art. 76 da Lei nº 12.249, de 11 de junho de 2010, incluído por emenda parlamentar ao projeto de lei de conversão da MPV nº 472, de 15 de dezembro de 2009,[47] que ex-

45 BRASIL. Senado Federal. *Questão de Ordem 6/2015*, sobre impugnação de matéria estranha à medida provisória (emendas jabutis). Levantada pelo Senador Ronaldo Caiado em 02/06/2015, DSF 03/06/2015, p. 665. Respondida pelo Presidente Senador Renan Calheiros, em 27/10/2015, DSF 28/10/2015, p. 76-79. Disponível em: https://www25.senado.leg.br/web/atividade/questoes-de-ordem/-/q/detalhe/2714. Acesso em 10 abr. 2023.

46 BRASIL. Supremo Tribunal Federal (Plenário). *Ação Direta de Inconstitucionalidade (ADI) nº 5.127*. Relatora Min. Rosa Weber, Redator para o Acórdão Min. Edson Fachin, Tribunal Pleno, julgado em 15/10/2015, DJe 10/05/2016. Requerente: Confederação Nacional das Profissões Liberais (CNPL). Intimado: Presidente da República e Congresso Nacional.

47 BRASIL. *Medida Provisória (MPV) nº 472, de 15 de dezembro de 2009*. Institui o Regime Especial de Incentivos para o Desenvolvimento de Infraestrutura da Indústria Petrolífera nas Regiões Norte, Nordeste e Centro-Oeste - REPENEC; cria o Programa Um Computador por Aluno - PROUCA e institui o Regime Especial de Aquisição de Computadores para uso Educacional - RECOMPE; prorroga benefícios fiscais; constitui fonte de recursos adicional aos agentes financeiros do Fundo da Marinha Mercante - FMM para financiamentos de projetos aprovados pelo Conselho Diretor do Fundo da Marinha Mercante - CDFMM; dispõe sobre a

tinguia a profissão de técnico de contabilidade ao alterar a redação de diversos dispositivos do Decreto-lei nº 9.295, de 27 de maio de 1946.[48] A Emenda nº 18 correspondia a uma das cinquenta e três aprovadas pelo Senado Federal ao PLV nº 1, de 2010, por iniciativa do relator da matéria, Senador Romero Jucá, e foi posteriormente aprovada pela Câmara dos Deputados.

A CNPL apontou inconstitucionalidade formal, por desrespeito ao princípio da separação dos poderes (art. 2º, CF), uma vez que compete exclusivamente ao Presidente da República a iniciativa de medida provisória, que seria usurpada quando o Congresso Nacional introduz matéria completamente nova em projeto de lei de conversão. Alegou, ainda, inconstitucionalidade material, por ofensa ao art. 5º, XIII, da Constituição, tendo em vista a imposição de restrições ao exercício profissional por via diversa da lei específica.

Chamados a se manifestar, o Senado Federal, a Advocacia-Geral da União e a Procuradoria da República defenderam a improcedência da ação, sob argumento de que o tema não era de iniciativa exclusiva do Presidente da República, razão pela qual não havia exigência de que a emenda parlamentar guardasse pertinência temática com o objeto original da medida provisória. Ainda, a adoção da emenda, no caso, não teria ensejado contrariedade a nenhum preceito constitucional.

Em seu voto, a Relatora, Ministra Rosa Weber, afastava a inconstitucionalidade material, mas reconhecia a inconstitucionalidade formal do art. 76 da Lei nº 12.149, de 2010, por ofensa aos arts. 2º, 62 e 84, XXVI, da Constituição, pelas seguintes razões, em síntese: *(i)* por ser consequência do exercício da competência privativa do Presidente da República, deveria ser aplicada às medidas provisórias a mesma *ratio* de vedação de emendas sem afinidade material das matérias de iniciativa privativa; *(ii)* a inserção da matéria estranha não denotaria mera inobservância de formalidade, e sim procedimento marcadamente antidemocrático,

Letra Financeira e o Certificado de Operações Estruturadas; altera a redação da Lei nº 11.948, de 16 de junho de 2009; ajusta o Programa Minha Casa Minha Vida - PMCMV; e dá outras providências. Disponível em: https://www.congressonacional.leg.br/materias/medidas-provisorias/-/mpv/95089. Acesso em 15 abr. 2023.

48 BRASIL *Decreto-lei nº 9.295, de 27 de maio de 1946*. Cria o Conselho Federal de Contabilidade, define as atribuições do Contador e do Guarda-livros, e dá outras providências. Disponível em: https://www.planalto.gov.br/ccivil_03/decreto-lei/del9295.htm. Acesso em 15 abr. 2023.

pela subtração do debate público e do ambiente deliberativo próprio ao procedimento ordinário de elaboração da lei; *(iii)* a prática evidenciaria violação do direito fundamental ao devido processo legislativo.

Contudo, o Ministro Edson Fachin formulou voto no sentido de julgar improcedente a ADI, embora convergindo com relação ao efeito de vedação de emendas com conteúdo estranho ao objeto da medida provisória. É afastada a inconstitucionalidade material, no caso, por restarem atendidos os requisitos do art. 5º, XIII, da Constituição. Contudo, sob o ponto de vista do processo legislativo, o voto defende que, se a medida provisória é sujeita às exigências de relevância e urgência, não é possível tratar de temas diversos daqueles fixados com tais pressupostos, de forma que somente é possível emenda parlamentar ao projeto de lei de conversão se observar a devida pertinência lógico-temática. O fato de a Constituição não vedar expressamente a possibilidade de a emenda transbordar a temática original nem significa que o poder de emenda pelo Congresso Nacional seja incondicionado nem afasta qualquer cotejo interpretativo que abranja parâmetros implícitos, à luz do princípio democrático e do regular processo legislativo. Há dispositivo legal que veda a possibilidade de uma lei tratar de temas distintos (art. 7º, II, LC 95/1998)[49] e a Resolução nº 1, de 2002-CN veda a apresentação de emendas que versem sobre matéria estranha à tratada na medida provisória, com previsão de seu indeferimento liminar pelo presidente da comissão mista.

Para o Ministro Fachin, porém, o fato de que tal prática enseja desobediência sistemática à moldura institucional definida pela Constituição não conduz ao reconhecimento necessário da inconstitucionalidade de todas as leis de conversão promulgadas até então. Isso se dá por duas razões: *(i)* se trata da primeira oportunidade que o Tribunal enfrenta o tema e fixa o seu entendimento; *(ii)* a manifestação da Corte ocorre após a prática estar consolidada, resultando na aprovação de grande volume de leis de conversão em que ela ocorreu. Por isso, incide a necessidade de fixar entendimento do STF de que, em obediência ao princípio da segurança jurídica, preserve, sob o ponto de vista da inconstitucionalidade formal, as leis fruto de conversão de emendas com temas diversos do objeto originário da medida provisória. Nesse sentido, o voto conclui pela improcedência dos pedidos formulados na ADI.

---

49 Essa norma, no entanto, não pode servir de parâmetro para a análise de inconstitucionalidade em sede de controle abstrato de constitucionalidade, pois o Tribunal tem orientação tradicional de que dispositivo impugnado deve confrontar diretamente a Constituição, tal como decidido na ADI 2626, Rel. Min. Sydney Sanches, Rel. para o acórdão Min. Ellen Gracie, j. 18/04/2004.

O Ministro Luís Roberto Barroso, por sua vez, acrescenta que, por não haver norma expressa de proibição, desenvolveu-se um costume constitucional que admitia a prática de emendas sem pertinência temática com a medida provisória. Com o tempo, porém, adveio a percepção de que tal costume era incompatível com a Constituição, por subtrair do Presidente da República a avaliação da urgência e relevância, por violar o devido processo legal e o princípio democrático. Nesse sentido, embora julgue improcedente o pedido, propõe seja declarada a inconstitucionalidade desse costume.

Em sentido diverso, o Ministro Dias Toffoli julgava improcedente o pedido, por não decorrer do texto constitucional a exigência de pertinência temática entre o objeto da medida provisória e a emenda parlamentar apresentada no respectivo processo de conversão em lei. Quando muito, essa questão estaria adstrita ao âmbito da legalidade (art. 7º, II, LC 95/1998). Fugiria à competência do STF, ainda, avaliar se determinado ato normativo, resultante de emenda a um projeto de lei de conversão, veicula ou não matéria correlata ao tema do ato normativo originário, por dizer respeito a assunto interno do Poder Legislativo.

Ao final, o pedido foi julgado improcedente, por maioria, "*com cientificação do Poder Legislativo de que o Supremo Tribunal Federal afirmou, com efeitos 'ex nunc', não ser compatível com a Constituição a apresentação de emendas sem relação de pertinência temática com medida provisória submetida a sua apreciação*". Ficaram vencidos os Ministros Rosa Weber (Relatora), Marco Aurélio e Ricardo Lewandowski, que julgavam procedente o pedido, e, em maior extensão, o Ministro Dias Toffoli, que o julgava improcedente. O acórdão foi redigido pelo Ministro Edson Fachin.

Embora fosse necessária e oportuna a decisão adotada, em face do abuso e da repulsa generalizada à prática das emendas jabutis, sua fundamentação torna-se frágil pela inexistência de dispositivo na Constituição que disponha sobre limites das emendas parlamentares às medidas provisórias, o que relega a questão ao âmbito da legalidade, por afronta a dispositivos da Lei Complementar nº 95, de 1998, e da Resolução nº 1, de 2002-CN, como lembrado pelo Ministro Dias Toffoli.[50]

50 Para tentar superar o problema, a PEC 91, de 2019, acrescenta ao art. 62 da Constituição o § 13, para dispor que "*a medida provisória e o projeto de lei de conversão não conterão matéria estranha a seu objeto ou a este não vinculada por afinidade, pertinência ou conexão*".

O argumento de que esse procedimento viola o devido processo legislativo e o princípio democrático poderia ser oposto, com mais razão, a procedimentos de urgência regimental frequentemente utilizados nas Casas e que resultam em decisões até mais céleres (e, em geral, com parecer oral em Plenário) do que os dos projetos de lei de conversão (que podem ser resultado de parecer de comissão mista e de deliberações dos Plenários das Casas). O mais convincente é a alegação de impossibilidade da veiculação de tema diverso daquele que deu razão aos pressupostos de urgência e relevância, mas tal avaliação deveria caber ao Legislativo, no exercício próprio de suas competências, e não ao Judiciário. Nesse ponto, vale observar que a pertinência temática é de difícil delimitação, uma vez que ela pode não se restringir apenas e especificamente à própria matéria, podendo haver outra que com ela guarde algum tipo de relação, afinidade ou contiguidade.

Como exemplo, pode ser lembrado o Mandado de Segurança nº 38.889, cujo objeto era o Projeto de Lei de Conversão nº 17, de 2015, que continha matérias distintas da MPV nº 678, de 2015. Foi concedida a medida liminar pelo Relator, Ministro Luís Roberto Barroso, para suspender o trâmite do projeto, já em fase de sanção, exceto naquilo que correspondia ao acréscimo (previsto originariamente) dos incisos VI e VII ao art. 1º da Lei 12.462, de 4 de agosto de 2012, que institui o Regime Diferenciado de Contratações (RDC) na administração pública. Esses incisos se relacionavam a estabelecimentos penais, unidades de atendimento socioeducativo e ações no âmbito da segurança pública.

O PLV acrescentou outras hipóteses de aplicação do RDC, pela inserção de dispositivos no mesmo artigo, além de alterar outras regras, na mesma Lei, sobre contratação na administração pública. Foi alterada, ainda, a Lei nº 7.210, de 11 de julho de 1984 (Lei de Execuções Penais), sobre execução indireta de atividades em estabelecimentos penais (art. 2º do PLV). Os outros dispositivos do PLV se distanciavam do objeto da medida provisória, ao tratar de: renegociação de dívida do Proálcool (art. 3º); registro de títulos e documentos (art. 4º); atribuições dos oficiais de registro de imóveis (art. 5º); compensação de crédito de PIS/PASEP e COFINS (art. 6º); e prazo para disposição final ambientalmente adequada de rejeitos (art. 7º). Contudo, antes mesmo da comunicação da liminar, houve a sanção do projeto, dando origem à Lei nº 13.190, de 19 de novembro de 2015, que se restringiu aos arts. 1º e 2º, sendo vetados os arts. 3º a 7º. Desse modo, restaram os dispositivos relacionados ao RDC e aos estabelecimentos penais. Em virtude disso, ocorreu a perda do objeto do mandado de segurança, o que não permitiu o exame da extensão da pertinência temática aplicável na situação.

Outros desdobramentos da decisão do STF na ADI nº 5.127 serão abordados no Capítulo 8, especialmente quando se tratar do procedimento, adotado pelo Senado Federal, para impugnações em plenário de dispositivos inseridos pela Câmara dos Deputados nos projetos de lei de conversão contendo matérias estranhas ao objeto originário da medida provisória, inaugurado com a Questão de Ordem nº 6/2015, antes referida.

6.2.3. Apreciação pelo plenário da Câmara dos Deputados no papel de Casa iniciadora

Diferentemente do disposto no texto original da Constituição, que indicava a deliberação em sessão conjunta, a redação dada aos parágrafos do art. 62 pela EC nº 32, de 2001, estabelece que a medida provisória será apreciada, separadamente, pelas Casas do Congresso Nacional (§§ 5º e 6º), com a votação iniciada na Câmara dos Deputados (§ 8º). Como se viu, durante a tramitação dessa alteração constitucional, o Senado Federal tentou que o início de tramitação fosse alternado entre as Casas, mas acabou vencido pela posição da Câmara dos Deputados. A tramitação das medidas provisórias passou a seguir a dos projetos de lei de origem no Executivo, cujo início é na Câmara dos Deputados (art. 64, CF).

Para tanto, conforme o § 5º do art. 5º da Resolução nº 1, de 2002-CN, assim que aprovado o parecer na comissão mista, ele é encaminhado à Câmara dos Deputados, acompanhado do processo e dos projetos de lei de conversão e de decreto legislativo porventura formulados. Previa-se, então, que o parecer seria publicado em avulsos e no respectivo Diário e, dispensado o interstício, a matéria seria apreciada pelo plenário, que teria até o vigésimo oitavo dia de vigência para concluir os seus trabalhos (art. 6º, *caput*).

A fixação desse prazo para a Casa deliberar fez com que a decisão da ADI nº 4.029 também alcançasse esse dispositivo. Não havendo prazo, restou inaplicável a hipótese do § 2º do art. 7º, segundo a qual, se ele se esgotasse, o Senado Federal poderia iniciar a discussão da matéria, devendo votá-la somente após finalizada a deliberação da outra Casa. De todo modo, essa disposição se mostrava inservível, pois não teria muita utilidade o Senado discutir a matéria sem saber se ela seria aprovada, e de que forma, pela Câmara.

Recebida a matéria, a Câmara dos Deputados deve submetê-la a dois tipos de apreciação. As votações são realizadas por maioria simples e processo simbólico, salvo alternativas regimentais para adoção do processo nominal (art. 186, RICD). Em primeiro lugar, a Casa deve proceder ao juízo prévio sobre o atendimento dos pressupostos de urgência e relevância, conforme exigido pelo § 5º do art. 62 da Constituição. Essa apreciação preliminar, segundo o art. 8º da Resolução nº 1, de 2002-CN, envolve também o exame da adequação financeira e orçamentária e deverá ocorrer antes do exame de mérito, sem a necessidade de interposição de recurso, se for o caso. Se o plenário decidir pela não atendimento dos pressupostos ou pela inadequação financeira ou orçamentária, a medida provisória é arquivada (art. 8º, parágrafo único), o que corresponde à sua rejeição.

A segunda apreciação é, propriamente, a de mérito da medida provisória ou do projeto de lei de conversão, se houver. A Câmara dos Deputados não está vinculada à conclusão do parecer da comissão mista (ou, se for o caso, à do parecer de plenário em substituição a ela), cuja natureza é meramente instrutória. Embora a Casa muitas vezes siga a orientação pelo parecer, ela poderá deliberar em outro sentido. O mais usual é que o parecer opine pela aprovação da medida provisória original ou pela aprovação na forma de projeto de lei de conversão. Neste último caso, ele terá preferência regimental para deliberação no plenário, salvo aprovação de requerimento de preferência para votação da medida provisória original.

O Quadro a seguir indica as alternativas de decisão do plenário da Câmara dos Deputados:

Quadro 6.1 – Alternativas de decisão do plenário da Câmara sobre a MPV

Conclusão do Parecer	Decisão do plenário da Câmara dos Deputados	Texto encaminhado à revisão do Senado Federal (com preferência)
Pela aprovação da Medida Provisória original (MPV)	Aprova MPV sem alterações	MPV original
	Aprova MPV com alterações	PLV (conforme o plenário)
	Rejeita a MPV	(MPV ao arquivo)
Pela aprovação, com apresentação de Projeto de lei de conversão (PLV)	Aprova PLV sem alterações	PLV (conforme o parecer)
	Aprova PLV com alterações	PLV (conforme o plenário)
	Rejeita o PLV	(Passa-se à votação da MPV original)
	Preferência pela Medida Provisória original	(Passa-se à votação da MPV original)
Pela rejeição da Medida Provisória	Rejeita a MPV	(MPV ao arquivo)
	Aprova MPV sem alterações	MPV original
	Aprova MPV com alterações	PLV (conforme o plenário)
(Qualquer uma delas)	Não conclui a votação até o fim do prazo de tramitação da MPV	(MPV ao arquivo)

Como o quadro demonstra, são inúmeras as opções à disposição da Casa, enriquecidas neste caso pela existência do texto original da medida provisória, do projeto de lei de conversão (se houver) e de emendas parlamentares. Vale observar que o § 7º do art. 7º da Resolução nº 1, de 2002-CN, dispõe que se aplicam, na votação, os procedimentos previstos nos respectivos regimentos internos das Casas. A referência a possíveis alterações nas matérias votadas se dá em virtude de votação de emendas parlamentares ou de matérias destacadas dos textos sob apreciação. Havendo alterações aprovadas no plenário, elas devem ser consolidadas no texto do projeto de lei de conversão encaminhado ao Senado Federal (representadas, no quadro, como PLV – conforme o plenário).

Vale lembrar, por fim, que a medida provisória pode não ser aprovada na Câmara dos Deputados até o final de seu prazo constitucional. Nesse caso, assim como quando há rejeição expressa, ela é arquivada e o Congresso Nacional poderá disciplinar, por decreto legislativo, as relações jurídicas dela decorrentes (art. 62, §§ 3º e 11, CF; art. 11, Res. 1/2002-CN).

6.2.4. Apreciação pelo plenário do Senado Federal no papel de Casa revisora

Aprovada na Câmara dos Deputados, a matéria é encaminhada ao Senado Federal. A decisão do STF na ADI nº 4.029 não declarou inconstitucional o *caput* do art. 7º da Resolução nº 1, de 2002-CN, segundo o qual o Senado tem até o 42º dia de vigência para apreciar a medida provisória, contado de sua publicação no DOU. Contudo, como o dispositivo que estipulava o prazo da Câmara (até o 28º dia), foi declarado inconstitucional, o prazo posterior fixado para a Casa revisora tornou-se inaplicável, assim como a possibilidade do § 2º do art. 7º da Resolução, pelo qual, vencido aquele prazo, o Senado poderia iniciar a discussão da matéria, devendo votá-la somente após finalizada a deliberação da Câmara.

Chegando ao Senado Federal, a matéria é igualmente submetida a duas apreciações, a preliminar (sobre o atendimento dos pressupostos constitucionais e a adequação financeira e orçamentária) e a de mérito. As votações são realizadas por maioria simples e processo simbólico, salvo alternativas regimentais para adoção do processo nominal (art. 294, RISF). A primeira tem as mesmas características do juízo prévio feito na Câmara dos Deputados, pois o § 5º do art. 62 da Constituição prevê que ele seja realizado em ambas as Casas. Evidente que o Senado pode decidir diferentemente da Câmara e fazer juízo negativo da presença das condições, caso em que a matéria é arquivada (art. 11, Res. 1/2002-CN).

Sendo o juízo positivo, a matéria avançará para o exame do mérito. O Senado Federal, que atuará como Casa revisora, dispõe de poder de veto sobre a matéria, por meio de sua rejeição expressa ou tácita (deixando de aprová-la até o final de seu prazo constitucional). Tanto num caso quanto no outro, a medida provisória é arquivada (art. 11, Res. 1/2002-CN) e o Congresso Nacional poderá disciplinar, por decreto legislativo, as relações jurídicas dela decorrentes, no prazo de sessenta dias (art. 62, §§ 3º e 11, CF).

A sistemática de revisão das medidas provisórias pelo Senado Federal equipara-se à adotada para os projetos de lei (art. 65, CF), mas o procedimento ganha complexidade porque muitas vezes, em conjunto com o texto original da medida provisória, a Casa receberá as emendas parlamentares e o projeto de lei de conversão, de modo que poderá dispor de um acervo enriquecido de textos a serem avaliados, o que multiplica as suas alternativas de decisão.

Nesse sentido, § 1º do art. 7º da Resolução nº 1, de 2002-CN, dispõe que o texto aprovado pela Câmara dos Deputados é encaminhado em autógrafos, acompanhado do respectivo processo, que incluirá matéria eventualmente rejeitada naquela Casa. Isso significa que todos os textos, inclusive aqueles rejeitados pela Casa iniciadora, estão aptos à deliberação da Casa revisora, que não está restrita, em suas deliberações, aos textos aprovados por aquela. Como regra geral da revisão, o § 3º do art. 7º da Resolução nº 1, de 2002-CN, estabelece que "*havendo modificação no Senado Federal, ainda que decorrente de restabelecimento de matéria ou emenda rejeitada na Câmara dos Deputados, ou de destaque supressivo, será esta encaminhada para exame na Casa iniciadora, sob a forma de emenda, a ser apreciada em turno único, vedadas quaisquer novas alterações*".

Embora todo o acervo de textos seja encaminhado, aquele aprovado pela Câmara dos Deputados tem preferência para apreciação no plenário no Senado Federal. Assim, se a Câmara dos Deputados aprovou um projeto de lei de conversão, ele terá preferência regimental para apreciação no Senado Federal, salvo requerimento em sentido contrário, para apreciação da medida provisória original. O Quadro a seguir apresenta as alternativas de decisão do Senado Federal, a partir do texto aprovado pela Câmara dos Deputados:

Quadro 6.2 – Alternativas de decisão do plenário do Senado Federal

Caso	Texto aprovado pela Câmara	Decisão do Senado	Destino (após decisão do Senado)	Dispositivo RCN 1/2002-CN
A	MPV	Aprova MPV	Promulgação	Art. 12
B	MPV	Aprova MPV com alterações de mérito	Emendas do SF [ou PLV-SF] à CD	Art. 7º, § 3º
C	MPV	Rejeita	(MPV ao arquivo)	Art. 11
D	PLV-CD	Aprova PLV-CD	Sanção	Art. 13
E	PLV-CD	Aprova PLV-CD com emendas de redação	Sanção	Art. 13
F	PLV-CD	Aprova PLV-CD com alterações de mérito	Emendas do SF à CD	Art. 7º, § 6º
G	PLV-CD	Aprova MPV	MPV à CD	Art. 7º, § 5º
H	PLV-CD	Aprova MPV com alterações: PLV-SF (novo)	PLV-SF à CD	Art. 7º, § 5º
I	PLV-CD	Rejeita PLV-CD	(Passa-se à votação da MPV)	
J	(Qualquer um)	Não conclui a votação até o fim do prazo de tramitação da MPV	(MPV ao arquivo)	Art. 11

Cabe lembrar que o fundamento constitucional para a atuação do Senado Federal como Casa revisora é o art. 65 da Constituição. Desse modo, aprovado o texto proveniente da Câmara dos Deputados, sem alterações, a matéria será encaminhada à promulgação ou à sanção. Se houver a aprovação por ambas as Casas do texto original da medida provisória [caso A], ocorrerá sua promulgação pelo Presidente da Mesa do Congresso Nacional, para que ela se converta em lei e seja como tal publicada no DOU (art. 12, Res. 1/2002-CN). Se a aprovação for do projeto de lei de conversão da Câmara dos Deputados, sem qualquer modificação [caso D], haverá o envio dele, no prazo de 10 dias, à sanção do Presidente da República (art. 65, CF; art. 13, Res. 1/2002-CN; art. 139, RCCN). O mesmo procedimento será seguido se houver a aprovação pelo Senado Federal do projeto de lei de conversão da Câmara dos Deputados, com emendas de redação [caso E], tal como ocorre nos projetos de lei, por aplicação o art. 135 do RCCN.[51] A medida provisória, em seu texto

51 São exemplos de medidas provisórias em que isso ocorreu as MPVs 173/2004, 436/2008, 455/2009, 510/2010, 532/2011, 549/2011, 765/2016 e 870/2019.

original, permanece em vigor até que seja sancionado ou vetado o projeto de lei de conversão (art. 62, § 12, CF). O prazo para sanção ou veto é de quinze dias úteis (art. 66, § 1º, CF).

Com base no parágrafo único do art. 65 da Constituição, se o Senado Federal aprovar emendas ao texto proveniente da Câmara dos Deputados, a matéria deverá retornar a esta. A Resolução nº 1, de 2002-CN tem previsão específica para o caso de emendas ao projeto de lei de conversão [caso F], em que *"o processo retornará à Câmara dos Deputados, que deliberará sobre as emendas, vedada, neste caso, a apresentação, pelo Senado Federal, de projeto de lei de conversão"* (art. 7º, § 6º).

A regulamentação não é tão clara, porém, quando é aprovada pela Câmara dos Deputados a medida provisória no seu texto original, e depois ocorrem alterações no Senado [caso B]. Nesta hipótese, aplica-se a regra geral da revisão, disposta no § 3º do art. 7º, segundo o qual a modificação feita pelo Senado Federal será encaminhada, *"sob a forma de emenda"*, para exame da Casa iniciadora, para apreciação em turno único, vedadas novas alterações. Na prática, porém, o Senado preferiu muitas vezes formular um novo projeto de lei de conversão, encaminhando-o de volta à Câmara. Somente na MPV 1.085/2021, recentemente, o Senado retornou as alterações na forma de emendas. Aí então, cabe à Câmara, na qualidade de Casa iniciadora, deliberar sobre as emendas propostas pelo Senado Federal. Se acatar pelo menos uma delas, a Câmara deverá formular o projeto de lei de conversão (pois o texto original resultará alterado) para encaminhamento à sanção do Presidente da República.

Outras duas alternativas de decisão do Senado têm um pressuposto comum, tal como previsto no § 5º do art. 7º da Resolução nº 1, de 2002-CN. É o caso em que a Câmara dos Deputados aprova e encaminha ao Senado Federal um projeto de lei de conversão, mas esta Casa decide não deliberar sobre ele, concedendo preferência e aprovando o texto original da medida provisória. Cabe observar que o Senado Federal decide, então, trabalhar sobre texto-base diverso daquele aprovado pela Câmara dos Deputados, optando por deliberar sobre o texto original da medida provisória, podendo depois modificá-lo ou não. Abrem-se então essas duas opções, dispostas na parte final do mencionado § 5º.

Na primeira opção, o Senado Federal aprova a medida provisória sem lhe acrescentar qualquer modificação [caso G]. A Casa então remete a medida provisória (o texto original) de volta à Câmara dos Deputados. Caberá à Casa iniciadora optar pelo projeto de lei de conversão que inicialmente havia aprovado ou pelo texto original da medida provisória aprovado pela Casa revisora.

A segunda opção é aquela em que o Senado Federal opta por formular um novo projeto de lei de conversão [caso H]. Embora formalmente isso esteja previsto para ocorrer após a preferência à medida provisória, seguida de alterações (art. 7º, § 5º, Res. 1/2002-CN), na prática ocorre simplesmente quando os pareceres de plenário no Senado concluem pela apresentação de um novo projeto de lei de conversão (deixando de adotar, portanto, aquele anteriormente aprovado pela Câmara dos Deputados). Em sua apreciação final, a Casa iniciadora deverá então deliberar sobre o projeto de lei de conversão a ela oferecido pela Casa revisora (parte final do § 5º do art. 7º da Res. nº 1, de 2002-CN), podendo optar por um dos projetos de lei de conversão formulados (o seu ou o da revisora).

Há, ainda, as hipóteses de rejeição. Uma é a rejeição do projeto de lei de conversão aprovado na Câmara [caso I], situação em que ainda haverá a necessidade de votação sobre a medida provisória original. A rejeição expressa da medida provisória resultará em seu arquivamento e, consequentemente, ela não será convertida em lei [caso C]. Finalmente, é possível que o Senado Federal não delibere no prazo de vigência da medida provisória, do que decorrerá seu arquivamento e, por consequência, não haverá a conversão em lei [caso J]. Em caso de rejeição ou perda de eficácia, o Congresso Nacional poderá disciplinar, por decreto legislativo, as relações jurídicas decorrentes da medida provisória (art. 62, §§ 3º e 11, CF; art. 11, Res. 1/2002-CN).

Vistas as opções de decisão do plenário do Senado Federal, cabe observar que, desde o advento da Emenda Constitucional nº 32, de 2001, o maior entrave para a apreciação das medidas provisórias pelo Senado Federal é a falta de um prazo para que a matéria lhe seja encaminhada. O estabelecimento na Constituição de um prazo final para a tramitação e a eficácia da medida provisória, sem fixação de prazos intermediários, levou ao grave problema de que o Senado Federal (Casa revisora), com frequência, depara-se com a alternativa única de aprovar a matéria tal como foi aprovada pela Câmara dos Deputados (Casa iniciadora), sob pena de esgotar-se o prazo constitucional, por não haver tempo suficiente para retorno e apreciação das suas emendas.

Na verdade, o Senado já sofria com o problema decorrente do prazo subsequente (contínuo) de sobrestamento de pauta a partir do 45º dia de tramitação da matéria. Isso porque, mesmo antes da decisão na ADI 4.029, a medida provisória chegava à Câmara logo após os quatorze dias de prazo da comissão mista. A Casa iniciadora ainda dispunha de alguns dias para apreciação da matéria, antes de incidir o sobrestamento da pauta. Evidentemente, a matéria somente poderia ser encaminhada ao Senado após sua apreciação pela câmara baixa. Como isso muito dificilmente ocorria até o quadragésimo quinto dia, as medidas provisórias chegavam ao Senado e, assim que lidas, invariavelmente passavam a trancar a pauta da Casa.

Esse problema foi bastante agravado por dois fatores: o entendimento adotado pela Câmara quanto ao sobrestamento de pauta, adotado em 2011; e a decisão do STF na ADI 4.029, em março de 2012. Aquele primeiro porque deu maior flexibilidade à Câmara para a gestão de sua pauta, mesmo havendo medida provisória em regime de urgência, o que passou a permitir à Casa postergar a deliberação que provocava o sobrestamento. A segunda porque tornou obrigatório o parecer da comissão mista e declarou inconstitucionais os dispositivos da Resolução nº 1, de 2002-CN, que estabeleciam prazos intermediários na tramitação para a comissão mista e a Câmara dos Deputados, de modo que permaneceu apenas o prazo final de eficácia da medida provisória. Como o Senado é a última instância a analisá-la (salvo retorno em caso de emenda), passou a ser frequente que isso ocorresse nos últimos dias desse prazo.

A questão foi levantada pela doutrina, que identificou que o travamento das discussões na câmara alta fazia com que a maioria aprovasse emendas sem pertinência temática e que temas que deveriam ser intensamente discutidos pelos parlamentares passassem por uma tramitação muito célere no Congresso Nacional, impossibilitando um maior debate democrático.[52]Ainda pior, na verdade, tal sistemática leva o Senado, apesar de todas as opções de deliberação antes discutidas, a necessariamente optar por apenas aquelas que não causassem o retorno da matéria à Câmara dos Deputados. Daí resultou a prática de dois procedimentos que se apresentam bastante problemáticos sob o ponto de vista do sistema bicameral: a aprovação de emendas de mérito identificadas como emendas de redação; e a impugnação de matérias estranhas ao objeto da medida provisória, pelo Senado Federal, sem retorno à Casa iniciadora.

Merece ficar registrado desde logo, contudo, que a superação da falta de prazo para deliberação vivenciado pelo Senado permanecerá

52 MARRAFON, Marco Aurélio; ROBL FILHO, Ilton Norberto. Controle de Constitucionalidade no Projeto de Lei de Conversão de Medida Provisória em face dos 'Contrabandos Legislativos': Salvaguarda o Estado Democrático de Direito. In: NOVELINO, Marcelo; FELLET, André (Orgs.). *Constitucionalismo e Democracia*. Salvador: Editora JusPodivm, 2013, p. 239.

enquanto houver apenas um prazo geral para a conversão da medida provisória em lei, sem a atribuição de prazos intermediários para as instâncias de deliberação.[53] Da decisão adotada na ADI nº 4.029 extrai-se que esse prazo deverá ser fixado na própria Constituição, uma vez que ela estabelece, de forma obrigatória, a ordem em que essas instâncias devem atuar. O estabelecimento e a distribuição desses prazos, porém, parece ter sido o causador do impasse que levou à não promulgação da PEC nº 91, de 2019 (originalmente, PEC nº 11, de 2011).

6.2.5. Solução de divergências pela Casa iniciadora (Câmara dos Deputados)

O art. 62 da Constituição Federal não traz regra específica sobre a apreciação, pela Câmara dos Deputados, das modificações apresentadas à medida provisória pelo Senado Federal na condição de Casa revisora. Há apenas referência no § 8º de que a medida provisória terá sua votação iniciada na Câmara dos Deputados e menções em §§ 5º a 9º de que as votações serão feitas, em sessões separadas, no plenário de cada uma das Casas do Congresso Nacional. No que diz respeito à sistemática de revisão, tem aplicação a mesma adotada para os projetos de lei em geral, o art. 65 da Constituição.

Os §§ 3º a 7º do art. 7º da Resolução nº 1, de 2002-CN, buscam dispor tanto sobre as possibilidades de decisão da Casa revisora quanto sobre as consequentes alternativas da Casa iniciadora. O § 4º fixa o prazo de três dias para que a Câmara dos Deputados aprecie as modificações do Senado Federal. Esse prazo ficou prejudicado pela decisão do STF na ADI nº 4.029, de inconstitucionalidade dos demais prazos fixados nessa norma. Porém, a Câmara dos Deputados deve atender, por evidente, o prazo constitucional de tramitação e eficácia da medida provisória, sob pena de sua perda de eficácia.[54]

53 A esse propósito, interessante verificar o ocorrido durante a pandemia de Covid-19, em que o Ato Conjunto das Mesas da Câmara dos Deputados e do Senado Federal nº 1, de 2020, estabeleceu prazos para deliberação das medidas provisórias pelos Plenários das Casas, que não tiveram aplicação prática, conforme descrito em seção específica, adiante.

54 Houve três medidas provisórias em que o prazo constitucional não foi atendido, quando já estavam nessa etapa de tramitação, do que resultou a sua perda de eficácia: MPVs 303/2006, 507/2010 e 946/2020.

Ao tratar das possibilidades de decisão do Senado Federal que ensejam o retorno da matéria à Câmara dos Deputados, foram apontados quatro casos. Delas decorrem os procedimentos de apreciação adotados pela Câmara dos Deputados.

Dois desses casos resultam da aprovação, pelo Senado Federal, do mesmo texto aprovado pela Câmara dos Deputados, seguido de modificações.

Quadro 6.3 – Casos de aprovação no Senado do texto aprovado pela Câmara

Caso	Texto CD	Texto SF	Decisão CD → Texto à promulgação (MPV) ou à sanção (PLV)	Dispositivo RCN 1/2002
B	MPV	Emendas do SF	Aprova emendas totalmente → novo PLV	Art. 7º, § 3º
			Aprova emendas parcialmente → novo PLV	Art. 7º, § 3º
			Rejeita emendas totalmente → MPV	Art. 7º, § 3º
F	PLV-CD	Emendas do SF	Aprova emendas totalmente → novo PLV	Art. 7º, § 6º
			Aprova emendas parcialmente → novo PLV	Art. 7º, § 6º
			Rejeita emendas totalmente → PLV-CD	Art. 7º, § 6º

Na hipótese de aprovação da medida provisória em seu texto original, seguida de modificações do Senado Federal [caso B], terá aplicação o § 3º do art. 7º da Resolução nº 1, de 2002-CN, segundo o qual a modificação feita pela Casa revisora "*será encaminhada para exame da Casa iniciadora, sob a forma de emenda, a ser apreciada em turno único, sendo vedadas quaisquer novas alterações*". Se houver a aprovação de projeto de lei de conversão, seguido de alterações de mérito, o dispositivo a ser aplicado é o § 6º do mesmo artigo, pelo qual "*o processo retornará à Câmara dos Deputados, que deliberará sobre as emendas, vedada, neste caso, a apresentação, pelo Senado Federal, de projeto de lei de conversão*".

Em ambas as situações, verifica-se a previsão de que a Câmara dos Deputados receberá as emendas oferecidas pelo Senado Federal ao texto anteriormente aprovado. Seguem-se, então, os procedimentos previstos no Regimento Interno da Câmara dos Deputados para apreciação de emendas do Senado a projetos originários da Câmara (os mesmos descritos neste trabalho sobre os projetos de lei).

Em outros dois casos, o Senado Federal propõe não apenas emendas, mas todo um texto para servir de confronto com o anteriormente aprovado pela Câmara dos Deputados:

Quadro 6.4 – Casos de aprovação no Senado de texto diverso do aprovado pela Câmara

Caso	Texto CD	Texto SF	Decisão CD → Texto à promulgação (MPV) ou à sanção (PLV)	Dispositivo RCN 1/2002
G	PLV-CD	MPV	Aprova PLV-CD → PLV-CD	Art. 7º, § 5º, 1ª parte
			Aprova MPV → MPV	
H	PLV-CD	PLV-SF (MPV com alterações)	Aprova PLV-SF integralmente → PLV-SF	Art. 7º, § 5º, 2ª parte
			Aprova PLV-SF parcialmente → novo PLV	
			Rejeita PLV-SF integralmente → PLV-CD	

As situações resultam da previsão do § 5º do art. 7º da Resolução nº 1, de 2002-CN, quando há preferência pelo Senado da medida provisória original sobre o projeto de lei de conversão aprovado pela Câmara dos Deputados. Nessa hipótese, o processo retornará à Câmara, uma vez que o seu texto não foi aprovado pelo Senado e então deverá deliberar sobre o texto que lhe for oferecido por ele. Se o Senado aprova apenas a medida provisória (sem modificações), ele a encaminha para a Câmara dos Deputados, que a confrontará com o seu projeto de lei de conversão, para escolha de um deles.

Um caso concreto pode ilustrar melhor a hipótese. Em 26 de dezembro de 2013, foi publicada a MPV nº 630, que "*altera a Lei nº 12.462, de 4 de agosto de 2011, que institui o Regime Diferenciado de Contratações Públicas – RDC e dá outras providências*". Além de outros ajustes, ela estendia a aplicação do RDC às obras e serviços de engenharia para construção, ampliação e reforma de estabelecimentos penais e unidades de atendimento socioeducativo. Em 25 de março de 2014, a medida provisória foi aprovada na comissão mista, cujo parecer concluiu pela apresentação do PLV nº 1, de 2014, posteriormente aprovado pela Câmara dos Deputados e remetido ao Senado Federal, em 10 de abril de 2014. Nesta Casa, porém, houve forte reação ao PLV, por entenderem muitos senadores que a nova redação do PLV estendia a aplicação do RDC a qualquer obra pública. Em decorrência, em 20 de maio de 2014, foram aprovados requerimentos de preferência para apreciação do texto original da medida provisória, que acabou aprovado, sem emendas.

Encaminhada pelo Senado Federal à Câmara dos Deputados a MPV 630, de 2013 (texto original), ela foi submetida à votação e aprovada, do que resultou a prejudicialidade do PLV nº 1, de 2014. Em seguida, ela foi promulgada, convertendo-se na Lei nº 12.980, de 28 de maio de 2014.

A outra situação ocorre quando o Senado, além de aprovar a medida provisória, ainda aprova alterações a ela, distintas daquelas contidas no PLV da Câmara. Nesse caso, ele deverá formular um novo projeto de lei de conversão (PLV do Senado), que será encaminhado à Câmara dos Deputados para confronto com o projeto dela, anteriormente aprovado. Essa situação equivale àquela na qual o Senado Federal oferece um substitutivo à Câmara dos Deputados a um projeto de lei dela originário (art. 190, parágrafo único, do RICD). Como resultado, poderá haver a opção por um dos textos integralmente (o projeto de lei de conversão da Câmara ou o projeto de lei de conversão do Senado), ou a combinação entre eles, decorrente da aprovação parcial do texto do Senado.

Como exemplo, vale lembrar a tramitação da MPV nº 285, de 7 de março de 2006, que "*dispõe sobre as operações de crédito rural, contratadas com recursos do Fundo Constitucional de Financiamento do Nordeste – FNE, na área de atuação da Agência de Desenvolvimento do Nordeste – ADENE, e não renegociadas, nos termos da Lei nº 10.177, de 12 de janeiro de 2001, e dá outras providências*". Apresentadas 104 emendas perante a comissão mista, que não se instalou, a medida provisória recebeu parecer de plenário, por sua admissibilidade e aprovação no mérito, com emendas. Ao final, a medida provisória foi aprovada na forma do PLV nº 16, de 2006, e remetida ao Senado Federal em 25 de maio. Nesta Casa, porém, foi apresentado parecer de plenário que concluiu pela aprovação na forma de um novo projeto de lei de conversão, numerado como PLV nº 19, de 2006. Esclareceu o Senador Fernando Bezerra Coelho, relator-revisor no Senado Federal, que foi construído "*um acordo entre agricultores do Nordeste, o Governo e esta Casa*".[55] Relacionou, então, os oito pontos principais do acordo, que resultaram no texto aprovado em 7 de junho. Remetido à Câmara dos Deputados, o PLV nº 19, de 2006, foi aprovado em 26 de junho de 2006, com duas emendas de redação. Por meio de destaque para votação em separado, foi ainda suprimida, "*em todos os dispositivos em que apareça no PLV 19/06*", a expressão "*em situação de inadimplemento*". Aprovada a redação final, a matéria foi en-

55 Parecer nº 649, de 2006-PLEN, Relator Senador Fernando Bezerra Coelho, publicado no DSF de 8 de junho de 2006, p. 19503 a 19504.

viada à sanção na mesma data. O projeto foi sancionado com vetos parciais, convertendo-se na Lei nº 11.322, de 13 de julho de 2006.

6.2.6. A tramitação das medidas provisórias durante a pandemia de Covid-19

Em virtude da pandemia de Covid-19, as Casas do Congresso Nacional adotaram medidas inéditas para manter a continuidade de suas atribuições constitucionais, especialmente as relacionadas ao processo legislativo, mediante edição, respectivamente, da Resolução da Câmara dos Deputados nº 14, de 17 de março de 2020, e do Ato da Comissão Diretora do Senado Federal nº 7, da mesma data, que instituíram os respectivos Sistemas de Deliberação Remota (SDR), que permitiram a realização de sessões por meios eletrônicos e de telecomunicação. Por meio dessa solução tecnológica, foram realizadas as primeiras sessões remotas, nas quais foi aprovado o projeto que deu origem ao Decreto Legislativo nº 6, de 20 de março de 2020, que "*reconhece, para os fins do art. 65 da Lei Complementar nº 101, de 4 de maio de 2000, a ocorrência do estado de calamidade pública, nos termos da solicitação do Presidente da República encaminhada por meio da Mensagem nº 93, de 18 de março de 2020*".

Contra os atos normativos do SDR foram ajuizadas no Supremo Tribunal Federal as Arguições de Descumprimento de Preceitos Fundamentais (ADPF) nºs 661, pelo Partido Progressistas (PP), e 663, pelo Presidente da República.[56] Ambas argumentavam pela impossibilidade de regular tramitação das medidas provisórias em curso, em vista da suspensão do funcionamento das comissões mistas e da priorização em prol das medidas para combate à pandemia, pautadas no SDR, o que ocasionaria o decurso do prazo constitucional para deliberação das medidas provisórias pelo Congresso Nacional, com a consequente perda de eficácia. Por entenderem haver violação aos princípios do devido

56 BRASIL. Supremo Tribunal Federal. ADPF nº 661, Relator Ministro Alexandre de Moraes, Requerente: Diretório Nacional do Progressistas (PP), Interessados: Presidente da Mesa Diretora da Câmara dos Deputados e Presidente da Mesa do Senado Federal. BRASIL. Supremo Tribunal Federal. ADPF nº 663, Relator Ministro Alexandre de Moraes. Requerente: Presidente da República. Interessada: Câmara dos Deputados. Medida cautelar (contraposta) deferida em 27/03/2020 e referendada pelo Pleno, por maioria, na Sessão Virtual de 11 a 18/12/2020. DJe 08/04/2021.

processo legislativo e da separação dos Poderes, requeriam, em sede de cautelar, houvesse a paralisação da contagem regressiva para perda de eficácia das medidas provisórias que não versavam sobre a pandemia de Covid-19.

Em informações, as Mesas das Casas apresentaram manifestação conjunta, em que relataram as medidas adotadas para prevenção à transmissão do vírus nas dependências do Congresso Nacional e para continuidade das atividades administrativas e legislativas. Refutaram a tese da inviabilidade do funcionamento parlamentar e apresentaram minuta de Ato Conjunto a ser editado, com o beneplácito do Tribunal, para dispor sobre o regime de tramitação das medidas provisórias durante a pandemia, em caráter emergencial e extraordinário. Defenderam que tal solução era mais razoável do que a proposta pelos autores das ações, pois a suspensão do prazo das medidas provisórias seria flagrantemente inconstitucional e violaria a separação dos Poderes, por subtrair do Legislativo a possibilidade de controlá-las e, se for o caso, rejeitá-las, viabilizando o abuso na edição desses atos excepcionais, à moda do que ocorria anteriormente à Emenda Constitucional nº 32, de 2001. Apresentaram, então, um pedido de medida cautelar contraposta para autorizar a imediata aplicação do procedimento definido na minuta da Ato Conjunto, em atenção ao princípio da segurança jurídica, para viabilizar a imediata apreciação e deliberação das medidas provisórias em curso.

Após tecer considerações sobre a separação dos Poderes e o instituto das medidas provisórias, o Relator observa que a situação trazida aos autos não é de recesso parlamentar, única hipótese de suspensão do prazo decadencial de 120 dias do prazo de tramitação dessas matérias. As alterações regimentais propostas, no funcionamento das comissões e do plenário, visam a possibilitar o exercício das competências constitucionais pelo Congresso Nacional. Diante disso, em 27 de março de 2020, foi concedida a medida cautelar e autorizada, nos termos pleiteados pelas Mesas das Casas legislativas, que durante a pandemia de Covid-19,

> (...) as medidas provisórias sejam instruídas perante o Plenário da Câmara dos Deputados e do Senado Federal, ficando, excepcionalmente, autorizada a emissão de parecer em substituição à Comissão Mista por parlamentar de cada uma das Casas designado na forma regimental; bem como, que, em deliberação nos Plenários da Câmara dos Deputados e do Senado Federal, operando por sessão remota, as emendas e requerimentos de destaque possam ser apresentados à

> Mesa, na forma e prazo definidos para funcionamento do Sistema de Deliberação Remota (SDR) em cada Casa; (...)

A medida cautelar foi levada a Plenário em 22 de abril de 2020, porém, em virtude de pedido de vista, o julgamento só foi concluído na Sessão Virtual de 11 a 18 de dezembro de 2020, ocasião em que foi referendada, por maioria, nos termos em que foi deferida.

Em 31 de março de 2020, foi editado o Ato Conjunto das Mesas da Câmara dos Deputados e do Senado Federal (ACM) nº 1, de 2020, que "*dispõe sobre o regime de tramitação, no Congresso Nacional, na Câmara dos Deputados e no Senado Federal, de medidas provisórias durante a pandemia de Covid-19*", por meio do qual foram implementadas as medidas autorizadas na medida cautelar. Em relação às normas até então existentes, as principais mudanças na tramitação das medidas provisórias são as seguintes:

- as medidas provisórias são instruídas perante os plenários das Casas, ficando excepcionalmente autorizada a emissão de parecer em substituição à comissão mista por parlamentar de cada uma das Casas designado na forma regimental (art. 2º, parágrafo único do ACM 1/2020);

- emendas podem ser protocolizadas por meio eletrônico simplificado, perante a Secretaria Legislativa do Congresso Nacional, até o segundo dia útil seguinte à publicação da medida provisória no DOU (art. 3º). As já apresentadas para matérias em tramitação não precisam ser reapresentadas (art. 3º, § 2º);

- na deliberação do plenário de cada Casa, emendas e requerimentos de destaque podem ser apresentados à Mesa, na forma e prazo definidos nos respectivos SDR (art. 3º, § 1º);

- a Câmara dos Deputados deve concluir a apreciação da medida provisória até o 9º (nono) dia de vigência da medida provisória, contado da publicação no DOU (art. 4º);

- encaminhada ao Senado Federal, ele terá até o 14º (décimo quarto) dia de vigência da medida provisória para sua apreciação, contado da publicação no DOU (art.5º);

- havendo modificações no Senado, a Câmara dos Deputados tem o prazo de dois dias úteis para apreciá-las (art. 4º, § 2º);

- o Ato se aplica às medidas provisórias em curso de tramitação, permanecendo válidos os atos de instrução do processo legislativo já praticados, inclusive designação de relatores e pareceres aprovados em comissão mista (art. 7º c/c art. 3º, § 3º).

A modificação de maior impacto é, sem dúvida, a dispensa da aplicação do § 9º do art. 62 da Constituição, que determina a obrigatoriedade de emissão do parecer sobre a medida provisória por comissão mista, conforme interpretação do STF na ADI nº 4.029.[57] Isso, na verdade, retomou a sistemática praticada entre 2001 e 2012, quando não se instalavam as comissões mistas, levando a matéria a ser instruída no plenário, o que foi duramente criticado pela doutrina e pelo próprio Tribunal naquela decisão. Como se viu, porém, esse foi o principal objeto da cautelar deferida nas ADPFs nºs 661 e 663, justificada pela impossibilidade de reunião presencial das comissões mistas em virtude da pandemia e pelo fato de que os SDRs mantinham apenas o funcionamento remoto dos plenários.[58]

Dessa vez, a sistemática foi agravada pela possibilidade de oferecimento de emendas separadamente, em cada plenário, na forma dos respectivos SDRs. Até então, as emendas eram oferecidas por todos os congressistas nos seis primeiros dias que se seguiam à publicação da medida provisória (art. 4º, Res. 1/2002-CN), de modo que elas eram as mesmas para as duas Casas. Com o Ato Conjunto, porém, o prazo comum foi restringido a dois dias úteis e expressamente prevista a possibilidade de apresentação de novas emendas perante o plenário de cada Casa, na forma dos SDRs. Isso faz com que cada plenário trabalhe com um universo distinto de emendas, aumentando a possibilidade de diferenças entre suas deliberações.

---

57 BRASIL. Supremo Tribunal Federal. *Ação Direta de Inconstitucionalidade (ADI) nº 4.029*. Relator Ministro Luiz Fux, Tribunal Pleno, julgado em 08/03/2012, DJe 27/06/2012. Requerente: Associação Nacional dos Servidores do IBAMA. Intimados: Presidente da República e Congresso Nacional.

58 A comissão mista constituída para emitir parecer sobre a MPV nº 902, de 6 de novembro de 2019, foi a primeira em que não foi emitido o parecer em decorrência da pandemia da Covid-19. Embora posteriores a ela, as MPVs nºs 903 e 905/2019 tiveram seus pareceres aprovados em comissão mista, nos dias 11 e 17 de março de 2020, respectivamente. As MPVs nºs 902, 904, 906/2019 e posteriores voltaram a ter instrução e deliberação nos plenários das Casas legislativas. A primeira medida provisória editada após o Ato Conjunto foi a MPV nº 934, de 1º de abril de 2020 (sobre a duração do ano letivo).

Os prazos previstos no Ato Conjunto para a deliberação das Casas nunca foram observados, com exceção do prazo geral de emendas. Aparentemente, pensava-se que seriam poucas as medidas provisórias editadas, assim como matérias apreciadas por meio dos SDRs, possivelmente apenas relacionadas ao combate da própria pandemia. Não foi essa, contudo, a realidade observada, uma vez que o sucesso das sessões remotas acabou por viabilizar (e até facilitar) a apreciação de grande número de matérias, as mais diversas, tudo num regime semelhante ao de urgência, uma vez que eram instruídas e deliberadas diretamente em plenário.

Vale observar, ainda, que o estabelecimento de prazos regimentais (especialmente, tão exíguos) em nada poderiam modificar ou superar o prazo constitucional de vigência e tramitação da medida provisória, nem a necessidade de sua aprovação, sucessivamente, nos plenários da Câmara dos Deputados e no Senado Federal. Desse modo, os prazos estipulados no Ato Conjunto para deliberação das Casas mostraram-se inservíveis.

Persistiu, portanto, a situação antes descrita de que, muitas vezes, o Senado Federal não dispunha de tempo necessário para apreciação detida da matéria, ou da possibilidade de fazer modificações que ensejassem o seu retorno à final deliberação da Câmara dos Deputados, de que antes já se tratou. Na verdade, o ocorrido no período, a despeito dos prazos do Ato Conjunto, reforça a necessidade de que tais prazos intermediários sejam fixados na Constituição, tendo em vista ser indispensável a deliberação da matéria no plenário da Casa iniciadora e, somente depois disso, na Casa revisora.

Por fim, cabe observar ser o funcionamento das comissões mistas constituídas para análise das medidas provisórias não foi reestabelecido durante todo o restante da 56ª Legislatura. As comissões das Casas voltaram a funcionar gradativamente por meio remoto ou presencial, sobretudo durante o ano de 2022. As comissões mistas de medidas provisórias, contudo, permaneceram sem funcionamento. Vale observar que isso mostra-se deletério especialmente para o Senado Federal, não só pelas limitações de prazo antes apontadas, mas sobretudo porque alija os senadores da participação nas comissões mistas, nas quais relatavam metade das medidas provisórias. Assim, podiam influenciar decisivamente na produção dos pareceres e, se fosse o caso, na elaboração dos projetos de lei de conversão. Quando as comissões mistas não funcionam, o destino e a forma final da matéria são preponderantemente decididos no plenário da Câmara dos Deputados. O Senado Federal já a recebe com o projeto de lei de conversão pronto, muitas vezes sem margem de modificação ou mesmo de prazo para sua apreciação e retorno à Casa iniciadora.

É possível afirmar que, desde que retomadas as reuniões de comissões parlamentares nas Casas, não se mostrava justificável a falta de funcionamento das comissões mistas de medidas provisórias, considerando-se o sistema bicameral e a decisão do STF na ADI nº 4.029. Cabe registrar, a propósito, que os acórdãos de julgamento das ADPFs n°s 661 e 663 deixaram expresso que a interpretação conforme aos atos impugnados tinha delimitação "*durante a emergência de saúde pública de importância nacional e o estado de calamidade pública decorrente da Covid-19*". Retomados os trabalhos presenciais no Congresso Nacional, inclusive com reuniões das comissões nas Casas, não havia justificativa para que as comissões mistas de medidas provisórias deixassem de funcionar, salvo por impedimentos de natureza política, que não poderiam ensejar o descumprimento da Constituição.

6.3. A conversão, ou não, da medida provisória em lei

A medida provisória poderá ou não ser convertida em lei, mediante aprovação, rejeição ou transcurso de seu prazo constitucional. A conversão em lei ocorre mediante: promulgação do texto original da medida provisória, se aprovada sem modificações; ou da sanção do projeto de lei de conversão. Na primeira hipótese, a promulgação é feita pelo Presidente da Mesa do Congresso Nacional (art. 12, Res. 1/2002-CN). Na outra, os procedimentos de sanção e veto do projeto de lei de conversão são os mesmos aplicados aos projetos de lei em geral (art. 66, §§ 1º a 3º, CF; art. 13, Res. 1/2002-CN). A sanção converte o projeto de lei de conversão em lei, seguindo-se sua promulgação e publicação. Os vetos presidenciais, se houver, serão apreciados em sessão conjunta do Congresso Nacional, como ocorre com os dos demais projetos de lei (art. 66, §§ 4º a 7º, CF; arts. 104 e segs. do RCCN).[59]

A medida provisória não será convertida em lei e perderá eficácia se não for convertida em lei no prazo de sessenta dias, prorrogável uma

59 Embora sejam relativamente frequentes vetos parciais, durante a vigência da EC nº 32, de 2001, foram três os vetos totais: do PLV 3/2003, decorrente da MPV 82/2002; do PLV 4/2017, decorrente da MPV 756/2016; e do PLV 17/2018, decorrente da MPV 770/2017. Os dois primeiros vetos totais foram mantidos e o último foi rejeitado, dando origem à Lei nº 13.524, de 27 de novembro de 2017.

vez por igual período. Na verdade, há três hipóteses que levam a isso: *(i)* a inadmissibilidade dos pressupostos constitucionais por qualquer das Casas; *(ii)* a rejeição expressa de mérito, por qualquer das Casas; e *(iii)* a perda de eficácia pelo decurso do prazo constitucional sem que tenha ocorrido a aprovação da medida provisória em ambas as Casas (rejeição tácita).

Como foi visto, a primeira hipótese está prevista no § 5º do art. 62 da Constituição, com a redação dada pela EC nº 32, de 2001, e ocorre mediante juízo prévio, no plenário das duas Casas do Congresso Nacional, sobre o atendimento dos pressupostos constitucionais de urgência e relevância da medida provisória. Se uma das Casas entender não estarem presentes esses pressupostos, a medida provisória será arquivada (art. 8º, Res. 1/2002-CN). Em cada plenário, se ultrapassado esse juízo prévio, passa-se à deliberação sobre o mérito da matéria. Nessa ocasião, poderá haver a rejeição expressa da medida provisória. Nem uma nem outra possibilidade têm sido frequentes.

As Casas do Congresso Nacional têm evitado o eventual desgaste da rejeição pela ausência de pressupostos ou pelo mérito, preferindo deixar a medida provisória perder a eficácia ("caducar") pelo decurso do prazo constitucional sem haver encerrado a votação sobre ela (art. 62, §§ 3º e 7º, CF). Como não há mais prazos intermediários a serem cumpridos, isso pode acontecer em qualquer estágio da tramitação da matéria. Depois da decisão do STF na ADI nº 4.029, passou a ocorrer com certa frequência na comissão mista, sempre que não se chega a uma convergência a respeito do parecer. Isso acabou por conferir, na prática, poder de veto à comissão mista, que não tem previsão expressa na Constituição.

Se não houver a conversão em lei, a medida provisória perderá eficácia "*desde a edição*", devendo o Congresso Nacional disciplinar, por decreto legislativo, no prazo de sessenta dias, as relações jurídicas dela decorrentes, tal como previsto no § 3º do art. 62 da Constituição e no art. 11 da Resolução nº 1, de 2002-CN. Contudo, não elaborado o decreto legislativo nesse prazo, as relações jurídicas constituídas e decorrentes de atos praticados durante a vigência da medida provisória conservar-se-ão por ela regidos, conforme o § 11 do art. 62 da Constituição e o § 2º do art. 11 da Resolução nº 1, de 2002-CN. A reiterada falta de edição desse decreto legislativo acabou de inverter,[60] na prática, a preferência constitucional, uma vez que o rotineiro é que a medida provisória per-

60 São as únicas ocorrências desse tipo os Decretos Legislativos nºs 166, de 28 de junho de 1991; 14, de 10 de outubro de 2004-CN; e 247, de 2 de julho de 2012.

ca sua eficácia desde a sua rejeição expressa ou desde o vencimento do prazo de tramitação.

6.4. Dados sobre a tramitação das medidas provisórias

Tal como anteriormente mencionado, a medida provisória tem um duplo efeito. Ao mesmo tempo em que produz efeito normativo, com força de lei desde sua edição, ela tem efeito processual, pois é submetida de imediato ao Congresso Nacional para sua conversão em lei ordinária, de modo a incorporar-se definitivamente ao ordenamento jurídico nacional (art. 62, CF).[61] Na tese e, em especial, nesta seção, o interesse volta-se para este segundo aspecto.

Embora o objetivo central seja analisar as medidas provisórias com foco no sistema bicameral, é preciso ter inicialmente uma visão geral do instituto, para conhecer como se comportam os resultados legislativos obtidos a partir de sua adoção. Para tanto, o presente trabalho considerou as medidas provisórias na sistemática constitucional vigente desde a edição da Emenda Constitucional (EC) nº 32, de 2001: da Medida Provisória (MPV) nº 1, de 19 de setembro de 2001 até a Medida Provisória (MPV) nº 1.133, de 12 de agosto de 2022. Embora esta não tenha sido a última editada, ela foi a última cujo prazo de tramitação esgotou-se dentro da 56ª Legislatura, que se encerrou em 31 de janeiro de 2023, de modo que os levantamentos a seguir apresentados estão limitados a ela.

6.4.1. Medidas provisórias convertidas ou não em lei desde a EC nº 32, de 2001

A medida provisória poderá ou não ser convertida em lei, mediante aprovação, rejeição ou perda de eficácia pelo transcurso de seu prazo constitucional. Passa-se, então, a analisar os resultados ocorridos a partir dessas possibilidades. A Tabela abaixo apresenta quantas medidas provisórias (MPVs), por legislatura, foram convertidas ou não em lei, no período considerado:

61 A propósito, ver: BRASIL. Supremo Tribunal Federal (Plenário). *Medida Liminar na Ação Direta de Inconstitucionalidade (ADI) nº 293.* Relator Ministro Celso de Mello, Tribunal Pleno, julgada em 06/06/1990, DJ 16/04/1993. Requerente: Procurador-Geral da República. Requerido: Presidente da República.

Tabela 6.1 – Medidas provisórias convertidas ou não em lei por legislatura

Legislatura	Nº MPVs	Convertidas	% Convertidas	Não convertidas	% Não convertidas
51ª (1999-2002)[1]	102	84	82,35%	18	29,51%
52ª (2003-2006)	240	217	90,42%	23	9,58%
53ª (2007-2010)	179	149	83,24%	30	16,76%
54ª (2011-2014)	145	108	74,48%	37	25,52%
55ª (2015-2018)	203	128	63,05%	75	36,95%
56ª (2019-2022)[2]	264	151	57,20%	113	42,80%
Total	1133	837	73,87%	296	26,13%

Notas: **(1)** Apenas as medidas provisórias editadas após a EC nº 32, de 2001. **(2)** Foi considerada até a Medida Provisória nº 1133, de 2022.

Na 51ª Legislatura, após a edição da EC nº 32, de 2001, houve um período de adaptação às novas regras de disciplina das medidas provisórias e de índice elevado de rejeição. Nisso também ajudou o fato de serem anos finais do segundo mandato do então Presidente.

Contudo, já na 52ª Legislatura, houve um número expressivo de conversão em lei das medidas provisórias editadas (90,42%). Contudo, no decorrer das legislaturas, verifica-se um percentual decrescente de conversões em lei. Na última analisada, 56ª Legislatura, chegou-se a pouco mais da metade (57,20%). As razões para essa tendência são diversas e se concentram muitas vezes no relacionamento do Poder Executivo com o Congresso Nacional. A este trabalho, contudo, interessa especialmente os aspectos relacionados ao sistema bicameral, que serão mais adiante analisados.

As medidas provisórias são convertidas em lei por dois caminhos. Se ela for aprovada pelas duas Casas com o seu texto original, sem qualquer alteração de mérito, ela será promulgada pelo Presidente da Mesa do Congresso Nacional para publicação, como Lei, no Diário Oficial da União (art. 12, Res. 1/2002-CN).

Porém, se o texto da medida provisória for alterado, será elaborado um projeto de lei de conversão. Aprovado este projeto, pelas duas Casas, aquela onde tiver sido concluída a votação o enviará à sanção do Presidente da República (art. 13, Res. 1/2002-CN). Os procedimentos de sanção e veto do projeto de lei de conversão são os mesmos aplicados aos projetos de lei em geral (art. 66, §§ 1º a 3º, CF).

A Tabela abaixo apresenta a quantidade de medidas provisórias convertidas em lei mediante promulgação ou sanção do correspondente projeto de lei de conversão:

Tabela 6.2 – Medidas provisórias convertidas em lei mediante promulgação ou sanção

Legislatura	Nº MPVs	Convertidas (C)	Promulgadas (P)	% (P)/(C)	Sancionadas (S)	% (S)/(C)
51ª (1999-2002)[1]	102	84	57	67,86%	27	32,14%
52ª (2003-2006)	240	217	93	42,86%	124	57,14%
53ª (2007-2010)	179	149	54	36,24%	95	63,76%
54ª (2011-2014)	145	108	22	20,37%	86	79,63%
55ª (2015-2018)	203	128	16	12,50%	112	87,50%
56ª (2019-2022)[2]	264	151	50	33,11%	101	66,89%
Total	1133	837	292	34,89%	545	65,11%

Notas: **(1)** Apenas as medidas provisórias editadas após a EC nº 32, de 2001. **(2)** Foi considerada até a Medida Provisória nº 1133, de 2022.

A partir da observação dos percentuais, é possível verificar que houve um gradativo aumento das conversões por sanção de projetos de lei de conversão, até a 55ª Legislatura. Na última legislatura, o índice de medidas provisórias promulgadas teve um pequeno crescimento, alcançando índice bastante próximo à média geral. Esse crescimento deve-se, no período da pandemia de Covid-19, às medidas provisórias de abertura de crédito extraordinário (art. 167, § 3º, CF), que suscitam menor necessidade de alterações via projetos de lei de conversão.

A partir deste ponto, passa-se a analisar os dados relativos à tramitação das medidas provisórias. Quanto a isso, não cabem maiores considerações a respeito da iniciativa, uma vez que ela é restrita ao Presidente da República (art. 62, CF). No que tange à tramitação bicameral, desde a Emenda Constitucional nº 32, de 2001, cabe a uma comissão mista de deputados federais e senadores examinar e emitir parecer sobre a medida provisória (art. 62, § 9º, CF), antes de sua apreciação, em sessões separadas, pelos plenários das Casas do Congresso Nacional, com início pela Câmara dos Deputados (art. 62, § 8º, CF). Havendo modificações no Senado Federal, a matéria retorna à Câmara dos Deputados para final apreciação (art. 65, parágrafo único, CF).

6.4.2. O funcionamento das comissões mistas e seu papel na antecipação das divergências

Como foi visto, o funcionamento das comissões mistas, embora previsto na Constituição após a Emenda Constitucional nº 32, de 2001, somente ocorreu efetivamente após a decisão do STF na ADI nº 4.029,[62] a partir da MPV nº 562, de 21 de março de 2012. Depois, foi novamente interrompido com o advento da pandemia de Covid-19, em março de 2020. A MPV nº 902, de 6 de novembro de 2019, e as seguintes (com exceção de duas)[63] voltaram a ter os seus pareceres produzidos diretamente nos plenários das Casas, por relatores designados pelos respectivos presidentes, até o final da 56ª Legislatura, em 31 de janeiro de 2023.

Para auxiliar a compreensão do papel da comissão mista, a Tabela adiante divide o histórico de conversão ou não das medidas provisórias nesses três períodos: (1º) o inicial, de 2001 a 2012, em que **não** houve o funcionamento das comissões; (2º) o de 2012 (após o julgamento da ADI nº 4.029) até março de 2020 (início da pandemia de Covid-19), em que **houve** o funcionamento obrigatório das comissões mistas; e (3º) o período da pandemia (da MPV 902/2019 até o final da 56ª Legislatura), em que voltou a ser dispensado o parecer das comissões mistas.

62 BRASIL. Supremo Tribunal Federal. *Ação Direta de Inconstitucionalidade nº 4.029*. Relator Ministro Luiz Fux, Tribunal Pleno, julgado em 08/03/2012, DJe 27/06/2012. Requerente: Associação Nacional dos Servidores do IBAMA. Intimados: Presidente da República e Congresso Nacional.

63 Apesar da pandemia da Covid-19, as MPVs 903 e 905/2019 tiveram seus pareceres ainda aprovados por suas comissões mistas, respectivamente, em 11 e em 17 de março de 2020.

Tabela 6.3 – Resultado das medidas provisórias com ou sem comissão mista

Duração do Período	Nº de MPVs	CONVERTIDAS EM LEI			NÃO CONVERTIDAS EM LEI			
		Promulgada	Sancionada	%	Sem eficácia	Rejeitada	Outros*	%
1º Período: SEM COMISSÃO MISTA								
EC 32/2001 até antes da ADI 4.029	560	209	273	86,07	37	28	13	13,93
		Total: 482			Total: 78			
2º Período: COM COMISSÃO MISTA								
ADI 4.029 até Pandemia Covid-19	341	35	184	64,23	114	5	3	35,77
		Total: 219			Total: 122			
3º Período: SEM COMISSÃO MISTA								
Pandemia até final da 56ª Legislatura	232	48	88	58,62	91	1	4	41,38
		Total: 136			Total: 96			
*Outros = Prejudicada, revogada, devolvida ou vetada totalmente								

Os dados, nessa visão geral, não permitem extrair muitas conclusões a respeito do impacto de trabalho das comissões mistas. Mantém-se a tendência apresentada na Tabela 6.1, de progressivo decréscimo do número de medidas provisórias convertidas em lei e consequente aumento de medidas provisórias não convertidas, especialmente pela perda de eficácia. As razões para essa tendência extravasam o escopo da presente investigação e não parecem ter relação direta e imediata com o funcionamento ou não das comissões mistas, mas sim com o reposicionamento em geral dos Poderes Executivo e Legislativo na produção normativa.

É interessante, contudo, analisar separadamente os números referentes às medidas provisórias convertidas em lei, das que não foram convertidas. A Tabela abaixo mostra os mesmos três períodos, mas com ênfase nas medidas provisórias convertidas em lei:

Tabela 6.4 – Medidas Provisórias convertidas em lei, com ou sem comissão mista

Duração do Período	Promulgadas	% Promulgadas	Sancionadas	% Sancionadas	Total de Convertidas
Sem comissão mista EC 32/2001 até antes da ADI 4.029	209	**43,36**	273	**56,64**	482
Com comissão mista ADI 4.029 até Pandemia Covid-19	35	**15,98**	184	**84,02**	219
Sem comissão mista EC 32/2001 até antes da ADI 4.029	48	**35,29**	88	**64,71**	136
TOTAIS	292	34,89	545	65,11	837

O dado que mais chama atenção é o significativo aumento do número de sanções de projetos de lei de conversão (84,02%), em comparação com o número de promulgações de medidas provisórias (15,98%), ocorridas no período de funcionamento das comissões mistas. Isso certamente corresponde a uma diferença na conclusão dos pareceres das comissões mistas, que decidem pela apresentação de projetos de lei de conversão. A diferença entre as sancionadas e as promulgadas nos períodos é marcante, sendo que no segundo período houve cinco vezes mais sancionadas do que promulgadas (35 e 184, respectivamente). Trata-se do resultado do trabalho das comissões mistas, nas quais a discussão mais ampla e a instrução mais minuciosa da matéria possibilitam seu aperfeiçoamento e a diminuição de divergências entre as Casas, o que se consubstancia na formulação de um projeto de lei de conversão.

Esse dado merece ser associado com outro, que é o número de medidas provisórias que retornaram à Câmara dos Deputados, com modificações, após apreciação pelo Senado Federal, nos termos do art. 65, parágrafo único, da Constituição. A Tabela a seguir fornece uma visão dessa informação, separando os períodos em que houve ou não o funcionamento das comissões mistas.

Tabela 6.5 – Medidas provisórias que retornaram à Câmara dos Deputados, com ou sem funcionamento das comissões mistas.

Duração do Período	Sem retorno	% Sem retorno	Com retorno	% Com retorno	Total
Sem comissão mista EC 32/2001 até antes da ADI 4.029	462	**82,50**	98	**17,50**	560
Com comissão mista ADI 4.029 até Pandemia Covid-19	331	**97,07**	10	**2,93**	341
Sem comissão mista EC 32/2001 até antes da ADI 4.029	216	**93,10**	16	**6,90**	232
TOTAIS	**1009**	**89,06**	**124**	**10,94**	**1133**

O que se verifica é que no período em que as comissões mistas funcionaram houve o menor índice de retornos (2,93%) provocados por modificações do Senado Federal em relação ao texto das Câmara dos Deputados. Isso é indicativo de que elas atuam para evitar ou diminuir divergências entre as Casas, na medida em que busca resolvê-las previamente, consolidando a solução em seus pareceres, sobretudo nos projetos de lei de conversão. Evidentemente, não há como impedir por completo essas divergências, porque as comissões mistas nem sempre correspondem à posição da integralidade dos parlamentares das duas Casas, mas fica claro que elas aparam divergências previamente.

Com relação às medidas provisórias que não foram convertidas em lei, interessa observar que, das 341 que tiveram comissões mistas funcionando, 114 medidas provisórias perderam eficácia pelo decurso do prazo constitucional (33,43%). É interessante verificar, a respeito, em que instância essas medidas provisórias tiveram o prazo vencido. A Tabela a seguir apresenta essa informação:

Tabela 6.6 – Instância em que as medidas provisórias que tiveram análise pela comissão mista perderam eficácia

ADI 4.029 até Pandemia Covid-19	Medidas provisórias, com comissão mista, que perderam eficácia			
	Na comissão mista	Na Câmara	No Senado	Total
Quantidade	60	44	10	114
Percentual	52,63	38,60	8,77	100%

O vencimento do prazo de eficácia ocorreu em 60 medidas provisórias na própria comissão mista (52,63% das 114). Outras 44 tiveram o prazo esgotado na Câmara dos Deputados e apenas 10 quando já tramitavam no Senado Federal. Desse modo, em mais da metade dos casos de perda de eficácia, as dificuldades para deliberação sobre a matéria já se apresentaram na comissão mista e a matéria sequer conseguiu ter um parecer aprovado, não obstante todo o prazo constitucional decorrido. Vale lembrar que os debates ocorridos durante o julgamento da ADI nº 4.029 anteciparam corretamente essa possibilidade de perda de eficácia das medidas provisórias ainda nas comissões mistas.

As tabelas e informações anteriores permitem apontar **três papéis para as comissões mistas** na análise das medidas provisórias. O primeiro é que elas atuam como principal **instância de veto** (rejeição tácita) àquelas que não merecem conversão em lei, pela perda de eficácia ainda na comissão mista. No caso das convertidas em lei, as comissões mistas atuam no **aprimoramento**, coletivo e democrático, da matéria **mediante elaboração de projeto de lei de conversão**, com participação de deputados e senadores. E, finalmente, elas atuam como **meio de resolução de divergências prévio à apreciação** da matéria nos plenários das Casas, antecipando e solucionando, quando possível, as divergências entre elas.

A comissão mista possibilita a participação dos membros das duas Casas na construção do texto resultante da instrução da matéria, a ser submetido aos plenários de ambas, diminuindo o efeito deletério do "império do relator" de plenário (sobretudo, o da Câmara dos Deputados). Nesse sentido, é possível observar que o funcionamento das comissões mistas interessa pouco ao Executivo, pela possibilidade de alterações no texto submetido ao Congresso Nacional, e bastante ao Senado, na medida em que possibilita a participação dos senadores na construção do texto a ser submetido às duas Casas. Por sua vez, interessa bem pouco à Câmara dos Deputados, politicamente, pois sem o funcionamento das comissões mistas esta Casa é que decide o direcionamento da matéria, inclusive quanto à formulação de eventual projeto de lei de conversão, sem que haja, muitas vezes, tempo para revisão do texto pelo Senado Federal.

O que ocorreu no período em que as comissões mistas funcionaram deve servir de reflexão para o possível estabelecimento de um **prazo constitucional** para a produção de seu parecer. O funcionamento delas, sem prazo estabelecido, possibilita, muitas vezes, a perda de eficácia da medida provisória ainda em seu âmbito, o que lhe confere um poder de veto não previsto pela Constituição. Com efeito, Paulo Adib Cassib alerta que as comissões mistas têm apenas poderes instrutórios, o que impede lhe sejam concedidos poderes deliberantes, para decidir em caráter final sobre a aprovação ou a rejeição das medidas provisórias.[64] A Constituição confere poder de veto (rejeição) apenas aos Plenários (art. 62, § 5º).

Outro efeito dessa falta de prazo é que ela levou os Presidentes das Casas a estabelecerem, mediante decisões isoladas, prazos de recebimento das medidas provisórias, para resguardar um tempo mínimo de apreciação pelo plenário. Após o Presidente do Senado Federal, Senador Renan Calheiros, em 16 de maio de 2013, decidir que não votaria medida provisória que chegasse com menos de sete dias para o seu prazo final de tramitação[65], o Presidente da Câmara dos Deputados, Deputado Henrique Eduardo Alves, adotou medida equivalente, ao estabelecer que não aceitaria medida provisória que chegasse faltando menos de quinze dias úteis para sua perda de eficácia (Questão de Ordem nº 352, de 2013).[66] Essas decisões não têm amparo na Constituição e causaram insegurança na tramitação das matérias.

6.4.3. Como a Câmara deliberou sobre as medidas provisórias?

Conforme o § 8º do art. 62 da Constituição, com a redação dada pela EC nº 32, de 2001, as medidas provisórias terão sua votação iniciada pela Câmara dos Deputados. Desse modo, após colhido o parecer da comissão mista, a matéria é encaminhada a essa Casa, para deliberação. Nos períodos em que não houve o funcionamento das comissões mistas, a medida provisória foi diretamente encaminhada ao plenário da Câmara dos Deputados. Nesse caso, antes da votação, foi proferido

64 CASSEB, Paulo Adib. *Processo legislativo: atuação das comissões permanentes e temporárias*. São Paulo: Revista dos Tribunais, 2008, p. 283.

65 A decisão foi adotada durante a votação da MPV nº 595, de 7 de dezembro de 2012, que "*dispõe sobre a exploração direta e indireta, pela União, de portos e instalações portuárias e sobre as atividades desempenhadas pelos operadores portuários, e dá outras providências*". Publicada no DSF 17/05/2013, p. 26802 e 26819. Posteriormente, na sessão de 28/05/2013, o Presidente do Senado Federal, Senador Renan Calheiros, esclareceu que não faria a leitura da medida provisória se ela chegasse com menos de sete dias de seu prazo final de tramitação, a contar de seu recebimento na Casa (DSF 29/05/2013, p. 30935-30946).

66 Em Reunião de Líderes de 10/09/2013, ficou estabelecido que esse prazo seria observado a partir da MPV 618/2013.

parecer de plenário por relator designado pelo Presidente da Câmara dos Deputados, em substituição à comissão mista (art. 157, § 2º, RICD).

Tanto a comissão como o relator de plenário, se for o caso, poderá concluir o seu parecer pela apresentação de um projeto de lei de conversão, se necessária alguma alteração no texto da medida provisória (art. 5º, § 4º, I; e art. 6º, § 3º, RCN 1/2002-CN). Nesse caso, esse projeto terá preferência, para a votação no plenário, sobre o texto original da medida provisória, uma vez que se assemelha a um substitutivo (art. 191, II, RICD).

A Tabela abaixo apresenta o resultado das votações realizadas na Câmara dos Deputados sobre as medidas provisórias que foram deliberadas no plenário:

Tabela 6.7 – Resultado da votação das medidas provisórias deliberadas no plenário da Câmara dos Deputados

Legislatura	Aprovou MPV	Aprovou PLV	Rejeitou	Total
51ª (1999-2002)[1]	59	29	12	**100**
52ª (2003-2006)	101	129	4	**234**
53ª (2007-2010)	59	102	2	**234**
54ª (2011-2014)	23	90	0	**113**
55ª (2015-2018)	17	115	3	**135**
56ª (2019-2022)[2]	52	109	1	**162**
Total	**311**	**574**	**22**	**907**
% Total	**34,29%**	**63,29%**	**2,43%**	**100,00%**

Notas: **(1)** Apenas as medidas provisórias editadas após a EC nº 32, de 2001.
(2) Foi considerada até a Medida Provisória nº 1133, de 2022.

Os dados se apresentam bastante próximos aos da conversão em lei das medidas provisórias, especialmente em relação àquelas enviadas à promulgação ou à sanção, exatamente como decorrência da aprovação, respectivamente, do texto original da medida provisória ou de projeto de lei de conversão.

Nas deliberações, praticamente dois terços foram aprovadas na forma de projeto de lei de conversão (63,29%), em virtude de modificações que foram julgadas necessárias no texto original da matéria. O outro terço foi direcionado à aprovação da medida provisória original (34,29%). Como será mais bem discutido adiante, foram muito poucas as rejeições (2,43%), por inadmissibilidade ou por razão de mérito.

Mesmo nas medidas provisórias, em que há prazo constitucional para deliberação, as Casas do Congresso Nacional têm preferido optar pelo esgotamento desse prazo à rejeição expressa em plenário, quando pretendem deixar de converter a medida provisória em lei. Nessa hipótese, a matéria sequer é levada à deliberação, ocorrendo a perda de eficácia na forma prevista nos §§ 3º e 7º do art. 62 da Constituição, na redação dada pela EC nº 32, de 2001. Para tanto, foi relevante a aplicação do entendimento decorrente da Questão de Ordem nº 411/2009,[67] que amenizou a incidência do sobrestamento da pauta no regime de urgência das medidas provisórias (art. 62, § 6º, CF, com a redação dada pela EC nº 32, de 2001).

As medidas provisórias aprovadas, na forma do texto original ou do projeto de lei de conversão foram encaminhadas ao plenário do Senado Federal.

6.4.4. Como o Senado exerceu o papel de Casa revisora das medidas provisórias?

O Senado Federal atua como Casa revisora da matéria, com base no art. 65 da Constituição, mas com algumas peculiaridades, conforme as alternativas de revisão descritas na seção 6.2.4. Em caso de aprovação pelo plenário do texto original da medida provisória, se assim também tiver ocorrido na Câmara dos Deputados, a matéria vai à promulgação. Se for aprovado projeto de lei de conversão, sem emendas ou com emendas de redação, ele vai diretamente à sanção. Se, contudo, houver modificação de mérito no Senado, a matéria retorna para apreciação final da Câmara dos Deputados.

A Tabela a seguir mostra como o Senado decidiu sobre as medidas provisórias que lhe chegaram, após passarem pela Câmara dos Deputados.

---

67 BRASIL. Câmara dos Deputados. *Questão de Ordem 411/2009*, levantada pelo Deputado Regis de Oliveira, em 11/03/2009. Defende a tese de que as resoluções previstas no art. 59, VII, CF, não estão subordinadas ao trancamento de pauta, pois não se incluiriam na definição da expressão "deliberações legislativas". Respondida pelo Presidente Deputado Michel Temer, em 17/03/2009, com reformulação e ampliação da interpretação sobre quais as matérias abrangidas pela expressão "deliberações legislativas" para os fins de sobrestamento de pauta por medida provisória nos termos da Constituição. Disponível em: https://www2.camara.leg.br/buscaQordem/. Acesso em 25 abr. 2023.

Tabela 6.8 – Decisão do Senado Federal na revisão das medidas provisórias

Legislatura	Aprovou MPV	Aprovou PLV	Retornou à CD	Rejeitou	Perda de eficácia	Revogada	Total
51ª (1999-2002)[1]	57	20	8	3	0	0	**88**
52ª (2003-2006)	86	75	59	2	8	0	**230**
53ª (2007-2010)	50	69	32	5	4	1	**161**
54ª (2011-2014)	21	83	4	0	5	0	**113**
55ª (2015-2018)	16	105	7	1	3	0	**132**
56ª (2019-2022)[2]	49	87	17	1	7	0	**161**
Total	**279**	**439**	**127**	**12**	**27**	**1**	**885**
% Total	**31,53%**	**49,60%**	**14,35%**	**1,36%**	**3,05%**	**0,11%**	**100,00%**

Notas: **(1)** Apenas as medidas provisórias editadas após a EC nº 32, de 2001. **(2)** Foi considerada até a Medida Provisória nº 1133, de 2022.

As matérias encaminhadas diretamente à promulgação ou à sanção representaram a expressiva maioria das medidas provisórias: foram 279 medidas provisórias encaminhadas à promulgação e 439 projetos de lei de conversão enviados à sanção, o que totaliza 718 matérias. Chama especial atenção o período da 54ª e da 55ª Legislaturas, em que houve muito poucos retornos à Câmara dos Deputados. Essa foi a época em que ocorreu o funcionamento das comissões mistas (março de 2012 a março de 2020), o que mostra a importância desses colegiados na antecipação das divergências.

Das medidas provisórias que tramitaram no período analisado, somente 127 (14,35%) retornaram do Senado Federal para votação na Câmara dos Deputados. Quatro dessas medidas provisórias perderam eficácia após o retorno, na fase de apreciação final na Casa iniciadora (as MPVs 252/2005, 303/2006, 507/2010 e 946/2020)[68]. Já foi objeto de análise o prazo exíguo que o Senado dispõe para revisão das medidas

68 Segundo a tramitação do PLV nº 4, de 2011, oriundo da MPV nº 507, de 2010, a matéria foi aprovada no Senado Federal em 15/03/2011, com emendas ao PLV, no último dia de tramitação. Contudo, foi juntada ao processo certidão de recusa de recebimento pela Secretaria-Geral da Mesa da Câmara dos Deputados. Foi publicado no DOU de 16/03/2011, Ato do Presidente da Mesa do Congresso Nacional nº 6, de 2011, de encerramento do prazo de vigência da MPV, ocorrido em 15/03/2011.

provisórias (item 6.2.4, parte final),[69] que se agravou com a Questão de Ordem nº 411/2009, sobre o sobrestamento da pauta, e o julgamento da ADI nº 4.029, sobre a obrigatoriedade do parecer da comissão mista e a inconstitucionalidade dos prazos intermediários de tramitação fixados pela Resolução nº 1, de 2002-CN.

Há quatro alternativas de decisão do plenário do Senado Federal que ensejam o retorno da matéria à Câmara dos Deputados, conforme o parágrafo único do art. 65 da Constituição:[70] A Tabela abaixo apresenta a quantidade de ocorrências de cada uma delas:

Tabela 6.9 – Alternativas de revisão do Senado que implicaram retorno da matéria à Câmara

Legislatura	Decisão da Câmara dos Deputados (CD) e revisão do Senado Federal (SF)				MPVs que retornaram
	CD: MPV SF: Emendas/PLV	CD: PLV-CD SF: Emendas	CD: PLV-CD SF: MPV	CD: PLV-CD SF: PLV-SF	
51ª (1999-2002)¹	0	7	0	1	**8**
52ª (2003-2006)	12	39	3	5	**59**
53ª (2007-2010)	2	25	5	0	**32**
54ª (2011-2014)	1	1	2	0	**4**
55ª (2015-2018)	0	6	0	1	**7**
56ª (2019-2022)²	2	14	1	0	**17**
Total	**17**	**92**	**11**	**7**	**127**
% Total	**13,39%**	**72,44%**	**8,66%**	**5,51%**	**100,00%**

Notas: **(1)** Apenas as medidas provisórias editadas após a EC nº 32, de 2001. **(2)** Foi considerada até a Medida Provisória nº 1133, de 2022.

De longe, o caso mais comum foi o de emendas do Senado ao PLV aprovado pela Câmara, com 92 ocorrências (segunda coluna de Decisão). É a situação que se amolda mais adequadamente ao parágrafo único do art. 65 da Constituição e se assemelha às emendas aos projetos de lei. Nesse caso, as divergências normalmente envolvem alterações pontuais

69 A propósito, ver: MARRAFON, Marco Aurélio; ROBL FILHO, Ilton Norberto. Controle de Constitucionalidade no Projeto de Lei de Conversão de Medida Provisória em face dos 'Contrabandos Legislativos': Salvaguarda o Estado Democrático de Direito. In: NOVELINO, Marcelo; FELLET, André (Orgs.). *Constitucionalismo e Democracia*. Salvador: Editora JusPodivm, 2013. p. 239.

70 Na subseção 6.2.4, essas possibilidades foram descritas como casos B, F, G e H.

do PLV proveniente da Câmara, em geral decorrentes de destaques sobre emendas oferecidas à matéria.

Na primeira coluna de Decisão, com 17 ocorrências, a Câmara aprova o texto original da medida provisória, mas o Senado faz emendas a ele, devolvendo essas emendas separadamente ou as consolidando na redação de um PLV. De todo modo, o Senado tomou por base o texto anteriormente aprovado pela Câmara, endereçando divergências em relação a seus dispositivos.

Os dois últimos casos são peculiares às medidas provisórias e representaram divergências mais significativas, mas de menor frequência. Ocorreram quando a Câmara aprovou um PLV, mas o Senado decidiu por dar preferência e deliberar inicialmente sobre o texto original da medida provisória. Na penúltima coluna, manteve este texto sem alterações e o retornou à apreciação da Câmara. Esse foi o caso de 11 ocorrências. Nesse caso, a Câmara teve que optar entre o seu PLV e o texto original, que foi preferido pelo Senado.

Na última coluna, com apenas 7 ocorrências, ficam os casos em que o Senado não só deliberou sobre o texto original da medida provisória, preferindo-o ao PLV da Câmara, como ainda promoveu modificações naquele, as quais evidentemente se diferenciavam daquelas veiculadas no texto da outra Casa, razão pela qual o Senado compôs um novo PLV, remetendo-o à apreciação da Câmara. Nesse caso, a Câmara teve que optar entre o seu PLV e o novo PLV elaborado pelo Senado.

6.4.5. Como a Câmara resolveu as divergências, ao decidir sobre as modificações do Senado?

A tabela a seguir busca sintetizar, para todas as alternativas de retorno, em que medida a Câmara dos Deputados tem sido deferente às modificações propostas pelo Senado Federal.

Tabela 6.10 – Resultado da deliberação final na Câmara dos Deputados sobre as modificações propostas pelo Senado, nas medidas provisórias.

Legislatura	Resultado na Câmara dos Deputados				MPVs que retornaram
	Acolheu totalmente	Acolheu parcialmente	Rejeitou totalmente	Perda de eficácia	
51ª (1999-2002)[1]	4	1	3	0	**8**
52ª (2003-2006)	21	24	12	2	**59**
53ª (2007-2010)	17	8	6	1	**32**
54ª (2011-2014)	2	0	2	0	**4**
55ª (2015-2018)	3	2	2	0	**7**
56ª (2019-2022)[2]	6	4	6	1	**17**
Total	**53**	**39**	**31**	**4**	**127**
% Total	**41,73%**	**30,71%**	**24,41%**	**3,15%**	**100,00%**

Notas: **(1)** Apenas as medidas provisórias editadas após a EC nº 32, de 2001.
(2) Foi considerada até a Medida Provisória nº 1133, de 2022.

O maior número foi de aprovações totais das modificações encaminhadas pelo Senado, o que aconteceu em 53 medidas provisórias das 127 que retornaram (41,73%). Esse número, se somado às aprovações parciais, em número de 39, corresponde a 92 medidas provisórias (72,44%). Esse percentual é significativo, podendo-se avaliar que a Casa iniciadora considera em boa medida as modificações propostas pela Casa revisora. Em 31 das 127 medidas provisórias retornadas (24,41%), a Câmara dos Deputados manteve sua decisão inicial, rejeitando totalmente as modificações propostas pelo Senado Federal. Quatro medidas provisórias perderam eficácia depois do retorno do Senado Federal e antes da apreciação final da Câmara dos Deputados.

Embora seja pequeno o número de retornos à Câmara dos Deputados após revisão do Senado Federal, é interessante observar que, no universo de matérias retornadas, em torno de um quarto dos casos a Casa iniciadora rejeitou todas as alterações da revisora. Em praticamente três quartos dos casos, houve pelo menos aprovação parcial das modificações oferecidas pela Casa revisora, sendo que em quase 42% essa aprovação foi total. Os números, portanto, vão contra a afirmação genérica de que prevalece sempre a posição da Casa iniciadora. Embora a última palavra seja dela, vê-se que há significativo acolhimento das propostas da Casa revisora, quando ocorrem.

Há duas situações que merecem maior detalhamento. São aquelas em que o Senado Federal aprovou texto base distinto do recebido da Câmara dos Deputados.[71] Em onze casos, o Senado Federal aprovou o texto original da medida provisória após aprovação pela Câmara dos Deputados de um projeto de lei de conversão. Em quatro deles a Câmara manteve a decisão pelo seu projeto PLV, remetendo-o à sanção (MPVs 175/2005, 381/2007, 578/2012 e 1033/2021). Em sete vezes, porém, a Câmara dos Deputados (voltou atrás e) decidiu pelo texto original da medida provisória, remetendo-a a promulgação (MPVs 241/2005, 279/2006, 373/2007, 378/2007, 383/2007, 388/2007 e 630/2013).

A outra situação, em que há o confronto de dois projetos de lei de conversão, cada um deles oferecido por uma das Casas, ocorreu sete vezes. Em duas delas, a Câmara dos Deputados rejeitou o PLV oferecido pelo Senado Federal, remetendo o seu PLV à sanção do Presidente da República (MPVs 24/2002 e 260/2005). Em outras quatro, o PLV oferecido pelo Senado foi aprovado, embora parcialmente, constituindo-se um texto final de projeto remetido à sanção pela conjugação dos dois PLVs (MPVs 164/2004, 255/2005, 285/2006 e 685/2015). A MPV 303/2006, por sua vez, perdeu eficácia nessa fase.

6.4.6. A rejeição ou perda de eficácia das medidas provisórias desde a EC nº 32, de 2001

A medida provisória perde eficácia se não for convertida em lei no prazo de sessenta dias, prorrogável uma vez por igual período. Há três hipóteses principais que levam a isso: 1ª) a rejeição por inadmissibilidade dos pressupostos constitucionais por qualquer das Casas; 2ª) a rejeição expressa de mérito, por qualquer das Casas; e 3ª) a perda de eficácia pelo decurso do prazo constitucional sem que tenha ocorrido a aprovação da medida provisória em ambas as Casas (rejeição tácita). Além dessas, há outras razões que podem levar a que a medida provisória não seja convertida em lei: prejudicialidade, revogação, devolução ou veto total mantido do projeto de lei de conversão.

A Tabela a seguir apresenta a incidência dessas razões na não conversão das medidas provisórias em lei:

71 Identificados na subseção 6.2.4 como casos G (CD: PLV-CD; SF: MPV) e H (CD: PLV-CD; SF: PLV-SF).

Tabela 6.11 – Medidas provisórias não convertidas em lei, por legislatura.

Legislaturas	Nº MPVs	MPVs não convertidas em Lei					
		Perda de eficácia		Rejeitada	Outros[5]	Total	% do Nº MPVs
		Crédito[3]	Legislação[4]				
51ª (1999-2002)[1]	102	0	1	15	2	**18**	**17,65%**
52ª (2003-2006)	240	4	10	6	3	**23**	**9,58%**
53ª (2007-2010)	179	4	13	7	6	**30**	**16,76%**
54ª (2011-2014)	145	10	26	0	1	**37**	**25,52%**
55ª (2015-2018)	203	13	55	4	3	**75**	**36,95%**
56ª (2019-2022)[2]	264	50	57	2	4	**113**	**42,80%**
Total	**1133**	**81**	**162**	**34**	**19**	**296**	**26,13%**

Notas: **(1)** Apenas as medidas provisórias editadas após a EC nº 32, de 2001. **(2)** Foi considerada até a Medida Provisória nº 1133, de 2022. **(3)** MPV de crédito extraordinário (art. 167, § 3º, CF). **(4)** MPV de legislação em geral (art. 62, CF). **(5)** Outros = Prejudicada, revogada, devolvida ou vetada totalmente

A rejeição expressa não tem sido a preferência do Congresso Nacional. No período, apenas 34 medidas provisórias foram rejeitadas expressamente, enquanto 243 perderam eficácia pelo decurso do prazo. Na verdade, pode-se afirmar que a rejeição expressa passou a ser realmente uma exceção. Das 34 rejeições, 2 ocorreram em 2001 e 13 em 2002, no período imediatamente seguinte à EC nº 32, de 2001. Nos 20 anos seguintes (2003-2022), foram 19 rejeições expressas, o que corresponde pouco menos de uma por ano.

Aqui, novamente, pode-se identificar o fenômeno que foi qualificado como *rejeição por espera*. A perda de eficácia ocorreu em 243 medidas provisórias, o que corresponde a 82,09% das 296 não convertidas. Dessas, 162 eram de legislação em geral e 81 eram para abertura de crédito extraordinário (art. 167, § 3º, CF). Nestas últimas, a finalidade muitas vezes se esgota com a própria edição da medida provisória, reduzindo o interesse na conversão em lei.

Para complementar as 296 medidas provisórias que não foram convertidas em lei, vale considerar que, além das rejeitadas e que perderam eficácia, há outras 19 que tiveram o seguinte resultado: 9 revogadas (no decorrer da tramitação)[72], 5 prejudicadas[73], 3 devolvidas[74] e 2 vetadas totalmente (havendo o Congresso Nacional mantido o veto)[75].

Voltando a uma análise mais específica das rejeições expressas, vale lembrar que elas podem ocorrer por inadmissibilidade (ausência dos pressupostos constitucionais) ou por razões de mérito. Para analisar a distribuição das rejeições expressas, vale observar a Tabela a seguir:

Tabela 6.12 – Número de medidas provisórias inadmitidas ou rejeitadas expressamente em cada Casa

Casa onde ocorreu	Inadmitidas	Rejeitadas no mérito	Total
CD	8	14	22
SF	7	5	12
Total	**15**	**19**	**34**

Até a MPV 1.133/2022, apenas 15 medidas provisórias foram inadmitidas no juízo prévio sobre o atendimento de seus pressupostos constitucionais de urgência e relevância (8 na Câmara e 7 no Senado)[76],

72 Foram elas: MPV 249/2005; MPV 379/2007; MPV 380/2007; MPV 382/2007; MPV 437/2008; MPV 523/2011; MPV 717/2016; MPV 916/2019; MPV 1.069/2021.

73 As prejudicialidades ocorrem em virtude do prejulgamento da matéria pelo plenário em outra deliberação (art. 334, II, RISF), ou da apreciação de outra proposição idêntica que tenha sido aprovada ou rejeitada na mesma sessão legislativa, ou transformada em diploma legal (art. 163, I, RICD). Os casos foram os seguintes: MPV 53/2002; MPV 240/2005; MPV 243/2004; MPV 394/2007; e MPV 516/2010.

74 Não há previsão para a chamada "devolução" de medida provisória pelo Presidente do Senado Federal, na qualidade de Presidente da Mesa do Congresso Nacional. Contudo, isso tem ocorrido, com base na prerrogativa de "impugnar as proposições que lhe pareçam contrárias à Constituição [...]" (art. 48, XI, RISF) e na alegada inconstitucionalidade das disposições veiculadas. Antes da EC 32/2001, houve a devolução da MPV 33/1989, em 20/01/1989, pelo Presidente do Senado Federal em exercício. Após a EC 32/2001, a primeira devolução foi feita em 19/11/2008, pelo Presidente do Senado Federal, Senador Garibaldi Alves Filho, mas a Câmara dos Deputados prosseguiu na apreciação da matéria, considerando-a inadmitida por ausência dos pressupostos constitucionais em 10/2/2009. Assim, ela foi computada como inadmitida expressamente nas tabelas apresentadas. As três consideradas como devolvidas são: MPV 669/2015; MPV 979/2020 e MPV 1068/2021.

75 Conforme já mencionado, os vetos totais mantidos foram: do PLV 3/2003, decorrente da MPV 82/2002; e do PLV 4/2017, decorrente da MPV 756/2016.

76 As medidas que foram rejeitadas na apreciação preliminar, pela ausência dos pressupostos de relevância e urgência, pelas Casas do Congresso Nacional indicadas entre parênteses, foram as de n^{os}: 10/2001 (CD); 42/2002 (SF); 168/2004 (SF);

conforme previsão do § 5º do art. 62 da Constituição, com a redação dada pela EC nº 32, de 2001. Tal mecanismo, como se vê, não surtiu o efeito desejado. Nos meses iniciais de sua vigência, até houve um esboço de reação ao Poder Executivo, mas depois refluiu o ímpeto de fazer frente à edição de medidas provisórias por meio da rejeição expressa. Não há notícia de que os Presidentes da República tenham receado atravessar a barreira imposta e o procedimento tornou-se quase uma etapa meramente burocrática da apreciação das medidas provisórias nas Casas.

As razões pelas quais tal controle não foi efetivamente realizado fogem ao escopo deste trabalho, mas pode-se cogitar que os Presidentes da República tenham exercido razoável controle sobre suas bases no Congresso Nacional ou que o Legislativo, institucionalmente, tenha se acomodado à edição das medidas provisórias, sem se importar tanto com a atribuição do poder de legislar ao Executivo. O que se pode concluir é que, se o Congresso Nacional exerce algum controle sobre os pressupostos de urgência e relevância, ele é excepcional e posto em prática por outros meios que não o da rejeição expressa em apreciação preliminar, como esperava a reforma posta em prática pela EC nº 32, de 2001.

O número de rejeições de mérito é igualmente pequeno, pois somam 19. Isso também indica que não é essa a forma preferida pelo Congresso Nacional para rejeição das matérias. Não é de se surpreender, ainda, que a Câmara dos Deputados tenha feito praticamente três quartos dessas rejeições expressas, pois é nela que as medidas provisórias começam a tramitar, de modo que ela promove o primeiro veto quanto ao mérito.[77]

Os dados apresentados possibilitam pelo menos duas constatações: (1) a de que deixar a medida provisória perder eficácia por decurso de prazo é a estratégia preferida pelo Congresso Nacional para não converter uma medida provisória em lei; e (2) a de que a tendência de aumento no número de medidas provisórias não convertidas em lei, ao longo das legislaturas, baseou-se exatamente nessa estratégia, de deixá-las perder

---

246/2005 (CD); 377/2007 (SF); 385/2007 (CD), 397/2007 (SF); 446/2008 (CD); 508/2010 (SF); 704/2015 (CD); 816/2017 (SF); 830/2018 (CD); 850/2018 (CD), 879/2019 (CD) e 1045/2021 (SF).

77 O art. 14 da Resolução nº 1, de 2002-CN, estipula que rejeitada a medida provisória por qualquer das Casas, o Presidente daquela que assim se pronunciar comunicará o fato imediatamente ao Presidente da República, fazendo publicar no DOU ato declaratório da rejeição.

eficácia ao invés de rejeitá-las expressamente, seja por inadmissibilidade, seja por razões de mérito.

6.5. Problemas, sugestões e observações sobre o modelo bicameral das medidas provisórias

A partir da análise normativa do modelo bicameral das medidas provisórias e dos dados levantados, são apresentados, a seguir, aspectos relevantes, problemas identificados e suas respectivas sugestões de solução:

I - Da tramitação e análise das medidas provisórias por comissão mista

Desde a Emenda Constitucional nº 32, de 11 de setembro de 2001, as medidas provisórias são examinadas por uma comissão mista, que sobre elas emite parecer, antes de serem apreciadas, em sessões separadas, pelo plenário de cada uma das Casas, sendo o primeiro o da Câmara dos Deputados (art. 62, §§ 8º e 9º, CF). Nas divergências entre os plenários das Casas, aplica-se o parágrafo único do art. 65 da Constituição (*navette* de até uma rodada).

As comissões mistas funcionaram efetivamente apenas entre a decisão do STF na ADI nº 4.029[78] (março de 2012) até o advento da pandemia de Covid-19 (março de 2020). Nesse período, tramitaram 341 medidas provisórias, sendo que 219 foram convertidas em lei e 122 não foram. As comissões mistas não voltaram a funcionar até o final da 56ª Legislatura. Podem ser apontados três **funções desempenhadas pelas comissões mistas**: (1) ***instância de veto (por rejeição tácita)***, mediante perda de eficácia da medida provisória sem que tenha sido emitido o parecer, tendo em vista que a decisão na referida ADI declarou inconstitucional o prazo regimental para o cumprimento dessa tarefa; (2) de ***aprimoramento*** coletivo e democrático da matéria, *mediante elaboração de projeto de lei de conversão*, com participação de deputados e senadores; (3) de atuação como ***meio de resolução de divergências previamente*** à apreciação da matéria nos plenários das Casas. Tanto assim que houve

78 BRASIL. Supremo Tribunal Federal. *Ação Direta de Inconstitucionalidade nº 4.029*. Relator Ministro Luiz Fux, Tribunal Pleno, julgado em 08/03/2012, DJe 27/06/2012. Requerente: Associação Nacional dos Servidores do IBAMA. Intimados: Presidente da República e Congresso Nacional.

significativa redução de retornos à Câmara por modificações feitas pelo Senado, durante o tempo em que elas funcionaram.

As **duas últimas funções apontadas demonstram a importância de mantê-las no regime de tramitação das medidas provisórias.** Considerando o seu tempo exíguo de tramitação, elas viabilizam a participação igualitária de membros das duas Casas na instrução da matéria.[79] A intenção de extingui-las serve ao interesse de manutenção do relator de plenário da Câmara, designado pelo Presidente da Casa, o que causaria agravamento do desequilíbrio no modelo bicameral, já existente em face da atribuição da última palavra a esta Casa em todas as medidas provisórias. Trata-se, praticamente, de situação em que a Câmara decidiria sozinha, pois configuraria o texto inicial do projeto de lei de conversão, se fosse o caso, e teria decisão final sobre as modificações propostas pelo Senado.

Tendo em vista a primeira função, porém, **mostra-se necessário estabelecer um prazo na Constituição para a emissão do parecer pela comissão mista**. Embora este parecer tenha previsão constitucional e seja de fundamental importância, ele tem caráter meramente instrutório (e não conclusivo) e a falta de um prazo determinado atribui à comissão mista um poder de veto (rejeição tácita) da matéria que não tem amparo na Constituição (art. 62, § 9º, CF). Cabe somente aos plenários das Casas a rejeição, expressa ou tácita, da matéria (art. 62, § 5º, CF).

Ocorre que esse foi um dos mais graves problemas do impasse da promulgação da PEC nº 91, de 2019, pois a Câmara estabelecia prazo para a comissão e o Senado o suprimiu (embora declarasse imprescindível o parecer da comissão mista). O argumento do Senado é que a comissão mista não aprecia (vota) a matéria, mas apenas a instrui.

De todo modo, não há matéria, salvo as conclusivas, que possa ter decisão final de comissão. A **sugestão** é que se **estabeleça prazo na Constituição para a comissão mista**. Vencido esse prazo a matéria deve ser encaminhada ao exame dos plenários. No entanto, **não tendo havido parecer da comissão mista, somente será possível aos plenários deliberar sobre o texto original da medida provisória, assim como sobre destaques supressivos**, vedada a apresentação de projeto

79 A discussão sobre a composição paritária ou não da comissão mista também é estéril. Ocorre que, se ela não for paritária, serão tomados, em separado, os votos dos membros do Senado Federal e da Câmara dos Deputados (art. 14, parágrafo único, do Regimento Comum).

de lei de conversão. Essa sugestão resguarda o papel relevantíssimo das comissões mistas, mas possibilita aos plenários o exercício dos poderes de veto (rejeição) ou aprovação da medida provisória.

A formulação normativa dessa **sugestão, mediante alteração do § 9º do art. 62 da Constituição, constará junto com o item seguinte,** por ser complementar a ele.

II -Prazo separado para apreciação em cada Casa

Em complemento ao item anterior, **é necessária a fixação de prazos de deliberação separados para as Casas**, cujo descumprimento resulte na perda de eficácia da medida provisória. A experiência de um prazo único e contínuo, definido pela Emenda Constitucional nº 32, de 2001, não se mostrou adequada. É recorrente a reclamação do Senado de que a matéria é recebida na Casa quando não há mais tempo para que formule suas propostas de modificação, a serem depois ainda analisadas pela Câmara. Realmente, o retorno aconteceu em apenas 14% das medidas provisórias apreciadas pelo plenário do Senado. A situação distorce o modelo bicameral, deixando o Senado com a única alternativa de aprovação da matéria tal como foi aprovada na Câmara.

Desse modo, **sugere-se a seguinte distribuição de prazos para a tramitação da medida provisória**: 50 dias para a comissão mista (com as consequências antes mencionadas); 30 dias para o plenário da Câmara; 25 dias para o plenário do Senado; e 15 dias para apreciação pelo plenário da Câmara das modificações propostas pelo Senado. **Os prazos dos plenários, se descumpridos, resultariam na perda de eficácia da medida provisória**. O regime de urgência, com sobrestamento da pauta, incidiria após metade do prazo transcorrido em cada Casa. Para tanto, as medidas provisórias passariam a ter prazo de eficácia e tramitação desde logo definido em cento e vinte dias, sem possibilidade de prorrogação.

O art. 62 da Constituição Federal passa a vigorar com as seguintes alterações:

> *"Art. 62 ....*
>
> *..*
>
> *§ 3º As medidas provisórias, ressalvado o disposto nos §§ 11 e 12 deste artigo, perderão eficácia, desde a edição, devendo o Congresso Nacional disciplinar, por decreto legislativo, as relações jurídicas delas decorrentes, se não forem:*

I - aprovadas pela Câmara dos Deputados no prazo de trinta dias, contado do dia seguinte ao da emissão do parecer ou do decurso do prazo previsto no inciso I do § 9º;

II - aprovadas pelo Senado Federal no prazo de vinte e cinco dias, contado do dia seguinte à aprovação pela Câmara dos Deputados;

III - apreciadas pela Câmara dos Deputados, se houver emendas do Senado Federal à medida provisória ou ao projeto de lei de conversão, no prazo de quinze dias, contado do dia seguinte à aprovação pelo Senado Federal.

§ 4º Os prazos a que se referem os §§ 3º e 9º suspendem-se durante os períodos de recesso do Congresso Nacional.

....

§ 6º A medida provisória entrará em regime de urgência, sobrestando todas as demais deliberações legislativas da respectiva Casa, com exceção das que tenham prazo constitucional determinado e das proposições que veiculem matéria vedada a medida provisória, nas seguintes hipóteses:

I - a partir do décimo quinto dia do prazo a que se refere o inciso I do § 3º;

II - a partir do décimo terceiro dia do prazo a que se refere o inciso II do § 3º; e

III - a partir do oitavo dia do prazo a que se refere o inciso III do § 3º.

§ 7º (Revogado).

....

§ 9º As medidas provisórias serão apreciadas, em sessão separada, pelo plenário de cada uma das Casas do Congresso Nacional, após parecer de comissão mista de Deputados e Senadores, observando-se o seguinte:

I - o parecer deverá ser proferido pela comissão mista no prazo de cinquenta dias, contado do dia seguinte à publicação da medida provisória;

II - esgotado o prazo a que se refere o inciso I, sem que tenha sido proferido o parecer, a medida provisória será encaminhada à Câmara dos Deputados, para apreciação;

III - na hipótese do inciso II, os plenários da Câmara dos Deputados e do Senado Federal deverão apreciar o texto da medida provisória, admitidos destaques para supressão de dispositivos, vedadas a apreciação de emendas e a apresentação de projeto de lei de conversão.

..." (NR)

III – Rejeição e perda de eficácia da medida provisória

A medida provisória não foge à regra quanto à **utilização preferencial da rejeição tácita**, que nesse caso ocorre pela perda de eficácia pelo decurso do prazo constitucional. A **rejeição expressa correspondeu a apenas 11% das MPVs que perderam eficácia**, enquanto **a rejeição tácita chegou a 82%** delas. As outras foram revogadas, prejudicadas ou devolvidas.

As rejeitadas expressamente foram muito poucas, tanto quanto ao juízo prévio de admissibilidade (15 MPVs) quanto na votação do mérito (19 MPVs). A deliberação sobre o juízo de admissibilidade, para aferição dos pressupostos constitucionais de urgência e relevância, exigida pelo § 5º do art. 62 da Constituição, tornou-se praticamente uma formalidade. Ela quase só serve hoje como fundamento para o procedimento de impugnação de matéria estranha, adotado pelo Senado, que será discutido em Capítulo adiante. De toda forma, **entende-se necessária a permanência da previsão do juízo prévio**, para resguardo das competências legislativas do Congresso Nacional.

Parte III

QUATRO PRÁTICAS LEGISLATIVAS NO PROCESSO LEGISLATIVO BICAMERAL

Apresentados os modelos normativos de tramitação bicameral, esta Parte dedica-se a analisar quatro práticas legislativas que foram identificadas como tendo relevante impacto no processo legislativo bicameral brasileiro. Essas práticas legislativas foram desenvolvidas ou aperfeiçoadas exatamente por sua capacidade de influenciar decisivamente na superação das divergências entre as Casas do Congresso Nacional, muitas vezes alterando suas características ou invertendo a prevalência conferida pelas normas do sistema bicameral a uma das Casas.

O estudo dessas práticas legislativas interessa para que se conheça como elas incidem sobre os modelos normativos anteriormente analisados. Vale adiantar que, muitas vezes, as práticas resultam em efeitos diversos conforme o modelo bicameral na qual é aplicada. Esse é, exatamente, o interesse da investigação a ser conduzida. E por essa sua característica de transversalidade em relação aos modelos analisados, foi feita a opção, no presente trabalho, por analisar separadamente cada uma das práticas e as suas possíveis incidências sobre aqueles. Por isso, a cada uma será dedicado um capítulo.

As espécies de práticas legislativas a seguir analisadas são adotadas pelas câmaras sobre as proposições legislativas, ou seus dispositivos, e interferem na redação ou na composição dos textos normativos em elaboração. Embora sejam utilizadas para viabilizar a tramitação de matérias ou para solucionar problemas relacionados à solução de divergências entre as câmaras, seu estudo, catalogação e sistematização para tal finalidade ainda não foram desenvolvidos como merecido, pelo impacto que produzem, razão pela qual o presente trabalho busca incumbir-se dessa tarefa.

As práticas a serem examinadas são as seguintes:

(i) a apresentação e aprovação de emendas de redação;

(ii) a supressão ou a impugnação de expressões ou dispositivos da proposição;

(iii) o desmembramento de proposição (com a finalidade de que parte seja promulgada e parte permaneça em tramitação);

(iv) a apensação de projetos de lei na Casa revisora.

Essas práticas são voltadas a produzir um determinado resultado no processo legislativo, considerando as diferentes características e limitações impostas pelos modelos bicamerais de superação de divergências entre as câmaras na elaboração legislativa. Algumas dessas práticas legislativas ajustam-se aos modelos normativos, permitindo seu adequado funcionamento. Outras, no entanto, representam desafios ao sistema bicameral e ao controle de constitucionalidade, como se pretende identificar na análise respectiva.

Com o estudo dessas práticas pretende-se obter um panorama geral do funcionamento do processo legislativo sob perspectiva bicameral, assim como contribuir para a sistematização dos resultados alcançados para a superação das divergências entre as câmaras, de forma a ir além do exame formal e isolado dos modelos normativos observados.

Ao final de cada um dos capítulos, serão apontados problemas identificados a partir do estudo empreendido e apresentadas sugestões de solução de caráter normativo.

7

PRÁTICA LEGISLATIVA DAS EMENDAS DE REDAÇÃO

Como visto, as emendas de redação são admitidas em todos os modelos de tramitação bicameral e resultam na desnecessidade de apreciação da matéria pela outra câmara, podendo haver o envio diretamente à sanção (nos projetos de leis e medidas provisórias) ou à promulgação (nas PECs). Não há dispositivo constitucional que assim preveja expressamente. O Supremo Tribunal Federal, contudo, tem seguido essa orientação, conforme decisões a seguir comentadas.

O art. 135 do Regimento Comum dispõe que *"a* ***retificação de incorreções de linguagem****, feita pela Câmara revisora,* ***desde que não altere o sentido da proposição****, não constitui* ***emenda*** *que exija o retorno à Câmara iniciadora"*. O dispositivo apresenta duas condições para que a emenda (de redação) dispense o retorno à outra Casa, um de índole *formal* (a retificação da incorreção de linguagem) e outro de ordem *material* (a não alteração do sentido da proposição).

Pretende-se demonstrar, a seguir, que: (a) tem havido uma evolução no conceito de emenda de redação que desloca sua aplicação, inicialmente voltada preponderantemente para sanar vícios formais, para o aperfeiçoamento da redação das disposições normativas, apto a tangenciar alterações materiais; (b) a partir desse novo conceito, tem-se tornado frequente uma interpretação ampliada e uma utilização da emenda de redação como mecanismo estratégico no processo legislativo bicameral, de modo a fazer prevalecer o texto final da câmara de revisão, ao evitar o retorno da proposição à câmara de origem.[1]

1 Faz-se aqui referência genérica à câmara de revisão e à câmara de origem para evitar o uso dos termos Casa revisora e Casa iniciadora, uma vez que a afirmação se aplica também às PECs, onde esses termos não são adequados.

7.1. O conceito de emendas de redação

O exame do art. 135 do Regimento Comum, acima, fez referência a duas condições cumulativas nele previstas para que a matéria não retorne à outra câmara. A primeira dessas condições decorre da própria natureza da emenda de redação. Tradicionalmente, ela é definida, no Regimento Interno da Câmara, como "*a [emenda]* ***modificativa*** *que visa a sanar* ***vício de linguagem, incorreção de técnica legislativa*** *ou* ***lapso manifesto***" (art. 118, § 8º, RICD).

Interessante é observar que o Regimento Interno da Câmara considera a emenda modificativa como aquela que "*altera a proposição sem a modificar* ***substancialmente***" (art. 118, § 5º, RICD). O termo *substancialmente* gera ambiguidade, pois pode ser compreendido tanto no que concerne à substância ou conteúdo, quanto como sinônimo de consideravelmente ou grandemente. José Afonso da Silva alinha-se à primeira noção, ao afirmar que as emendas modificativas "*são aquelas que denominamos formais*".[2] Por outro lado, o Glossário de Termos de Técnica Legislativa define a emenda modificativa como aquela que "*propõe alterações pontuais de mérito ao texto de uma proposição, mantendo, entretanto, suas linhas gerais*".[3] Essa segunda é a interpretação corrente e permite distinguir a emenda modificativa da emenda de redação. Desse modo, enquanto a emenda modificativa é ***de mérito***, pois alcança o sentido ou substância da proposição, a emenda de redação é ***formal***, uma vez que visa a sanar "*vício de linguagem, incorreção de técnica legislativa ou lapso manifesto*".

Ainda nessa orientação, quando há aprovação da proposição com o mesmo sentido da outra câmara, os Regimentos Internos determinam a dispensa da redação final "*salvo se houver* ***vício de linguagem, defeito ou erro manifesto*** *a corrigir*" (art. 195, § 2º, III, RICD; e art. 319, parágrafo único, RISF). Nessa hipótese, a emenda de redação provocará a elaboração e apreciação de redação final (com a correção necessária) *e de autógrafos com texto distinto do proveniente da outra câmara* (art. 200, RICD; art. 328, RISF), mas isso não resultará no retorno da matéria a esta, para aprovação do texto resultante.

---

2 SILVA, José Afonso da. *Processo constitucional de formação das leis*. 2a. ed. São Paulo: Malheiros, 2006, p. 191.

3 BRASIL. Congresso Nacional. *Glossário de Termos de Técnica Legislativa*. 1ª ed. Brasília: Grupo de Trabalho Permanente de Integração da Câmara dos Deputados com o Senado Federal. 2022, p 19.

Vale observar que os dispositivos regimentais preveem a elaboração da emenda de redação para sanar os seguintes problemas: (a) vício de linguagem; (b) incorreção de técnica legislativa; (c) lapso, defeito ou erro manifesto. O último deles é o de mais fácil compreensão, na medida em que decorre de equívoco ou falha evidente, que pode ser percebido facilmente. É o caso típico de erros de grafia, de numeração ou de referência a dispositivo inexistente. Os demais demandam explicação.

Em obra sobre a elaboração das leis, José de Queiroz Campos define os vícios de linguagem como "*as construções que deturpam, desvirtuam e dificultam e expressão do pensamento ou enfeiam a frase*".[4] Lista então quais são eles: para a prosódia, interessam a cacofonia, o hiato, o eco e a colisão;[5] para a sintaxe, a ambiguidade e a obscuridade;[6] para ambas, o barbarismo, o solecismo, o preciosismo e o provincianismo.[7]

As incorreções de técnica legislativa hoje têm parâmetro na Lei Complementar (LC) nº 95, de 26 de fevereiro de 1998, que "*dispõe sobre a elaboração, a redação, a alteração e a consolidação das leis conforme determina o parágrafo único do art. 59 da Constituição* [...]". Essa Lei Complementar estabelece regras sobre a estruturação das leis, em suas partes e elementos, assim como sobre sua articulação, alteração e redação. Trata, ainda, de procedimentos para consolidação das leis e outros atos normativos.

Com relação às possíveis correções de técnica legislativa, as emendas atuam sobretudo em relação a dois aspectos: estruturação e arti-

---

4 CAMPOS, José de Queiroz. *A Arte de Elaborar a Lei: Técnica de Redação e Linguagem*. Rio de Janeiro: Verbete, 1972, p. 83.

5 A prosódia é o estudo da acentuação vocabular. A cacofonia é o encontro das sílabas finais de uma palavra com as iniciais da seguinte, formando uma frase de sentido torpe, obsceno ou ridículo. O hiato é a confluência de vozes homofônicas, em verdadeiras paralalias. No eco, há a repetição desagradável de um mesmo som consonantal. A colisão é a repetição de consonâncias iguais ou semelhantes. Conforme: CAMPOS, José de Queiroz. Ibidem, p. 84.

6 A sintaxe estuda as palavras enquanto elementos de uma frase. A ambiguidade é o vício de construir a frase com duplo sentido. A obscuridade é a ausência de clareza. Ibidem, p. 84-85.

7 O barbarismo é a infestação de palavras estrangeiras ou de construções sintáticas de outras línguas. O solecismo é qualquer erro gramatical, léxico ou sintático, a desobediência às regras do idioma. O preciosismo é o recurso aos barbarismos, arcaísmos e neologismos. O provincianismo decorre de alterações prosódicas e sintáticas de regiões do país. Ibidem, p. 85-87.

culação dos dispositivos;[8] ou redação das disposições normativas neles contidas. O primeiro aspecto versa sobre a estruturação da parte normativa da lei, cuja unidade básica é o artigo, que trata de um único assunto ou princípio e pode se desdobrar em parágrafos, incisos, alíneas e itens. Os parágrafos expressam aspectos complementares ou exceções à regra estabelecida no *caput* do artigo, enquanto os incisos, as alíneas e os itens servem para sucessivas discriminações e enumerações. Sobre as disposições normativas, a Lei Complementar relaciona diversas recomendações para que se alcance clareza, precisão e ordem lógica na redação legislativa.

As emendas de redação com justificativas ancoradas no propósito de melhor comunicação e elaboração dos preceitos normativos ganham cada dia mais importância e frequência, ampliando a sua utilização antiga de mera correção de erros e vícios formais. Tanto assim que o conceito moderno, em consonância com a Lei Complementar nº 95, de 1998, passou a ser o seguinte, de acordo com o recente Glossário de Termos da Técnica Legislativa:

> **Emenda de redação.**
> Emenda que objetiva sanar vício de linguagem, incorreção de técnica legislativa ou lapso manifesto da proposição, bem como conferir ao texto maior clareza, precisão ou ordem lógica, sem alteração de mérito.[9]

O uso da locução conjuntiva "*bem como*" exerce clara função aditiva no conceito transcrito, para exprimir ideia de acréscimo de um novo propósito à emenda de redação, somando-se àquele tradicional, de sanar vícios, erros e lapsos. Isso representa uma ampliação dos objetivos originais das emendas de redação.

Cabe voltar, agora, para tratar da segunda condição imposta pelo art. 135 do Regimento Comum para que a emenda deixe de causar o retorno à outra câmara: "*desde que* [ela] *não altere o sentido da proposição*". Essa ideia também está expressa na parte final do conceito transcrito do Glossário, na expressão "*sem alteração de mérito*". Esse é o limite que se

---

8 O termo *dispositivo* refere-se, nesta Lei Complementar, a "*artigos, parágrafos, incisos, alíneas e itens*" (art. 12, parágrafo único, LCP 95/1998).

9 BRASIL. CONGRESSO NACIONAL. *Glossário de Termos de Técnica Legislativa*. 1ª ed. Brasília: Grupo de Trabalho Permanente de Integração da Câmara dos Deputados com o Senado Federal. 2022, p 19.

busca impor à emenda de redação, para que ela assim se caracterize e deixe de impor o retorno à outra câmara. Nesse sentido é que as emendas de redação são denominadas de **formais**, enquanto as emendas de mérito, em contraposição àquelas, são identificadas como **substanciais.**[10]

No STF, o julgamento da Ação Direta de Constitucionalidade (ADC) nº 3, Relator Ministro Nelson Jobim, concluído em 9 de maio de 2003, buscou definir o conceito de emenda de redação para decidir sobre a aplicação do parágrafo único do art. 65 da Constituição, quanto ao retorno do projeto à Casa iniciadora. Em trecho do voto (fls. 44-45), que prevaleceu por maioria, o Relator afirma:

> O retorno do projeto emendado à Casa iniciadora não decorre do fato de ter sido simplesmente emendado.
>
> Só retornará se, e somente se, a emenda tenha produzido modificação de sentido na proposição jurídica.
>
> Ou seja, se a emenda produzir proposição jurídica diversa da proposição emendada.
>
> Tal ocorrerá quando a modificação produzir alterações em qualquer um dos âmbitos de aplicação do texto emendado: material, pessoal, temporal ou espacial.
>
> Não basta a simples modificação do enunciado pela qual se expressa a proposição jurídica.
>
> O comando jurídico – a proposição – tem que ter sofrido alteração.
>
> O conceito de emenda de redação é: modifica-se o enunciado, sem alterar a proposição. [11]

Afasta-se, portanto, uma interpretação literal do parágrafo único do art. 65 da Constituição, segundo o qual "*sendo o projeto* ***emendado,*** *voltará à Casa iniciadora*". Embora negue a incidência de fundamentos regimentais no julgamento (fl. 38), a interpretação coincide com a norma regimental quanto à condição de a emenda de redação não alterar o sentido da proposição (art. 135, RCCN). O conceito formulado não cogita

10 OLIVEIRA, Luciano Henrique da Silva. *Comentários ao Regimento Interno do Senado Federal*, vol. 2. Brasília: Senado Federal, 2021, p. 241.

11 BRASIL. Supremo Tribunal Federal (Plenário). *Ação Declaratória de Constitucionalidade (ADC) nº 3.* Relator Ministro Nelson Jobim, Tribunal Pleno, julgado em 02-12-1999, DJ 09-05-2003. Requerente: Procurador-Geral da República. Disponível em: https://redir.stf.jus.br/paginadorpub/paginador.jsp?docTP=AC&docID=882. Acesso em 16 abr. 2023.

do objetivo tradicional, de sanar vício ou incorreção. Atém-se à modificação do enunciado, que não pode alterar a proposição jurídica por ele veiculada.

A viabilidade de modificação do enunciado, mesmo sem alteração do sentido da proposição, aumenta o potencial de aperfeiçoamento da legislação, por permitir que a redação alcance maior clareza e precisão. Contudo, isso agrega complexidade ao processo legislativo bicameral, pois a mudança do enunciado pode tangenciar a alteração substancial. E nem sempre é trivial verificar se a mudança desbordou de seu limite formal.[12]

Abre-se, então, a possibilidade de utilização de uma emenda de redação como um recurso estratégico para evitar o retorno da proposição à outra câmara. Com isso, em vez de permitir a participação da Casa de origem na solução de eventual divergência, a Casa de revisão opta por fazer prevalecer o seu texto modificado, com as alterações pretendidas, e remetê-lo diretamente à sanção ou promulgação. Muitas vezes, alega-se que haveria demora desnecessária no retorno à outra Casa. No caso das leis e das medidas provisórias, isso pode configurar uma forma de evitar a regra de atribuição da última palavra à Casa iniciadora, tal como previsto no modelo bicameral estabelecido no art. 65 da Constituição, conferindo maior força de decisão à Casa revisora. Essa atitude estratégica interage com uma postura da jurisdição constitucional deferente ao Legislativo e, por vezes, se vale da natureza e dos limites do controle abstrato de constitucionalidade.

7.2. Emendas de redação na revisão dos projetos de lei

Como foi observado, a finalidade da emenda de redação foi além da sua aplicação inicial. Antes, ela se caracterizava pelo efeito modificativo, tanto que era definida como uma modalidade desse tipo de emenda. Este agora é apenas um dos efeitos possíveis, pois o pretendido aperfeiçoamento da redação legislativa pode demandar outras operações sobre o texto normativo. Um que tem ganho utilização tão frequente quanto controversa é a emenda de redação divisiva, por meio da qual o texto

12 O parágrafo único do art. 234 do RISF estipula que, se houver dúvida se a emenda apresentada como de redação *"atinge a substância da proposição"*, deverá ser ouvida a Comissão de Constituição, Justiça e Cidadania.

de um dispositivo é desdobrado, sob argumento de melhora da técnica legislativa.[13]

7.2.1. Dois julgados do STF sobre emendas de redação

Na **ADC nº 3**, acima referida, foram levados a julgamento dispositivos alcançados por emendas de redação com os dois tipos de efeito, modificativo e divisivo. Os dois dispositivos compunham o art. 15 da Lei nº 9.424, de 24 de dezembro de 1996,[14] que *"dispõe sobre o Fundo de Manutenção e Desenvolvimento do Ensino Fundamental e de Valorização do Magistério* [...]". As alterações foram feitas pelo Senado em relação ao texto da Câmara, por meio de emendas de redação: o *caput* do art. 15 teve o seu texto modificado; e o inciso II do § 1º foi dividido, para que parte dele formasse um novo § 2º.

O Ministro Relator, considerando o conceito de emenda de redação antes apresentado, concluiu não ter havido, nos dois casos, alteração na proposição jurídica, do que resultou a desnecessidade de retorno da matéria à Câmara. Para melhor compreensão, vale a pena analisar cada uma das alterações.[15]

No *caput*, deu-se substituição de expressão, conforme demonstra o quadro abaixo:

---

13 José Afonso da Silva propõe a seguinte classificação para as emendas *modificativas* ou *formais*: *divisivas ou separativas*, as que dividem um dispositivo em dois ou mais; *unitivas ou reunitivas*, as que reúnem em um só dispositivo o conteúdo de um ou mais deles; e *distributivas*, as que redistribuem ou reordenam os dispositivos, capítulos etc. (SILVA, José Afonso da. *Processo constitucional de formação das leis*. 2a. ed. São Paulo: Malheiros, 2006, p. 191).

14 BRASIL. Lei nº 9.424, de 24 de dezembro de 1996, que *"dispõe sobre o Fundo de Manutenção e Desenvolvimento do Ensino Fundamental e de Valorização do Magistério, na forma prevista no art. 60, § 7º, do Ato das Disposições Constitucionais Transitórias, e dá outras providências"*. Disponível em: https://www.planalto.gov.br/ccivil_03/leis/l9424.htm. Acesso em 3 abr. 2023.

15 BRASIL. Congresso Nacional. *Projeto de Lei (PL) nº 2.380, de 1996*, na Câmara, de iniciativa do Presidente da República. Dispõe sobre o FUNDEF – Fundo de Manutenção e Desenvolvimento de Ensino Fundamental e de Valorização do Magistério, na forma prevista no § 7º do art. 60 do ADCT, e dá outras providências. Projeto de Lei da Câmara (PLC) nº 92, de 1996 – Senado Federal. Tramitação bicameral disponível em: https://www.congressonacional.leg.br/materias/materias-bicamerais/-/ver/pl-2380-1996. Acesso em 5 abr. 2023.

Quadro 7.1 – Comparativo do caput do art. 15 da Lei 9.424/1996 (ADC 3)

Texto aprovado pela Câmara dos Deputados	Texto aprovado pelo Senado Federal
Art.15. O Salário-Educação, previsto no **§ 5º do art. 212** da Constituição Federal e devido pelas empresas, na forma em que vier a ser disposto em regulamento, é calculado com base na alíquota de 2,5% (dois e meio por cento) sobre **a folha de salários**.	**Art. 15.** O Salário-Educação, previsto no **art. 212, § 5º**, da Constituição Federal e devido pelas empresas, na forma em que vier a ser disposto em regulamento, é calculado com base na alíquota de 2,5% sobre **o total de remunerações pagas ou creditadas, a qualquer título, aos segurados empregados, assim definidos no art. 12, inciso I, da Lei nº 8.212, de 24 de julho de 1991.**

O Relator defendeu que a questão era saber se a decisão do Senado ampliou, ou não, a base de cálculo do salário-educação, que "*constitui o elemento material da norma*" (fl. 46). Após considerações sobre os conceitos de salário e de remuneração no direito do trabalho e na contabilidade, concluiu que o "*texto do Senado Federal não introduziu alteração na base de cálculo aprovada pela Câmara dos Deputados*". Apenas, a Casa iniciadora referiu-se ao instrumento onde são lançadas as remunerações (a "*folha de salários*"), enquanto a revisora preferiu referir-se ao que se lança naquela folha (as "*remunerações... aos segurados empregados*"). Desse modo, o texto do Senado não procedeu alteração na proposição jurídica, mas "*explicitou melhor o que estava implícito no texto da Câmara dos Deputados*" (fl. 56).

O Ministro Relator observa que, após aprovação do texto, o Presidente do Senado proferiu despacho para que a matéria voltasse à Câmara dos Deputados. Contudo, o Senador Lúcio Alcântara, que relatava a matéria, suscitou questão de ordem alegando que, como eram emendas de redação, a matéria poderia ir à sanção do Presidente da República. Diante dessa manifestação, e não tendo havido objeção do Plenário, o Presidente alterou de pronto o despacho para enviar a matéria à sanção presidencial.[16]

Dois Ministros ficaram vencidos quanto à inconstitucionalidade do *caput* do art. 15. Para o Ministro Marco Aurélio, o Senado promoveu alteração substancial, pois a substituição de "*folha de salários*" por total de remunerações "*a qualquer título*" dilatou de forma categórica a base de incidência do tributo instituído, de salário-educação. Nesse sentido, o Ministro Sepúlveda Pertence registra que as parcelas não salariais acaso

16 DSF de 13/01/1996, p. 20.464.

percebidas pelo empregado não estariam incluídas na redação da Casa iniciadora, razão pela qual declarava inconstitucional a expressão *"a qualquer título"* na redação dada pelo Senado. Para ambos, era imprescindível o retorno do projeto à Câmara dos Deputados.

Quanto ao inciso II do § 1º do art. 15, o que ocorreu foi a divisão do texto aprovado pela Câmara dos Deputados, por emenda de redação divisiva no Senado, remanescendo o trecho inicial do dispositivo e o trecho final indo formar um novo § 2º, da seguinte forma:

Quadro 7.2 - Comparativo do inciso II do § 1º do art. 15 da Lei 9.424/1996 (ADC 3)

Texto aprovado pela Câmara dos Deputados	Texto aprovado pelo Senado Federal
Art. 15. .... § 1º .... I - .... II - quota estadual, correspondente a dois terços do montante de recursos, que será creditada mensal e automaticamente em favor das Secretarias de Educação dos Estados e do Distrito Federal para financiamento de programas, projetos e ações do ensino fundamental, **setenta por cento da qual a ser distribuída entre Estados e Municípios proporcionalmente ao número de alunos matriculados no ensino fundamental das respectivas redes, conforme censo educacional realizado pelo Ministério da Educação e do Desporto.** § 2º	Art. 15. .... § 1º .... I - .... II - quota estadual, correspondente a dois terços do montante de recursos, que será creditada mensal e automaticamente em favor das Secretarias de Educação dos Estados e do Distrito Federal para financiamento de programas, projetos e ações do ensino fundamental. **§ 2º Será redistribuída 70% (setenta por cento) da quota estadual entre o Estado e os respectivos Municípios, proporcionalmente ao número de alunos matriculados no ensino fundamental das respectivas redes, conforme censo educacional realizado pelo Ministério da Educação e do Desporto - MEC.** § 3º .... *(renumeração do antigo § 2º)*

O Ministro Relator classificou a divisão do inciso II como mera *"alteração topográfica"* ou *"de técnica legislativa"*. Em sua avaliação, na redação da Casa iniciadora, o dispositivo fixava duas regras. A primeira continha três enunciados: a fixação do montante da quota estadual; a forma de repasse dessa quota; e a destinação da quota. Essa regra, com seus três enunciados, permaneceu no inciso II. A segunda regra continha proposição que estabelecia a regra de distribuição, em cada Estado, dos recursos recebidos. Essa passou, na redação dada pela Casa revisora, a constar em um parágrafo autônomo, o § 2º (do que resultou a renumeração do § 3º). Segundo o Relator, não houve *"absolutamente nada em relação ao significado das regras, nenhuma modificação proposicional"*, pois as regras teriam autonomia absoluta. Sobre a troca da palavra "distribuída" por "redistribuída", ela teria consistido *"em mera correção de linguagem"*, para uso de uma expressão mais exata, pois havia duas distribuições e o dispositivo se referia à segunda delas. Como concluiu que o texto não deveria ter retornado à Câmara dos Deputados, o Relator não identificou inconstitucionalidade formal. Quanto a esse ponto, o voto foi seguido pelos demais ministros.

Cabe observar que não foi apontado pelo Senador Relator da matéria nenhum vício ou defeito de redação específico no inciso II do art. 15 que pudesse justificar suficientemente a divisão realizada. Em parecer oral de plenário, o Senador Lúcio Alcântara referiu-se apenas à necessidade de observar aspectos formais, relativos à técnica legislativa. Afirma que *"para atender a tais exigências, evitando ambiguidades em face da intenção do legislador"*, apresentava três emendas de redação, uma delas a que deu origem à redação dos dois dispositivos questionados do art. 15 da Lei.[17]

Ocorre que o novo § 2º do art. 15, proveniente da divisão, foi vetado pelo Presidente da República, em 24 de dezembro de 1996, sob justificativa de que se mostrava contrário ao interesse público regular, em lei federal, a redistribuição dos recursos da quota estadual, o que melhor seria feito pelo poder legislativo estadual. Vale observar que, na versão da Câmara dos Deputados, esse veto não seria possível, ou teria que abranger todo o inciso II (distribuição da quota estadual e redistribuição aos Municípios), tendo em vista a vedação disposta no § 2º do art. 66 da Constituição, segundo o qual *"o veto parcial somente abrangerá texto integral de artigo, de parágrafo, de inciso ou de alínea"*.

Situação semelhante foi enfrentada pelo STF na primeira parte do julgamento, ocorrida em 28 de setembro de 2000, da Medida Cautelar na ADI nº 2.238,[18] Relator originário Ministro Ilmar Galvão, em que se questionava, sob o ponto de vista formal, a divisão pelo Senado Federal dos seguintes dispositivos do projeto[19] que deu origem à Lei Complementar nº

---

17 DSF de 13/01/1996, p. 20.458.

18 BRASIL. Supremo Tribunal Federal. *Medida Cautelar na Ação Direta de Inconstitucionalidade (ADI-MC) nº 2.238*, Relator originário Ministro Ilmar Galvão, Relator para o Acórdão Ministro Carlos Britto (art. 38, IV, "b", RISTF), julgamento iniciado em 28/09/2000, encerrado em 09/08/2007, DJe 12/09/2008. Requerentes: Partido Comunista do Brasil (PCdoB), Partido dos Trabalhadores (PT), Partido Socialista Brasileiro (PSB). Requeridos: Presidente da República; Congresso Nacional.

19 BRASIL. Congresso Nacional. *Projeto de Lei Complementar (PLP) nº 18, de 1999 – Câmara dos Deputados*, do Presidente da República. Estabelece normas de finanças públicas voltadas para a responsabilidade na gestão fiscal e dá outras providências (Lei de Responsabilidade Fiscal). Projeto de Lei da Câmara (PLC) nº 4, de 2000

101, de 4 de maio de 2000 (Lei de Responsabilidade Fiscal)[20]: *caput* do art. 3º, para formar novo § 2º; *caput* do art. 5º, para formar novo § 7º; *caput* do art. 20, para formar novo § 6º; e inciso II do art. 63, desdobrado para que os três atos de divulgação semestral constassem, cada um, em uma alínea.

O Relator observou que o desdobramento poderia ser visto como alteração substancial, considerando, por exemplo, o veto aposto à alínea "a" do inciso II do art. 63, por meio do qual o Executivo inverteu o sentido da norma do *caput*. Contudo, argumentou que o STF não poderia declarar inconstitucional o texto, em ação de natureza abstrata, uma vez que ele era examinado de forma objetiva, sem consideração à intenção do legislador. Nem poderia essa alteração comprometer todo o texto da lei, tal como requerido na ação, no que foi acompanhado de forma unânime pelos demais Ministros. A maioria acompanhou o Relator, vencido o Ministro Marco Aurélio, ao afastar a inconstitucionalidade formal da lei, em sua totalidade, por não haver o projeto disciplinado por inteiro o art. 163 da Constituição. Em seguida, o Tribunal passou ao exame, separadamente, dos dispositivos questionados sob o ponto de vista material.

O tema da inconstitucionalidade formal, por violação aos arts. 65 e 66, § 2º, da Constituição, voltou a exame no julgamento de mérito da ADI nº 2.238, Relator Ministro Alexandre de Moraes, em 21 de agosto de 2019. O voto enfrentou o argumento da inicial de que as alterações feitas nos dispositivos emendados tiveram repercussão na orientação normativa adotada pela Câmara dos Deputados, uma vez que o desdobramento dos dispositivos possibilitou o veto presidencial aos novos parágrafos, o que não seria possível se mantida a redação da Casa iniciadora. Efetivamente, foram vetados nessa situação: art. 3º (embora inteiramente); o § 7º do art. 5º; o § 6º do art. 20; e a alínea "a" do inciso II do art. 63.

A impugnação foi afastada pelo Relator, sob fundamento de que as emendas aprovadas no Senado foram semanticamente indiferentes ante as formulações originais, tendo apenas provido um novo esquema de enunciação. Assim, aduziu que as modificações foram meramente for-

(Complementar) – Senado Federal. Tramitação bicameral disponível em: https://www25.senado.leg.br/web/atividade/materias/-/materia/43190. Acesso em 05 abr. 2023.

20 BRASIL. Lei Complementar nº 101, de 4 de maio de 2000, que "*Estabelece normas de finanças públicas voltadas para a responsabilidade na gestão fiscal e dá outras providências*". Disponível em: http://www.planalto.gov.br/ccivil_03/leis/lcp/lcp101.htm. Acesso em: 5 abr. 2023.

mais, de ordem estritamente topológica e redacional, em que algumas condicionantes previstas nos cabeçalhos das normas foram deslocadas para linhas auxiliares do texto, correspondentes a parágrafos e alíneas. Defendeu que o devido processo legislativo e o bicameralismo congressual foi respeitado, pois as Casas teriam aprovado o mesmo texto, inexistindo qualquer alteração substancial de conteúdo nos dispositivos impugnados. Afirmou não caber à jurisdição constitucional analisar suposições políticas subjetivas quanto à possibilidade de veto se a formatação final do texto fosse outra, pois o veto é manifestação do Presidente da República sobre o projeto de lei aprovado pelo Legislativo. Assim, a alegação de que a redação dada pela Casa revisora teve o intuito de permitir uma avaliação diversa do Presidente da República exigiria avaliação da intenção oculta do parlamentar que propôs as emendas, impossível em sede de controle de constitucionalidade. Não se poderia, ainda, aferir se esse eventual veto seria derrubado, tendo em vista ser ele superável pelo Congresso Nacional.

O Tribunal, por unanimidade, julgou improcedente a ação direta quanto à impugnação de inconstitucionalidade da Lei Complementar (LCP) nº 101, de 2000 (Lei de Responsabilidade Fiscal). Desse modo, restou novamente afastada pelo STF a possibilidade de impugnação por inconstitucionalidade formal de lei em cujo processo legislativo foi feita emenda de redação para desdobramento de dispositivos posteriormente alcançados por vetos presidenciais.

7.2.2. *A emenda de redação como recurso estratégico*

Tal como reconhecido pelos Ministros Relatores na ADI nº 2.238, a situação de divisão de dispositivos por emenda de redação, seguida de vetos presidenciais, impõe dificuldades ao exame da inconstitucionalidade da lei, uma vez que a forma final do texto decorreu de uma sequência de atos de autoridades ou instituições: a emenda de redação na Casa revisora; o veto do Presidente da República; a apreciação do veto pelo Congresso Nacional. De um lado, há de se considerar que o processo legislativo é ato complexo, com participação coordenada dos legitimados nas respectivas fases.[21] De outro, há de se ter em conta que cada uma

21 FERREIRA FILHO, Manoel Gonçalves. *Do processo legislativo*. 6ª ed. São Paulo: Saraiva, 2009, p. 206. No mesmo sentido: MORAES, Alexandre de. *Direito Constitucional*, 34ª ed. São Paulo: Atlas, 2018, p. 697.

desses participantes atuou no exercício regular de suas competências constitucionais.

O argumento pela inconstitucionalidade teria que se basear em suposta conjugação de desígnios das autoridades e instituições participantes do processo legislativo, inclusive de diferentes Poderes. A ação de natureza abstrata não permitiria a avaliação da intenção do legislador, como afirmado pelo Ministro Ilmar Galvão, ou a consideração de suposições políticas subjetivas, na expressão do Ministro Alexandre de Moraes. Essa oposição também poderia ser apontada quanto à possível negativa de vigência do § 2º do art. 66 da Constituição. Primeiro, porque o Senado não se envolve no ato do veto. Segundo, porque o Presidente não vetou parte de um dispositivo, como é proibido, mas sim um dispositivo que já lhe chegou dividido, pronto para o veto. Desse modo, não afrontou, por si, a vedação constitucional.

Nos julgamentos, as emendas de redação teriam tido efeito meramente topográfico, sem promover qualquer alteração substancial. Assim, compreende-se atendido o devido processo legislativo e o bicameralismo, uma vez que as duas Casas aprovaram o mesmo texto. Embora isto, em essência, tenha mesmo ocorrido na fase deliberativa, cabe observar que o texto veiculado na lei difere (substancialmente) da decisão da Casa iniciadora.

Na verdade, o texto que remanesceu e foi transformado em norma jurídica jamais foi aprovado, como tal, pela Casa iniciadora. Isso é contrário ao modelo de tramitação bicameral para elaboração das leis, que se baseia no art. 65 da Constituição. É até possível que um texto unicamente aprovado pela Casa iniciadora se torne lei, em caso de emenda da Casa revisora, rejeitada por aquela. Mas não há como se cogitar de um texto na lei que não tenha sido aprovado, em sua forma final, pela Casa iniciadora.

Cumpre analisar os exemplos apontados pelas ações. Na ADC nº 3, quanto ao inciso II do art. 15 da Lei nº 9.424, de 1996, no qual o Relator identificou ter duas regras, a Câmara dos Deputados jamais votou favoravelmente a um dispositivo que trouxesse unicamente a primeira delas (da disciplina da quota estadual), pois dispôs no mesmo dispositivo, junto com ela, a segunda regra (de distribuição dos recursos recebidos).

Mesmo que se aponte haver autonomia entre as regras, tal argumento não se aplica à sistemática bicameral dos projetos de lei. Assim, se a Casa revisora pretendesse suprimir a segunda regra, não poderia fazê-lo sem retornar a matéria à Casa iniciadora. Essa é, aliás, uma das objeções apresentadas por Mario Casasanta aos vetos parciais (ilimitados), a de que ele equivale a uma emenda supressiva.[22] Enfim, nas normas de elaboração das leis, não se pode considerar regular um dispositivo aprovado pela Casa iniciadora, mas que conste apenas em parte na lei.

Na ADI nº 2.238, vale exemplificar com um dos dispositivos sob exame, que chamou atenção do Relator, Ministro Ilmar Galvão, por haver vislumbrado possível alteração substancial. No texto da Casa iniciadora, o art. 63, II, facultava aos Municípios com população inferior a cinquenta mil habitantes a divulgação de três documentos, semestralmente.[23] No texto que remanesceu na LCP nº 101, de 2000, um deles, o "*Relatório Resumido da Execução Orçamentária*" deixou de constar, pois a alínea "a" do inciso reformulado foi vetada, mantendo-se os outros dois documentos nas alíneas "b" e "c". A Casa iniciadora (no caso, a Câmara dos Deputados) jamais aprovou a opção por apenas dois dos documentos (mas sim, por três), o que se afigura como afronta ao regime bicameral de elaboração das leis.

É inevitável, nesse ponto, recordar os motivos que deram origem, na Emenda Constitucional nº 17, de 26 de novembro de 1965, à limitação de que o veto parcial alcançasse todo o texto do dispositivo.[24] Lembra Manoel Gonçalves Ferreira Filho que o veto parcial é uma originalidade brasileira, adotado em 1926 para atender a necessidade de dar meios ao Executivo para suprimir dos textos legislativos as caudas ("*riders*"), acrescentadas maliciosamente durante a deliberação parlamentar para que o Presidente da República as aceitasse se não quisesse fulminar todo o texto. Depois, contudo, passou a servir para abusos do próprio governo, que mudava o sentido ou o alcance do texto, por meio do veto a palavras ou expressões. A prática, apesar da repulsa doutrinária, obteve aprovação dos tribunais.[25]

---

22 CASASANTA, Mário. *O poder de veto*. Edição Os Amigos do Livro. Belo Horizonte: Impresa Oficial do Estado de Minas Gerais, [1937?], p. 212.

23 DSF 04/02/2000, p. 1705.

24 O art. 7º da Emenda Constitucional nº 17, de 1965, alterava o § 1º do art. 70 da Constituição de 1946 e dispunha, na parte final desse parágrafo, que o "*veto parcial deve abranger o texto de artigo, parágrafo, inciso, item, número ou alínea*". (BRASIL. Emenda Constitucional nº 17, de 26 de novembro de 1965, que *altera dispositivos constitucionais referentes ao Poder Legislativo*. Disponível em: https://www.planalto.gov.br/ccivil_03/constituicao/emendas/emc_anterior1988/emc17-65.htm. Acesso em 7 abr. 2023.) Essa limitação foi revogada pela Emenda Constitucional nº 1, de 1969, mas retomada na Constituição de 1988.

25 FERREIRA FILHO, Manoel Gonçalves. *Do processo legislativo*. 6a. ed. São Paulo: Saraiva, 2009, p. 222-224.

Ainda na linha de fragilização das prerrogativas da Casa iniciadora, vale examinar o argumento de que o veto do Presidente da República seria superável pelo Congresso Nacional. Ocorre que a rejeição do veto dependeria do voto da maioria absoluta das duas Casas. Ou seja, a Casa iniciadora, para rejeitar o veto (e manter o texto integralmente como aprovou, embora com as modificações topográficas da Casa revisora), dependeria não só de um quórum de maioria absoluta (mais elevado do que o da aprovação da matéria, no caso das leis ordinárias), como também da posição convergente da Casa revisora, pois o veto deve ser rejeitado sucessivamente em ambas as Casas.[26]

Então, o que se observa é que a utilização estratégica da divisão de dispositivos por emenda de redação, para posterior veto do Presidente da República, ainda mais quando reiteradamente legitimado tal procedimento pelo STF, tem como consequência o fortalecimento da posição da Casa revisora, que acaba por ter a palavra final sobre a estrutura do texto normativo submetido à sanção.

Não é desconhecida, nem muitas vezes disfarçada, a estratégia de divisão de dispositivos como parte de negociações feitas entre a Casa revisora e o Poder Executivo para que não haja o retorno da matéria à Casa iniciadora, mediante compromisso de veto de dispositivos pelo Presidente da República. O exemplo a seguir apresentado é expressivo disso.

Durante a tramitação do Projeto de Lei nº 2.960, de 2015,[27] que deu origem à Lei nº 13.254, de 13 de janeiro de 2016,[28] de iniciativa do Poder

26 Esse argumento é utilizado por Manoel Gonçalves Ferreira Filho ao comentar a gravidade da prática de veto de palavras ou expressões, antes da EC nº 17, de 1965, ao registrar que "[...] *sendo necessária maioria qualificada para a rejeição do veto, o desnaturamento da lei era mantido* [...]". (FERREIRA FILHO, Manoel Gonçalves. *Do processo legislativo.* 6a. ed. São Paulo: Saraiva, 2009, p. 224).

27 BRASIL. Congresso Nacional. *Projeto de Lei (PL) nº 2.960, de 2015 – Câmara dos Deputados*, do Presidente da República. Dispõe sobre o Regime Especial de Regularização Cambial e Tributária de recursos, bens ou direitos de origem lícita não declarados, remetidos, mantidos no exterior ou repatriados por residentes ou domiciliados no País, e dá outras providências". No Senado: Projeto de Lei da Câmara (PLC) nº 186, de 2015. Tramitação bicameral disponível em: https://www.congressonacional.leg.br/materias/materias-bicamerais/-/ver/pl-2960-2015. Acesso em 6 abr. 2023.

28 BRASIL. Lei nº 13.254, de 13 de janeiro de 2016, que "dispõe sobre o Regime Especial de Regularização Cambial e Tributária (RERCT) de recursos, bens ou direitos de origem lícita, não declarados ou declarados incorretamente, remetidos, mantidos no exterior ou repatriados por residentes ou domiciliados no País". Disponí-

Executivo, sobre a repatriação de recursos, o Relator da matéria na Casa revisora (PLC nº 186, de 2015), Senador Walter Pinheiro, apresentou o Parecer nº 1.181, de Plenário,[29] concluindo pela aprovação da matéria com dez emendas de redação, sendo três com efeito modificativo e sete de efeito estrutural, reorganizando dispositivos aprovados na Câmara dos Deputados. O Relator justifica haver necessidade de ajustes de redação visando a cumprir a Lei Complementar nº 95, de 1998, segundo a qual as disposições normativas devem ser redigidas com clareza, precisão e ordem lógica. A cada emenda, esclarece as razões das modificações empreendidas. Como Anexo do Parecer, o Relator apresenta o "*Texto Consolidado com Emendas de Redação, para Esclarecimento aos Nobres Senadores*", no qual consta o sugestivo subtítulo: "*Destacados em **Negrito**: Dispositivos com **Indicação de Veto Presidencial***".

Na sessão do Plenário do Senado de 15 de dezembro de 2015, antes da votação da matéria, os debates giraram em torno do compromisso de veto da Presidente da República. Os opositores levantando dúvidas sobre esse compromisso e os integrantes da base do governo assegurando o cumprimento do acordo entre a Casa revisora e o Poder Executivo, de forma a evitar o retorno do projeto à Casa iniciadora. Na defesa do acordo, é representativa a fala da Senadora Vanessa Grazziotin, que faz referência a essa prática reiterada:

> A SRª VANESSA GRAZZIOTIN (Bloco Socialismo e Democracia/PCdoB-AM) – [...] Aí, vem alguns e dizem: "Mas e se a Presidente não vetar?" Quantas vezes nós votamos matérias aqui com o compromisso de veto por parte da Presidência da República, que é também parte do processo legislativo de construção das leis do País? Não há nada de errado quanto a isso. [...][30]

Para destravar o impasse sobre a votação da matéria, é requerida a presença do então Líder do Governo, para firmar o compromisso de veto em nome da Presidente da República. Em sua fala, afirma:

---

vel em: http://www.planalto.gov.br/ccivil_03/_Ato2015-2018/2016/Lei/l13254.htm Acesso em 5 abr. 2023.

29 Publicado no DSF 16/12/2015, p. 293-333.

30 DSF 16/12/2015, p. 343.

> O SR. JOSÉ PIMENTEL (Bloco Apoio Governo/PT-CE) – [...] Portanto, os termos aqui levantados pelo Senador Walter Pinheiro é o compromisso da Presidenta da República de vetar, porque, do contrário, volta para a Câmara. E lá eles já disseram que resgatam o texto. E, a partir daí, não teremos como vetar os abusos, vetar as janelas que abriram ali para virem determinados recursos que para nós são inadmissíveis.
>
> ....
>
> Volto a dizer, desde 2011, quando assumi essa tarefa de Líder do Governo no Congresso Nacional, todos os temas de que tratei aqui, independentemente da força política, se da Base do Governo ou da oposição, tive a felicidade de a Presidência da República bancar as posições que me autorizou aqui pactuar. Estou pactuando e reafirmando: todos aqueles itens que o nosso Senador Walter Pinheiro aqui enumerou nós vamos vetar, porque interessa ao Estado nacional e não a este ou àquele Governo.
>
> Por isso, peço voto "sim" ao parecer de Walter Pinheiro.[31]

Ao final da apreciação, rejeitados todos os requerimentos de destaque e demais emendas, o Projeto foi aprovado, com as dez emendas de redação propostas pelo Relator. Colocada em votação, a redação final foi aprovada por 41 votos Sim e 27 votos Não, dispensado de votar o Presidente. O projeto foi então encaminhado diretamente à sanção.

A Lei nº 13.254, foi sancionada em 13 de janeiro de 2016, com doze vetos da Presidente da República. Desses, sete incidiram sobre dispositivos contidos nas emendas de redação.[32] Todos os vetos foram mantidos em sessões conjuntas realizadas em 21 e 24 de maio de 2016. Nenhum dos vetos foi rejeitado nem mesmo na Casa iniciadora, mediante votação em cédula. Um deles chegou a ser destacado para votação no painel eletrônico (§ 1º do art. 8º), mas obteve 162 votos Sim e 129 votos Não.

---

31 DSF 16/12/2015, p. 347.

32 BRASIL. Congresso Nacional. Veto nº 4, de 2016. Disponível em: https://www.congressonacional.leg.br/materias/vetos/-/veto/detalhe/9942. Acesso em 6 abr. 2023. A seguir constam os dispositivos vetados. Os negritados foram objeto de emenda de redação: **inciso I do § 5º do art. 1º**; inciso VIII do art. 3º; **inciso IX do art. 3º**; inciso VI do § 1º do art. 4º; inciso V do § 8º do art. 4º; **inciso V do § 1º do art. 5º**; **inciso VIII do § 1º do art. 5º**; **inciso I do § 2º do art. 5º**; § 3º do art. 5º; § 4º do art. 5º; **§ 1º do art. 8º**; **inciso II do art. 10**.

Em estudo no campo da semântica, sobre a apreciação desse PLC nº 186, de 2015, Sabrina Dominique Dias Mancio conclui que, das dez emendas de redação, nove delas apresentam indícios de terem sido motivadas por fatores extraverbais, notadamente político-ideológicos e não por ajustes linguísticos. Observa que elas não são destinadas à correção ou à clareza gramatical, mas foram usadas de forma estratégica, pois a maioria dos ajustes redacionais foi feita com o intuito de facilitar vetos a partes indesejadas de dispositivos, para contornar a exigência de que alcançassem os dispositivos em sua totalidade.[33]

O exemplo serve não apenas para confirmar essa utilidade, mas também para mostrar que a interpretação mais ampla da emenda de redação permite uma releitura do parágrafo único do art. 65 da Constituição, que confere maior margem de atuação e participação na elaboração legislativa por parte da Casa revisora, que passa a decidir a forma final do projeto.[34]

As emendas de redação não são propriamente uma novidade, especialmente as de efeito modificativo, nem representam desafio inédito ao controle de constitucionalidade. Muitas vezes, contudo, suscitaram dúvidas quanto ao alcance da decisão sobre a inconstitucionalidade, se deveria restringir-se às expressões alteradas, ou abranger todo o dispositivo.[35] Essas controvérsias devem aumentar, não só em virtude da

33 MANCIO, Sabrina Dominique Dias. *Na Guerra entre Cotexto e Contexto, uma Letra Faz a Diferença: as emendas de redação no texto legislativo.* Brasília: UniCeub (Curso de Pós-graduação em Língua Portuguesa – Revisão de Texto), 2016.

34 A estratégia de uso da emenda de redação e envio à sanção provoca, por vezes, reação da Casa Iniciadora. Por exemplo, na tramitação do PL nº 6.393, de 2009 (PLC nº 130, de 2011, no Senado), a Câmara dos Deputados encaminhou ofício ao Senado, em 22/04/2021, solicitando a devolução do projeto para apreciação das alterações promovidas na Casa revisora. A matéria havia sido aprovada com emenda de redação modificativa e encaminhada diretamente à sanção, em 05/04/2021. Reconhecendo ter havido alteração de mérito, o Senado solicitou à Presidência da República a restituição dos autógrafos e devolveu o projeto à Câmara, em 27/04/2021. Tramitação bicameral disponível em: https://www.congressonacional.leg.br/materias/materias-bicamerais/-/ver/pl-6393-2009. Acesso em 8 abr. 2023.

35 Como exemplos, ver: ADI nº 574, Relator Ministro Ilmar Galvão, Tribunal Pleno, julgamento em 03/06/1993, DJ 11/03/1994, Requerente: Procurador-Geral da República, Requeridos: Presidente da República e Congresso Nacional; e ADI nº 3.472-MC, Relator Ministro Sepúlveda Pertence, Tribunal Pleno, julgamento em 28/04/2005, DJ 24/06/2005, Requerente: Associação Nacional dos Membros do Ministério Público (Conamp); Requerido: Congresso Nacional.

frequência de utilização das emendas de redação, mas também em consequência de sua utilização como recurso estratégico na tramitação das proposições, tal como demonstrado. De um lado, o mecanismo impõe novas reflexões ao controle de constitucionalidade, de outro, pode ser considerado um meio de trazer maior equilíbrio ao sistema bicameral, tradicionalmente propenso a favorecer preponderantemente a Casa iniciadora.

7.2.3. Adequações redacionais na apreciação pela Casa iniciadora de substitutivo da Casa revisora

Na apreciação pela Casa iniciadora do substitutivo da Casa revisora, que retornou àquela nos termos do parágrafo único do art. 65, foi visto que se abrem três alternativas: (a) a aprovação integral do substitutivo; (b) a aprovação parcial do substitutivo; ou (c) a rejeição integral do substitutivo. As alternativas (a) e (c) implicam a adoção definitiva, respectivamente, do substitutivo da Casa revisora ou do texto original da Casa iniciadora. Da alternativa (b) resultará a combinação dos dispositivos aprovados do substitutivo da Casa revisora com os dispositivos do texto original que não sejam substituídos por aqueles ou não sejam com eles incompatíveis.

Como já se trata da deliberação final da Casa iniciadora, o destino do texto resultante será a sanção presidencial.[36] A rigor, esse resultado deve restringir-se aos textos envolvidos na operação, ou seja, não se poderia cogitar de disposições que não estivessem contidas em um dos textos em confronto, ou seja, o substitutivo da Casa revisora, que se considera série de emendas em relação ao texto original do projeto de autoria da Casa iniciadora.

Podem ocorrer, porém, situações em que da combinação dos textos, ou de um exame mais detido da matéria, decorre a apreciação de emendas de redação ou de "ajustes redacionais" por parte da Casa iniciadora, alegadamente com o propósito de conferir ao texto resultante maior coerência, harmonia e sistematicidade, assim como eliminar vícios, defeitos ou incompatibilidades das disposições aprovadas. Essa operação

36 Nesse sentido: BRASIL. Supremo Tribunal Federal. ADI-MC nº 2182, Relator Ministro Maurício Corrêa, Tribunal Pleno, julgamento em 31/05/2000, DJ 19/03/2004. Requerente: Partido Trabalhista Nacional-PTN. Requeridos: Presidente da República e Congresso Nacional.

é particularmente sensível, e às vezes necessária, em textos de grande envergadura, como um código, estatuto ou "lei geral".

Dois exemplos podem ser mencionados. O primeiro é o Código de Processo Civil (Lei nº 13.105, de 16 de março de 2015), que teve origem no Projeto de Lei do Senado (PLS) nº 166, de 2010.[37] Aprovado no Senado Federal, o projeto foi encaminhado à Câmara dos Deputados, onde recebeu a identificação de PL nº 8.466, de 2010. Esta Casa aprovou um Substitutivo e retornou a matéria ao Senado Federal em 26 de março de 2014.

Para análise deste Substitutivo ao Projeto de Código (SCD nº 166, de 2010), a Presidência do Senado Federal entendeu necessária a combinação das regras de apreciação dos substitutivos da Câmara (art. 285 e 287 do RISF) com os específicos de tramitação dos projetos de código (art. 374 do RISF).[38] Em consequência, constitui Comissão Temporária Especial para análise de código (art. 374, I). Inicialmente, houve despacho do Presidente da Casa, em 30 de abril de 2014, informando que o Substitutivo da Câmara não era suscetível de emenda. Entretanto, constituída a Comissão Temporária, passou-se a receber emendas no prazo de vinte dias úteis, conforme previsão do art. 374, III, do RISF. Ao término do prazo, foram recebidas 186 emendas. Essas emendas, tendo em vista o estágio da matéria, não podiam alcançar o mérito da matéria, restringindo-se a ajustes meramente redacionais.

Ao final de seus trabalhos, o Parecer nº 956, de 2014, da Comissão Temporária foi favorável ao Substitutivo da Câmara, com os ajustes decorrentes do acolhimento de dezenas dessas emendas, na forma do texto que apresentou. Posteriormente, foi oferecido pelo Relator em plenário o Parecer nº 1.099, de 2014-PLEN. Na deliberação em plenário, em 16 e 17 de dezembro de 2014, o Substitutivo da Câmara foi aprovado, nos termos do texto consolidado com as adequações redacionais, seguindo-

37 BRASIL. Congresso Nacional. *Projeto de Lei do Senado (PLS) nº 166, de 2010, do Senador José Sarney. Projeto de Lei (PL) nº 8.046, de 2010, na Câmara*. Reforma do Código de Processo Civil. Disponível em: https://www.congressonacional.leg.br/materias/materias-bicamerais/-/ver/pls-166-2010. Acesso em 30 maio 2023.

38 Por meio do Ato do Presidente do Senado Federal nº 8, de 2014, foram destacados os seguintes membros da Comissão de Juristas que elaborou o anteprojeto do Código para acompanhar os trabalhos de redação final do Substitutivo da Câmara dos Deputados ao Projeto de Lei do Senado nº 166, de 2010, no Senado Federal: Ministro Luiz Fux (Presidente) e Professores Tereza Arruda Alvim Wambier, Paulo Cesar Pinheiro Carneiro, José Roberto Dos Santos Bedaque e Bruno Dantas.

-se a votação de diversas expressões e dispositivos destacados. O envio à sanção ocorreu em 25 de fevereiro de 2015.

Um segundo exemplo é o da nova Lei de Licitações e Contratos Administrativos (Lei nº 14.133, de 1º de abril de 2021), que teve origem no Projeto de Lei do Senado (PLS) nº 559, de 2013, de Comissão Temporária de Modernização da Lei de Licitações e Contratos Administrativos.[39] Após revisão, a Câmara dos Deputados (PL nº 6.814, de 2017) devolveu o projeto ao Senado com Substitutivo (identificado como PL nº 4.253, de 2020), aprovado em 10 de dezembro de 2020, nos termos do Parecer de Plenário nº 181, de 2020, que concluía pela rejeição de alguns dispositivos do Substitutivo, onze emendas de redação e adequações redacionais do Relator.[40]Posteriormente, foram feitas adequações de técnica legislativa e aprovada a redação final em 10 de março de 2021, sendo então o projeto encaminhado à sanção, que ocorreu em 1º de abril de 2021, com vetos parciais.

Como se vê, em projetos de lei de maior complexidade, parece ser insuficiente haver apenas uma rodada de revisão, como demonstram as emendas de redação e os ajustes redacionais formulados nos pareceres e nas deliberações da Casa iniciadora. Vale lembrar que, nesse estágio da tramitação, não se poderia agregar nenhuma inovação de mérito à matéria, sob pena de inconstitucionalidade formal, uma vez que o texto inovador jamais seria submetido à revisão da outra Casa. Eis o desafio imposto à Casa iniciadora, nem sempre de fácil consecução, pelo impulso natural de formular disposições decorrentes da evolução dos debates e do amadurecimento do tema versado.

Certamente, não teria boa acolhida a possibilidade de uma nova revisão do projeto, pela demora que tal sistemática ensejaria. Contudo, nessa situação específica, é conveniente se criar uma alternativa de confirmação do texto final consolidado pela Casa iniciadora pela Casa revisora, sem possibilidade de novas emendas, de forma a prestigiar o sistema bicameral e afastar o risco de futura inconstitucionalidade for-

39 BRASIL. Congresso Nacional. *Projeto de Lei do Senado (PLS) nº 559, de 2013, da Comissão Temporária de Modernização da Lei de Licitações e Contratos. Projeto de Lei (PL) nº 6.814, de 2017, na Câmara dos Deputados*. Institui normas para licitações e contratos da Administração Pública e dá outras providências. Disponível em: https://www.congressonacional.leg.br/materias/materias-bicamerais/-/ver/pls-559-2013. Acesso em 28 abr. 2023.

40 DSF de 11/12/2020 (nº 182), p. 80-148.

mal. Essa sugestão constará, em maiores especificidades, na seção final deste Capítulo.

7.3. Emendas de redação na revisão das medidas provisórias

A partir da Emenda Constitucional nº 32, de 2001, a sistemática do art. 65 da Constituição passou a ser aplicada também às medidas provisórias, sendo a Câmara dos Deputados sempre a Casa iniciadora, conforme o § 8º do art. 62. Já foi comentado que a falta de prazos intermediários para as instâncias de decisão e a obrigatoriedade do parecer da comissão mista, prevista no § 9º do art. 62 e ratificada pela ADI nº 4.029, acabaram por resultar, com frequência, na remessa da medida provisória ao Senado Federal nos últimos dias de seu prazo constitucional de tramitação.

Por isso, é frequente a alegação, assim que a matéria chega ao Senado, que não há tempo para receber emendas e retornar à Câmara. Uma das estratégias utilizadas pelo Senado então, para evitar o retorno, é exatamente a utilização das emendas de redação.[41] Contudo, na circunstância em que não há tempo de retorno, a estratégia somente tem lugar se o Senado receber para deliberação um projeto de lei de conversão, pois se receber o texto original da medida provisória não haveria como alterá-lo sem retornar à Câmara.

É importante, ainda, lembrar que o funcionamento das comissões mistas pode influenciar na necessidade de formulação de emendas de redação. Ocorre que, quando há a análise por comissão mista, o projeto de lei de conversão, apresentado como conclusão do parecer, em geral já teve as arestas aparadas entre as câmaras, consubstanciando as melhorias do texto e formalizando as convergências obtidas, minorando a necessidade de futuros ajustes de redação nos plenários das Casas.

O exíguo tempo de deliberação na Casa revisora pode levar, porém, ao uso estratégico da emenda de redação, tal como foi abordado para os projetos de lei, uma vez que a sistemática de revisão é equivalente. Não se pode descartar, ainda, a aprovação de emendas de mérito classificadas como emenda de redação para contornar a necessidade de retorno. Constatada tal impropriedade, os dispositivos alcançados poderão sofrer o veto jurídico do Presidente da República ou poderão estar sujeitos

41 São exemplos de medidas provisórias em que isso ocorreu as MPVs 173/2004, 436/2008, 455/2009, 510/2010, 532/2011, 549/2011, 765/2016 e 870/2019.

a serem declarados formalmente inconstitucionais pelo STF, por violação ao devido processo legislativo.

Exemplo dessa situação, dessa vez corrigida por intervenção judicial ainda no curso do prazo de sanção, deu-se na tramitação da MPV nº 759, de 26 de dezembro de 2016, sobre a regularização fundiária rural e urbana.[42] Em 31 de maio de 2017, o Senado Federal aprovou o PLV nº 12, de 2017, dela proveniente, com oito emendas de "*adequações redacionais*" e o remeteu à sanção. Houve, contudo, o ajuizamento do Mandado de Segurança nº 34.907, no qual os impetrantes (senadores) argumentavam que parte dessas emendas teriam alterado o mérito da proposição, razão pela qual a matéria deveria ter retornado à Câmara dos Deputados. Em 19 de junho de 2017, o Relator, Ministro Roberto Barroso, deu razão aos impetrantes, por reconhecer que três das emendas eram de mérito, e deferiu Medida Liminar, para suspender os efeitos da aprovação da matéria pelo plenário do Senado, determinando seu retorno à Câmara dos Deputados, para deliberação sobre as emendas, com dilação do prazo de até 10 dias corridos a partir do seu recebimento.[43] Nesse período, o Relator determinou a permanência em vigor do texto original da medida provisória, por aplicação analógica do § 12 do art. 62 da Constituição. Em 27 de junho, as emendas do Senado foram aprovadas pela Câmara dos Deputados, que então remeteu o projeto à sanção, tendo sido convertido na Lei nº 13.465, de 11 de julho de 2017,[44] com

---

42 BRASIL. Congresso Nacional. *Medida Provisória (MPV) nº 759, de 26 de dezembro de 2016*. Dispõe sobre a regularização fundiária rural e urbana, sobre a liquidação de créditos concedidos aos assentados da reforma agrária e sobre a regularização fundiária no âmbito da Amazônia Legal, institui mecanismos para aprimorar a eficiência dos procedimentos de alienação de imóveis da União, e dá outras providências. Disponível em: https://www.congressonacional.leg.br/materias/medidas-provisorias/-/mpv/127879. Acesso em 8 abr. 2023.

43 BRASIL. Supremo Tribunal Federal Medida Cautelar no Mandado de Segurança *(MS-MC)* nº 34.907/DF, Relator Ministro Roberto Barroso, decisão de 19/06/2017. Impetrante: Luiz Lindbergh Farias Filho e outro(a/s). Impetrado: Presidente do Senado Federal. Disponível em: https://portal.stf.jus.br/processos/downloadPeca.asp?id=312049406&ext=.pdf. Acesso em 8 abr. 2023.

44 BRASIL. Lei nº 13.465, de 11 de julho de 2017. Dispõe sobre a regularização fundiária rural e urbana, sobre a liquidação de créditos concedidos aos assentados da reforma agrária e sobre a regularização fundiária no âmbito da Amazônia Legal; institui mecanismos para aprimorar a eficiência dos procedimentos de alienação de imóveis da União; [...]. Disponível em: http://www.planalto.gov.br/ccivil_03/_ato2015-2018/2017/lei/l13465.htm. Acesso em 8 abr. 2023.

vetos parciais (parte deles rejeitados na sessão conjunta de 30 de agosto de 2017).

Como se vê, com relação às emendas de redação adotadas no Senado Federal (Casa revisora), estendem-se às medidas provisórias as considerações feitas sobre os projetos de lei, uma vez que nessa parte final da tramitação entre os plenários das Casas tem aplicação o art. 65, *caput* e parágrafo único, da Constituição, quanto à solução de divergências entre elas.

7.4. Emendas de redação na revisão das propostas de emenda à Constituição

As emendas de redação não se distinguem, quanto à sua natureza, conforme as proposições legislativas em que são utilizadas. Desse modo, a análise que se procedeu em relação ao conceito das emendas de redação aplica-se àquelas apresentadas para modificação de texto das propostas de emenda à Constituição.

Cabe recordar, a propósito, a decisão adotada pelo STF na ADI nº 2.666, Relatora Ministra Ellen Gracie,[45] que se valeu do precedente da ADC nº 3 para considerar regular o envio de proposta de emenda à Constituição à promulgação após emenda de redação cuja alteração não importou em mudança substancial no sentido do texto. Na ação, a emenda de redação sob exame teve efeito supressivo, uma vez que eliminava referência a dispositivo com previsão de noventena (art. 195, § 6º, CF), que de todo modo seria inaplicável à prorrogação, sem solução de continuidade, da contribuição provisória de movimentação financeira (CPMF), promovido pela proposta de emenda à Constituição. Desse modo, considerou-se que o envio à promulgação após a aprovação, pelo Senado Federal, do texto alterado pela emenda de redação não representou ofensa ao § 2º do art. 60 da Constituição.

Apesar da natureza ser a mesma, a utilização estratégica das emendas de redação sofre grande limitação no processo legislativo bicameral das propostas de emenda à Constituição. Isso porque não há envio da

45 BRASIL. Supremo Tribunal Federal. *Ação Direta de Inconstitucionalidade (ADI) nº 2.666*, Relatora Ministra Ellen Gracie, julgada em 03/10/2002, DJ 06/12/2002. Requerente: Partido Social Liberal (PSL). Requerido: Congresso Nacional. Disponível em: https://redir.stf.jus.br/paginadorpub/paginador.jsp?docTP=AC&docID=266881. Acesso em 16 abr. 2023.

proposta à sanção, após a aprovação das duas Casas, mas sim o encaminhamento à promulgação.

A respeito, na seção 5.4, foi observado que a emenda à Constituição será promulgada, em sessão solene conjunta, pelas Mesas da Câmara dos Deputados e do Senado Federal (art. 60, § 3º, CF; art. 85, RCCN).[46] Uma vez promulgada, a emenda constitucional é publicada com o respectivo número de ordem (art. 60, § 3º, CF). Além da solenidade que se justifica pela promulgação da norma de alteração da Constituição, a presença das Mesas das duas Casas promove a validação da regularidade bicameral da proposta. Essa forma de promulgação é, portanto, não só uma tradição das Constituições brasileiras, mas também uma forma de assegurar a convergência das duas Casas (representadas pelas respectivas Mesas) sobre o texto a ser promulgado, assim como o atesto do cumprimento, por ambas, do devido processo legislativo da proposta, inclusive sob o aspecto bicameral.

A seguir, passa-se a relatar situação em que houve discordância sobre uma emenda de redação e consequente impasse na promulgação de proposta de emenda à Constituição, que permanece "aprovada" há alguns anos, sem solução.

7.4.1. Uma PEC aprovada, mas nunca promulgada (sobre o rito das medidas provisórias)

Em 12 de junho de 2019, o plenário do Senado Federal aprovou a Proposta de Emenda à Constituição (PEC) nº 11, de 2011 (renumerada para PEC nº 91, de 2019), que "*altera o procedimento de apreciação das medidas provisórias pelo Congresso Nacional*".[47] De autoria de senadores (primeiro signatário o Senador José Sarney), apresentada em 18 de março de 2011, a matéria havia retornado à Casa seis dias antes da

46 O art. 85 do Regimento Comum do Congresso Nacional dispõe que "*aprovada a proposta em segundo turno, as Mesas da Câmara dos Deputados e do Senado Federal, em sessão conjunta, solene, promulgarão a emenda à Constituição com o respectivo número de ordem*".

47 BRASIL. CONGRESSO NACIONAL. *Proposta de Emenda à Constituição (PEC) nº 11, de 2011 – Senado Federal (renumerada para PEC nº 91, de 2019)*. Altera o procedimento de apreciação das medidas provisórias pelo Congresso Nacional. Proposta de Emenda à Constituição (PEC) nº 70, de 2011 – Câmara dos Deputados. Tramitação bicameral disponível em: https://www.congressonacional.leg.br/materias/materias-bicamerais/-/ver/pec-11-2011-sf. Acesso em 8 abr. 2023.

deliberação, após ter tramitado na Câmara dos Deputados (PEC nº 70, de 2011) por oito anos. A votação pelas Casas havia sido objeto de articulação do Presidente do Senado Federal junto ao Presidente da Câmara dos Deputados, depois de reiterados apelos dos senadores, para tentar superar o problema de falta de tempo suficiente para o Senado analisar as medidas provisórias, que chegam à Casa próxima ao esgotamento de seu prazo constitucional.

Aprovada a PEC pelos Plenários de ambas as Casas, e decorridos quatro anos, não foi convocada a sessão solene para promulgação. Já houve, porém, a promulgação de mais de duas dezenas de emendas à Constituição aprovadas depois dela. Trata-se, na verdade, de um impasse entre as Mesas, que decorreu de uma emenda de redação aprovada pelo Senado Federal.[48]

No texto da PEC aprovado pela Câmara, o prazo para aprovação da medida provisória, atualmente fixado - de forma integral, para o Congresso Nacional - em 60 dias, renovável automaticamente por mais 60, passava a ser dividido em quatro prazos específicos, de modo que ela perderia eficácia se qualquer um deles fosse descumprido (§ 3º do art. 62): I - 40 dias para "*apreciação*" pela comissão mista; II - 40 dias para aprovação pela Câmara; III - 30 dias para aprovação pelo Senado; IV - 10 dias para aprovação das emendas do Senado pela Câmara. Cada um dos prazos teria início dois dias úteis após o cumprimento da etapa anterior (no caso do inciso I, após a edição da MPV).

No Senado Federal, o Parecer nº 171, de 2019, de Plenário, de relatoria do Senador Antonio Anastasia, concluiu pela aprovação da PEC com a Emenda nº 3 (de Redação), justificada pela necessidade de promover "*aperfeiçoamentos meramente redacionais, por questões de técnica legislativa*". Para tanto, deu nova redação aos §§ 3º, 4º, 6º e 9º do art. 62 da Constituição. O Parecer afirma ter havido lapso manifesto quanto ao papel da comissão mista, de modo que a redação da Câmara não se sustenta, do ponto de vista da técnica legislativa, por dois motivos: (a) não há tecnicamente "*apreciação*" pela comissão mista, mas sim análi-

48 CAVALCANTE FILHO, João Trindade. A PEC nº 91/2019 e o curioso caso da emenda que foi sem nunca ter sido. *Consultor Jurídico (Conjur)*. 20 set. 2022. Disponível em: https://www.conjur.com.br/2022-set-20/fabrica-leis-pec-912019-curioso-e-emenda-foi-nunca-sido. Acesso em 17 mar. 2023.

se para emissão de parecer;[49] e (b) o estabelecimento do prazo deveria ocorrer no § 9º do art. 62 da CF, que já trata da comissão mista, e não mediante novo inciso no § 3º.

A emenda de redação do Senado manteve o prazo de 40 dias da comissão mista, mas sem que seu vencimento pudesse causar a perda de eficácia da medida provisória, apesar de ter sido acrescentado ser o parecer *"indispensável"*. Contudo, ultrapassado aquele prazo, já se iniciava a contagem do prazo de 40 dias da Câmara. Se emitido o parecer, dois dias úteis depois após ter sido recebido pela Câmara, o prazo da Casa teria início.[50] Com essas modificações, a PEC nº 91, de 2019 (originalmente, PEC nº 11, de 2011), foi aprovada em primeiro e segundo turnos, por unanimidade, no Senado Federal.

A Emenda nº 3 (de Redação) acabava por criar grave indefinição quanto ao prazo da Câmara dos Deputados, que teria início mesmo se não emitido o parecer da comissão mista, que era, por outro lado, considerado indispensável. Segundo os debates ocorridos no Plenário do Senado, os senadores entendiam que, nessa circunstância, a Câmara somente poderia deliberar sobre o texto original da medida provisória, por não ter ocorrido instrução sobre as emendas, nem oferecimento de projeto de lei de conversão. Evidente que tal entendimento ocasionaria severa limitação nas opções políticas e legislativas da Câmara dos Deputados.

Desse modo, a Mesa Diretora da Câmara dos Deputados não concordou nem que a Emenda fosse de redação, nem com a solução por ela estabelecida. Em face da alteração de mérito que identificava, não entendia estar a proposta pronta para promulgação, devendo retornar à Casa para novo exame. Como se vê, o impasse decorre tanto do instrumento (emenda de redação) utilizado pelo Senado Federal para dar a última forma à matéria, como do próprio teor da proposta, quanto ao efeito do decurso do prazo da comissão mista.

---

49 Conforme os regimentos internos das casas, a *"apreciação"* da proposição corresponde à sua discussão e votação (que se realiza em um ou dois turnos), dela resultando sua aprovação ou rejeição. O papel da comissão mista é de instrução da matéria, mediante oferecimento do respectivo parecer.

50 Para isso, a Emenda nº 3 (de Redação) suprimiu o inciso I do § 3º e deslocou a previsão do prazo de 40 dias da comissão mista para o até então inalterado § 9º, consignando ser o parecer *"indispensável"*. Ainda, o prazo de 40 dias da Câmara dos Deputados passou a ser contado *"do decurso do prazo previsto no § 9º ou do segundo dia útil seguinte ao recebimento do parecer da comissão mista"*.

Com relação à emenda de redação, verifica-se que a tentativa de uso estratégico desse recurso teve desfecho diverso das situações relatadas para os projetos de lei, em virtude da previsão de promulgação conjunta pelas Mesas das câmaras (art. 60, § 3º, CF). Essa forma de promulgação, como antecipado, além de servir como ato de autenticidade, funciona como meio de controle da regularidade da formação da norma, pela perspectiva das duas Casas.[51]

Quanto à discordância de fundo, voltaram a incidir as visões distintas entre as Casas sobre a solução a ser conferida à tramitação das medidas provisórias. As divergências vêm desde a PEC que deu origem à Emenda Constitucional nº 32, de 2001, e não foram resolvidas nem com o longo trâmite da PEC nº 11, de 2011. Alguns dos mais agudos pontos de divergência são a função e os prazos das comissões mistas. Após períodos de interrupção (2001-2012) e de retomada (2012-2020) de seu funcionamento, elas estiveram novamente suspensas durante a pandemia de Covid-19 (2020-2022). O impasse sobre a promulgação ficou esquecido durante esse tempo. Contudo, em 2023, no início da nova legislatura, o tema transformou-se em conflito institucional entre as Casas, que demonstram não só divergências sobre o processo legislativo das medidas provisórias, mas também sobre o papel e o equilíbrio de forças entre as Casas no sistema bicameral.

7.4.2. As emendas de redação e as divergências entre as Casas nas PECs

O modelo de tramitação bicameral das propostas de emenda à Constituição exige que o texto enviado à promulgação tenha obtido aprovação nas duas Casas, por três quintos dos votos de cada uma, em dois turnos, na forma do § 2º do art. 60 da Constituição. Como foi visto no exame desse modelo, não existem propriamente os papéis de Casa iniciadora e Casa revisora, uma vez que, a cada encaminhamento de uma câmara à outra, considera-se a proposta como uma nova. Ou seja, en-

51 A respeito da promulgação: CARVALHO, Kildare G. *Técnica legislativa*. 5a. ed. Belo Horizonte: Del Rey, 2010, p. 172-176; FERREIRA FILHO, Manoel Gonçalves. Do processo legislativo. 6a. ed. São Paulo: Saraiva, 2007, p. 251-252; SILVA, José Afonso da. *Processo constitucional de formação das leis*. 2a. ed. São Paulo: Malheiros, 2006, p. 228-245.

quanto permanecem as divergências entre as Casas, tem-se a continuidade da tramitação da proposta, o que ocasiona o efeito pingue pongue.

A emenda de redação atua nessa sistemática exatamente como uma forma de evitar o retorno à câmara anterior e, consequentemente, a consideração nela como uma outra proposta. Ou seja, trata-se de uma forma de abreviar a tramitação. A Casa então responsável pela revisão da proposta limita-se a proceder um ajuste de redação e, com isso, converge com o texto oferecido pela Casa anterior. A emenda de redação, nesse caso, viabiliza a solução da divergência ou, se preferir, a construção da convergência entre as Casas.

O § 3º do art. 60 da Constituição exige que a emenda à Constituição seja promulgada pelas Mesas das duas Casas do Congresso Nacional. O texto a ser promulgado terá a forma final, nesse caso, determinado pela Casa onde sofreu a última revisão e na qual ele foi alterado pela emenda de redação, sem necessidade de voltar à Casa anterior. Para tanto, embora a emenda de redação possa ser modificativa, supressiva ou divisiva, ela não pode ter alterado o sentido da proposição (ou seja, é emenda formal). A presença na sessão solene de promulgação e a sua realização atestam a concordância das duas câmaras com o texto da proposta transformada em emenda à Constituição, tanto no aspecto formal quanto substancial.

Cabe cogitar, porém, da aprovação, na Casa onde a proposta encontra-se em revisão (Casa-2), de emenda de redação que, embora assim qualificada, promova, na verdade, alteração substancial na proposta. Isso, muitas vezes, é justificado pela urgência de transformação da proposta em emenda à Constituição, buscando evitar-se o trâmite pela outra Casa (Casa-1). Essa hipótese leva à violação do devido processo legislativo, mas não se pode excluir a possibilidade de que ocorra, especialmente se houver pressão política do governo ou de grupos interessados nas disposições da nova emenda à Constituição. Também, aqui se estaria desconsiderando divergência possivelmente existente com a Casa formuladora do texto anterior (Casa-1), que não teria a oportunidade de aprovar ou não a versão modificada (pela Casa-2).

De todo modo, é preciso lembrar que a promulgação exigiria a concordância das Mesas das duas Casas. Portanto, a Mesa da Casa que teve a redação modificada (Casa-1) teria que participar do ato de promulgação, apesar da alteração substancial realizada. Tal circunstância não poderia, por si só, validar o texto ou suprir o seu vício formal, uma vez que a proposta não foi aprovada na forma do § 2º do art. 60, como exigido pela Constituição. Nessa hipótese, estaria sendo desconsiderada eventual discordância entre as Casas, em prol daquela que encaminhou a forma final da proposta à promulgação (Casa-2).

Outra possibilidade, esta exemplificada pela PEC nº 11, de 2011 (PEC nº 91, de 2019), é o impasse na promulgação da proposta, em virtude de discordância da Mesa da câmara que teve a proposta alterada (Casa-1), por considerar que essa alteração não decorre de emenda de redação da outra (Casa-2), mas sim de emenda de mérito, que implemente mudança substancial no texto. Não há solução prevista para essa situação de divergência, que poderá perdurar até que uma das Casas reconsidere sua posição em prol da outra, ou que retomem a tramitação da matéria. A formulação dessa saída, contudo, exigirá a construção de acordo político e encaminhamento jurídico-regimental, uma vez que a matéria já se encontra formalmente aprovada pelas duas Casas, com tramitação formalmente concluída.

7.5. Problemas e sugestões de solução sobre a prática das emendas de redação

A partir do estudo empreendido sobre a prática legislativa das emendas de redação, apresenta-se a seguir os problemas decorrentes e suas respectivas sugestões de solução.

I – Sugestão de validação das emendas de redação pela Mesa da Casa iniciadora nos projetos de lei

O parágrafo único do art. 65 da Constituição estabelece que, sendo o projeto emendado pela Casa revisora, deverá voltar à Casa iniciadora. Contudo, o art. 135 do Regimento Comum do Congresso Nacional (RCCN) estipula que a retificação de correções de linguagem, feita pela Casa revisora, desde que não altere o sentido da proposição, não exige o retorno à Casa iniciadora. Essas alterações são feitas por meio das emendas de redação.

Houve, porém, uma ampliação do conceito e aplicação das emendas de redação. Inicialmente, elas eram voltadas apenas a sanar vícios formais de linguagem ou de técnica legislativa. Passaram depois, a serem utilizadas preponderantemente para o aperfeiçoamento da redação das disposições normativas, o que as aproxima de possíveis alterações substanciais. Como decorrência, abriu-se a possibilidade de uso estratégico das emendas de redação para fazer prevalecer o texto da Casa revisora, evitando-se o retorno à iniciadora.

Não se vislumbra um retorno, por via normativa, a um conceito mais restrito de emendas de redação. Contudo, mostra-se necessário impedir seu uso estratégico e dar cumprimento às normas do modelo bicameral das leis, que conferem a última palavra à Casa iniciadora. Nesse sentido, uma solução aparentemente simples seria a revogação do art. 135 do Regimento Comum. No entanto, isso teria dois inconvenientes. O primeiro é que possivelmente seria construída interpretação que chegasse ao mesmo efeito, considerando-se não ter havido alteração de mérito na matéria. O segundo é que, se houvesse entendimento diverso, isso implicaria exigir-se a apreciação pela Casa iniciadora de toda e qualquer emenda de redação da Casa revisora, o que pode resultar em demora do processo legislativo.

Sugere-se, então, seja instituído um **procedimento de validação das emendas de redação** da Casa revisora **pela Mesa da Casa iniciadora**, que seria encarregada de encaminhar o projeto à sanção do Presidente da República. A sugestão inspira-se no controle da regularidade bicameral realizado pelas Mesas nas propostas de emenda à Constituição, adaptando-a ao modelo dos projetos de lei.

Esse procedimento seria previsto na Constituição Federal, inclusive para contemplar a hipótese das emendas de redação no art. 65. Nesse sentido, sugere-se o acréscimo de um § 2º nesse artigo, renomeando-se o atual parágrafo único como § 1º:

> *O art. 65 da Constituição Federal passa a vigorar com as seguintes alterações:*
>
> *"Art. 65. ...."*
>
> *§ 1º O projeto emendado no mérito pela Casa revisora voltará a Casa iniciadora para apreciação das emendas ou do substitutivo.*
>
> *§ 2º Se a Casa revisora formular emendas que não alcancem o sentido da proposição, encaminhará o projeto à Mesa da Casa iniciadora, que, mediante decisão pela maioria de seus membros, adotará um dos seguintes procedimentos:*
>
> *I – se houver concordância com o efeito meramente redacional das emendas, enviará o projeto à sanção, nos termos do art. 66;*
>
> *II – se, porém, entender que as emendas propostas alcançam o sentido da proposição, dará tramitação a elas na forma do § 1º." (NR)*

A proposta exige expressamente que a Mesa decida pela maioria de seus membros para evitar que o Presidente da Casa possa exercer monocraticamente a atribuição. Embora o procedimento possa ensejar atrasos no envio à sanção, ele devolve à Casa iniciadora a palavra final sobre a matéria, em coerência com o modelo bicameral de tramitação dos projetos de lei.

II - O problema das emendas de redação divisivas

A emenda de redação passou também a ser utilizada para dividir dispositivos, por razões de técnica legislativa. Ocorre que, por vezes, elas têm intenção de possibilitar futuros vetos presidenciais, contornando o disposto no art. 66, § 2º, da Constituição, que impede veto de expressões ou partes de dispositivos. O STF tem legitimado as emendas de redação divisivas, sob argumento de que: (a) as modificações promovidas são meramente formais, mantendo-se o conteúdo substancial; e (b) não cabe à jurisdição constitucional analisar a intenção subjetiva de seus autores. Contudo, verifica-se o possível uso estratégico dessas emendas, sem retorno à outra Casa. Contudo, em caso de veto de parte dividida, há de se ponderar que o texto transformado em norma jurídica, na sua forma final vigente, jamais foi aprovado pela Casa iniciadora, o que se mostra contrário ao sistema bicameral. Nesse caso, prevaleceu o texto (parcial) do dispositivo elaborado pela Casa revisora.

Não se vislumbra, nessa hipótese, solução normativa que pudesse, por exemplo, vedar a divisão dos dispositivos por emenda de redação, pois efetivamente ela pode ser necessária por razões de técnica legislativa ou de melhor compreensão da disposição. O que se poderia esperar é que **essa prática venha a ser avaliada de forma diversa à atual pelo STF**. De todo modo, considerando tratar-se de emenda de redação, **a sugestão anteriormente formulada já poderá**, de algum modo, **alcançá-la**.

III - Sugestão de validação das emendas de redação pela Mesa da Casa iniciadora nas propostas de emenda à Constituição

Já houve duas **situações de impasse entre as Mesas da Câmara dos Deputados e do Senado Federal sobre a promulgação de emenda constitucional**. No caso da Proposta de Emenda à Constituição nº 91, de 2019, ainda pendente, a dificuldade deu-se em razão de uma emenda de redação aprovada no Senado Federal, com a qual a Câmara dos Deputados não concordou, tanto sobre sua natureza quanto, possivelmente, em relação ao mérito.

No caso da Proposta de Emenda à Constituição nº 333, de 2004,[52] que tramitou como PEC nº 20, de 2008, no Senado Federal, houve discordância em relação a desdobramento que pretendia levar à promulgação apenas a definição sobre as faixas de quantitativos de vereadores conforme a proporcionalidade da população, deixando para posterior análise, em proposta autônoma, o limite de despesas das câmaras municipais.[53] A Mesa da Câmara dos Deputados, contudo, não concordou com a promulgação apenas em parte da proposta. Posteriormente, foi construída solução política e legislativa para continuidade da tramitação da matéria, que deu origem à Emenda Constitucional nº 58, de 23 de setembro de 2009.[54]

Não há solução regimental quando ocorre a **situação de impasse**. Considerando as experiências relatadas e a possibilidade de que voltem a ocorrer casos semelhantes, **sugere-se, seja ela regulamentada no Regimento Comum do Congresso Nacional**, mediante acréscimos de parágrafos ao art. 85, que prevê da realização da sessão conjunta solene de promulgação da emenda constitucional, nos seguintes termos:

> *O Regimento Comum do Congresso Nacional passa a vigorar com as seguintes alterações:*
>
> *"Art. 85. ....*
>
> *Parágrafo único. (Revogado)*
>
> *§ 2º A Casa na qual tenha sido concluída a tramitação da proposta comunicará o Presidente do Senado Federal para convocação da sessão conjunta solene de promulgação da emenda constitucional.*

52 BRASIL. Congresso Nacional. *Proposta de Emenda à Constituição (PEC) nº 333, de 2004, na Câmara dos Deputados, do Deputado Pompeo de Mattos e outros. PEC nº 20, de 2008, no Senado Federal.* Modifica a redação do art. 29-A e acrescenta art. 29-B à Constituição Federal para dispor sobre o limite de despesas e a composição das Câmaras de Vereadores e dá outras providências. Disponível em: https://www.congressonacional.leg.br/materias/materias-bicamerais/-/ver/pec-333-2004-cd .Acesso em 22 abr. 2023.

53 A tramitação dessa proposta será discutida em capítulo posterior, sobre a prática legislativo do desdobramento aplicado às PECs.

54 BRASIL. *Emenda Constitucional nº 58, de 23 de setembro de 2009.* Altera a redação do inciso IV do caput do art. 29 e do art. 29-A da Constituição Federal, tratando das disposições relativas à recomposição das Câmaras Municipais. Disponível em: http://www.planalto.gov.br/CCIVIL_03/Constituicao/Emendas/Emc/emc58.htm. Acesso em 22 abr. 2023.

§ 3º O Presidente do Senado Federal, ou seu Substituto, convocará a sessão conjunta solene após audiência da Mesa da Câmara dos Deputados e da Mesa do Senado Federal.

§ 4º Comunicada recusa pela Mesa da Câmara dos Deputados ou pela Mesa do Senado Federal quanto à promulgação da emenda constitucional, pelo não atendimento do § 2º do art. 60 da Constituição Federal, a Câmara na qual tiver ocorrido a última votação enviará a proposta para a outra, onde passará a tramitar como proposta nova."

Cabe observar que a hipótese aventada somente poderia ocorrer se a Mesa de uma das Casas alegar não terem sido atendidas as exigências de aprovação da matéria dispostas no § 2º do art. 60 da Constituição. Busca-se assim evitar eventual recusa por razões relacionadas ao mérito da proposta aprovada.

IV – Sugestão de votação do texto na Casa revisora (2ª análise) em hipótese de adequação final da Casa iniciadora

Foram apresentadas situações em que, tendo em vista a conjugação dos textos do substitutivo da Casa revisora e do texto original da Casa iniciadora, foi necessário promover ajustes redacionais ou de aperfeiçoamento da proposição, sobretudo em matérias de grande envergadura ou complexidade. Contudo, nesse estágio da tramitação, não se poderia promover qualquer inovação na matéria, uma vez que não haveria oportunidade de submeter o texto à outra Casa. Isso, porém, poderá mostrar-se necessário para dar tratamento mais harmônico e sistemático ao texto, eliminar vícios ou incompatibilidades, ou mesmo aperfeiçoar as disposições em função dos debates e do amadurecimento do tema.

Desse modo, pode ser **recomendável haver uma alternativa de confirmação do texto consolidado na Casa iniciadora pela Casa revisora**, no caso em que se constatar que os **ajustes promovidos implicaram alteração no sentido do projeto**. Para tanto, propõe-se abrir a possibilidade de que a **Casa iniciadora submeta o texto final resultante de sua deliberação à votação da Casa revisora**, como forma de evitar possíveis inconstitucionalidades formais e prestigiar o sistema bicameral. Essa segunda aprovação ocorreria **sem possibilidade de novas emendas** da Casa revisora. A sugestão encontra inspiração no art. 139-A do Regimento Comum, que autoriza procedimento de consulta à outra Casa nos projetos de código que tramitem há mais de três legislaturas e demandem a incorporação de alterações constitucionais ou legais supervenientes.

A **sugestão** pode ser formulada nos seguintes termos, mediante acréscimo de dispositivo (art. 138-A) no Regimento Comum do Congresso Nacional:

> *O Regimento Comum do Congresso Nacional passa a vigorar com as seguintes alterações:*
>
> *"Art. 138-A. Após a apreciação da Câmara iniciadora sobre o substitutivo da Câmara revisora, constatando-se ter havido ajustes que implicaram alteração no sentido do projeto, serão adotados os seguintes procedimentos:*
>
> *I – a Câmara iniciadora enviará o projeto para aprovação pela Câmara revisora, vedadas novas emendas ou substitutivo;*
>
> *II – se o projeto não for votado em quinze dias úteis pela Câmara revisora, será considerado aprovado e encaminhado à sanção pela Câmara iniciadora;*
>
> *III – é vedado à Câmara revisora rejeitar dispositivos que constaram em seu substitutivo;*
>
> *IV – se houver rejeição de dispositivo pela Casa revisora, a Casa iniciadora poderá encaminhar o projeto à sanção constando, em substituição àquele, dispositivo a ele correspondente do texto originalmente aprovado ou do substitutivo da Câmara revisora.*
>
> *V – comunicada a decisão da Casa revisora, a Câmara iniciadora enviará o projeto à sanção."*

As disposições permitem a aprovação do texto resultante da apreciação na Casa iniciadora pela Casa revisora, quando tenha sido constatada alteração no sentido do projeto. O envio à Casa revisora, contudo, não lhe garante a prerrogativa de emendar novamente o projeto, nem de ter a última palavra sobre ele. Por isso, em caso de rejeição de algum dispositivo pela Casa revisora, a Casa iniciadora poderá substituí-lo por dispositivo correspondente do projeto original ou do substitutivo, como lhe era assegurado anteriormente.

8

PRÁTICA LEGISLATIVA DE SUPRESSÃO (OU IMPUGNAÇÃO) DE EXPRESSÕES E DISPOSITIVOS

A supressão de dispositivos e expressões da proposição tem repercussões bastante distintas conforme o modelo de tramitação bicameral e, por consequência, a espécie normativa em elaboração. Na verdade, elas são as mesmas para os projetos de lei e as medidas provisórias, exceto por um procedimento específico, adotado pelo Senado Federal, para impugnação de matéria estranha ao objeto da medida provisória. Nas propostas de emenda à Constituição, contudo, a supressão de expressões ou dispositivos ganha aplicação distinta, que pode viabilizar a promulgação do texto, como solução mitigada de superação da divergência entre as Casas.

8.1. Supressão de dispositivos na revisão dos projetos de lei e das medidas provisórias

A razão para a equivalência de tratamento na supressão de dispositivos ou de partes das proposições nos projetos de lei e nas medidas provisórias se dá em razão da aplicação do parágrafo único do art. 65 da Constituição. Isso ocorre nos projetos de lei em virtude do modelo de tramitação bicameral que lhes é aplicável. Nas medidas provisórias, trata-se de decorrência da Emenda Constitucional nº 32, de 2001, que estabeleceu essa mesma sistemática, embora restrita aos plenários das Casas, após a instrução pela comissão mista, conforme os §§ 8º e 9º do art. 62 da Constituição. Mais diretamente, entre os plenários das Casas, tem aplicação o disposto no art. 65, parágrafo único, da Constituição.

8.1.1. Considerações sobre a supressão de dispositivos na revisão dos projetos de lei

Sobre a deliberação de projetos na Casa revisora, a Constituição determina que deverá ocorrer em um só turno de discussão e votação.

Quanto à votação, os Regimentos Internos determinam que será submetido a votação, em primeiro lugar, o texto do projeto ou do substitutivo (se houver), ressalvadas as emendas e os destaques (art. 189, RICD; art. 300, I e XIII, RISF). Aprovado o projeto ou o substitutivo, se não houver emendas ou destaques, ele irá à sanção. Rejeitado o projeto (integralmente), ele irá ao arquivo. Aprovado o projeto ou o substitutivo que tenha preferência regimental, passa-se à apreciação das modificações pretendidas nesse texto-base, entre as quais a possível supressão de dispositivos.

Nesse ponto, merece ser lembrada uma arguta observação de Victor Nunes Leal sobre o trâmite bicameral dos projetos de lei: a Casa revisora deve estar ciente de que, em caso de divergência com a Casa iniciadora, esta terá a última palavra sobre a matéria, de modo que ela poderá manter as partes que a Casa revisora preferia ver suprimidas. Desse modo, ele previne que, se a Casa revisora julga que um projeto contém disposições inaceitáveis, só tem um recurso: rejeitá-lo (integralmente). Assim, adverte: "*que [a Casa revisora] não tenha a veleidade de o emendar, para podar somente os espinhos, porque a câmara iniciadora, por simples maioria, pode desprezar todas as emendas e enviar à sanção o projeto primitivo*".[1]

As rejeições de dispositivos podem ser operacionalizadas, na Casa revisora, por meio dos seguintes instrumentos regimentais: emendas supressivas, destaques e substitutivos. As emendas supressivas são aquelas que mandam "*erradicar qualquer parte de outra proposição*" (art. 118, § 2º, RICD). Elas são oferecidas no curso da tramitação, junto com as emendas dos demais tipos, e recebem pareceres das comissões, que se manifestam por sua aprovação, ou não, e orientam a votação no Plenário. Aprovadas pela Casa revisora, elas provocarão o retorno do projeto à Casa iniciadora, nos termos do parágrafo único do art. 65. A redação final e o autógrafo que a reproduzirá deverão se limitar "*às emendas, destacadamente, não as incorporando ao texto da proposição*" (art. 195, § 4º, RICD; art. 319, *caput*, RISF).

Ou seja, não há propriamente o retorno do texto completo sem aquele dispositivo à Casa iniciadora, mas sim o encaminhamento a esta da emenda supressiva (consubstanciada em um comando de supressão), junto a outras emendas porventura aprovadas. Caberá à Casa iniciadora decidir sobre a emenda supressiva da Casa revisora. Se a aprovar, o texto

1 LEAL, Vitor Nunes. O sistema bicameral e a elaboração das leis na constituição de 1946. *Revista de Direito Administrativo*, v. 8, 1947, p. 440.

será suprimido do projeto enviado à sanção. Se a rejeitar, o texto permanecerá no projeto enviado à sanção. Desse modo, a divergência sobre a manutenção ou não da parte (expressão, dispositivo ou agrupamento de dispositivos) no projeto é decidida pela Casa iniciadora.

Outro instrumento regimental que poderá resultar na supressão de um texto é o *destaque*. Ao contrário da emenda, que constitui um comando de alteração do texto, o destaque é um mecanismo de votação específica sobre dispositivos nele indicados. O mais comum é o destaque para votação em separado (DVS), por meio do qual um texto é reservado para votação específica, posterior à deliberação do texto-base da matéria, o qual, portanto, não contempla a parte destacada (art. 161, RICD; art. 312, II, RISF).[2] Aprovado o texto-base, passa-se à votação das matérias destacadas, que poderão ser aprovadas ou rejeitadas (art. 162, VI, RICD; art. 314, III, RISF). Se a matéria destacada for rejeitada, ela não deverá integrar-se ao texto-base anteriormente aprovado. Em se tratando da Casa revisora, a rejeição da matéria destacada será formalizada por meio de uma emenda supressiva, para consideração da Casa iniciadora.

No Senado Federal, existe ainda o destaque para aprovação ou rejeição da matéria, embora seja muito rara sua utilização (art. 312, III, RISF). Na Câmara, existia um destaque para suprimir, total ou parcialmente, dispositivo de proposição, mas o inciso V do art. 161 do RICD foi revogado pela Resolução nº 21, de 2021. No destaque para rejeição, a matéria destacada permanece no texto base e é votada inicialmente junto dele (ou seja, não há sua separação). Por meio do destaque para rejeição, possibilita-se que, numa segunda deliberação, busque-se suprimir o dispositivo que já integrava o texto, alterando-se, portanto, o sentido da deliberação anterior.[3] Para aprovar a supressão, é necessário

2 Podem ser objeto de destaque: parte de proposição; emenda, subemenda ou parte delas; projeto ou substitutivo, ou parte deles, quando a preferência recair sobre o outro ou proposição apensada (art. 161, RICD; art. 313, RISF). Os requerimentos de destaque individuais devem ser aprovados pelo Plenário, salvo os apresentados por bancada de partido, na quantidade determinada por proporcionalidade disposta em cada Regimento Interno (art. 161, § 2º, RICD; art. 312, parágrafo único, RISF). Na Câmara dos Deputados, os destaques de iniciativa individual somente serão submetidos ao Plenário se houver a aquiescência da unanimidade dos Líderes, por escrito (art. 161, § 4º, com a redação dada pela Resolução nº 21, de 2021).

3 A propósito, ver: BRASIL. Câmara dos Deputados. *Questão de Ordem 10.500/1997*, levantada pelo Deputado Arnaldo Faria de Sá. Questiona a legalidade de retirada de requerimento de destaque para votação em separado - DVS, após a votação da proposição principal em face de a matéria objeto de destaque retornar à proposi-

obter o quórum estabelecido para aprovação da matéria (por exemplo, maioria absoluta no destaque para rejeição em lei complementar), pois a segunda votação reverte a anterior. Há dificuldade de compreensão no destaque para rejeição exatamente porque a nova votação e a determinação do quórum são contraintuitivas. Se houver a decisão pela rejeição na Casa revisora, ela será formalizada por meio de emenda supressiva para remessa à Casa iniciadora.

Desse modo, seja qual o mecanismo utilizado na deliberação interna da proposição na Casa revisora, se esta decidir (pretender) a supressão de expressão ou dispositivo, deverá encaminhar emenda nesse sentido, nos termos do parágrafo único do art. 65 da Constituição, para a Casa iniciadora. Esta vai dirimir a divergência, mantendo ou suprimindo o dispositivo.

Outra possibilidade é o encaminhamento de substitutivo da Casa revisora para a Casa iniciadora, no qual não constem expressões ou dispositivos anteriormente presentes. Como foi explanado anteriormente, a Casa iniciadora poderá votar o substitutivo da revisora em globo (integralmente), aprovando-o ou rejeitando-o, ou considerá-lo como uma série de emendas e votá-lo em correspondência com o projeto por ela originalmente aprovado, o que lhe dá a possibilidade de combinar os textos. Seja como for, a Casa iniciadora dará a última palavra sobre a forma final do texto, ou seja, se os dispositivos que constavam no seu projeto, mas não foram aproveitados no substitutivo da revisora, deverão permanecer no texto ou não.

A partir disso, duas observações merecem ser reforçadas quanto ao processo legislativo das leis. Primeiro, como bem observado por Victor Nunes Leal, não há outra solução para uma possível rejeição "parcial" por parte da Casa revisora. Ou ela rejeita todo o texto, exercendo seu poder de veto, ou permitirá que a Casa iniciadora possa, se assim entender mais adequado, rejeitar a emenda supressiva e manter no texto a parte não aprovada pela Casa revisora. Como consequência, e esse é o segundo ponto relevante, nesse caso o texto remetido à sanção contará, nessa parte, com aprovação tão somente da Casa iniciadora, pois a Casa revisora preferia que a parte não se tornasse lei. Talvez esteja aqui a mais eloquente característica da prevalência da Casa iniciadora e do

ção principal, sem a devida deliberação do plenário. Respondida pelo Presidente Dep. Michel Temer, em 10/12/1997, publicada no DCD 11/12/1997. Disponível em: https://www2.camara.leg.br/buscaQordem/. Acesso em 10/04/2023.

"*bicameralismo imperfeito*" adotado para o trâmite dos projetos de lei, nos termos do voto do Ministro Sepúlveda Pertence no julgamento da Medida Cautelar na ADI nº 2.182.[4]

8.1.2. A supressão de dispositivos na revisão das medidas provisórias

A supressão de dispositivos na apreciação de medida provisória, ou de projeto de lei de conversão, pelo plenário da Casa revisora, segue a sistemática das leis ordinárias, aplicando-se o disposto no art. 65 da Constituição, com as adaptações necessárias. Efetivamente, quaisquer mudanças de mérito aprovadas no plenário do Senado Federal em relação ao texto proveniente do plenário da Câmara dos Deputados resultarão na necessidade de que aquelas sejam submetidas a esta Casa.

No item 6.2.4 foram apresentadas as possibilidades de decisão do Senado conforme o texto que lhe for encaminhado, após aprovação pela Câmara dos Deputados. Se pretender promover alguma supressão nesse texto (a medida provisória original ou o projeto de lei de conversão), o Senado deverá fazer emendas supressivas a ele e retornar para consideração da outra Casa. Se o Senado, porém, optar por aprovar texto diverso (após inverter a preferência), poderá fazê-lo, caso em que retornará o texto que aprovar à Câmara dos Deputados. Este texto (aprovado pelo Senado) poderá não conter todas as partes do texto originalmente aprovado pela Câmara, o que equivalerá a emendas de supressão, tal como ocorreria no caso de substitutivo do Senado a um projeto de lei da Câmara. Em todos os casos, a decisão final sobre a permanência ou não das partes (que o Senado Federal prefere ver suprimidas) caberá à Câmara dos Deputados, por sua qualidade de Casa iniciadora (art. 62, § 8º, CF).

Interessante questão foi suscitada, porém, por procedimento adotado no Senado Federal para impugnação de matéria estranha ao objeto da medida provisória (emendas jabutis), inserida em texto aprovado pela Câmara dos Deputados. O procedimento é examinado a seguir. Depois,

4 BRASIL. Supremo Tribunal Federal. *Medida Cautelar na Ação Direta de Inconstitucionalidade (ADI-MC) nº 2.182-6/DF*, Relator Ministro Maurício Corrêa, Tribunal Pleno, julgamento em 31/05/2000, DJ 19/03/2004. Requerente: Partido Trabalhista Nacional-PTN. Requeridos: Presidente da República e Congresso Nacional. Disponível em: https://redir.stf.jus.br/paginadorpub/paginador.jsp?docTP=AC&docID=347470. Acesso em 11 abr. 2023.

são feitas considerações sobre as supressões operadas pela Casa revisora nas situações em que identifica inconstitucionalidade de dispositivos.

8.1.3. O procedimento de impugnação de matéria estranha ao objeto da medida provisória pelo Senado Federal

O procedimento de impugnação teve origem na Questão de Ordem 6/2015, levantada pelo Senador Ronaldo Caiado na sessão do Plenário do Sendo Federal de 2 de junho de 2015.[5] Ela veio na esteira das discussões sobre a falta de tempo hábil para a deliberação do Senado Federal sobre as medidas provisórias, especialmente sobre a impossibilidade de a Casa oferecer emendas (inclusive supressivas) sem que isso acarretasse grave risco de que perdessem efeito pelo esgotamento do seu prazo constitucional.

Essa situação repetiu-se, com grande repercussão, quando da apreciação da Medida Provisória (MPV) nº 668, de 30 de janeiro de 2015, cujo texto original tinha quatro artigos, aprovada pela Câmara dos Deputados na forma de projeto de lei de conversão (PLV nº 6, de 2015) contendo vinte e sete artigos, com dispositivos que veiculavam matérias estranhas ou implicavam aumento de despesa.[6] Ela foi convertida na Lei nº 13.137, de, 19 de junho de 2015, cuja ementa demonstra o acréscimo de matérias à norma convertida.[7] Para evitar situações como essa,

---

5 BRASIL. Senado Federal. *Questão de Ordem 6/2015*, sobre impugnação de matéria estranha à medida provisória (emendas jabutis). Levantada pelo Senador Ronaldo Caiado em 02/06/2015, DSF 03/06/2015, p. 665. Respondida pelo Presidente Senador Renan Calheiros, em 27/10/2015, DSF 28/10/2015, p. 76-79. Disponível em: https://www25.senado.leg.br/web/atividade/questoes-de-ordem/-/q/detalhe/2714. Acesso em 10 abr. 2023.

6 BRASIL. *Medida Provisória (MPV) nº 668, de 30 de janeiro de 2015.* Altera a Lei nº 10.865, de 30 de abril de 2004, para elevar alíquotas da Contribuição para o PIS/PASEP-Importação e da COFINS-Importação, e dá outras providências.

7 BRASIL. *Lei nº 13.137, de, 19 de junho de 2015.* Altera as Leis nºs 10.865, de 30 de abril de 2004, para elevar alíquotas da Contribuição para o PIS/Pasep-Importação e da Cofins-Importação, 11.941, de 27 de maio de 2009, 11.079, de 30 de dezembro de 2004, 10.925, de 23 de julho de 2004, 11.051, de 29 de dezembro de 2004, 7.827, de 27 de setembro de 1989, 8.212, de 24 de julho de 1991, 8.935, de 18 de novembro de 1994, 10.150, de 21 de dezembro de 2000, 12.810, de 15 de maio de 2013, 5.861, de 12 de dezembro de 1972, 13.043, de 13 de novembro de 2014, 10.522, de 19 de julho de 2002, 12.469, de 26 de agosto de 2011, 12.995, de 18 de junho de 2014, 13.097, de 19 de janeiro de 2015, 10.996, de 15 de dezembro de

o Senador Ronaldo Caiado defendeu, na referida Questão de Ordem, a possibilidade de impugnação, pelo Presidente do Senado Federal, dos dispositivos do projeto de lei de conversão que contivessem matéria estranha à originalmente veiculada pela medida provisória. Sugeriu, ainda, que esse procedimento dispensasse o retorno da matéria à Casa iniciadora, uma vez que os dispositivos impugnados não poderiam ser admitidos, nem mantidos na matéria, por serem inconstitucionais.

A resposta do Presidente do Senado, Senador Renan Calheiros, demorou alguns meses, para buscar fundamento na decisão adotada pelo Supremo Tribunal Federal, em 15 de outubro de 2015, na ADI nº 5.127, Redator para o Acórdão o Ministro Edson Fachin, que vedou a inserção, mediante emenda parlamentar, "*de matérias de conteúdo temático estranho ao objeto originário da medida provisória*" (contrabandos legislativos ou emendas jabutis). Ao decidir, o Presidente do Senado considerou que o saneamento das matérias estranhas à medida provisória encontra-se no juízo prévio sobre o atendimento dos pressupostos constitucionais (art. 62, § 5º, CF), que alcança "*todos os aspectos do devido processo constitucional legislativo*" e não na deliberação sobre o mérito da matéria.

Embora pudesse impugnar monocraticamente proposições contrárias à Constituição (art. 48, XI, RISF), o Presidente da Casa afirmou, em sua resposta, que competia ao Plenário o juízo prévio dos pressupostos constitucionais, de modo que ao colegiado caberia considerar não escrita matéria estranha à medida provisória, "*seja porque o novo conteúdo não atende aos pressupostos específicos de urgência, relevância e limitações materiais, seja ainda porque desborda dos limites constitucionais do poder de emendar, atribuído aos Parlamentares, por não guardar* [...] *pertinência temática*". Concluiu, então, que, do juízo preliminar que determinar a supressão parcial de texto, por violação dos pressupostos de admissibilidade, podia resultar duas consequências:

> 1) se o restante do texto apreciado após a supressão for aprovado como veio da Câmara dos Deputados, a Medida Provisória é promulgada ou o PLV respectivo segue para sanção presidencial sem o texto suprimido no Senado Federal;

2004, 11.196, de 21 de novembro de 2005, 10.833, de 29 de dezembro de 2003, e 12.024, de 27 de agosto de 2009, e o Decreto-Lei nº 1.598, de 26 de dezembro de 1977; revoga dispositivos das Leis nºs 4.380, de 21 de agosto de 1964, 9.430, de 27 de dezembro de 1996, e 8.177, de 1º de março de 1991; e dá outras providências.

2) se além da supressão por ausência dos pressupostos constitucionais ou por violação ao devido processo legal houver emenda de mérito à matéria conhecida, voltará à Câmara dos Deputados.[8]

Esclareceu, enfim, que ordinariamente as supressões promovidas pela Casa revisora deveriam ser reapreciadas pela iniciadora. Todavia, no rito especial das medidas provisórias, isto não deveria ocorrer se houvesse juízo negativo de admissibilidade parcial, pois a aprovação de qualquer texto dependia do juízo positivo de admissibilidade de ambas as Casas do Congresso Nacional, conforme o § 5º do art. 62 da Constituição. Desse modo, havendo supressão parcial do texto por inadmissibilidade, este seria tido como não escrito e a proposição seria encaminhada à sanção presidencial.

O procedimento foi utilizado pela primeira vez na apreciação da MPV nº 687, de 18 de agosto de 2015.[9] A matéria foi aprovada pela Câmara dos Deputados na forma de PLV nº 20, de 2015. No Senado, em 4 de novembro do mesmo ano, no juízo prévio de admissibilidade, foram impugnados e considerados como não escritos os arts. 5º e 7º do PLV, por falta de pertinência temática com a medida provisória. Deliberado o mérito, o PLV (com exceção dos dispositivos antes impugnados) foi aprovado e remetido à sanção.

O procedimento foi adotado em outras ocasiões. Porém, para a Câmara dos Deputados, trata-se de expediente utilizado pelo Senado Federal para negar vigência ao parágrafo único do art. 65 da Constituição. Seria uma forma de o Senado Federal (Casa revisora) suprimir dispositivos sem submeter tal modificação à Câmara dos Deputados (Casa iniciadora), inclusive como um modo de fazê-lo apesar do pouco tempo disponível até o final do prazo de eficácia da medida provisória. Desse modo, a Câmara dos Deputados entende haver alteração no mérito da matéria, o que exigiria o retorno, para sua apreciação final.

8 DSF 28/10/2015, p. 76-78

9 BRASIL. *Medida Provisória (MPV) nº 687, de 18 de agosto de 2015.* Altera a Medida Provisória nº 2.228-1, de 6 de setembro de 2001, para dispor sobre a Contribuição para o Desenvolvimento da Indústria Cinematográfica Nacional - Condecine, e a Lei nº 12.529, de 30 de novembro de 2011, para dispor sobre as taxas processuais sobre os processos de competência do Conselho Administrativo de Defesa Econômica - Cade, e autoriza o Poder Executivo federal a atualizar monetariamente o valor das taxas e dos preços estabelecidos pela Lei nº 6.938, de 31 de agosto de 1981.

Após a tramitação das MPVs nº 932, de 31 de março de 2020,[10] e nº 936, de 1º de abril de 2020,[11] a Mesa Diretora da Câmara dos Deputados chegou a impetrar, em 26 de junho de 2020, o Mandado de Segurança (MS) nº 37.227 no STF, com pedido de liminar, para tornar nulos os atos do Presidente do Senado que enviaram os respectivos projetos de lei de conversão para sanção, e para que a matéria fosse devolvida à Câmara, para apreciação dos dispositivos suprimidos pelo Senado Federal.[12] No dia 29 de junho de 2020, porém, foi formulada desistência da ação, para buscar entendimento entre os Presidentes das Casas.[13]

Eleitas novas Mesas, contudo, não tardou para os conflitos se repetirem. Dessa vez, o objeto da questão foi a MPV nº 1.040, publicada em 30 de março de 2021,[14] com o objetivo de promover a modernização do ambiente de negócios no país. Nesse caso, além da impugnação de diver-

10 BRASIL. *Medida Provisória (MPV) nº 932, de 31 de março 2020.* Altera as alíquotas de contribuição aos serviços sociais autônomos que especifica e dá outras providências. Disponível em: https://www.congressonacional.leg.br/materias/medidas-provisorias/-/mpv/141346. Acesso em 11 abr. 2023.

11 BRASIL. *Medida Provisória (MPV) nº 936, de 1º de abril de 2020.* Institui o Programa Emergencial de Manutenção do Emprego e da Renda e dispõe sobre medidas trabalhistas complementares para enfrentamento do estado de calamidade pública reconhecido pelo Decreto Legislativo nº 6, de 20 de março de 2020, e da emergência de saúde pública de importância internacional decorrente do coronavírus (covid-19), de que trata a Lei nº 13.979, de 6 de fevereiro de 2020, e dá outras providências. Disponível em: https://www.congressonacional.leg.br/materias/medidas-provisorias/-/mpv/141375. Acesso em 11 abr. 2023.

12 BRASIL. Supremo Tribunal Federal. *Mandado de Segurança nº 37.227.* Impetrante: Mesa da Câmara dos Deputados. Impetrado: Presidente do Senado Federal. Relator: Min. Ricardo Lewandowski. (Desistência homologada em 1 de junho de 2020). Disponível em: https://portal.stf.jus.br/processos/detalhe.asp?incidente=5950438. Acesso em 16 abr. 2023.

13 AGÊNCIA CÂMARA. Câmara desiste de ação no STF para votar MPs alteradas pelo Senado. *Agência Câmara.* Brasília: Câmara dos Deputados, 30 jun. 2020. Disponível em: https://www.camara.leg.br/noticias/672484-camara-desiste-de-acao-no-stf-para-votar-mps-alteradas-pelo-senado/. Acesso em 11 abr. 2022.

14 BRASIL. *Medida Provisória (MPV) nº 1.040, de 30 de março de 2021.* Dispõe sobre a facilitação para abertura de empresas, a proteção de acionistas minoritários, a facilitação do comércio exterior, o Sistema Integrado de Recuperação de Ativos, as cobranças realizadas pelos conselhos profissionais, a profissão de tradutor e intérprete público, a obtenção de eletricidade e a prescrição intercorrente na Lei nº 10.406, de 10 de janeiro de 2002 - Código Civil. Disponível em: https://www.congressonacional.leg.br/materias/medidas-provisorias/-/mpv/147864. Acesso em 11 abr. 2023.

sos dispositivos, e Senado fez alteração de mérito em outros, consolidando-as em um substitutivo encaminhado à Câmara. No parecer proferido no Plenário da Câmara sobre o substitutivo, o Relator, Deputado Marco Bertaiolli, afirma que "*a decisão de impugnar tais dispositivos foi recebida como Emenda Supressiva do Senado Federal ao texto do PLV nº 15, de 2021, e está sujeita à apreciação do Plenário da Câmara dos Deputados*". Argumenta não haver, nos dispositivos impugnados, "*qualquer traço de inconstitucionalidade por falta de pertinência temática*" e que eles foram analisados e aprovados pelo Plenário com o cuidado e tecnicidade que são marca de atuação legislativa da Câmara, sua Mesa e órgãos técnicos. O Plenário então, rejeitou o substitutivo e remeteu o seu texto anterior do projeto de lei de conversão à sanção, mantendo inclusive os dispositivos impugnados pelo Senado.[15]

A decisão da Câmara dos Deputados gerou grande indignação no Senado Federal, expressa em plenário pelo Presidente da Casa, Senador Rodrigo Pacheco, que classificou o procedimento da Câmara como "*absolutamente indevido, inaceitável, que fere o processo legislativo, que fere a soberania de cada uma das instituições, a independência e a autonomia de cada uma das instituições*".[16] Ao final, a MPV foi convertida na Lei nº 14.195, de 26 de agosto de 2021.[17] Todos os dispositivos impugnados pelo Senado Federal foram objeto de veto do Presidente da República. Depois, os vetos foram mantidos pelo Congresso Nacional na sessão conjunta de 27 de setembro de 2021.

Apesar de os dispositivos impugnados pelo Senado, ao final, não terem sido convertidos em lei, nem tudo restou pacificado. Os conflitos

---

15 Foi aprovada apenas, após destaque, emenda do Senado para supressão do inciso XII do art. 57 do texto aprovado pela Câmara dos Deputados. Tramitação da MPV nº 1.040, de 2021, disponível em: https://www.congressonacional.leg.br/materias/medidas-provisorias/-/mpv/147864. Acesso em 11 abr. 2023.

16 Conforme Diário do Senado Federal de 06/08/2021 (Sessão de 05/08/2021), p. 46-47.

17 BRASIL. *Lei nº 14.195, de 26 de agosto de 2021.* Dispõe sobre a facilitação para abertura de empresas, sobre a proteção de acionistas minoritários, sobre a facilitação do comércio exterior, sobre o Sistema Integrado de Recuperação de Ativos (Sira), sobre as cobranças realizadas pelos conselhos profissionais, sobre a profissão de tradutor e intérprete público, sobre a obtenção de eletricidade, sobre a desburocratização societária e de atos processuais e a prescrição intercorrente na Lei nº 10.406, de 10 de janeiro de 2002 (Código Civil); altera as Leis [...]. Disponível em: http://www.planalto.gov.br/ccivil_03/_ato2019-2022/2021/lei/L14195.htm. Acesso em 11 abr. 2023.

retornaram quando da deliberação da MPV nº 1.045, de 28 de abril de 2021, que instituiu o Benefício Emergencial de Manutenção do Emprego e da Renda e dispôs sobre medidas complementares para o enfrentamento da pandemia no âmbito das relações de trabalho.[18] A Câmara aprovou a matéria, em 12 de agosto de 2021, na forma do Projeto do Lei de Conversão (PLV) nº 17, de 2021. O texto original da MPV, de 24 artigos, passou a ter 94 no PLV, que definiam três novos programas,[19] alteravam a CLT, o CPC e outras leis.

No Senado, o parecer de Plenário do Senador Confúcio Moura foi pela aprovação do PLV, com acolhimento de várias emendas dos senadores, consolidadas em um substitutivo, que já não contemplava as alterações da CLT (arts. 88 em diante do PLV). Foram apresentados dez requerimentos de impugnação, que abrangiam os arts. 24 a 83, 86 e 88 a 93 do PLV, acrescidos na Câmara. Contudo, o Presidente do Senado indeferiu os requerimentos, sob argumento de que os dispositivos não veiculavam matéria estranha. Mas o plenário do Senado acabou por rejeitar os pressupostos de relevância e urgência (47 votos Não, 27 votos Sim e 1 abstenção). Segundo a manifestação dos senadores, a rejeição integral deu-se por entenderem inadequado que mudanças na legislação trabalhista fossem feitas por medida provisória e pela quantidade de emendas consideradas jabutis. A fala do Senador José Aníbal ilustra a posição dos senadores:

> Inacreditável que a Câmara, ao discutir essa medida provisória, tenha acrescentado 69 artigos – 69 artigos! –, entre eles, um que modifica 70 dispositivos da Consolidação das Leis do Trabalho. Realmente, é um escárnio ao processo legislativo! Não se discute mais, não se debate. Usa-se medida provisória a esse limite de acrescentar sobre um projeto de 25 artigos 69 novos artigos e 70

18 BRASIL. *Medida Provisória (MPV) nº 1.045, de 28 de abril de 2021.* Institui o Novo Programa Emergencial de Manutenção do Emprego e da Renda e dispõe sobre medidas complementares para o enfrentamento das consequências da emergência de saúde pública de importância internacional decorrente do coronavírus (covid-19) no âmbito das relações de trabalho. Disponível em: https://www.congressonacional.leg.br/materias/medidas-provisorias/-/mpv/148214. Acesso em 11 abr. 2023.

19 Eram eles: Programa Primeira Oportunidade e Reinserção no Emprego (Priore); Regime Especial de Trabalho Incentivado, Qualificação e Inclusão Produtiva (Requip); e Programa Nacional de Prestação de Serviço Social Voluntário.

> dispositivos sobre a Consolidação das Leis do Trabalho. É o que eles estavam chamando – e aí, sim – de uma reforma trabalhista.[20]

Porém, foi preponderante para a rejeição da MPV o receio de que, mesmo se houvesse impugnação de dispositivos pelo Senado, eles fossem retomados pela Câmara, apesar de haver acordo para que isso não acontecesse e da promessa do Líder do Governo no Senado de que entregaria o cargo se o acordo não fosse cumprido. Foram diversas as manifestações de senadores nesse sentido. Seguem apenas três trechos exemplificativos:

> Senador OTTO ALENCAR – Eu confio plenamente no Senador Confúcio Moura, nas suas boas intenções, mas não confio em que a Câmara dos Deputados vá aceitar o que se modificou aqui, [...] Não confio! Na Câmara, é confiar desconfiando. Então, se modificar aqui e mandar para a Câmara, serão recolocados todos os temas que foram retirados. [...]
>
> Senador IZALCI LUCAS – [...] Não dá para continuar, e todos que me antecederam, (...) todos, disseram que a Câmara não vai cumprir o acordo. Chegamos ao ponto, agora, de o Líder Senador Fernando Bezerra, meu querido e competente amigo, dizer "olha, se não cumprir, eu entrego meu cargo". Então eu acho que, se a gente não tiver uma atenção especial para isso, para que uma Casa respeite a outra, e que o Executivo também respeite o Congresso, em toda votação aqui, vai acontecer isso. [...]
>
> Senador CID GOMES – [...] O que a Câmara descobriu foi um atalho para transformar o sistema legislativo brasileiro num sistema unicameral, é isso que está acontecendo. Por mais de três vezes, o Senado tem manifestado a sua boa vontade, tem manifestado o dever de primar, de buscar a convivência entre as duas Casas legislativas. [...] Portanto, eu acho que, nesta tarde, nós vivemos um momento histórico em que está maduro, creio eu, pelo sentimento que colhi dos diversos depoimentos já apresentados nesta tarde, Presidente Veneziano, uma posição de basta. O Senado não permitirá mais que a Câmara, com todo o respeito, com a busca, como desejo que temos de uma boa relação, harmoniosa, entre as duas Casas, mas que a Câmara se aproveite dos prazos estabelecidos em medidas provisórias para tentar fazer reformas profundas, sem discussão: uma matéria que chega anteontem e que já estamos com o prazo agora de uma semana para discutir. [...]

20 DSF 02/09/2021, p. 39.

Como se vê pelo resultado, as desconfianças entre as Casas prevaleceram e a medida provisória acabou sendo rejeitada. O que se verifica é que, nesse caso, a sistemática de resolução de divergências aplicada às medidas provisórias (arts. 62 e 65, CF) levou ao exercício do poder de veto pela Casa revisora, mesmo com os possíveis prejuízos decorrentes da não conversão em lei da política pública originalmente veiculada pela medida provisória.

A indignação dos senadores, embora compreensível, acaba por misturar e expor três questões: (a) a prevalência de decisão da Casa iniciadora, decorrente da sistemática do parágrafo único do art. 65 da Constituição; (b) a falta de prazo para deliberação das instâncias intermediárias de tramitação da medida provisória, especialmente após a decisão do STF na ADI nº 4.029, e jamais normatizada posteriormente, do que resulta grave prejuízo para o Senado Federal, que é a última etapa de deliberação da matéria (salvo emenda); e (c) a ausência de um procedimento definido para a impugnação de matéria estranha à medida provisória nos plenários das Casas, que inclusive indique se a questão da pertinência temática concerne à admissibilidade (como entende o Senado) ou ao mérito (como entende a Câmara).

A propósito, vale lembrar que o fundamento principal do voto condutor da decisão na ADI nº 5.127, do Ministro Edson Fachin, era de que, se a medida provisória está sujeita aos pressupostos de urgência e relevância, não poderia haver uma emenda parlamentar ao projeto de lei de conversão que não observasse a correspondente pertinência lógico-temática. Essa avaliação situa-se no terreno da admissibilidade. Além disso, ao decidir sobre o tema, o STF elevou a pertinência temática a um requisito de natureza constitucional, embora sem norma expressa na Constituição. Desse modo, a aferição e controle da emenda sem pertinência temática, na visão do Tribunal, não se dão nem no âmbito legal (art. 7º, I, LCP nº 95, de 1998), nem se referem apenas ao mérito da matéria.

Se, por um lado, tais argumentos parecem dar razão ao Senado Federal, por outro, o exame do sistema bicameral de elaboração das leis indica que a Câmara dos Deputados deve ter a última palavra na solução da divergência, uma vez que a impugnação, tal como os demais procedimentos de supressão, deve ser reduzida à forma de uma emenda, a ser submetida à Casa iniciadora, nos termos do parágrafo único do art. 65 da Constituição. Essa questão passa a ser analisada mais detidamente na seção seguinte.

8.1.4. O dispositivo rejeitado por inconstitucionalidade pela Casa revisora deve retornar à iniciadora?

A questão que se coloca a partir do procedimento de impugnação de matéria estranha à medida provisória, adotado pelo Senado Federal, apresenta-se como desafio de interpretação ao art. 65, *caput* e parágrafo único, da Constituição. Se a Casa revisora rejeitar disposição do projeto de lei de conversão, por razões fundamentadas em inconstitucionalidade, poderá ela suprimi-la e enviar o projeto diretamente à sanção (art. 65, *caput*, CF)? Ou deverá formalizar emenda supressiva e retornar a matéria à consideração da Casa iniciadora (art. 65, parágrafo único, CF)?

Para buscar uma resposta, pelo menos três aspectos devem ser considerados: a equivalência com outras razões de inconstitucionalidade; a possível atribuição de controle político prévio de constitucionalidade; e a imprecisão da pertinência temática.

Quanto ao primeiro aspecto, cabe lembrar que ausência de pertinência temática não é a única causa possível de inconstitucionalidade, nem se aplica exclusivamente às medidas provisórias. No Capítulo 4, já se tratou de limites impostos às emendas, a partir do art. 63 da Constituição. Nesse dispositivo constitucional, veda-se o aumento de despesa prevista: nos projetos de autoria reservada do Presidente da República, ressalvado o disposto nos §§ 3º e 4º do art. 166; e nos projetos sobre organização dos serviços administrativos da Câmara dos Deputados, do Senado Federal, dos Tribunais Federais e do Ministério Público. A essa vedação, e a ela relacionada, o STF acresceu o requisito de que as emendas a tais projetos tenham pertinência temática com a matéria.

Não há disposição constitucional ou regimental com previsão sobre o tratamento a ser dado às emendas da Casa revisora que deixem de cumprir os limites constitucionais do aumento de despesas ou da pertinência temática nos projetos de iniciativa reservada. Assim, nada há que excepcione emendas da Casa revisora que tenham por objetivo sanear eventual inconstitucionalidade decorrente da inobservância desses limites. Ainda que seja essa a justificativa para a emenda supressiva, caberia ter aplicação o parágrafo único do art. 65 da Constituição, segundo o qual sendo o projeto emendado (por qualquer tipo de emenda, salvo a de redação), voltará à Casa iniciadora.

Um segundo aspecto a ser considerado é que um procedimento que permita à Casa revisora expurgar disposição do projeto por inconstitucionalidade, sem participação da outra Casa, assemelha-se à atribuição a ela de uma espécie de controle político prévio de constitucionalidade.

Seria controle político porque o órgão incumbido de exercê-lo seria político, por sua própria natureza; seria prévio porque realizado ainda no momento da formação do ato. Não se vislumbra, porém, amparo constitucional para que tal atribuição de competência seja deferida, isoladamente, à Casa revisora na sistemática do art. 65 da Constituição.[21]

É claro que as Casas podem rejeitar disposições por considerá-las inconstitucionais, especialmente a partir das manifestações das Comissões de Constituição e Justiça, mas não há autorização constitucional para que a Casa revisora o faça de forma isolada e com superioridade sobre a decisão da Casa iniciadora. O sistema bicameral definido no art. 65 da Constituição imporia até a prevalência inversa.

Cabe lembrar, inclusive, a lição de Anna Cândida da Cunha Ferraz, sobre a pouca eficácia e proteção da Constituição que a doutrina identifica, em geral, no desempenho do controle político de constitucionalidade:

> Se ao próprio Legislativo cabe verificar a constitucionalidade da lei que elaborou, dificilmente o fará dentro de critérios jurídicos, considerando efetivamente como parâmetro a Constituição; seus parâmetros serão forçosamente políticos. A sua autoridade como poder de fiscalização levá-lo-á a interpretar a Constituição conforme a lei e não a lei conforme a Constituição. [...][22]

Essa posição cética em relação ao controle político de constitucionalidade poderia ser ainda mais acentuada se fosse cogitada a possibilidade de que uma Casa pudesse exercer o controle de constitucionalidade das disposições aprovadas pela outra, num sistema bicameral em que esta última é que detém a prevalência da decisão. Não se trata de avaliar se tal prevalência foi ou não acertadamente deferida pelo constituinte, mas sim de verificar a compatibilidade do novo procedimento com o sistema.[23]

---

21 Vale registrar que a sistemática do art. 65 da Constituição difere da prevista no § 2º do art. 60 da Constituição, na qual a emenda constitucional somente será promulgada se houver concordância sobre o texto das duas Casas, de forma que a rejeição de uma delas inviabiliza que a disposição resulte em modificação na Constituição.

22 FERRAZ, Anna Cândida da Cunha. Conflito entre poderes: o poder congressual de sustar atos normativos do Poder Executivo. São Paulo: Revista dos Tribunais, 1994, p. 201.

23 Curiosamente, a aplicação dessa prevalência às medidas provisórias foi instituída pela Emenda Constitucional nº 32, de 2001, em decisão de que tomou parte o próprio Senado Federal.

Um último aspecto, relacionado ao anterior, diz respeito ao fato de que a falta de pertinência temática não é um dado objetivo, de simples e trivial observação, nem há amadurecimento suficiente, no âmbito legislativo ou judicial, para traçar com precisão os limites a serem observados. Desse modo, não é difícil haver divergência entre as Casas quanto à pertinência temática da emenda em relação à medida provisória.

A decisão adotada na ADI nº 5.127, até por ser inovadora quanto ao tema, preocupou-se mais em justificar o requisito de pertinência temática – extraindo-o de forma implícita da Constituição, a partir do devido processo legislativo – do que propriamente em fixar os parâmetros objetivos de sua verificação. Nisso colaborou o fato de que o dispositivo arguido tratava da profissão de técnico em contabilidade, quando a medida provisória no qual foi inserido versava sobre o Regime Especial de Incentivos para o Desenvolvimento de Infraestrutura da Indústria Petrolífera nas Regiões Norte, Nordeste e Centro-Oeste, e outras políticas públicas que em nada se relacionavam com profissões na área de contabilidade.[24]

Há situações, porém, em que a falta de pertinência temática não se mostra tão óbvia, especialmente no caso das medidas provisórias. Tal exigência foi extraída, de forma implícita, dos pressupostos de urgência e relevância da medida provisória, e do consequente rito especial a que é submetida no Congresso Nacional. Desse modo, a matéria versada na emenda deve vincular-se à medida provisória de modo a compartilhar com ela a urgência e a relevância, tornando justificável participar do procedimento célere de apreciação pelo Congresso Nacional.

Assim compreendida, a pertinência temática levaria a uma interpretação mais restritiva das emendas do que a que se refere, por exem-

24 BRASIL. *Medida Provisória (MPV) nº 472, de 15 de dezembro de 2009.* Institui o Regime Especial de Incentivos para o Desenvolvimento de Infraestrutura da Indústria Petrolífera nas Regiões Norte, Nordeste e Centro-Oeste - REPENEC; cria o Programa Um Computador por Aluno - PROUCA e institui o Regime Especial de Aquisição de Computadores para uso Educacional - RECOMPE; prorroga benefícios fiscais; constitui fonte de recursos adicional aos agentes financeiros do Fundo da Marinha Mercante - FMM para financiamentos de projetos aprovados pelo Conselho Diretor do Fundo da Marinha Mercante - CDFMM; dispõe sobre a Letra Financeira e o Certificado de Operações Estruturadas; altera a redação da Lei nº 11.948, de 16 de junho de 2009; ajusta o Programa Minha Casa Minha Vida - PMCMV; e dá outras providências. Disponível em: https://www.congressonacional.leg.br/materias/medidas-provisorias/-/mpv/95089. Acesso em 15 abr. 2023.

plo, a Lei Complementar nº 95, de 1998, nos incisos I e II do art. 7º, segundo os quais cada lei "*tratará de um único objeto*" (excetuadas as codificações) e ela "*não conterá matéria estranha a seu objeto ou a este não vinculada por afinidade, pertinência ou conexão*". Considerado o critério desses dispositivos, bastaria à emenda guardar alguma relação lógica com a medida provisória, situando-se dentro do mesmo âmbito material. A emenda precisaria tratar de assunto em que se identificasse haver afinidade, pertinência ou conexão com o campo temático da medida provisória.

Os limites a serem traçados para delimitar esse campo, contudo, poderão variar de extensão, a partir dos critérios utilizados, em cada caso, pelo legislador e depois, se provocada, pela jurisdição constitucional. Veja-se dois exemplos de julgamentos do STF, dos últimos anos, sobre a pertinência temática de emendas em medidas provisórias.

A ADI nº 5.855, Relator Ministro Alexandre de Moraes, versava sobre a inconstitucionalidade dos §§ 3º e 4º do art. 29 da Lei nº 6.015, de 31 de dezembro de 1973 (Lei de Registros Públicos-LRP)[25], acrescidos por emenda parlamentar à MPV nº 776, de 27 de abril de 2017, que alterava, em pontos diversos e com outro objetivo, a mesma Lei.[26] O texto original autorizava que para fins de registro, fosse considerada, na naturalidade do recém-nascido ou do adotado, o Município de residência da mãe ou do adotante, mesmo que, na primeira hipótese, fosse diverso do local de nascimento (art. 54, §§ 4º e 5º). Eram alterados também dados da certidão de nascimento (art. 19, § 4º) e dos assentos de nascimento (art. 54) e matrimônio (art. 70). A emenda acrescentava o § 3º ao art. 29 para autorizar que os ofícios do registro civil das pessoas naturais, considerados ofícios da cidadania, pudessem prestar outros serviços remunerados, na forma prevista em convênio, em credenciamento ou em matrícula com órgãos públicos e entidades interessadas. O § 4º disciplinava o convênio previsto no § 3º.

---

25 BRASIL. *Lei nº 6.015, de 31 de dezembro de 1973.* Dispõe sobre os registros públicos, e dá outras providências. Disponível em: http://www.planalto.gov.br/ccivil_03/leis/l6015compilada.htm Acesso em 15 abr. 2023.

26 BRASIL. *Medida Provisória (MPV) nº 776, de 27 de abril de 2017.* Altera a Lei nº 6.015, de 31 de dezembro de 1973, que dispõe sobre os registros públicos. Disponível em: https://www.congressonacional.leg.br/materias/medidas-provisorias/-/mpv/129029. Acesso em 15 abr. 2023.

Inicialmente, foi concedida Medida Cautelar para suspender a eficácia dos dispositivos acrescidos pela emenda. Na decisão, o Relator afirma quc "*chama a atcnção a disparidade temática entre o conteúdo original da MP 776 e o conteúdo das normas ora impugnadas*". Após descrever o conteúdo original, concluiu ser ele "*nada assimilável ao disposto nos §§ 3º e 4º, acrescidos ao art. 29 da LRP*".[27]

No julgamento de mérito, porém, após examinar a regulamentação do tema pelo Conselho Nacional de Justiça e informações sobre convênios já celebrados (mesmo após a liminar), o Relator entende não haver se caracterizado o contrabando legislativo, pois a matéria trata de registros públicos, respeitando-se a finalidade pretendida de forma original pelo Presidente da República (de ampliar o rol de atividades de todos os registradores, ao possibilitar o registro no local de domicílio da mãe), ao ampliar outros serviços a serem prestados por esses registradores, que passaram a ser denominados Ofícios da Cidadania. Conclui então que "*há conexão, há pertinência temática entre a redação original*", que pretendia a modificação da Lei de Registros Públicos, "*e o que acabou realmente sendo alterado*".[28]

Nesse aspecto é seguido pelos demais Ministros, com exceção do Ministro Marco Aurélio, para quem "*inovou-se totalmente*", para alterar artigo que não o seria pelo texto inicial da medida provisória. Apesar de seguir o Relator, o Ministro Luís Roberto Barroso faz a ressalva de que "*nós vamos ter que definir qual é a extensão que vamos querer dar ao contrabando legislativo*". Faz referências a precedentes, em que verifica serem hipóteses de evidente ausência de pertinência temática. Avalia, contudo, que no caso sob exame há um meio termo. Se for considerado que a medida provisória trata de questões afetas ao registro civil de pes-

27 BRASIL. Supremo Tribunal Federal. *Medida Cautelar na Ação Direta de Inconstitucionalidade (ADI) nº 5.855/DF.* Relator Ministro Alexandre de Moraes. Decisão Monocrática de 18/12/2017, DJ 01/02/2018. Requerente: Partido Republicano Brasileiro (PRB). Interessados: Presidente da República e Congresso Nacional. Disponível em: https://portal.stf.jus.br/processos/downloadPeca.asp?id=313530136&ext=.pdf. Acesso em 15 abr. 2023.

28 BRASIL. Supremo Tribunal Federal. *Ação Direta de Inconstitucionalidade (ADI) nº 5.855/DF.* Relator Ministro Alexandre de Moraes. Tribunal Pleno, julgamento em 10/04/2019, DJe 25/09/2019. Requerente: Partido Republicano Brasileiro (PRB). Interessados: Presidente da República e Congresso Nacional. Disponível em: https://redir.stf.jus.br/paginadorpub/paginador.jsp?docTP=TP&docID=750950380. Acesso em 15 abr. 2023.

soas naturais, não há pertinência temática. Se for considerado que ela cuida da Lei de Registros Públicos, e a emenda a outros aspectos de registros públicos, não há contrabando legislativo. Alerta que será necessário definir se o contrabando legislativo deve ser interpretado de forma mais alargada ou mais estreita. Opta, contudo, por adiar essa discussão, porque a Lei sob exame favorece a cidadania e a obtenção de documentos, sobretudo no interior do País.

Em outro exemplo, a ADI nº 5.769, Relator Ministro Dias Toffoli, tem por objeto o art. 7º da Lei nº 13.424, de 28 de março de 2017,[29] proveniente da MPV nº 747, de 30 de setembro de 2016.[30] O texto original da MPV teve por objetivo disciplinar os prazos e procedimentos dos pedidos de renovação de concessão e permissão dos serviços de radiodifusão, alterando para tanto a Lei nº 5.785, de 23 de junho de 1972.[31] O art. 7º da Lei nº 13.424, de 2017, acrescido por emenda parlamentar e impugnado na ADI, promove alteração no § 4º do art. 4º de outra norma, a Lei nº 6.615, de 16 de dezembro de 1978,[32] para modernizar as atividades e setores da profissão de Radialista.

O Relator inicia seu voto por rememorar sua posição contrária à aferição pelo Tribunal da pertinência temática nas medidas provisórias, por entender tratar-se de questão adstrita ao âmbito infraconstitucional (Lei Complementar nº 95, de 1998), bem como de aspectos sujeito à

---

29 BRASIL. *Lei nº 13.424, de 28 de março de 2017.* Altera as Leis nºs 5.785, de 23 de junho de 1972, 9.612, de 19 de fevereiro de 1998, 4.117, de 27 de agosto de 1962, 6.615, de 16 de dezembro de 1978, para dispor sobre o processo de renovação do prazo das concessões e permissões dos serviços de radiodifusão, e dá outras providências. Disponível em: https://www.planalto.gov.br/ccivil_03/_ato2015-2018/2017/lei/l13424.htm. Acesso em 15 abr. 2023.

30 BRASIL. Medida Provisória (MPV) nº 747, de 30 de setembro de 2016. **Altera a Leiº 5.785, de 23 de junho de 1972, para dispor sobre o processo de renovação do prazo das concessões e permissões dos serviços de radiodifusão.** Disponível em: http://www.planalto.gov.br/ccivil_03/_ato2015-2018/2016/Mpv/mpv747.htm. Acesso em 15 abr. 2023.

31 BRASIL. *Lei nº 5.785, de 23 de junho de 1972.* Prorroga o prazo das concessões e permissões para a execução dos serviços de radiodifusão sonora que especifica e dá outras providências. Disponível em: https://www.planalto.gov.br/ccivil_03/LEIS/L5785.htm. Acesso em 15 abr. 2023.

32 BRASIL. *Lei nº 6.615, de 16 de dezembro de 1978.* Dispõe sobre a regulamentação da profissão de Radialista e dá outras providências. Disponível em: https://www.planalto.gov.br/ccivil_03/LEIS/L6615.htm. Acesso em 15 abr. 2023.

avaliação *interna corporis* do Legislativo. Apesar disso, cede ao entendimento majoritário firmado na ADI nº 5.127.

Mas, no caso específico, verifica que a alteração introduzida pela emenda ampliou a proposta original da medida provisória, "*sem que, contudo, tal alteração possa ser considerada impertinente ou desconexa*", por se tratar de assunto correlato ao tratado originalmente, conforme justificado pelo parecer da comissão mista. Neste, afirma-se que "*no momento em que se busca modernizar as regras de renovação de outorgas, é necessária uma atualização na designação das funções dos profissionais que integram as empresas de radiodifusão, em face da obsolescência da atual regulamentação* [...]".

Valendo-se, inclusive, do precedente da ADI nº 5.855, o Relator conclui não ter havido contrabando legislativo na emenda que originou o art. 7º da Lei nº 13.424, de 2017, objeto da impugnação. O Tribunal, por unanimidade, julgou improcedente o pedido de declaração de inconstitucionalidade formulado na ação. Em trecho do acórdão, apresenta formulação sobre o alcance da pertinência temática:

> 3. Somente devem ser consideradas impertinentes, do ponto de vista temático, e qualificadas como "contrabando legislativo", emendas que versem assuntos totalmente alheios, estranhos, sem nenhuma conexão ou afinidade com o tema da medida provisória, o que não ocorre na espécie. Precedente.[33]

É de se reconhecer que, embora situado no campo temático da radiodifusão, em perspectiva ampla, a disciplina das atividades da profissão de Radialista não compartilhava da urgência e relevância que deram impulso à MPV nº 747, de 30 de setembro de 2016, sobre os prazos e procedimentos dos pedidos de renovação de concessão e permissão dos serviços de radiodifusão. O mesmo raciocínio poderia ser aplicado ao caso da ADI nº 5.855, adaptando-se ao campo temático dos registros públicos.

33 BRASIL. Supremo Tribunal Federal. *Ação Direta de Inconstitucionalidade (ADI) nº 5.769/DF.* Relator Ministro Dias Toffoli. Tribunal Pleno, julgamento em 28/11/2022, DJe 10/01/2023. Requerente: Partido Comunista do Brasil. Interessados: Presidente da República e Congresso Nacional. Disponível em: https://redir.stf.jus.br/paginadorpub/paginador.jsp?docTP=TP&docID=765088672. Acesso em 15 abr. 2023.

Embora se afigure destoante dos fundamentos da ADI nº 5.127, a orientação recentemente seguida pelo Tribunal promove interpretação ampliada para o requisito de pertinência temática das emendas a medidas provisórias. Pode-se considerar que ela seja decorrente da falta de uma limitação expressa a essas emendas na Constituição.

De um lado, isso confere maior margem de atuação para os parlamentares e para a política, prestigiando o Legislativo. De outro, abre a possibilidade de uma análise mais variada e instável da pertinência temática, inclusive com uma maior ocorrência de divergências entre as câmaras a respeito do atendimento a tal requisito. Do que foi observado, verifica-se que o exame, praticamente caso a caso, que se tem visto, tanto no Congresso Nacional quanto no STF, não recomenda atribuir a apenas uma das Casas, isoladamente, o controle da pertinência temática das emendas às medidas provisórias.

8.2. Supressão de disposições nas PECs para solução de divergências

No item 5.3.2, sobre a tramitação das PECs, tratou-se da necessidade de aprovação do texto no mesmo sentido nas duas Casas do Congresso Nacional, nos termos do § 2º do art. 60 da Constituição. Como se mostrou, disso decorre a possibilidade do efeito pingue-pongue, uma vez que há equivalência entre as Casas e não há regra de parada definida para a tramitação bicameral. Enquanto a proposta for alterada por uma, deverá tramitar para a outra Casa.

Cabe lembrar que, exatamente por essas características, não se conformam bem os conceitos de Casa iniciadora e Casa revisora na tramitação das propostas de emenda à Constituição. No decorrer da tramitação bicameral entre as Casas, aquela que recebe a proposta vinda da outra câmara sempre atuará no papel de revisora, considerando-se a proposta recebida como nova (isto é, sujeita a nova apreciação).

Assim, aprovada a proposta na Casa-1, onde teve origem, ela é encaminhada à outra. A Casa-2 terá as possibilidades usuais de decisão: (a) aprovar a proposta original, integralmente ou com emenda de redação, e enviá-la à promulgação; (b) rejeitar a proposta e arquivá-la; ou (c) fazer emendas à proposta e encaminhá-la de volta à Casa-1. Abre-se aqui, contudo, uma outra possibilidade: (d) que a Casa-2 aprove parte da proposta, suprimindo a parte rejeitada, enviando a parte remanescente do texto à promulgação. Isso seria possível porque a parte aprovada do texto nas duas Casas, em dois turnos e pelo quórum de três quintos, teria cumprido o requisito exigido pelo § 2º do art. 60 da Constituição. Por isso, já se poderia considerar que ele foi fruto de concordância entre as duas Casas, tendo servido a rejeição (supressão) das disposições na última câmara como forma de expurgar as partes não desejadas (pelo menos por esta).

Para caracterizar bem o modelo de tramitação bicameral das PECs, observe-se que se a opção da Casa-2 for a de emendas à proposta e retorno à Casa-1, a proposta será recebida nesta como se fosse nova (a Casa-1 então torna-se revisora dessa nova proposta). Abrem-se aquelas mesmas possibilidades para a decisão da Casa-1. Nesta, poderá ocorrer a rejeição, a aprovação integral, a aprovação com emendas, ou a aprovação parcial (com supressão das partes rejeitadas). Os encaminhamentos serão os mesmos anteriormente descritos. A rejeição encerrará a tramitação, com destino ao arquivo. A aprovação integral ou a aprovação parcial (possivelmente) permitirão o envio à promulgação. A aprovação com emendas fará a proposta retornar à Casa-2, na qual as mesmas opções estarão disponíveis quando a proposta lá estiver, e assim sucessivamente, caracterizando o pingue-pongue. É necessário examinar, contudo, quando será possível o envio da proposta parcialmente aprovada à promulgação.

8.2.1. A possibilidade de envio à promulgação após supressão de disposições

Na tramitação bicameral dos projetos de lei, viu-se que seria requerida a última palavra da Casa iniciadora mesmo em caso de aprovação parcial do texto, uma vez que a rejeição da outra parte na Casa revisora deveria ser formalizada como emenda supressiva e, consequentemente, submetida à final decisão da iniciadora, que poderia manter ou não essa parte no texto. E nas propostas de emenda à Constituição, em que não se tem a prevalência de uma das Casas, nem a possibilidade de decisão pela manutenção no texto de disposições rejeitadas pela outra, também seria necessária a apreciação pela outra Casa, se suprimida parte da proposta? Seria sempre cabível, nessa hipótese, remeter-se a parte remanescente, já aprovada por ambas, à promulgação?

Um precedente foi localizado na tramitação da PEC nº 48, de 1991, do Deputado Luiz Carlos Hauly, encaminhada ao Senado Federal em 4 de fevereiro de 1993, onde tomou o número PEC nº 2, de

1993.[34] A proposta tinha objetivos variados, entre os quais a instituição do imposto sobre movimentação e transmissão de valores e de créditos e direitos de natureza financeira (IMPF). Alterava também dispositivos da Constituição, inclusive para criar a ação declaratória de constitucionalidade (art. 101, I, "a"), de competência do STF, e uma ação direta de interpretação do Direito Federal (art. 105, I, "i" e §§ 2º e 3º), de competência do STJ.

Na sessão do Senado Federal de 18 de fevereiro de 1993, foram lidas, pelo Senador Josaphat Marinho, notas do Presidente do STF contrárias à criação desta última ação.[35] Visando a rejeição dessa criação, o Senador Josaphat Marinho apresentou destaque para votação em separado dos dispositivos a ela referentes, na votação em segundo turno da PEC, em 10 de março de 1993. Submetida à votação, a matéria destacada (art. 105, I, "i" e §§ 2º e 3º) foi rejeitada por não alcançar o quórum de três quintos (45 Sim, 25 Não, Total 70).[36] Dias após, foi promulgada a Emenda Constitucional nº 3, de 17 de março de 1993,[37] sem que constasse a alteração ao art. 105, aprovada pela Câmara, mas rejeitada pelo Senado Federal. Não se identificou, porém, registro de discussão sobre o procedimento adotado.

O primeiro debate sobre o procedimento de supressão foi identificado na tramitação da PEC da Reforma Administrativa (PEC 173/1995-CD; PEC 41/1997-SF)[38], que deu origem à Emenda Constitucional nº 19, de 5

34 BRASIL. Congresso Nacional. *Proposta de Emenda à Constituição (PEC) nº 48, de 1991, na Câmara dos Deputados, do Deputado Luiz Carlos Hauly e outros. PEC nº 2, de 1993, no Senado Federal.* Altera dispositivos da Constituição Federal. (Deu origem à Emenda Constitucional nº 3, de 1993). Disponível em: https://www.congressonacional.leg.br/materias/materias-bicamerais/-/ver/pec-48-1991-cd. Acesso em 18 abr. 2023.

35 DSF de 19/02/1993, p. 1728-1729.

36 DSF de 11/03/1993, p. 2121-2122.

37 BRASIL. *Emenda Constitucional nº 3, de 17 de março de 1993.* Altera os arts. 40, 42, 102, 103, 155, 156, 160, 167 da Constituição Federal. Disponível em: https://www.planalto.gov.br/ccivil_03/constituicao/Emendas/Emc/emc03.htm. Acesso em 17 abr. 2023.

38 BRASIL. Congresso Nacional. *Proposta de Emenda à Constituição (PEC) nº 173, de 1995, na Câmara dos Deputados (PEC da Reforma Administrativa), do Poder Executivo. PEC nº 41, de 1997, no Senado Federal.* Modifica o capítulo da Administração Pública, acrescentas normas as Disposições Constitucionais Gerais e estabelece normas de transição. (Deu origem à Emenda Constitucional nº 19, de 1998). Disponível em: https://www.congressonacional.leg.br/materias/materias-bicamerais/-/ver/pec-173-1995-cd. Acesso em 17 abr. 2023.

de maio de 1998.[39] Em 15 de janeiro de 1998, a Comissão de Constituição, Justiça e Cidadania (CCJ) do Senado aprovou Complementação ao Parecer nº 24, de 1998, sobre a PEC 41/1997 (Reforma Administrativa),[40] no qual concluía pela prejudicialidade das alterações promovidas pelos arts. 13 e 14 da PEC 41/1997 ao art. 73 e ao inciso VI do art. 93 da Constituição, em virtude de seu prejulgamento pelo Plenário em outra deliberação (art. 334, II, RISF).[41]

Os dispositivos versavam sobre a aposentadoria especial dos magistrados e membros dos Tribunais de Contas da União. Ocorre que tinha havido deliberação anterior do Senado, em 8 de outubro de 1997, ao aprovar o Substitutivo da Reforma da Previdência (PEC 33/1996-SF; PEC 33/1995-CD)[42], que tramitava concomitantemente, em sentido diverso, sobre o mesmo tema, ao igualar a aposentadoria dos magistrados e membros dos Tribunais de Contas da União aos servidores públicos em geral.[43] Em 27 de janeiro de 1998, o Plenário do Senado votou e aprovou a prejudicialidade dos dispositivos, nos termos da Complementação do Parecer, em votação simbólica.[44] Essa decisão teve como efeito a supressão dos dispositivos mencionados do texto da Reforma Administrativa, já aprovados na Câmara e então em apreciação no Senado

39 BRASIL. *Emenda Constitucional nª 19, de 4 de junho de 1998.* Modifica o regime e dispõe sobre princípios e normas da Administração Pública, servidores e agentes políticos, controle de despesas e finanças públicas e custeio de atividades a cargo do Distrito Federal, e dá outras providências. Disponível em: http://www.planalto.gov.br/ccivil_03/constituicao/emendas/emc/emc19.htm. Acesso em 17 abr. 2023.

40 Publicado no DSF de 16/01/1998, p. 717-718.

41 O art. 334 do Regimento Interno do Senado dispõe que o Presidente, de ofício ou mediante consulta de qualquer senador, declarará prejudicada a matéria dependente de deliberação do Senado: "[...] *II - em virtude de seu prejulgamento pelo Plenário em outra deliberação*".

42 BRASIL. Congresso Nacional. *Proposta de Emenda à Constituição (PEC) nº 33, de 1995, na Câmara dos Deputados (PEC da Reforma da Previdência), do Poder Executivo. PEC nº 33, de 1996, no Senado Federal.* Modifica o Sistema de Previdência Social, estabelece normas de transição e dá outras providências. (Deu origem à Emenda Constitucional nº 20, de 1998). Disponível em: https://www.congressonacional.leg.br/materias/materias-bicamerais/-/ver/pec-33-1995-cd. Acesso em 17 abr. 2023.

43 BRASIL. *Emenda Constitucional nª 20, de 15 de dezembro de 1998.* Modifica o sistema de previdência social, estabelece normas de transição e dá outras providências. Disponível em: http://www.planalto.gov.br/ccivil_03/constituicao/emendas/emc/emc20.htm. Acesso em 17 abr. 2023.

44 DSF de 28/01/1998, p. 1363-1364.

O procedimento suscitou, na Câmara dos Deputados, em 27 de janeiro de 1998, a Questão de Ordem 10.130/1998, do Deputado Arnaldo Faria de Sá, que manifestava discordância com o fato de o Senado haver informado que não retornaria a Reforma Administrativa à Câmara, apesar da supressão dos dispositivos por prejudicialidade.[45] Em resposta, no dia 3 de fevereiro de 1998, o Presidente da Câmara, Deputado Michel Temer, posiciona-se pela imprescindibilidade do retorno da proposta para que a Câmara analisasse a parte prejudicada ou alterada pelo Senado. Contudo, argumentou que, havendo alterações parciais pelo Senado, somente as partes alteradas deveriam ser submetidas à Câmara: se supressivas, diretamente pelo Plenário; se modificativas ou aditivas, como se fosse proposta nova. Afirmou que o restante da proposta, não alterada pelo Senado, poderia ser promulgada, ainda que as outras alterações estivessem pendentes de tramitação na Câmara dos Deputados. Essa seria a forma de se evitar o "*absurdo de o pingue-pongue paralisar por completo a aprovação de uma emenda à Constituição*".[46]

Neste mesmo dia, o Deputado Nilson Gibson formulou a Questão de Ordem 10.044/1998, na qual defendeu a exigência constitucional e regimental de aprovação de um mesmo texto de PEC (integralmente), pelas duas Casas, para sua promulgação.[47] Argumentou que a prevalência, em matéria constitucional, de uma das Casas viola o princípio constitucional da igualdade de poderes constituintes derivados entre os representantes do povo (Câmara dos Deputados) e os representantes dos Estados e DF (Senado Federal). Aduziu que todos os dispositivos constitucionais de uma PEC devem ter correlação entre si (art. 371, RISF), o que exigiria o exame pela outra Casa da supressão parcial. A Questão de

45 BRASIL. Câmara dos Deputados. *Questão de Ordem 10.130/1998*, levantada pelo Deputado Arnaldo Faria de Sá, em 27/01/1998. Questiona a decisão do Senado relativa à desnecessidade do retorno à Câmara da PEC 173, de 1995 (Reforma Administrativa), alterada naquela Casa mediante supressão de dispositivos, em flagrante desrespeito às normas regimentais. Respondida pelo Presidente Dep. Michel Temer, em 27/01/1998, publicada no DCD 28/01/1998. Disponível em: https://www2.camara.leg.br/buscaQordem/. Acesso em 17 abr. 2023.

46 DCD de 04/02/1998, p. 2942.

47 BRASIL. Câmara dos Deputados. *Questão de Ordem 10.044/1998*, levantada pelo Deputado Nilson Gibson, em 03/02/1998. Sobre exigência constitucional e regimental de aprovação de um mesmo texto de proposta de emenda constitucional pelas duas Casas do Congresso Nacional para sua promulgação. Prejudicada. Publicação: DCD 04/02/1998. Disponível em: https://www2.camara.leg.br/busca-Qordem/. Acesso em 17 abr. 2023.

Ordem, contudo, foi considerada prejudicada, em face da resposta dada pela Presidência da Câmara à outra Questão de Ordem antes referida, por serem análogas.

A despeito dos debates na Câmara dos Deputados, o Senado Federal prosseguiu na deliberação da PEC da Reforma Administrativa, votando-a nos dois turnos, entre 10 de fevereiro e 11 de março de 1998, sem os dispositivos anteriormente considerados prejudicados. Após aprovada a redação final e convocada a sessão conjunta solene, houve a promulgação da Emenda Constitucional nº 19, de 4 de junho de 1998. Desse modo, embora as câmaras tenham registrado posições distintas sobre a necessidade de apreciação da PEC pela outra Casa após a supressão de dispositivos em uma delas, isso não impediu a promulgação da Emenda Constitucional pelas Mesas das duas Casas.

Cabe observar que, ao assim fazer, prevaleceu a posição do Senado Federal, uma vez que suprimiu dispositivos anteriormente aprovados pela Câmara dos Deputados, mantendo-se, neste caso, o texto vigente ou o que viesse a ser aprovado na outra proposta em tramitação. A situação mostrou-se peculiar, em face da prejudicialidade decorrente do fato de que a aposentadoria dos magistrados e membros do TCU eram tratadas nas duas propostas que tramitavam, ao mesmo tempo, no Congresso Nacional.

Ocorre que o procedimento de supressão de dispositivos foi novamente adotado na própria Reforma da Previdência (PEC 33/1995-CD; PEC 33/1996-SF)[48], que deu origem à Emenda Constitucional nº 20, de 15 de dezembro de 1998.[49] De iniciativa do Poder Executivo, em 29 de março de 1995, ela foi aprovada na Câmara dos Deputados, de onde seguiu para o Senado Federal em 17 de julho de 1996. Aprovado pela câmara alta na forma de Substitutivo, retornou à câmara baixa em 16 de outubro de 1997, que concluiu a votação sobre este texto somente em 1º de dezembro de 1998.

48 BRASIL. Congresso Nacional. *Proposta de Emenda à Constituição (PEC) nº 33, de 1995, na Câmara dos Deputados (PEC da Reforma da Previdência), do Poder Executivo. PEC nº 33, de 1996, no Senado Federal.* Modifica o Sistema de Previdência Social, estabelece normas de transição e dá outras providências. (Deu origem à Emenda Constitucional nº 20, de 1998). Disponível em: https://www.congressonacional.leg.br/materias/materias-bicamerais/-/ver/pec-33-1995-cd. Acesso em 17 abr. 2023.

49 BRASIL. *Emenda Constitucional nª 20, de 15 de dezembro de 1998.* Modifica o sistema de previdência social, estabelece normas de transição e dá outras providências. Disponível em: http://www.planalto.gov.br/ccivil_03/constituicao/emendas/emc/emc20.htm. Acesso em 17 abr. 2023.

Em 9 de dezembro, o Presidente da Câmara encaminhou ao Senado Federal o Ofício SGM-P/830/98, no qual comunicou a aprovação do Substitutivo e a remessa da matéria à promulgação. Neste documento, porém, relacionou um dispositivo e oito expressões em vários dispositivos do Substitutivo que **não** foram aprovadas pela Câmara dos Deputados.[50] Em anexo do Ofício, consta a redação final a ser submetida à promulgação, em decorrência da aprovação dessas mudanças. Efetivamente, em 15 de dezembro de 1998, foi promulgada a Emenda Constitucional nº 20, de 1998. Havendo a promulgação sido feita com a presença das Mesas da Câmara dos Deputados e do Senado Federal, os dispositivos prevaleceram na forma encaminhada pela Câmara dos Deputados, com aquiescência do Senado Federal no sentido de que o dispositivo e as expressões suprimidos não ensejaram a necessidade de nova apreciação pela câmara alta.

8.2.2. O requisito de autonomia substantiva (ausência de vinculação lógico-normativa)

A aferição da constitucionalidade da promulgação após supressão de disposições, sem retorno à outra Casa, foi levada ao STF em face da alteração constitucional seguinte, a Emenda Constitucional (EC) nº 21, de 18 de março de 1999.[51] Esse foi um dos temas analisados em Medida

---

50 Segundo o Ofício SGM-P/830/98, **não** foram aprovados pela Câmara: (a) o § 1º do art. 40 da Constituição, constante do art. 1 do Substitutivo; (b) a expressão "incluídos os resultados de acidentes do trabalho", contida no inciso I do art. 201 da Constituição, constante do art. 1º do Substitutivo; (c) a expressão "do Decreto-Lei nº 158, de 10 de fevereiro de 1967", constante do art 15 do Substitutivo; (d) a expressão "obedecerão ao disposto no art. 201, § 4º, constante da redação dada ao art. 247 da Constituição pelo art. 2º do Substitutivo; (e) a expressão "sessenta anos de idade" e "cinquenta e cinco anos de idade", constantes da redação dada ao inciso I do § 7º do art. 201 da Constituição pelo art. 1º do Substitutivo; (f) a expressão "no caso de ser igual ou inferior ao limite máximo estabelecido pelos benefícios do regime geral de previdência social de que trata o art. 201", constante da redação dada ao inciso I do § 3º, e o inciso II do § 3º do art. 40 da Constituição, proposto pelo art. 1º do Substitutivo; (g) a expressão "exclusivamente", constante da redação dada ao § 1º do art. 201 da Constituição, pelo art. 1º do Substitutivo; e (h) a expressão "caput", constante do § 2º do art. 42 e do inciso IX, § 3º do art. 142 da Constituição (por emendas de redação).

51 BRASIL. *Emenda Constitucional nª 21, de 18 de março de 1999.* Prorroga, alterando a alíquota, a contribuição provisória sobre movimentação ou transmissão de valores e de créditos e de direitos de natureza financeira, a que se refere o art. 74 do Ato das Disposições Constitucionais Transitórias. Disponível em: https://www.planalto.gov.br/ccivil_03/constituicao/emendas/emc/emc21.htm. Acesso em 17 abr. 2023.

Cautelar na ADI nº 2.031, Relator Ministro Octavio Gallotti,[52] na qual ficou decidido que o envio à promulgação somente é possível se a parte suprimida tiver autonomia normativa em relação à parte remanescente. Durante a tramitação da matéria, após aprovação pelo Senado Federal da PEC nº 34, de 1998, houve supressão, pela Câmara dos Deputados (PEC nº 637, de 1999, na Câmara), de trechos dos §§ 1º e 3º do art. 75, acrescentado ao Ato das Disposições Constitucionais Transitórias (ADCT), e envio direto à promulgação, sem retorno à câmara de origem.[53]

A EC nº 21, de 1999, prorroga e altera a alíquota da contribuição provisória sobre movimentação ou transmissão de valores e de créditos e de direitos de natureza financeira (CPMF). O quadro abaixo compara o texto aprovado no Senado Federal, com os trechos, assinalados com sublinhado, suprimidos na Câmara dos Deputados, e a forma final que resultou no texto promulgado:

Quadro 8.1 – Comparativo PEC 34/1998 x EC 21/1999

PEC Nº 34, DE 1998 (texto do Senado)	EC Nº 21, DE 1999 (texto da Câmara)
§ 1º Observado o disposto no § 6º do art. 195 da Constituição Federal, a alíquota da contribuição será de trinta e oito centésimos por cento, nos primeiros doze meses, e de trinta centésimos, nos meses subsequentes, facultado ao Poder Executivo reduzi-la ou restabelecê-la, total ou parcialmente, nos limites aqui definidos.	§ 1º Observado o disposto no § 6º do art. 195 da Constituição Federal, a alíquota da contribuição será de trinta e oito centésimos por cento, nos primeiros doze meses, e de trinta centésimos, nos meses subsequentes, facultado ao Poder Executivo reduzi-la total ou parcialmente, nos limites aqui definidos.
§ 3º É a União autorizada a emitir títulos da dívida pública interna, cujos recursos serão destinados ao custeio da saúde e da previdência social, em montante equivalente ao produto da arrecadação da contribuição, prevista e não realizada em 1999, hipótese em que o resultado da arrecadação verificado no exercício financeiro de 2002 será integralmente destinado ao resgate da dívida pública federal.	§ 3º É a União autorizada a emitir títulos da dívida pública interna, cujos recursos serão destinados ao custeio da saúde e da previdência social, em montante equivalente ao produto da arrecadação da contribuição, prevista e não realizada em 1999.

52 BRASIL. Supremo Tribunal Federal. *Medida Cautelar na Ação Direta de Inconstitucionalidade (ADI-MC) nº 2.031*, Relator Ministro Octavio Gallotti, julgamento em 29/09/1999, DJ 28/06/2002. Requerente: Partido dos Trabalhadores (PT). Requerido: Congresso Nacional. Disponível em: https://redir.stf.jus.br/paginadorpub/paginador.jsp?docTP=AC&docID=347396. Acesso em 17 abr. 2023.

53 BRASIL. Congresso Nacional. *Proposta de Emenda à Constituição (PEC) nº 34, de 1998, no Senado Federal, do Senador Elcio Alvares e outros. PEC nº 637, de 1999, na Câmara dos Deputados.* Prorroga, alterando a alíquota, a cobrança da Contribuição a que se refere o art. 74 do Ato das Disposições Constitucionais Transitórias. (Deu origem à Emenda Constitucional nº 21, de 1999) Disponível em: https://www.congressonacional.leg.br/materias/materias-bicamerais/-/ver/pec-34-1998-sf. Acesso em 17 abr. 2023.

O Relator, Ministro Octavio Gallotti, indeferiu a liminar. Em seu entendimento, os destaques foram meramente supressivos e não comprometeram a aprovação do remanescente.[54] Não obstante, em relevante trecho, traçou limites para a supressão:

> É certo que não se deve elevar ao extremo a dimensão da faculdade da rejeição por emenda ou destaque supressivo, que jamais se podem revelar de molde a atingir a finalidade ou a razão de ser do texto prevalecente na Casa de origem, nem a subverter ou transformar o seu sentido. Mister se faz que remanesça um texto compreensível e suficiente, subsistindo a lógica de seu conteúdo, ao fato da separação.

Seu voto prevaleceu com relação ao § 1º do art. 75 do ADCT, pois o dispositivo instituía duas cláusulas distintas, a autorização para reduzir a alíquota e outra para restabelecer a incidência, sendo possível eliminar a segunda e manter a primeira. Contudo, o Relator ficou vencido parcialmente em relação ao § 3º do mesmo artigo, cujo efeito foi suspenso até decisão final. A divergência foi aberta pelo Ministro Nelson Jobim, ao considerar que *"o Senado condicionou a autorização de emissão de títulos a que a arrecadação do ano 2002 fosse destinada ao resgate da dívida pública"*. Contudo, a Câmara suprimiu o antecedente lógico (condicionante) e manteve o consequente (condicionado). Não havia autonomia na norma condicional, que se integrava de ambos os elementos.

O julgamento de mérito da ADI nº 2.031, Relatora Ministra Ellen Gracie, confirmou a medida cautelar concedida. No trecho pertinente, consignou o acórdão:

> [...] Inexistência de ofensa ao art. 60, § 2º da Constituição Federal no tocante à alteração implementada **no § 1º** do art. 75 do ADCT, que **não importou em mudança substancial do sentido** daquilo que foi aprovado no Senado Federal. **Ofensa existente quanto ao § 3º** do novo art. 75 do ADCT, tendo em vista que **a expressão suprimida pela Câmara dos Deputados não tinha autonomia em rela-**

54 Neste ponto, o Relator argumentou que tal procedimento é da tradição do processo legislativo brasileiro e remonta à gênese do regime político em vigor, pois o art. 29 do Regimento Interno da Assembleia Nacional Constituinte de 1987/88 vedou a apresentação de emendas, em segundo turno de votação, *"salvo as supressivas"*, a indicar que a aprovação destas não invalida a subsistência do texto aprovado em primeiro turno.

> **ção à primeira parte do dispositivo**, motivo pelo qual a supressão implementada pela Câmara dos Deputados **deveria ter dado azo ao retorno da proposta ao Senado Federal**, para nova apreciação, visando ao cumprimento do disposto no § 2º do art. 60 da Carta Política. [...] (Grifos nossos).[55]

Nesse mesmo sentido, a ADI nº 3.367, Relator Ministro Cesar Peluzo, que arguia possível inconstitucionalidade formal do inciso III do § 4º do art. 103-B, introduzido na Constituição pela Emenda Constitucional (EC) nº 45, de 30 de dezembro de 2004, onde estão listadas as competências do Conselho Nacional de Justiça (CNJ).[56] Ocorre que o Senado Federal suprimiu a expressão "*perda do cargo*", contida nesse dispositivo, do texto vindo da Câmara dos Deputados. Argumentava-se que isso deveria provocar a reapreciação pela Câmara, em atenção ao § 2º do art. 60 da Constituição.

O Relator valeu-se dos precedentes das ADIs nºs 2.666 e 2.031, antes mencionadas, para verificar que a norma tachada de formalmente inconstitucional estabelecia uma série de competências para o CNJ, cada uma delas "*dotada de independência semasiológica e normativa*". A supressão da expressão indicada manteve, porém, intacto o "*sentido nomológico*" do texto residual, "*dada sua perceptível autonomia semântica*". Por isso, concluiu no acórdão (Item 5): "*Não precisa ser reapreciada pela Câmara dos Deputados expressão suprimida pelo Senado Federal em texto de projeto* [proposta] *que, na redação remanescente, aprovada de ambas as Casas do Congresso, não perdeu sentido normativo*".

O voto do Relator agregou, ainda, o argumento de que a presença da expressão ocasionaria a inclusão do poder de ordenar perda do cargo de magistrado vitalício dentre as atribuições do CNJ, o que "*poderia encher-se de vistosa inconstitucionalidade, perante o art. 95, I, da Constituição*

55 BRASIL. Supremo Tribunal Federal (Plenário). *Ação Direta de Inconstitucionalidade (ADI) nº 2.031*. Relatora Ministra Ellen Gracie, Tribunal Pleno, julgamento em 03/10/2002, DJ 17/10/2003. Requerente: Partido dos Trabalhadores-PT. Requerido: Congresso Nacional. Disponível em: https://redir.stf.jus.br/paginadorpub/paginador.jsp?docTP=AC&docID=375306. Acesso em 17 abr. 2023.

56 BRASIL. Supremo Tribunal Federal. *Ação Direta de Inconstitucionalidade nº 3.367*. Relator: Ministro Cezar Peluso, Tribunal Pleno, julgamento em 13/04/2005, DJ de 22/09/2006. Requerente: Associação dos Magistrados Brasileiros-AMB. Requerido: Congresso Nacional. Disponível em: https://redir.stf.jus.br/paginadorpub/paginador.jsp?docTP=AC&docID=363371. Acesso em 17 abr. 2023.

da República, que restringe, taxativamente, as hipóteses em que pode dar-se a perda". Desse modo, arrematou que de *"nada valeria tornar a submeter a locução suprimida ao escrutínio da Câmara dos Deputados, se eventual norma resultante da aprovação estaria fadada a ser tida por inconstitucional [...]"*. Por isso, registrou o acórdão: *"expressão, ademais, que ofenderia o disposto no art. 95, I, parte final, da CF"*.

Embora complementar, esse argumento levaria a que a supressão de dispositivo considerado inconstitucional por uma câmara, em proposta aprovada pela outra, não precisaria ser submetida novamente a esta, uma vez que a sua manutenção resultaria em vício de inconstitucionalidade. Este argumento pode servir de reforço, mas não de critério seguro para o retorno, ou não, da matéria à outra Câmara, tendo em vista as considerações que já foram desenvolvidas a respeito do possível controle de constitucionalidade político prévio exercido por uma das Casas, isoladamente. Mas é bem verdade que bastará à Casa rejeitar a disposição, seja qual for o motivo, para que ela não possa prevalecer no texto da emenda constitucional, tendo em vista o sistema bicameral das PECs.

Cabe observar, enfim, que o fundamento para a possibilidade, após supressão de parte, da promulgação do texto remanescente, desde que aprovado pelas duas Casas, é o § 2º do art. 60 da Constituição. Mas a verificação da autonomia entre as partes suprimida e remanescente deve levar em consideração o sentido dessas normas, que não podem ser interdependentes. Vale dizer, a autonomia requerida não é de caráter formal, mas sim de índole material. O parâmetro a ser considerado não é o dispositivo ou a estrutura do texto, mas sim o sentido (o conteúdo substantivo) das normas suprimidas e remanescentes. Não importa, por exemplo, se elas constam do mesmo dispositivo, o que se mostra necessário é que sejam autônomas sob o ponto de vista material.

É interessante observar que o art. 371 do Regimento Interno do Senado dispõe que *"é vedada a apresentação de proposta que objetive alterar dispositivos sem correlação direta entre si"*. Essa regra busca garantir um mínimo de coesão na emenda constitucional, de forma que a alteração promovida na Constituição cumpra uma finalidade própria. Visto sob esse ângulo, seria difícil identificar a autonomia entre as disposições de qualquer proposta, o que dificultaria as supressões.

Porém, a autonomia a que se refere a decisão do STF corresponde à inexistência de interdependência direta entre as disposições suprimida e remanescente, sob o ponto de vista substantivo. Assim, elas não podem ter mutualidade, no sentido de uma dependência bilateral, de forma que uma disposição não faça sentido ou cumpra sua finalidade sem a outra. Para esse efeito, não basta a simples correlação entre as disposições, mas sim a interrelação de dependência recíproca. Ou seja, não pode haver uma vinculação lógico-normativa entre as partes suprimida e remanescente. Esse é um critério de natureza jurídica, cuja presença poderá ensejar a inconstitucionalidade da disposição remanescente, convertida em emenda constitucional, como ocorreu na ADI nº 2.031, quanto ao § 3º do novo art. 75 do ADCT. Desse modo, deve haver autonomia substantiva, ou ausência de vinculação lógico-normativa entre as partes, para que possa haver a promulgação da parte remanescente. Mas isso não é suficiente.

8.2.3. O requisito da concordância da Mesa da outra Casa (ausência de vinculação deliberativa)

Em certos casos, a supressão vem limitar o alcance da proposta ao objetivo que se mostra possível entre as Casas, tornando parcial a convergência entre elas. Assim, a proposta mais ampla ou ambiciosa de uma Casa acaba por se tornar mais específica ou circunscrita pela decisão da outra. A estratégia da supressão serve, então, para a superação das divergências entre as Casas, de forma mitigada, restringindo-se a solução alcançada aos limites mais restritos adotados por uma delas. É claro que, então, para que se viabilize a promulgação, a Casa da proposta originária deverá resignar-se a essa limitação imposta pela outra.

Assim, por exemplo, o ocorrido com a PEC nº 349, de 2001, de iniciativa do Deputado Luiz Antônio Fleury e outros, com o objetivo de abolir o voto secreto nas decisões das Casas do Congresso Nacional, apresentada em 9 de maio de 2001.[57] Depois da tramitação de uma dúzia de anos na Câmara dos Deputados, foi remetida ao Senado Federal em 4 de setembro de 2013, com redação bastante ampla, na qual eram acrescentados os §§ 1º e 2º ao art. 47 da Constituição para vedar o voto secreto nas deliberações de todas as Casas legislativas, nas esferas federal, estadual e municipal. Em decorrência, alterava os dispositivos da

57 BRASIL. Congresso Nacional. *Proposta de Emenda à Constituição nº 349, de 2001, na Câmara dos Deputados, do Deputado Luiz Antônio Fleury e outros. PEC nº 43, de 2013, no Senado Federal.* Altera a redação dos arts. 52, 53, 55 e 66 da Constituição Federal para abolir o voto secreto nas decisões da Câmara dos Deputados e do Senado Federal. (Deu origem à Emenda Constitucional nº 76, de 2013). Disponível em: https://www.congressonacional.leg.br/materias/materias-bicamerais/-/ver/pec-349-2001-cd. Acesso em 18 abr. 2023.

Constituição que previam votação secreta na aprovação de autoridades (art. 52, III, IV e IV), na perda de mandato parlamentar (art. 55, § 2º) e na apreciação do veto presidencial (art. 66, § 4º).[58]

No Senado Federal, recebeu a numeração de PEC nº 43, de 2013 e foi apensada a outras sobre o assunto. Ela foi aprovada em primeiro turno, em 13 de novembro de 2013, mantendo-se, basicamente, as alterações aprovadas pela Câmara dos Deputados. No segundo turno, porém, foram apresentados destaques para votação em separado das alterações promovidas pelo art. 1º da PEC nos arts. 47 e 52 da Constituição. Após aprovação do texto-base (58 Sim, 4 Não, Total 62), as matérias destacadas foram votadas: o art. 47 foi rejeitado (41 Sim, 16 Não, 5 Abstenções, Total 62 votos); e o art. 52 também (40 Sim, 21 Não, 2 Abstenções, Total 63 votos).[59]

Com o resultado da votação, a Emenda Constitucional nº 76, de 28 de novembro de 2013,[60] restringiu-se a eliminar a votação secreta nos casos de perda de mandato do parlamentar (art. 55, § 2º) e da apreciação do veto presidencial (art. 66, § 4º). O Senado Federal limitou o alcance da proposta, ao evitar que as votações secretas fossem abolidas em todas as Casas legislativas do País e em todas as espécies de votação. Com isso, permaneceram secretas as votações para eleição das Mesas diretoras das câmaras e para aprovação de autoridades. Não obstante, houve tratativas entre as Mesas da Câmara e a Mesa do Senado para a promulgação da matéria, o que ocorreu em 28 de novembro de 2013.

Verifica-se, portanto, que a supressão de dispositivos da PEC serviu para que fosse promulgada a parte que obteve aprovação das duas Casas, na perspectiva mais limitada do Senado Federal do que aquela anteriormente aprovada pela Câmara dos Deputados, no que se pode considerar ter havido uma solução mitigada da divergência entre elas.[61]

58 DCD de 04/09/2013, p. 37773.

59 No Senado Federal, o quórum de aprovação, de três quintos dos votos, exige pelo menos 49 votos favoráveis.

60 BRASIL. *Emenda Constitucional nª 76, de 28 de novembro de 2013.* Altera o § 2º do art. 55 e o § 4º do art. 66 da Constituição Federal, para abolir a votação secreta nos casos de perda de mandato de Deputado ou Senador e de apreciação de veto. Disponível em: https://www.planalto.gov.br/ccivil_03/constituicao/Emendas/Emc/emc76.htm. Acesso em 17 abr. 2023.

61 Situação semelhante ocorreu na tramitação da PEC nº 346, de 2013, na Câmara dos Deputados (PEC nº 61, de 2013, no Senado Federal), que deu origem à Emenda Constitucional nº 78, de 14 de maio de 2014.

Acontece que isso somente poderá ocorrer se houver concordância da Casa que havia aprovado a proposta completa, que teve parte suprimida pela outra. Afinal, a formação do quórum necessário naquela Casa deu-se nos termos da proposta completa, para o qual podem ter concorrido acordos vinculados aos dispositivos posteriormente suprimidos. Foi mencionado o caso concreto da PEC dos Vereadores que, embora tratasse de desdobramento de proposta, demonstra a possibilidade de existência desse tipo de situação. Pode-se considerar, até em consonância com o disposto no art. 371 do RISF, antes mencionado, que a Casa identifica haver uma *vinculação deliberativa* entre os dispositivos da proposta, de modo que uma parte não seria votada e aprovada se não houvesse a outra. É preciso, portanto, que a Mesa da Casa que havia aprovado a parte suprimida pela outra expresse sua concordância com a permanência apenas da parte remanescente, para que ocorra a promulgação.

8.3. Levantamento sobre supressões de expressões e dispositivos nas PECs

As supressões de expressões e dispositivos permitiram a exclusão dos dispositivos que ensejavam divergências e que não eram aceitos por uma das Casas, permitindo que o texto consensual fosse encaminhado à promulgação, sem necessidade de retorno à outra Casa. Os desdobramentos permitiram que a PEC fosse à promulgação com a parte acordada entre as Casas, permanecendo a parte remanescente em tramitação. Desse modo, evitava-se o pingue-pongue, pois a proposta inicial não permanecia no vaivém entre as Casas, mas se constituía formalmente em uma nova proposta, que era destacada daquela ou era formulada com dispositivos conexos ao texto originário.

Graças a esses entendimentos e às práticas, já anteriormente analisadas, as propostas de emenda à Constituição deixaram de enfrentar o efeito pingue-pongue, abreviando sua promulgação. A sistemática adotada, na verdade, contorna a dificuldade de tramitação imposta pelo § 2º do art. 60 da Constituição, que foi experimentada na EC nº 32, de 2001, e, de certo modo, a aproxima do modelo das leis, limitando o vaivém a uma rodada, com a exceção do quórum de votação e dos dois turnos. Embora baseados na aplicação de instrumentos regimentais, como a emenda supressiva, a preferência e o destaque, esses procedimentos têm frágil amparo constitucional, sendo praticados a partir da vivência de casos concretos, testando os limites da jurisprudência do STF.

A seguir, são apresentadas algumas emendas constitucionais nas quais foi identificado o procedimento de supressão de dispositivos na sua tramitação, sem retorno à outra Casa:[62]

i. Emenda Constitucional (EC) nº 19, de 1998 (Reforma Administrativa)[63]

A PEC nº 173, de 1995,[64] do Presidente da República, foi apresentada em 15 de agosto de 1995. Aprovada em 26 de novembro de 1997, foi encaminhada ao Senado Federal, onde foi numerada como PEC nº 47, de 1997. Em 27 de janeiro de 1998, após parecer da CCJ, foi aprovada em plenário a supressão de dispositivos por prejudicialidade. Aprovada dessa forma em 11 de março de 1998, foi promulgada como EC nº 19, em 4 de junho de 1998.

ii. Emenda Constitucional (EC) nº 20, de 1998 (Reforma da Previdência)[65]

A PEC nº 33, de 1995,[66] do Presidente da República, teve início na Câmara dos Deputados em 23 de março de 1995, seguindo para o Senado

62 Não estão incluídas as que tiveram supressão e desdobramentos, que constarão na lista deste procedimento.

63 BRASIL. *Emenda Constitucional nº 19, de 4 de junho de 1998.* Modifica o regime e dispõe sobre princípios e normas da Administração Pública, servidores e agentes políticos, controle de despesas e finanças públicas e custeio de atividades a cargo do Distrito Federal, e dá outras providências. Disponível em: https://www.planalto.gov.br/ccivil_03/constituicao/emendas/emc/emc19.htm. Acesso em 12 maio 2023.

64 BRASIL. Congresso Nacional. *Proposta de Emenda à Constituição (PEC) nº 173, de 1995, na Câmara, do Presidente da República. PEC nº 41, de 1997, no Senado.* Modifica o Capítulo da Administração Pública, acrescenta normas às Disposições Constitucionais Gerais e estabelece normas de transição. (Deu origem à Emenda Constitucional nº 19, de 1998 – Reforma Administrativa). Disponível em: https://www.congressonacional.leg.br/materias/materias-bicamerais/-/ver/pec-173-1995-cd. Acesso em 12 maio 2023.

65 BRASIL. *Emenda Constitucional (EC) nº 20, de 15 de dezembro de 1998.* Modifica o sistema de previdência social, estabelece normas de transição e dá outras providências. Disponível em: https://www.planalto.gov.br/ccivil_03/constituicao/emendas/emc/emc20.htm. Acesso em 12 maio 2023.

66 BRASIL. Congresso Nacional. *Proposta de Emenda à Constituição (PEC) nº 33, de 1995, na Câmara, do Presidente da República. PEC nº 33, de 1996, no Senado.* Modifica o Sistema de Previdência Social, estabelece normas de transição e dá outras providências. (Deu origem à Emenda Constitucional nº 20, de 1998 – Reforma da Previdência Sociao). Disponível em: https://www.congressonacional.leg.br/materias/materias-bicamerais/-/ver/pec-33-1995-cd. Acesso em 12 maio 2023.

Federal como PEC nº 33, de 1996, em 17 de julho de 1996. Aprovada nesta última Casa, na forma de Substitutivo, retornou à Câmara dos Deputados em 16 de outubro de 1997. Aprovado o Substitutivo do Senado, foram feitas supressões de expressões e dispositivos nesse texto pela Câmara dos Deputados, em 1º de dezembro de 1998. Comunicado o Senado Federal[67], a EC nº 20 foi promulgada em 15 de dezembro de 1998.

iii. Emenda Constitucional (EC) nº 21, de 1999 (Prorrogação da CPMF)[68]

A PEC nº 34, de 1998,[69] do Senador Élcio Álvares e outros, teve início no Senado Federal, seguindo para a Câmara dos Deputados, onde tramitou como PEC nº 637, de 1999. Em 18 de março de 1999, sofreu supressões de trechos de dispositivos e foi aprovada, dando origem à respectiva Emenda Constitucional nº 21, na mesma data. Vale ressaltar que essa norma foi objeto da Ação Direta de Inconstitucionalidade (ADI) nº 2.031.[70]

---

67 Of. SGM-P 830/98, de 9/12/1998, do Presidente da Câmara dos Deputados, publicado no DSF de 12/12/1998, p. 18589.

68 BRASIL. *Emenda Constitucional (EC) nº 21, de 18 de março de 1999.* Prorroga, alterando a alíquota, a contribuição provisória sobre movimentação ou transmissão de valores e de créditos e de direitos de natureza financeira, a que se refere o art. 74 do Ato das Disposições Constitucionais Transitórias. Disponível em: https://www.planalto.gov.br/ccivil_03/constituicao/emendas/emc/emc21.htm. Acesso em 12 maio 2023.

69 BRASIL. Congresso Nacional. *Proposta de Emenda à Constituição (PEC) nº 34, de 1998, no Senado Federal, do Senador Elcio Alvares e outros. PEC nº 637, de 1999, na Câmara dos Deputados.* Prorroga, alterando a alíquota, a cobrança da Contribuição a que se refere o art. 74 do Ato das Disposições Constitucionais Transitórias. (Deu origem à Emenda Constitucional nº 21, de 1999) Disponível em: https://www.congressonacional.leg.br/materias/materias-bicamerais/-/ver/pec-34-1998-sf. Acesso em 17 abr. 2023.

70 **Medida Cautelar:** BRASIL. Supremo Tribunal Federal. *Medida Cautelar na Ação Direta de Inconstitucionalidade (ADI-MC) nº 2.031*, Relator Ministro Octavio Gallotti, julgamento em 29/09/1999, DJ 28/06/2002. Requerente: Partido dos Trabalhadores (PT). Requerido: Congresso Nacional. Disponível em: https://redir.stf.jus.br/paginadorpub/paginador.jsp?docTP=AC&docID=347396. Acesso em 17 abr. 2023. **No mérito**: BRASIL. Supremo Tribunal Federal (Plenário). *Ação Direta de Inconstitucionalidade (ADI) nº 2.031.* Relatora Ministra Ellen Gracie, Tribunal Pleno, julgamento em 03/10/2002, DJ 17/10/2003. Requerente: Partido dos Trabalhadores-PT. Requerido: Congresso Nacional. Disponível em: https://redir.stf.jus.br/paginadorpub/paginador.jsp?docTP=AC&docID=375306. Acesso em 17 abr. 2023.

iv. Emenda Constitucional (EC) nº 76, de 2013 (Voto Aberto)[71]

A PEC nº 349, de 2001,[72] do Deputado Luiz Antônio Fleury e outros, foi apresentada na Câmara dos Deputados em 9 de maio de 2001. Aprovada em 3 de setembro de 2013, seguiu para o Senado Federal, onde tramitou como PEC nº 43, de 2013. Nesta Casa, no segundo turno de votação, houve destaques para supressão de dispositivos que tornavam geral a proibição do voto secreto nas Casas legislativas do País. Em consequência, a Emenda Constitucional nº 76, de 28 de novembro de 2013, eliminou apenas a votação secreta nos casos de perda de mandato parlamentar e de apreciação dos vetos presidenciais.

v. Emenda Constitucional (EC) nº 78, de 2014 (Seringueiros – Soldados da Borracha)[73]

A PEC nº 346, de 2013,[74] do Deputado Arlindo Chinaglia e outros, teve início na Câmara dos Deputados e foi aprovada em 5 de novembro de 2013. Durante a tramitação no Senado Federal, onde foi nume-

71 BRASIL. *Emenda Constitucional nª 76, de 28 de novembro de 2013.* Altera o § 2º do art. 55 e o § 4º do art. 66 da Constituição Federal, para abolir a votação secreta nos casos de perda de mandato de Deputado ou Senador e de apreciação de veto. Disponível em: https://www.planalto.gov.br/ccivil_03/constituicao/Emendas/Emc/emc76.htm. Acesso em 17 abr. 2023.

72 BRASIL. Congresso Nacional. *Proposta de Emenda à Constituição nº 349, de 2001, na Câmara dos Deputados, do Deputado Luiz Antônio Fleury e outros. PEC nº 43, de 2013, no Senado Federal.* Altera a redação dos arts. 52, 53, 55 e 66 da Constituição Federal para abolir o voto secreto nas decisões da Câmara dos Deputados e do Senado Federal. (Deu origem à Emenda Constitucional nº 76, de 2013). Disponível em: https://www.congressonacional.leg.br/materias/materias-bicamerais/-/ver/pec-349-2001-cd. Acesso em 18 abr. 2023.

73 BRASIL. *Emenda Constitucional nª 78, de 14 de maio de 2014.* Acrescenta art. 54-A ao Ato das Disposições Constitucionais Transitórias, para dispor sobre indenização devida aos seringueiros de que trata o art. 54 desse Ato. Disponível em: https://www.planalto.gov.br/ccivil_03/constituicao/emendas/emc/emc78.htm. Acesso em 13 maio 2023.

74 BRASIL. Congresso Nacional. *Proposta de Emenda à Constituição nº 346, de 2013, na Câmara dos Deputados, do Deputado Arlindo Chinaglia e outros. PEC nº 61, de 2013, no Senado Federal.* Dá nova redação ao caput do art. 54 e acrescenta o art. 54-A, ambos do Ato das Disposições Constitucionais. (Deu origem à Emenda Constitucional nº 78, de 2014). Disponível em: Disponível em: https://www.congressonacional.leg.br/materias/materias-bicamerais/-/ver/pec-346-2013-cd. Acesso em 13 maio 2023.

rada como PEC nº 61, de 2013, foi aprovada emenda para suprimir o dispositivo que instituía pensão em valor definido, remanescendo o dispositivo que estabelecia indenização em valor único. Em consequência, a PEC foi transformada na Emenda Constitucional nº 78, de 14 de maio de 2014.

8.4. Problemas e sugestões de solução sobre a prática de supressão de expressões e dispositivos

A partir do estudo empreendido sobre a prática legislativa de supressão de expressões e dispositivos, apresenta-se a seguir os problemas decorrentes e suas respectivas sugestões de solução. Cabe registrar, de início, que a supressão de dispositivos e expressões da proposição tem repercussões bastante distintas conforme a espécie normativa em elaboração e, por consequência, o modelo de tramitação bicameral sobre a qual incide.

I - A supressão de expressões ou dispositivos em projeto de lei: imprescindibilidade de retorno à Casa iniciadora

As **supressões (rejeições) de dispositivos** podem ser operacionalizadas, **na Casa revisora**, por meio dos seguintes instrumentos regimentais: as emendas supressivas, os destaques e os substitutivos. Nessas hipóteses, **deve haver o retorno do projeto à Casa iniciadora, nos termos do parágrafo único do art. 65**. A redação final e o autógrafo que a reproduzirá deverão se limitar *"às emendas, destacadamente, não as incorporando ao texto da proposição"* (art. 195, § 4º, RICD; art. 319, *caput*, RISF). Esse procedimento deve ser seguido tanto na hipótese de supressão do dispositivo por emenda, quanto na hipótese em que a supressão decorra de destaque, seja ele supressivo ou de votação em separado na qual tenha sido rejeitada a disposição. Neste último caso, **essa rejeição deverá ser formalizada por meio de uma emenda supressiva**, para consideração da Casa iniciadora.

Para não haver dúvidas a respeito, **sugere-se acréscimo de parágrafo no art. 136 do Regimento Comum** do Congresso Nacional, que trata da devolução do projeto com emenda à Câmara iniciadora, com a seguinte redação:

O Regimento Comum do Congresso Nacional passa a vigorar com as seguintes alterações:

"Art. 136. ....

Parágrafo único. A supressão ou rejeição de expressão ou dispositivo na Câmara revisora, por meio de emenda ou destaque, exigirá a volta do projeto à Câmara iniciadora e deverá ser formalizada mediante emenda supressiva." (NR)

Cabe registrar que, nessa hipótese, a Casa iniciadora terá a palavra final sobre a aprovação ou não da emenda supressiva. Portanto, a divergência sobre a manutenção ou não da expressão ou dispositivo no projeto é decidida pela Casa iniciadora, que o remeterá à sanção.

Na hipótese em que a Casa revisora devolva um substitutivo seu ao projeto da Casa iniciadora, a ausência das expressões ou dos dispositivos originais será considerada por esta como emenda supressiva, tendo em vista ser aquele considerado como uma série de emendas. Por isso, terá o mesmo tratamento e critério de decisão, pela Casa iniciadora, acima descrito.

II – A impugnação de matéria estranha à medida provisória na Casa revisora

A sistemática de supressões adotada para os projetos de lei aplica-se às medidas provisórias (MPV) e aos projetos de lei de conversão (PLV) delas decorrentes, com decisão final da Casa iniciadora, que é a Câmara dos Deputados (art. 62, § 8º, CF). Contudo, **o Senado Federal passou a adotar procedimento para impugnação de matéria estranha à medida provisória, após a decisão do STF na ADI nº 5.127**, que considerou inconstitucionais as matérias veiculadas nos PLVs sem pertinência temática com o texto original da MPV (emendas "jabuti"). **Segundo o procedimento adotado, a impugnação dos dispositivos ocorre no juízo prévio de admissibilidade** dos pressupostos constitucionais da medida provisória (art. 62, § 5º, CF), por inconstitucionalidade, **de modo que a supressão não enseja retorno da matéria à Casa iniciadora.**

A **Câmara dos Deputados, porém, entende que as supressões** resultam em alteração da matéria, **ensejando o necessário retorno da matéria para sua final apreciação**. Em nosso entendimento, **a matéria deve mesmo voltar à Casa iniciadora**, uma vez que não há exceção, para saneamento de inconstitucionalidade, à aplicação do parágrafo único do art. 65 da Constituição. Além disso, não há autorização para que a Casa revisora exerça, isoladamente, o controle de constitucionalidade político prévio de dispositivos aprovados pela iniciadora. Cabe observar, ainda, que a imprecisão do critério de pertinência temática não recomenda atribuir sua aferição a apenas uma das Casas.

Conforme mencionado nos comentários feitos na seção 6.2.2 sobre a decisão do STF na ADI nº 5.127, no quadro normativo atual, a exigência de pertinência temática – para encontrar fundamento constitucional, e não apenas legal – deveria ser extraída não só da simples conexão material da emenda com a medida provisória, mas sobretudo do compartilhamento do atendimento aos requisitos de urgência e relevância (pressupostos constitucionais). Não tem sido essa a prática, porém, do Legislativo e da jurisprudência do STF.

Para dar suporte ao entendimento mais amplo, tal como praticado, mostra-se necessária a **positivação da exigência de pertinência temática na Constituição Federal**. Esse intento era objeto da PEC nº 91, de 2019, já referida neste trabalho. Nesse sentido, **sugere-se o acréscimo de § 13 no art. 62**, com a redação veiculada na referida proposta:

> *A Constituição Federal passa a vigorar com as seguintes alterações:*
>
> *"Art. 62. ....*
>
> *...*
>
> ***§ 13.** A medida provisória e o projeto de lei de conversão não conterão matéria estranha a seu objeto ou a este não vinculada por afinidade, pertinência ou conexão." (NR)*

De todo modo, considerando a possibilidade de impugnação pelo Senado Federal, **sugere-se** deixar consignado expressamente **na Resolução nº 1, de 2002-CN,**[75] a necessidade de **retorno da matéria à Câmara dos Deputados, com emenda supressiva**, nos mesmos moldes da redação do item anterior. Para tanto, deve-se acrescentar novo § 7º no art. 7º dessa norma, nos termos a seguir propostos, renumerando-se o atual § 7º como 8º:

75 BRASIL. Congresso Nacional. Resolução nº 1, de 2002, do Congresso Nacional. Dispõe sobre a apreciação, pelo Congresso Nacional, das Medidas Provisórias a que se refere o art. 62 da Constituição Federal, e dá outras providências. Disponível em: https://www2.camara.leg.br/legin/fed/rescon/2002/resolucao-1-8-maio-2002-497942-normaatualizada-pl.html. Acesso em 01 jun. 2023.

O art. 7º da Resolução nº 1, de 8 de maio de 2002-CN, passa a vigorar acrescido do seguinte § 7º, renumerando-se o atual § 7º como § 8º:

"Art. 7º ....

...

§ 7º A rejeição de dispositivo do projeto de lei de conversão, pelo Senado Federal, por conter conteúdo temático estranho ao objeto original da medida provisória, exigirá a volta da matéria à Câmara dos Deputados e deverá ser formalizada mediante emenda supressiva.

***§ 8º** ...." (NR)*

III - As condições para supressão de expressões e dispositivos nas PECs, sem retorno à outra Casa.

Nas propostas de emenda à Constituição (PEC), a supressão de expressões ou dispositivos tem consequência distinta da havida para os projetos de lei. É que não há, propriamente, sistemática de retorno nas PECs à "Casa iniciadora", mas sim a exigência de que a matéria, para ser promulgada, tenha sido aprovada nas duas Casas, por três quintos dos votos, em dois turnos (art. 60, § 2º, CF).

Desse modo, abre-se a **possibilidade de que parte da proposta, não desejada por uma delas, seja suprimida, sendo a parte remanescente encaminhada à promulgação**, como uma solução mitigada da divergência entre as Casas. Para isso, contudo, **devem ser impostas as seguintes condições**: (1ª) que haja autonomia normativa (substantiva) entre as partes, remanescente e suprimida, de forma que a parte remanescente mantenha coerência e sentido normativo; e (2ª) que haja concordância das duas Casas para a promulgação da proposta, sem a parte suprimida.

A segunda condição equipara-se à hipótese da emenda de redação e foi objeto de sugestão no Capítulo anterior, à qual deve se integrar o dispositivo agora sugerido, que contempla as duas primeiras condições. Nesse sentido, **sugere-se o acréscimo de parágrafo no art. 85 do Regimento Comum do Congresso Nacional**, com a redação abaixo (em negrito), somando-se à sugestão anterior de alteração desse dispositivo, que se reproduz e ajusta, em virtude de sua conexão:

O Regimento Comum do Congresso Nacional passa a vigorar com as seguintes alterações:

"Art. 85. ....

Parágrafo único. (Revogado)

> *§ 2º A Câmara na qual tenha sido concluída a tramitação da proposta comunicará o Presidente do Senado Federal para convocação da sessão conjunta solene de promulgação da emenda constitucional.*
>
> ***§ 3º Ocorrendo aprovação da proposta por uma das Câmaras com supressão de expressão ou dispositivo aprovado pela outra, poderá haver o envio à promulgação, nos termos do § 2º, desde que a disposição remanescente tenha autonomia normativa, em relação à parte suprimida, e forme sentido próprio e coerente, devendo ser observado o disposto nos §§ 4º e 5º.***
>
> *§ 4º O Presidente do Senado Federal, ou seu Substituto, convocará a sessão conjunta solene após audiência da Mesa da Câmara dos Deputados e da Mesa do Senado Federal.*
>
> *§ 5º Comunicada recusa pela Mesa da Câmara dos Deputados ou pela Mesa do Senado Federal quanto à promulgação da emenda constitucional, pelo não atendimento do § 2º do art. 60 da Constituição Federal, a Câmara na qual tiver ocorrido a última votação enviará a proposta para a outra, onde passará a tramitar como proposta nova." (NR)*

Vale observar que, no final do § 3º sugerido, fez-se referência aos §§ 4º e 5º, que determinam a audiência das Mesas das Casas e a possibilidade de recusa à promulgação, de modo a aliar a segunda condição com a primeira.

9

PRÁTICA LEGISLATIVA DE DESDOBRAMENTO DA PROPOSIÇÃO

Uma das estratégias identificadas como possíveis para a solução de divergências no processo legislativo bicameral é o desdobramento da proposição. A sua aplicação tem lugar quando uma parte da proposição já obteve convergência entre as duas Casas, mas a outra parte ainda se mantém com pontos de desacordo. Nesse caso, essa divergência parcial pode causar atrasos na tramitação da matéria como um todo. Tem cabimento, então, o desdobramento da proposição, de modo a: (a) transformar em norma jurídica, desde logo, a parte dela que já obteve concordância; e (b) manter em tramitação a parte dela que ainda apresenta divergências, para procurar superá-las durante a tramitação.

No tema, mostra-se novamente importante a distinção entre os modelos de tramitação bicameral. Como será descrito adiante, essa estratégia não se amolda à tramitação dos projetos de lei e das medidas provisórias. Ela tem aplicação relevante, de outro lado, na tramitação das propostas de emenda à Constituição, como será desenvolvido em item próprio.

9.1. O destaque para constituir proposição autônoma

Cabe examinar, de início, o instrumento regimental utilizado para o desdobramento de uma proposição. Trata-se do destaque para constituir proposição autônoma (ou proposição em separado), previsto nos Regimentos Internos das Casas, que poderá ser apresentado em comissão ou diretamente em Plenário antes da votação da matéria principal. A disciplina desse tipo de destaque é semelhante nas duas Casas, conforme descrito a seguir.

O art. 161, III, do Regimento Interno da Câmara dos Deputados prevê que se admite destaque para *"tornar emenda ou parte de uma proposição projeto autônomo"*. Nessa hipótese, o destaque dependerá de aprovação do plenário (art. 161, § 3º, RICD). A respeito desse destaque, o art. 162 estipula as regras do destaque *"para projeto em separado"* nos incisos VII, IX, X e XI, que respectivamente dispõem: (a) a deliberação do destaque precederá a da matéria principal; (b) não se admitirá esse destaque quando a disposição a destacar seja de projeto do Senado, ou se a matéria for insuscetível de constituir proposição de curso autônomo; (c) o autor do destaque terá o prazo de duas sessões para oferecer o texto com que deverá tramitar o novo projeto, após a aprovação do destaque; e (d) o projeto resultante de destaque terá a tramitação de proposição inicial (art. 162, *caput* e incisos VII, IX, X e XI, com a redação dada pela Resolução nº 21, de 2021).

Com relação às comissões na Câmara, o art. 57, III, prevê, entre as regras do desenvolvimento de seus trabalhos, que quando "*diferentes matérias se encontrarem num mesmo projeto*",[1] as comissões poderão dividi-las para constituírem proposições separadas, remetendo-as à Mesa para efeito de renumeração e deliberação.[2]

O art. 312, I, do Regimento Interno do Senado Federal estabelece que poderá ser concedido destaque de partes de qualquer proposição, bem como de emenda do grupo a que pertencer, mediante deliberação do Plenário, a requerimento de qualquer senador ou de liderança[3], para "*constituir projeto autônomo, salvo quando a disposição a destacar seja de projeto da Câmara*". As regras para esse tipo de destaque, previstas nos incisos VIII a XII do art. 314, são as seguintes: (a) o destaque pode ser proposto por comissão, em seu parecer; (b) a votação do requerimento de destaque precederá a deliberação sobre a matéria principal; (c) o destaque só pode ser submetido a votos se a matéria a destacar for suscetível de constituir proposição de curso autônomo; (d) concedido o

1 Com relação à iniciativa popular, o art. 252, VIII, do RICD estabelece que cada projeto deve circunscrever-se a um único assunto, podendo, caso contrário, ser desdobrado pela Comissão de Constituição e Justiça e de Cidadania em proposições autônomas, para tramitação em separado.

2 Na Questão de Ordem 171/2012, do Deputado Domingos Neto, de 17/04/2012, respondida pelo Presidente Marco Maia, em 14/05/2012, ficou decidido que o requerimento para constituição de proposição separada pode ser apresentado por qualquer membro da comissão. Na Questão de Ordem 356/2013, do Deputado Efraim Filho, de 18/09/2013, respondida pelo Presidente Henrique Eduardo Alves, em 26/09/2013, foi reafirmado o entendimento anterior e acrescentado que o requerimento não precisa ser objeto de parecer do Relator do projeto, submetendo-se o próprio requerimento à deliberação da comissão. Disponíveis em: https://www2.camara.leg.br/buscaQordem/ . Acesso em 19 abr. 2023.

3 Conforme o parágrafo único do art. 312, o requerimento de destaque apresentado por (líder da) bancada de partido independerá de aprovação do Plenário, observada a proporcionalidade (cota) prevista no dispositivo.

destaque, o autor do requerimento terá o prazo de dois dias úteis para oferecer o texto com que deverá tramitar o novo projeto; e (e) o projeto resultante do destaque terá a tramitação de proposição inicial.

Com relação às comissões no Senado, o art. 133, IV, do RISF, estipula que a conclusão do parecer poderá ser "*pelo destaque, para proposição em separado, de parte da proposição principal, quando originária do Senado, ou de emenda*". Nesta hipótese, o art. 139 determina que a proposta será submetida ao Plenário antes do prosseguimento do estudo da matéria, o que se compatibiliza com os incisos VIII e IX do art. 314, antes mencionados, segundo os quais o destaque poderá ser proposto por comissão em seu parecer e que a sua votação deverá preceder a deliberação da matéria principal.

O desdobramento de uma proposição poderá ser realizado por razões de técnica legislativa, visando a dividir projeto que trate de diversos assuntos (tal como previsto no art. 57, III, RICD) ou que contenha matérias que deveriam ser veiculadas por diferentes espécies normativas (conforme hipótese do art. 327, RISF). Contudo, o desdobramento de proposição que interessa ao presente trabalho é aquele utilizado como estratégia para superação de divergências entre as Casas do Congresso Nacional.

9.2. Impossibilidade de desdobramento de projetos da outra Casa ou de medida provisória

Os dispositivos regimentais antes referidos referem-se a projetos e fazem a ressalva de que não pode haver a constituição de projetos autônomos quando a proposição for oriunda da outra Casa. Realmente, o inciso IX do art. 162 do Regimento Interno da Câmara dos Deputados dispõe que "*não se admitirá destaque para projeto em separado quando a disposição a destacar seja de projeto do Senado* [...]". No mesmo sentido, o inciso I do art. 312 do Regimento Interno do Senado Federal prevê a possibilidade de destaque para "*constituir projeto autônomo, salvo quando a disposição a destacar seja de projeto da Câmara*".

A razão de ser para essa vedação relaciona-se com a tramitação bicameral e refere-se exatamente à definição da Casa iniciadora do projeto. Como visto nas regras regimentais, aprovado o destaque para projeto em separado, o autor deverá oferecer o texto com que deverá tramitar o novo projeto (art. 162, X, RICD; art. 314, XI, RISF). Esse projeto, resultante do destaque, terá a tramitação de proposição inicial (art. 162, XI, RICD; art. 134, XII, RISF).

Sendo assim, se o desdobramento incidisse sobre projeto da outra Casa, haveria a inversão da iniciativa do novo projeto, uma vez que ele teria inaugurada tramitação autônoma em relação ao anterior. Além da substituição da autoria, isso resultaria na inversão da Casa que teria a decisão final sobre a matéria, considerada a prevalência da Casa iniciadora no processo legislativo bicameral dos projetos de lei. Por isso, é plenamente justificada a vedação.

Interessante é observar que, na Câmara dos Deputados, não há proibição regimental para desdobramento de projetos de lei de autoria extraparlamentar, entre eles os de autoria do Presidente da República. Embora o projeto não seja de iniciativa própria da Câmara dos Deputados, não haveria o problema da inversão da Casa iniciadora na tramitação bicameral, pois ela permaneceria a mesma (art. 64, CF).

O que se poderia questionar, nessa hipótese, seria a regularidade da divisão, feita pela Câmara dos Deputados, da iniciativa única do titular, possivelmente inclusive de iniciativa reservada, em mais de um projeto com tramitação autônoma. Contudo, não se vislumbra haver impropriedade nesse procedimento, ainda mais se for considerado que a Câmara dos Deputados poderia até mesmo aprovar apenas parcialmente o projeto, simplesmente rejeitando, em vez de desdobrar, parte da proposição.

Essa situação ocorreu na tramitação do Projeto de Lei (PL) nº 4.254, de 2015, do Poder Executivo, sobre diversos planos de carreira de servidores públicos, apresentado em 31 de dezembro de 2015.[4] Requerida urgência para a matéria, ela foi à deliberação do Plenário em 1º de junho de 2016. No curso da sessão, foi apresentado Substitutivo que suprimia três dispositivos do projeto, os arts. 37, 38 e 39. Esses dispositivos facultavam, aos titulares de cargos da Advocacia-Geral da União, o exercício da advocacia fora das atribuições institucionais (art. 37), estabeleciam regras (art. 38) e vedações (art. 39) para tal exercício.

---

4 BRASIL. Congresso Nacional. *Projeto de Lei (PL) nº 4.254, de 2015, na Câmara dos Deputados, do Poder Executivo. Projeto de Lei da Câmara (PLC) nº 36, de 2016, no Senado Federal.* Altera a remuneração de servidores públicos, estabelece opção por novas regras de incorporação de gratificação de desempenho às aposentadorias e pensões, altera os requisitos de acesso a cargos públicos, reestrutura cargos e carreiras, dispõe sobre honorários advocatícios de sucumbência das causas em que forem parte a União, suas autarquias e fundações, e dá outras providências. Disponível em: https://www.congressonacional.leg.br/materias/materias-bicamerais/-/ver/pl-4254-2015. Acesso em 19 abr. 2023.

Posteriormente, porém, para manter a tramitação da matéria versada nesses dispositivos, foi apresentado o Destaque nº 2, nos termos dos arts. 161, III, e § 2º, do RICD, para que eles passassem a constituir e fossem apreciados em projeto autônomo.[5] Após debates, o Destaque foi aprovado por votação simbólica.[6] Em consequência, no dia 9 de junho de 2016, foi encaminhado pelo autor do Destaque o texto (formado pelos antigos arts. 37, 38 e 39) e autuado, para tramitação autônoma, o Projeto de Lei nº 5.531, de 2016, permanecendo a iniciativa do Poder Executivo.

O PL nº 4.254, de 2015, foi aprovado na Câmara dos Deputados, com emendas e sem os artigos destacados, e encaminhado ao Senado Federal, onde foi numerado como PLC nº 36, de 2016. Na câmara alta, foi aprovado com três emendas de redação. Encaminhado à sanção, transformou-se na Lei nº 13.327, de 29 de julho de 2016, tendo havido vetos parciais, todos mantidos. O PL nº 5.531, de 2016, permanece aguardando designação de relator na Comissão de Constituição e Justiça e de Cidadania da Câmara dos Deputados.[7]

Como se verifica, o desdobramento do PL nº 4.254, de 2015, teve por objetivo evitar, no momento da deliberação, a rejeição (ou supressão por meio de Substitutivo) das disposições que despertaram polêmica em plenário ainda durante sua tramitação na Câmara dos Deputados. No novo PL nº 5.531, de 2016, foi mantida a iniciativa do Poder Executivo, o que não causará alteração, se vier a ser aprovado, no processo legislativo bicameral da matéria. O desdobramento efetuado teve objetivo restrito à própria Câmara, e serviu a motivo distinto do que pretende cuidar este trabalho, que é o de superação de divergências entre as câmaras.

Por sua vez, mostra-se correta a orientação adotada pela Presidência da Câmara dos Deputados de que não é possível o destaque para projeto em separado de parte de medida provisória. O assunto foi objeto da Questão de Ordem 513/2005,[8] levantada pelo Deputado Fernando

5 DCD de 02/06/2016, p. 1817.

6 DCD de 02/06/2016, p. 1823.

7 BRASIL. Câmara dos Deputados. *Projeto de Lei (PL) nº 5.531, de 2016, na Câmara dos Deputados, do Poder Executivo.* Dispõe sobre o exercício da advocacia fora das atribuições institucionais para os titulares das carreiras jurídicas da Advocacia-Geral da União. Disponível em: https://www.camara.leg.br/proposicoesWeb/fichadetramitacao?idProposicao=2087475. Acesso em 19 abr. 2023.

8 BRASIL. Câmara dos Deputados. *Questão de Ordem 513/2005*, levantada pelo Deputado Fernando Coruja, em 29/03/2005. Indaga sobre as razões do não aco-

Coruja em 29 de março de 2005, em face do não acolhimento pela Mesa de requerimentos de destaque dos arts. 3º e 4º e do art. 5º da Medida Provisória (MPV) nº 229, de 18 de dezembro de 2004,[9] para, respectivamente, torná-los projetos autônomos. A MPV cuidava de assuntos diversos em seus dispositivos, tais como: prazos decadenciais para entidades de prática desportiva resgatarem recursos de concursos de prognósticos (arts. 1º e 2º); critérios para concessão de Bolsa-Atleta e Bolsa-Atleta Estudantil (arts. 3º e 4º); prorrogação da campanha do desarmamento, inclusive pedido de registro e devolução de arma de fogo à Polícia Federal (art. 5º). Os destaques pretendiam especializar os temas em projetos separados.

Contudo, a decisão da Presidência da Câmara dos Deputados, Deputado Inocêncio Oliveira, foi a de que não é possível o desdobramento de medida provisória porque se trata de norma jurídica em vigor até que perca eficácia pelo decurso do tempo ou por rejeição. Qualquer alteração na medida provisória somente pode ser consubstanciada por projeto de lei de conversão. Assim, não é possível que matéria destacada da medida provisória se torne objeto de proposição nova, de curso autônomo, pois tal procedimento não se coaduna com a apreciação da medida provisória. Não se poderia estabelecer relação entre a vigência da medida provisória, em seu texto original, e os projetos dela desmembrados. Não poderia também haver o sobrestamento da pauta nessas matérias. Conclui o Presidente, então, pela inadmissibilidade do destaque para projeto em separado de parte de medida provisória.

Não obstante, a MPV nº 229, de 2004, foi objeto de outras formas e tentativas de desdobramento, em virtude da multiplicidade de temas nela veiculados. Os arts. 3º e 4º, que tratavam de requisitos e valores de

lhimento dos Requerimentos de Destaque da bancada do PPS solicitando que os artigos 3º e 4º da Medida Provisória nº 229/2004 e o art.5º da referida Medida Provisória, constituam projeto autônomo. Respondida pelo Presidente Inocência Oliveira, em 29/03/2005. Disponível em: https://www2.camara.leg.br/buscaQordem/. Acesso em 19 abr. 2023.

9 BRASIL. *Medida Provisória (MPV) nº 229, de 18 de dezembro de 2004*. Acresce parágrafos ao art. 10 da Lei nº 9.615, de 24 de março de 1998, dá nova redação ao art. 3º da Lei nº 10.891, de 9 de julho de 2004, e prorroga os prazos previstos nos arts. 30 e 32 da Lei nº 10.826, de 22 de dezembro de 2003. Disponível em: https://www.camara.leg.br/proposicoesWeb/fichadetramitacao?idProposicao=274082. Acesso em 20 abr. 2023.

concessão da Bolsa-Atleta, foram incorporadas no texto do Projeto de Lei de Conversão (PLV) nº 59, de 2004, referente a outra medida provisória, a MPV nº 213, de 10 de setembro de 2004,[10] que versava sobre o Programa Universidade para Todos (Prouni), posteriormente convertida na Lei nº 11.096, de 13 de janeiro de 2005 (arts. 21 e 22).[11] Esse procedimento é inadequado, pois insere matéria estranha no projeto de lei de conversão de outra medida provisória, além de causar o mesmo problema de técnica legislativa que era criticado na origem.

Os demais assuntos remanesceram no Projeto de Lei de Conversão (PLV) nº 4, de 2005, encaminhado ao Senado Federal com modificações no texto da MPV nº 229, de 2004. A câmara alta, por sua vez, aprovou um novo PLV, numerado como nº 7, de 2005, no qual suprimiu os dispositivos que tratavam do resgate de recursos dos concursos de prognósticos (arts. 1º e 2º), mantendo no texto apenas a prorrogação da campanha do desarmamento (art. 5º). Contudo, ao retornar a matéria para a Câmara dos Deputados, o PLV nº 7, de 2005 (do Senado) foi rejeitado, tendo sido remetido à sanção o PLV nº 4, de 2005 (da Câmara), que foi posteriormente convertido na Lei nº 11.118, de 19 de maio de 2005,[12] com vetos parciais.

Como se vê, a tramitação conturbada da MPV nº 229, de 2004, decorreu de um vício original de técnica legislativa, por versar sobre assuntos variados e não correlacionados. Isso deu ensejo a diversas manobras de reconfiguração da matéria. A primeira foi a tentativa frustrada de desdobrar o texto por meio de destaques para constituição de proposições autônomas, indeferidos pela Presidência da Câmara. Depois, acabou por haver uma espécie de desdobramento mediante "aproveitamento" dos

10 BRASIL. *Medida Provisória (MPV) nº 213, de 10 de setembro de 2004*. Institui o Programa Universidade para Todos - PROUNI, regula a atuação de entidades beneficentes de assistência social no ensino superior, e dá outras providências. Disponível em: https://www.congressonacional.leg.br/materias/medidas-provisorias/-/mpv/70014. Acesso em 20 abr. 2023.

11 BRASIL. *Lei nº 11.096, de 13 de janeiro de 2005*. Institui o Programa Universidade para Todos - PROUNI, regula a atuação de entidades beneficentes de assistência social no ensino superior; altera a Lei nº 10.891, de 9 de julho de 2004, e dá outras providências. Disponível em: https://www.planalto.gov.br/ccivil_03/_ato2004-2006/2005/lei/l11096.htm. Acesso em 20 abr. 2023.

12 BRASIL. *Lei nº 11.118, de 19 de maio de 2005*. Acrescenta parágrafos ao art. 10 da Lei nº 9.615, de 24 de março de 1998, e prorroga os prazos previstos nos arts. 30 e 32 da Lei nº 10.826, de 22 de dezembro de 2003. Disponível em: http://www.planalto.gov.br/ccivil_03/_Ato2004-2006/2005/Lei/L11118.htm. Acesso em 20 abr. 2023.

dispositivos em projeto de lei de conversão de outra medida provisória, em procedimento que pode ser considerado inadequado. A terceira operação, que não teve êxito, foi a tentativa do Senado Federal de suprimir parte do texto, o que representou divergência entre as Casas. Prevaleceu, contudo, a manutenção do texto do PLV da Câmara, que se valeu de seu privilégio de Casa iniciadora.

Os argumentos e casos acima expostos mostram a impossibilidade do destaque para projeto autônomo e a inconveniência dos desdobramentos em projetos de lei de iniciativa da outra Casa e em medidas provisórias. Verifica-se, ainda, que eles não trazem vantagens para a solução de divergências entre as Casas, considerando o modelo de tramitação bicameral dessas espécies normativas.

9.3. Desdobramento de PECs, superação de divergências e promulgação fatiada

É nas propostas de emenda à Constituição que o desdobramento encontra sua utilização preferencial para a superação de divergências entre as Casas. Isso se dá, especialmente, devido às características do modelo de tramitação bicameral instituído pelo § 2º do art. 60 da Constituição. Como anteriormente descrito, esse modelo impõe equilíbrio de poderes entre as Casas na elaboração legislativa e, em caso de discordâncias, pode levar ao efeito pingue-pongue, em que a proposta permanece tramitando entre as Casas até que se obtenha convergência entre elas. Esse efeito pode levar ao atraso na elaboração da emenda constitucional como um todo e, no limite, na rejeição da proposta.

Ocorre que nem sempre a divergência alcança todo o texto. Ou seja, há situações em que já se obteve convergência em parte do texto, mas outra parte permanece em disputa. Isso ocorre com frequência especialmente em propostas complexas e polêmicas, que muitas vezes compreendem relevantes reformas constitucionais. Em situações como essas, o desdobramento é utilizado, de forma estratégica, para viabilizar a promulgação da parte que já obteve aprovação de ambas as Casas. Assim, a divergência em uma parte não causa retardo na promulgação da outra parte, já em acordo e da qual se podem extrair vantagens imediatas.

Com o desdobramento, possibilita-se: (a) transformar em emenda constitucional, desde logo, a parte da proposta de emenda à Constituição que já obteve concordância; e (b) manter em tramitação, por meio de outra proposta, dela desmembrada, a parte que ainda apresenta divergências, para procurar construir entendimentos comuns durante a tramitação. Se obtida a convergência nessa segunda parte, ela também chegará à promulgação. Com isso, tal procedimento ficou conhecido como *promulgação fatiada*. A nova proposição, por sua vez, passou a ser denominada de *PEC Paralela*, por tratar (parcialmente) do mesmo tema, embora com tramitação desvinculada da outra, a partir de então.

9.3.1. O destaque para constituir proposição autônoma aplicado às PECs

Importa abordar aqui as especificidades do mecanismo regimental apto a possibilitar o desdobramento da PEC, que é o destaque para constituir proposição autônoma (no caso, PEC). É curioso observar que os Regimentos Internos, ao preverem essa modalidade de destaque referem-se expressamente a "*projeto*". No art. 161 do RICD, a previsão é de destaque para "*III – tornar emenda ou parte de uma proposição projeto autônomo*". No art. 312 do RISF, esse destaque é para "*I – constituir projeto autônomo, salvo quando a disposição a destacar seja de projeto da Câmara*".

Contudo, como ocorre com os demais tipos de destaque, admite-se a possibilidade de sua utilização na tramitação das PECs. Afinal, ambos os Regimentos dispõem que se aplicam à proposta de emenda à Constituição as disposições regimentais relativas ao trâmite e apreciação dos projetos de lei, salvo naquilo especificamente estatuído para o procedimento de alteração constitucional (art. 202, § 8º, RICD; art. 372, RISF).

De outro lado, afasta-se aqui a vedação de que o desdobramento seja aplicado nas propostas oriundas da outra Casa. No art. 312 do RISF, acima transcrito, vê-se que há impedimento de que o destaque para proposição autônoma seja adotado "*quando a disposição a destacar seja de projeto da Câmara*". O inciso IX do art. 162 do RICD dispõe que "*não se admitirá destaque para projeto em separado quando a disposição a destacar seja de projeto do Senado, ou se a matéria for insuscetível de constituir proposição de curso autônomo*". Nessa hipótese, as vedações aplicam-se somente aos projetos de lei, não se estendendo às propostas de emenda à Constituição. Primeiro, porque as normas que imponham restrições ou exceções merecem ser interpretadas restritivamente.[13] Segundo, porque a razão de ser dessas proibições, que é a consequência da inversão

13 FERRAZ JR. Tércio Sampaio. *Introdução ao Estudo do Direito: técnica, decisão e dominação*, 3ª ed. São Paulo: Atlas, 2001, p. 219.

da iniciativa para o sistema bicameral, aplica-se aos projetos, mas não às propostas de emenda à Constituição. Além disso, as propostas, quando remetidas de uma Casa à outra, são recebidas nestas como se fossem novas, sendo submetidas às mesmas regras de tramitação de uma PEC inicial.

Esse é o objeto da Questão de Ordem nº 456/2004, levantada pelo Deputado Júlio César na Câmara dos Deputados em 19 de outubro de 2004,[14] sobre a possibilidade de dispositivo constante na PEC nº 285, de 2004,[15] ser votado separadamente mediante desmembramento em Plenário da referida proposição.[16] A intenção do Deputado não era propriamente que houvesse uma votação separada, mas sim o desdobramento de dispositivo para tramitação autônoma, visando à rápida aprovação de artigo do ADCT com acréscimo de recursos ao Fundo de Participação dos Municípios, sem prejudicar o restante da matéria.

A resposta do Presidente da Câmara, Deputado João Paulo Cunha, em 17 de novembro de 2004, traz os fundamentos da possibilidade de desdobramento de PECs na comissão especial ou no plenário, mesmo se oriunda do Senado Federal, mediante destaque para constituição de proposição autônoma. Nesse sentido, argumenta que: (a) a Constituição não trouxe solução para o dissenso parcial entre as Casas na tramitação das PECs, não se podendo admitir que isso cause impasse e tramitação interminável de reformas constitucionais; (b) para construção da solução, devem ser utilizas as regras regimentais; (c) o Regimento Interno

---

14 BRASIL. Câmara dos Deputados. *Questão de Ordem 456/2004*, levantada pelo Deputado Júlio César, em 19/10/2004. Questiona sobre a possibilidade de dispositivo constante na PEC nº 285, de 2004, ser votado separadamente mediante desmembramento em Plenário da referida proposição. Respondida pelo Presidente Dep. João Paulo Cunha, em 17/11/2004, publicada no DCD 28/01/1998. Disponível em: https://www2.camara.leg.br/buscaQordem/. Acesso em 21 abr. 2023.

15 BRASIL. Câmara dos Deputados. *Proposta de Emenda à Constituição (PEC) nº 285, de 2004, na Câmara dos Deputados (*Desmembrada da PEC nº 255, de 2004 que é parte desmembrada remanescente da PEC nº 228, de 2004, originada da PEC nº 41, de 2003- Reforma Tributária). Altera o Sistema Tributário Nacional e dá outras providências. Disponível em: https://www.camara.leg.br/proposicoesWeb/fichadetramitacao?idProposicao=256022. Acesso em 21 abr. 2023.

16 A PEC nº 285, de 2004-CD, já era oriunda de uma sequência de desdobramentos de propostas. Ela era parte da PEC nº 228, de 2004-CD, **originária do Senado Federal** (PEC 74-A, de 2003-SF), após desdobramento na câmara alta da PEC nº 41, de 2003-CD (PEC 74, de 2003-SF), de iniciativa do Poder Executivo, conhecida como Reforma Tributária (estas deram origem, respectivamente, às Emendas Constitucionais nºs 44, de 2004, e 42, de 2003).

da Câmara permite a aplicação subsidiária à PEC das regras relativas aos projetos de lei (art. 202, § 8º), entre as quais a faculdade das comissões de dividir um projeto quando contenha matérias diferentes (art. 57, III) e o destaque para constituição de projeto autônomo (art. 161, III).

Registra enfim que, por força de art. 203 do Regimento, as PECs do Senado e as emendas dessa Casa às propostas da Câmara são recebidas como se fossem proposições novas. Por isso, não se aplica às PECs a vedação contida na primeira parte do inciso IX do art. 162 do Regimento. Desse modo, elas podem ser desdobradas, mesmo se oriundas do Senado. Conclui que esse entendimento reveste a Constituição de maior eficácia, longe de malferi-la, na medida em que a conforma aos valores e interesses em constante transformação do povo brasileiro.

9.3.2. Desdobramento da proposta, PEC Paralela e solução mitigada da divergência

Evidenciada a possibilidade de desdobramento para constituição de proposição autônoma, é interessante traçar análise comparativa entre esse procedimento e o de supressão de parte da proposta, examinado em itens precedentes deste trabalho.

A supressão aplica-se, em geral, quando a matéria a ser extirpada corresponde a expressões do texto, dispositivos isolados e partes em que não se identifica mais viabilidade de aprovação ou construção de convergências entre as Casas. A solução restringe-se, então, à supressão de expressões ou dispositivos, com a condição de que disponham de autonomia material, e promulgação do remanescente da proposta, que se transforma desde logo em norma jurídica. Trata-se, portanto, de solução que põe fim à tramitação da proposta e a possíveis divergências, com a forma final definida pela Casa que operou a supressão.

Diferentemente, o desdobramento da proposta mantém a possibilidade de que os dispositivos dele provenientes venham a ser, no futuro, convertidos em norma jurídica. Essa possibilidade pode ser apenas formal, se esses dispositivos encerrarem grande controvérsia jurídica ou política. Pode ser que o desdobramento sirva apenas como estratagema de adiamento de discussão desses pontos polêmicos, mas ainda assim ele mantém em tramitação os dispositivos dele derivados para apreciação posterior.

Por versar sobre o mesmo tema, mas com tramitação autônoma, essa nova proposição ficou conhecida como *PEC Paralela*. Essa denominação passou a ser amplamente adotada, em situações equivalentes, a partir do desmembramento da PEC nº 67, de 2003, no Senado Federal, oriunda da PEC nº 40, de 2003, na Câmara dos Deputados, de iniciativa do Poder Executivo (Governo Lula), apresentada em 30 de abril de 2003.[17]

Durante a tramitação da matéria no Senado Federal foram recebidas mais de 300 emendas. Em consequência, a Comissão de Constituição e Justiça (CCJ) aprovou o Parecer nº 1.795, de 2003, Relator Senador Tião Viana, sobre as Emendas de Plenário, que concluiu pela apresentação de destaque dessas emendas para constituição de proposição autônoma.[18] Aprovado posteriormente esse destaque em Plenário, na sessão de 25 de novembro de 2003, a nova proposição, tendo como primeira signatária a Senadora Ideli Salvatti, foi identificada como PEC nº 77, de 2003.[19] A seguir, transcreve-se parte da Justificação dessa proposta, pois ela ilustra bem o objetivo e a utilidade da estratégia de desdobramento de PEC:

> Nos debates da Reforma da Previdência nesta Comissão [CCJ] e fora dela, temos declarado a nossa disposição e a do Governo em promover alterações na emenda que resultar da promulgação da PEC nº 67, de 2003. Essas alterações, entretanto, devem ter duas diretrizes. Primeiramente, não se pode desfigurar a proposta original [...]. Ademais, impõe-se respeitar o gigantesco esforço de concertação política feito pela Câmara dos Deputados. Em segundo lugar, as alterações não podem impedir a promulgação das partes da proposição em torno das quais há consenso.
>
> Assim, com base nessas diretrizes, estamos apresentando, para se constituir em proposta de Emenda à Constituição patrocinada pelos membros desta Casa, a presente proposição. Essencialmente, busca-se equacionar alguns pontos polêmicos da Reforma da Previdência. [...]
>
> Assim, em decorrência dos debates e dos acordos políticos envolvendo todos os partidos políticos a respeito da Reforma da Previdência,

17 BRASIL. Congresso Nacional. *Proposta de Emenda à Constituição (PEC) nº 40, de 2003, na Câmara dos Deputados, do Poder Executivo. PEC nº 67, de 2003, no Senado Federal.* Modifica os arts. 37, 40, 42, 48, 96, 142 e 149 da Constituição Federal, o art. 8º da Emenda Constitucional nº 20, de 15 de dezembro de 1998, e dá outras providências (Reforma da Previdência). Disponível em: https://www.congressonacional.leg.br/materias/materias-bicamerais/-/ver/pec-40-2003-cd. Acesso em 21 abr. 2023.

18 Publicado no DSF de 22/11/2003, p. 38358-38454.

19 Publicada no DSF de 09/10/2003, p. 30892-30895.

> considerando a necessidade da promulgação das partes da PEC nº 67, de 2003, em torno das quais há concordância das Casas do Congresso Nacional, apresentamos esta proposta de Emenda à Constituição.

A PEC nº 67, de 2003, foi aprovada no Senado Federal em 11 de dezembro de 2003, e promulgada como Emenda Constitucional nº 41, de 19 de dezembro de 2003.[20] Dois dias antes da sessão de promulgação, foi aprovada no Plenário do Senado a PEC Paralela (PEC nº 77, de 2003),[21] pois sua construção foi fruto de acordo entre a base aliada ao Governo e a oposição, o que viabilizou sua rápida tramitação e apreciação. A estratégia do desdobramento permitiu ao então Governo Lula aprovar grande parte de sua proposta de Reforma da Previdência em oito meses, em tempo de tramitação inferior à Reforma sobre o mesmo tema de iniciativa do Governo Fernando Henrique Cardoso (apesar de que esta teve escopo mais abrangente e enfrentou maiores resistências do que aquela).[22]

A PEC Paralela foi encaminhada à Câmara dos Deputados, onde tramitou como PEC nº 227, de 2004. Aprovada na forma de Substitutivo em 16 de março de 2005, retornou ao Senado Federal. Autuada então como PEC nº 77-A, de 2003,[23] foi objeto de novo desdobramento, sendo am-

---

20 BRASIL. *Emenda Constitucional nº 41, de 19 de dezembro de 2003*. Modifica os arts. 37, 40, 42, 48, 96, 149 e 201 da Constituição Federal, revoga o inciso IX do § 3 do art. 142 da Constituição Federal e dispositivos da Emenda Constitucional nº 20, de 15 de dezembro de 1998, e dá outras providências. Disponível em: http://www.planalto.gov.br/ccivil_03/constituicao/emendas/emc/emc41.htm. Acesso em 21 abr. 2023.

21 BRASIL. Congresso Nacional. *Proposta de Emenda à Constituição (PEC) nº 77, de 2003, no Senado Federal, da Senadora Ideli Salvatti e outros. PEC nº 227, de 2004, na Câmara dos Deputados*. Altera os artigos 40, 144, 149, 194, 195 e 201 da Constituição Federal, para dispor sobre a previdência social, e dá outras providências. Disponível em: https://www25.senado.leg.br/web/atividade/materias/-/materia/62771 (Senado Federal) e https://www.camara.leg.br/proposicoesWeb/fichadetramitacao?idProposicao=150399 (Câmara dos Deputados). Acesso em 21 abr. 2023.

22 SOUZA, Paulo Fernando Mohn e. A reforma previdenciária do Governo Lula. *Revista Prismas: Direito, Políticas Públicas e Mundialização*. Brasília: Uniceub, v. 3, n. 2, jul.-dez. 2006, p. 460-461.

23 BRASIL. Congresso Nacional. *Proposta de Emenda à Constituição (PEC) nº 77-A, de 2003, no Senado Federal, da Senadora Ideli Salvatti e outros. (Substitutivo da PEC nº*

bos os textos aprovados em 30 de junho de 2005. A parte que foi à promulgação deu origem à Emenda Constitucional nº 47, de 5 de julho de 2005, com ajustes e complementos à Reforma da Previdência.[24] A outra parte constituiu nova PEC (nº 77-B, de 2003, no Senado), que retornou à Câmara dos Deputados, onde foi autuada como PEC nº 441, de 2005, em 6 de julho de 2005, e continuava em tramitação até o final da 56ª Legislatura.[25]

Mais recentemente, a denominação de PEC Paralela tem tido utilizada com abrangência mais ampla, no sentido de contemplar não só dispositivos já existentes na proposta em exame ou de emendas a ela oferecidas, mas também aspectos a ela conexos ou relacionados, que tornariam ainda mais difícil e demorada a tramitação da PEC originária. Desse modo, forma-se outra proposição, com dispositivos ou emendas provenientes da PEC em exame, somando-se assuntos ou disposições que poderiam ser àquela acrescentados, mas que passam a fazer parte de proposição autônoma, o que possibilita, simultaneamente, a discussão desses pontos específicos e a continuidade da tramitação da antiga, já em curso adiantado.

Voltando à comparação entre as estratégias de supressão e desdobramento, é importante observar que elas podem ser combinadas para

227, de 2004, na Câmara dos Deputados). Altera os artigos 28, 37, 40, 195 e 201 da Constituição Federal, para dispor sobre a previdência social, e dá outras providências. Disponível em: https://www25.senado.leg.br/web/atividade/materias/-/materia/72846 (Senado Federal). Acesso em 21 abr. 2023.

24 BRASIL. *Emenda Constitucional nº 47, de 6 de julho de 2005.* Altera os arts. 37, 40, 195 e 201 da Constituição Federal, para dispor sobre a previdência social, e dá outras providências. Disponível em: https://www.planalto.gov.br/ccivil_03/constituicao/emendas/emc/emc47.htm. Acesso em 21 abr. 2023.

25 BRASIL. Congresso Nacional. *Proposta de Emenda à Constituição (PEC) nº 77-B, de 2003, no Senado Federal, do Senador Rodolpho Tourinho e outros. PEC nº 441, de 2005, na Câmara dos Deputados.* Disciplina a fixação do limite remuneratório para os agentes públicos dos Poderes Legislativo e Executivo dos Estados e do Distrito Federal, determina a aplicação do disposto no art. 7º da Emenda Constitucional nº 41, de 2003, às pensões derivadas dos proventos de aposentadoria dos servidores públicos que se aposentarem na forma do caput do art. 6º da mesma Emenda, e disciplina a forma de contribuição dos servidores portadores de doença incapacitante para o custeio da Previdência Social. Disponível em: https://www.congressonacional.leg.br/materias/materias-bicamerais/-/ver/pec-77b-2003-sf (Senado Federal) e https://www.camara.leg.br/proposicoesWeb/fichadetramitacao?idProposicao=293256 (Câmara dos Deputados). Acesso em 21 abr. 2023.

viabilizar o tratamento de propostas complexas, como as chamadas reformas constitucionais. Assim, tanto poderá ocorrer a necessidade de supressões, naqueles aspectos em que a discordância não admite a continuidade do tratamento da matéria, quanto poderá haver desdobramentos, naqueles assuntos que merecem aprofundamento dos debates, aperfeiçoamento das disposições normativas e busca de convergências entre as Casas.

Tanto sobre o alcance da PEC Paralela, quanto sobre a combinação de estratégias, vale consultar a tramitação da Reforma da Previdência de 2019 (Governo Bolsonaro), a PEC nº 6, de 2019.[26] O Parecer nº 113, de 2019,[27] da Comissão de Constituição, Justiça e Cidadania (CCJ) do Senado Federal, Relator Senador Tasso Jereissati, traz trecho que elucida e demonstra a utilidade desses mecanismos e práticas legislativas, inclusive combinados:

> Há solução para os anseios de uma promulgação célere e de revisão do pactuado na Câmara dos Deputados.
>
> Proponho que apresentemos uma *PEC Paralela*, uma nova PEC, incluindo Estados, Distrito Federal e Municípios e com outras alterações que o Plenário julgar importante. E proponho desde já a supressão de dispositivos equivocados da PEC nº 6, de 2019, impedindo que passem à promulgação.
>
> Esta é uma solução simples: respeita o sagrado processo legislativo constitucional, que não suporta atalhos no emendamento da Constituição.
>
> Assim, o Senado Federal fará o seu papel revisor, suprimindo dispositivos *autônomos* da proposição. Para as alterações que não comportam o mecanismo da supressão, seja porque os dispositivos em questão não são autônomos ou seja porque haveria necessidade de modificação de dispositivos, faremos as modificações na *PEC Paralela*. Assim, a Câmara dos Deputados retoma a análise desses pontos sem que o que foi aprovado de comum acordo pelas Casas deixe de ser promulgado. (Grifos do original).

---

26 BRASIL. Congresso Nacional. *Proposta de Emenda à Constituição (PEC) nº 6, de 2019, do Poder Executivo.* Modifica o sistema de previdência social, estabelece regras de transição e disposições transitórias, e dá outras providências (Reforma da Previdência 2019). Disponível em: https://www25.senado.leg.br/web/atividade/materias/-/materia/137999. Acesso em 21 abr. 2023.

27 Publicado no DSF de 5 de setembro de 2019, nº 130, Suplemento Único, p. 3-97.

Aprovada em 22 de outubro de 2019, a PEC nº 6, de 2019, deu origem à Emenda Constitucional nº 103, de 12 de novembro de 2019.[28] Apresentada a PEC Paralela, identificada como PEC nº 133, de 2019,[29] em 4 de setembro de 2019, tendo como primeira signatária a Senadora Simone Tebet (então presidente da CCJ), ela foi aprovada no Senado Federal em 19 de novembro de 2019, com alterações, e encaminhada à Câmara dos Deputados, na qual permanecia em tramitação até o final da 56ª Legislatura.

Cabe observar que assim como acontece no mecanismo de supressão, o desdobramento da PEC permite que a Casa que o operacionaliza defina a forma final do texto a ser promulgado como emenda constitucional. O trecho do Parecer acima transcrito é bastante elucidativo disso, ao se referir a "*dispositivos equivocados*" da outra Casa e ao proceder ao recorte daquilo que considera como dispositivos autônomos, para supressão, ou que ainda demandam modificações ou análise pela outra Casa, para constituir a PEC Paralela. Realiza a seleção, assim, dos dispositivos aprovados "*de comum acordo pelas Casas*" para os encaminhar à promulgação. Tratase, como se vê, de superação mitigada das divergências entre as Casas, com a prevalência da Casa que promove o desdobramento e conforma o texto final da emenda constitucional a ser promulgada.

9.3.3. Os requisitos para a promulgação fatiada de PEC e as divergências entre as Casas

Ao tratar do mecanismo de supressão, ficou evidenciado que o limite no qual ela pode ser feita se refere à autonomia da parte rejeitada em relação à remanescente. Há de se considerar que o mesmo limite se

---

28 BRASIL. *Emenda Constitucional nº 103, de 12 de novembro de 2019.* Altera o sistema de previdência social e estabelece regras de transição e disposições transitórias. Disponível em: https://www.planalto.gov.br/ccivil_03/constituicao/emendas/emc/emc103.htm. Acesso em 22 abr. 2023.

29 BRASIL. Congresso Nacional. *Proposta de Emenda à Constituição (PEC) nº 133, de 2019, da Senadora Simone Tebet e outros.* Permite que os Estados, o Distrito Federal e os Municípios adotem em seus regimes próprios de previdência social as mesmas regras aplicáveis ao regime próprio da União; modifica renúncias previdenciárias; prevê benefício da Seguridade Social à criança vivendo em situação de pobreza; e dá outras providências. (PEC Paralela da Reforma da Previdência 2019). Disponível em: https://www25.senado.leg.br/web/atividade/materias/-/materia/138555. Acesso em 21 abr. 2023.

aplica ao mecanismo de desdobramento, uma vez que a operação sobre o texto é equivalente, apenas o destino dos dispositivos separados é que se modifica (em vez de rejeição definitiva, na supressão, a constituição de nova proposição, no desdobramento).

Desse modo, vale resgatar a orientação do Ministro Octavio Gallotti na Relatoria da ADI-MC nº 2.031, de que a separação jamais pode "*atingir a finalidade ou a razão de ser do texto prevalecente na outra Casa, nem a subverter ou transformar o seu sentido*". É preciso que, após essa operação, "*remanesça um texto compreensível e suficiente, subsistindo a lógica de seu conteúdo*".[30]

Tal como apontado pelo Ministro Nelson Jobim na decisão da Medida Cautelar e confirmado no julgamento do mérito dessa ação, ADI nº 2.031, Relatora Ministra Ellen Gracie,[31] é necessário que haja autonomia normativa entre a parte separada e a parte remanescente. A interdependência lógica ou material entre as partes torna ilegítima a separação, pela quebra desse vínculo e consequente prejuízo à compreensão, coerência e sentido da norma aprovada. Não havendo autonomia, torna-se obrigatória que a matéria seja submetida a nova apreciação da outra Casa, tendo em vista o disposto no § 2º do art. 60 da Constituição.[32] Desse modo, a autonomia normativa (de índole material) entre as partes desdobrada e remanescente pode ser designada como o requisito jurídico para o desdobramento da PEC.

---

30 BRASIL. Supremo Tribunal Federal. *Medida Cautelar na Ação Direta de Inconstitucionalidade (ADI-MC) nº 2.031*, Relator Ministro Octavio Gallotti, julgamento em 29/09/1999, DJ 28/06/2002. Requerente: Partido dos Trabalhadores (PT). Requerido: Congresso Nacional. Disponível em: https://redir.stf.jus.br/paginadorpub/paginador.jsp?docTP=AC&docID=347396. Acesso em 17 abr. 2023.

31 BRASIL. Supremo Tribunal Federal (Plenário). *Ação Direta de Inconstitucionalidade (ADI) nº 2.031*. Relatora Ministra Ellen Gracie, Tribunal Pleno, julgamento em 03/10/2002, DJ 17/10/2003. Requerente: Partido dos Trabalhadores-PT. Requerido: Congresso Nacional. Disponível em: https://redir.stf.jus.br/paginadorpub/paginador.jsp?docTP=AC&docID=375306. Acesso em 17 abr. 2023.

32 No mesmo sentido: *Ação Direta de Inconstitucionalidade (ADI) nº 3.367*. Relator: Ministro Cezar Peluso, Tribunal Pleno, julgamento em 13/04/2005, DJ de 22/09/2006. Disponível em: https://redir.stf.jus.br/paginadorpub/paginador.jsp?docTP=AC&docID=363371. Acesso em 17 abr. 2023; *Medida Cautelar na Ação Direta de Inconstitucionalidade (ADI-MC) nº 3.472*, Relator Ministro Sepúlveda Pertence, Tribunal Pleno, julgamento em 28/04/2005, DJ 24/06/2005. Disponível em: https://redir.stf.jus.br/paginadorpub/paginador.jsp?docTP=AC&docID=387256. Acesso em 17 abr. 2023.

Na prática parlamentar, contudo, é preciso observar que o desdobramento também tem acentuado componente político, não só dentro de cada Casa legislativa, mas também na relação entre elas. Isso porque decorre da construção do entendimento daquela parte apta a tornar-se emenda constitucional desde logo, assim como da continuidade da tramitação de aspectos ainda considerados relevantes, mas que não alcançaram a maturidade suficiente para promover a pertinente mudança na Constituição.

Isso envolve, em geral, negociações e acordos entre as correntes políticas e as Casas legislativas. Assim, pode-se apontar que, além do requisito jurídico, de autonomia normativa estrita entre os dispositivos, o desdobramento em geral depende das condições políticas necessárias para a concordância quanto à estratégia de gradual alteração constitucional.

Alguns exemplos já comentados anteriormente podem representar situações em que o desdobramento e a promulgação fatiada foram úteis dentro da sistemática de gradual alteração constitucional. Ela é comum nas chamadas reformas constitucionais, que têm elevado impacto social ou econômico e demandam grande esforço de articulação. Em geral, os temas não são aprovados na inteireza da proposta originária, demandando aproximações sucessivas para obtenção do resultado próximo ao pretendido. A estratégia do desdobramento é utilizada com esse objetivo e pode servir, ainda, para dissipar resistências e evitar retrocessos ou acréscimos de pontos conexos que não sejam desejados.

Foi o que ocorreu com a Reforma da Previdência de 2003/2005, operacionalizada em duas etapas, correspondentes às Emendas Constitucionais n°s 41, de 2003,[33] e 47, de 2005,[34] conforme foi descrito. Também pode ser lembrada, no mesmo período, a Reforma Tributária, que teve como primeiro resultado a Emenda Constitucional nº 42, de

33 BRASIL. *Emenda Constitucional nº 41, de 19 de dezembro de 2003.* Modifica os arts. 37, 40, 42, 48, 96, 149 e 201 da Constituição Federal, revoga o inciso IX do § 3 do art. 142 da Constituição Federal e dispositivos da Emenda Constitucional nº 20, de 15 de dezembro de 1998, e dá outras providências. Disponível em: http://www.planalto.gov.br/ccivil_03/constituicao/emendas/emc/emc41.htm. Acesso em 21 abr. 2023.

34 BRASIL. *Emenda Constitucional nº 47, de 6 de julho de 2005.* Altera os arts. 37, 40, 195 e 201 da Constituição Federal, para dispor sobre a previdência social, e dá outras providências. Disponível em: https://www.planalto.gov.br/ccivil_03/constituicao/emendas/emc/emc47.htm. Acesso em 21 abr. 2023.

2003,[35] oriunda da proposta encaminhada pelo Poder Executivo (PEC nº 41, de 2003, na Câmara; PEC nº 74, de 2003, no Senado). Posteriormente, houve ajuste por meio da Emenda Constitucional nº 44, de 2004,[36] já um desdobramento da PEC originária (PEC 74-A, de 2003, no Senado; PEC nº 228, de 2004, na Câmara)[37]. Contudo, boa parte daquela Reforma Tributária deixou de ser aprovada, mesmo tendo havido uma sequência de desdobramentos para tentar viabilizar a apreciação de pontos específicos.[38]

Cabe registrar, contudo, situação em que o desdobramento não se efetivou, pois não houve concordância sobre a promulgação fatiada. Na época, a Mesa da Câmara dos Deputados recusou-se a promulgar apenas parte da chamada PEC dos Vereadores, por entender não haver autonomia normativa em relação a dispositivo dela separado pelo Senado Federal.

Essa proposta, identificada como PEC nº 333, de 2004,[39] do Deputado Pompeo de Mattos e outros, foi apresentada em 16 de novembro de 2004 para redefinir na Constituição: as faixas de números de vereadores, conforme a proporcionalidade da população (art. 29, IV); e o total de despesas das Câmaras Municipais (art. 29-A). A proposta foi

35 BRASIL. *Emenda Constitucional nº 42, de 19 de dezembro de 2003.* Altera o Sistema Tributário Nacional e dá outras providências. Disponível em: https://www.planalto.gov.br/ccivil_03/constituicao/emendas/emc/emc42.htm. Acesso em 21 abr. 2023.

36 BRASIL. *Emenda Constitucional nº 44, de 30 de junho de 2004.* Altera o Sistema Tributário Nacional e dá outras providências. Disponível em: https://www.planalto.gov.br/ccivil_03/constituicao/emendas/emc/emc44.htm. Acesso em 21 abr. 2023.

37 BRASIL. Congresso Nacional. *Proposta de Emenda à Constituição (PEC) nº 74-A, de 2003, no Senado Federal. PEC nº 228, de 2004, na Câmara dos Deputados.* (Reforma Tributária. Desdobramento da PEC nº 41, de 2003, na Câmara, da Presidência da República; PEC nº 74, de 2003, no Senado). Altera o Sistema Tributário Nacional e dá outras providências. Disponível em: https://www25.senado.leg.br/web/atividade/materias/-/materia/65088 (Senado Federal) e https://www.camara.leg.br/proposicoesWeb/fichadetramitacao?idProposicao=150410 (Câmara dos Deputados). Acesso em 21 abr. 2023.

38 Na Câmara dos Deputados, a PEC nº 228, de 2004, acabou por ser desdobrada na PEC nº 255, de 2004, da qual parte foi desmembrada na PEC nº 285, de 2004. Essas, contudo, acabaram por ser arquivadas.

39 BRASIL. Congresso Nacional. *Proposta de Emenda à Constituição (PEC) nº 333, de 2004, na Câmara dos Deputados, do Deputado Pompeo de Mattos e outros. PEC nº 20, de 2008, no Senado Federal.* Modifica a redação do art. 29-A e acrescenta art. 29-B à Constituição Federal para dispor sobre o limite de despesas e a composição das Câmaras de Vereadores e dá outras providências. Disponível em: https://www.congressonacional.leg.br/materias/materias-bicamerais/-/ver/pec-333-2004-cd .Acesso em 22 abr. 2023.

aprovada em 28 de agosto de 2008, após debates e negociações políticas, como uma forma de superar e alterar critérios fixados anteriormente pelo STF e pelo TSE sobre a composição dos Legislativos municipais.[40]

O Senado Federal, onde a proposta tramitou sob o número PEC nº 20, de 2008, concordou com o dispositivo sobre os quantitativos de números de vereadores. Segundo o Parecer nº 1.272-A, de 2008-CCJ, Relator Senador César Borges, porém, o dispositivo sobre o limite de despesas "*foi elaborado [na Câmara dos Deputados] de afogadilho e exige maior reflexão para não gerar distorções e resultar em situação pior do que a vigente*", além de representar redução drástica e imediata das receitas das Câmaras Municipais. Propôs, então, o desdobramento da PEC, para promulgação da primeira parte e continuidade de tramitação da segunda.[41] Aprovados, em Plenário, o destaque para constituição de proposta autônoma (autuada como PEC nº 47, de 2008) e a parte a ser promulgada, em 18 de dezembro de 2008, a Presidência do Senado anunciou a promulgação para o dia seguinte.

A Mesa da Câmara, contudo, não concordou em promulgar apenas em parte a proposta,[42] porque os critérios sobre o número de vereadores causariam aumento de vagas em algumas Câmaras Municipais, em relação à regulamentação anterior do TSE, mas isso não poderia resultar em aumento de despesas, em virtude da limitação imposta no outro dispositivo. Desse modo, considerava haver conexão necessária entre as partes, de modo que o número de vagas somente poderia ir à promulgação em conjunto com a limitação das despesas. O então Presidente do Senado, Senador Garibaldi Alves, chegou a impetrar, no STF, o Mandado de Segurança (MS) nº 27.807, em 19 de dezembro de 2008, para obrigar a Mesa da Câmara dos Deputados a promulgar a proposta.[43] No ano seguinte, o Senador José Sarney, eleito

40 As decisões são: no STF, julgamento do Recurso Extraordinário (RE) nº 197.917, Relator Ministro Maurício Corrêa, em 24/03/2004; no TSE, Resolução nº 21.702, de 02/04/2004, que *estabelece instruções sobre o número dos vereadores a eleger segundo a população de cada Município.*

41 Publicado no DSF de 12/12/2008, p. 52088-52112.

42 BRESCIANI, Eduardo. Garibaldi reclama da decisão da Câmara sobre vereadores. *Portal G1*, 18 dez. 2008. Disponível em: https://g1.globo.com/Noticias/Politica/0,,-MUL928342-5601,00-GARIBALDI+RECLAMA+DE+DECISAO+DA+CAMARA+SOBRE+VEREADORES.html. Acesso em 17 mar. 2023.

43 BRASIL. Supremo Tribunal Federal. Mandado de Segurança nº 27.807, Relator Ministro Menezes Direito. Impetrante: Mesa do Senado Federal. Impetrado: Presidente da Câmara dos Deputados. Disponível em: https://portal.stf.jus.br/processos/detalhe.asp?incidente=2653529. Acesso em 17 mar. 2023.

Presidente do Senado, decidiu formular pedido de desistência da ação, o qual foi homologado em 27 de março de 2009.

Além de comunicar a desistência, o Senado Federal encaminhou à Câmara dos Deputados a proposta aprovada, apenas sobre o número de vereadores, que foi recebida e numerada como PEC nº 336, de 2009.[44] A parte desmembrada, sobre os tetos de despesas, tramitou como PEC nº 47, de 2008, no Senado Federal, foi aprovada com alteração nos limites anteriormente propostos e enviada à Câmara dos Deputados, que a recebeu como proposta nova em 19 de junho de 2009, numerada como PEC nº 379, de 2009.[45] A PEC nº 379 foi apensada à PEC nº 336, de 2009, voltando a compor um só texto, aprovado em 22 de setembro de 2009.[46] Encaminhada à promulgação, deu origem à Emenda Constitucional nº 58, de 23 de setembro de 2009[47], que, embora aumentasse o número de vereadores, reduzia os limites de gastos das Câmaras Municipais.[48]

Os exemplos relatados demonstram que, no curso da tramitação da proposta, é necessário haver entendimento entre as Casas para que ocorra o seu desdobramento. Desse modo, além da autonomia substantiva (ausência de vinculação lógico-normativa), deve também estar presente a concordância da Casa que a aprovou a proposta completa, agora desmembrada pela outra, por entender não haver necessária correlação

44 BRASIL. Câmara dos Deputados. *Proposta de Emenda à Constituição (PEC) nº 336, de 2009, na Câmara dos Deputados.* Altera a redação do inciso IV do caput do art. 29 da Constituição Federal, tratando das disposições relativas à recomposição das Câmaras Municipais. Disponível em: https://www.camara.leg.br/proposicoesWeb/fichadetramitacao?idProposicao=426299. Acesso em 23 abr. 2023.

45 BRASIL. Congresso Nacional. *Proposta de Emenda à Constituição (PEC) nº 47, de 2008, no Senado Federal, do Senador César Borges e outros. PEC nº 379, de 2009, na Câmara dos Deputados.* Altera a redação do art. 29-A da Constituição Federal, tratando das disposições relativas à recomposição das Câmaras Municipais. Disponível em: https://www.congressonacional.leg.br/materias/materias-bicamerais/-/ver/pec-47-2008-sf. Acesso em 23 abr. 2023.

46 Sobre a tramitação da PEC nº 336, de 2009, ver as Questões de Ordem nºs 390/2009 e 392/2009, na Câmara dos Deputados. Disponíveis em: https://www2.camara.leg.br/buscaQordem/ . Acesso em 23 abr. 2023.

47 BRASIL. *Emenda Constitucional nº 58, de 23 de setembro de 2009.* Altera a redação do inciso IV do caput do art. 29 e do art. 29-A da Constituição Federal, tratando das disposições relativas à recomposição das Câmaras Municipais. Disponível em: http://www.planalto.gov.br/CCIVIL_03/Constituicao/Emendas/Emc/emc58.htm. Acesso em 22 abr. 2023.

48 AGÊNCIA CÂMARA. Congresso promulga a PEC que aumenta o número de vereadores. *Agência Câmara*, Brasília: Câmara dos Deputados, 23 set. 2009. Disponível em: <https://www.camara.leg.br/noticias/133743-congresso-promulga-a-pec-que-aumenta-o-numero-de-vereadores>. Acesso em 10 jun. 2022.

entre as partes na deliberação havida anteriormente (ausência de vinculação deliberativa).

Verifica-se, então, que a forma de promulgação prevista para as emendas constitucionais, que exige a presença das duas Mesas das Casas do Congresso Nacional na sessão conjunta voltada a esse objetivo (art. 60, § 3º, CF), mais do que mera solenidade, caracteriza-se como momento e instrumento de controle da regularidade do processo legislativo, sob a perspectiva bicameral.

Tal como ocorre na supressão, o desdobramento acaba por fazer prevalecer, na forma final da proposta enviada à promulgação, a Casa em que ocorreu essa operação. Desse modo, pode-se considerar que o desdobramento viabiliza uma superação mitigada de discordâncias entre as Casas, na medida em que parte da proposta vai à promulgação, de forma imediata, e outra parte permanece em tramitação, conforme separação operada por uma das Casas.

9.4. Levantamento sobre desdobramento das PECs

Além das supressões de expressões ou dispositivos, os desdobramentos de PECs foram utilizados para evitar o efeito pingue-pongue e viabilizar a rápida promulgação das partes em que já havia acordo entre as Casas. Adiante, seguem algumas emendas constitucionais em que foi identificada a adoção desse procedimento, ou até mesmo a prática de ambos:

i. Emenda Constitucional (EC) nº 41, de 2003,[49] **e Emenda Constitucional (EC) nº 47, de 2005** [50] (Reforma da Previdência).

A PEC nº 40, de 2003, de iniciativa do Poder Executivo, foi apresentada na Câmara dos Deputados em 30 de abril de 2003.[51] Aprovada

49 BRASIL. *Emenda Constitucional nº 41, de 19 de dezembro de 2003.* Modifica os arts. 37, 40, 42, 48, 96, 149 e 201 da Constituição Federal, revoga o inciso IX do § 3 do art. 142 da Constituição Federal e dispositivos da Emenda Constitucional nº 20, de 15 de dezembro de 1998, e dá outras providências. Disponível em: http://www.planalto.gov.br/ccivil_03/constituicao/emendas/emc/emc41.htm. Acesso em 21 abr. 2023.

50 BRASIL. *Emenda Constitucional nº 47, de 6 de julho de 2005.* Altera os arts. 37, 40, 195 e 201 da Constituição Federal, para dispor sobre a previdência social, e dá outras providências. Disponível em: https://www.planalto.gov.br/ccivil_03/constituicao/emendas/emc/emc47.htm. Acesso em 21 abr. 2023.

51 BRASIL. Congresso Nacional. *Proposta de Emenda à Constituição (PEC) nº 40, de 2003, na Câmara dos Deputados, do Poder Executivo. PEC nº 67, de 2003, no Senado Federal.* Modifica os arts. 37, 40, 42, 48, 96, 142 e 149 da Constituição Federal, o art. 8º da Emenda Constitucional nº 20, de 15 de dezembro de 1998, e dá outras

em 27 de agosto de 2003 e encaminhada ao Senado Federal, foi autuada nesta Casa com PEC nº 67, de 2003. Durante sua apresentação, foi aprovado destaque para constituição de proposição autônoma das emendas apresentadas à PEC. Após acordo entre lideranças dos partidos políticos, foi constituída uma nova proposta, numerada como PEC nº 77, de 2003, que ficou conhecida como PEC Paralela da Previdência.[52] A PEC nº 67, de 2003, foi aprovada em 11 de dezembro de 2003 e promulgada como Emenda Constitucional nº 41, de 19 de dezembro de 2003. Esse desdobramento foi analisado no Capítulo 5.

Antes até da promulgação da PEC originária, foi aprovada a PEC Paralela (nº 77, de 2003) e remetida à Câmara dos Deputados, onde tramitou como PEC nº 227, de 2004. Aprovada em 16 de março de 2005, na forma de Substitutivo, retornou ao Senado Federal (PEC nº 77-A, de 2003)[53]. Houve, contudo, novo desdobramento. A parte em acordo deu origem à Emenda Constitucional nº 47, de 5 de julho de 2005. A parte ainda divergente constituiu nova proposta, a PEC nº 77-B, de 2003, aprovada e encaminhada à Câmara dos Deputados em 6 de julho de 2005, autuada como PEC nº 441, de 2005, e que ainda permanece em tramitação nesta Casa.[54]

providências (Reforma da Previdência). Disponível em: https://www.congressonacional.leg.br/materias/materias-bicamerais/-/ver/pec-40-2003-cd. Acesso em 21 abr. 2023.

52 BRASIL. Congresso Nacional. *Proposta de Emenda à Constituição (PEC) nº 77, de 2003, no Senado Federal, da Senadora Ideli Salvatti e outros. PEC nº 227, de 2004, na Câmara dos Deputados.* Altera os artigos 40, 144, 149, 194, 195 e 201 da Constituição Federal, para dispor sobre a previdência social, e dá outras providências. Disponível em: https://www25.senado.leg.br/web/atividade/materias/-/materia/62771 (Senado Federal) e https://www.camara.leg.br/proposicoesWeb/fichadetramitacao?idProposicao=150399 (Câmara dos Deputados). Acesso em 21 abr. 2023.

53 BRASIL. Congresso Nacional. *Proposta de Emenda à Constituição (PEC) nº 77-A, de 2003, no Senado Federal, da Senadora Ideli Salvatti e outros. (Substitutivo da PEC nº 227, de 2004, na Câmara dos Deputados).* Altera os artigos 28, 37, 40, 195 e 201 da Constituição Federal, para dispor sobre a previdência social, e dá outras providências. Disponível em: https://www25.senado.leg.br/web/atividade/materias/-/materia/72846 (Senado Federal). Acesso em 21 abr. 2023.

54 BRASIL. Congresso Nacional. *Proposta de Emenda à Constituição (PEC) nº 77-B, de 2003, no Senado Federal, do Senador Rodolpho Tourinho e outros. PEC nº 441, de 2005, na Câmara dos Deputados.* Disciplina a fixação do limite remuneratório para os agentes públicos dos Poderes Legislativo e Executivo dos Estados e do Dis-

ii. Emenda Constitucional (EC) nº 42, de 2003,[55] **e Emenda Constitucional (EC) nº 44, de 2004** [56] (Reforma Tributária).

O Presidente da República apresentou a PEC nº 41, de 2003,[57] em 30 de abril de 2003. Aprovada em 24 de setembro de 2003, foi remetida ao Senado Federal, onde foi autuada como PEC nº 74, de 2003. Nesta Casa, na apreciação em segundo turno, foi aprovado requerimento de destaque de dispositivo da PEC para constituição de proposição autônoma, que passou a ser denominada PEC 74-A, de 2003. Houve, ainda, rejeição de dispositivo, suprimido do texto enviado à promulgação e que deu origem à Emenda Constitucional nº 42, de 19 de dezembro de 2003.

A PEC 74-A, de 2003,[58] iniciou sua tramitação no Senado Federal em 17 de dezembro de 2003. No mesmo dia, foi submetida à votação e aprovada. Recebida na Câmara dos Deputados em 7 de janeiro de 2004, foi identificada como PEC nº 228, de 2004. A Comissão Especial deliberou,

---

trito Federal, determina a aplicação do disposto no art. 7º da Emenda Constitucional nº 41, de 2003, às pensões derivadas dos proventos de aposentadoria dos servidores públicos que se aposentarem na forma do caput do art. 6º da mesma Emenda, e disciplina a forma de contribuição dos servidores portadores de doença incapacitante para o custeio da Previdência Social. Disponível em: https://www.congressonacional.leg.br/materias/materias-bicamerais/-/ver/pec-77b-2003-sf (Senado Federal) e https://www.camara.leg.br/proposicoesWeb/fichadetramitacao?idProposicao=293256 (Câmara dos Deputados). Acesso em 21 abr. 2023.

55 BRASIL. *Emenda Constitucional nº 42, de 19 de dezembro de 2003.* Altera o Sistema Tributário Nacional e dá outras providências. Disponível em: https://www.planalto.gov.br/ccivil_03/constituicao/emendas/emc/emc42.htm . Acesso em 13 maio 2023.

56 BRASIL. *Emenda Constitucional nª 44, de 30 de junho de 2004.* Altera o Sistema Tributário Nacional e dá outras providências. Disponível em: https://www.planalto.gov.br/ccivil_03/constituicao/emendas/emc/emc44.htm. Acesso em 13 maio 2023.

57 BRASIL. Congresso Nacional. *Proposta de Emenda à Constituição (PEC) nº 41, de 2003, na Câmara dos Deputados, do Poder Executivo. PEC nº 74, de 2003, no Senado Federal.* Altera o Sistema Tributário Nacional e dá outras providências. Disponível em: https://www.congressonacional.leg.br/materias/materias-bicamerais/-/ver/pec-41-2003-cd. Acesso em 13 maio 2023.

58 BRASIL. Congresso Nacional. *Proposta de Emenda à Constituição (PEC) nº 74-A, de 2003, no Senado (Reautuada como PEC nº 17, de 2004, no Senado). PEC nº 228, de 2004, na Câmara.* Altera o Sistema Tributário Nacional e dá outras providências. Disponível em: https://www.congressonacional.leg.br/materias/materias-bicamerais/-/ver/pec-74a-2003-sf e https://www25.senado.leg.br/web/atividade/materias/-/materia/67089 (Senado) e https://www.camara.leg.br/proposicoesWeb/fichadetramitacao?idProposicao=150410 (Câmara). Acesso em 21 abr. 2023.

em 23 de março de 2004, por desmembrar a proposta, mantendo nela apenas a modificação ao art. 159 da CF, passando o restante a constituir nova proposta, a PEC nº 255, de 2004.

A PEC nº 228, de 2004, foi aprovada em 31 de março de 2004 e encaminhada ao Senado Federal, onde recebeu o número de PEC nº 17, de 2004. Aprovada em 29 de junho de 2004, foi promulgada a Emenda Constitucional (EC) nº 44, de 30 de junho de 2004.

Por sua vez, a PEC nº 255, de 2004, foi arquivada ao final da legislatura.

iii. Emenda Constitucional (EC) nº 45, de 2004[59] (Reforma do Judiciário)

A PEC nº 96, de 1992,[60] do Deputado Hélio Bicudo e outros, foi apresentada em 26 de março de 1992. Aprovada na Câmara dos Deputados em 7 de junho de 2000, foi encaminhada ao Senado Federal, onde foi recebida como PEC nº 29, de 2000. Após tramitação nesta Casa, em 17 de novembro de 2004, a proposta foi desmembrada e aprovadas em duas partes: uma para ir à promulgação; e outra para retornar à Câmara dos Deputados. A parte promulgada deu origem à Emenda Constitucional (EC) nº 45, de 30 de dezembro de 2004. Vale registrar que o texto foi objeto da Ação Direta de Inconstitucionalidade nº 3.367.

A parte da proposta que retornou à Câmara dos Deputados foi nela autuada como PEC nº 358, de 2005.[61] Foram a ela apensadas diversas

59 BRASIL. *Emenda Constitucional nº 45, de 30 de dezembro de 2004*. Altera dispositivos dos arts. 5º, 36, 52, 92, 93, 95, 98, 99, 102, 103, 104, 105, 107, 109, 111, 112, 114, 115, 125, 126, 127, 128, 129, 134 e 168 da Constituição Federal, e acrescenta os arts. 103-A, 103B, 111-A e 130-A, e dá outras providências. Disponível em: https://www.planalto.gov.br/ccivil_03/constituicao/emendas/emc/emc45.htm. Acesso em 13 maio 2023.

60 BRASIL. Congresso Nacional. *Proposta de Emenda à Constituição (PEC) nº 96, de 1992, na Câmara dos Deputados, do Deputado Hélio Bicudo e outros. PEC nº 29, de 2000, no Senado Federal.* Introduz modificações na estrutura do Poder Judiciário. Disponível em: https://www.congressonacional.leg.br/materias/materias-bicamerais/-/ver/pec-96-1992-cd. Acesso em 13 maio 2023.

61 BRASIL. Câmara dos Deputados. *Proposta de Emenda à Constituição (PEC) nº 358, de 2005 (Decorrente de desmembramento da PEC nº 29, de 2000, no Senado).* Altera dispositivos dos arts. 21, 22, 29, 48, 93, 95, 96, 98, 102, 103-B, 104, 105, 107, 111-A, 114, 115, 120, 123, 124, 125, 128, 129, 130-A e 134 da Constituição Federal, acrescenta os arts. 97-A, 105-A, 111-B e 116-A, e dá outras providências. Dispo-

matérias, entre as quais a PEC nº 26, de 2022, que, em virtude de preferência, foi aprovada em 9 de novembro de 2022, do que resultou a prejudicialidade e consequente arquivamento da PEC nº 358, de 2005.

iv. Emenda Constitucional (EC) nº 58, de 2009[62] (PEC dos Vereadores)

Na verdade, tratou-se de uma tentativa frustrada de desmembramento, comentada anteriormente. A PEC nº 333, de 2004,[63] do Deputado Pompeo de Mattos e outros, foi apresentada em 16 de novembro de 2004. Aprovada em 28 de agosto de 2008, foi ao Senado Federal. Autuada como PEC nº 20, de 2008, o Senado concordou apenas com as faixas de números de vereadores, em função da população dos Municípios, mas não com os limites de despesas impostos pela redação da Câmara. Foi apresentada então a PEC nº 47, de 2008, com uma nova redação do Senado. Promovido o desdobramento, contudo, a Mesa da Câmara dos Deputados negou-se a promulgar parcialmente a proposta, entendendo que as partes eram conexas.

Posteriormente, contudo, a operação foi desfeita. O Senado encaminhou à Câmara as duas partes, que foram assim autuadas: PEC nº 336, de 2009 (sobre o número de vereadores)[64]; e a PEC nº 379, de 2009 (sobre

nível em: https://www.camara.leg.br/proposicoesWeb/fichadetramitacao?idProposicao=274765. Acesso em 13 maio 2023.

62 BRASIL. *Emenda Constitucional nº 58, de 23 de setembro de 2009*. Altera a redação do inciso IV do caput do art. 29 e do art. 29-A da Constituição Federal, tratando das disposições relativas à recomposição das Câmaras Municipais. Disponível em: http://www.planalto.gov.br/CCIVIL_03/Constituicao/Emendas/Emc/emc58.htm. Acesso em 22 abr. 2023.

63 BRASIL. Congresso Nacional. *Proposta de Emenda à Constituição (PEC) nº 333, de 2004, na Câmara dos Deputados, do Deputado Pompeo de Mattos e outros. PEC nº 20, de 2008, no Senado Federal.* Modifica a redação do art. 29-A e acrescenta art. 29-B à Constituição Federal para dispor sobre o limite de despesas e a composição das Câmaras de Vereadores e dá outras providências. Disponível em: https://www.congressonacional.leg.br/materias/materias-bicamerais/-/ver/pec-333-2004-cd .Acesso em 22 abr. 2023.

64 BRASIL. Câmara dos Deputados. *Proposta de Emenda à Constituição (PEC) nº 336, de 2009, na Câmara dos Deputados.* Altera a redação do inciso IV do caput do art. 29 da Constituição Federal, tratando das disposições relativas à recomposição das Câmaras Municipais. Disponível em: https://www.camara.leg.br/proposicoesWeb/fichadetramitacao?idProposicao=426299. Acesso em 23 abr. 2023.

limites de despesa, após aprovação da PEC nº 47, de 2008, no Senado)[65]. A Câmara as reuniu novamente na primeira, aprovou e enviou à promulgação, dando origem à Emenda Constitucional nº 58, de 23 de setembro de 2009.

v. Emenda Constitucional (EC) nº 91, de 2016[66] (Desfiliação partidária)

A PEC nº 23, de 2007, do Senador Marco Maciel e outros, foi apresentada em 21 de março de 2007, para assegurar aos partidos a titularidade dos mandatos parlamentares. Aprovada em 17 de outubro de 2007, foi encaminhada à Câmara dos Deputados. Nela, autuada como PEC nº 182, de 2007, tramitou por alguns anos, até que foi aprovada em 18 de agosto de 2015.

Retornou ao Senado, recebendo nova numeração, como PEC nº 113, de 2015. Em 10 de dezembro de 2015, durante apreciação em plenário, foi aprovado requerimento de constituição de nova proposição de todos os artigos, com exceção de um que nela remanesceu. Este único dispositivo compôs a parte material que foi à promulgação, dando origem à Emenda Constitucional nº 91, de 18 de fevereiro de 2016, abrindo prazo de um mês para desligamento do partido pelo qual o detentor de mandato eletivo havia sido eleito.

Os demais dispositivos compuseram a PEC nº 113-A, de 2015. Houve diversas tentativas de novos desmembramentos dessa proposta, mas ela acabou arquivada ao final da legislatura, em 21 de dezembro de 2022. No final, a operação de desmembramento, neste caso, mais se assemelhou à operação de supressão de dispositivos, por constituir uma nova proposta que sequer obteve aprovação no Senado Federal.

65 BRASIL. Congresso Nacional. *Proposta de Emenda à Constituição (PEC) nº 47, de 2008, no Senado Federal, do Senador César Borges e outros. PEC nº 379, de 2009, na Câmara dos Deputados.* Altera a redação do art. 29-A da Constituição Federal, tratando das disposições relativas à recomposição das Câmaras Municipais. Disponível em: https://www.congressonacional.leg.br/materias/materias-bicamerais/-/ver/pec-47-2008-sf. Acesso em 23 abr. 2023.

66 BRASIL. *Emenda Constitucional nº 91, de 18 de fevereiro de 2016.* Altera a Constituição Federal para estabelecer a possibilidade, excepcional e em período determinado, de desfiliação partidária, sem prejuízo do mandato. Disponível em: https://www.planalto.gov.br/ccivil_03/constituicao/emendas/emc/emc91.htm. Acesso em 13 maio 2023.

vi. Emenda Constitucional (EC) nº 100, de 2019,[67] **e Emenda Constitucional (EC) nº 102, de 2019** [68] (Orçamento Impositivo e Cessão Onerosa).

A PEC nº 2, de 2015,[69] do Deputado Hélio Leite e outros, foi apresentada em 10 de fevereiro de 2015. Apenas em 27 de março de 2019, obteve aprovação e foi encaminhada ao Senado Federal, onde foi autuada como PEC nº 34, de 2019. Aprovada na forma de Substitutivo pelo Senado Federal em 3 de abril de 2019, retornou à Câmara dos Deputados.[70]

Em 5 de junho de 2019, o texto do Senado foi aprovado no plenário da Câmara. A parte não alterada, considerada comum e autônoma da proposta, foi encaminhada à promulgação, transformando-se na Emenda Constitucional (EC) nº 100, de 26 de junho de 2019. Os acréscimos aprovados pelo Plenário foram destacados e passaram a constituir uma nova proposição, a PEC nº 98, de 2019,[71] encaminhada ao Senado

67 BRASIL. *Emenda Constitucional nº 100, de 26 de junho de 2019*. Altera os arts. 165 e 166 da Constituição Federal para tornar obrigatória a execução da programação orçamentária proveniente de emendas de bancada de parlamentares de Estado ou do Distrito Federal. Disponível em: https://www.planalto.gov.br/ccivil_03/constituicao/emendas/emc/emc100.htm. Acesso em 13 maio 2023.

68 BRASIL. *Emenda Constitucional nª 102, de 26 de setembro de 2019.* Dá nova redação ao art. 20 da Constituição Federal e altera o art. 165 da Constituição Federal e o art. 107 do Ato das Disposições Constitucionais Transitórias. Disponível em: https://www.planalto.gov.br/ccivil_03/constituicao/emendas/emc/emc102.htm. Acesso em 13 maio 2023.

69 BRASIL. Congresso Nacional. *Proposta de Emenda à Constituição (PEC) nº 2, de 2015, na Câmara, do Deputado Hélio Leite e outros. PEC nº 34, de 2019, no Senado.* Altera o art. 166 da Constituição Federal, para tornar obrigatória a execução da programação orçamentária que especifica. (Deu origem à EC nº 100, de 2019). Disponível em: https://www.congressonacional.leg.br/materias/materias-bicamerais/-/ver/pec-2-2015-cd. Acesso em 13 maio 2023.

70 A partir de 2019, as proposições em geral, inclusive as PECs, passam a ter a mesma numeração nas duas Casas do Congresso Nacional, facilitando o acompanhamento de sua tramitação bicameral.

71 BRASIL. Congresso Nacional. *Proposta de Emenda à Constituição (PEC) nº 98, de 2019, de iniciativa da Câmara dos Deputados.* Altera os arts. 165 e 166 da Constituição Federal, para estabelecer o regime de execução obrigatória das programações que especifica; dá nova redação ao art. 20 da Constituição Federal e aos arts. 107 e 115 do Ato das Disposições Constitucionais Transitórias; e revoga o § 1º do art. 167 da Constituição Federal. (Deu origem à EC nº 102, de 2019). Disponível em: https://www.congressonacional.leg.br/materias/materias-bicamerais/-/ver/pec-98-2019. Acesso em 13 maio 2023.

Federal. Esta Casa aprovou a matéria em 3 de setembro de 2019, com alterações, devolvendo-a à Câmara dos Deputados, onde passou a tramitar como PEC nº 98, de 2019 (2ª fase).

Contudo, por meio do Ofício nº 1.081/SGM/P/2019, de 25 de setembro de 2019, o Presidente da Câmara dos Deputados, Deputado Rodrigo Maia, levou à consideração da Mesa do Senado Federal a proposta de "*promulgação parcial da referida proposição*", na forma da minuta que ofereceu. Argumenta que era premente a realização de leilão dos volumes excedentes ao limite a que se refere o § 2º do art. 1º da Lei nº 12.276, de 30 de junho de 2010 (cessão onerosa à Petrobrás), com distribuição de recursos a Estados e Municípios, conforme previsto no inciso V do § 6º do art. 107 do ADCT, acrescido pela PEC. Considera, ainda, que os "*trechos da PEC n. 98/2019 já aprovados pela Câmara e pelo Senado mostram-se indispensáveis para que a operação se realize com segurança jurídica*".[72] O Presidente da Câmara determinou, ainda, o sobrestamento da tramitação da PEC nº 98, de 2019 (2ª fase), na Casa. Com a aquiescência do Senado quanto à sugestão contida no Ofício, foi promulgada a Emenda Constitucional nº 102, de 26 de setembro de 2019. Não há registro da continuidade da tramitação dos trechos restantes da PEC nº 98, de 2019 (2ª fase).

vii. Emenda Constitucional (EC) nº 113, de 2021,[73] e Emenda Constitucional (EC) nº 114, de 2021 [74] (Precatórios).

A PEC nº 23, de 2021,[75] foi apresentada pelo Poder Executivo, em 10 de agosto de 2021. Aprovada em 9 de novembro desse ano, foi ao

72 Publicado no DSF de 27/09/2019, nº 146, p. 53-57.

73 BRASIL. *Emenda Constitucional nº 113, de 8 de dezembro de 2021.* Altera a Constituição Federal e o Ato das Disposições Constitucionais Transitórias para estabelecer o novo regime de pagamentos de precatórios, modificar normas relativas ao Novo Regime Fiscal e autorizar o parcelamento de débitos previdenciários dos Municípios; e dá outras providências. Disponível em: https://www.planalto.gov.br/ccivil_03/constituicao/emendas/emc/emc113.htm. Acesso em 13 maio 2023.

74 BRASIL. *Emenda Constitucional nª 114, de 16 de dezembro de 2021.* Altera a Constituição Federal e o Ato das Disposições Constitucionais Transitórias para estabelecer o novo regime de pagamentos de precatórios, modificar normas relativas ao Novo Regime Fiscal e autorizar o parcelamento de débitos previdenciários dos Municípios; e dá outras providências. Disponível em: https://www.planalto.gov.br/ccivil_03/constituicao/emendas/emc/emc114.htm. Acesso em 13 maio 2023.

75 BRASIL. Congresso Nacional. *Proposta de Emenda à Constituição (PEC) nº 23, de 2021, do Poder Executivo.* Altera os art. 100, art. 109, art. 160, art. 166 e art. 167

Senado Federal, com o mesmo número. A proposta foi apreciada em 2 de dezembro de 2021 e aprovada pelo Senado Federal. Em consequência, foi promulgada a Emenda Constitucional nº 113, de 8 de dezembro de 2021, oriunda da divisão do texto, para promulgação das partes em que houve acordo entre as Casas.[76]

No mesmo dia, foi autuada no Senado Federal a PEC nº 46, de 2021,[77] desmembrada da PEC nº 23, de 2021, para remessa do texto à Câmara dos Deputados. Nesta Casa, a ela foi apensada outra proposta em andamento, que já dispunha de pareceres aprovados, de modo que foi encaminhada diretamente ao plenário. Aprovada em 15 de dezembro de 2021, com supressão de dispositivo, deu origem à Emenda Constitucional nº 114, de 2021.

9.5. Problemas e sugestões de solução sobre a prática de desdobramento de proposições

A partir do estudo empreendido sobre a prática legislativa de desdobramento de proposições, apresenta-se a seguir os problemas decorrentes e suas respectivas sugestões de solução. Cabe registrar, de início, que o desdobramento de proposição com a finalidade de resolução de divergências tem aplicação quando há acordo em parte dela, mas o restante deve permanecer em discussão nas Casas. O procedimento não se

da Constituição e acrescenta os art. 80-A e art. 101-A no Ato das Disposições Constitucionais Transitórias, e dá outras providências. (Deu origem à EC nº 113, de 2021). Disponível em: https://www.congressonacional.leg.br/materias/materias-bicamerais/-/ver/pec-23-2021. Acesso em 14 maio 2023.

76 Não foi localizado registro, na tramitação da PEC nº 23, de 2021, de destaque para constituição de proposição autônoma. O desmembramento, aparentemente, foi realizado após a aprovação da matéria no Senado Federal, dividindo-se as partes em acordo entre as Casas e aquelas que ainda dependiam de nova apreciação da Câmara dos Deputados, que constituíram a PEC nº 46, de 2021.

77 BRASIL. Congresso Nacional. *Proposta de Emenda à Constituição (PEC) nº 46, de 2021, de iniciativa do Senado Federal.* Altera a Constituição Federal e o Ato das Disposições Constitucionais Transitórias para estabelecer o novo regime de pagamentos de precatórios, modificar normas relativas ao Novo Regime Fiscal e autorizar o parcelamento de débitos previdenciários dos Municípios; e dá outras providências. (Deu origem à EC nº 114, de 2021). Disponível em: https://www.congressonacional.leg.br/materias/materias-bicamerais/-/ver/pec-46-2021. Acesso em 14 maio 2023.

amolda aos projetos de lei de iniciativa da outra Casa, mas tem cabimento nas propostas de emenda à Constituição, com o objetivo de que a parte aprovada pelas duas Casas se transforme em emenda constitucional, permanecendo o remanescente em tramitação.

I - Impossibilidade de desdobramentos nos projetos de lei e medidas provisórias

O mecanismo utilizado para efetuar o desdobramento é o **destaque para constituir proposição autônoma** (ou proposição em separado), que pode ser formulado por comissão ou em plenário, antes da votação da matéria principal. Embora os **Regimentos Internos das duas Casas** contemplem tal instrumento, ambos **vedam sua utilização quando a disposição a destacar seja de projeto de iniciativa da outra Casa** (art. 162, IX, RICD; art. 312, I, RISF), pela inversão que causaria na iniciativa da matéria.[78] Igualmente, **não se admite destaque para constituir projeto autônomo de parte de medida provisória**, considerando que se trata de norma jurídica em vigor, com procedimento especial, de modo que não se poderia estabelecer vinculação entre a sua vigência e tramitação com os projetos de curso autônomo dela desmembrados.

Considerando que **as referidas vedações de desdobramento são resolvidas mediante interpretação de disposições já vigentes, deixa-se de formular sugestão a respeito do assunto.**

II - As condições para o desdobramento de proposta de emenda à Constituição, com envio de parte à promulgação

O desdobramento de proposta de emenda à Constituição (PEC) tem utilidade para: (a) transformar em emenda constitucional a parte dela que já obteve concordância das Casas; e (b) manter em tramitação, por meio de outra proposta, desmembrada daquela, a parte que ainda apresenta divergências entre as Casas. Se aprovada, essa segunda também será promulgada, o que ensejará procedimento conhecido como *promulgação fatiada*. A proposta desmembrada, ou formada a partir de emendas ou disposições em análise sobre o mesmo tema, ou com ele conexo, costuma ser denominada de *PEC Paralela*.

78 Na Câmara dos Deputados, admite-se o desdobramento de projeto de iniciativa do Presidente da República, uma vez que a matéria permanece tendo essa Casa como iniciadora.

O desdobramento de PEC é promovido por meio de destaque para constituir proposição autônoma, por aplicação subsidiária das disposições regimentais sobre esse mecanismo regimental, que nesse caso é admitido mesmo quando a proposta é de iniciativa da outra Casa. Não incide o impedimento que ocorre nos projetos de lei, em virtude do modelo de tramitação bicameral das PECs (art. 60, § 2º, CF), inclusive porque as propostas vindas da outra Casa, ou as emendas desta que estejam retornando, são recebidas como propostas novas.

Contudo, as mesmas condições das supressões nas PECs, de que tratamos no Capítulo anterior, são necessárias para a operacionalização do desdobramento: (1ª) que haja autonomia normativa (substantiva) entre as partes, remanescente e desdobrada, de modo que elas mantenham coerência e sentido normativo próprios; e (2ª) que haja concordância das duas Casas para a promulgação da proposta remanescente e manutenção em tramitação da parte ainda em divergência, mediante proposta nova. Identificando-se não estarem presentes aquelas condições, deve haver nova apreciação (das duas partes) pela outra Casa.

A regulamentação dos desdobramentos pode ser integrada às alterações do Regimento Comum que foram propostas nos Capítulos anteriores, da emenda de redação e da supressão de dispositivos. Desse modo, **sugere-se o acréscimo de parágrafos no art. 85 do Regimento Comum do Congresso Nacional**, com a redação a seguir:

> *O Regimento Comum do Congresso Nacional passa a vigorar com as seguintes alterações:*
>
> *"Art. 85. ....*
>
> *..*
>
> *§ 6º A Casa onde a proposta estiver em revisão poderá promover o seu desdobramento, mediante destaque para constituição de proposição autônoma, na forma do respectivo Regimento Interno, atendido o seguinte:*
>
> *I – a matéria a destacar deve ter autonomia normativa em relação à remanescente, sendo que ambas devem formar sentido próprio e coerente;*
>
> *II – a proposta que contiver a matéria remanescente, desde que aprovada na forma do § 2º do art. 60 da Constituição, será enviada à promulgação, observado o disposto nos §§ 2º, 4º e 5º;*
>
> *III – o autor do destaque deverá oferecer o texto que constituirá a proposta nova e tramitará como proposição inicial, conforme previsão do respectivo Regimento Interno."*

> *§ 7º Na hipótese do § 6º, se manifestada a recusa de que trata o § 5º, a proposta com a matéria remanescente voltará à outra Casa e a proposta nova terá a tramitação de proposição inicial, sendo enviada à revisão após aprovada." (NR)*

A disciplina do desdobramento exige não só a previsão das condições mencionadas, como também a do próprio procedimento, em conexão com os Regimentos Internos das Casas, nos quais está previsto o mecanismo de destaque para constituição de proposição autônoma, pelo qual é operacionalizado. Registre-se, ainda, que na hipótese de recusa de promulgação da proposta remanescente (§§ 4º e 5º), é preciso **dispor sobre a solução para o impasse** (§ 7º), que se sugere seja feita pela remessa das duas propostas separadas, quando aprovadas, para a outra Casa, que poderá decidir sobre seu destino (inclusive, por nova apensação, como já ocorreu).

10

PRÁTICA LEGISLATIVA DE APENSAÇÃO (TRAMITAÇÃO EM CONJUNTO)

Os Regimentos Internos das Casas do Congresso Nacional preveem a tramitação em conjunto das proposições que versem sobre a mesma matéria. Inicialmente, é interessante ter um panorama dos dispositivos regimentais, apontando as semelhanças e diferenças na disciplina do assunto nas câmaras, para depois examinar as repercussões bicamerais.

10.1, Tramitação em conjunto, apensação e precedência nos Regimentos Internos

Em ambas as Casas, a tramitação em conjunto é admitida para as proposições que versem sobre a *"mesma matéria"* (art. 258, RISF), ou em que esta seja *"idêntica ou correlata"* (art. 142, RICD), *"análoga ou conexa"* (art. 139, I, RICD; art. 48, § 1º, RISF). Trata-se de medida de racionalidade, economia processual e que evita a tomada de decisões contraditórias. Serve, ainda, para dar maior qualidade à legislação, na medida em que pode reunir e considerar aspectos diversos sobre a matéria em exame.

Para tanto, as proposições são apensadas e sobre elas deve haver apenas um parecer de cada comissão (art. 142, II, RICD; ar. 260, § 3º, RISF). Consequentemente, a comissão deve pronunciar-se, em seu parecer, sobre todas as proposições apensadas (art. 57, I, RICD; art. 268, RISF). As matérias deverão ser incluídas conjuntamente na Ordem do Dia da mesma sessão (art. 143, III, RICD; art. 260, § 2º, RISF). Deverão figurar em série na Ordem do Dia, na ordem de preferência estabelecida pelos pareceres (arts. 164 e 260, III, RISF). Serão consideradas prejudicadas a discussão e a votação de proposição apensa quando: a aprovada for idêntica ou de finalidade oposta à apensada; ou a rejeitada for idêntica à apensada (art. 163, III e IV, RICD). Desse modo, a decisão do Plenário sobre a proposição preferida pela comissão competente prejulgará as demais (art. 164, RISF).

10.1.1. Formas de promoção da tramitação em conjunto

As Casas admitem que a tramitação em conjunto seja promovida de duas formas. A primeira ocorre logo no início da tramitação, mediante despacho do Presidente da Casa, antes da distribuição da proposição às comissões, se for identificada a existência de matéria análoga ou conexa já em andamento (art. 139, I, RICD; art. 48, § 1º, RISF). As Casas impõem limites, conforme o andamento da matéria na qual a proposição será apensada. Na Câmara, a tramitação em conjunto aplica-se somente antes de a proposição entrar na Ordem do Dia ou, na hipótese de competência conclusiva, antes do pronunciamento da única ou da primeira comissão incumbida de analisar o seu mérito (art. 139, I, c/c art. 142, parágrafo único, RICD). No Senado, ela não se aplica à proposição sobre a qual já exista parecer aprovado em comissão ou que conste da Ordem do Dia (art. 48, § 2º, RISF).

A segunda forma para promoção da tramitação em conjunto é por meio de requerimento dos parlamentares ou de comissões, no curso do andamento de duas ou mais proposições. Se elas forem da mesma espécie e regularem matéria idêntica ou correlata, os Regimentos dispõem que *"é lícito promover sua tramitação conjunta"* (art. 142, RICD; art. 258, RISF). Eles dispõem de forma diversa, contudo, em relação à autoridade competente e às condições para deferir o requerimento.

Na Câmara dos Deputados, o despacho sobre a apensação requerida caberá ao Presidente da Casa (art. 142, *caput*, RICD). Dessa decisão poderá ser apresentado recurso para o plenário, no prazo de cinco sessões, contado da publicação (art. 142, I, RICD). Incidem as mesmas limitações que alcançam o despacho inicial, de modo que a apensação somente poderá ser solicitada antes de a proposição entrar na Ordem do Dia ou, na hipótese de competência conclusiva, antes do pronunciamento da única ou da primeira comissão incumbida de analisar o seu mérito (art. 142, parágrafo único, RICD).

Por meio da Questão de Ordem nº 301/2017, levantada em 26 de abril de 2017, a Deputada Erika Kokay sustentou que a análise dos requerimentos de tramitação conjunta deveria ocorrer preliminarmente à análise de mérito de qualquer projeto, de modo que a apreciação de projeto então em curso fosse interrompida até que a Presidência decidisse sobre requerimentos de apensação. Contudo, com base no art. 142 do RICD, segundo o qual *"é lícito"* promover a tramitação conjunta, o Presidente da Câmara, Deputado Rodrigo Maia, respondeu que se trata de uma faculdade e não de uma obrigação.[1]

No Senado Federal, a instância competente para decisão sobre o requerimento de tramitação em conjunto dependerá do estágio de tramitação das proposições. Em regra, a decisão caberá à Mesa, salvo no caso das proposições que *"já foram objeto de parecer aprovado em comissão ou que constem da Ordem do Dia"* (arts. 215, I, "c" e 258, RISF). Nessa última hipótese, os requerimentos de tramitação conjunta *"serão submetidos à deliberação do Plenário"*. Se a proposição consta na Ordem do Dia, o requerimento será apreciado antes de seu mérito. Se a matéria já foi objeto de parecer aprovado em comissão, o requerimento será incluído em Ordem do Dia (art. 258, parágrafo único, *in fine*; c/c art. 255, II, "c", 8, RISF).

10.1.2. A apensação e a precedência na tramitação em conjunto

Nas normas sobre a tramitação em conjunto, ou por dependência, os Regimentos Internos estipulam, igualmente, que ao processo da proposição que deva ter precedência serão apensos, sem incorporação, os demais (art. 143, I, RICD; art. 260, I, RISF). Atualmente, contudo, as Casas divergem quanto aos critérios de precedência, especialmente quanto atuam como Casa revisora, o que poderá ensejar significativas repercussões bicamerais.

De início, importante registrar que o art. 140 do Regimento Comum dispõe que *"quando sobre a mesma matéria houver projeto em ambas as Câmaras, terá prioridade, para a discussão e votação, o que primeiro chegar à revisão"*. Em decorrência desse dispositivo, se houver proposição em tramitação na Casa revisora regulando a mesma matéria daquela recebida da Casa iniciadora, esta deverá ter prioridade sobre aquela. Trata-se de critério lógico e de eficiência, na medida em que o projeto aprovado em uma das Casas encontra-se mais adiantado, já passou pelo crivo de uma delas e submete-se à revisão da outra.

---

1 BRASIL. Câmara dos Deputados. *Questão de Ordem 301/2017*, levantada pela Deputada Erika Kokay, em 26/04/2017. Sustenta que a análise de requerimentos de tramitação conjunta deve ocorrer preliminarmente à análise de mérito de qualquer projeto. Solicita que a apreciação de projeto seja interrompida até que a Presidência se manifeste sobre requerimentos de apensação pendentes de despacho. Respondida pelo Presidente Rodrigo Maia. Disponível em: https://www2.camara.leg.br/buscaQordem/. Acesso em 25 abr. 2023.

Até recentemente, ambos os Regimentos Internos eram adequados a essa disposição. O Regimento Interno do Senado continua com ela compatível, pois dispõe que terá precedência, na apensação, "a) *o projeto da Câmara sobre o do Senado; b) o mais antigo sobre o mais recente, quando originários da mesma Casa*" (art. 260, II, RISF).[2]

Essa mesma norma de precedência existiu na Câmara dos Deputados até recentemente. O inciso II do art. 143 do RICD estipulava originalmente que teria precedência: "*a) a proposição do Senado sobre a da Câmara; b) a mais antiga sobre as mais recentes proposições*". Contudo, as alíneas "a" e "b" foram revogadas pela Resolução da Câmara dos Deputados nº 33, de 4 de agosto de 2022.[3] O inciso II passou a ter, então a seguinte redação: "*II – terá precedência a mais antiga sobre a mais recente das proposições em tramitação na Câmara dos Deputados*".

Essa alteração regimental decorreu do Projeto de Resolução nº 190, de 2001. O Parecer da Mesa Diretora às Emendas de Plenário, Relatora Deputada Soraya Santos, afirma que o propósito das mudanças era "*garantir mais racionalidade e organização à atividade legislativa*", registrando, entre as medidas propostas, "*a exclusão da precedência de proposições do Senado sobre as da Câmara, no caso de apensação para tramitação em conjunto ou por dependência*".

Desse modo, não há mais garantia regimental, na Câmara dos Deputados, de que um projeto do Senado que chegue para revisão tenha precedência de apensação em relação às matérias em tramitação naquela Casa sobre o mesmo assunto. A precedência passa a ser determinada apenas pelo tempo decorrido desde o início de tramitação das proposições na Câmara, o que coloca em desvantagem os projetos oriundos do Senado Federal, uma vez que o tempo de tramitação na Casa de origem não será considerado. O critério deixa ainda de conferir qualquer prio-

2 Registre-se, porém, que o RISF admite que, ao incluir as proposições apensadas na Ordem do Dia, possa ser dada preferência àquela "*preferida pela comissão competente*" (art. 164 c/c art. 260, III, RISF). Nessa hipótese, a preferência poderia recair sobre um projeto do Senado, em detrimento do projeto da Câmara com precedência, o que levaria à possível prejudicialidade deste.

3 BRASIL. Câmara dos Deputados. *Resolução nº 33, de 4 de agosto de 2022.* Altera os arts. 105 e 143 do Regimento Interno da Câmara dos Deputados, aprovado pela Resolução nº 17, de 21 de setembro de 1989, para dispor sobre o arquivamento de proposições, a precedência na tramitação conjunta e outras providências. Disponível em: https://www2.camara.leg.br/legin/int/rescad/2022/resolucaodacamaradosdeputados-33-4-agosto-2022-793091-norma-pl.html. Acesso em 24 abr. 2023.

ridade ao autor ou à Casa que formulou a primeira iniciativa sobre a matéria.

Como a Câmara dos Deputados tem número bem maior de parlamentares (e de proposições, por decorrência) e recebe as proposições de iniciativa extraparlamentar, passa a ser maior a chance de que os projetos do Senado Federal sejam frequentemente apensados e, consequentemente, prejudicados em virtude da aprovação de projetos sobre matéria idêntica, análoga ou correlata, que tenham a Câmara dos Deputados como Casa iniciadora (art. 163, III, do RICD). Embora a alteração regimental seja recente, é possível vislumbrar que, no limite, o Senado Federal poderá ter substancialmente reduzida a sua participação como Casa iniciadora no processo legislativo. Isso poderá representar mais um fator de prevalência para a Câmara dos Deputados no sistema bicameral brasileiro.

A regra alterada vem, portanto, em sentido contrário ao disposto no art. 140 do Regimento Comum e potencialmente, em situações específicas, ao próprio art. 65 da Constituição, ao permitir a desconsideração (e inversão) da determinação da Casa iniciadora das proposições.

10.2. Apensação de projetos de iniciativas diversas

A seguir são abordadas duas questões relacionadas a repercussões bicamerais da apensação de proposições, a partir de situações observadas. A primeira diz respeito à apensação, na Câmara dos Deputados, de proposições de iniciativa do Poder Executivo a projetos de iniciativa do Senado Federal. A segunda diz respeito à própria apensação de projetos do Senado na Câmara dos Deputados e o seu retorno ao Senado Federal, com emendas ou substitutivo referente a apenas um, ou ao conjunto deles.

10.2.1 A apensação de projetos do Poder Executivo a projetos do Senado Federal

A alteração promovida no Regimento Interno da Câmara dos Deputados alcança controvérsia existente na Casa sobre a possibilidade de tramitação em conjunto e apensação de projetos do Poder Executivo a projetos do Senado Federal. Duas questões de ordem na Casa já trataram do assunto e tinham por objeto exatamente o dispositivo revogado que atribuía precedência aos projetos do Senado Federal (art. 143, II, "a"). Até para verificar suas possíveis consequências, ainda se mostra conveniente examinar essa forma de apensação, que também já teve desdobramentos analisados em julgado do Supremo Tribunal Federal.

Na Questão de Ordem 10.430/1993, de 5 de maio de 1993,[4] o Deputado Nelson Jobim questiona a apensação do Projeto de Lei (PL) nº 2.248, de 1991, do Poder Executivo, que "*regula as atividades dos serviços notoriais e de registro, disciplina a responsabilidade civil, criminal e administrativa dos notários, dos oficiais de registro e seus prepostos, e define a fiscalização de seus atos pelo Poder Judiciário*", ao Projeto de Lei nº 4.573, de 1991, do Senado Federal, que "*regula as atividade e disciplina a responsabilidade civil e criminal dos notários, oficiais de registro e seus prepostos*". Alega que, com a apensação do projeto de iniciativa do Presidente da República, cuja tramitação obrigatoriamente se inicia na Câmara, por mandamento constitucional, esta Casa estaria renunciando ao direito de pronunciar-se em última instância sobre os projetos do Executivo. O Presidente, Deputado Inocêncio Oliveira, indeferiu a Questão de Ordem pelos seguintes fundamentos: (a) a apensação atendia os critérios regimentais (art. 143, II, RICD; art. 140, RCCN); e (b) o procedimento não implicaria renúncia da prerrogativa constitucional da Câmara pronunciar-se em última instância sobre o projeto de iniciativa do Executivo, pois o plenário poderia aprovar, mediante preferência, qualquer um dos projetos apensados, dando-lhe o seguimento devido, o que implicaria a prejudicialidade dos demais (art. 163, III, RICD).

O autor da Questão de Ordem formulou o Recurso nº 102, de 1993, à Comissão de Constituição e Justiça e de Redação (CCJR). O Parecer da CCJR, Relator Deputado Roberto Magalhães, de 30 de junho de 1993, aprovado por unanimidade, foi pelo acolhimento do Recurso, por concluir que a norma regimental do art. 143 do RICD não se compatibiliza com o art. 64 da Constituição. O argumento central é que a apensação poderia resultar na aprovação do projeto do Senado Federal (mediante apresentação de substitutivo que englobasse todos os projetos) e, nesse

4 BRASIL. Câmara dos Deputados. *Questão de Ordem 10.430/1993*, levantada pelo Deputado Nelson Jobim, em 05/05/1993. Questiona a apensação do Projeto de Lei (PL) nº 2.248, de 1991, do Poder Executivo, ao Projeto de Lei nº 4.573, de 1991, do Senado Federal. Alega que, com a apensação do projeto de iniciativa do Presidente da República, cuja tramitação obrigatoriamente se inicia na Câmara, por mandamento constitucional, esta Casa estaria renunciando ao direito de pronunciar-se em última instância sobre os projetos do Executivo. Respondida pelo Presidente Deputado Inocêncio Oliveira. Disponível em: https://www2.camara.leg.br/buscaQordem/. Acesso em 25 abr. 2023.

caso, esta Casa teria a prerrogativa de se pronunciar em última análise sobre a matéria. Nessa hipótese, então, o projeto do Poder Executivo teria tramitação diversa da prevista constitucionalmente.[5]

Na votação do projeto em plenário, em 24 de fevereiro de 1994, houve Requerimento de Preferência para o PL nº 2.248, de 1991, do Poder Executivo, sobre os demais apensados, inclusive o PL nº 4.573, de 1990, do Senado Federal.[6] Aprovada a preferência e, em seguida, o Projeto do Poder Executivo, na forma de emenda aglutinativa ao projeto, substitutivo da CCJR e emendas, ele foi encaminhado ao Senado Federal. Nesta Casa, onde tramitou sob a identificação de Projeto de Lei da Câmara (PLC) nº 16, de 1994, foi aprovado e remetido à sanção, havendo se transformado na Lei nº 8.935, de 1994, que "*regulamenta o art. 236 da Constituição Federal, dispondo sobre serviços notariais e de registro (Lei dos Cartórios)*".[7]

A Questão de Ordem nº 658/2005, de 14 de dezembro de 2005,[8] do Deputado Luciano Zica, volta ao assunto, ao questionar a apensação do Projeto de Lei (PL) nº 6.136, de 2005, do Poder Executivo, que "*institui o Sistema de Gestão Ambientalmente Sustentável de Pneus-SGASP, define seus instrumentos e dá outras providências*", ao PL nº 203, de 1991, do Senado Federal (PLS nº 354, de 1989, na origem) que "*dispõe sobre o acondicionamento, a coleta, o tratamento, o transporte e a destinação fi-*

5 Parecer transcrito na Questão de Ordem respectiva.

6 BRASIL. Congresso Nacional. *Projeto de Lei (PL) nº 2.248, de 1991, do Poder Executivo, na Câmara dos Deputados. Projeto de Lei da Câmara (PLC) nº 16, de 1994, no Senado Federal.* Regula as atividades dos serviços notoriais e de registro, disciplina a responsabilidade civil, criminal e administrativa dos notários, dos oficiais de registro e seus prepostos, e define a fiscalização de seus atos pelo Poder Judiciário. Disponível em: https://www.congressonacional.leg.br/materias/materias-bicamerais/-/ver/pl-2248-1991. Acesso em 25 abr. 2023.

7 BRASIL. *Lei nº 8.935, de 18 de novembro de 1994*. Regulamenta o art. 236 da Constituição Federal, dispondo sobre serviços notariais e de registro (Lei dos Cartórios). Disponível em: https://www.planalto.gov.br/ccivil_03/leis/l8935.htm. Acesso em 25 abr. 2023.

8 BRASIL. Câmara dos Deputados. *Questão de Ordem 658/2005*, levantada pelo Deputado Luciano Zica, em 14/12/2005. Questiona a apensação do Projeto de Lei (PL) nº 6.136, de 2005, do Poder Executivo, ao PL nº 203, de 1991, do Senado Federal. Entende que a apensação causou distorção na tramitação da proposição de iniciativa do Presidente da República, descumprindo norma constitucional. Respondida pelo Presidente Deputado Aldo Rebelo, em 07/04/1996. Disponível em: https://www2.camara.leg.br/buscaQordem/. Acesso em 25 abr. 2023.

nal dos resíduos de serviços de saúde". O autor valeu-se dos argumentos da Questão de Ordem anterior e do Parecer proferido pela CCJR ao Recurso nº 102, de 1993. Destacou que seu intuito era consolidar a desapensação dos projetos, retomando a tramitação que o art. 64 da Constituição exige para projetos do Poder Executivo. O Presidente da Câmara, Deputado Aldo Rebelo, indeferiu a desapensação em 7 de abril de 2006. Para tanto, argumentou que a apensação obedeceu aos critérios regimentais e que a apensação não impede a Câmara de manter-se como Casa iniciadora, *"bastando para isso optar pela proposição de iniciativa do Poder Executivo"*.

Interposto o Recurso nº 280, de 2006, foi colhido o respectivo Parecer da Comissão de Constituição e Justiça e de Cidadania (CCJC), de 17 de maio, Relator Deputado Antonio Carlos Biscaia.[9] A Comissão opinou unanimemente pelo provimento do Recurso. Argumentou o Relator que a apensação não se revelava adequada *"do ponto de vista das regras processuais de tramitação bicameral postas no texto da Constituição"*, porque as proposições estavam sujeitas a estágios constitucionalmente diversos de apreciação: uma em apreciação originária pela Casa onde foi apresentada; outra, mais adiantada, referente à revisão do texto pela outra Casa. As consequências dessas apreciações seriam diversas, como o envio à revisão ou à sanção. Em razão disso, entendia que a tramitação conjunta de projetos do Senado e da Câmara, embora prevista regimentalmente, não se compatibilizava com as regras constitucionais que impunham a remessa de projetos de uma Casa a outra para revisão.

O Parecer defendeu, ainda, que os projetos recebidos do Senado deveriam ter trâmite isolado, tal como as emendas oferecidas aos projetos da Câmara, que jamais eram apensadas. O problema seria acentuado na hipótese de iniciativa presidencial, em virtude de sua previsão constitucional de tramitação, que não podia deixar de ser observada. Discordou em parte do Parecer anterior, que cogitou da possibilidade de aprovação dos projetos apensados mediante substitutivo, observando que, se não fosse concedida preferência, o projeto do Senado é que teria precedência na aprovação, desvirtuando o rito constitucionalmente previsto para os projetos do Executivo. Concluiu, enfim, pela *"incompatibilidade das regras regimentais que determinam a apensação dessas proposições* [de Casas distintas] *com as normas constitucionais que regulam a aprecia-*

9 Parecer transcrito na Questão de Ordem respectiva, conforme nota anterior.

ção, revisão e o emendamento de proposições por parte das duas Casas legislativas".

Porém, o Poder Executivo havia enviado mensagem ao Congresso Nacional solicitando a retirada do PL nº 6.136, de 2005, deferida em 14 de dezembro de 2005. Houve nova iniciativa do Poder Executivo, mais abrangente, por meio do Projeto de Lei (PL) nº 1.191, de 2007, que "*institui a Política Nacional de Resíduos Sólidos e dá outras providências*". Apesar dos Pareceres antes reportados, que não recomendavam a operação, esse projeto de iniciativa presidencial foi apensado na Câmara ao PL nº 203, de 1991, do Senado, juntando-se a dezenas de outras iniciativas sobre os mais variados tipos de resíduos sólidos.[10]

O PL do Senado foi formalmente aprovado na Câmara dos Deputados, na forma de Substitutivo em 10 de março de 2010 e remetido para apreciação final pela Casa iniciadora. Conforme mencionado no Parecer de Plenário da Câmara,[11] antes da deliberação nesta Casa, e no Parecer sobre o Substitutivo da Câmara no Senado,[12] o texto aprovado resultou de um acordo firmado após a longa tramitação e a exaustiva discussão da matéria, com representantes das três esferas de governo, setores empresariais e do comércio, entidades ambientalistas, órgãos de defesa do consumidor, cooperativas de catadores de materiais recicláveis e especialistas em gestão de resíduos sólidos.

O texto do projeto original do Senado, sobre resíduos de saúde, passou, no Substitutivo da Câmara, a tratar sobre a Política Nacional de Resíduos Sólidos, principal objeto do PL nº 1.191, de 2007, do Executivo. O Substitutivo da Câmara foi aprovado com supressões e ajustes redacionais no Senado Federal em 7 de julho de 2010. Enviado à sanção, o projeto foi convertido na Lei nº 12.305, de 2 de agosto de 2010, que "*institui a Política Nacional de Resíduos Sólidos; altera a Lei nº 9.605, de 12 de*

10 BRASIL. Congresso Nacional. *Projeto de Lei do Senado (PLS) nº 354, de 1989, do Senador Francisco Rollemberg. Projeto de Lei (PL) nº 203, de 1991, na Câmara dos Deputados.* Dispõe sobre o acondicionamento, a coleta, o tratamento, o transporte e a destinação final dos resíduos de serviços de saúde. (Nova ementa: *institui a Política Nacional de Resíduos Sólidos; altera a Lei nº 9.605, de 12 de fevereiro de 1998; e dá outras providências).* Disponível em: https://www.congressonacional.leg.br/materias/materias-bicamerais/-/ver/pls-354-1989. Acesso em 25 abr. 2023.

11 Publicado no DCD de 11/03/2010, p. 8010.

12 Parecer nº 1.038, de 2010, publicado no DSF de 08/07/2010, p. 34771-34795.

fevereiro de 1998; e dá outras providências".[13] Desse modo, a apensação do projeto presidencial ao do Senado não só foi realizada, como serviu para dar celeridade à tramitação, no Congresso Nacional, da Política Nacional veiculada pela Lei (substancialmente, de iniciativa do Poder Executivo), assim como consolidar dezenas de projetos apresentados sobre o assunto.

A controvérsia sobre a apensação chegou também ao Supremo Tribunal Federal, embora em outra dimensão. Não se tratou propriamente da possibilidade da apensação de um projeto do Executivo a um projeto do Senado, mas sim dos seus efeitos na regularidade da matéria. Esse foi um dos elementos examinados quando do julgamento sobre a constitucionalidade formal da Lei Complementar nº 179, de 24 de fevereiro de 2021, que "*define os objetivos do Banco Central do Brasil e dispõe sobre sua autonomia e sobre a nomeação e a exoneração de seu Presidente e de seus Diretores; e altera artigo da Lei nº 4.595, de 31 de dezembro de 1964*".[14]

Isso porque, conforme consignado no acórdão da ADI nº 6.696, julgada em 26 de agosto de 2021, Redator do Acórdão Ministro Roberto Barroso,[15] o envio de um "*projeto de lei substancialmente idêntico ao que se encontrava em curso no Congresso Nacional [...] revela inequívoca vontade política do chefe do Executivo em deflagrar o poder legislativo, ficando atendida a exigência constitucional da iniciativa*". No caso, o Projeto de Lei Complementar (PLP) nº 112, de 2019, do Poder Executivo, que "*dispõe sobre a autonomia técnica, operacional, administrativa e finan-*

13 BRASIL. *Lei nº 12.305, de 2 de agosto de 2010.* Institui a Política Nacional de Resíduos Sólidos; altera a Lei nº 9.605, de 12 de fevereiro de 1998; e dá outras providências. Disponível em: https://www.planalto.gov.br/ccivil_03/_ato2007-2010/2010/lei/l12305.htm. Acesso em 25 abr. 2023.

14 BRASIL. *Lei Complementar nº 179, de 24 de fevereiro de 2021.* Define os objetivos do Banco Central do Brasil e dispõe sobre sua autonomia e sobre a nomeação e a exoneração de seu Presidente e de seus Diretores; e altera artigo da Lei nº 4.595, de 31 de dezembro de 1964. Disponível em: https://www.planalto.gov.br/ccivil_03/leis/lcp/lcp179.htm. Acesso em 27 abr. 2023.

15 BRASIL. Supremo Tribunal Federal. *Ação Direta de Inconstitucionalidade (ADI) nº 6.696.* Relator Ministro Ricardo Lewandowski. Redator do Acórdão: Roberto Barroso. Tribunal Pleno, julgada em 26/08/2021, DJ 13/12/2021. Requerentes: Partido Socialismo e Liberdade-PSOL e Partido dos Trabalhadores-PT. Interessados: Presidente da República e Congresso Nacional. Disponível em: https://redir.stf.jus.br/paginadorpub/paginador.jsp?docTP=TP&docID=758666361. Acesso em 27 abr. 2023.

ceira do Banco Central do Brasil [...]",[16] foi apresentado à Câmara dos Deputados em 17 de agosto de 2019, e posteriormente apensado ao Projeto de Lei Complementar nº 19, de 2019, que "*define os objetivos do Banco Central do Brasil e dispõe sobre sua autonomia e sobre a nomeação e a exoneração de seu Presidente e de seus diretores*".[17] Este último foi apresentado no Senado Federal em 12 de fevereiro de 2019, aprovado na Casa em 3 de novembro de 2020 e remetido para revisão da outra Casa. A apensação deu-se em 9 de fevereiro de 2021, quando os dois projetos tramitavam na Câmara dos Deputados, tendo em vista a precedência dos projetos do Senado sobre os iniciados na Câmara, à época ainda em vigor (art. 143, II, "a", RICD, posteriormente revogado pela Resolução da Câmara dos Deputados nº 33, de 2022).

No julgamento da ADI, formaram-se três correntes. Uma delas, com cinco Ministros, entendia que o projeto tratava de matéria referente ao Sistema Financeiro Nacional, que não exigia iniciativa privativa do Presidente da República. Outra, com três integrantes, julgava que, embora a matéria fosse de iniciativa privativa, o projeto apresentado sobre o tema pelo Poder Executivo, mesmo que apensado ao do Senado, atendeu a exigência constitucional da iniciativa. Somados, esses oito Ministros concluíram pela constitucionalidade formal da Lei aprovada. Dois Ministros, vencidos, entendiam que a iniciativa era privativa e, por isso, julgavam procedente o pedido de inconstitucionalidade formal da Lei.[18]

16 BRASIL. Câmara dos Deputados. *Projeto de Lei Complementar (PLP) nº 112, de 2019, do Presidente da República.* Dispõe sobre a autonomia técnica, operacional, administrativa e financeira do Banco Central do Brasil, define seus objetivos e altera a Lei nº 4.595, de 31 de dezembro de 1964. Disponível em: https://www.camara.leg.br/proposicoesWeb/fichadetramitacao?idProposicao=2198617. Acesso em 27 abr. 2023.

17 BRASIL. Congresso Nacional. *Projeto de Lei Complementar (PLP) nº 19, de 2019, do Senador Plínio Valério.* Dispõe sobre nomeação e demissão do Presidente e diretores do Banco Central do Brasil. (Nova ementa: Define os objetivos do Banco Central do Brasil e dispõe sobre sua autonomia e sobre a nomeação e a exoneração de seu Presidente e de seus diretores) Disponível em: https://www.congressonacional.leg.br/materias/materias-bicamerais/-/ver/plp-19-2019. Acesso em 27 abr. 2023.

18 As correntes formadas no julgamento foram integradas pelos seguintes votos: (1ª) pela constitucionalidade, sem reserva de iniciativa: Ministro Roberto Barroso, Ministro Nunes Marques, Ministro Dias Toffoli, Ministro Luiz Fux, Ministro Gilmar Mendes; (2ª) pela constitucionalidade, com reserva de iniciativa atendida: Ministro Alexandre de Moraes, Ministro Edson Fachin e Ministra Cármen Lúcia; (3ª) pela inconstitucionalidade formal: Ministro Ricardo Lewandowski e Ministra Rosa Weber.

Computado de outra forma, como observa o Ministro Ricardo Lewandowski em debates após os votos, cinco Ministros entenderam que o projeto não era de iniciativa privativa, por considerarem que se tratava de matéria relacionado ao Sistema Financeiro Nacional, e cinco Ministros consideraram haver iniciativa privativa, pois a matéria dispunha sobre a Administração Pública. Ocorre que houve divisão entre estes últimos quanto ao efeito produzido pelo projeto encaminhado pelo Poder Executivo, apensado à iniciativa parlamentar do Senado Federal, o que foi determinante para o desfecho da ação favorável à constitucionalidade da legislação sob exame.

A maioria dos Ministros considerou o efeito da iniciativa do Presidente da República mais pelo prisma do impulso e momento para regulação da matéria, em seu aspecto substancial, do que propriamente pelo ângulo formal de tramitação da proposição legislativa oferecida ao Legislativo. Foi nesse sentido a afirmação contida na ementa da decisão, de que o projeto de lei era "*substancialmente idêntico*" àquele em trânsito no Congresso Nacional.[19] A equivalência de conteúdo entre os projetos, parlamentar e presidencial, foi ressaltada por todos os oito Ministros que se posicionaram pela constitucionalidade da Lei Complementar nº 179, de 24 de fevereiro de 2021.

Essa posição pode ser representada por trecho do voto do Ministro Gilmar Mendes, segundo o qual o fato de a Presidência da República ter encaminhado ao Congresso Nacional projeto de lei de conteúdo idêntico, ou similar, demonstra interesse concreto na tramitação do processo legislativo da matéria. Com isso, o chefe do Poder Executivo exercitou o juízo de conveniência e oportunidade que lhe seria assegurado pela reserva da iniciativa, anuindo expressamente aos debates legislativos em torno da temática (p. 202).

Alguns Ministros se valeram, ainda, do precedente do STF na ADI nº 3.112, Relator Ministro Ricardo Lewandowski, sobre o Estatuto do Desarmamento, daquilo que foi denominada *iniciativa por empréstimo*. Nessa ação, foi afastado o vício formal de dispositivos impugnados que constituíam mera reprodução de normas constantes da lei revogada (de iniciativa do Executivo) pela nova lei sob exame, ou consentâneos com

---

19 Conforme votos nas seguintes páginas: Ministro Roberto Barroso, p. 59; Ministro Dias Toffoli, p. 101; Ministro Nunes Marques, p. 110; Ministro Alexandre de Moraes, p. 127; Ministro Edson Fachin, p. 141; Ministra Cármen Lúcia, p. 171; Ministro Gilmar Mendes, p. 200; Ministro Luiz Fux, p. 228.

o que naquela se dispunha, ou ainda que consubstanciavam preceitos que guardavam afinidade lógica, em uma relação de pertinência, com a lei revogada ou com o projeto encaminhado ao Congresso Nacional pela Presidência da República.

Na síntese de Roberta Simões Nascimento, a *iniciativa por empréstimo* afasta o vício de iniciativa quando a lei de iniciativa parlamentar: (a) reproduz textos de leis revogadas de iniciativa do Executivo; (b) repete trechos de projetos de lei encaminhados pelo Executivo, ainda não apreciados pelo Congresso Nacional; ou (c) seja compatível com o que dispõem leis revogadas ou projetos de lei, sem alterar atribuições ou impor obrigações novas aos órgãos constituídos. A chave para o seu reconhecimento estaria na similitude entre os textos das iniciativas parlamentar e do Executivo.[20]

Não prosperou na ADI nº 6.696, por sua vez, argumento levantado pelo Procurador-Geral da República, acolhido pelo Relator originário, Ministro Ricardo Lewandowski, de que a apensação do projeto do Executivo (PLP nº 112, de 2019) fez com que ele, afinal, deixasse de ser deliberado pelo Senado Federal, uma vez que nesta Casa somente foi apreciado o projeto de iniciativa senatorial (PLP nº 19, de 2019), que depois de aprovado na Câmara seguiu à sanção. Dessa forma, se considerada que a Lei Complementar nº 179, de 2021, teve origem na iniciativa parlamentar, ela seria inconstitucional por vício de iniciativa; se considerado que ela adveio da iniciativa presidencial, seria inconstitucional, por não ter sido aprovada nas duas Casas do Congresso Nacional, em violação aos arts. 64 e 65 da Constituição (p. 42-43).

Essa perspectiva prestigia a formalidade do processo legislativo, por observar a titularidade da iniciativa e a tramitação dos projetos, e não o teor das proposições. As correntes contrárias, porém, privilegiaram o conteúdo das iniciativas, que teriam se comunicado, segundo o Ministro Luiz Fux (p. 232), ou até se fundido, na expressão do Ministro Nunes Marques (p. 111). Conforme demonstrado pelos Ministros Alexandre de Moraes (p. 128-130) e Gilmar Mendes (p. 203-217), o caso guarda uma peculiaridade importante e que foi o fator determinante para o resulta-

20 NASCIMENTO, Roberta Simões. Tramitação conjunta, iniciativa legislativa "por empréstimo" e autonomia do BC. *Jota - Defensor Legis*, 12 maio 2021. Disponível em: https://www.jota.info/opiniao-e-analise/colunas/defensor-legis/tramitacao-conjunta-iniciativa-legislativa-por-emprestimo-e-autonomia-do-bc-12052021. Acesso em 26 abr. 2023.

do: o texto aprovado pelo Senado (PLP nº 19, de 2019) assimilou mais da iniciativa do Executivo do que de sua própria versão original. Para ilustrar, pode-se dizer que a capa era do projeto do Senado, mas o conteúdo era, essencialmente, do projeto do Poder Executivo.

Trata-se de fenômeno equiparado com o que a Ciência Política denomina de *apropriação*, que ocorre, segundo Rafael Silveira e Silva, quando o Executivo toma por base projetos que tramitam no Congresso Nacional, bem como os conteúdos dos debates e demais subprodutos do Poder Legislativo, para elaborar suas próprias proposições, de forma a agregar elementos à sua agenda legislativa, ou impedir a agenda em debate no Parlamento.[21] No caso, o PLP nº 19, de 2019, do Senador Plínio Valério, foi apresentado em fevereiro de 2019, buscando conceder algum grau de autonomia ao Banco Central, por meio da instituição de mandatos para o Presidente e diretores da instituição. Em abril do mesmo ano, o Executivo promoveu a iniciativa do PLP nº 112, de 2019, com regulação mais sofisticada dessa autonomia, nos aspectos técnico, operacional, administrativo e financeiro. O Poder Executivo apropriou-se da agenda e o Senado assimilou a proposta do Executivo, em fusão que resultou no texto final aprovado nessa Casa.

Essa peculiaridade da tramitação e da composição do texto turvou a discussão e obscureceu uma questão que interessa sobremaneira, em abstrato, ao exame do processo legislativo no sistema bicameral: afinal, pode um projeto do Poder Executivo ser apensado a um projeto de iniciativa do Senado Federal? Tal procedimento é incompatível com o disposto nos arts. 64 e 65 da Constituição, como defendido pelo Parecer da CCJC da Câmara, produzido no Recurso nº 280, de 2006, à Questão de Ordem nº 658/2005, antes comentado?

Entendemos que a resposta adequada não depende apenas da titularidade do projeto, do fato de ser do Poder Executivo. A isso deve-se associar a análise de a matéria requerer ou não a iniciativa privativa. Essa questão parece ter sido desconsiderada nas respostas às Questões de Ordem da Câmara dos Deputados e foi ofuscada, na decisão da ADI nº 6.696, pela assimilação do texto do Executivo pelo projeto do Senado, além da indefinição a respeito da reserva ou não da iniciativa, expressa pelo empate entre os Ministros.

21 SILVA, Rafael Silveira e. *Construindo e gerenciando estrategicamente a agenda legislativa do Executivo: o fenômeno da apropriação*. Brasília: Senado Federal, 2013, p. 33.

Se o projeto do Executivo veicula matéria de iniciativa geral, é perfeitamente possível, e até recomendável, a apensação a projeto de iniciativa do Senado em revisão na Câmara dos Deputados. Não deve haver qualquer privilégio do projeto do Executivo em relação aos projetos de iniciativa parlamentar, seja da membros ou comissões da Câmara dos Deputados, seja de membros ou comissões do Senado Federal. Qualquer que seja a iniciativa, nessa hipótese, os projetos podem ser objeto de apensação se versarem matéria idêntica ou correlata e, conforme a previsão regimental, ter ou não precedência em relação aos demais.

A argumentação de que, com a apensação, a Câmara estaria renunciando à sua prerrogativa de pronunciar-se em última instância sobre o projeto do Poder Executivo não procede, pois se poderia até considerar que se trata de decorrência natural do art. 65 da Constituição (e não de violação dele). O que estabelece o dispositivo constitucional é que o projeto aprovado por uma Casa seja revisto pela outra. Se o projeto do Senado já está em fase de revisão é esperado e requerido pelo sistema bicameral que ele seja apreciado. Esse o espírito do art. 140 do Regimento Comum, que confere prioridade, para discussão e votação, ao projeto que primeiro chegar à revisão. Esse dispositivo, em vez de ser incompatível com o art. 65 da Constituição, pretende lhe assegurar vigência e efetividade.

Se há projeto ainda em estágio inicial na Câmara sobre matéria idêntica ou correlata, seja de parlamentar, seja do Executivo, ele deverá ter apreciação em conjunto com o do Senado, por razões de racionalidade e economicidade. Não haveria razão em privilegiar o projeto do Executivo, em virtude da titularidade da iniciativa, interrompendo a tramitação do projeto do Senado até que o de iniciativa presidencial seja apreciado. Além disso, este projeto pode ser simplesmente rejeitado, assim como ele pode ser prejudicado em prol de outro que regule de melhor forma a matéria, de autoria da própria Câmara dos Deputados ou do Senado Federal. Não se pode esquecer, ainda, da possibilidade de que ele tenha preferência sobre os projetos de iniciativa parlamentar e siga, então, para revisão da outra Casa.

Ademais, não se pode considerar inviável a apensação por estarem os projetos em estágios diferentes de tramitação, o que restringiria a tramitação conjunta a projetos da mesma Casa. Ora, o art. 140 do RCCN, o art. 143, II, RICD (até recentemente) e o art. 260, II, RISF, regulam a prioridade e a precedência de tramitação exatamente dos projetos considerando-se os diferentes estágios de sua tramitação, contemplando a hipótese de tramitação conjunta das proposições originárias da própria Casa (em apreciação inicial) com as provenientes da outra (em revisão, portanto). O fato de uma dessas proposições ser de iniciativa do Executivo (desde que de iniciativa geral) não deve interferir na aplicação dessas regras.

Completamente diferente é a situação em que o projeto do Executivo verse sobre matéria de iniciativa privativa. Aí deve-se dar razão àqueles que consideram que a apensação do projeto de iniciativa do Executivo a um projeto do Senado é incompatível com o sistema bicameral das leis, por representar violação aos arts. 64 e 65 da Constituição. É que, nessa hipótese, a Câmara dos Deputados deve necessariamente atuar como Casa iniciadora e o Senado Federal como Casa revisora. Essa conclusão se extrai da combinação dos arts. 64 e 65 da Constituição com as regras de iniciativa privativa (por exemplo, do art. 61, § 1º).

Nesse caso, o projeto do Senado não deveria versar tema que lhe é interditado pelas regras de iniciativa privativa. Assim, deveria ser considerado inconstitucional, a partir da manifestação da respectiva Comissão de Constituição e Justiça. Não deveria, enfim, sequer ser aprovado na Casa de origem. Encaminhado para revisão da outra Casa, nela poderá ser considerado rejeitado por inconstitucionalidade. Se tramita normalmente, e tem projetos do Poder Executivo a ele apensados, é porque, assim como entendeu o Senado Federal, a Câmara dos Deputados não considera que verse sobre tema de iniciativa privativa.

O que efetivamente não se justificaria seria que o projeto do Senado Federal versasse sobre tema de iniciativa privativa e, chegando à Câmara dos Deputados, a ele fossem apensados projetos de iniciativa do Presidente da República. Aprovado, então, o projeto na segunda Casa, ele seria remetido à sanção. Haveria, então, não só o vício de iniciativa da lei, como também se poderia apontar a violação aos arts. 64 e 65 da Constituição Federal, pois o projeto de iniciativa privativa que lhe serviu de base somente teria sido aprovado pela Câmara dos Deputados.

Por essas razões, fica claro que não se pode admitir a tramitação conjunta e consequente apensação de projeto de iniciativa do Poder Executivo a projeto de iniciativa do Senado Federal, em tramitação na Câmara dos Deputados, se aquele versar sobre tema de iniciativa privativa. Se, por outro lado, a iniciativa for geral, é lícita e até recomendável essa apensação, em hipótese de matéria idêntica ou correlata, devendo ter aplicação o disposto no art. 140 do Regimento Comum do Congresso Nacional.

10.2.2 Apensação de projetos da Casa iniciadora na Casa revisora e retorno para apreciação

Questão recente, ainda sem solução normativa, diz respeito à apensação de projetos da Casa iniciadora na Casa revisora e seu retorno àquela para final apreciação. A situação tem início quando é encaminhado à revisão projeto de lei versando sobre matéria conexa ou correlata a outro encaminhado em sessão legislativa ou legislatura anterior, ainda não arquivado. Nessa hipótese, esses projetos podem (ou devem) ser apensados na Casa revisora. Como são provenientes da mesma Casa, terá precedência de tramitação o projeto mais antigo, ou seja, o que chegou primeiro à revisão (art. 143, II, RICD; art. 260, II, RISF). O natural, portanto, é que este seja o projeto que deverá ter retorno à Casa iniciadora se houver emendas ou substitutivo da Casa revisora, nos termos do parágrafo único do art. 65 da Constituição.

Formalmente, do conjunto de projetos apensados, somente um deles poderá ser aprovado, sendo prejudicados os demais (art. 163, III, RICD; art. 164, RISF). Contudo, pode ocorrer que um projeto mais recente discipline a matéria de forma mais adequada ou completa. A escolha do projeto que retorna com substitutivo ou emendas, conforme as regras regimentais ou preferência atribuída pela Casa revisora, poderá limitar as opções da Casa iniciadora no confronto com as disposições do texto originalmente aprovado.

Que se tenha notícia, a situação ocorreu em pelo menos dois casos que tiveram o Senado Federal como Casa iniciadora, possivelmente pelo fato de que – em virtude do volume de proposições – a apensação é mais frequente na Câmara dos Deputados do que no Senado Federal. Cabe verificar a solução dada ao problema e a sua compatibilidade com o processo legislativo bicameral das leis. As situações concretas podem elucidar e esclarecer melhor as dificuldades descritas.

Caso concreto 1 – Nova Lei de Licitações e Contratos Administrativos

A primeira situação refere-se ao processo de elaboração da nova Lei de Licitações e Contratos Administrativos, a Lei nº 14.133, de 1º de abril de 2021[22]. Ocorre que, em 1995, o Senado Federal havia aprovado

22 BRASIL. *Lei nº 14.133, de 1º de abril de 2021.* [Nova] Lei de Licitações e Contratos Administrativos. Disponível em: https://www.planalto.gov.br/ccivil_03/_ato2019-2022/2021/lei/l14133.htm. Acesso em 28 abr. 2023.

o Projeto de Lei do Senado (PLS) nº 163, de 1995, do Senador Lauro Campos, que alterava a Lei nº 8.666, de 21 de junho 1993, e o remeteu à Câmara dos Deputados, onde foi recebido em 30 de novembro de 1995 e identificado como PL nº 1.292, de 1995.[23] O projeto promovia alteração pontual na Lei das Licitações vigente (acréscimo dos §§ 1º e 2º ao art. 72), para obrigar o contratado a cientificar a administração pública em oito dias, as subcontratações que viesse a realizar.

A partir de 2013, o Senado Federal empreendeu grande esforço legislativo para "*Modernização da Lei de Licitações e Contratos Administrativos*", inclusive por meio de Comissão Temporária criada para oferecer projeto com essa finalidade. Em 3 de fevereiro de 2017, foi finalmente aprovado o Projeto de Lei do Senado (PLS) nº 559, de 2013, dessa Comissão Temporária, que instituía "*normas para licitações e contratos da Administração Pública*", com texto abrangente de 131 artigos, que visava à substituição integral da Lei nº 8.666, de 1993.[24]

Ao chegar à Câmara dos Deputados, o PLS nº 559, de 2013, foi numerado como PL nº 6.814, de 2017. Em 16 de março de 2018, foi deferido requerimento para sua apensação ao PL nº 1.292, de 1995, que já tinha apensado a ele dezenas de projetos que alteravam a Lei nº 8.666, de 1993, e manteve a precedência por ser o mais antigo em tramitação na Casa. A Comissão Especial constituída para tratar da matéria passou a referir-se ao PL nº 1.192, de 1995, que encabeçava o bloco de proposições em apreciação. Assim como tinha ocorrido no Senado Federal, a matéria foi objeto de inúmeras audiências públicas, relatórios e reuniões da Comissão Especial. O parecer da Comissão Especial foi aprovado em 5 de dezembro de 2018, na forma de Substitutivo. Em 12 de março de 2019, foi aprovado requerimento de urgência para a matéria. Após emendas

23 BRASIL. Congresso Nacional. *Projeto de Lei do Senado (PLS) nº 163, de 1995, do Senador Lauro Campos. Projeto de Lei (PL) nº 1.292, de 1995, na Câmara dos Deputados.* Altera a Lei nº 8.666, de 21 de junho de 1993, que regulamenta o art. 37, XXI, da Constituição Federal, institui normas para licitações e contratos da administração pública e dá outras providências. Disponível em: https://www.congressonacional.leg.br/materias/materias-bicamerais/-/ver/pls-163-1995. Acesso em 28 abr. 2023.

24 BRASIL. Congresso Nacional. *Projeto de Lei do Senado (PLS) nº 559, de 2013, da Comissão Temporária de Modernização da Lei de Licitações e Contratos. Projeto de Lei (PL) nº 6.814, de 2017, na Câmara dos Deputados.* Institui normas para licitações e contratos da Administração Pública e dá outras providências. Disponível em: https://www.congressonacional.leg.br/materias/materias-bicamerais/-/ver/pls-559-2013. Acesso em 28 abr. 2023.

de Plenário e votação de destaques, foi aprovado o PL nº 1.192, de 1995, na forma de Substitutivo (Subemenda Substitutiva Global Reformulada), em 17 de setembro de 2019, determinando-se seu retorno ao Senado Federal. Por consequência, os projetos apensados foram declarados prejudicados e arquivados (art. 163, III, RICD).

O Substitutivo que retornou ao Senado referia-se ao Projeto de Lei do Senado (PLS) nº 163, de 1995 (PL nº 1.192, de 1995, na Câmara), formalmente emendado nos termos do parágrafo único do art. 65 da Constituição. Este projeto, porém, era aquele antigo que tratava apenas do acréscimo de dois parágrafos no art. 72 da Lei 8.666, de 1993, e não o PLS nº 559, de 2013, que versava sobre a nova Lei de Licitações e Contratos Administrativos, o qual fora realmente o texto a partir do qual foi construído o Substitutivo da Câmara.

Porém, como previsto no art. 287 do RISF, o Substitutivo da Câmara a projeto do Senado será "*considerado série de emendas e votado, separadamente, por artigos, parágrafos, incisos, alíneas e itens, em correspondência aos do projeto emendado, salvo aprovação de requerimento para votação em globo* [...]". Vale dizer, o Senado não poderia confrontar com o Substitutivo da Câmara o texto do PLS nº 559, de 2013, mas sim o PLS nº 163, de 1995, com seus dois parágrafos a um artigo.

Isso limitava as escolhas do Senado, formalmente, a três opções: (1ª) manter o PLS nº 163, de 1995 (a alteração aos dois parágrafos do art. 72), rejeitando em globo o Substitutivo da Câmara; (2ª) aprovar integralmente o Substitutivo da Câmara, considerando prejudicado o PLS nº 163, de 1995 (e desconsiderando o texto original do PLS nº 559, de 2013); (3ª) combinar o texto do Substitutivo da Câmara com as alterações pontuais contidas no PLS nº 163, de 1995. A primeira alternativa seria, na verdade, impraticável, pois representaria a desistência da elaboração da nova legislação pelas duas Casas. E a terceira alternativa também não fazia sentido lógico, pois seria equivalente à segunda, somados os dispositivos do projeto de 1995.

O pior é que não seria possível ao Senado Federal – Casa iniciadora – aprovar parte do Substitutivo da Câmara, mantendo os dispositivos originais do PLS nº 559, de 2013, que entendesse preferíveis ou convenientes, pois todo ele ficou prejudicado como decorrência da apensação e aprovação na Câmara dos Deputados do outro projeto de lei. No caso, portanto, a precedência (e preferência) dada pela Casa revisora ao projeto mais antigo representou grave limitação à Casa iniciadora, por impossibilitar sua decisão por texto que aprovou sobre a matéria (mais recentemente), como é de sua prerrogativa, conforme as regras do modelo de tramitação bicameral das leis.

Para superar o impasse, a Presidência do Senado Federal adotou a decisão a seguir, que considera ser o Substitutivo relativo aos dois projetos de lei aprovados pela Casa:

> [...] A Presidência esclarece, em relação à matéria recebida, que o Senado Federal enviou para revisão da Câmara dos Deputados os seguintes Projetos relacionados ao tema:
>
> – O Projeto de Lei do Senado nº 163, de 1995, do Senador Lauro Campos, aprovado e remetido à revisão da Câmara em 29 de novembro de 1995, contendo alteração tão unicamente ao art. 72 da Lei nº 8.666, de 1993; e
>
> – O Projeto de Lei do Senado nº 559, de 2013, de iniciativa da Comissão Temporária de Modernização da Lei de Licitações e Contratos, aprovado em 13 de dezembro de 2016 e remetido à revisão da Câmara, contendo uma nova lei de licitações, composta de 131 artigos.
>
> Na Câmara dos Deputados, as matérias foram apensadas, com o Projeto de Lei do Senado nº 163, de 1995, tendo preferência, em razão do art. 143 do Regimento Interno da Câmara dos Deputados, que determina que tenha precedência a mais antiga sobre as mais recentes proposições.
>
> Porém, o Substitutivo aprovado pela Câmara dos Deputados em 17 de setembro de 2019 teve contribuição muito maior do texto do Projeto de Lei do Senado nº 559, de 2013, mais recente.
>
> A vinculação ao projeto menos compreensivo tem como efeito tornar impossível a correspondência dos dispositivos do Substitutivo da Câmara aos dispositivos emendados, como definido pelo art. 287 do Regimento Interno do Senado Federal.
>
> Dessa forma, para possibilitar a efetiva atuação do Senado Federal como Casa iniciadora, viabilizando a devida correspondência dos dispositivos do Substitutivo da Câmara aos dispositivos das matérias do Senado, como definido pelo art. 287 do Regimento Interno do Senado Federal, a Presidência determina a autuação da presente matéria como Substitutivo da Câmara dos Deputados aos Projetos de Lei do Senado nºs 163, de 1995; e 559, de 2013.[25]

25 DSF de 3 de dezembro de 2020, p. 132.

A decisão pode causar alguma estranheza em virtude de considerar que o Substitutivo devolvido pela Câmara dos Deputados refere-se a dois projetos de lei encaminhados à revisão, em interpretação inovadora, até onde foi possível apurar, em relação ao parágrafo único do art. 65 da Constituição. Inclusive, cumpre observar que o PLS nº 559, de 2013 (PL nº 6814, de 2017, na Câmara), foi formalmente prejudicado na Casa revisora, não havendo retornado à Casa iniciadora, salvo na interpretação da Presidência do Senado Federal. Essa foi, contudo, a forma encontrada pelo Senado Federal para viabilizar sua legítima atuação como Casa iniciadora.

Submetido à apreciação, nesses termos, o Substitutivo da Câmara dos Deputados (renumerado como PL nº 4.253, de 2020), foi aprovado em 10 de dezembro de 2020, nos termos do Parecer de Plenário nº 181, de 2020, Relator Senador Antonio Anastasia.[26] Segundo o Parecer, o Substitutivo reproduzia, em grande medida o projeto do Senado, mas continha inovações e modificações, geográficas ou redacionais, de comandos. Foram, ainda, aprovados destaques, ressalvas e emendas de redação a dispositivos do Substitutivo da Câmara. Posteriormente, foram feitas adequações de técnica legislativa e aprovada a redação final em 10 de março de 2021, sendo então o projeto encaminhado à sanção, que ocorreu em 1º de abril de 2021, com vetos parciais, dando origem à Lei nº 14.133, de 2021, que institui a nova Lei de Licitações e Contratos Administrativos.[27]

Caso concreto 2 – Projeto da Lei Geral dos Esportes

A situação se repetiu, mais recentemente, na tramitação do projeto sobre a Lei Geral dos Esportes. Inicialmente, o Senado Federal aprovou o Projeto de Lei (PL) nº 1.153, de 2019, do Senador Veneziano Vital do Rêgo, que alterava o Capítulo V da Lei nº 9.615, de 24 de março de 1998 (Lei Pelé), dividindo-o em quatro seções e acrescentando o art. 29-B, para disciplinar os direitos dos atletas de base.[28] O projeto foi remetido à revisão da Câmara dos Deputados em 18 de junho de 2019.

26 DSF de 11/12/2020 (nº 182), p. 80-148.

27 DOU de 01/04/2021, Edição Extra – Seção I – p. 1-23.

28 BRASIL. Congresso Nacional. *Projeto de Lei (PL) nº 1.153, de 2019, do Senador Veneziano Vital do Rêgo.* Altera a Lei nº 9.615, de 24 de março de 1998, que institui normas gerais sobre desporto e dá outras providências (Lei Pelé), para dividir em seções o Capítulo V (Da Prática Desportiva Profissional) e para acrescentar dis-

Posteriormente, o Senado aprovou o PLS nº 68, de 2017, proposto pela Comissão Diretora do Senado Federal, que "*institui a Lei Geral do Esporte*". O projeto era resultado do trabalho de uma Comissão de Juristas constituída pela Casa para essa elaborar essa proposta, com escopo amplo, voltado a consolidar a legislação federal sobre desporto, além de promover diversas inovações normativas sobre a matéria. Aprovado no Senado em 8 de junho de 2022, nos termos do Parecer de Plenário nº 210, de 2022, da Senadora Leila Barros,[29] foi remetido à revisão da Câmara dos Deputados, onde foi recebido em 29 de junho de 2022 e renumerado como PL nº 1.825, de 2022.[30]

Por versar matéria análoga, o PL nº 1.825, de 2022 foi apensado ao PL nº 1.153, de 2019, no dia seguinte chegada à Câmara dos Deputados, sendo que este último teve precedência por ser o mais antigo em tramitação na Casa. Dias antes, havia sido aprovado requerimento de urgência para o PL nº 1.153, de 2019, ao qual já haviam sido apensados oito projetos de iniciativa de deputados federais, analisados em conjunto pela Comissão Especial (PL 1153/19 – Lei Pelé), cujo objetivo era reformular a legislação esportiva federal, instalada em 23 de junho de 2021 e que realizou inúmeras audiências públicas e estudos sobre a matéria.

Em face da urgência, o Plenário da Câmara apreciou a matéria em 6 de julho de 2022. Nesse dia, foi proferido Parecer de Plenário pela Comissão Especial, Relator Deputado Felipe Carreras, concluindo pela aprovação, no mérito, do PL nº 1.153, de 2019, de todos os apensados, e de emendas, na forma de Substitutivo que apresenta. Após Emendas de Plenário, houve Parecer de Plenário, com acatamento parcial de uma delas, que resultou na mesma conclusão de aprovação do anterior, apenas com apresentação de novo Substitutivo (Subemenda Substitutiva Global). Em decorrência, o PL nº 1.153, de 2019, foi considerado aprovado, nos termos desse Substitutivo, e devolvido ao Senado Federal em

positivo relativo aos atletas de base. https://www.congressonacional.leg.br/materias/materias-bicamerais/-/ver/pl-1153-2019. Disponível em: Acesso em 28 abr. 2023.

29 DSF de 09/06/2022 (nº 89), p. 40-53.

30 BRASIL. Congresso Nacional. *Projeto de Lei do Senado (PLS) nº 68, de 2017, da Comissão Diretora, no Senado Federal. Projeto de Lei (PL) nº 1.825, de 2022, na Câmara dos Deputados; e seu Substitutivo.* Institui a Lei Geral do Esporte. Disponível em: https://www.congressonacional.leg.br/materias/materias-bicamerais/-/ver/pls-68-2017. Acesso em 28 abr. 2023.

12 de agosto de 2022. A ementa do Substitutivo, que deve expressar o objeto da lei, passou a ser a seguinte: *"Institui a Lei Geral do Esporte"*. Contudo, o PL nº 1.825, de 2022, e demais apensados, foram declarados prejudicados e arquivados.

Mais uma vez, o projeto de escopo restrito, anteriormente encaminhado à Câmara dos Deputados teve precedência e retornou ao Senado Federal, em detrimento do projeto de maior amplitude sobre a matéria, posteriormente remetido àquela Casa, lá apensado e formalmente prejudicado. Se tomasse por base apenas o texto original do PL nº 1.153, de 2019 (com alteração pontual na Lei Pelé), em confronto com o Substitutivo a ele oferecido pela Câmara dos Deputados (que teve escopo muito mais amplo, equivalente ao do PL nº 1.825, de 2022), o Senado Federal teria bastante limitada sua atuação como Casa iniciadora. Isso porque não teria como estabelecer correspondência entre os dispositivos do PL nº 1.153, de 2019, com o Substitutivo da Câmara, já que eles guardam relação, na verdade, com o PL nº 1.825, de 2022.

Tal como explicado no caso anterior, o Senado Federal também não poderia decidir manter dispositivos do texto originalmente aprovado do PL nº 1.825, de 2022 (PLS nº 86, de 2017) em desfavor de dispositivos correspondentes do Substitutivo da Câmara (que, a rigor, deveriam ser apreciados como emendas), pois aqueles não estarão em consideração, uma vez que foram declarados prejudicados pela Câmara dos Deputados. Enfim, só restaria ao Senado Federal, se mantida a situação, acatar inteiramente o Substitutivo da Câmara ou desistir da elaboração da Lei Geral do Esporte.

Para evitar a incidência do problema, a Presidência do Senado Federal, ao despachar sobre a matéria, após seu recebimento, adotou decisão semelhante ao caso anterior:

> [...] Por meio do Of. nº 498/2022/SGM-P, a Presidência daquela Casa encaminhou, a fim de ser submetido à apreciação do Senado Federal, nos termos do "caput" do art. 65 da Constituição Federal combinado com o art. 134 do Regimento Comum, o Substitutivo da Câmara dos Deputados ao Projeto de Lei nº 1.153, de 2019.
>
> Contudo, o Substitutivo aprovado pela Câmara dos Deputados em 6 de julho de 2022 teve contribuição muito maior do texto do Projeto de Lei do Senado nº 68, de 2017, instituindo, da mesma forma que este, uma nova "Lei Geral do Esporte".
>
> Em que pese a relevante contribuição trazida pelo Projeto de Lei nº 1.153, de 2019, a vinculação ao projeto menos compreensivo e

> abrangente tem como efeito tornar impossível a correspondência dos dispositivos do Substitutivo da Câmara aos dispositivos emendados, como definido pelo art. 287 do Regimento Interno do Senado Federal.
>
> Dessa forma, para possibilitar a efetiva atuação do Senado Federal como Casa iniciadora, viabilizando a devida correspondência dos dispositivos do Substitutivo da Câmara aos dispositivos das matérias do Senado, como definido pelo art. 287 do Regimento Interno do Senado Federal, e visto que o art. 136 do Regimento Comum do Congresso Nacional determina que o projeto emendado pela Casa revisora seja devolvido acompanhado das emendas, documentos, votos e discursos que instruíram sua tramitação, a Presidência determina a autuação da presente matéria como Substitutivo da Câmara dos Deputados ao Projeto de Lei do Senado nº 68, de 2017.
>
> Assim sendo, a matéria vai à publicação no Diário do Senado Federal e tramitará como Projeto de Lei nº 1.825, de 2022 (Substitutivo da Câmara dos Deputados ao Projeto de Lei do Senado nº 68, de 2017).[31]

Além das especificidades, o despacho somente se diferencia do anterior no final, pois considera que o Substitutivo da Câmara dos Deputados refere-se apenas ao PLS nº 68, de 2017 (PL nº 1.825, de 2022, na Câmara), e não aos dois projetos anteriormente enviados pelo Senado Federal à Câmara dos Deputados. Agrega à fundamentação do art. 287 do RISF, ainda, o art. 136 do RCCN, que prevê a devolução à Casa iniciadora, junto com o projeto, de toda a documentação que instruiu o processo em sua tramitação na Casa revisora.

Em tramitação no Senado Federal, o Substitutivo da Câmara foi objeto de Parecer nº 21, de 2023, da Comissão de Educação, Cultura e Esporte (CE), Relatora Senadora Leila Barros, de 11 de abril de 2023, que concluiu por sua aprovação, com supressão de alguns dispositivos e manutenção de outros do texto originalmente aprovado pelo Senado (PLS nº 68, de 2017), além de adequações por cinco emendas de redação. Em 9 de maio de 2023, foi apresentado Complementação do Parecer, em plenário, com mais quatro emendas de redação sugeridas pelo Governo e acatamento de sete destaques apresentados ao texto. Foi aprovado o texto do substitutivo da Câmara, nos termos do parecer. Depois, houve votação de mais matérias destacadas, tendo sido um dispositivo rejeita-

31 DSF de 31/03/2023 (nº 45), p. 324-326.

do e duas expressões mantidas no texto. A matéria foi à sanção em 25 de maio de 2023, convertendo-se na Lei nº 14.597, de 14 de junho de 2023, com vetos parciais do Presidente da República.

III – Análise da solução dada aos casos concretos

À primeira vista, a solução do problema poderia amparar-se na razoabilidade da deliberação sobre os projetos com tramitação conjunta na Casa revisora. Assim, mesmo que houvesse regra determinando a precedência na apensação da proposição mais antiga, bastaria à Casa revisora conceder preferência de votação àquele projeto que realmente serviu de base para a construção do substitutivo (art. 159, RICD; art. 311, RISF). Esse procedimento seria o mais compatível com as regras constitucionais que regem o processo legislativo bicameral. Porém, existiria a possibilidade de o substitutivo resultar da fusão de vários projetos oriundos da Casa iniciadora, o que faria com que o problema permanecesse, pelo menos em parte.

De todo modo, não se afigura correto que seja a Casa revisora seja a responsável pela "escolha" de um, e apenas um, dos projetos da Casa iniciativa a ser apreciado em correspondência com o substitutivo que elaborou considerando as disposições das diversas proposições apensadas. Possivelmente, essa escolha não seria inofensiva, nem livre de injunções políticas, com reflexos significativos no processo de elaboração da lei. De outro lado, é bem verdade que a Casa revisora pode rejeitar expressamente projetos oriundos da Casa iniciadora, tramitando isoladamente ou em conjunto. Se o fizer, as regras do sistema bicameral das leis determinam o envio ao arquivo, do que resulta a impossibilidade de seu aproveitamento.

O que se pode observar é que o parágrafo único do art. 65, ao se referir ao projeto "emendado", tem encaixe perfeito quando as emendas endereçam dispositivos específicos do projeto. Já há dificuldade de ajuste, porém, quando a Casa revisora encaminha um substitutivo à Casa iniciadora. Nessa hipótese, os Regimentos buscam resolver a dificuldade considerando-o como uma "*série de emendas*" a serem apreciadas em correspondência com o texto originalmente aprovado na Casa iniciadora (art. 190, RICD; art. 287, RISF). Contudo, a multiplicidade de projetos, viabilizada pela apensação, torna ainda mais complexa a apreciação.

É interessante aqui lembrar que, na ADI nº 6.696 antes comentada, em que se discutiu a legislação que conferiu autonomia ao Banco Central, o Supremo Tribunal Federal caminhou por uma abordagem substancial como efeito da apensação dos projetos. Vale dizer, a apensação formou um acervo de disposições, provenientes dos projetos apensados, que se comunicaram (ou se fundiram) na solução legislativa afinal obtida. O aspecto formal, quanto a qual dos projetos veiculou oficialmente essa solução, não se mostrou como o critério de maior relevância para a decisão a que chegou o Tribunal.

A questão da apensação, em casos como esses, demanda uma solução normativa, sob pena de continuidade da indefinição vigente. Tal solução pode seguir na mesma linha da decisão do Supremo. A sugestão seria que a Casa revisora fosse obrigada a informar, na devolução da matéria em que houve projetos da Casa iniciadora apensados, quais deles foram considerados para a construção do substitutivo, indicando como principal, para efeito formal, aquele com a maior contribuição. Todos esses poderiam ser considerados na Casa iniciadora, para apreciação em correspondência com o substitutivo.

Essa sugestão mantém a prevalência da Casa iniciadora, que é prestigiada pelo sistema bicameral brasileiro de elaboração das leis, assegurando-lhe a última palavra na superação de divergências entre as Casas. Garante, ainda, que os projetos de lei apensados tenham possibilitada a aprovação pelas duas Casas do Congresso Nacional, do que resulta a regularidade de seu processo legislativo. Restariam, dessa forma, plenamente atendidos os requisitos impostos pelo art. 65, *caput* e parágrafo único, da Constituição, para transformação dos projetos em lei.

10.3. Problemas e sugestões de solução sobre a prática da apensação

A partir do estudo empreendido sobre a prática legislativa da apensação de proposições, apresenta-se a seguir os problemas decorrentes e suas respectivas sugestões de solução.

I – Precedência para o projeto que primeiro chegar à revisão

O art. 140 do Regimento Comum dispõe que **quando sobre a mesma matéria houver projeto nas duas Casas, terá prioridade o que primeiro chegar à revisão**. O Regimento Interno do Senado é compatível com essa regra, pois prevê a precedência, na apensação, do projeto da Câmara sobre o Senado e, somente depois, por critério de antiguidade (art. 260, II, RISF).

Até 4 de agosto de 2022, a **Câmara dos Deputados** tinha regra equivalente. Contudo, nesta data foi publicada a Resolução nº 33, que alterou o Regimento Interno para suprimir a precedência dos projetos do Senado, **adotando unicamente o critério da antiguidade** (art. 143, II, RICD, com a redação dada pela referida Resolução). Esse novo critério: (a) fere a isonomia de tratamento entre os projetos encaminhados à revisão nas duas Casas; (b) deverá reduzir o número de projetos de lei que tenham o Senado Federal como Casa iniciadora, pela apensação deles a projetos iniciados na Câmara, acentuando a prevalência desta no processo legislativo bicameral; (c) mostra-se contrária ao art. 140 do Regimento Comum e, potencialmente, ao art. 65 da Constituição, na medida em que permitirá a desconsideração da Casa iniciadora nas proposições apensadas.

Tendo em vista a necessidade de garantir cumprimento ao art. 65 da Constituição, assim como uniformizar a regra entre as Casas, **sugere-se que o critério adequado seja disposto no texto constitucional**, de forma também a garantir sua maior estabilidade. Para tanto, propõe-se o acréscimo de novo parágrafo ao art. 65 da Constituição,[32] com a seguinte redação:

> *A Constituição Federal passa a vigorar com as seguintes alterações:*
>
> *"Art. 65. ....*
>
> *..*
>
> *§ 3º Quando sobre a mesma matéria houver projeto em ambas as Casas, terá prioridade, para a discussão e votação, o que primeiro chegar à revisão." (NR)*

II – Apensação de projetos de iniciativa do Presidente da República a projetos de iniciativa do Senado Federal

Houve controvérsia na Câmara dos Deputados sobre a possibilidade de tramitação em conjunto (apensação) de projetos de iniciativa do Presidente da República a projetos do Senado Federal, tendo em vista que aqueles deveriam ter a Câmara dos Deputados como Casa iniciadora e o Senado Federal como revisora (art. 64, CF). Contudo, apesar de posicionamentos distintos da Presidência e da CCJC da Câmara dos Deputados, houve precedentes desse tipo de apensação, inclusive com exame favorável do STF na ADI nº 6.696. Contudo, a controvérsia não

32 A redação acrescenta o § 3º, tendo em vista que sugestão anterior (sobre as emendas de redação) já havia acrescentado o § 2º no artigo.

foi o objeto central da ação, que teve como peculiaridade a equivalência entre os textos.

Em nosso entender, **a possibilidade de apensação depende de ser a matéria de competência privativa do Presidente da República: se o for, não poderá haver a apensação**, para que sejam atendidos os ditames dos arts. 64 e 65 da Constituição; **se não for, a apensação não só possível como é recomendável**, pois não há razão para primazia do projeto do Executivo, devendo ter aplicação o art. 140 do Regimento Comum.

Cabe observar, porém, que **não se poderia cogitar de que um projeto de iniciativa do Senado Federal pudesse tratar, legitimamente, de matéria de iniciativa reservada** ao Presidente da República. Desse modo, **não se mostra razoável dispor sobre hipótese que se mostra, desde a origem, inconstitucional**.

III - Apensação na Casa revisora de projetos provenientes da Casa iniciadora e o retorno a esta com substitutivo

A apensação, na Casa revisora, de projetos provenientes da Casa iniciadora versando a mesma matéria, causa dúvida sobre a qual deles deve se referir o retorno de emendas ou substitutivos. Pela regra regimental, tem precedência o mais antigo deles, sendo os demais prejudicados. Porém, pode ser que o mais recente regule a matéria de forma mais adequada ou abrangente. A escolha do projeto que retorna, pela Casa revisora, pode limitar as opções da Casa iniciadora no confronto com as disposições do texto originalmente aprovado.

Pelo menos em dois casos analisados, a Câmara (como Casa revisora) retornou o projeto mais antigo, mas o Senado (Casa iniciadora) decidiu considerar que os substitutivos se referiam a outro mais recente e de caráter abrangente. A questão demanda solução normativa, pois tem difícil solução a partir da mera interpretação do parágrafo único do art. 65 e não dispõe de disciplina regimental, que deve ser comum às duas Casas.

Sugere-se que a Casa revisora seja obrigada a informar, no retorno da matéria, todos os projetos que foram apensados e considerados para a construção do substitutivo, indicando como principal, para efeito formal, o de maior contribuição ao texto. Todos esses projetos poderiam ser considerados na Casa iniciadora, para apreciação em correspondência com o substitutivo. Para tanto, propõe-se o acréscimo de parágrafo no art. 65 da Constituição, nos seguintes termos:

Constituição Federal

"Art. 65. ....

...

§ 4º Aprovado substitutivo na Casa revisora referente a diversos projetos apensados da Casa iniciadora, deverão ser adotados os seguintes procedimentos:

I - a Casa revisora deverá devolver o projeto que teve maior contribuição na elaboração do substitutivo, indicando os apensados a ele de iniciativa da Casa iniciadora;

II - os projetos apensados, com exceção do devolvido, serão considerados prejudicados na Casa revisora;

III - a Casa iniciadora poderá considerar, para sua apreciação em correspondência com o substitutivo da Casa revisora, as disposições do projeto devolvido e dos demais indicados na forma do inciso I;

IV - no projeto enviado à sanção, não se admitirão disposições que não estejam contidas no substitutivo da Casa revisora, no projeto devolvido e nos demais indicados na forma do inciso I." (NR)

Essa sistemática manteria a prevalência da Casa iniciadora, assegurando-lhe a última palavra na resolução de divergências entre as Casas.

11

CONCLUSÕES

A seguir, passam a ser apresentadas as conclusões da pesquisa.

I - O bicameralismo e sua aplicação

O trabalho buscou trazer as características principais do bicameralismo, desde sua origem. Ele é identificado pela organização do legislativo em duas câmaras. Porém, de um modo que mais interessa à presente abordagem, podemos caracterizá-lo como o legislativo que envolve duas câmaras em suas deliberações.[1] Para tanto, é imprescindível a interação entre as câmaras na elaboração legislativa, do que decorre a existência de divergências, ou de diferentes perspectivas, a serem conciliadas para alcançar os resultados legislativos.

O bicameralismo encontra sua defesa em pelo menos três argumentos. O *primeiro* é que possibilita a convivência de diferentes representações no parlamento, acomodada nas duas câmaras. No originário modelo inglês, essa representação era de classes sociais. Na solução norte-americana, essa representação era popular, em uma câmara, e dos Estados componentes da federação, em outra. O *segundo* argumento é que ocorre um mútuo controle entre as câmaras, que fortalece o sistema de freios e contrapesos, evita o domínio de um dos ramos, favorece o equilíbrio de poderes e contribui para as liberdades políticas. O *terceiro* argumento é que, de tal engrenagem, resulta maior moderação e estabilidade, pelo freio de paixões e excessos, e consequente melhor qualidade da legislação, pela correção de erros, avaliação duplicada das proposições e acomodação das diferentes posições.

Por essas razões, o bicameralismo manteve-se como opção para muitos países. Os fatores relacionados à sua adoção são diversos, sem que se possa apontar um deles como de determinação necessária. Aspectos como história, dimensão geográfica, tamanho da população,

---

1 LLANOS, Mariana; NOLTE, Detlef. Bicameralism in the Americas: around the extremes of symmetry and incongruence. *The Journal of Legislative Studies*, v. 9, n. 3, 2003, p. 54.

forma de Estado e sistema de governo têm influência marcante na decisão. Nos países bicamerais, as funções das câmaras altas relacionam-se aos próprios fundamentos desse modelo de organização do Legislativo, como a representação de unidades territoriais, o controle do poder executivo, a estabilidade e a melhoria da legislação.

Três características mostram-se decisivas para a configuração bicameral: a composição das câmaras; a distribuição de competências constitucionais; e os métodos de interação na elaboração legislativa.[2] Sobre os dois primeiros, extraem-se conclusões sobre a força do bicameralismo (ou da câmara alta). O bicameralismo será *forte* quando as câmaras forem incongruentes (composição diferente), mas simétricas (poderes equivalentes). Ele será *fraco*, se elas forem congruentes (composição semelhante) e assimétricas (poderes distintos, com prevalência da câmara baixa). Nos países presidencialistas e federais prepondera o bicameralismo forte, como é o caso brasileiro.

Quanto à interação na elaboração legislativa, cabe considerar os métodos de resolução de divergências. Os dois mais utilizados são o sistema *navette* e a comissão mista (comitê de conferência)[3]. No sistema *navette*, que consiste no vaivém da proposição (ou emendas) entre as câmaras, deve-se verificar a regra de parada, que pode atribuir a decisão final a uma das câmaras depois de certo número de rodadas, ou manter a tramitação até que haja acordo entre elas. Por vezes, os métodos podem ser combinados. A comissão mista reúne membros das duas câmaras para elaboração de um compromisso que será votado depois pelos plenários. São diversos os critérios adotados, nos parlamentos, sobre a composição, funcionamento, alcance e decisão das comissões mistas, o que influencia o grau de efetividade em sua aplicação.

---

2 LIJPHART, Arend. *Modelos de democracia: desempenho e padrões de governo em 36 países*. Tradução de Vera Caputo, 4a. ed. rev. e ampl., Rio de Janeiro: Civilização Brasileira, 2019; TSEBELIS, George; MONEY, Jeannette. *Bicameralism*. Cambridge: Cambridge University Press, 1997; ARAÚJO, Paulo Magalhães. Bicameralismo: história, conceito e funções nos governos contemporâneos. *Revista Brasileira de Estudos Políticos*, Belo Horizonte, n. 114, jan.-jun. 2017.

3 TSEBELIS, George; MONEY, Jeannette. *Bicameralism*. Cambridge: Cambridge University Press, 1997, p. 4.

II - O bicameralismo e o Poder Legislativo no Brasil

A análise do percurso do bicameralismo no Brasil permite concluir que a principal marca é a tradição. O legislativo brasileiro sempre adotou a organização bicameral, desde o Império, ainda sob inspiração inglesa. Com a república e a federação, manteve-se o bicameralismo, mas no padrão norte-americano, com igual representação dos Estados no Senado. Houve breves interrupções nesse arranjo institucional nas Constituições de 1934[4] e de 1937, mas de experiência limitada.

A forma adotada na Constituição de 1946 manteve-se, em linhas gerais, na Constituição atual. Nas discussões sobre o legislativo na Constituinte de 1987/1988, o sistema bicameral foi pouco questionado, dirigindo-se as discussões ao sistema de governo e à retomada das prerrogativas do parlamento em face do incremento de poderes do Executivo no Regime Militar, inclusive quanto ao processo legislativo. Não houve mudanças radicais nas regras de composição das Casas, mas o Senado Federal teve as competências privativas reforçadas. No processo legislativo, mantiveram-se a regra de início de tramitação dos projetos de lei de iniciativa do Executivo na Câmara dos Deputados (que vinha desde o Império) e a decisão final da Casa iniciadora, após até uma rodada, com origem em 1946. Os decretos-leis foram substituídos pelas medidas provisórias e as propostas de emenda à Constituição deixaram de ser votadas em sessões conjuntas, para serem votadas em Casas separadas, em sistema *navette* sem regra de parada.

III - Os modelos de tramitação bicameral na Constituição Federal de 1988: a resolução de divergências

Passa-se ao exame do processo legislativo na Constituição Federal de 1988, objeto principal da investigação. A questão central da pesquisa foi formulada do seguinte modo: *considerando a aplicação das normas do processo legislativo brasileiro, como as câmaras resolvem as suas divergências na elaboração legislativa?*

A resposta, sob o ponto de vista normativo, consistiu inicialmente na **identificação de três modelos de tramitação bicameral** estabelecidos na Constituição, sendo que, para cada um deles, corresponde uma sistemática diferente de resolução das divergências. O Quadro abaixo consolida as características de cada um desses modelos:

4 Ver seções 3.1.2 (nota 180) e 4.1.2, a propósito da Constituição de 1934.

Quadro 11.1 - Características dos modelos de tramitação bicameral

Modelo Característica	Modelo dos PLs	Modelo das MPVs	Modelos das PECs
Fundamento na CF	Art. 65	Art. 62, §§ 8º e 9º c/c art. 65	Art. 60, § 2º
Espécies normativas (art. 59, CF)	Leis ordinárias Leis complementares Decretos legislativos	Medidas provisórias (se convertem em leis ordinárias)	Emendas constitucionais
Casa de início se iniciativa extraparlamentar	Câmara dos Deputados	Câmara dos Deputados	(Por tradição: Câmara, se Pres. Rep.; Senado, se Assembl. Legislativas)
Método de resolução de divergência	*Navette* com até uma rodada (ida-e-volta)	- Comissão Mista - *Navette* com até uma rodada (ida-e-volta)	*Navette* sem regra de parada (pingue-pongue)
Resolução de divergência entre as Casas	Última palavra da Casa iniciadora	- Antecipa divergências na comissão mista - Se houver entre as Casas, última palavra da Casa iniciadora	Concordância entre as Casas (promulgação)
Origem	Constituição de 1946	EC 32/2001	Constituição de 1988
Poder de veto na revisão (rejeição)	Sim	Sim	Sim

A seguir são apresentados aspectos complementares a respeito desses modelos, assim como informações sobre sua aplicação, problemas identificados e eventuais sugestões de alteração nas normas vigentes.

IV - O modelo bicameral, a iniciativa, o quórum e a produção legislativa[5]

A partir da análise dos modelos bicamerais e dos dados de seu funcionamento entre a 51ª e a 56ª Legislaturas puderam ser extraídos os achados que se seguem.[6]

Quanto ao modelo bicameral das leis, a primeiro aspecto a ser tratado diz respeito à **prevalência da Casa iniciadora**. Em geral, combina-se tal critério com a regra de que as iniciativas extraparlamentares têm **início de tramitação na Câmara dos Deputados** para se avaliar que o modelo dá **primazia a essa Casa**.

Verificou-se, porém, que, no período observado, **chegaram à revisão das Casas praticamente o mesmo número de projetos de lei ordinária (PLs)** de iniciativa da outra, se **consideradas as iniciativas parlamentares**. O Senado recebeu para revisão um número a mais não tão expressivo, menos de **12%, de projetos vindos da Câmara em virtude das iniciativas extraparlamentares.**

Acontece que **o Senado aprova mais PLs vindos da Câmara do que vice-versa**. Disso resulta que as iniciativas da própria Câmara respondem por quase metade (47%) dos PLs transformados em lei. A esses, se somam os PLs do Presidente da República (19%) e dos outros órgãos (9%). A iniciativa do Senado conta com um quarto dos PLs que viraram lei. Disso se pode concluir que **a primazia da Câmara dos Deputados na produção das leis ordinárias, em termos quantitativos, atualmente deve-se mais à sua própria produção legislativa** do que ao fato de ser a Casa iniciadora dos projetos de iniciativa extraparlamentar, inclusive do Presidente da República.

5 Não serão comentados os resultados referentes aos decretos legislativos, por sua especificidade. Em sua quase totalidade, os projetos de decretos legislativos têm início na Câmara dos Deputados, mediante iniciativa parlamentar, pois correspondem a autorizações ou aprovações de atos do Executivo, comunicados mediante mensagens dirigidas a essa Casa. A hipótese de maior ocorrência foi a aprovação de tratados, acordos ou atos internacionais, conforme previsto no art. 49, I, da Constituição. (Não foram considerados, nos levantamentos deste trabalho, os decretos legislativos relativos à concessão de rádio e TV, previstos no art. 49, XII, CF).

6 Os dados levantados referem-se à tramitação de proposições entre as Casas e à produção legislativa da 51 à 56ª Legislaturas, compreendendo o período de 1º de fevereiro de 1999 a 31 de dezembro de 2023. Para maiores informações, consultar a subseção Pesquisa Legislativa da Seção Metodologia, na Introdução.

Os dados sobre os **projetos de lei complementar (PLPs)** reforçam essa conclusão. No período, **chegaram mais PLPs para revisão da Câmara (57%) do que para revisão do Senado (43%)**, inclusive considerando os de iniciativa extraparlamentar. Isso faz com que o Senado tenha um percentual maior da iniciativa das leis complementares produzidas (34%), mas não chega a ultrapassar as de iniciativa da própria Câmara (40%).

Isso se deve à mesma razão antes apontada, de maior aprovação, na revisão, pelo Senado do que pela Câmara.[7] Fica claro que **o quórum da matéria**, de maioria absoluta, **interfere no funcionamento do sistema bicameral**. O Senado, uma câmara de menor tamanho e dispersão partidária (em virtude também da eleição majoritária), possibilita mais facilmente a construção da maioria absoluta necessária à aprovação das leis complementares, razão pela qual o quantitativo de PLPs levados à revisão da Câmara é maior do que o inverso, resultando numa aproximação entre Câmara e Senado na produção das leis complementares.

A **diferença que o quórum produz** é ainda mais evidente ao se tratar das **propostas de emenda à Constituição (PECs)**. Embora nesse modelo não exista, propriamente, os papéis de Casas iniciadora e revisora, foram considerados os dados da primeira revisão para comparação com as demais proposições. O **Senado aprovou inicialmente e encaminhou para revisão da Câmara duas vezes (67%) o número de PECs que esta aprovou e mandou à revisão dele** (33%), considerando inclusive as do Presidente da República.

O resultado é que, **na produção de emendas constitucionais**, a situação se inverte. Das 108 emendas constitucionais promulgadas entre 1999 e 2022, exatamente a **metade teve iniciativa de senadores**. A outra metade dividiu-se com maior número para a iniciativa dos deputados (36%) do que do Presidente da República (14%).[8] A primazia da iniciativa dos senadores nas emendas constitucionais manteve-se nas úl-

7 O percentual de transformação em lei das iniciativas da Câmara é maior do que o das iniciativas do Senado (40% contra 22%, nos PLs; 69% contra 30%, nos PLPs). Os projetos de lei (ordinária ou complementar) de iniciativa extraparlamentar têm índice de transformação em lei superior a 80%. Nos PLs de iniciativa do Judiciário e do Ministério Público, essa taxa supera 90%.

8 As PECs de iniciativa do Presidente da República que chegaram à revisão quase todas se transformaram em emenda constitucional (das 16, só uma que não). E novamente, o índice de transformação em emenda constitucional é maior nas iniciativas da Câmara que chegaram à revisão (78%), do que nas do Senado (41%).

timas seis legislaturas, com exceção da 54ª (2011-2014). É verdade que se pode afirmar que emendas constitucionais de iniciativa do Presidente da República são as mais importantes, incluindo as chamadas reformas constitucionais, mas os números são expressivos, considerando-se tratar de alteração da Constituição Federal.

Uma instigante questão diz respeito a uma possível sugestão de alteração da regra de que os **projetos de lei de iniciativa extraparlamentar** deixassem de ter início exclusivo na Câmara dos Deputados (art. 64, *caput*, CF), considerando a prevalência da Casa iniciadora nesse modelo (art. 65, parágrafo único, CF). Embora essa mudança pudesse oferecer potencial de maior equilíbrio entre as Casas, ela exigiria algumas ponderações. Primeiro, essa sistemática é tradicional no processo legislativo brasileiro, com origem no Império. Segundo, foi demonstrado que, pelo menos em termos numéricos e na tendência mais recente, a primazia da Câmara dos Deputados deve-se mais à sua própria iniciativa do que aos projetos de iniciativa presidencial. O incremento do número de revisões feitas pelo Senado em decorrência de projetos de iniciativa extraparlamentar não se mostrou significativo.

A mudança cogitada demandaria, ainda, encontrar um critério adequado para a distribuição entre as Casas das matérias vindas de outros Poderes. A não se considerar a simples alternância, que não parece recomendável e é facilmente manipulável, o critério que se aparentaria mais razoável seria vincular o início da matéria à representação, popular ou federativa, das câmaras, dirigindo ao Senado Federal os projetos que afetassem os interesses dos entes subnacionais. Contudo, é preciso lembrar que atualmente, na iniciativa parlamentar, não há matérias reservadas para uma ou outra Casa. Não se afigura adequado haver um critério para as iniciativas extraparlamentares e outro para as iniciativas parlamentares (pois essas teriam início em qualquer Casa independentemente da matéria). A mudança, como se vê, exige considerações que ultrapassam os objetivos deste trabalho, que pode lhe oferecer subsídios, mas não soluções acabadas.

V – O exercício do poder de veto (rejeição) na revisão: rejeição tácita (por espera)

Uma característica bastante importante do sistema de resolução de divergências é a possibilidade do exercício do **poder de veto (rejeição) da proposição na revisão, presente uniformemente em todos os modelos bicamerais no Brasil**.

Esse aspecto **confere equilíbrio entre as Casas legislativas**, na medida em que a **proposição não se tornará norma jurídica se não obtiver a aprovação das duas Casas**. Nas PECs, para que haja promulgação, ambas as Casas devem estar em concordância sobre o texto a ser promulgado. Nos projetos de lei e nas medidas provisórias, porém, as Casas devem estar de acordo que a proposição se transforme em norma jurídica, mas a decisão final sobre o teor das disposições, em caso de divergência sobre elas, será da Casa iniciadora (salvo emenda de redação, como veremos adiante).

Contudo, da análise dos dados coletados, verifica-se que **o poder de veto não é usualmente praticado por meio da rejeição expressa da proposição na Casa revisora**. Ou seja, em nenhum dos modelos bicamerais as rejeições expressas ocorreram em quantidade significativa. Nos PLs, ela teve a frequência de 8% dos revisados. Nos PLPs e nas PECs, praticamente não aconteceu (1,5% dos revisados). Nas medidas provisórias, das 1.133 analisadas, houve apenas 34 rejeições expressas (3%), sendo que 15 foram inadmitidas por ausência dos pressupostos constitucionais (7 na revisão do Senado) e 19 foram rejeitadas por decisão de mérito (5 na revisão do Senado).

A estratégia utilizada por ambas as Casas para deixar de aprovar e, portanto, não transformar uma proposição em norma jurídica **é deixá-la em tramitação** por longo período, **até que seja arquivada** ao final das legislaturas, de acordo com as regras regimentais de cada câmara. É o que se poderia classificar como ***rejeição tácita***. Porém, essa denominação aplica-se melhor às matérias que têm prazo constitucional, como a medida provisória, que perdem eficácia após o seu transcurso. A propósito, isso ocorreu em 243 medidas provisórias, o que corresponde a 82% das 296 não convertidas em lei.[9]

Para as matérias em geral, que não têm prazo definido para deliberação, propomos que a forma praticada seja qualificada como ***rejeição por espera*** (afinal, ela vai esperar pela deliberação até ser arquivada). Para se ter uma ideia do uso dessa estratégia, deve-se somar as porcentagens de projetos que foram arquivados e os que permaneciam em tramitação ao final de 56ª Legislatura. Nos PLs: 9% arquivados e 37% em tramitação, somando 46%. Nos PLPs, 4% arquivados mais 39% em tramitação, o que soma 44%. Nas PECs, 1,5% arquivados, mais 41% em

9 As demais, foram: 34 rejeitadas expressamente; 9 revogadas; 5 prejudicadas; 3 devolvidas; e 2 tiveram o PLV vetado totalmente pelo Presidente da República.

tramitação, somando 42,5%. Ou seja, **aproximadamente metade dos projetos encaminhados à revisão ou permaneceram em tramitação ou foram arquivados.**

Essa estratégia, registre-se, **é mais frequentemente utilizada pela Câmara dos Deputados**, que mantém grande percentual das matérias recebidas do Senado em tramitação (64% dos PLs, 84% dos PLPs e 91% das PECs encaminhadas pelo Senado). Ou seja, quanto **maior o quórum de aprovação**, maior a facilidade do Senado em aprovar a matéria, o que acaba resultando em **maior percentual delas mantidas em tramitação na Câmara**.

Com relação ao **arquivamento**, não há disciplina comum nas Casas, pois cada uma delas dispõe à sua maneira no Regimento Interno. No Senado, as proposições provenientes da Câmara são arquivadas após duas legislaturas de tramitação, podendo haver requerimento para tramitar por mais uma. Na Câmara, houve alteração regimental recente, para que as proposições do Senado, tal como as demais, mantenham-se em tramitação por três legislaturas. Seria recomendável que houvesse uniformidade de tratamento, pelo menos quanto às matérias recebidas da outra Casa. O tempo estipulado se mostra muito longo, sem apego ao princípio da unidade da legislatura, o que possivelmente serve para formar um estoque de matérias para utilização política e estratégica pela Presidência e lideranças.

VI - O retorno dos projetos de lei e a apreciação final pela Casa iniciadora

O parágrafo único do art. 65 da Constituição dispõe que "*sendo o projeto [de lei] emendado, voltará à Casa iniciadora*". O trabalho apresentou as nuances de interpretação e aplicação dessa disposição, da qual se extrai a disciplina não só do retorno das emendas da Casa revisora para a Casa iniciadora, mas também da própria decisão final (última palavra) desta sobre as emendas.

Ao final do Capítulo 4, foi apresentado panorama sobre a aprovação de projetos e o retorno à Casa revisora, segundo os levantamentos efetuados. Passamos a registrar alguns destaques. Os PLs têm índice alto de aprovação na revisão e envio direto à sanção (64% na Câmara, 72% no Senado), maior do que os PLPs (37% na Câmara; 43% no Senado).

A Câmara retorna mais projetos do que o Senado, principalmente nos PLPs. O Senado se vale mais de emendas de redação (enviando os projetos à sanção) e, consequentemente, tem menos retornos à Câmara.

Os retornos podem ocorrer com emendas ou com substitutivo. Somente no caso dos PLs, o Senado retornou mais emendas que substitutivos. Os retornos de PLs realizados pela Câmara e os retornos de PLPs nas duas Casas tiveram expressiva maioria de substitutivos (mais do que dois terços). Assim, pode-se avaliar que os retornos, quando ocorrem, tem a forma preferencial de substitutivos.

Acontece que o tratamento dos substitutivos pela Casa iniciadora, em sua decisão final, é bem mais complexo do que o das emendas. De certo modo, a sistemática foi concebida para o tratamento das emendas. Tanto assim que o Regimento Comum do Congresso Nacional só regulamenta como as Casas devem proceder quanto às emendas da Casa revisora. A disciplina do assunto hoje fica restrita aos Regimentos Internos, que estipulam que o substitutivo deve ser considerado como "uma série de emendas", para estabelecer correspondência com o texto originalmente aprovado. A disciplina, contudo, apresenta distinção quanto à preferência de votação do substitutivo, em globo ou a cada dispositivo. Por isso, foi formulada **sugestão para a regulamentação uniforme da apreciação dos substitutivos pela Casa iniciadora**, mediante alteração do Regimento Comum do Congresso Nacional, conforme consta no item III da seção 4.8 e na minuta de Projeto de Resolução que consta do Apêndice B.

Com relação ao acolhimento das emendas ou substitutivos pela Casa iniciadora, mostrou-se surpreendente a boa recepção. Em grande medida, as Casas iniciadoras foram favoráveis às propostas de modificação dos projetos formuladas pelas Casas revisoras. A rejeição total das emendas girou em torno de 20%. Em mais da metade dos projetos retornados, as emendas foram acatadas totalmente. O acatamento integral dos substitutivos foi até maior, o que implicou a prejudicialidade do texto original. Desse modo, constata-se que as Casas, mesmo quando têm a última palavra, acolhem, de forma preponderante, as emendas ou substitutivos oferecidos pela outra, em sinal de que entendem ter havido aprimoramento da proposição.

VII – As comissões mistas nas medidas provisórias

Apesar de previstas constitucionalmente, desde a Emenda Constitucional nº 32, de 2001, as comissões mistas somente funcionaram efetivamente por breve período, entre a decisão do STF na ADI nº

4.029[10] (a partir da MPV nº 562, de 2012) até o advento da pandemia de Covid-19 (março de 2020).[11]

Nesse período, três observações podem ser feitas a respeito do trabalho das comissões mistas: (a) entre as medidas provisórias convertidas em lei, houve aumento das que foram aprovadas na forma de projeto de lei de conversão e sancionadas pelo Presidente da República, o que indica ter havido melhor instrução da matéria, com seu consequente aperfeiçoamento; (b) houve redução muito expressiva do número de retornos após modificação do Senado Federal, o que significa que as divergências foram resolvidas previamente; (c) sobre as medidas provisórias que não foram convertidas em lei, metade sequer teve parecer aprovado na comissão mista (ou seja, perderam eficácia ainda nessa instância).

Isso corresponde aos **três papéis desempenhados pela comissão mista**: (a) o de aprimoramento coletivo e democrático da matéria; (b) o de método de resolução de divergências previamente à apreciação da matéria no plenário; e (c) o de instância de veto, por rejeição tácita da matéria. Os dois primeiros papéis são legítimos e esperados, justificando a existência das comissões mistas. O último, contudo, representa um poder de veto que a Constituição não atribuiu à comissão mista, pois ela não poderia inviabilizar a apreciação da matéria pelos plenários. Com isso, conclui-se que **as comissões mistas devem permanecer** na tramitação das medidas provisórias, mas **é imprescindível estabelecer um prazo para a emissão do parecer**. A sugestão é que esse prazo seja de 50 dias, mantidos os 120 de tramitação, mas sem que seu descumprimento dê ensejo à perda de eficácia. Nesse caso, porém, não poderia haver, a partir de então, oferecimento de emendas ou apresentação de projeto de lei de conversão, restringindo-se os plenários à apreciação do texto original da medida provisória (admitidos destaques para supressão de dispositivos). A formulação normativa dessa sugestão foi feita em conjunto com a do próximo item.

10 BRASIL. Supremo Tribunal Federal. *Ação Direta de Inconstitucionalidade nº 4.029*. Relator Ministro Luiz Fux, Tribunal Pleno, julgado em 08/03/2012, DJe 27/06/2012. Requerente: Associação Nacional dos Servidores do IBAMA. Intimados: Presidente da República e Congresso Nacional.

11 As comissões mistas retomaram o funcionamento em abril de 2023, a partir da análise da MPV nº 1.154, de 2023 (fora do período do levantamento realizado para este trabalho).

VIII – Os prazos de tramitação das medidas provisórias

Os prazos previstos na Resolução do Congresso Nacional nº 1, de 2002, eram inexequíveis e foram considerados inconstitucionais pelo STF na ADI nº 4.029. Contudo, ainda se mostram absolutamente necessários que sejam estabelecidos prazos intermediários para a tramitação, como foi tentado na PEC nº 11, de 2011 (renumerada como PEC nº 91, de 2019).[12] Embora possa ser mantido o prazo total de 120 dias de eficácia, o estabelecimento de um prazo único e subsequente para as Casas mostrou-se inadequada, ainda mais depois do julgado mencionado.

É recorrente a reclamação do Senado Federal de que ele se transformou em mero homologador das decisões da Câmara dos Deputados, uma vez que muitas vezes recebe a matéria sem tempo suficiente para modificá-la, pois seu retorno resultaria no decurso do prazo constitucional e consequente perda de eficácia. Realmente, apenas 14% das medidas provisórias recebidas para revisão do Senado Federal tiveram retorno para a Câmara dos Deputados.

É preciso que haja a fixação de prazos separados para as Casas, inclusive com regime de urgência definido em cada uma delas. Nesse sentido, foi formulada sugestão que, além dos 50 dias para a comissão mista, estabelece: 30 dias para o plenário da Câmara; 25 dias para o plenário do Senado; e 15 dias para apreciação pelo plenário da Câmara das modificações propostas pelo Senado. Cada um dos prazos dos plenários, se descumpridos, resultaria na perda de eficácia. O regime de urgência, com sobrestamento, teria início após transcurso de metade de cada um desses prazos. A sugestão encontra-se redigida, na forma de proposição, no item II na seção 6.5 e faz parte da minuta de PEC que consta no Apêndice A.

IX – As práticas legislativas e seu impacto nos modelos de tramitação bicameral

A investigação examinou quatro práticas legislativas identificadas por seu impacto no processo legislativo bicameral. Elas foram aperfei-

12 BRASIL. Congresso Nacional. *Proposta de Emenda à Constituição (PEC) nº 11, de 2011, no Senado Federal (renumerada para PEC nº 91, de 2019). Proposta de Emenda à Constituição (PEC) nº 70, de 2011, na Câmara dos Deputados.* Altera o procedimento de apreciação das medidas provisórias pelo Congresso Nacional. Tramitação bicameral disponível em: https://www.congressonacional.leg.br/materias/materias-bicamerais/-/ver/pec-11-2011-sf. Acesso em 8 abr. 2023.

çoadas ou desenvolvidas exatamente por sua capacidade de influenciar na superação das divergências entre as Casas, alterando os critérios ou características dos modelos de tramitação bicameral. Essas práticas são: (a) aprovação de emendas de redação; (b) a supressão de expressões ou dispositivos da proposição; (c) o desmembramento de proposição; e (d) a apensação de projetos de lei na Casa revisora.

A fim de promover uma síntese das conclusões a respeito da incidência atual das práticas legislativas na resolução de divergências entre as Casas, conforme os diferentes modelos de tramitação bicameral, apresenta-se o Quadro a seguir. Nele, as práticas estão dispostas nas linhas e as colunas identificam os modelos de tramitação bicameral, de modo que as células indicam o resultado da incidência de uma prática em cada um dos modelos.

Quadro 11.2. Síntese atual da resolução de divergências conforme incidência das práticas legislativas nos modelos de tramitação bicameral

Modelo / Prática	**Modelo dos PLs**	**Modelo das MPVs**	**Modelo das PECs**
Como as divergências são resolvidas, conforme incidência da prática no modelo:			
Emenda de redação	Última palavra da Casa revisora	Última palavra da Casa revisora	- Deve haver concordância entre as Mesas na promulgação. - Se não houver, impasse
Supressão de dispositivos	Última palavra da Casa iniciadora	Última palavra da Casa iniciadora	Deve atender condições: 1) autonomia normativa; 2) concordância das duas Mesas (autonomia deliberativa).
Impugnação de matéria estranha em MPV	*Não se aplica*	Última palavra da Casa revisora	*Não se aplica*
Desdobramento da proposição	*Vedado, se projeto de iniciativa da outra Casa*	*Vedado*	Deve atender condições: 1) autonomia normativa; 2) concordância das duas Mesas (autonomia deliberativa).
Apensação (tramitação em conjunto)	Última palavra da Casa iniciadora, limitado ao projeto devolvido pela revisora. *[A solução está sendo dada caso a caso]*	*Vedada*	*Não se aplica (não há impacto específico)*

Nos Capítulos 7 a 10, que compõem a Parte III deste trabalho, foram exaustivamente analisadas as práticas e suas aplicações aos modelos de tramitação bicameral, representadas sinteticamente nesse Quadro. Na seção final de cada um desses Capítulos foram apontados os problemas identificados como decorrência dessas práticas e sugeridas soluções normativas para aqueles em que isso se afigurou possível.

Entendemos que a investigação científica, além de identificar problemas, deve também buscar sugerir meios para a sua solução. No caso, essas sugestões vêm no sentido de aperfeiçoar e modernizar as normas do processo legislativo. Para tanto, nestas Conclusões, **passa-se a apresentar as sugestões formuladas, agrupando os problemas que poderão ser solucionados a partir de sua possível adoção.**

X – A validação pelas Mesas da regularidade do processo legislativo bicameral

Ao tratarmos do modelo bicameral das propostas de emenda à Constituição, uma das características que foram ressaltadas foi a forma de promulgação das emendas constitucionais, realizada pela Mesa da Câmara dos Deputados e da Mesa do Senado Federal, conforme § 3º do art. 60 da Constituição. Esse ato ocorre em sessão solene conjunta (art. 85, RCCN) e depende da subscrição da maioria dos membros de cada uma das Mesas. Isso confere ao ato, aparentemente protocolar, o importante efeito de se constituir em um controle de regularidade do processo legislativo bicameral, na medida em que permite que uma delas verifique se foram atendidos os requisitos de aprovação dispostos no § 2º do art. 60 da Constituição.

A partir dessa sistemática, quatro sugestões são a seguir formuladas para solucionar problemas identificados pelas práticas legislativas, estendendo-se a sistemática das PECs para outros modelos, com as adaptações necessárias, conforme a seguir descrito.

a) Última palavra da Casa iniciadora sobre emendas de redação nos projetos de lei

Conforme discutido no Capítulo 7 e mostrado no Quadro acima, as emendas de redação "invertem" a prevalência da Casa iniciadora no modelo de tramitação bicameral das leis, ao conferir a última palavra sobre o projeto à Casa revisora, tendo em vista que este não retorna para final apreciação daquela. Ou seja, havendo divergência na redação de dispositivos, a sua forma final será definida pela Casa revisora, ao contrário do que é estabelecido no modelo.

Foi apontado que houve ampliação do conceito das emendas de redação e seu uso é crescente. Para evitar o uso estratégico desse recurso, evitando-se o retorno à Casa iniciadora, com possível desvio das regras do modelo,[13] sugeriu-se que se instituísse um procedimento de validação das emendas de redação pela Mesa da Casa iniciadora. Assim, se ela estivesse de acordo, encaminharia o projeto à sanção. Se não concordasse, submeteria o projeto à apreciação da Casa, na mesma sistemática seguida para as emendas de mérito.

Esse procedimento tem como vantagem: (i) evitar o uso estratégico (indevido) da emenda de redação; (ii) não submeter qualquer alteração, inclusive de redação, à apreciação completa da outra Casa, o que poderia provocar excessiva demora na tramitação; e (iii) conferir à Casa iniciadora o respeito à sua prerrogativa de última palavra antes do envio à sanção, em hipótese de divergência formal ou material. Vale observar que se atribui a competência à Mesa (por sua maioria), tal como na promulgação das emendas constitucionais, e não apenas ao Presidente da Casa. A sugestão encontra-se redigida, na forma de proposição (acréscimo dos §§ 1º e 6º ao art. 65 da CF), no item I na seção 7.5 e faz parte da minuta de PEC que consta no Apêndice A.

b) As emendas de redação na PEC: solução se houver impasse entre as Mesas

O trabalho descreveu duas situações concretas em que houve situação de impasse entre as Mesas na promulgação de PEC. Uma delas deu-se em razão de uma emenda de redação no Senado Federal, com a qual não concordou a Mesa da Câmara dos Deputados (PEC nº 91, de 2019). A outra decorreu de um desdobramento de PEC no Senado Federal, que também não contou com a concordância da Mesa da Câmara dos Deputados (PEC nº 333, de 2004, na Câmara). Essa situação de impasse, embora possível tendo em vista a forma de pro-

13 Com relação às emendas de redação divisivas, manifestamos entendimento de que ensejam inconstitucionalidade em caso de veto de parte dividida, pois a parte remanescente jamais foi aprovada, da forma que consta na lei, pela Casa iniciadora, o que se mostra contrário ao sistema bicameral. O assunto foi objeto de análise na seção 7.2 e item II da seção 7.5.

mulgação das PECs, não tem regulação regimental, do que resulta a permanência do conflito ou a construção de soluções políticas e regimentais *ad hoc*.

Sugeriu-se, então, que haja regulamentação, no Regimento Comum, de audiência prévia às Mesas pelo Presidente do Senado Federal (na qualidade de Presidente da Mesa do Congresso Nacional), para convocação da sessão conjunta solene de promulgação. Em caso de recusa por uma das Mesas quanto à promulgação, por não atendimento do § 2º do art. 60 da Constituição, a proposta deveria ser encaminhada (como proposta nova) à outra Casa. A sugestão encontra-se redigida, na forma de proposição (acréscimo dos §§ 2º a 5º ao art. 85 do RCCN), no item III na seção 7.5 e faz parte da minuta de Projeto de Resolução que consta no Apêndice B.

c) *Supressão de expressões e dispositivos na PEC (condições e procedimento)*

Diferentemente do que acontece com os projetos de lei, em que a supressão deverá provocar o retorno à Casa iniciadora, nas PECs isso poderá não ocorrer. Tal possibilidade decorre da aplicação do § 2º do art. 60 da Constituição, pelo qual a matéria somente irá à promulgação se aprovada nos mesmos termos nas duas Casas. Desse modo, o que foi rejeitado (suprimido) por uma delas não poderia continuar a constar.

De todo modo, nem sempre a matéria poderá ser encaminhada à promulgação após a supressão, por uma das Casas, de expressões ou dispositivos anteriormente aprovadas pela outra. Para que isso ocorra, devem ser atendidas duas condições: (1ª) que haja autonomia normativa (substantiva) entre as partes, remanescente e suprimida, de forma que a parte remanescente mantenha coerência e sentido normativo; e (2ª) que haja concordância das duas Casas para a promulgação da proposta, sem a parte suprimida (autonomia deliberativa).

Para a verificação da segunda condição, pode-se adotar o mesmo procedimento sugerido para as emendas de redação em PEC no item anterior. Desse modo, a sugestão formulada foi integrada àquela, acrescentando-se hipótese que explicite as condições da supressão. Portanto, foi sugerida alteração no Regimento Comum (acréscimo de parágrafo ao art. 85), conforme consta no item III da seção 8.4 e na minuta de Projeto de Resolução que consta no Apêndice B.

d) Desdobramento de PEC (condições e procedimento)

O desdobramento de PEC tem utilidade para: (a) transformar em emenda constitucional a parte dela que já obteve concordância das Casas; e (b) manter em tramitação, por meio de outra proposta, desmembrada daquela, a parte que ainda apresenta divergências entre as Casas. A nova PEC, que inicia a tramitação, é denominada de *PEC Paralela*[14] e, se aprovada, ocorrerá o que se convencionou chamar de *promulgação fatiada* (em partes).

Contudo, as mesmas condições das supressões nas PECs, de que tratamos anteriormente, são necessárias para que possa acontecer o desdobramento: (1ª) que haja autonomia normativa (substantiva) entre as partes, remanescente e desdobrada, de modo que elas mantenham coerência e sentido normativo próprios; e (2ª) que haja concordância das duas Casas para a promulgação da proposta remanescente e manutenção em tramitação da parte ainda em divergência, mediante proposta nova. Se essas condições não estiverem presentes, deve haver nova apreciação (das duas partes) pela outra Casa.

Mais uma vez, a sugestão de regulamentação do desdobramento de PEC pode-se integrar às sugestões anteriores (de emenda de redação e supressão em PEC), mediante parágrafos específicos acrescidos ao art. 85 do RCCN, com referência aos outros. Esses parágrafos deverão: (i) exigir sejam cumpridas as condições mencionadas; (ii) possibilitar o envio da parte remanescente à promulgação, após audiência das Mesas; (iii) dispor sobre o oferecimento do texto que tramitará como proposição inicial; e (iv) prever o procedimento na hipótese de recusa da Mesa ao desdobramento, a partir do qual, sugere-se, a proposta com a matéria remanescente volte à outra Casa e a proposta nova tenha tramitação de proposição inicial, sendo enviada à outra Casa após aprovada. A formulação normativa desses parágrafos consta do item II da seção 9.5 e na minuta de Projeto de Resolução que consta no Apêndice B.

14 Essa denominação às vezes tem sentido mais amplo, para englobar, além de dispositivos desmembrados da PEC original, outros provenientes de emendas ou disposições em análise sobre o tema, ou com ele conexo.

XI - Sugestão de segunda análise pela Casa revisora após adequação final da Casa iniciadora

A análise dos substitutivos da Casa revisora pela iniciadora, após retorno, tem se mostrado, algumas vezes, bastante complexa, sobretudo em projetos de grande envergadura, como no caso de código, estatuto ou lei geral sobre um tema. Nessas situações, em decorrência da aprovação parcial e consequente combinação entre o texto original e o substitutivo, surge a necessidade de adequações redacionais, harmonizações, complementação de disposições, eliminação de incompatibilidades e outras operações que permitam o tratamento sistemático do texto. Isso, contudo, nem sempre se consegue realizar sem qualquer alteração do mérito da matéria. Porém, nessa altura da tramitação, não haveria mais oportunidade de submeter o texto à outra Casa.

Sugere-se, então, uma alternativa de confirmação pela Casa revisora do texto consolidado na iniciadora, em hipóteses em que se constatar ter havido ajustes que possam ter implicado na alteração do sentido do projeto.[15] Esse texto seria então submetido à Casa revisora para validação, sem possibilidade de novas emendas. Os dispositivos não adotados poderiam ser substituídos por um dos existentes nos textos em confronto. A sugestão encontra-se redigida mediante alteração no Regimento Comum (acréscimo do art. 138-A), conforme consta no item IV da seção 7.5, consolidado no Projeto de Resolução do Apêndice B.

XII - Supressão nos projetos de lei e impugnação por matéria estranha na medida provisória: retorno obrigatório à Casa iniciadora

O parágrafo único do art. 65 da Constituição estabelece que o projeto deve voltar à Casa iniciadora se houver emenda na revisora. Porém, são frequentes as dúvidas ou interpretações que defendem a desnecessidade desse retorno na hipótese de supressões de dispositivos pela revisora. A seguir, constam sugestões sobre o assunto, em duas situações.

---

15 A sugestão é inspirada no art. 139-A do Regimento Comum, que autoriza procedimento de consulta à outra Casa nos projetos de código que tramitem há mais de três legislaturas e demandem a incorporação de alterações constitucionais ou legais supervenientes.

a) Supressões de expressões ou dispositivos em projetos de lei na Casa revisora

As supressões de expressões ou dispositivos decorrentes de emendas supressivas ou de destaques seguidos de rejeição na Casa revisora devem ser formalizados em emendas, destacadamente (art. 195, § 4º, RICD; art. 319, *caput*, RISF), e provocarão o retorno do projeto à Casa iniciadora (art. 65, CF).

Para dirimir dúvidas a esse respeito, sugere-se acréscimo de parágrafo único ao art. 136 do Regimento Comum, conforme proposto no item I da seção 8.4, consolidado no Projeto de Resolução que consta no Apêndice B.

b) *Impugnação de matéria estranha à medida provisória no Senado Federal*

O STF considerou inconstitucionais, na ADI nº 5.127,[16] as matérias veiculadas nos projetos de lei de conversão (PLV) sem pertinência temática com o texto original da medida provisória (MPV). Em decorrência, o Senado Federal passou a adotar procedimento de impugnação de dispositivos nos quais identificasse existir esse vício. O procedimento era adotado no juízo prévio da admissibilidade da medida provisória (art. 62, § 5º, CF), razão pela qual a Casa não retornava a matéria à Câmara dos Deputados (que não a poderia retomar, sob pena de incidir de novo no vício apontado).

Contudo, a Câmara dos Deputados identifica nesse procedimento uma burla ao parágrafo único do art. 65 da Constituição. Apesar de aparentemente dar cumprimento à decisão do STF e da estranheza de se permitir uma reiteração do vício, a impugnação, a nosso ver, deve provocar o retorno à Casa iniciadora, pelas seguintes razões: (i) não há exceção ao retorno por vício de inconstitucionalidade detectado pela Casa revisora; (ii) não há autorização constitucional para que esta Casa exerça, isoladamente, o controle de constitucionalidade político prévio da matéria; e (iii) a imprecisão do critério de pertinência temática não recomenda que sua verificação fique por conta de apenas uma das Casas.

16 BRASIL. Supremo Tribunal Federal (Plenário). *Ação Direta de Inconstitucionalidade (ADI) nº 5.127*. Relatora Min. Rosa Weber, Redator para o Acórdão Min. Edson Fachin, Tribunal Pleno, julgado em 15/10/2015, DJe 10/05/2016. Requerente: Confederação Nacional das Profissões Liberais (CNPL). Intimado: Presidente da República e Congresso Nacional.

Observa-se, porém, que a decisão da ADI nº 5.127 baseia-se em interpretação que decorre da urgência e do rito específico das medidas provisórias, carecendo de positivação na Constituição, como propunha a PEC nº 91, de 2019. Para tanto, sugere-se o acréscimo de parágrafo ao art. 62 da Constituição, conforme sugestão do item II da seção 8.4, consolidada na minuta de PEC que consta no Apêndice A.

Além disso, mostra-se conveniente acrescentar na Resolução nº 1, de 2002-CN, que regula a apreciação das medidas provisórias, um parágrafo específico, no artigo que trata da deliberação do Senado Federal, para dispor sobre a obrigatoriedade de retorno da matéria à Câmara dos Deputados na hipótese de impugnação (rejeição) de dispositivo no qual se encontra matéria estranha ao objeto original da medida provisória. Essa sugestão consta no item II da seção 8.4, e consistirá em Projeto de Resolução para alterar a referida Resolução nº 1, de 2002-CN, no Apêndice C desta tese.

XIII – Soluções sobre apensação de projetos da outra câmara

Seguem duas sugestões decorrentes do estudo realizado no Capítulo 10, sobre a apensação de matérias que versem sobre a mesma matéria, provenientes da outra Casa.

a) Precedência para o projeto que primeiro chegar à revisão

Houve recente alteração no Regimento Interno da Câmara dos Deputados da qual resultou diferença de tratamento,[17] em relação ao Senado Federal, quanto à precedência na apensação de projetos com origem na outra Casa. O Regimento Comum (art. 140) estabelece que quando houver, nas duas Casas, projetos sobre a mesma matéria, terá prioridade o que primeiro chegar à revisão. Nesse sentido, o Regimento Interno do Senado Federal estabelece, com primeiro critério de precedência, na apensação, o projeto que tiver origem na outra Casa. O critério seguinte é o da antiguidade (entre os da mesma Casa).

Contudo, o Regimento Interno da Câmara suprimiu esse primeiro critério, passando a adotar somente o segundo (a antiguidade). Tal disposição, contudo: (i) fere a isonomia de tratamento entre as Casas; (ii) deverá dificultar a aprovação de projetos do Senado em revisão, pois

17 A alteração regimental foi feita pela Resolução da Câmara dos Deputados nº 33, de 4 de agosto de 2022.

eles serão apensados a outros da Câmara (em tramitação inicial); e (iii) mostra-se contrária ao Regimento Comum e, potencialmente, ao art. 65 da Constituição, pois permitirá a desconsideração do Senado Federal como Casa iniciadora nas proposições apensadas.

Para uniformizar o tratamento e garantir maior estabilidade da regra, sugere-se a inclusão do critério disposto no art. 140 do Regimento Comum como parágrafo do art. 65 da Constituição Federal, conforme redação que consta no item I da seção 10.3, consolidada em minuta de PEC no Apêndice A desta tese.

b) Retorno à Casa iniciadora de projetos apensados na Casa revisora

A Casa iniciadora pode aprovar, ao longo do tempo, diversos projetos versando sobre a mesma matéria, em geral com alcances diferentes. Esses projetos poderão ser apensados na Casa revisora, tendo precedência o mais antigo deles. Pode então ocorrer a aprovação desses projetos na forma de substitutivo a um deles, considerando-se os demais prejudicados. Formalmente, esse substitutivo refere-se ao mais antigo, que tem a precedência.

Contudo, pode ser que haja algum mais recente, ou mais abrangente, que serviu realmente de base para o substitutivo. Nesse caso, ao voltar como referindo-se ao mais antigo, a Casa iniciadora estará limitada em sua decisão, uma vez que teria que estabelecer correspondência da série de emendas entre o substitutivo da Casa revisora e o seu projeto mais antigo (às vezes, bastante restrito), perdendo a possibilidade, ainda, de optar pelo seu projeto original mais recente. Já houve precedentes em que o Senado Federal, nestes casos como Casa iniciadora, optou por considerar o mais recente como o original, apesar de indicação diversa da Câmara dos Deputados.

Essa situação, a nosso ver, demanda solução normativa na Constituição Federal. Sugere-se, então, seja acrescentado parágrafo no art. 65, dispondo sobre o assunto, para que a Casa revisora informe todos os projetos apensados e considerados na construção do substitutivo, permitindo-se à Casa iniciadora considerar o conjunto das disposições desses projetos em confronto com o substitutivo da revisora. A redação sugerida consta do item III da seção 10.3, consolidada em minuta de PEC no Apêndice A desta tese.

XIV – Conclusão da Tese

A questão central da presente investigação consistiu em examinar **como as câmaras do Congresso Nacional resolvem as suas divergências na elaboração legislativa**, considerando a aplicação das normas do processo legislativo estabelecidas na Constituição Federal.

Segundo se verificou, não há uma resposta única a essa pergunta. Mas ela pode ser encontrada em **três distintos modelos bicamerais de tramitação: dos projetos de lei; das propostas de emenda à Constituição; e das medidas provisórias**. As características desses modelos estão expostas no Quadro 11.1, acima.

O sistema bicameral brasileiro, quanto ao processo legislativo, mostra-se complexo e variado, adotando diferentes critérios e métodos de resolução de divergências entre as Casas. Os parâmetros alteram-se conforme o modelo bicameral aplicado, que por sua vez se distingue segundo a proposição legislativa voltada à elaboração de determinada espécie normativa.

A tese partiu de premissa de trabalho de que esses modelos ensejavam, cada qual, um determinado equilíbrio entre as câmaras. Em seu conjunto, argumentava-se que o resultado era mais equilibrado do que o diagnóstico comum de acentuada predominância da Câmara dos Deputado na elaboração legislativa, por força da iniciativa extraparlamentar.

Essa premissa foi confirmada, em parte, na medida em que se verificou que o modelo de tramitação bicameral representa um dos fatores determinantes do equilíbrio entre as Câmaras, devendo ainda ser considerados, para tanto, a configuração de qual a Casa onde a matéria deve iniciar sua tramitação e o quórum de aprovação da espécie normativa.

Assim, a iniciativa extraparlamentar realmente auxiliou a Câmara dos Deputados a ter prevalência na elaboração das leis ordinárias, embora hoje essa primazia deva-se mais à sua própria produção. Interessante, ainda, observar que houve maior equilíbrio entre as Casas na produção das leis complementares do que nas leis ordinárias, embora estejam submetidas ao mesmo modelo de tramitação bicameral. Acontece que o quórum da proposição incrementou a contribuição do Senado Federal. Esse equilíbrio mostrou-se ainda maior nas emendas constitucionais, nas quais associaram-se o método isonômico de resolução de divergências e o quórum mais elevado, viabilizando maior participação dos senadores.

Desse modo, conclui-se que, **no processo legislativo brasileiro, o equilíbrio entre as câmaras varia conforme a espécie normativa em elaboração e depende**: (i) da aplicação das **normas de resolução de divergência** pertinentes; (ii) da **regra de início da tramitação em uma das câmaras**, segundo o titular da iniciativa; e (iii) do **quórum de aprovação** dessa espécie normativa.

Foram analisadas, ainda, **quatro práticas legislativas que se mostraram capazes de desviar ou alterar as características dos modelos de tramitação bicameral.** Os **resultados da incidência dessas práticas** sobre os modelos estão apresentados, **em síntese, no Quadro 11.2, acima.** Elas implicaram em algum impacto na resolução das divergências, suscitando alterações das características ou critérios originais dos modelos.

As normas existentes sobre a resolução de divergências entre as câmaras mostraram-se insuficientes diante da dinâmica atual do processo legislativo, em especial para o tratamento adequado das práticas examinadas. Foram **identificados problemas e sugeridas medidas normativas para atualização e aprimoramento das normas atuais**, que se encontram consolidadas em uma minuta de Proposta de Emenda à Constituição (Apêndice A) e em dois Projetos de Resolução do Congresso Nacional, um para alteração do Regimento Comum (Apêndice B) e outro para alteração da Resolução nº 1, de 2002-CN, sobre as medidas provisórias (Apêndice C).

REFERÊNCIAS

ADAMS, George Burton. The Descendants of the Curia Regis. *The American Historical Review*, vol. 13, n. 1, out. 1907, p. 11-15. Disponível em: doi:10.1086/ahr/13.1.11. Acesso em 27 fev. 2022.

ADAMS, John. "III. Thoughts on Government, April 1776," *Founders Online*, National Archives, https://founders.archives.gov/documents/Adams/06-04-02-0026-0004. [Original source: *The Adams Papers*, Papers of John Adams, vol. 4, *February–August 1776*, ed. Robert J. Taylor. Cambridge, MA: Harvard University Press, 1979, pp. 86–93.]

AGÊNCIA CÂMARA. Congresso promulga a PEC que aumenta o número de vereadores. *Agência Câmara*. Brasília: Câmara dos Deputados, 23 set. 2009. Disponível em: <https://www.camara.leg.br/noticias/133743-congresso-promulga-a-pec-que-aumenta-o-numero-de-vereadores/>. Acesso em 10 jun. 2022.

AGÊNCIA CÂMARA. Câmara desiste de ação no STF para votar MPs alteradas pelo Senado. *Agência Câmara*. Brasília: Câmara dos Deputados, 30 jun. 2020. Disponível em: https://www.camara.leg.br/noticias/672484-camara-desiste-de-acao-no-stf-para-votar-mps-alteradas-pelo-senado/. Acesso em 11 abr. 2022.

AGÊNCIA CÂMARA. Parlamentares apresentam 6.640 emendas ao Orçamento de 2023. *Agência Câmara*. Brasília: Câmara dos Deputados, 16 nov. 2022. Disponível em: https://www.camara.leg.br/noticias/919879-parlamentares-apresentam-6-640-emendas-ao-orcamento-de-2023/ Acesso em 20 mar. 2023.

AMARAL JÚNIOR, José Levi Mello do. *Medida provisória: edição e conversão em lei – Teoria e prática*. 2ª ed. São Paulo: Saraiva, 2012.

AMARAL JÚNIOR, José Levi Mello do. Processo Legislativo – Aspectos Teóricos, Práticos e Jurisprudenciais da Reprodução do Direito Brasileiro Relativamente aos Atos Normativos Primários. In: MORAU, Caio; OLIVEIRA, Carlos E. Elias de (orgs). *Processo Legislativo: Teoria e Prática*, São Paulo: JusPodivm, 2022, p. 197-224.

ANDRADE, Almir de. A evolução política dos parlamentos e a maturidade democrática: o exemplo modelar do parlamento inglês. *Revista de Informação Legislativa*, Brasília, ano 21, n. 8, jan./mar. 1984, p. 61-118.

ARAÚJO, Paulo Magalhães. Bicameralismo: história, conceito e funções nos governos contemporâneos. *Revista Brasileira de Estudos Políticos*, Belo Horizonte, n. 114, jan.-jun. 2017, p. 425-472.

ARONEY, Nicholas. Four Reasons for an Upper House: Representative Democracy, Public Deliberation, Legislaltive Outputs and Executive Accountability. *Adelaide Law Review*, v. 29, 2008, p. 205-246. Disponível em: https://papers.ssrn.com/sol3/papers.cfm?abstract_id=2432755. Acesso em 18 mar. 2022.

ATLASINTEL. *Dinâmicas Políticas ao Final do Primeiro Mês do Governo Lula*. Pesquisa Atlas. 1º, fev. 2023. Disponível em: https://atlasintel.org/poll/brazil-national-2023-02-01. Acesso em 5 jun. 2023.

BACKES, Ana Luiza. Bicameralismo no Brasil o que pode uma "minoria". *Cadernos Aslegis*, v.3, n.7, jan./abr. 1999, p. 9-23.

BALDWIN, Nicholas D.J. Concluding Observations. *The Journal of Legislative Studies*, v. 7, issue 1, spring 2001, p. 171-180, DOI: 10.1080/714003852.

BARBOSA, Leonardo Augusto de Andrade. *Processo Legislativo e Democracia*. Belo Horizonte. Del Rio Editora. 2010.

BARBOSA, Leonardo Augusto de Andrade. "Estado de direito, democracia e devido processo legislativo". In: Direitos Fundamentais e Jurisdição Constitucional. Clèmerson M. Clève & Alexandre Freire (Coord.). São Paulo: Revista dos Tribunais, 2014, p. 631-645.

BENTHAM, Jeremy. Jeremy Bentham to his Fellow-Citizens of France, on Houses of Peers and Senates, *The works of Jeremy Bentham, vol. 4*. William Tait, 1843. Disponível em: https://oll.libertyfund.org/title/bowring-the-works-of-jeremy-bentham-vol-4#lf0872-04_head_249. Acesso em 21 mar. 2022.

BINDER, Sarah A. The dynamics of legislative gridlock, 1947–96. *American Political Science Review*, v. 93, n. 3, p. 519-533, 1999.

BOLÍVIA. Constitución Política del Estado. [Aprovada por Assembleia Constituinte em 2007. Aprovada por Referendo Nacional em 25.01.2009. Promulgada pelo Presidente em 07 set. 2009.] Disponível em: https://www.diputados.bo/sites/default/files/cpe2014.pdf. Acesso em 12 mar. 2022.

BRASIL. *Ato Institucional (AI) nº 1, de 9 de abril de 1964*. Dispõe sobre a manutenção da Constituição Federal de 1946 e as Constituições Estaduais e respectivas Emendas, com as modificações introduzidas pelo Poder Constituinte originário da revolução Vitoriosa. Brasília, DF: Presidência da República. Disponível em: http://www.planalto.gov.br/ccivil_03/ait/ait-01-64.htm. Acesso em: 27 mai. 2023

BRASIL. Câmara dos Deputados. *Projeto de Lei (PL) nº 5.531, de 2016, na Câmara dos Deputados, do Poder Executivo.* Dispõe sobre o exercício da advocacia fora das atribuições institucionais para os titulares das carreiras jurídicas da Advocacia-Geral da União. Disponível em: https://www.camara.leg.br/proposicoesWeb/fichadetramitacao?idProposicao=2087475. Acesso em 19 abr. 2023.

BRASIL. Câmara dos Deputados. *Projeto de Lei Complementar (PLP) nº 112, de 2019, do Presidente da República.* Dispõe sobre a autonomia técnica, operacional, administrativa e financeira do Banco Central do Brasil, define seus objetivos e altera a Lei nº 4.595, de 31 de dezembro de 1964. Disponível em: https://www.camara.leg.br/proposicoesWeb/fichadetramitacao?idProposicao=2198617. Acesso em 27 abr. 2023.

BRASIL. Câmara dos Deputados. *Proposta de Emenda à Constituição (PEC) nº 285, de 2004, na Câmara dos Deputados* (Desmembrada da PEC nº 255, de 2004 que é parte desmembrada remanescente da PEC nº 228, de 2004, originada da PEC nº 41, de 2003- Reforma Tributária). Altera o Sistema Tributário Nacional e dá outras providências. Disponível em: https://www.camara.leg.br/proposicoesWeb/fichadetramitacao?idProposicao=256022. Acesso em 21 abr. 2023.

BRASIL. Câmara dos Deputados. *Proposta de Emenda à Constituição (PEC) nº 336, de 2009.* Altera a redação do inciso IV do caput do art. 29 da Constituição Federal, tratando das disposições relativas à recomposição das Câmaras Municipais. Disponível em: https://www.camara.leg.br/proposicoesWeb/fichadetramitacao?idProposicao=426299. Acesso em 23 abr. 2023.

BRASIL. Câmara dos Deputados. *Questão de Ordem 10.430/1993*, levantada pelo Deputado Nelson Jobim, em 05/05/1993. Questiona a apensação do Projeto de Lei (PL) nº 2.248, de 1991, do Poder Executivo, ao Projeto de Lei nº 4.573, de 1991, do Senado Federal. Alega que, com a apensação do projeto de iniciativa do Presidente da República, cuja tramitação obrigatoriamente se inicia na Câmara, por mandamento constitucional, esta Casa estaria renunciando ao direito de pronunciar-se em última instância sobre os projetos do Executivo. Respondida pelo Presidente Deputado Inocêncio Oliveira. Disponível em: https://www2.camara.leg.br/buscaQordem/. Acesso em 25 abr. 2023.

BRASIL. Câmara dos Deputados. *Questão de Ordem 10.500/1997*, levantada pelo Deputado Arnaldo Faria de Sá em 10/12/1997. Questiona a legalidade de retirada de requerimento de destaque para votação em separado – DVS, após a votação da proposição principal em face de a matéria objeto de destaque retornar à proposição principal, sem a devida deliberação do plenário. Respondida pelo Presidente Dep. Michel Temer, em 10/12/1997, publicada no DCD 11/12/1997. Disponível em: https://www2.camara.leg.br/buscaQordem/. Acesso em 10/04/2023.

BRASIL. Câmara dos Deputados. *Questão de Ordem 10.044/1998*, levantada pelo Deputado Nilson Gibson, em 03/02/1998. Sobre exigência constitucional e regimental de aprovação de um mesmo texto de proposta de emenda constitucional pelas duas Casas do Congresso Nacional para sua promulgação. Prejudicada. Publicação: DCD 04/02/1998. Disponível em: https://www2.camara.leg.br/buscaQordem/. Acesso em 17 abr. 2023.

BRASIL. Câmara dos Deputados. *Questão de Ordem 10.130/1998*, levantada pelo Deputado Arnaldo Faria de Sá, em 27/01/1998. Questiona a decisão do Senado relativa à desnecessidade do retorno à Câmara da PEC 173, de 1995 (Reforma Administrativa), alterada naquela Casa mediante supressão de dispositivos, em flagrante desrespeito às normas regimentais. Respondida pelo Presidente Dep. Michel Temer, em 27/01/1998, publicada no DCD 28/01/1998. Disponível em: https://www2.camara.leg.br/buscaQordem/. Acesso em 17 abr. 2023.

BRASIL. Câmara dos Deputados. *Questão de Ordem 456/2004*, levantada pelo Deputado Júlio César, em 19/10/2004. Questiona sobre a possibilidade de dispositivo constante na PEC nº 285, de 2004, ser votado separadamente mediante desmembramento em Plenário da referida proposição. Respondida pelo Presidente Dep. João Paulo Cunha, em 17/11/2004, publicada no DCD 28/01/1998. Disponível em: https://www2.camara.leg.br/buscaQordem/. Acesso em 21 abr. 2023.

BRASIL. Câmara dos Deputados. *Questão de Ordem 513/2005*, levantada pelo Deputado Fernando Coruja, em 29/03/2005. Indaga sobre as razões do não acolhimento dos Requerimentos de Destaque da bancada do PPS solicitando que os artigos 3º e 4º da Medida Provisória nº 229/2004 e o art.5º da referida Medida Provisória, constituam projeto autônomo. Respondida pelo Presidente Inocência Oliveira, em 29/03/2005. Disponível em: https://www2.camara.leg.br/buscaQordem/. Acesso em 19 abr. 2023.

BRASIL. Câmara dos Deputados. *Questão de Ordem 658/2005*, levantada pelo Deputado Luciano Zica, em 14/12/2005. Questiona a apensação do Projeto de Lei (PL) nº 6.136, de 2005, do Poder Executivo, ao PL nº 203, de 1991, do Senado Federal. Entende que a apensação causou distorção na tramitação da proposição de iniciativa do Presidente da República, descumprindo norma constitucional. Respondida pelo Presidente Deputado Aldo Rebelo, em 07/04/1996. Disponível em: https://www2.camara.leg.br/buscaQordem/. Acesso em 25 abr. 2023.

BRASIL. Câmara dos Deputados. *Questões de Ordem 390/2009 e 392/2009*, levantadas, respectivamente, pelos Deputados Flávio Dino, e Arnaldo Faria de Sá, ambas em 04/02/2009. Indagam sobre a tramitação da PEC nº 336, de 2009 (desdobramento da PEC dos Vereadores). Respondida pelo

Presidente Michel Temer. Disponível em: https://www2.camara.leg.br/buscaQordem/. Acesso em 23 abr. 2023.

BRASIL. Câmara dos Deputados. *Questão de Ordem 411/2009*, levantada pelo Deputado Regis de Oliveira, em 11/03/2009. Defende a tese de que as resoluções previstas no art. 59, VII, CF, não estão subordinadas ao trancamento de pauta, pois não se incluiriam na definição da expressão "deliberações legislativas". Respondida pelo Presidente Deputado Michel Temer, em 17/03/2009, com reformulação e ampliação da interpretação sobre quais as matérias abrangidas pela expressão "deliberações legislativas" para os fins de sobrestamento de pauta por medida provisória nos termos da Constituição. Disponível em: https://www2.camara.leg.br/buscaQordem/. Acesso em 25 abr. 2023.

BRASIL. Câmara dos Deputados. *Questão de Ordem 171/2012*, levantada pelo Deputado Domingos Neto, em 17/04/2012. Indaga de quem é a prerrogativa, prevista no art. 57, III do Regimento Interno da Câmara dos Deputados, de dividir diferentes matérias que se encontrem em um mesmo projeto para constituírem proposições separadas. Respondida pelo Presidente Marco Maia, em 14/05/2012. Disponível em: https://www2.camara.leg.br/buscaQordem/. Acesso em 19 abr. 2023.

BRASIL. Câmara dos Deputados. *Questão de Ordem 178/2012*, levantada pelos Deputados Chico Alencar e Ivan Valente, em 25/04/2012. Questiona a supressão de expressões propostas nos itens [...] do parecer do substitutivo do Senado Federal ao PL nº 1974, de 1999 (Código Florestal). Respondida pelo Presidente Marco Maia. Disponível em: https://www2.camara.leg.br/buscaQordem/. Acesso em 10 jun. 2023.

BRASIL. Câmara dos Deputados. *Questão de Ordem 352/2013*, levantada pelo Deputado Miro Teixeira, em 05/09/2013. Durante a votação da MPV 615/13, solicita que emendas ou relatórios que proponham a incorporação de matérias estranhas às medidas provisórias sejam indeferidas liminarmente pelo Presidente da Câmara dos Deputados. Respondida pelo Presidente Henrique Eduardo Alves, em 09/09/2013. Disponível em: https://www2.camara.leg.br/buscaQordem/. Acesso em 19 abr. 2023.

BRASIL. Câmara dos Deputados. *Questão de Ordem 356/2013*, levantada pelo Deputado Efraim Filho, em 18/09/2013. Tendo em vista o artigo 57, III, do RICD, questiona: 1) O requerimento previsto no inciso III pode ser feito por qualquer membro da Comissão? 2) É necessário que o Relator da proposição que se pretende desmembrar seja ouvido? 3) Em caso afirmativo, o que deve ser levado a voto é o requerimento apresentado pelo membro da Comissão ou o parecer do Relator sobre essa proposta de desmembramento de proposições? Respondida pelo Presidente Henrique Eduardo

Alves, em 26/09/2013. Disponível em: https://www2.camara.leg.br/buscaQordem/. Acesso em 19 abr. 2023.

BRASIL. Câmara dos Deputados. *Questão de Ordem 301/2017*, levantada pela Deputada Erika Kokay, em 26/04/2017. Sustenta que a análise de requerimentos de tramitação conjunta deve ocorrer preliminarmente à análise de mérito de qualquer projeto. Solicita que a apreciação de projeto seja interrompida até que a Presidência se manifeste sobre requerimentos de apensação pendentes de despacho. Respondida pelo Presidente Rodrigo Maia. Disponível em: https://www2.camara.leg.br/buscaQordem/. Acesso em 25 abr. 2023.

BRASIL. Câmara dos Deputados. *Regimento Interno da Câmara dos Deputados*. Brasília: Câmara dos Deputados, 2021. Disponível em: https://www2.camara.leg.br/atividade-legislativa/legislacao/regimento-interno-da-camara-dos-deputados . Acesso em 15 mai. 2022.

BRASIL. Câmara dos Deputados. *Resolução nº 33, de 4 de agosto de 2022*. Altera os arts. 105 e 143 do Regimento Interno da Câmara dos Deputados, aprovado pela Resolução nº 17, de 21 de setembro de 1989, para dispor sobre o arquivamento de proposições, a precedência na tramitação conjunta e outras providências. Disponível em: https://www2.camara.leg.br/legin/int/rescad/2022/resolucaodacamaradosdeputados-33-4-agosto-2022-793091-norma-pl.html. Acesso em 24 abr. 2023.

BRASIL Congresso Nacional. *Ato Conjunto das Mesas da Câmara dos Deputados e do Senado Federal nº 1, de 31 de março de 2020*. Dispõe sobre o regime de tramitação, no Congresso Nacional, na Câmara dos Deputados e no Senado Federal, de medidas provisórias durante a pandemia de Covid-19. Disponível em: https://legis.senado.leg.br/norma/32032762/publicacao/32033423. Acesso em 6 jun. 2023.

BRASIL. Congresso Nacional. *Ato do Presidente do Congresso Nacional nº 1, de 23 de março de 2023*. Dispõe sobre o retorno ao regime ordinário de tramitação das medidas provisórias. Disponível em: https://www.camara.leg.br/internet/comissao/index/mista/orca/Legisla_CMO/Ato-conjunto-MPVs_2.pdf. Acesso em 3 jun. 2023.

BRASIL. Congresso Nacional. *Glossário de Termos de Técnica Legislativa*. 1ª ed. Brasília: Grupo de Trabalho Permanente de Integração da Câmara dos Deputados com o Senado Federal. 2022, p 19.

BRASIL. Congresso Nacional. Parecer nº 1, de 1989-CN, da Comissão Mista, designada pelo Presidente do Senado Federal, na sessão conjunta de 20-2-89, sobre indagação contida no Ofício nº 31-CN, pertinente às medidas provisórias. Publicado no Diário do Congresso Nacional (DNC), Ano XLIV, nº 17, de 1º de março de 1989, p. 571-574.

BRASIL. Congresso Nacional. *Projeto de Decreto Legislativo (PDS) nº 19, de 1999, no Senado, do Senador Mozarildo Cavalcanti. PDC nº 731, de 2000, na Câmara.* Convoca plebiscito sobre a criação do Estado de Tapajós. Disponível em: https://www.congressonacional.leg.br/materias/materias-bicamerais/-/ver/pds-19-1999. Acesso em 14 maio 2023.

BRASIL. Congresso Nacional. *Projeto de Decreto Legislativo (PDC) nº 189, de 1999, na Câmara, da Comissão de Relações Exteriores e Defesa Nacional. PDS nº 42, de 2000, no Senado.* Aprova o texto final, após modificações de cunho vernacular, em substituição àquele encaminhado pela Mensagem 1.259, de 1996, da Convenção Interamericana contra a Corrupção, concluída originalmente em Caracas, em 29 de março de 1996. Disponível em: https://www.congressonacional.leg.br/materias/materias-bicamerais/-/ver/pdc-189-1999. Acesso em 14 maio 2023.

BRASIL. Congresso Nacional. *Projeto de Lei do Senado (PLS) nº 354, de 1989, do Senador Franciso Rollemberg. Projeto de Lei (PL) nº 203, de 1991, na Câmara dos Deputados.* Dispõe sobre o acondicionamento, a coleta, o tratamento, o transporte e a destinação final dos resíduos de serviços de saúde. (Nova ementa: *institui a Política Nacional de Resíduos Sólidos; altera a Lei nº 9.605, de 12 de fevereiro de 1998; e dá outras providências).* Disponível em: https://www.congressonacional.leg.br/materias/materias-bicamerais/-/ver/pls-354-1989. Acesso em 25 abr. 2023.

BRASIL. Congresso Nacional. *Projeto de Lei (PL) nº 2.248, de 1991, do Poder Executivo, na Câmara dos Deputados. Projeto de Lei da Câmara (PLC) nº 16, de 1994, no Senado Federal.* Regula as atividades dos serviços notoriais e de registro, disciplina a responsabilidade civil, criminal e administrativa dos notários, dos oficiais de registro e seus prepostos, e define a fiscalização de seus atos pelo Poder Judiciário. Disponível em: https://www.congressonacional.leg.br/materias/materias-bicamerais/-/ver/pl-2248-1991. Acesso em 25 abr. 2023.

BRASIL. Congresso Nacional. *Projeto de Lei do Senado (PLS) nº 163, de 1995, do Senador Lauro Campos. Projeto de Lei (PL) nº 1.292, de 1995, na Câmara dos Deputados.* Altera a Lei nº 8.666, de 21 de junho de 1993, que regulamenta o art. 37, XXI, da Constituição Federal, institui normas para licitações e contratos da administração pública e dá outras providências. Disponível em: https://www.congressonacional.leg.br/materias/materias-bicamerais/-/ver/pls-163-1995. Acesso em 28 abr. 2023.

BRASIL. Congresso Nacional. *Projeto de Lei do Senado (PLS) nº 166, de 2010, do Senador José Sarney. Projeto de Lei (PL) nº 8.046, de 2010, na Câmara.* Reforma do Código de Processo Civil. Disponível em: https://www.congressonacional.leg.br/materias/materias-bicamerais/-/ver/pls-166-2010. Acesso em 30 maio 2023.

BRASIL. Congresso Nacional. *Projeto de Lei do Senado (PLS) nº 559, de 2013, da Comissão Temporária de Modernização da Lei de Licitações e Contratos. Projeto de Lei (PL) nº 6.814, de 2017, na Câmara dos Deputados.* Institui normas para licitações e contratos da Administração Pública e dá outras providências. Disponível em: https://www.congressonacional.leg.br/materias/materias-bicamerais/-/ver/pls-559-2013. Acesso em 28 abr. 2023.

BRASIL. Congresso Nacional. *Projeto de Lei (PL) nº 2.380, de 1996*, na Câmara, de iniciativa do Presidente da República. Dispõe sobre o FUNDEF – Fundo de Manutenção e Desenvolvimento de Ensino Fundamental e de Valorização do Magistério, na forma prevista no § 7º do art. 60 do ADCT, e dá outras providências. Projeto de Lei da Câmara (PLC) nº 92, de 1996 – Senado Federal. Tramitação bicameral disponível em: https://www.congressonacional.leg.br/materias/materias-bicamerais/-/ver/pl-2380-1996. Acesso em 5 abr. 2023.

BRASIL. Congresso Nacional. *Projeto de Lei Complementar (PLP) nº 18, de 1999 – Câmara dos Deputados*, do Presidente da República. Estabelece normas de finanças públicas voltadas para a responsabilidade na gestão fiscal e dá outras providências (Lei de Responsabilidade Fiscal). Projeto de Lei da Câmara (PLC) nº 4, de 2000 (Complementar) – Senado Federal. Tramitação bicameral disponível em: https://www25.senado.leg.br/web/atividade/materias/-/materia/43190. Acesso em 05 abr. 2023.

BRASIL. Congresso Nacional. *Proposta de Emenda à Constituição (PEC) nº 47, de 2008, no Senado Federal, do Senador César Borges e outros. PEC nº 379, de 2009, na Câmara dos Deputados.* Altera a redação do art. 29-A da Constituição Federal, tratando das disposições relativas à recomposição das Câmaras Municipais. Disponível em: https://www.congressonacional.leg.br/materias/materias-bicamerais/-/ver/pec-47-2008-sf. Acesso em 23 abr. 2023.

BRASIL. Congresso Nacional. *Proposta de Emenda à Constituição (PEC) nº 2, de 2015, na Câmara, do Deputado Hélio Leite e outros. PEC nº 34, de 2019, no Senado.* Altera o art. 166 da Constituição Federal, para tornar obrigatória a execução da programação orçamentária que especifica. (Deu origem à EC nº 100, de 2019). Disponível em: https://www.congressonacional.leg.br/materias/materias-bicamerais/-/ver/pec-2-2015-cd. Acesso em 13 maio 2023.

BRASIL. Congresso Nacional. *Proposta de Emenda à Constituição (PEC) nº 98, de 2019, de iniciativa da Câmara dos Deputados.* Altera os arts. 165 e 166 da Constituição Federal, para estabelecer o regime de execução obrigatória das programações que especifica; dá nova redação ao art.

20 da Constituição Federal e aos arts. 107 e 115 do Ato das Disposições Constitucionais Transitórias; e revoga o § 1º do art. 167 da Constituição Federal. (Deu origem à EC nº 102, de 2019). Disponível em: https://www.congressonacional.leg.br/materias/materias-bicamerais/-/ver/pec-98-2019. Acesso em 13 maio 2023.

BRASIL. Congresso Nacional. *Proposta de Emenda à Constituição (PEC) nº 23, de 2021, do Poder Executivo.* Altera os art. 100, art. 109, art. 160, art. 166 e art. 167 da Constituição e acrescenta os art. 80-A e art. 101-A no Ato das Disposições Constitucionais Transitórias, e dá outras providências. (Deu origem à EC nº 113, de 2021). Disponível em: https://www.congressonacional.leg.br/materias/materias-bicamerais/-/ver/pec-23-2021. Acesso em 14 maio 2023.

BRASIL. Congresso Nacional. *Proposta de Emenda à Constituição (PEC) nº 46, de 2021, de iniciativa do Senado Federal.* Altera a Constituição Federal e o Ato das Disposições Constitucionais Transitórias para estabelecer o novo regime de pagamentos de precatórios, modificar normas relativas ao Novo Regime Fiscal e autorizar o parcelamento de débitos previdenciários dos Municípios; e dá outras providências. (Deu origem à EC nº 114, de 2021). Disponível em: https://www.congressonacional.leg.br/materias/materias-bicamerais/-/ver/pec-46-2021. Acesso em 14 maio 2023.

BRASIL. Congresso Nacional. *Projeto de Lei (PL) nº 6.393, de 2009 – Câmara dos Deputados*, do Deputado Marçal Filho. Acrescenta § 3º ao art. 401 da Consolidação das Leis do Trabalho, a fim de estabelecer multa para combater a diferença de remuneração verificada entre homens e mulheres no Brasil. Projeto de Lei da Câmara (PLC) nº 130, de 2011 – Senado Federal. Tramitação bicameral disponível em: https://www.congressonacional.leg.br/materias/materias-bicamerais/-/ver/pl-6393-2009. Acesso em 8 abr. 2023.

BRASIL. Congresso Nacional. *Projeto de Lei do Senado (PLS) nº 559, de 2013, da Comissão Temporária de Modernização da Lei de Licitações e Contratos. Projeto de Lei (PL) nº 6.814, de 2017, na Câmara dos Deputados.* Institui normas para licitações e contratos da Administração Pública e dá outras providências. Disponível em: https://www.congressonacional.leg.br/materias/materias-bicamerais/-/ver/pls-559-2013. Acesso em 28 abr. 2023.

BRASIL. Congresso Nacional. *Projeto de Lei (PL) nº 2.960, de 2015 – Câmara dos Deputados*, do Presidente da República. Dispõe sobre o Regime Especial de Regularização Cambial e Tributária de recursos, bens ou direitos de origem lícita não declarados, remetidos, mantidos no exterior ou repatriados por residentes ou domiciliados no País, e dá outras providências". No Senado: Projeto de Lei da Câmara (PLC) nº 186, de 2015. Tramitação bicameral disponível em: https://www.congressonacional.leg.br/materias/materias-bicamerais/-/ver/pl-2960-2015. Acesso em 6 abr. 2023.

BRASIL. Congresso Nacional. *Projeto de Lei (PL) nº 4.254, de 2015, na Câmara dos Deputados, do Poder Executivo. Projeto de Lei da Câmara (PLC) nº 36, de 2016, no Senado Federal.* Altera a remuneração de servidores públicos, estabelece opção por novas regras de incorporação de gratificação de desempenho às aposentadorias e pensões, altera os requisitos de acesso a cargos públicos, reestrutura cargos e carreiras, dispõe sobre honorários advocatícios de sucumbência das causas em que forem parte a União, suas autarquias e fundações, e dá outras providências. Disponível em: https://www.congressonacional.leg.br/materias/materias-bicamerais/-/ver/pl-4254-2015. Acesso em 19 abr. 2023.

BRASIL. Congresso Nacional. *Projeto de Lei do Senado (PLS) nº 68, de 2017, da Comissão Diretora, no Senado Federal. Projeto de Lei (PL) nº 1.825, de 2022, na Câmara dos Deputados; e seu Substitutivo.* Institui a Lei Geral do Esporte. Disponível em: https://www.congressonacional.leg.br/materias/materias-bicamerais/-/ver/pls-68-2017. Acesso em 28 abr. 2023.

BRASIL. Congresso Nacional. *Projeto de Lei (PL) nº 1.153, de 2019, do Senador Veneziano Vital do Rêgo.* Altera a Lei nº 9.615, de 24 de março de 1998, que institui normas gerais sobre desporto e dá outras providências (Lei Pelé), para dividir em seções o Capítulo V (Da Prática Desportiva Profissional) e para acrescentar dispositivo relativo aos atletas de base. https://www.congressonacional.leg.br/materias/materias-bicamerais/-/ver/pl-1153-2019. Disponível em: Acesso em 28 abr. 2023.

BRASIL. Congresso Nacional. *Projeto de Lei Complementar (PLP) nº 19, de 2019, do Senador Plínio Valério.* Dispõe sobre nomeação e demissão do Presidente e diretores do Banco Central do Brasil. (Nova ementa: Define os objetivos do Banco Central do Brasil e dispõe sobre sua autonomia e sobre a nomeação e a exoneração de seu Presidente e de seus diretores) Disponível em: https://www.congressonacional.leg.br/materias/materias-bicamerais/-/ver/plp-19-2019. Acesso em 27 abr. 2023.

BRASIL. Congresso Nacional. *Proposta de Emenda à Constituição (PEC) nº 48, de 1991, na Câmara dos Deputados, do Deputado Luiz Carlos Hauly e outros. PEC nº 2, de 1993, no Senado Federal.* Altera dispositivos da Constituição Federal. (Deu origem à Emenda Constitucional nº 3, de 1993). Disponível em: https://www.congressonacional.leg.br/materias/materias-bicamerais/-/ver/pec-48-1991-cd. Acesso em 18 abr. 2023.

BRASIL. Congresso Nacional. *Proposta de Emenda à Constituição (PEC) nº 96, de 1992, na Câmara dos Deputados, do Deputado Hélio Bicudo e outros. PEC nº 29, de 2000, no Senado Federal.* Introduz modificações na estrutura do Poder Judiciário. Disponível em: https://www.congressonacional.leg.

br/materias/materias-bicamerais/-/ver/pec-96-1992-cd. Acesso em 13 maio 2023.

BRASIL. Congresso Nacional. *Proposta de Emenda à Constituição (PEC) nº 1, de 1995, no Senado Federal do Senador Espiridião Amin e outros. PEC nº 472, de 1997, na Câmara dos Deputados.* Dá nova redação ao artigo 62 da Constituição Federal (adoção de medidas provisórias). (Deu origem à Emenda Constitucional nº 32, de 2001). Disponível em: https://www.congressonacional.leg.br/materias/materias-bicamerais/-/ver/pec-1-1995-sf. Acesso em 12 maio 2023.

BRASIL. Congresso Nacional. *Proposta de Emenda à Constituição (PEC) nº 33, de 1995, na Câmara dos Deputados (PEC da Reforma da Previdência), do Poder Executivo. PEC nº 33, de 1996, no Senado Federal.* Modifica o Sistema de Previdência Social, estabelece normas de transição e dá outras providências. (Deu origem à Emenda Constitucional nº 20, de 1998). Disponível em: https://www.congressonacional.leg.br/materias/materias-bicamerais/-/ver/pec-33-1995-cd. Acesso em 17 abr. 2023.

BRASIL. Congresso Nacional. *Proposta de Emenda à Constituição (PEC) nº 173, de 1995, na Câmara dos Deputados (PEC da Reforma Administrativa), do Poder Executivo. PEC nº 41, de 1997, no Senado Federal.* Modifica o capítulo da Administração Pública, acrescentas normas as Disposições Constitucionais Gerais e estabelece normas de transição. (Deu origem à Emenda Constitucional nº 19, de 1998). Disponível em: https://www.congressonacional.leg.br/materias/materias-bicamerais/-/ver/pec-173-1995-cd. Acesso em 17 abr. 2023.

BRASIL. Congresso Nacional. *Proposta de Emenda à Constituição (PEC) nº 34, de 1998, no Senado Federal, do Senador Elcio Alvares e outros. PEC nº 637, de 1999, na Câmara dos Deputados.* Prorroga, alterando a alíquota, a cobrança da Contribuição a que se refere o art. 74 do Ato das Disposições Constitucionais Transitórias. (Deu origem à Emenda Constitucional nº 21, de 1999) Disponível em: https://www.congressonacional.leg.br/materias/materias-bicamerais/-/ver/pec-34-1998-sf. Acesso em 17 abr. 2023.

BRASIL. Congresso Nacional. *Proposta de Emenda à Constituição (PEC) nº 33, de 1995 – Câmara dos Deputados (PEC da Reforma da Previdência – FHC). PEC nº 33, de 1996 – Senado Federal.* Modifica o Sistema de Previdência Social, estabelece normas de transição e dá outras providências. Disponível em: https://www.congressonacional.leg.br/materias/materias-bicamerais/-/ver/pec-33-1995-cd. Acesso em 17 abr. 2023.

BRASIL. Congresso Nacional. *Proposta de Emenda à Constituição (PEC) nº 173, de 1995 – Câmara dos Deputados (PEC da Reforma Administrativa – FHC). PEC nº 41, de 1997 – Senado Federal.* Modifica o capítulo da Administração Pública, acrescentas normas as Disposições Constitucionais Gerais e estabelece normas de transição. Disponível em: https://www.congressonacional.leg.br/materias/materias-bicamerais/-/ver/pec-173-1995-cd. Acesso em 17 abr. 2023.

BRASIL. Congresso Nacional. *Proposta de Emenda à Constituição (PEC) nº 40, de 2003, na Câmara dos Deputados, do Poder Executivo. PEC nº 67, de 2003, no Senado Federal.* Modifica os arts. 37, 40, 42, 48, 96, 142 e 149 da Constituição Federal, o art. 8º da Emenda Constitucional nº 20, de 15 de dezembro de 1998, e dá outras providências (Reforma da Previdência). Disponível em: https://www.congressonacional.leg.br/materias/materias-bicamerais/-/ver/pec-40-2003-cd. Acesso em 21 abr. 2023.

BRASIL. Congresso Nacional. *Proposta de Emenda à Constituição (PEC) nº 41, de 2003, na Câmara dos Deputados, do Poder Executivo. PEC nº 74, de 2003, no Senado Federal.* Altera o Sistema Tributário Nacional e dá outras providências. Disponível em: https://www.congressonacional.leg.br/materias/materias-bicamerais/-/ver/pec-41-2003-cd. Acesso em 13 maio 2023.

BRASIL. Congresso Nacional. *Proposta de Emenda à Constituição (PEC) nº 74-A, de 2003, no Senado Federal. PEC nº 228, de 2004, na Câmara dos Deputados.* (Reforma Tributária. Desdobramento da PEC nº 41, de 2003, na Câmara, da Presidência da República; PEC nº 74, de 2003, no Senado). Altera o Sistema Tributário Nacional e dá outras providências. Disponível em: https://www25.senado.leg.br/web/atividade/materias/-/materia/65088 (Senado Federal) e https://www.camara.leg.br/proposicoesWeb/fichadetramitacao?idProposicao=150410 (Câmara dos Deputados). Acesso em 21 abr. 2023.

BRASIL. Congresso Nacional. *Proposta de Emenda à Constituição (PEC) nº 77, de 2003, no Senado Federal, da Senadora Ideli Salvatti e outros. PEC nº 227, de 2004, na Câmara dos Deputados.* Altera os artigos 40, 144, 149, 194, 195 e 201 da Constituição Federal, para dispor sobre a previdência social, e dá outras providências. Disponível em: https://www25.senado.leg.br/web/atividade/materias/-/materia/62771 (Senado Federal) e https://www.camara.leg.br/proposicoesWeb/fichadetramitacao?idProposicao=150399 (Câmara dos Deputados). Acesso em 21 abr. 2023.

BRASIL. Congresso Nacional. *Proposta de Emenda à Constituição (PEC) nº 77-A, de 2003, no Senado Federal, da Senadora Ideli Salvatti e outros. (Substitutivo da PEC nº 227, de 2004, na Câmara dos Deputados).* Altera os artigos 28, 37, 40, 195 e 201 da Constituição Federal, para dispor sobre a previdência social, e dá outras providências. Disponível em: https://www25.senado.leg.br/web/atividade/materias/-/materia/72846 (Senado Federal). Acesso em 21 abr. 2023.

BRASIL. Congresso Nacional. *Proposta de Emenda à Constituição (PEC) nº 77-B, de 2003, no Senado Federal, do Senador Rodolpho Tourinho e outros. PEC nº*

441, de 2005, na Câmara dos Deputados. Disciplina a fixação do limite remuneratório para os agentes públicos dos Poderes Legislativo e Executivo dos Estados e do Distrito Federal, determina a aplicação do disposto no art. 7º da Emenda Constitucional nº 41, de 2003, às pensões derivadas dos proventos de aposentadoria dos servidores públicos que se aposentarem na forma do caput do art. 6º da mesma Emenda, e disciplina a forma de contribuição dos servidores portadores de doença incapacitante para o custeio da Previdência Social. Disponível em: https://www.congressonacional.leg.br/materias/materias-bicamerais/-/ver/pec-77b-2003-sf (Senado Federal) e https://www.camara.leg.br/proposicoesWeb/fichadetramitacao?idProposicao=293256 (Câmara dos Deputados). Acesso em 21 abr. 2023.

BRASIL. Congresso Nacional. *Proposta de Emenda à Constituição (PEC) nº 333, de 2004 –Câmara dos Deputados.* Modifica a redação do art. 29-A e acrescenta art. 29-B à Constituição Federal para dispor sobre o limite de despesas e a composição das Câmaras de Vereadores e dá outras providências. Proposta de Emenda à Constituição (PEC) nº 20, de 2008 – Senado Federal. Tramitação bicameral disponível em: https://www.congressonacional.leg.br/materias/materias-bicamerais/-/ver/pec-333-2004-cd. Acesso em 16 abr. 2023.

BRASIL. Câmara dos Deputados. *Proposta de Emenda à Constituição (PEC) nº 358, de 2005 (Decorrente de desmembramento da PEC nº 29, de 2000, no Senado).* Altera dispositivos dos arts. 21, 22, 29, 48, 93, 95, 96, 98, 102, 103-B, 104, 105, 107, 111-A, 114, 115, 120, 123, 124, 125, 128, 129, 130-A e 134 da Constituição Federal, acrescenta os arts. 97-A, 105-A, 111-B e 116-A, e dá outras providências. Disponível em: https://www.camara.leg.br/proposicoesWeb/fichadetramitacao?idProposicao=274765. Acesso em 13 maio 2023.

BRASIL. Congresso Nacional. *Proposta de Emenda à Constituição (PEC) nº 47, de 2008, no Senado Federal, do Senador César Borges e outros. PEC nº 379, de 2009, na Câmara dos Deputados.* Altera a redação do art. 29-A da Constituição Federal, tratando das disposições relativas à recomposição das Câmaras Municipais. Disponível em: https://www.congressonacional.leg.br/materias/materias-bicamerais/-/ver/pec-47-2008-sf. Acesso em 23 abr. 2023.

BRASIL. Câmara dos Deputados. *Proposta de Emenda à Constituição (PEC) nº 336, de 2009, na Câmara dos Deputados.* Altera a redação do inciso IV do caput do art. 29 da Constituição Federal, tratando das disposições relativas à recomposição das Câmaras Municipais. Disponível em: https://www.camara.leg.br/proposicoesWeb/fichadetramitacao?idProposicao=426299. Acesso em 23 abr. 2023.

BRASIL. Congresso Nacional. *Proposta de Emenda à Constituição (PEC) nº 11, de 2011, no Senado Federal (renumerada para PEC nº 91, de 2019). Proposta de Emenda à Constituição (PEC) nº 70, de 2011, na Câmara dos Deputados.* Altera o procedimento de apreciação das medidas provisórias pelo Congresso Nacional. Tramitação bicameral disponível em: https://www.congressonacional.leg.br/materias/materias-bicamerais/-/ver/pec-11-2011-sf. Acesso em 8 abr. 2023.

BRASIL. Congresso Nacional. *Proposta de Emenda à Constituição nº 349, de 2001, na Câmara dos Deputados, do Deputado Luiz Antônio Fleury e outros. PEC nº 43, de 2013, no Senado Federal.* Altera a redação dos arts. 52, 53, 55 e 66 da Constituição Federal para abolir o voto secreto nas decisões da Câmara dos Deputados e do Senado Federal. (Deu origem à Emenda Constitucional nº 76, de 2013). Disponível em: https://www.congressonacional.leg.br/materias/materias-bicamerais/-/ver/pec-349-2001-cd. Acesso em 18 abr. 2023.

BRASIL. Congresso Nacional. *Proposta de Emenda à Constituição (PEC) nº 333, de 2004, na Câmara dos Deputados, do Deputado Pompeo de Mattos e outros. PEC nº 20, de 2008, no Senado Federal.* Modifica a redação do art. 29-A e acrescenta art. 29-B à Constituição Federal para dispor sobre o limite de despesas e a composição das Câmaras de Vereadores e dá outras providências. Disponível em: https://www.congressonacional.leg.br/materias/materias-bicamerais/-/ver/pec-333-2004-cd. Acesso em 22 abr. 2023.

BRASIL. Congresso Nacional. *Proposta de Emenda à Constituição nº 346, de 2013, na Câmara dos Deputados, do Deputado Arlindo Chinaglia e outros. PEC nº 61, de 2013, no Senado Federal.* Dá nova redação ao *caput* do art. 54 do Ato das Disposições Constitucionais Transitórias e acrescenta art. 54-A a este Ato. (PEC dos Seringueiros – Soldados da Borracha). (Deu origem à Emenda Constitucional nº 78, de 2014). Disponível em: https://www.congressonacional.leg.br/materias/materias-bicamerais/-/ver/pec-346-2013-cd. Acesso em 18 abr. 2023.

BRASIL. Congresso Nacional. *Proposta de Emenda à Constituição (PEC) nº 6, de 2019, do Poder Executivo.* Modifica o sistema de previdência social, estabelece regras de transição e disposições transitórias, e dá outras providências (Reforma da Previdência 2019). Disponível em: https://www25.senado.leg.br/web/atividade/materias/-/materia/137999. Acesso em 21 abr. 2023.

BRASIL. Congresso Nacional. *Proposta de Emenda à Constituição (PEC) nº 133, de 2019, da Senadora Simone Tebet e outros.* Permite que os Estados, o Distrito Federal e os Municípios adotem em seus regimes próprios de previdência social as mesmas regras aplicáveis ao regime próprio da União;

modifica renúncias previdenciárias; prevê benefício da Seguridade Social à criança vivendo em situação de pobreza; e dá outras providências. (PEC Paralela da Reforma da Previdência 2019). Disponível em: https://www25.senado.leg.br/web/atividade/materias/-/materia/138555. Acesso em 21 abr. 2023.

BRASIL. Congresso Nacional. *Regimento Comum do Congresso Nacional (RCCN).* Brasília: Senado Federal, 2021. Disponível em: https://www25.senado.leg.br/web/atividade/legislacao/regimento-interno . Acesso em 15 mai. 2022.

BRASIL. Congresso Nacional. Resolução nº 1, de 2002, do Congresso Nacional. Dispõe sobre a apreciação, pelo Congresso Nacional, das Medidas Provisórias a que se refere o art. 62 da Constituição Federal, e dá outras providências. Disponível em: https://www2.camara.leg.br/legin/fed/rescon/2002/resolucao-1-8-maio-2002-497942-normaatualizada-pl.html. Acesso em 01 jun. 2023.

BRASIL. Congresso Nacional. *Veto nº 4, de 2016.* Disponível em: https://www.congressonacional.leg.br/materias/vetos/-/veto/detalhe/9942. Acesso em 6 abr. 2023. (Veto parcial ao PL nº 2960, de 2015, na Câmara; PLC nº 186, de 2015, no Senado, sobre o Regime Especial de Regularização Cambial e Tributária).

BRASIL. *Constituição Política do Império do Brazil, de 25 de março de 1824.* Brasília, DF: Presidência da República. Disponível em: https://www.planalto.gov.br/ccivil_03/constituicao/constituicao24.htm. Acesso em: 31 jan. 2022.

BRASIL. *Constituição da República dos Estados Unidos do Brasil, de 24 de fevereiro de 1891.* Brasília, DF: Presidência da República. Disponível em: https://www.planalto.gov.br/ccivil_03/constituicao/constituicao91.htm. Acesso em: 31 jan. 2022.

BRASIL. *Constituição da República dos Estados Unidos do Brasil, de 16 de julho de 1934.* Brasília, DF: Presidência da República. Disponível em: https://www.planalto.gov.br/ccivil_03/constituicao/constituicao34.htm. Acesso em: 31 jan. 2022.

BRASIL. *Constituição dos Estados Unidos do Brasil, de 10 de novembro de 1937.* Brasília, DF: Presidência da República. Disponível em: https://www.planalto.gov.br/ccivil_03/constituicao/constituicao37.htm. Acesso em: 31 jan. 2022.

BRASIL. *Constituição dos Estados Unidos do Brasil, de 18 de setembro de 1946.* Brasília, DF: Presidência da República. Disponível em: https://www.planalto.gov.br/ccivil_03/constituicao/constituicao46.htm. Acesso em: 31 jan. 2022.

BRASIL. *Constituição da República Federativa do Brasil, de 1967*. Brasília, DF: Presidência da República. Disponível em: https://www.planalto.gov.br/ccivil_03/constituicao/constituicao67.htm. Acesso em: 31 jan. 2022.

BRASIL. *Constituição da República Federativa do Brasil de 1988*. Brasília, DF: Presidência da República. Disponível em: http://www.planalto.gov.br/ccivil_03/constituicao/constituicaocompilado.htm. Acesso em: 31 jan. 2022.

BRASIL. *Decreto nº 1, de 15 de novembro de 1889*. Proclama provisoriamente e decreta como forma de governo da Nação Brasileira a República Federativa, e estabelece as normas pelas quais se devem reger os Estados Federais. Brasília, DF: Presidência da República. Disponível em: https://www.planalto.gov.br/ccivil_03/decreto/1851-1899/d0001.htm. Acesso em: 31 jan. 2022.

BRASIL. *Decreto nº 510, de 22 de junho de 1890*. Publica a Constituição dos Estados Unidos do Brazil. Brasília, DF: Senado Federal. Disponível em: https://legis.senado.leg.br/norma/388004/publicacao/15722625. Acesso em: 27 mai. 2023.

BRASIL Congresso Nacional. *Decreto Legislativo nº 137, de 2011*. Convoca plebiscito sobre a criação do Estado de Tapajós. Disponível em: https://legis.senado.leg.br/norma/588206/publicacao/15814841. Acesso em 14 mai. 2023

BRASIL *Decreto Legislativo nº 152, de 2002*. Aprova o texto final, após modificações de cunho vernacular, em substituição àquele encaminhado pela Mensagem 1.259, de 1996, da Convenção Interamericana contra a Corrupção, concluída originalmente em Caracas, em 29 de março de 1996. Disponível em: https://legis.senado.leg.br/norma/591730/publicacao/15712386. Acesso em 14 mai. 2023.

BRASIL *Decreto-lei nº 9.295, de 27 de maio de 1946*. Cria o Conselho Federal de Contabilidade, define as atribuições do Contador e do Guarda-livros, e dá outras providências. Disponível em: https://www.planalto.gov.br/ccivil_03/decreto-lei/del9295.htm. Acesso em 15 abr. 2023.

BRASIL. *Emenda Constitucional nº 17, de 26 de novembro de 1965.* Altera dispositivos constitucionais referentes ao Poder Legislativo. Disponível em: https://www.planalto.gov.br/ccivil_03/constituicao/emendas/emc_anterior1988/emc17-65.htm. Acesso em 7 abr. 2023.

BRASIL. *Emenda Constitucional nº 1, de 17 de outubro de 1969.* Edita novo texto da Constituição Federal de 24 de janeiro de 1967. Disponível em: https://www.planalto.gov.br/ccivil_03/constituicao/Emendas/Emc_anterior1988/emc01-69.htm. Acesso em 7 abr. 2023.

BRASIL. *Emenda Constitucional nº 8, de 14 de abril de 1977.* Altera artigos da Constituição Federal, incluindo-se em seu Título V os artigos 208, 209 e

210. Disponível em: http://www.planalto.gov.br/ccivil_03/constituicao/emendas/emc_anterior1988/emc08-77.htm. Acesso em 7 abr. 2023.

BRASIL. *Emenda Constitucional nº 15, de 19 de novembro de 1980.* Restabelece o sistema de voto direto nas eleições para Governador de Estado e para Senador da República. Disponível em: http://www.planalto.gov.br/ccivil_03/constituicao/emendas/emc_anterior1988/emc15-80.htm. Acesso em 7 abr. 2023.

BRASIL. *Emenda Constitucional nº 22, de 29 de junho de 1982.* Altera e acrescenta dispositivos à Constituição Federal. Disponível em: https://www.planalto.gov.br/ccivil_03/constituicao/emendas/emc_anterior1988/emc22-82.htm. Acesso em 7 abr. 2023.

BRASIL. *Emenda Constitucional nº 26, de 27 de setembro de 1986.* Convoca Assembleia Nacional Constituinte e dá outras providências. Disponível em: https://www.planalto.gov.br/ccivil_03/constituicao/emendas/emc_anterior1988/emc26-85.htm. Acesso em 7 abr. 2023

BRASIL. *Emenda Constitucional nº 3, de 17 de março de 1993.* Altera os arts. 40, 42, 102, 103, 155, 156, 160, 167 da Constituição Federal. Disponível em: https://www.planalto.gov.br/ccivil_03/constituicao/Emendas/Emc/emc03.htm. Acesso em 17 abr. 2023.

BRASIL. *Emenda Constitucional nº 19, de 4 de junho de 1998.* Modifica o regime e dispõe sobre princípios e normas da Administração Pública, servidores e agentes políticos, controle de despesas e finanças públicas e custeio de atividades a cargo do Distrito Federal, e dá outras providências. Disponível em: http://www.planalto.gov.br/ccivil_03/constituicao/emendas/emc/emc19.htm. Acesso em 17 abr. 2023.

BRASIL. *Emenda Constitucional nª 20, de 15 de dezembro de 1998.* Modifica o sistema de previdência social, estabelece normas de transição e dá outras providências. Disponível em: http://www.planalto.gov.br/ccivil_03/constituicao/emendas/emc/emc20.htm. Acesso em 17 abr. 2023.

BRASIL. *Emenda Constitucional nª 21, de 18 de março de 1999.* Prorroga, alterando a alíquota, a contribuição provisória sobre movimentação ou transmissão de valores e de créditos e de direitos de natureza financeira, a que se refere o art. 74 do Ato das Disposições Constitucionais Transitórias. Disponível em: https://www.planalto.gov.br/ccivil_03/constituicao/emendas/emc/emc21.htm. Acesso em 17 abr. 2023.

BRASIL. *Emenda Constitucional nº 32, de 11 de setembro de 2001.* Altera dispositivos dos arts. 48, 57, 61, 62, 64, 66, 84, 88 e 246 da Constituição Federal, e dá outras providências. Disponível em: https://www.planalto.gov.br/ccivil_03/constituicao/emendas/emc/emc32.htm. Acesso em 12 abr. 2023.

BRASIL. *Emenda Constitucional nº 41, de 19 de dezembro de 2003*. Modifica os arts. 37, 40, 42, 48, 96, 149 e 201 da Constituição Federal, revoga o inciso IX do § 3 do art. 142 da Constituição Federal e dispositivos da Emenda Constitucional nº 20, de 15 de dezembro de 1998, e dá outras providências. Disponível em: http://www.planalto.gov.br/ccivil_03/constituicao/emendas/emc/emc41.htm. Acesso em 21 abr. 2023.

BRASIL. *Emenda Constitucional nº 42, de 19 de dezembro de 2003.* Altera o Sistema Tributário Nacional e dá outras providências. Disponível em: https://www.planalto.gov.br/ccivil_03/constituicao/emendas/emc/emc42.htm. Acesso em 21 abr. 2023.

BRASIL. *Emenda Constitucional nº 44, de 30 de junho de 2004.* Altera o Sistema Tributário Nacional e dá outras providências. Disponível em: https://www.planalto.gov.br/ccivil_03/constituicao/emendas/emc/emc44.htm. Acesso em 21 abr. 2023.

BRASIL. *Emenda Constitucional nº 45, de 30 de dezembro de 2004*. Altera dispositivos dos arts. 5º, 36, 52, 92, 93, 95, 98, 99, 102, 103, 104, 105, 107, 109, 111, 112, 114, 115, 125, 126, 127, 128, 129, 134 e 168 da Constituição Federal, e acrescenta os arts. 103-A, 103B, 111-A e 130-A, e dá outras providências. Disponível em: https://www.planalto.gov.br/ccivil_03/constituicao/emendas/emc/emc45.htm. Acesso em 13 maio 2023.

BRASIL. *Emenda Constitucional nº 47, de 6 de julho de 2005.* Altera os arts. 37, 40, 195 e 201 da Constituição Federal, para dispor sobre a previdência social, e dá outras providências. Disponível em: https://www.planalto.gov.br/ccivil_03/constituicao/emendas/emc/emc47.htm. Acesso em 21 abr. 2023.

BRASIL. *Emenda Constitucional nº 58, de 23 de setembro de 2009.* Altera a redação do inciso IV do caput do art. 29 e do art. 29-A da Constituição Federal, tratando das disposições relativas à recomposição das Câmaras Municipais. Disponível em: https://www.planalto.gov.br/ccivil_03/constituicao/emendas/emc/emc58.htm. Acesso em 22 abr. 2023.

BRASIL. *Emenda Constitucional nª 76, de 28 de novembro de 2013.* Altera o § 2º do art. 55 e o § 4º do art. 66 da Constituição Federal, para abolir a votação secreta nos casos de perda de mandato de Deputado ou Senador e de apreciação de veto. Disponível em: https://www.planalto.gov.br/ccivil_03/constituicao/Emendas/Emc/emc76.htm. Acesso em 17 abr. 2023.

BRASIL. *Emenda Constitucional nº 78, de 14 de maio de 2014.* Acrescenta art. 54-A ao Ato das Disposições Constitucionais Transitórias, para dispor sobre indenização devida aos seringueiros de que trata o art. 54 desse Ato. Disponível em: https://www.planalto.gov.br/ccivil_03/constituicao/emendas/emc/emc78.htm. Acesso em 18 abr. 2023.

BRASIL. *Emenda Constitucional nº 91, de 18 de fevereiro de 2016*. Altera a Constituição Federal para estabelecer a possibilidade, excepcional e em período determinado, de desfiliação partidária, sem prejuízo do mandato. Disponível em: https://www.planalto.gov.br/ccivil_03/constituicao/emendas/emc/emc91.htm. Acesso em 13 maio 2023.

BRASIL. *Emenda Constitucional nº 100, de 26 de junho de 2019*. Altera os arts. 165 e 166 da Constituição Federal para tornar obrigatória a execução da programação orçamentária proveniente de emendas de bancada de parlamentares de Estado ou do Distrito Federal. Disponível em: https://www.planalto.gov.br/ccivil_03/constituicao/emendas/emc/emc100.htm. Acesso em 13 maio 2023.

BRASIL. *Emenda Constitucional nª 102, de 26 de setembro de 2019*. Dá nova redação ao art. 20 da Constituição Federal e altera o art. 165 da Constituição Federal e o art. 107 do Ato das Disposições Constitucionais Transitórias. Disponível em: https://www.planalto.gov.br/ccivil_03/constituicao/emendas/emc/emc102.htm. Acesso em 13 maio 2023.

BRASIL. *Emenda Constitucional nº 103, de 12 de novembro de 2019*. Altera o sistema de previdência social e estabelece regras de transição e disposições transitórias. Disponível em: https://www.planalto.gov.br/ccivil_03/constituicao/emendas/emc/emc103.htm. Acesso em 22 abr. 2023.

BRASIL. *Emenda Constitucional nº 113, de 8 de dezembro de 2021*. Altera a Constituição Federal e o Ato das Disposições Constitucionais Transitórias para estabelecer o novo regime de pagamentos de precatórios, modificar normas relativas ao Novo Regime Fiscal e autorizar o parcelamento de débitos previdenciários dos Municípios; e dá outras providências. Disponível em: https://www.planalto.gov.br/ccivil_03/constituicao/emendas/emc/emc113.htm. Acesso em 13 maio 2023.

BRASIL. *Emenda Constitucional nª 114, de 16 de dezembro de 2021*. Altera a Constituição Federal e o Ato das Disposições Constitucionais Transitórias para estabelecer o novo regime de pagamentos de precatórios, modificar normas relativas ao Novo Regime Fiscal e autorizar o parcelamento de débitos previdenciários dos Municípios; e dá outras providências. Disponível em: https://www.planalto.gov.br/ccivil_03/constituicao/emendas/emc/emc114.htm. Acesso em 13 maio 2023.

BRASIL. *Lei nº 5.785, de 23 de junho de 1972*. Prorroga o prazo das concessões e permissões para a execução dos serviços de radiodifusão sonora que especifica e dá outras providências. Disponível em: https://www.planalto.gov.br/ccivil_03/LEIS/L5785.htm. Acesso em 15 abr. 2023.

BRASIL. *Lei nº 6.015, de 31 de dezembro de 1973.* Dispõe sobre os registros públicos, e dá outras providências. Disponível em: http://www.planalto.gov.br/ccivil_03/leis/l6015compilada.htm Acesso em 15 abr. 2023.

BRASIL. *Lei nº 6.615, de 16 de dezembro de 1978.* Dispõe sobre a regulamentação da profissão de Radialista e dá outras providências. Disponível em: https://www.planalto.gov.br/ccivil_03/LEIS/L6615.htm. Acesso em 15 abr. 2023.

BRASIL. *Lei Complementar nº 78, de 30 de dezembro de 1993.* Disciplina a fixação do número de Deputados, nos termos do art. 45, § 1º, da Constituição Federal. Disponível em: http://www.planalto.gov.br/ccivil_03/leis/lcp/lcp78.htm. Acesso em: 09 mar. 2022.

BRASIL. *Lei Complementar nº 95, de 26 de fevereiro de 1998.* Dispõe sobre a elaboração, a redação, a alteração e a consolidação das leis, conforme determina o parágrafo único do art. 59 da Constituição Federal, e estabelece normas para a consolidação dos atos normativos que menciona. Disponível em: https://www.planalto.gov.br/ccivil_03/leis/lcp/lcp95.htm. Acesso em: 09 mar. 2023.

BRASIL. *Lei nº 8.935, de 18 de novembro de 1994.* Regulamenta o art. 236 da Constituição Federal, dispondo sobre serviços notariais e de registro (Lei dos Cartórios). Disponível em: https://www.planalto.gov.br/ccivil_03/leis/l8935.htm. Acesso em 25 abr. 2023.

BRASIL. *Lei nº 9.424, de 24 de dezembro de 1996.* Dispõe sobre o Fundo de Manutenção e Desenvolvimento do Ensino Fundamental e de Valorização do Magistério, na forma prevista no art. 60, § 7º, do Ato das Disposições Constitucionais Transitórias, e dá outras providências. Disponível em: https://www.planalto.gov.br/ccivil_03/leis/l9424.htm. Acesso em 3 abr. 2023.

BRASIL. *Lei Complementar nº 101, de 4 de maio de 2000.* Estabelece normas de finanças públicas voltadas para a responsabilidade na gestão fiscal e dá outras providências. Disponível em: http://www.planalto.gov.br/ccivil_03/leis/lcp/lcp101.htm. Acesso em: 5 abr. 2023.

BRASIL. *Lei nº 13.465, de 11 de julho de 2017.* Dispõe sobre a regularização fundiária rural e urbana, sobre a liquidação de créditos concedidos aos assentados da reforma agrária e sobre a regularização fundiária no âmbito da Amazônia Legal; institui mecanismos para aprimorar a eficiência dos procedimentos de alienação de imóveis da União; [...].Disponível em: http://www.planalto.gov.br/ccivil_03/_ato2015-2018/2017/lei/l13465.htm. Acesso em 8 abr. 2023.

BRASIL. *Lei nº 11.096, de 13 de janeiro de 2005.* Institui o Programa Universidade para Todos – PROUNI, regula a atuação de entidades beneficentes de assistência social no ensino superior; altera a Lei nº 10.891, de 9 de julho de 2004, e dá outras providências. Disponível em: https://www.planalto.gov.br/ccivil_03/_ato2004-2006/2005/lei/l11096.htm. Acesso em 20 abr. 2023.

BRASIL. *Lei nº 11.118, de 19 de maio de 2005*. Acrescenta parágrafos ao art. 10 da Lei nº 9.615, de 24 de março de 1998, e prorroga os prazos previstos nos arts. 30 e 32 da Lei nº 10.826, de 22 de dezembro de 2003. Disponível em: http://www.planalto.gov.br/ccivil_03/_Ato2004-2006/2005/Lei/L11118.htm. Acesso em 20 abr. 2023.

BRASIL. *Lei nº 12.305, de 2 de agosto de 2010*. Institui a Política Nacional de Resíduos Sólidos; altera a Lei nº 9.605, de 12 de fevereiro de 1998; e dá outras providências. Disponível em: https://www.planalto.gov.br/ccivil_03/_ato2007-2010/2010/lei/l12305.htm. Acesso em 25 abr. 2023.

BRASIL. *Lei Complementar nº 179, de 24 de fevereiro de 2021*. Define os objetivos do Banco Central do Brasil e dispõe sobre sua autonomia e sobre a nomeação e a exoneração de seu Presidente e de seus Diretores; e altera artigo da Lei nº 4.595, de 31 de dezembro de 1964. Disponível em: https://www.planalto.gov.br/ccivil_03/leis/lcp/lcp179.htm. Acesso em 27 abr. 2023.

BRASIL. *Lei nº 13.137, de, 19 de junho de 2015*. Altera as Leis nºs 10.865, de 30 de abril de 2004, para elevar alíquotas da Contribuição para o PIS/Pasep-Importação e da Cofins-Importação, 11.941, de 27 de maio de 2009, 11.079, de 30 de dezembro de 2004, 10.925, de 23 de julho de 2004, 11.051, de 29 de dezembro de 2004, 7.827, de 27 de setembro de 1989, 8.212, de 24 de julho de 1991, 8.935, de 18 de novembro de 1994, 10.150, de 21 de dezembro de 2000, 12.810, de 15 de maio de 2013, 5.861, de 12 de dezembro de 1972, 13.043, de 13 de novembro de 2014, 10.522, de 19 de julho de 2002, 12.469, de 26 de agosto de 2011, 12.995, de 18 de junho de 2014, 13.097, de 19 de janeiro de 2015, 10.996, de 15 de dezembro de 2004, 11.196, de 21 de novembro de 2005, 10.833, de 29 de dezembro de 2003, e 12.024, de 27 de agosto de 2009, e o Decreto-Lei nº 1.598, de 26 de dezembro de 1977; revoga dispositivos das Leis nºs 4.380, de 21 de agosto de 1964, 9.430, de 27 de dezembro de 1996, e 8.177, de 1º de março de 1991; e dá outras providências.

BRASIL. *Lei nº 13.254, de 13 de janeiro de 2016*. Dispõe sobre o Regime Especial de Regularização Cambial e Tributária (RERCT) de recursos, bens ou direitos de origem lícita, não declarados ou declarados incorretamente, remetidos, mantidos no exterior ou repatriados por residentes ou domiciliados no País. Disponível em: http://www.planalto.gov.br/ccivil_03/_Ato2015-2018/2016/Lei/l13254.htm Acesso em 5 abr. 2023.

BRASIL. *Lei nº 13.424, de 28 de março de 2017*. Altera as Leis nºs 5.785, de 23 de junho de 1972, 9.612, de 19 de fevereiro de 1998, 4.117, de 27 de agosto de 1962, 6.615, de 16 de dezembro de 1978, para dispor sobre o processo de renovação do prazo das concessões e permissões dos serviços de radiodifusão, e dá outras providências. Disponível em: https://www.planalto.gov.br/ccivil_03/_ato2015-2018/2017/lei/l13424.htm. Acesso em 15 abr. 2023.

BRASIL. *Lei nº 14.133, de 1º de abril de 2021.* [Nova] Lei de Licitações e Contratos Administrativos. Disponível em: https://www.planalto.gov.br/ccivil_03/_ato2019-2022/2021/lei/l14133.htm. Acesso em 28 abr. 2023.

BRASIL. *Lei nº 14.195, de 26 de agosto de 2021.* Dispõe sobre a facilitação para abertura de empresas, sobre a proteção de acionistas minoritários, sobre a facilitação do comércio exterior, sobre o Sistema Integrado de Recuperação de Ativos (Sira), sobre as cobranças realizadas pelos conselhos profissionais, sobre a profissão de tradutor e intérprete público, sobre a obtenção de eletricidade, sobre a desburocratização societária e de atos processuais e a prescrição intercorrente na Lei nº 10.406, de 10 de janeiro de 2002 (Código Civil); altera as Leis [...]. Disponível em: http://www.planalto.gov.br/ccivil_03/_ato2019-2022/2021/lei/L14195.htm. Acesso em 11 abr. 2023.

BRASIL. *Medida Provisória (MPV) nº 2.112-88, de 26 de janeiro de 2001. Organiza e disciplina os Sistemas de Planejamento e de Orçamento Federal, de Administração Financeira Federal, de Contabilidade Federal e de Controle Interno do Poder Executivo Federal, e dá outras providências.*

BRASIL. *Medida Provisória (MPV) nº 213, de 10 de setembro de 2004.* Institui o Programa Universidade para Todos – PROUNI, regula a atuação de entidades beneficentes de assistência social no ensino superior, e dá outras providências. Disponível em: https://www.congressonacional.leg.br/materias/medidas-provisorias/-/mpv/70014. Acesso em 20 abr. 2023.

BRASIL. *Medida Provisória (MPV) nº 325, de 14 de junho de 1993.* Dispõe sobre a remuneração de cargos de provimento em comissão da Advocacia-Geral da União, dá nova redação ao caput do art. 1° da Lei n° 5.899, de 5 de julho de 1973, revoga a Lei n° 8.200, de 28 de junho de 1991, e dá outras providências.

BRASIL. *Medida Provisória (MPV) nº 229, de 18 de dezembro de 2004.* Acresce parágrafos ao art. 10 da Lei nº 9.615, de 24 de março de 1998, dá nova redação ao art. 3º da Lei nº 10.891, de 9 de julho de 2004, e prorroga os prazos previstos nos arts. 30 e 32 da Lei nº 10.826, de 22 de dezembro de 2003. Disponível em: https://www.camara.leg.br/proposicoesWeb/fichadetramitacao?idProposicao=274082. Acesso em 20 abr. 2023.

BRASIL. *Medida Provisória (MPV) nº 472, de 15 de dezembro de 2009.* Institui o Regime Especial de Incentivos para o Desenvolvimento de Infraestrutura da Indústria Petrolífera nas Regiões Norte, Nordeste e Centro-Oeste - REPENEC; cria o Programa Um Computador por Aluno - PROUCA e institui o Regime Especial de Aquisição de Computadores para uso Educacional - RECOMPE; prorroga benefícios fiscais; constitui fonte de recursos adicional aos agentes financeiros do Fundo da Marinha Mercante - FMM para financiamentos de projetos aprovados pelo Conselho Diretor do Fundo da Marinha Mercante - CDFMM; dispõe sobre a Letra Financeira e o Certificado de Operações Estruturadas; altera a redação da Lei nº 11.948, de 16 de junho de 2009; ajusta o Programa Minha Casa Minha Vida - PMCMV; e dá outras providências. Disponível em: https://www.congressonacional.leg.br/materias/medidas-provisorias/-/mpv/95089. Acesso em 15 abr. 2023.

BRASIL. *Medida Provisória (MPV) nº 615, de 20 de maio de 2013.* Autoriza o pagamento de subvenção econômica aos produtores da safra 2011/2012 de cana-de-açúcar e de etanol da região Nordeste e o financiamento da renovação e implantação de canaviais com equalização da taxa de juros; dispõe sobre os arranjos de pagamento e as instituições de pagamento integrantes do Sistema de Pagamentos Brasileiro - SPB; altera a Lei nº 12.783, de 11 de janeiro de 2013, para autorizar a União a emitir, sob a forma de colocação direta, em favor da Conta de Desenvolvimento Energético - CDE, títulos da dívida pública mobiliária federal; e dá outras providências.

BRASIL. *Medida Provisória (MPV) nº 627, de 26 de março de 2013.* Altera a legislação tributária federal relativa ao Imposto sobre a Renda das Pessoas Jurídicas - IRPJ, à Contribuição Social sobre o Lucro Líquido - CSLL, à Contribuição para o PIS/PASEP e à Contribuição para o Financiamento da Seguridade Social - COFINS; revoga o Regime Tributário de Transição - RTT, instituído pela Lei nº 11.941, de 27 de maio de 2009; dispõe sobre a tributação da pessoa jurídica domiciliada no Brasil, com relação ao acréscimo patrimonial decorrente de participação em lucros auferidos no exterior por controladas e coligadas e de lucros auferidos por pessoa física residente no Brasil por intermédio de pessoa jurídica controlada no exterior; e dá outras providências.

BRASIL. *Medida Provisória (MPV) nº 668, de 30 de janeiro de 2015.* Altera a Lei nº 10.865, de 30 de abril de 2004, para elevar alíquotas da Contribuição para o PIS/PASEP-Importação e da COFINS-Importação, e dá outras providências".

BRASIL. *Medida Provisória (MPV) nº 687, de 18 de agosto de 2015.* Altera a Medida Provisória nº 2.228-1, de 6 de setembro de 2001, para dispor sobre a Contribuição para o Desenvolvimento da Indústria Cinematográfica Nacional - Condecine, e a Lei nº 12.529, de 30 de novembro de 2011, para dispor sobre as taxas processuais sobre os processos de competência do Conselho Administrativo de Defesa Econômica - Cade, e autoriza o Poder

Executivo federal a atualizar monetariamente o valor das taxas e dos preços estabelecidos pela Lei nº 6.938, de 31 de agosto de 1981. Disponível em: https://www.congressonacional.leg.br/materias/medidas-provisorias/-/mpv/122702. Acesso em 11 abr. 2023.

BRASIL. *Medida Provisória (MPV) nº 747, de 30 de setembro de 2016.* **Altera a Leiº 5.785, de 23 de junho de 1972, para dispor sobre o processo de renovação do prazo das concessões e permissões dos serviços de radiodifusão.** Disponível em: http://www.planalto.gov.br/ccivil_03/_ato2015-2018/2016/Mpv/mpv747.htm. Acesso em 15 abr. 2023.

BRASIL. *Medida Provisória (MPV) nº 759, de 26 de dezembro de 2016.* Dispõe sobre a regularização fundiária rural e urbana, sobre a liquidação de créditos concedidos aos assentados da reforma agrária e sobre a regularização fundiária no âmbito da Amazônia Legal, institui mecanismos para aprimorar a eficiência dos procedimentos de alienação de imóveis da União, e dá outras providências. Disponível em: https://www.congressonacional.leg.br/materias/medidas-provisorias/-/mpv/127879. Acesso em 8 abr. 2023.

BRASIL. *Medida Provisória (MPV) nº 776, de 27 de abril de 2017.* Altera a Lei nº 6.015, de 31 de dezembro de 1973, que dispõe sobre os registros públicos. Disponível em: https://www.congressonacional.leg.br/materias/medidas-provisorias/-/mpv/129029. Acesso em 15 abr. 2023.

BRASIL. *Medida Provisória (MPV) nº 932, de 31 de março 2020.* Altera as alíquotas de contribuição aos serviços sociais autônomos que especifica e dá outras providências. Disponível em: https://www.congressonacional.leg.br/materias/medidas-provisorias/-/mpv/141346. Acesso em 11 abr. 2023.

BRASIL. *Medida Provisória (MPV) nº 936, de 1º de abril de 2020.* Institui o Programa Emergencial de Manutenção do Emprego e da Renda e dispõe sobre medidas trabalhistas complementares para enfrentamento do estado de calamidade pública reconhecido pelo Decreto Legislativo nº 6, de 20 de março de 2020, e da emergência de saúde pública de importância internacional decorrente do coronavírus (covid-19), de que trata a Lei nº 13.979, de 6 de fevereiro de 2020, e dá outras providências. Disponível em: https://www.congressonacional.leg.br/materias/medidas-provisorias/-/mpv/141375. Acesso em 11 abr. 2023.

BRASIL. *Medida Provisória (MPV) nº 1.040, de 30 de março de 2021.* Dispõe sobre a facilitação para abertura de empresas, a proteção de acionistas minoritários, a facilitação do comércio exterior, o Sistema Integrado de Recuperação de Ativos, as cobranças realizadas pelos conselhos profissionais, a profissão de tradutor e intérprete público, a obtenção de eletricidade e a prescrição intercorrente na Lei nº 10.406, de 10 de janeiro de 2002

– Código Civil. Disponível em: https://www.congressonacional.leg.br/materias/medidas-provisorias/-/mpv/147864. Acesso em 11 abr. 2023.

BRASIL. *Medida Provisória (MPV) nº 1.045, de 28 de abril de 2021.* Institui o Novo Programa Emergencial de Manutenção do Emprego e da Renda e dispõe sobre medidas complementares para o enfrentamento das consequências da emergência de saúde pública de importância internacional decorrente do coronavírus (covid-19) no âmbito das relações de trabalho. Disponível em: https://www.congressonacional.leg.br/materias/medidas-provisorias/-/mpv/148214. Acesso em 11 abr. 2023.

BRASIL. Ministério da Saúde. *Portaria-MS nº 913 de 22 de abril de 2022.* Declara o encerramento da Emergência em Saúde Pública de Importância Nacional (ESPIN) em decorrência da infecção humana pelo novo coronavírus (2019-nCoV) e revoga a Portaria GM/MS nº 188, de 3 de fevereiro de 2020. Disponível em: https://www.planalto.gov.br/ccivil_03/portaria/prt/portaria-913-22-ms.htm. Acesso em 3 jun. 2023.

BRASIL. Presidência da República. Casa Civil. *Manual de redação da Presidência da República.* Coordenação de Gilmar Ferreira Mendes, Nestor José Forster Júnior [et al.]. – 3. ed., rev., atual. e ampl. – Brasília: Presidência da República, 2018.

BRASIL. Senado Federal. *Questão de Ordem 6/2015*, sobre impugnação de matéria estranha à medida provisória (emendas jabutis). Levantada pelo Senador Ronaldo Caiado em 02/06/2015, DSF 03/06/2015, p. 665. Respondida pelo Presidente Senador Renan Calheiros, em 27/10/2015, DSF 28/10/2015, p. 76-79. Disponível em: https://www25.senado.leg.br/web/atividade/questoes-de-ordem/-/q/detalhe/2714. Acesso em 10 abr. 2023.

BRASIL. Senado Federal. *Regimento Interno do Senado Federal.* Brasília: Senado Federal, 2021. Disponível em: https://www25.senado.leg.br/web/atividade/legislacao/regimento-interno . Acesso em 15 mai. 2022.

BRASIL. Supremo Tribunal Federal. *Ação Civil Originária (ACO) 597-Agr*, Relator Ministro Celso de Mello, Tribunal Pleno, julgamento 03/10/2002, DJ 10/08/2006. Autor: Banco de Brasília (BRB), Réu: Estado de Santa Catarina.

BRASIL. Supremo Tribunal Federal (Plenário). *Ação Declaratória de Constitucionalidade (ADC) nº 3.* Relator Ministro Nelson Jobim, Tribunal Pleno, julgado em 02-12-1999, DJ 09-05-2003. Requerente: Procurador-Geral da República. Disponível em: https://redir.stf.jus.br/paginadorpub/paginador.jsp?docTP=AC&docID=882. Acesso em 16 abr. 2023.

BRASIL. Supremo Tribunal Federal. *Ação Direta de Inconstitucionalidade (ADI) nº 63*, Relator Ministro Ilmar Galvão, Tribunal Pleno, julgamento em 13/10/1993, DJ 27/05/1994. Requerente: Governador do Estado de Alagoas. Requerido: Assembleia Legislativa do Estado de Alagoas.

BRASIL. Supremo Tribunal Federal. *Medida Liminar na Ação Direta de Inconstitucionalidade (ADI) nº 267*. Relator Ministro Celso de Mello, Tribunal Pleno, julgado em 25-10-1990, DJ 19-05-1995. Requerente: Governador do Estado de São Paulo. Requeridos: Mesa da Câmara dos Deputados e Tribunal Superior Eleitoral.

BRASIL. Supremo Tribunal Federal. *Ação Direta de Inconstitucionalidade (ADI) nº 274*, Relator Ministro Octávio Gallotti, Relator para o Acórdão: Paulo Brossard. Tribunal Pleno, julgamento em 05/02/1992, DJ 05/05/1995. Requerente: Procurador-Geral da República. Requerido: Assembleia Legislativa do Estado de Pernambuco.

BRASIL. Supremo Tribunal Federal. *Medida Liminar na Ação Direta de Inconstitucionalidade (ADI-MC) nº 293*. Relator Ministro Celso de Mello, Tribunal Pleno, julgada em 06/06/1990, DJ 16/04/1993. Requerente: Procurador-Geral da República. Requerido: Presidente da República.

BRASIL. Supremo Tribunal Federal. *Medida Liminar na Ação Direta de Inconstitucionalidade (ADI-MC) nº 295*, voto do Relator para o Acórdão, Ministro Marco Aurélio, julgada em 22/06/1990, DJ 22/08/1997. Requerente: Conselho Federal da Ordem dos Advogados do Brasil. Requerido: Presidente da República.

BRASIL. Supremo Tribunal Federal. *Ação Direta de Inconstitucionalidade (ADI) nº 574*, Relator Ministro Ilmar Galvão, Tribunal Pleno, julgada em 03/06/1993, DJ 11/03/1994, Requerente: Procurador-Geral da República, Requeridos: Presidente da República e Congresso Nacional.

BRASIL. Supremo Tribunal Federal. *Ação Direta de Inconstitucionalidade (ADI) nº 789*, Relator Ministro Celso de Mello, Tribunal Pleno, julgamento em 26/05/1994 (unânime), DJ 19/12/1994. Requerente: Procurador-Geral da República. Requeridos: Presidente da República e Congresso Nacional.

BRASIL. Supremo Tribunal Federal. *Medida Cautelar na Ação Direta de Inconstitucionalidade (ADI) nº 1.050-MC*, Relator Ministro Celso de Mello, Tribunal Pleno, julgado em 21/09/1994, DJ 23/04/2004. Requerente: Procurador-Geral da República. Requerido: Governador do Estado de Santa Catarina. Julgamento do mérito, em 01/082018, DJ 28/08/2018.

BRASIL. Supremo Tribunal Federal. *Medida Cautelar na Ação Direta de Inconstitucionalidade (ADI-MC) nº 2.031*, Relator Ministro Octavio Gallotti, Tribunal Pleno, julgamento em 29/09/1999, DJ 28/06/2002. Requerente: Partido dos Trabalhadores (PT). Requerido: Congresso Nacional. Disponível em: https://redir.stf.jus.br/paginadorpub/paginador.jsp?docTP=AC&docID=347396. Acesso em 17 abr. 2023.

BRASIL. Supremo Tribunal Federal (Plenário). *Ação Direta de Inconstitucionalidade (ADI) nº 2.031*. Relatora Ministra Ellen Gracie, Tribunal Pleno, julgamento em 03/10/2002, DJ 17/10/2003. Requerente: Partido dos Trabalhadores-PT. Requerido: Congresso Nacional. Disponível em: https://redir.stf.jus.br/paginadorpub/paginador.jsp?docTP=AC&docID=375306. Acesso em 17 abr. 2023.

BRASIL. Supremo Tribunal Federal. *Medida Cautelar na Ação Direta de Inconstitucionalidade (ADI-MC) nº 2.182*, Relator Ministro Maurício Corrêa, Tribunal Pleno, julgada em 31/05/2000, DJ 19/03/2004. Requerente: Partido Trabalhista Nacional-PTN. Requeridos: Presidente da República e Congresso Nacional. Disponível em: https://redir.stf.jus.br/paginadorpub/paginador.jsp?docTP=AC&docID=347470. Acesso em 11 abr. 2023.

BRASIL. Supremo Tribunal Federal. *Ação Direta de Inconstitucionalidade (ADI) nº 2.182*, Relator Ministro Marco Aurélio, Redatora para o Acórdão Ministra Cármen Lúcia, Tribunal Pleno, julgamento em 12/05/2010, DJ 10/09/2010. Requerente: Partido Trabalhista Nacional-PTN. Requeridos: Presidente da República e Congresso Nacional.

BRASIL. Supremo Tribunal Federal. *Medida Cautelar na Ação Direta de Inconstitucionalidade (ADI-MC) nº 2.238*, Relator originário Ministro Ilmar Galvão, Relator para o Acórdão Ministro Carlos Britto (art. 38, IV, "b", RISTF), julgamento iniciado em 28/09/2000, encerrado em 09/08/2007, DJe 12/09/2008. Requerentes: Partido Comunista do Brasil (PCdoB), Partido dos Trabalhadores (PT), Partido Socialista Brasileiro (PSB). Requeridos: Presidente da República; Congresso Nacional.

BRASIL. Supremo Tribunal Federal. *Medida Cautelar na Ação Direta de Inconstitucionalidade (ADI-MC) nº 2.436*, Relator Ministro Moreira Alves, Tribunal Pleno, julgamento em 30/05/2001, DJ 09/05/2003. Requerente: Procurador-Geral da República. Requerida: Mesa Diretora da Assembleia Legislativa do Estado de Pernambuco.

BRASIL. Supremo Tribunal Federal. *Ação Direta de Inconstitucionalidade (ADI) nº 2.666*, Relatora Ministra Ellen Gracie, julgada em 03/10/2002, DJ 06/12/2002. Requerente: Partido Social Liberal (PSL). Requerido: Congresso Nacional. Disponível em: https://redir.stf.jus.br/paginadorpub/paginador.jsp?docTP=AC&docID=266881. Acesso em 16 abr. 2023.

BRASIL. Supremo Tribunal Federal. *Medida Cautelar na Ação Direta de Inconstitucionalidade (ADI-MC) nº 2.681*, Relator Ministro Celso de Mello, Tribunal Pleno, julgado em 11/09/2002, DJe 25/10/2013. Requerente: Governador do Estado do Rio de Janeiro. Interessada: Assembleia Legislativa do Estado do Rio de Janeiro. Disponível em: https://redir.stf.jus.br/paginadorpub/paginador.jsp?docTP=AC&docID=346789. Acesso em 13 abr. 2023.

BRASIL. Supremo Tribunal Federal. *Ação Direta de Inconstitucionalidade (ADI) nº 3.114*, Relator Ministro Carlos Ayres Britto, Tribunal Pleno, julgado em 24/08/2005, DJ 07/04/2006. Requerente: Governador do Estado de São Paulo. Requerido: Assembleia Legislativa do Estado de São Paulo. Disponível em: https://redir.stf.jus.br/paginadorpub/paginador.jsp?docTP=AC&docID=363312. Acesso em 13 abr. 2023.

BRASIL. Supremo Tribunal Federal. *Ação Direta de Inconstitucionalidade (ADI) nº 3.289*. Relator Min. Gilmar Mendes, Tribunal Pleno, j. 05/05/2005, DJ 24/02/2006, Requerente: Partido da Frente Liberal-PFL; Requerido: Presidente da República.

BRASIL. Supremo Tribunal Federal. *Ação Direta de Inconstitucionalidade nº 3.367*. Relator: Ministro Cezar Peluso, Tribunal Pleno, julgamento em 13/04/2005, DJ de 22/09/2006. Requerente: Associação dos Magistrados Brasileiros-AMB. Requerido: Congresso Nacional. Disponível em: https://redir.stf.jus.br/paginadorpub/paginador.jsp?docTP=AC&docID=363371. Acesso em 17 abr. 2023.

BRASIL Supremo Tribunal Federal. *Medida Cautelar na Ação Direta de Inconstitucionalidade (ADI-MC) nº 3.472*, Relator Ministro Sepúlveda Pertence, Tribunal Pleno, julgada em 28/04/2005, DJ 24/06/2005, Requerente: Associação Nacional dos Membros do Ministério Público (Conamp); Requerido: Congresso Nacional. Disponível em: https://redir.stf.jus.br/paginadorpub/paginador.jsp?docTP=AC&docID=387256. Acesso em 15 abr. 2023.

BRASIL. Supremo Tribunal Federal. *Ação Direta de Inconstitucionalidade (ADI) nº 4.029*. Relator Ministro Luiz Fux, Tribunal Pleno, julgado em 08/03/2012, DJe 27/06/2012. Requerente: Associação Nacional dos Servidores do IBAMA. Intimados: Presidente da República e Congresso Nacional.

BRASIL. Supremo Tribunal Federal. *Ação Direta de Inconstitucionalidade (ADI) nº 4.433*, Relatora Ministra Rosa Weber, Tribunal Pleno, julgamento em 18/06/2015, DJe 02/10/2015. Requerente: Governador do Estado de Santa Catarina. Interessado: Assembleia Legislativa do Estado de Santa Catarina.

BRASIL. Supremo Tribunal Federal. Ação Direta de Inconstitucionalidade (ADI) nº 4.936, Relatora Ministra Rosa Weber, Tribunal Pleno, julgamento em 01/07/2014. DJe 30-10-2014. Requerente: Governador do Estado da Paraíba. Interessado: Tribunal Superior Eleitoral (TSE).

BRASIL. Supremo Tribunal Federal (Plenário). *Ação Direta de Inconstitucionalidade (ADI) nº 5.127*. Relatora Min. Rosa Weber, Redator para o Acórdão Min. Edson Fachin, Tribunal Pleno, julgado em 15/10/2015,

DJe 10/05/2016. Requerente: Confederação Nacional das Profissões Liberais (CNPL). Intimado: Presidente da República e Congresso Nacional.

BRASIL. Supremo Tribunal Federal. *Ação Direta de Inconstitucionalidade (ADI) nº 5.769/DF.* Relator Ministro Dias Toffoli. Tribunal Pleno, julgado em 28/11/2022, DJe 10/01/2023. Requerente: Partido Comunista do Brasil. Interessados: Presidente da República e Congresso Nacional. Disponível em: https://redir.stf.jus.br/paginadorpub/paginador.jsp?docTP=TP&docID=765088672. Acesso em 15 abr. 2023.

BRASIL. Supremo Tribunal Federal. *Medida Cautelar na Ação Direta de Inconstitucionalidade (ADI) nº 5.855/DF.* Relator Ministro Alexandre de Moraes. Decisão Monocrática de 18/12/2017, DJ 01/02/2018. Requerente: Partido Republicano Brasileiro (PRB). Interessados: Presidente da República e Congresso Nacional. Disponível em: https://portal.stf.jus.br/processos/downloadPeca.asp?id=313530136&ext=.pdf. Acesso em 15 abr. 2023.

BRASIL. Supremo Tribunal Federal. *Ação Direta de Inconstitucionalidade (ADI) nº 5.855/DF.* Relator Ministro Alexandre de Moraes. Tribunal Pleno, julgado em 10/04/2019, DJe 25/09/2019. Requerente: Partido Republicano Brasileiro (PRB). Interessados: Presidente da República e Congresso Nacional. Disponível em: https://redir.stf.jus.br/paginadorpub/paginador.jsp?docTP=TP&docID=750950380. Acesso em 15 abr. 2023.

BRASIL. Supremo Tribunal Federal. *Ação Direta de Inconstitucionalidade (ADI) nº 6.696.* Relator Ministro Ricardo Lewandowski. Redator do Acórdão: Roberto Barroso. Tribunal Pleno, julgada em 26/08/2021, DJ 13/12/2021. Requerentes: Partido Socialismo e Liberdade-PSOL e Partido dos Trabalhadores-PT. Interessados: Presidente da República e Congresso Nacional. Disponível em: https://redir.stf.jus.br/paginadorpub/paginador.jsp?docTP=TP&docID=758666361. Acesso em 27 abr. 2023.

BRASIL. Supremo Tribunal Federal. *Agravo Regimental no Mandado de Segurança nº 31.816/DF,* Relator para o Acórdão Ministro Teori Zavaski, Tribunal Pleno, julgamento em 27/02/2013, DJe 13/05/2013). Agravante: Mesa do Congresso Nacional. Agravado: Alessandro Lucciola Molon.

BRASIL. Supremo Tribunal Federal. *Arguição de Descumprimento de Preceito Fundamental (ADPF) nº 661,* Relator Ministro Alexandre de Moraes, Requerente: Diretório Nacional do Progressistas (PP), Interessados: Presidente da Mesa Diretora da Câmara dos Deputados e Presidente da Mesa do Senado Federal. Medida cautelar (contraposta) deferida em 27/03/2020 e referendada pelo Pleno, por maioria, na Sessão Virtual de 11 a 18/12/2020. DJe 08/04/2021.

BRASIL. Supremo Tribunal Federal. *Arguição de Descumprimento de Preceito Fundamental (ADPF) nº 663*, Relator Ministro Alexandre de Moraes. Requerente: Presidente da República. Interessada: Câmara dos Deputados. (Julgada em conjunto com a ADPF nº 661.)

BRASIL. Supremo Tribunal Federal. *Mandado de Segurança nº 21.239*, Relator Ministro Sepúlveda Pertence, Tribunal Pleno, julgamento em 05/06/1991, DJ 23-04-1993, RTJ 147/126.

BRASIL. Supremo Tribunal Federal. *Mandado de Segurança nº 27.807*, Relator Ministro Menezes Direito. Impetrante: Mesa do Senado Federal. Impetrado: Presidente da Câmara dos Deputados. (Desistência homologada em 26/03/2009). Disponível em: https://portal.stf.jus.br/processos/detalhe.asp?incidente=2653529. Acesso em 17 mar. 2023.

BRASIL. Supremo Tribunal Federal. *Medida Cautelar no Mandado de Segurança (MS-MC) nº 27.931*, Relator Min. Celso de Mello, Decisão monocrática em 27/3/2009. Impetrantes: Fernando Coruja, Ronaldo Caiado e José Aníbal. Impetrado: Presidente da Câmara dos Deputados.

BRASIL. Supremo Tribunal Federal. *Medida Cautelar no Mandado de Segurança (MS-MC) nº 34.530/DF*, Relator Ministro Luiz Fux, de 14/12/2016, publicada no DJE nº 268, divulgado em 16/12/2016. Impetrante: Eduardo Nantes Bolsonaro. Impetrada: Mesa Diretora da Câmara dos Deputados. Interessado: Presidente do Senado Federal.

BRASIL. Supremo Tribunal Federal Medida Cautelar no Mandado de Segurança *(MS-MC)* nº 34.907/DF, Relator Ministro Roberto Barroso, decisão de 19/06/2017. Impetrante: Luiz Lindbergh Farias Filho e outro(a/s). Impetrado: Presidente do Senado Federal. Disponível em: https://portal.stf.jus.br/processos/downloadPeca.asp?id=312049406&ext=.pdf. Acesso em 8 abr. 2023.

BRASIL. Supremo Tribunal Federal. *Mandado de Segurança nº 37.227*. Impetrante: Mesa da Câmara dos Deputados. Impetrado: Presidente do Senado Federal. Relator: Min. Ricardo Lewandowski. (Desistência homologada em 1 de junho de 2020). Disponível em: https://portal.stf.jus.br/processos/detalhe.asp?incidente=5950438. Acesso em 16 abr. 2023.

BRASIL. Supremo Tribunal Federal. RE nº 377.457-3/PR, Relator Ministro Gilmar Mendes, Tribunal Pleno, julgamento em 17/09/2008, DJe 19/12/2008. Recorrente: Antônio Glênio F. Albuquerque & Advogados Associados S/C. Recorrido: União.

BRESCIANI, Eduardo. Garibaldi reclama da decisão da Câmara sobre vereadores. *Portal G1*, 18 dez. 2008. Disponível em: https://g1.globo.com/Noticias/

Politica/0,,MUL928342-5601,00-GARIBALDI+RECLAMA+DE+DECISAO+DA+CAMARA+SOBRE+VEREADORES.html. Acesso em 17 mar. 2023.

CÂMARA DOS DEPUTADOS. Nota à Imprensa da Presidência da Câmara sobre a votação das medidas provisórias. *Assessoria de Imprensa*. 23 mar. 2023. Disponível em: https://www.camara.leg.br/noticias/947905-confira-a--nota-a-imprensa-da-presidencia-sobre-a-votacao-de-medidas-provisorias/. Acesso em 3 jun. 2023.

CAMPOS, José de Queiroz. *A Arte de Elaborar a Lei: Técnica de Redação e Linguagem*. Rio de Janeiro: Verbete, 1972.

CASASANTA, Mário. *O poder de veto*. Edição Os Amigos do Livro. Belo Horizonte: Impresa Oficial do Estado de Minas Gerais, [1937?].

CARVALHO, Kildare G. *Técnica legislativa*. 5a. ed. Belo Horizonte: Del Rey, 2010.

CASSEB, Paulo Adib. *Processo legislativo: atuação das comissões permanentes e temporárias*. São Paulo: Revista dos Tribunais, 2008.

CAVALCANTE FILHO, João Trindade. *Processo Legislativo Constitucional*. 4ª ed. Brasília: Jus Podium, 2020.

CAVALCANTE FILHO, João Trindade. A PEC nº 91/2019 e o curioso caso da emenda que foi sem nunca ter sido. *Consultor Jurídico (Conjur)*. 20 set. 2022. Disponível em: https://www.conjur.com.br/2022-set-20/fabrica-leis-pec-912019-curioso-emenda-foi-nunca-sido. Acesso em 17 mar. 2023.

CAVALCANTE FILHO, João Trindade. A ciranda do veto: tradicional, meio-veto, desveto, reveto e não veto. *Consultor Jurídico (Conjur)*. 14 fev. 2023. Disponível em: https://www.conjur.com.br/2023-fev-14/fabrica-leis--ciranda-veto-tradicional-meio-veto-desveto-reveto-nao-veto#_ftn6 . Acesso em 21 mar. 2023.

CLÈVE, Clèmerson Merlin. *Atividade legislativa do Poder Executivo*. 3ª ed. São Paulo: Revista dos Tribunais, 2011.

CLÈVE, Clèmerson Merlin *Medidas Provisórias*. 4ª ed. São Paulo: Thomson Reuters Brasil, 2021.

COAKLEY, John. The Strange Revival of Bicameralism. *The Journal of Legislative Studies*, 2014, vol. 20, n. 4, p. 542–572.

COELHO, Fábio Alexandre. *Processo Legislativo*. São Paulo: Editora Juarez de Oliveira. 2007.

CRUZ, Fabrício B. *Medida Provisória: dogmas e realidades*. São Paulo: Revista dos Tribunais, 2017.

DIPPEL, Horst. *História do Constitucionalismo Moderno: Novas Perspectivas.* (Tradução de António Manuel Hespanha e Cristina Nogueira da Silva). Lisboa: Fundação Caloustre Bulbenkian, 2007.

FEITOZA, Cézar; AZEVEDO, Victória. Lira diz faltar coerência a Pacheco em crise das MPs e pede sessão do Congresso. *Filha de S. Paulo*, 24 mar. 2023. Disponível em: https://www1.folha.uol.com.br/poder/2023/03/lira-diz-faltar-coerencia-a-pacheco-em-mps-de-bolsonaro-e-lula-e-pede-sessao-do-congresso.shtml. Acesso em 3 jun. 2023.

FERRAZ, Anna Cândida da Cunha. *Conflito entre poderes: o poder congressual de sustar atos normativos do Poder Executivo*. São Paulo: Revista dos Tribunais, 1994.

FERRAZ JR. Tércio Sampaio. *Introdução ao Estudo do Direito: técnica, decisão e dominação*, 3ª ed. São Paulo: Atlas, 2001, p. 219.

FERREIRA FILHO, Manoel Gonçalves. *Comentários à Constituição Brasileira: Emenda Constitucional nº 1, de 1969, com as alterações introduzidas pelas Emendas Constitucionais até a nº 24, de 1983*. 5ª ed. rev. e atualizada. São Paulo: Saraiva, 1984.

FERREIRA FILHO, Manoel Gonçalves. *Comentários à Constituição brasileira de 1988*. São Paulo: Saraiva, 1997.

FERREIRA FILHO, Manoel Gonçalves. *Do processo legislativo*. 6a. ed. São Paulo: Saraiva, 2009.

FERREIRA, Pinto. *Comentários à Constituição Brasileira*. São Paulo: Saraiva, 1992.

FIGUEIREDO, Argelina Cheibub. Prefácio. In: LEMOS, Leany B (org.). *O Senado brasileiro no pós-constituinte*. Senado Federal: Unilegis, 2008, p. 7-10.

FISH, M. Steven. Stronger Legislatures, Stronger Democracies. *Journal of Democracy*, John Hopkins University Press, vol. 17, n. 1, jan. 2006. p. 5-20.

FISH, M. Steven; KROENIG, Matthew. *The Handbook of National Legislatures – A Global Survey*. Cambridge Universtity Press, 2011.

FRANÇA. Sénat. *Histore du Senát: huit périodes historiques – 1795-1799*. Disponível em: https://www.senat.fr/histoire/conseil_anciens.html. Acesso em: 10 mar. 2022.

G1-JORNAL NACIONAL. Pacheco diz que distritão não deve passar no Senado. Entrevista em 06 ago. 2021. Disponível em: <https://g1.globo.com/jornal-nacional/noticia/2021/08/06/pacheco-diz-que-distritao-nao-deve-passar-no-senado.ghtml>. Acesso em 10 ago. 2021.

GAILMARD, Sean; HAMMOND, Thomas. Intercameral Bargaining and Intracameral Organization in Legislatures. *The Journal of Politics*, v. 73, n. 2, apr. 2011, p. 535-546.

GEORGIA. *Constitution of Georgia – Feb. 5, 1777*. Disponível em: 2023.https://avalon.law.yale.edu/18th_century/ga02.asp. Acesso em 24 mai;

GIACOMONI, James. Orçamento Público. 10ª ed., São Paulo: Atlas, 2001.

GUSTIN, Miracy; DIAS, Maria Teresa. *(Re)pensando a pesquisa jurídica*. Belo Horizonte: Del Rey, 2013.

HAMILTON, Alexander; MADISON, James; JAY, John. *The Federalist Papers. Edited with introduction and notes by Lawrence Goldman*. New York: Oxford University Press Inc., 2008.

HORTA, Raul Machado. O processo legislativo nas Constituições federais brasileiras. *Revista de Informação Legislativa*, Brasília: Senado Federal, ano 26, n. 101, p. 5-28, jan./mar. 1989.

IPU-Inter-parliamentary Union. *Parline – Global Data on National Parliaments*. Disponível em: https://data.ipu.org/content/parline-global-data-national-parliaments. Acesso em 29 mar. 2022.

JOBIM, Nelson. Prefácio. In: MORAU, Caio; OLIVEIRA, Carlos E. Elias de. *Processo Legislativo: Teoria e Prática*. São Paulo: Editora JusPodivm, 2022, p. 5-15.

LEAL, Roger Stiefelmann. Jurisdição Constitucional e a Participação do Poder Judiciário no Processo Legislativo. *O ativismo judicial e os desafios da jurisdição constitucional – em homenagem ao Prof. Elival da Silva Ramos*. SAUAIA, Hugo Moreira Lima (coord.). Belo Horizonte: Conhecimento Editora, 2022, p. 191-214.

LEAL, Roger Stiefelmann. O todo ou a parte? Direitos, tratados e dissonâncias interpretativas. *Direitos Fundamentais & Justiça*, Belo Horizonte, ano 16, n. 47, jul./dez. 2002, p. 371-398.

LEAL, Vitor Nunes. O sistema bicameral e a elaboração das leis na constituição de 1946. *Revista de Direito Administrativo*, v. 8, 1947, p. 424–442.

LEMOS, Leany B. Apresentação. In: LEMOS, Leany B. (org.). *O Senado brasileiro no pós-constituinte*. Brasília: Senado Federal – Unilegis, 2008, p. 14.

LEVMORE, Saul. 'Bicameralism: When are Two Decisions Better than One?', *International Review of Law and Economics*, 1992.

LIJPHART, Arend. *Modelos de democracia: desempenho e padrões de governo em 36 países*. Tradução de Vera Caputo, 4a. ed. rev. e ampl., Rio de Janeiro: Civilização Brasileira, 2019.

LLANOS, Mariana. *O bicameralismo em perspectiva comparada*. (capítulo de livro). Belo Horizonte: UFMG/PNUD, 2006, p. 159-164.

LLANOS, Mariana; SANCHÉZ, Francisco. O bicameralismo em perspectiva comparada. In: AVRITZER, Leonardo; ANASTASIA, Fátima (Orgs.) *Reforma política no Brasil*. Belo Horizonte: Ed. UFMG; Brasília: PNUD, 2006. p. 159-164.

LLANOS, Mariana; NOLTE, Detlef. Bicameralism in the Americas: around the extremes of symmetry and incongruence. *The Journal of Legislative Studies*, v. 9, n. 3, 2003, p. 54-86.

LOEWENSTEIN, Karl. *Teoria de la Constituición*. Tradução para o espanhol por Alfredo Gallego Anabitarde. Barcelona: Ariel, 1986.

MANCIO, Sabrina Dominique Dias. *Na Guerra entre Cotexto e Contexto, uma Letra Faz a Diferença: as emendas de redação no texto legislativo*. Brasília: UniCeub (Curso de Pós-graduação em Língua Portuguesa – Revisão de Texto), 2016.

MANGABEIRA, João. *Em torno da Constituição*. São Paulo: Companhia Editora Nacional, 1934.

MARQUES, José Elias Domingos Costa. Bicameralismo de fato? Representação regional e produção legislativa no Senado Federal brasileiro. *36º Encontro Anual da ANPOCS*. 19 p., out. 2012. Disponível em: <http://anpocs.org/index. php/papers-36-encontro/gt-2/gt10-2?format=html>. Acesso em: 22 set. 2019.

MARRAFON, Marco Aurélio; ROBL FILHO, Ilton Norberto. Controle de Constitucionalidade no Projeto de Lei de Conversão de Medida Provisória em face dos 'Contrabandos Legislativos': Salvaguarda o Estado Democrático de Direito. In: NOVELINO, Marcelo; FELLET, André (Orgs.). *Constitucionalismo e Democracia*. Salvador: Editora JusPodivm, 2013.

MARYLAND. *Constitution of Maryland – Nov. 11, 1776*. Disponível em: https://avalon.law.yale.edu/17th_century/ma02.asp. Acesso em 24 mai. 2023.

MASSICOTTE, Louis. Legislative unicameralism: A global survey and a few case studies. *The Journal of Legislative Studies*, v. 7, n. 1, spring 2001, p. 151-170. DOI: 10.1080/714003852.

MEIJER, Roel. Upper Houses in Bicameral Parliaments: Roles, Reforms & Trends. Masterthesis Comparative Politcs., Jan. 2015. (Supervisor Prof. Dr. M. H. Leyenaar). Radboud University. Disponível em: https://theses.ubn.ru.nl/handle/123456789/1177?locale-attribute=en. Acesso em 19 mai. 2022.

MILL, John Stuart, "Of a Second Chamber." (Chapter 13), In: *Considerations on Representative Government (1861)*. Disponível em: https://constitution.org/2-Authors/jsm/rep_gov.htm. Acesso em 22 mar. 2022.

MIRANDA, Pontes de. *Comentários à Constituição da República dos E. U. do Brasil* (1934). Tomo I. Rio de Janeiro: Guanabara, 1936.

MIRANDA, Pontes de. *Comentários à Constituição de 1946.* Rio de Janeiro: Henrique Cahen Editor, 1947, vol. II.

MIRANDA, Pontes de. *Comentários à Constituição de 1967, com a Emenda nº 1, de 1969.* 2a. ed. São Paulo: Revista dos Tribunais, 1973, tomo III.

MONEY, Jeannette; TSEBELIS, George. Cicero's Puzzle: Upper House Power in Comparative Perspective. *International Political Science Review,* v. 13, n. 1, jan. 1992, p. 25-43.

MONEY, Jeannette; TSEBELIS, George. The political power of the French Senate: Micromechanisms of bicameral negotiations. *The Journal of Legislative Studies,* v. 1, n. 2, p. 192-217, 1995.

MONTESQUIEU, Charles de Secondat de. *De L'esprit des Lois* (1748). Edition établie par Laurent Versini. Paris: Éditions Gallimard, 1995 (2 volumes). Disponível em: http://www.archives.ecole-alsacienne.org/CDI/pdf/1400/14055_MONT.pdf. Acesso em 9 mai. 2023.

MORAES, Alexandre de. Direito Constitucional. 34ª ed. São Paulo: Atlas, 2018.

MUELLER, Sean; VATTER, Adrian; DICK, Sereina. A new index of bicameralism: taking legitimacy seriously. *Journal of Legislative Studies.* Nov2021, p1-25. 25p. 5 Charts. DOI: 10.1080/13572334.2021.1996753.

NASCIMENTO, Roberta Simões. Tramitação conjunta, iniciativa legislativa "por empréstimo" e autonomia do BC. *Jota – Defensor Legis,* 12 maio 2021. Disponível em: https://www.jota.info/opiniao-e-analise/colunas/defensor-legis/tramitacao-conjunta-iniciativa-legislativa-por-emprestimo-e-autonomia-do-bc-12052021. Acesso em 26 abr. 2023.

NEIVA, Pedro R. Estudo comparado das câmaras altas: os poderes e o papel dos senados nos sistemas presidencialistas. Tese (doutorado em ciência política). Instituto Universitário de Pesquisas do Rio de Janeiro, IUPERJ, Rio de Janeiro, 2004.

NEIVA, Pedro Robson Pereira. Os Determinantes da Existência e dos Poderes das Câmaras Altas: Federalismo ou Presidencialismo? *Revista das Ciências Sociais,* v. 49, n. 2, 2006, p. 2609-299.

NEW HAMPSHIRE. *Constitution of New Hampshire – 1776.* Disponível em https://avalon.law.yale.edu/18th_century/nh09.asp. Acesso em 24 mai. 2023.

NOGUEIRA, Octaciano. O Poder Legislativo no Brasil (1821-1930). 2a. ed. Brasília: Fundação Petrônio Portela, 1983.

NOGUEIRA, Octaciano. Constituições Brasileiras: 1824, Brasília: Senado Federal e Ministério da Ciência e Tecnologia, Centro de Estudos Estratégicos, 1999. (Coleção, Constituições Brasileiras, v. 1).

NOLTE, Detlef. Funciones y funcionamento de los senados en los sistemas bicamerales de América Latina: um enfoque comparado. *Institut für Iberoamerica-Kunde (IIK)*, Hamburg, Arbeitspapier n. 4, ago. 2002.

NORTON, Philip. Adding value? The role of second chambers. *Asia Pacific Law Review*, v. 15, n. 1, 2007, p. 3–18.

ODAR, Reynaldo Mario T. El alcance de las investigaciones jurídicas. *Derecho y cambio social.* Ano 12, n. 41, 2015.

OLIVEIRA, Clarice G. *O Deslocamento da Função de Legislar para o Governo: a Interdependência entre Executivo e Legislativo nas Medidas Provisórias e a intervenção do Judiciário.* (Tese de Doutorado). Brasília: Uniceub. Disponível em: https://repositorio.uniceub.br/jspui/handle/prefix/14505. Acesso em 7 abr. 2023.

OLIVEIRA, Luciano Henrique da Silva. *A atuação da Casa revisora no processo legislativo federal na 54ª legislatura.* (Fabio de Barros Correia Gomes, orient.). Brasília: CEFOR, 2018.

OLIVEIRA, Luciano Henrique da Silva. *Comentários ao Regimento Interno do Senado Federal*, vol. 2. Brasília: Senado Federal, 2021.

PASSAGLIA, Paolo. Unicameralism, Bicameralism, Multicameralism: Evolution and Trends in Europe. *Perspectives on Federalism*, v. 10, n. 2, 2018, p. 1–29.

PATTERSON, Samuel C.; MUGHAN, Anthony. *Senates: bicameralism in the contemporary world.* Columbus: Ohio State University Press, 1999.

PATTERSON, Samuel C.; MUGHAN, Anthony. Fundamentals of Institutional Design: The Functions and Powers of Parliamentary Second Chambers, *The Journal of Legislative Studies*, vol. 7, issue 1, spring 2001, p. 39-60, DOI: 10.1080/714003852.

PAULA, Felipe de. PAIVA, Luiz Guilherme Mendes de. A Pesquisa Legislativa: Fontes, Cautelas e Alternativas à Abordagem Tradicional. In: FEFERBAUM, Marina; QUEIROZ. Rafael Mafei Rabelo. *Metodologia de Pesquisa em Direito: Técnicas e abordagens para elaboração de monografias, dissertações e teses.* 2ª. ed. São Paulo: Saraiva, 2019, p. 129-150.

PENSILVÂNIA. *Constitution of Pennsylvania – Sept. 28, 1776.* Disponível em: https://avalon.law.yale.edu/18th_century/pa08.asp. Acesso em 24 mai. 2023.

PIMENTA BUENO, José Antonio. *Direito Público Brasileiro e Análise da Constituição do Império.* Ministério da Justiça e Negócios Interiores, 1958, p. 137.

PINTO, Júlio Roberto de S. *Institutos e processos do legislativo brasileiro: uma análise comparada e histórica.* Rio de Janeiro: Forense, 2009.

POLETTI, Ronaldo. *Constituição de 1934.* (Coleção Constituições brasileiras, v. 3). Brasília: Senado Federal, Subsecretaria de Edições Técnicas, 2012.

RAMOS, Elival da Silva. Os tratados sobre direitos humanos no direito constitucional brasileiro pós-Emenda Constitucional nº 45/04. In: AMARAL JUNIOR, Alberto; JUBILUT, Liliana Lyra (orgs). *O STF e o direito internacional dos direitos humanos.* São Paulo: Quartier Latin, 2009.

RIBEIRO, Raphaela Rocha. *O Senado Federal no direito constitucional brasileiro.* Orientador: Roger Stiefelmann Leal. (Dissertação de Mestrado). Faculdade de Direito, Universidade de São Paulo, 2017.

RIKER, William H. The justification of bicameralism. International *Political Science Review*, v. 13, 1992, p. 101-116.

RIKER, William H. The merits of bicameralism. *International Political Science Review*, v. 12, 1992, p. 166-168.

ROBERTS, John C. Gridlock and Senate Rules. *Notre Dame Law Review*, vol. 88, issue 5 (The American Congress: Legal Implications of Gridlock), article 7, 1º jun. 2013, p. 2189-2216.

ROCHA, Cármen Lúcia A. Medidas provisórias e separação dos poderes. In: *Direito Contemporâneo: estudos em homenagem a Oscar Dias Côrrea.* Rio de Janeiro: Forense Universitária, 2001, p. 58-60.

ROGERS, James R. The impact of bicameralism on legislative production. *Legislative Studies Quarterly*, v.28, n.4, nov. 2003, p.509-528.

RUBIATTI, Bruno de Castro. Sistema de resolução de conflitos e o papel do Senado como Câmara revisora no bicameralismo brasileiro. *Revista Brasileira de Ciência Política*, nº 23. Brasília, maio – ago. 2017, p. 35-74.

RUSSEL, Meg. *Resolving Disputes Between the Chambers.* Paper to Royal Commission. The Constitutional Unit, University College London, 1999. Disponível em: https://www.ucl.ac.uk/constitution-unit/sites/constitution-unit/files/43.pdf. Acesso em 15 jan. 2022.

RUSSELL, Meg. What are Second Chambers For? *Parliamentary Affairs*, v. 54, n. 3, jul. 2001a, p. 442-458.

RUSSEL, Meg. The Territorial Role of Second Chambers. *The Journal of Legislative Studies*, vol. 7, issue 1, 2001b, p. 105-118, DOI: 10.1080/714003852

RUSSELL, Meg. Rethinking bicameral strength: A three-dimensional approach. *The Journal of Legislative Studies*, v. 19, n. 3, 2013, p. 370-391.

RYBICKI, Elizabeth. Resolving Bicameral Differences in the U.S. Congress, *1789-2002. American Political Science Association* – Annual Meeting – Conference Papers, Philadelphia, ago. 2003.

RYBICKI, Elizabeth. Resolving Bicameral Differences in Congress: Conference Committees and Amendments Between the Houses. In: MAES, Helen (ed.). *How Laws are Made in the U.S.A.* New York: Nova Science Publicshers, Inc., 2010, p. 91-124.

SAMPAIO, Nelson de Sousa. *O processo legislativo.* 2ª ed. Belo Horizonte: Livraria Del Rey, 1996.

SCULLY, Roger. Dealing with big brother: relations with the first chamber. In: *The Journal of Legislative Studies*, v. 7, issue 1, spring 2001, p. 93-104, DOI: 10.1080/714003852.

SHELL, Donald. Introduction. *The Journal of Legislative Studies*, vol. 7, issue 1, spring 2001a, p. 1-3, DOI: 10.1080/714003852.

SHELL, Donald. The History of Bicameralism. *The Journal of Legislative Studies*, vol. 7, issue 1, spring 2001b, p. 5-18, DOI: 10.1080/714003852.

SILVA, José Afonso da. *Curso de Direito Constitucional Positivo.* 20ª ed. São Paulo: Malheiros, 2002.

SILVA, José Afonso da. *Processo constitucional de formação das leis.* 2a. ed. São Paulo: Malheiros, 2006.

SILVA, Rafael Silveira e. *Construindo e gerenciando estrategicamente a agenda legislativa do Executivo: o fenômeno da apropriação.* Brasília: Senado Federal, 2013, p. 33.

SILVA, Rafael Silveira; SIMÕES, Leandro Ribeiro. *Relação Bicameral no Processo Legislativo Brasileiro: um panorama da tramitação das propostas formuladas pelo Congresso na ótica das casas revisoras.* Brasília: Núcleo de Estudos e Pesquisas/CONLEG/Senado. Dez. 2020. (Texto para Discussão nº 290). Disponível em www.senado.leg.br/estudos. Acesso em 8 dez. 2020.

SIMÕES, Leandro Ribeiro. *Relação Bicameral no Processo Legislativo Brasileiro: Como o Senado Federal e a Câmara dos Deputados tratam uma proposição legislativa de iniciativa da outra Casa?* (Rafael Silveira e Silva, orient.). Brasília: Senado Federal – ILB, 2020.

SCHWARTZ, Bernard. *Direito constitucional norte-americano*, Rio de Janeiro: Forense, 1966.

SOUZA, Paulo Fernando Mohn e. A reforma previdenciária do Governo Lula. *Revista Prismas: Direito, Políticas Públicas e Mundialização.* Brasília: Uniceub, v. 3, n. 2, jul.-dez. 2006, p. 455-483.

SZENTE, Zoltán. Functions of the National Assembly within the Constitutional Tradition of Hungary. *Annales U. Sci. Budapestinensis Roland Eotvos Nominatae*, v. 46, 2005, p. 93-114.

TAYLOR, Greg, Upper House Reform in Germany: The Commission for the Modernization of the Federal System (2009). *Constitutional Forum Constitutionnel*, vol. 17, n. 1, 2009, p. 25-38, Monash University Faculty of Law Legal Studies Research Paper No. 2009/34, Disponível em: https://ssrn.com/abstract=1599438. Acesso em 13 mai. 2023.

TSEBELIS, George; MONEY, Jeannette. Bicameral negotiations: the Navette system in France. *British Journal of Political Science*, v. 25, n. 1, 1995, p. 101-129.

TSEBELIS, George; MONEY, Jeannette. *Bicameralism*. Cambridge: Cambridge University Press, 1997.

TSEBELIS, George *Atores com poder de veto: como funcionam as instituições políticas*. Tradução de Micheline Christophe. Rio de Janeiro: Editora FGV, 2009, 440 p.

VALLE, Juliana Carla de Freitas do. *Medidas provisórias: o Procedimento Legislativo e seus Efeitos Jurídicos*. Brasília: FDK Editora, 2004.

VELLOSO, Carlos Mário S. O controle do devido processo legislativo pelo Supremo Tribunal Federal. In: SAMPAIO, J.A.L. (Org.) *Crise e Desafios da Constituição*. Belo Horizonte: Del Rey, 2003, p. 269-279

VERGOTTINI, Giuseppe de. *Diritto Costituzionale Comparato*. Padova: Cedam, 1991.

VERMONT. *Constitution of Vermont – July 8, 1777*. Disponível em: https://avalon.law.yale.edu/18th_century/vt01.asp. Acesso em 24 mai. 2023.

VIEIRA JÚNIOR, Ronaldo Jorge Araújo. *O Supremo Tribunal Federal e o controle jurisdicional da atuação do Poder Legislativo: visão panorâmica e comentada da jurisprudência constitucional*. Brasília: Senado Federal, 2007.

WALDRON, Jeremy. A dignidade da legislação. Tradução de Luís Carlos Borges. São Paulo: Martins Fontes, 2003 (Coleção justiça e direito).

WALDRON, Jeremy. Bicameralism and the Separation of Powers. *Current Legal Problems*, v. 65, n. 1, 2012, p. 31-57. DOI:10.1093/clp/cus021.

WATTS, Ronald L. *Federal Second Chambers Compared*, Presentation at Conference of "Federalizing Process in Italy. Comparative Perspectives". Roma, fev. 2010. Disponível em: http://pti.regione.sicilia.it/portal/page/portal/PIR_PORTALE/PIR_LaStrutturaRegionale/PIR_AssessoratoEconomia/PIR_Areetematiche/PIR_Federalismofiscale/

PIR_SeminarioIlprocessofederaleinItalia/watts%20intervento.pdf. Acesso em 20 mai. 2022.

WIELEN, Ryan J. Vader. Why conference committees? A theory of conference use in structuring bicameral agrément. *Journal of Theoretical Politics*, vol. 25, issue 1 jan. 2013, p. 3-35. Disponível em: https://doi.org/10.1177/0951629811435436. Acesso em 13 mai. 2023.

WITKER, Jorge. *Como elaborar uma tesis em Derecho – Pautas Medotológicas y Tecnicas para el Estudante o Ivestigador del Derecho*. Madrid: Editorial Civitas, S. A., 1991.

APÊNDICE A

PROPOSTA DE EMENDA À CONSTITUIÇÃO

(MINUTA)

PROPOSTA DE EMENDA À CONSTITUIÇÃO Nº , DE 2023

Altera o procedimento de apreciação das medidas provisórias pelo Congresso Nacional e estabelece normas sobre a revisão bicameral dos projetos de lei.

As Mesas da Câmara dos Deputados e do Senado Federal, nos termos do § 3º do art. 60 da Constituição Federal, promulgam a seguinte Emenda ao texto constitucional:

Art. 1º O art. 62 da Constituição Federal passa a vigorar com as seguintes alterações:

"Art. 62 ....

....

§ 3º As medidas provisórias, ressalvado o disposto nos §§ 11 e 12 deste artigo, perderão eficácia, desde a edição, devendo o Congresso Nacional disciplinar, por decreto legislativo, as relações jurídicas delas decorrentes, se não forem:

I – aprovadas pela Câmara dos Deputados no prazo de trinta dias, contado do dia seguinte ao da emissão do parecer ou do decurso do prazo previsto no inciso I do § 9º;

II – aprovadas pelo Senado Federal no prazo de vinte e cinco dias, contado do dia seguinte à aprovação pela Câmara dos Deputados;

III – apreciadas pela Câmara dos Deputados, se houver emendas do Senado Federal à medida provisória ou ao projeto de lei de conversão, no prazo de quinze dias, contado do dia seguinte à aprovação pelo Senado Federal.

§ 4º Os prazos a que se referem os §§ 3º e 9º suspendem-se durante os períodos de recesso do Congresso Nacional.

....

§ 6º A medida provisória entrará em regime de urgência, sobrestando todas as demais deliberações legislativas da respectiva Casa, com exceção das que tenham prazo constitucional determinado e das proposições que veiculem matéria vedada a medida provisória, nas seguintes hipóteses:

I – a partir do décimo quinto dia do prazo a que se refere o inciso I do § 3º;

II – a partir do décimo terceiro dia do prazo a que se refere o inciso II do § 3º; e

III – a partir do oitavo dia do prazo a que se refere o inciso III do § 3º.

§ 7º (*Revogado*).

....

§ 9º As medidas provisórias serão apreciadas, em sessão separada, pelo plenário de cada uma das Casas do Congresso Nacional, após parecer de comissão mista de Deputados e Senadores, observando-se o seguinte:

I – o parecer deverá ser proferido pela comissão mista no prazo de cinquenta dias, contado do dia seguinte à publicação da medida provisória;

II – esgotado o prazo a que se refere o inciso I, sem que tenha sido proferido o parecer, a medida provisória será encaminhada à Câmara dos Deputados, para apreciação;

III – na hipótese do inciso II, os plenários da Câmara dos Deputados e do Senado Federal deverão apreciar o texto da medida provisória, admitidos destaques para supressão de dispositivos, vedadas a apreciação de emendas e a apresentação de projeto de lei de conversão.

....

§ 13. A medida provisória e o projeto de lei de conversão não conterão matéria estranha a seu objeto ou a este não vinculada por afinidade, pertinência ou conexão." (NR)

Art. 2º O art. 65 da Constituição Federal passa a vigorar com as seguintes alterações:

"Art. 65. ....

§ 1º O projeto emendado no mérito pela Casa revisora voltará a Casa iniciadora para apreciação das emendas ou do substitutivo.

§ 2º Se a Casa revisora formular emendas que não alcancem o sentido da proposição, encaminhará o projeto à Mesa da Casa iniciadora, que, mediante decisão pela maioria de seus membros, adotará um dos seguintes procedimentos:

I – se houver concordância com o efeito meramente redacional das emendas, enviará o projeto à sanção, nos termos do art. 66;

II – se, porém, entender que as emendas propostas alcançam o sentido da proposição, dará tramitação a elas na forma do § 1º.

§ 3º Quando sobre a mesma matéria houver projeto em ambas as Casas, terá prioridade, para a discussão e votação, o que primeiro chegar à revisão.

§ 4º Aprovado substitutivo na Casa revisora referente a diversos projetos apensados da Casa iniciadora, deverão ser adotados os seguintes procedimentos:

I - a Casa revisora deverá devolver o projeto que teve maior contribuição na elaboração do substitutivo, indicando os apensados a ele de iniciativa da Casa iniciadora;

II - os projetos apensados, com exceção do devolvido, serão considerados prejudicados na Casa revisora;

III - a Casa iniciadora poderá considerar, para sua apreciação em correspondência com o substitutivo da Casa revisora, as disposições do projeto devolvido e dos demais indicados na forma do inciso I;

IV - no projeto enviado à sanção, não se admitirão disposições que não estejam contidas no substitutivo da Casa revisora, no projeto devolvido e nos demais indicados na forma do inciso I." (NR)

Art. 3º Fica revogado o § 7º do art. 62 da Constituição Federal.

Art. 4º Esta Emenda Constitucional entra em vigor na data de sua publicação e não se aplica às medidas provisórias em tramitação no Congresso Nacional ou em suas Casas.

APÊNDICE B
PROJETO DE RESOLUÇÃO
(REGIMENTO COMUM)

(MINUTA)

PROJETO DE RESOLUÇÃO DO CONGRESSO NACIONAL Nº , DE 2023

Altera o Regimento Comum do Congresso Nacional para dispor a respeito da promulgação da emenda constitucional e das disposições comuns sobre o processo legislativo.

O CONGRESSO NACIONAL resolve:

Art. 1º O art. 85 do Regimento Comum do Congresso Nacional, passa a vigorar com as seguintes alterações:

"Art. 85. ....

Parágrafo único. (*Revogado pela Constituição Federal de 1988*)

§ 2º A Casa na qual tenha sido concluída a tramitação da proposta comunicará o Presidente do Senado Federal para convocação da sessão conjunta solene de promulgação da emenda constitucional.

§ 3º Ocorrendo aprovação da proposta por uma das Câmaras com supressão de expressão ou dispositivo aprovado pela outra, poderá haver o envio à promulgação, nos termos do § 2º, desde que a disposição remanescente tenha autonomia normativa, em relação à parte suprimida, e forme sentido próprio e coerente, devendo ser observado o disposto nos §§ 4º e 5º.

§ 4º O Presidente do Senado Federal, ou seu Substituto, convocará a sessão conjunta solene após audiência da Mesa da Câmara dos Deputados e da Mesa do Senado Federal.

§ 5º Comunicada recusa pela Mesa da Câmara dos Deputados ou pela Mesa do Senado Federal quanto à promulgação da emenda constitucional, pelo não atendimento do § 2º do art. 60 da Constituição Federal, a Câmara na qual tiver ocorrido a última votação enviará a proposta para a outra, onde passará a tramitar como proposta nova.

§ 6º A Casa onde a proposta estiver em revisão poderá promover o seu desdobramento, mediante destaque para constituição de proposição autônoma, na forma do respectivo Regimento Interno, atendido o seguinte:

I – a matéria a destacar deve ter autonomia normativa em relação à remanescente, sendo que ambas devem formar sentido próprio e coerente;

II – a proposta que contiver a matéria remanescente, desde que aprovada na forma do § 2º do art. 60 da Constituição, será enviada à promulgação, observado o disposto nos §§ 2º, 4º e 5º;

III – o autor do destaque deverá oferecer o texto que constituirá a proposta nova e tramitará como proposição inicial, conforme previsão do respectivo Regimento Interno."

§ 7º Na hipótese do § 6º, se manifestada a recusa de que trata o § 5º, a proposta com a matéria remanescente voltará à outra Casa e a proposta nova terá a tramitação de proposição inicial, sendo enviada à revisão após aprovada." (NR)

Art. 2º O Capítulo I (Das Disposições Gerais) do Título VI (Das Disposições Comuns sobre o Processo Legislativo) do Regimento Comum do Congresso Nacional, passa a vigorar com as seguintes alterações:

"Art. 136. Emendado o projeto pela Câmara revisora, esta o devolverá à Câmara iniciadora, acompanhado das emendas ou do substitutivo, com cópia ou publicação dos documentos, votos e discursos que instruíram a sua tramitação.

Parágrafo único. A supressão ou rejeição de expressão ou dispositivo na Câmara revisora, por meio de emenda ou destaque, deverá ser formalizada mediante emenda supressiva e exigirá a volta do projeto à Câmara iniciadora." (NR)

"Art. 136-A. As emendas ou o substitutivo da Câmara revisora a projeto da Câmara iniciadora serão distribuídas às comissões competentes desta, para opinar sobre as matérias de que tratam."

"Art. 136-B. A discussão e a votação das emendas da Câmara revisora a projeto da Câmara iniciadora far-se-ão em globo, salvo se:

I – qualquer comissão manifestar-se favoravelmente a umas e contrariamente a outras, caso em que a votação se fará em grupos, conforme o sentido dos pareceres;

II – for concedido destaque para a votação de qualquer emenda.

Parágrafo único. A emenda da Câmara revisora não é suscetível de modificação por meio de subemenda."

"Art. 137. Ao votar as emendas oferecidas pela Câmara revisora, só é lícito à Câmara iniciadora cindi-las quando se tratar de artigos, parágrafos, incisos, alíneas ou itens, desde que não modifique ou prejudique o sentido da emenda." (NR)

"Art. 137-A. O substitutivo da Câmara revisora a projeto da Câmara iniciadora será considerado como série de emendas e votado em globo, salvo se:

I – qualquer comissão, em seu parecer, manifestar-se favoravelmente a um ou mais dispositivos e contrariamente a outros, caso em que a votação se fará em grupos, conforme o sentido dos pareceres;

II – for concedido destaque para a votação de qualquer dispositivo."

"Art. 138-A. Após a apreciação da Câmara iniciadora sobre o substitutivo da Câmara revisora, constatando-se ter havido ajustes que implicaram alteração no sentido do projeto, serão adotados os seguintes procedimentos:

I – a Câmara iniciadora enviará o projeto para aprovação pela Câmara revisora, vedadas novas emendas ou substitutivo;

II – se o projeto não for votado em quinze dias úteis pela Câmara revisora, será considerado aprovado e encaminhado à sanção pela Câmara iniciadora;

III – é vedado à Câmara revisora rejeitar dispositivos que constaram em seu substitutivo;

IV – se houver rejeição de dispositivo pela Casa revisora, a Casa iniciadora poderá encaminhar o projeto à sanção constando, em substituição àquele, dispositivo a ele correspondente do texto originalmente aprovado ou do substitutivo da Câmara revisora.

V – comunicada a decisão da Casa revisora, a Câmara iniciadora enviará o projeto à sanção."

Art. 3º Esta Resolução entra em vigor na data de sua publicação.

APÊNDICE C
PROJETO DE RESOLUÇÃO
(MEDIDA PROVISÓRIA)

(MINUTA)

PROJETO DE RESOLUÇÃO DO CONGRESSO NACIONAL Nº , DE 2023

Altera a Resolução nº 1, de 8 de maio de 2002, do Congresso Nacional, para dispor sobre a volta da matéria à Câmara dos Deputados após rejeição de matéria estranha ao objeto da medida provisória no Senado Federal.

O CONGRESSO NACIONAL resolve:

Art. 1º A O art. 7º da Resolução nº 1, de 8 de maio de 2002, do Congresso Nacional, passa a vigorar acrescido do seguinte § 7º, renumerando-se o atual § 7º como § 8º:

"Art. 7º ....

....

§ 7º A rejeição de dispositivo do projeto de lei de conversão, pelo Senado Federal, por conter conteúdo temático estranho ao objeto original da medida provisória, exigirá a volta da matéria à Câmara dos Deputados e deverá ser formalizada mediante emenda supressiva.

§ 8º ...." (NR)

Art. 2º Esta Resolução entra em vigor na data de sua publicação.

Impressão e acabamento
psi7
psi7.com.br
book7
book7.com.br